Windows 10

Die Anleitung in Bildern

von

Robert Klaßen

Vierfarben

Sie haben Fragen, Wünsche oder Anregungen zum Buch?
Gerne sind wir für Sie da:

Anmerkungen zum Inhalt des Buches: *erik.lipperts@vierfarben.de*
Bestellungen und Reklamationen: *service@vierfarben.de*
Rezensions- und Schulungsexemplare: *sophie.herzberg@vierfarben.de*

An diesem Buch haben viele mitgewirkt, insbesondere:

Lektorat Erik Lipperts
Korrektorat Alexandra Müller, Olfen
Herstellung Denis Schaal
Einbandgestaltung Daniel Kratzke, Naomi Geller
Typografie und Layout Vera Brauner
Satz Tilly Mersin, Großerlach
Druck Media-Print Informationstechnologie, Paderborn

Gesetzt wurde dieses Buch aus der Linotype Syntax (10,25 pt/14,25 pt) in Adobe InDesign CC 2015.
Und gedruckt wurde es auf mattgestrichenem Bilderdruckpapier (115 g/m^2).
Hergestellt in Deutschland.

Bibliografische Information der Deutschen Nationalbibliothek
Die Deutsche Nationalbibliothek verzeichnet diese Publikation in der Deutschen Nationalbibliografie; detaillierte bibliografische Daten sind im Internet über *http://dnb.d-nb.de* abrufbar.

ISBN 978-3-8421-0217-0

2., aktualisierte Auflage 2016

Vierfarben ist eine Marke der Rheinwerk Verlag GmbH
Rheinwerkallee 4, 53227 Bonn
www.vierfarben.de

Der Verlagsname Vierfarben spielt an auf den Vierfarbdruck, eine Technik zur Erstellung farbiger Bücher. Der Name steht für die Kunst, die Dinge einfach zu machen, um aus dem Einfachen das Ganze lebendig zur Anschauung zu bringen.

Liebe Leserin, lieber Leser,

Windows 10 hatte Geburtstag! Es ist nun schon über ein Jahr alt und ist den Kinderschuhen bereits entwachsen. Zum Jubiläum schenkt uns Microsoft mit dem Anniversary-Update eine umfangreiche Aktualisierung. Viele Verbesserungen und Erweiterungen stecken im Detail. Sie sind auf dem ersten Blick nicht ersichtlich. Doch sie verbessern das Betriebssystem und machen es noch stabiler. Unter anderem wurde die Funktionalität der Sprachassistentin Cortana erweitert, das Info-Center deutlich funktionaler und aufgeräumter gestaltet und auch das Startmenü wurde noch einmal verbessert. Alle relevanten Neuerungen hat Robert Klaßen in dieses Buch berücksichtigt.

Mir hat die Mitarbeit an diesem Buch sehr geholfen, denn so konnte ich mich schnell mit den wichtigsten Dingen und allen Anwendungen, die ich häufig brauche, vertraut machen. Robert Klaßen erklärt Schritt für Schritt, wie man sich in Windows 10 zurechtfindet, wie man sicher im Internet unterwegs ist, E-Mails schreibt, Fotos auf den PC überträgt, dort bearbeitet und ausdruckt, Musik hört und Filme anschaut. Und noch viel mehr. Einfach alles, was man braucht. Jeder Schritt wird dabei an einem Bild gezeigt. Es ist großartig einfach und bequem, diesen Anleitungen zu folgen.

Dieses Buch wurde mit größter Sorgfalt geschrieben und hergestellt. Dennoch sind vereinzelte Fehler leider nie ganz auszuschließen. Sollten Sie einen Fehler bemerken oder aber eine wichtige Information vermissen, können Sie mir gerne schreiben. Über Lob freue ich mich genauso wie über konstruktive Kritik. Doch nun wünsche ich Ihnen viel Freude beim Lesen!

Ihr Erik Lipperts
Lektorat Vierfarben

erik.lipperts@vierfarben.de

Inhalt

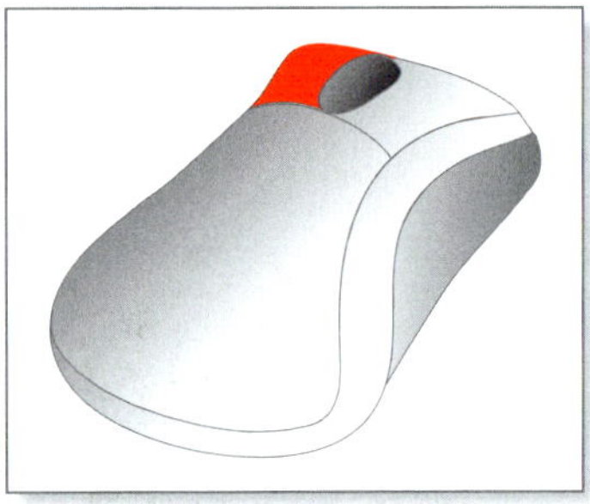

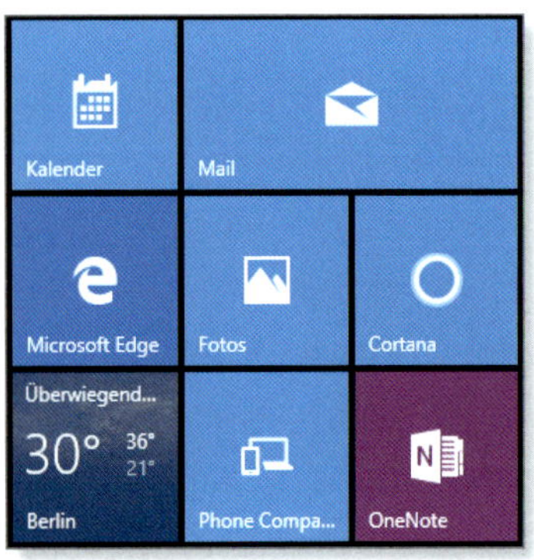

Kalender
Mail
Microsoft Edge
Fotos
Cortana
Überwiegend...
30°
36°
21°
Berlin
Phone Compa...
OneNote

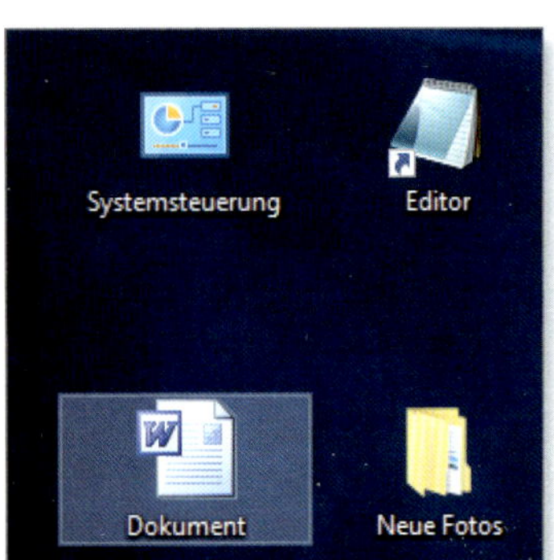

Systemsteuerung
Editor
Dokument
Neue Fotos

Was möchtest du jetzt tun?
Wie viele Unzen sind 200 Gramm?
Erzähle mir einen Witz
Alle Tipps anzeigen

Bing
Strandkörbe
strandkörbe
strandkörbe stark reduziert
strandkörbe günstig
strandkörbe auf rechnung
strandkörbe testberichte
strandkörbe zum übernachten
strandkörbe gebraucht kaufen
strandkörbe buxtehude

Inhalt

Willkommen
Bringen wir alle Ihre E-Mails an diesem Ort zusammen, und machen wir Ihnen das Leben ein bisschen leichter.
Anfangen

Groove-Musik

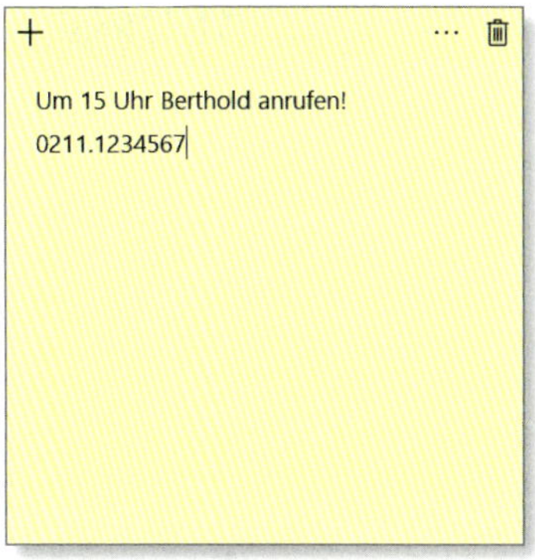
Um 15 Uhr Berthold anrufen!
0211.1234567

Inhalt

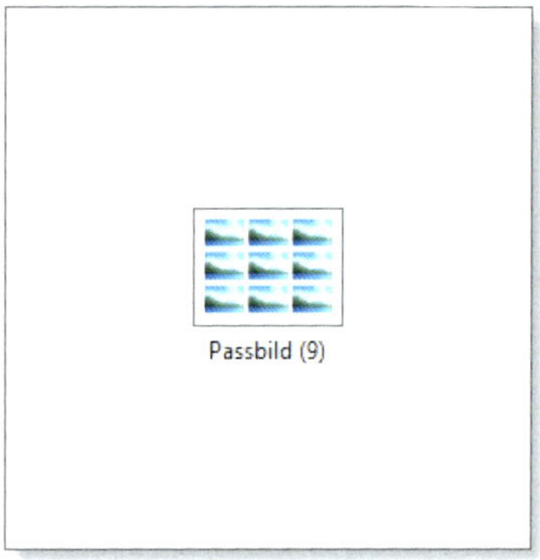

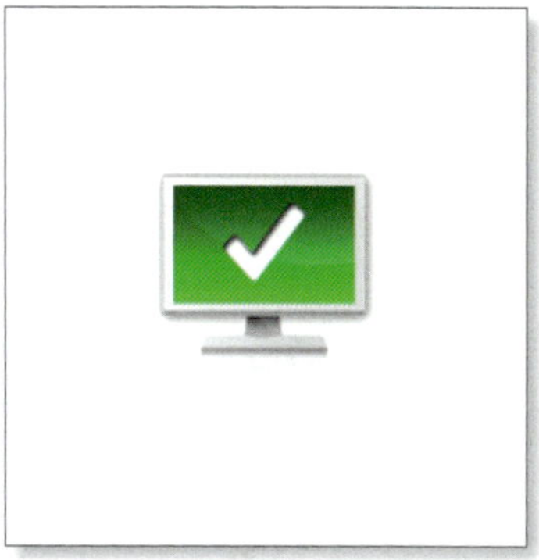

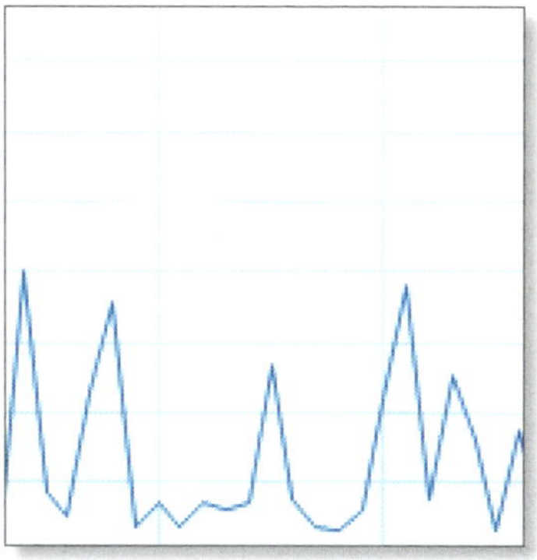

Kapitel 1
So bedienen Sie Ihren Computer

Je nachdem, welches Gerät Sie verwenden (PC, Notebook oder Tablet), steuern Sie es ganz unterschiedlich. So wird der PC in erster Linie mit der Maus bedient, während am Notebook ein Touchpad zur Verfügung steht. Moderne Touchscreens und Tablets hingegen werden direkt auf dem Bildschirm bedient – und zwar mit den Fingern.

Am PC: die Maus benutzen

Das klassische Eingabegerät ist die Maus ❶. Damit werden die Befehle schnell und effizient an den Computer übergeben. Wenn Sie zum ersten Mal einen PC benutzen, erschließen sich Ihnen die vielen Möglichkeiten sicher nicht auf den ersten Blick. Deshalb erfahren Sie im ersten Teil dieses Kapitels, was es mit Mausklick, Doppelklick und Rechtsklick auf sich hat.

Auf dem Notebook: mit dem Touchpad arbeiten

Sie besitzen ein Notebook? Dann können Sie alternativ zur Maus auch das eingebaute Touchpad ❷ nutzen. Es funktioniert fast wie eine Maus. Denn auch hier lassen sich Mausklick, Doppelklick und Rechtsklick ausführen – und sogar noch einiges mehr.

Auf dem Tablet: per Geste steuern

Auf dem Tablet kommen Sie ganz ohne Maus und Touchpad aus. Die Bildschirmoberfläche dient nicht nur zur Anzeige, sondern fungiert auch als Eingabegerät. Welche »Bewegungen« Ihre Finger machen müssen ❸, um die eine oder andere Funktion aufzurufen, erfahren Sie in diesem Kapitel.

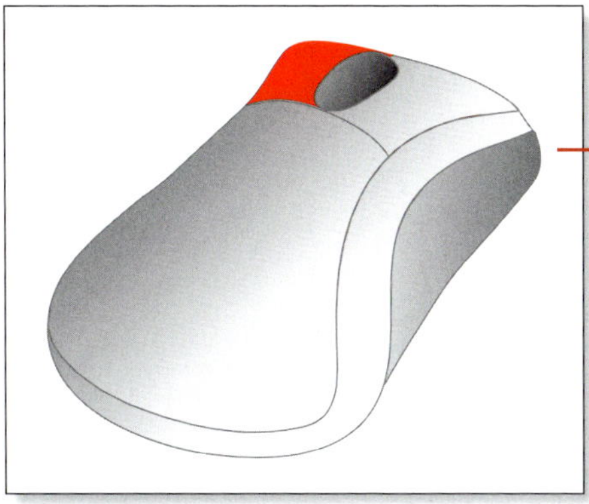

1 Die Bedienung mit der Maus ist ganz leicht zu erlernen.

2 Das Touchpad können Sie ebenfalls für die Eingabe benutzen.

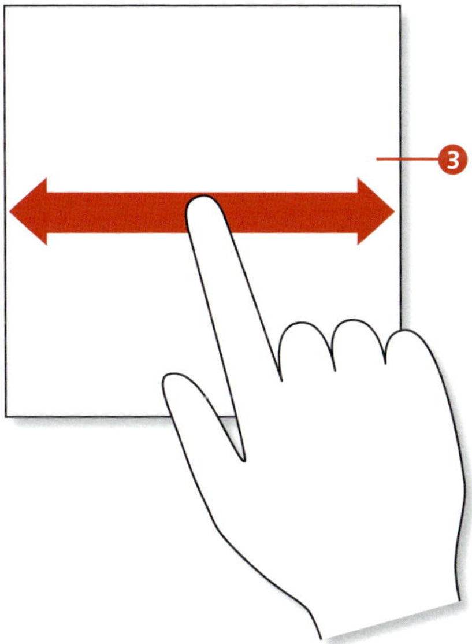

3 Die Eingabe mit dem Finger funktioniert bei manchen Geräten auch auf dem Bildschirm.

So funktioniert die Maus

1

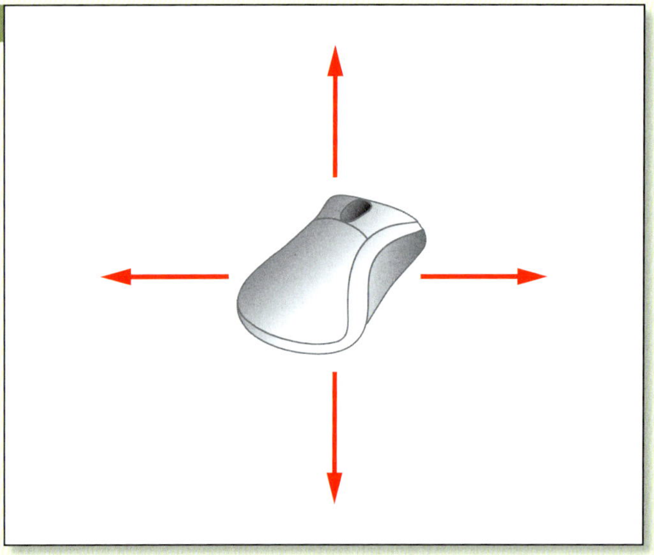

Bevor es losgeht, hier eine kurze Einweisung in Sachen Mausbedienung. Wenn Sie damit schon Erfahrung haben, können Sie diesen Abschnitt natürlich überspringen.

1 Maus verschieben

Wenn Sie die Maus verschieben, wandert der Zeiger auf dem Bildschirm entsprechend mit. Sie können auf diese Weise bestimmte Bereiche des Bildschirms aufsuchen und dort anschließend Aktionen ausführen.

2

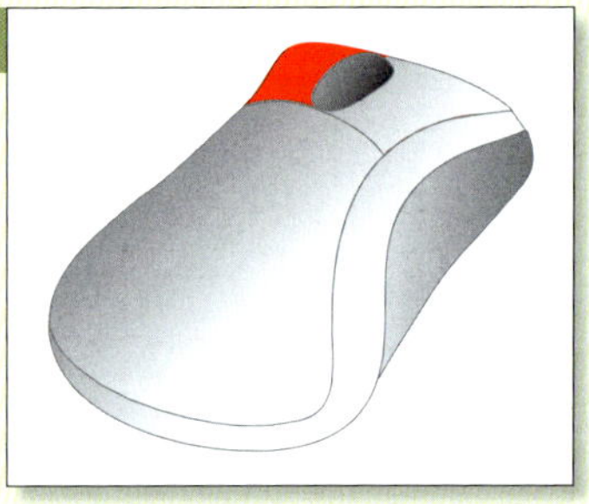

2 Mausklick

Sie führen eine Aktion aus, indem Sie mit dem Zeigefinger auf die obere linke Taste klicken. Das ist der herkömmliche Mausklick.

3

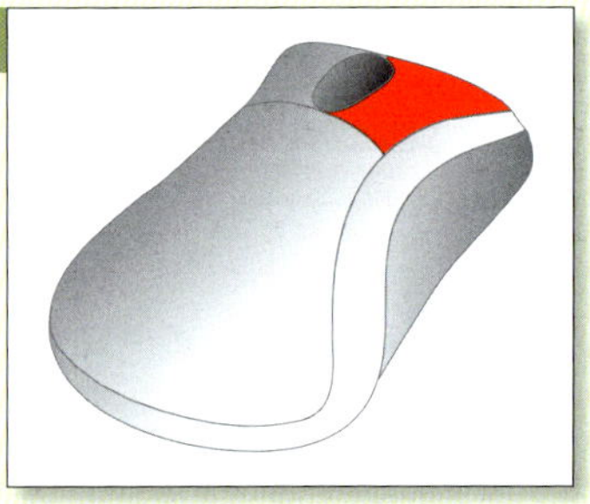

3 Rechtsklick

Mitunter ist ein rechter Mausklick erforderlich. Dazu drücken Sie die rechte Taste herunter und lassen sie anschließend wieder los. Diese Art des Klickens wird auch *Rechtsklick* genannt.

4 Doppelklick

Wenn ein Doppelklick erwartet wird, müssen Sie zweimal schnell hintereinander auf die linke Taste drücken.

4

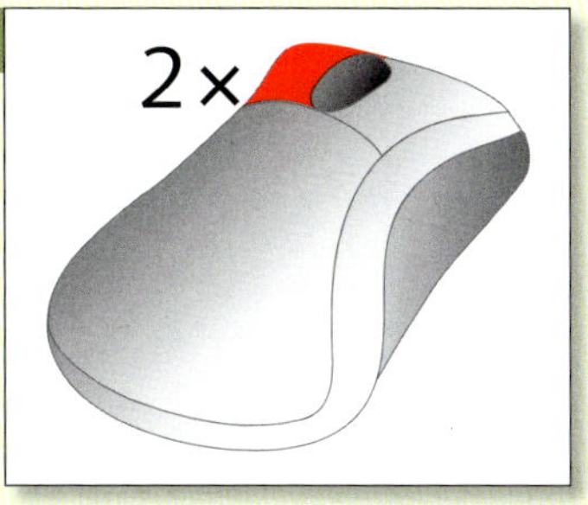

5 Scrollrad

Zwischen den beiden erwähnten Tasten befindet sich bei vielen Mäusen das sogenannte *Scrollrad* ❶. Drehen Sie das Rad, lässt sich der Inhalt eines geöffneten Fensters nach oben oder unten verschieben.

5

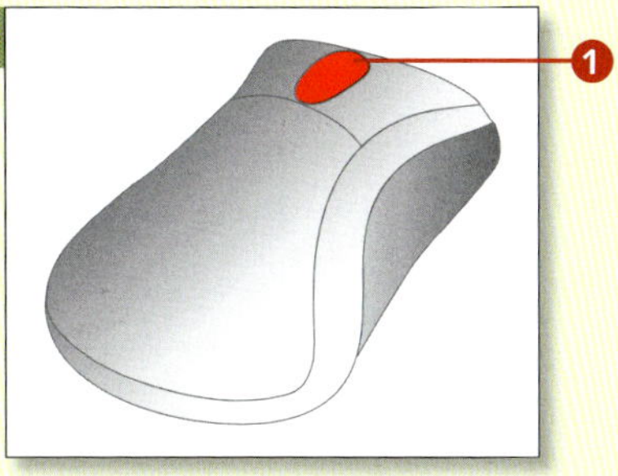

6 Scrollrad kippen

Bei vielen Zeigegeräten können Sie das Scrollrad außerdem noch mit dem Zeigefinger nach links und rechts kippen. Damit verschieben Sie auch den Inhalt des Fensters entsprechend, sofern dieser nicht bereits komplett angezeigt wird.

6

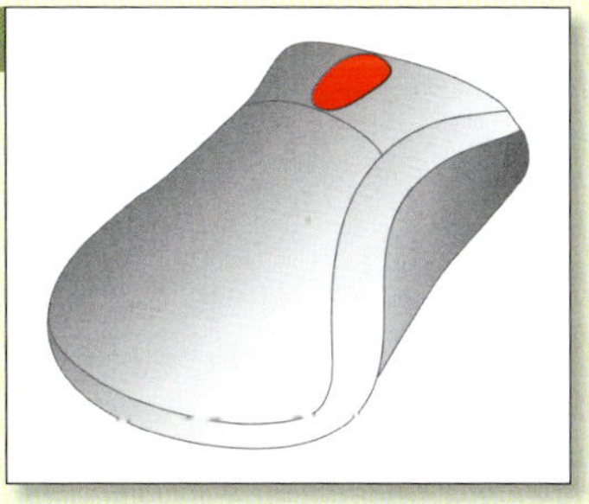

Plug-and-play
Bei einer Maus handelt es sich, ebenso wie bei einer Tastatur, um ein *Plug-and-play-Gerät*. Das bedeutet: Sie können es mit dem Computer verbinden und dann sofort loslegen. Dennoch können die Geräte danach auch noch konfiguriert werden. Darüber erfahren Sie mehr in Kapitel 2, »Erste Schritte mit Windows 10«, ab Seite 24.

Windows mit dem Touchpad steuern

1

2

3

Tragbare Computer werden in der Regel nicht mit einer Maus bedient. Notebooks warten stattdessen mit einem Touchpad auf, das die gleichen Funktionen übernimmt wie die Maus. Auch als Einsteiger werden Sie sich schnell an das neue Gefühl gewöhnen.

1 Touchpad

Das Touchpad ist fester Bestandteil eines tragbaren Rechners (Notebook, Netbook, Laptop). Sie können damit die gleichen Funktionen ausführen wie mit einer Maus.

2 Bewegen

Um den Mauszeiger zu bewegen, legen Sie einen Finger auf die große Fläche und schieben in die gewünschte Richtung. Halten Sie permanent Kontakt mit dieser Fläche. Wenn Sie den Finger anheben, bleibt der Zeiger stehen.

3 Mausklick

Einen linken Mausklick führen Sie aus, indem Sie mit dem Finger kurz auf die große Fläche tippen. Alternativ können Sie auch das linke Tastenfeld herunterdrücken.

4 Doppelklick

Einen Doppelklick setzen Sie, indem Sie zweimal schnell hintereinander eine der beiden Flächen ❶ oder ❷ antippen. Hier ist etwas Fingerspitzengefühl gefragt, der Abstand zwischen den Berührungen darf nicht zu lang, aber auch nicht zu kurz sein.

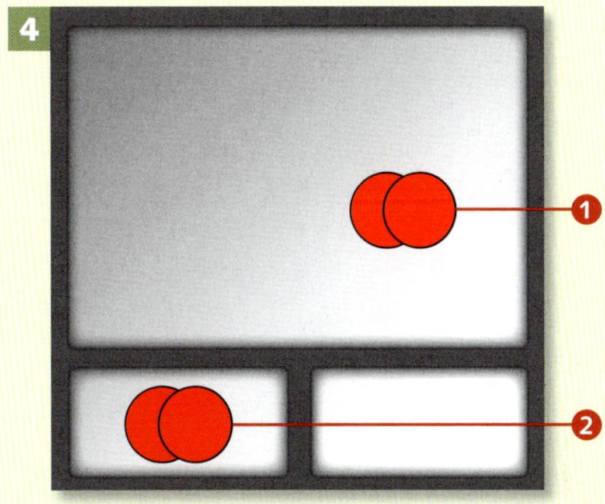

5 Rechtsklick

Zuletzt fehlt noch der Rechtsklick. Diesen platzieren Sie auf der rechten kleinen Fläche. Einige Computer führen auch dann einen Rechtsklick aus, wenn Sie den Finger nach dem Antippen auf der Fläche lassen.

6 Scrollen

Wenn Sie die Funktion des Scrollrads nachvollziehen wollen, ziehen Sie mit zwei Fingern über die große Fläche. Wenn das nicht funktioniert, wundern Sie sich nicht. Denn dann besitzen Sie vielleicht ein etwas älteres Modell. Nur moderne Touchpads unterstützen diese Funktion.

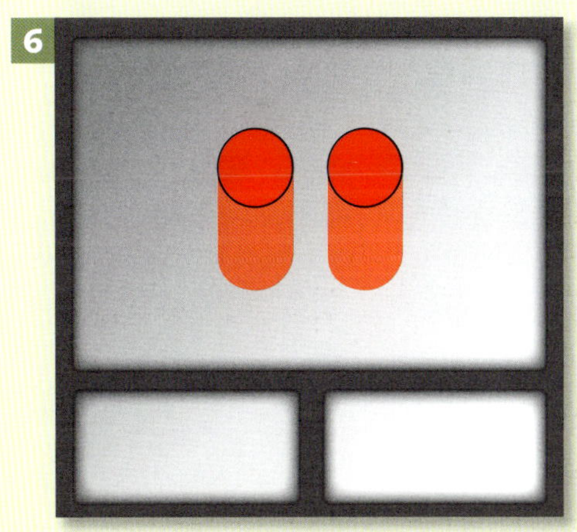

Weitere Funktionen
Möglicherweise verfügt Ihr Touchpad über weitere Funktionen als die hier dargestellten Standards. Schauen Sie dazu am besten in die Bedienungsanleitung Ihres PCs oder Notebooks.

Windows auf dem Tablet

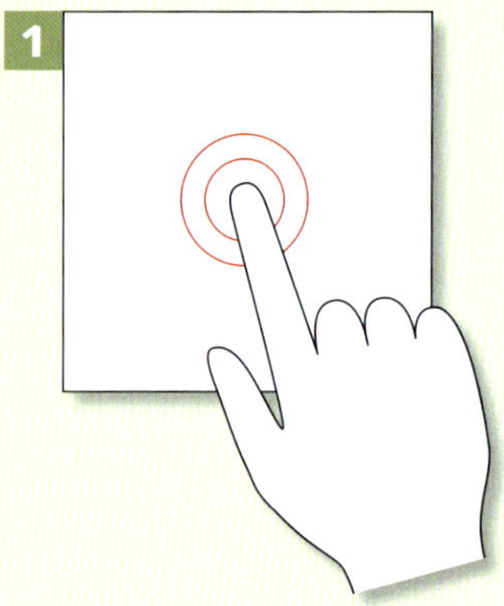

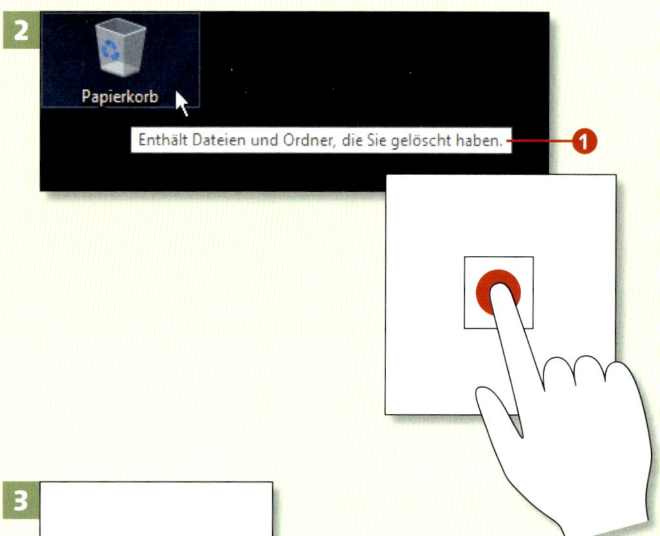

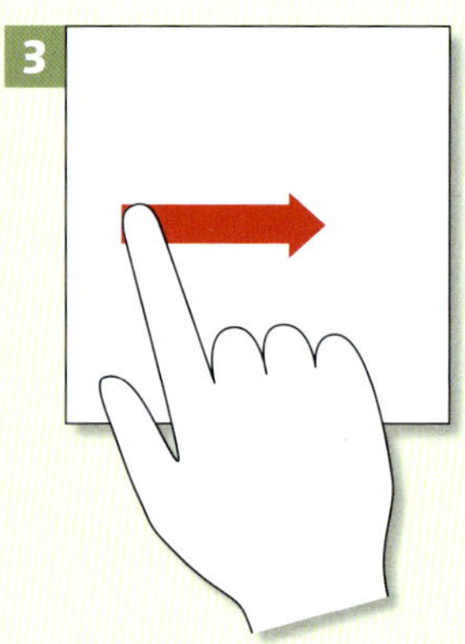

Moderne Tablet-PCs werden zumeist mithilfe der sogenannten Fingereingabe bedient. Dabei werden die Befehle, die Sie an das Gerät richten, mit Gesten übermittelt – und zwar direkt auf dem Bildschirm. Hier lernen Sie die grundlegenden Fingerzeige kennen.

1 Mausklick

Der herkömmliche Mausklick wird ausgeführt, indem Sie kurz mit einem Finger auf den gewünschten Punkt Ihres Tablets klicken (z. B. auf das Symbol einer Anwendung).

2 Antippen

Wenn Sie mit der Maus auf ein Objekt zeigen, wird in der Regel eine Information (*QuickInfo*) eingeblendet ❶. Diese erhalten Sie am Tablet, indem Sie das Objekt antippen und den Finger anschließend an dieser Position lassen – also die Oberfläche weiterhin berühren.

3 Verschieben

Tippen Sie ein Objekt an, und lassen Sie den Finger auf dem Tablet. Bewegen Sie die Hand anschließend, um das darunter befindliche Objekt zu verschieben. (Beachten Sie auch den Hinweis im Kasten rechts.)

4 Spreizen

Platzieren Sie mindestens zwei Finger auf dem Tablet, und spreizen Sie sie voneinander ab. Das hat zur Folge, dass die gezeigten Inhalte, z. B. Fotos oder Websites, vergrößert werden. Zum Verkleinern ziehen Sie die Finger wieder zusammen.

4

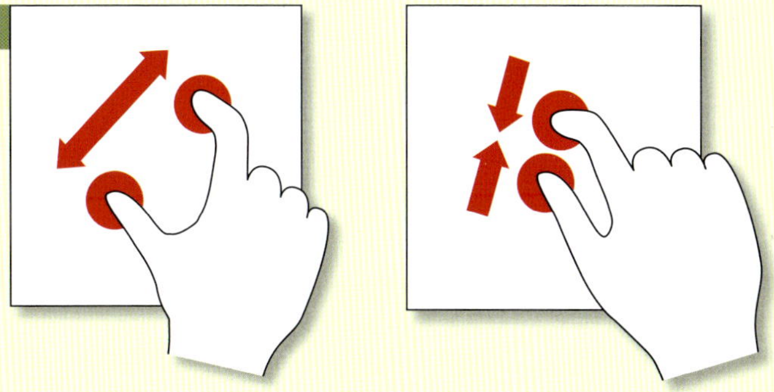

5 Drehen

Um Objekte zu drehen, führen Sie mit zwei Fingern eine Drehbewegung aus. Dasselbe lässt sich in der Regel auch durch Kippen des Tablets um 90° erreichen.

5

6 Weitere Steuerungsmöglichkeiten

Über die Fingereingabe können Sie noch viel mehr steuern. So haben manche *Apps* (Programme) Menüs, die durch Wischen vom Seitenrand eingeblendet werden. Weitere Hinweise dazu finden Sie im Abschnitt »Apps öffnen und schließen« auf Seite 32.

6

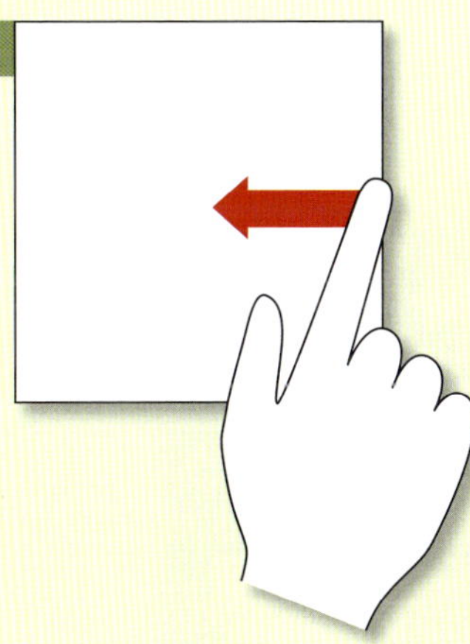

Entsprechungen mit der Maus
Objekte lassen sich durch Ziehen mit dem Finger nicht nur verschieben. Vielmehr können Sie mit dieser Geste auch umblättern, einen Bildlauf starten oder eine App schließen. Es kommt darauf an, in welcher Programmumgebung Sie sich gerade befinden.

Windows per Tastatur steuern

1

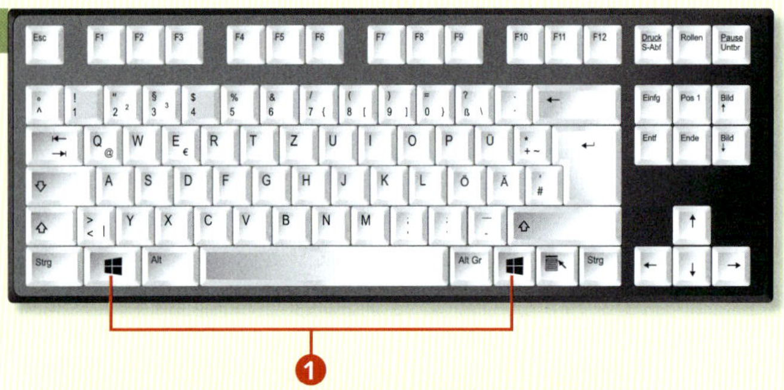

2

3

Die Tastatur ist ein weiteres, ausgesprochen wichtiges Eingabegerät neben Maus, Touchpad und Fingereingabe. Lernen Sie hier einige wichtige Funktionen kennen.

1 Windows-Taste

Eine der wichtigsten Tasten ist die ⊞-Taste ❶. Mit ihr öffnen Sie das Windows-Menü, in dem weitere nützliche Funktionen verborgen sind. Alternativ klicken Sie auf die **Windows**-Schaltfläche unten links.

2 Strg, Alt und Umschalt

Wenn Sie Großbuchstaben eintippen wollen, drücken Sie auf ⇧ ❷ und halten diese Taste gedrückt. Die Tasten Strg ❸ + Alt ❹ sind für *Tastenkürzel* (auch *Tastenkombination* oder *Shortcut*) vorgesehen.

3 Tastenkombinationen

Eine Tastenkombination ist nichts anderes als ein Kurzbefehl zum Starten eines bestimmten Vorgangs. Wenn es z. B. heißt: Drücken Sie Strg + N, dann drücken Sie zunächst Strg. Halten Sie diese Taste fest. Danach drücken Sie kurz zusätzlich N und lassen danach beide Tasten wieder los.

4 Feststelltaste

Möglicherweise werden Sie schon bald die Tücken der Feststelltaste ❺ kennenlernen. Wenn Sie einmal daraufdrücken, werden nur noch Großbuchstaben geschrieben.

5 Menü-Taste

Die Menü-Taste ❻ unten rechts reagiert unterschiedlich, je nachdem, wo sie zum Einsatz kommt. Auf dem Desktop gedrückt, öffnet sie das sogenannte *Kontextmenü* mit weiteren Befehlen. Alternativ öffnen Sie dieses mit einem Rechtsklick auf einen freien Bereich des Desktops.

6 Pfeiltasten

Die Pfeiltasten Ihrer Tastatur erlauben die Bewegung zwischen unterschiedlichen Funktionen. Drücken Sie z. B. bei geöffnetem Windows-Menü (siehe Schritt 1) [↓] oder [↑], lassen sich die unterschiedlichen Einträge innerhalb des Menüs durchlaufen (siehe Kasten).

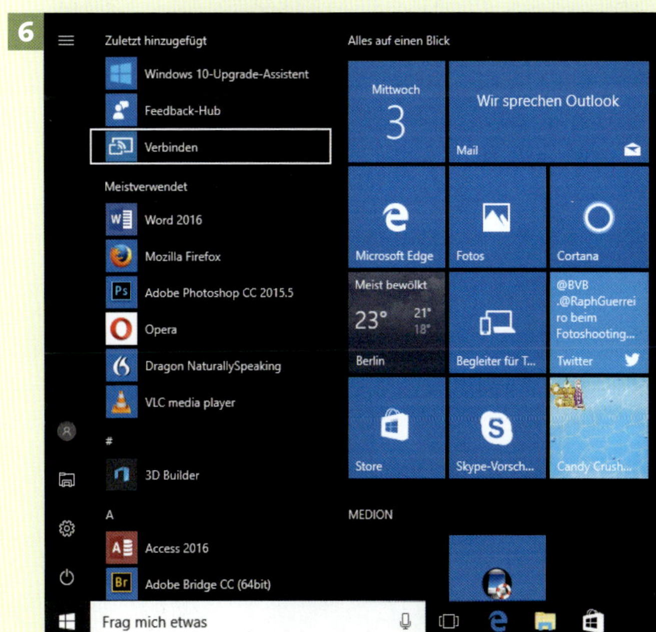

Eintrag auswählen

Haben Sie eine Zeile ausgewählt, können Sie diese mit Druck auf [↵] auswählen. Die Funktion gleicht dem Mausklick. Sie öffnet dann das ausgewählte Programm (hier: Verbinden).

Windows mit Tastenkürzeln bedienen

1

2
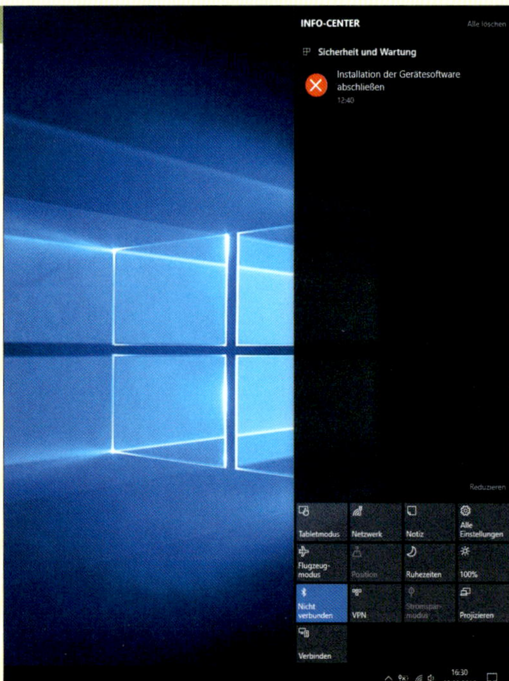

3
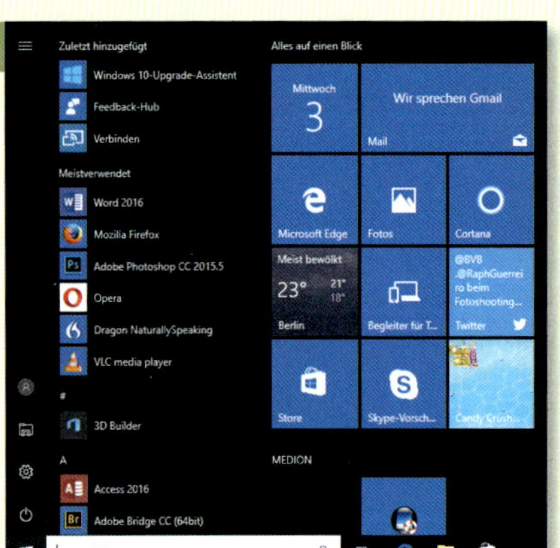

Sie tragen viele Bezeichnungen: Tastenkürzel, Tastenkombinationen oder Shortcuts. Wenn Sie nur ein paar davon kennen, erleichtern Sie sich die Bedienung von Windows 10 enorm.

Schritt 1

Zunächst zur Bedienweise. Wenn es heißt: Drücken Sie ⊞ + [A], bedeutet das, Sie müssen ⊞ die ganze Zeit gedrückt halten und dann zusätzlich noch kurz auf [A] tippen.

Schritt 2

Der Befehl wird ausgeführt. Danach lassen Sie beide Tasten wieder los. Im konkreten Fall rufen Sie damit das Info-Center auf, das sich mithilfe der gleichen Tastenkombination wieder schließen lässt.

Schritt 3

Drücken Sie ⊞ allein und lassen dann wieder los, wird das Windows-Menü präsentiert. Führen Sie den Druck auf ⊞ erneut aus, schließt es sich wieder.

Anderer Hintergrund?
Sieht der Hintergrund bei Ihnen anders aus, als hier gezeigt? Kein Problem. Wie Sie Hintergründe einstellen können, verraten wir Ihnen auf Seite 272.

Schritt 4

Nun geht es um die Bedeutung von [Windows-Taste] + E. Mit dieser wichtigen Tastenkombination öffnet sich nämlich der *Explorer*. Er ist der Zugang zu Ihren Dateien auf dem Computer.

4

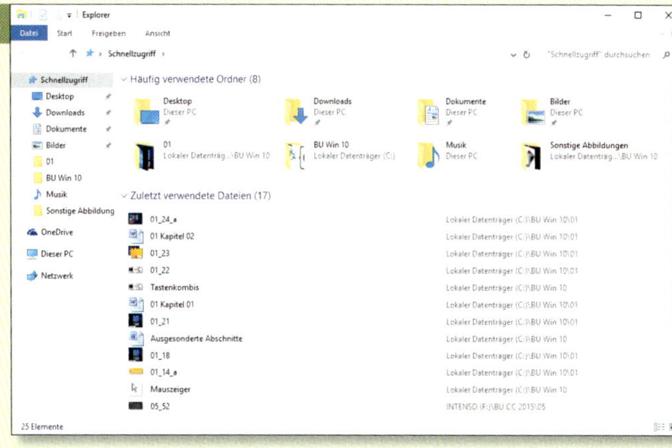

Schritt 5

Dieser Tastaturbefehl unterscheidet sich etwas von den anderen. Denn wenn Sie ihn wiederholt ausführen, wird nicht etwa das Fenster geschlossen, sondern ein weiteres geöffnet (Im Bild rechts wurde der Befehl insgesamt viermal ausgeführt.).

5

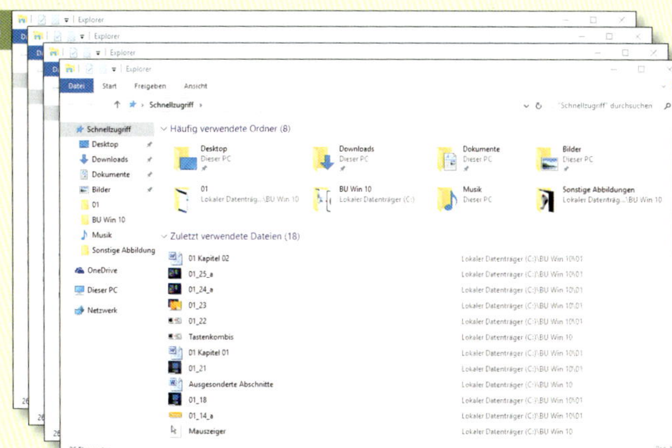

Schritt 6

Möchten Sie die Fenster wieder schließen? Dann klicken Sie mit der linken Maustaste auf das kleine × oben rechts im Fenster. Alternativ können Sie das aktive Fenster auch mit Strg + W schließen.

6

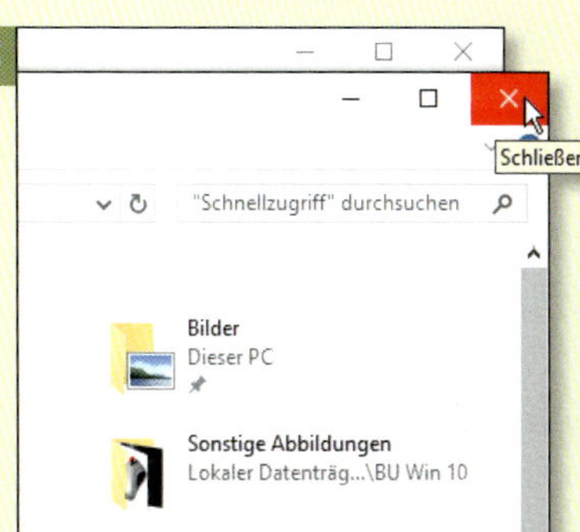

Funktionstasten

Mit *Funktionstasten* sind Tasten wie z. B. [Windows-Taste], Strg oder Alt gemeint, aber auch ⇧ oder die Tasten F1 bis F12. Während die F-Tasten in der Regel direkt mit einer Funktion belegt sind, müssen zu allen anderen noch weitere Tasten gedrückt werden.

Windows mit Tastenkürzeln bedienen (Forts.)

7
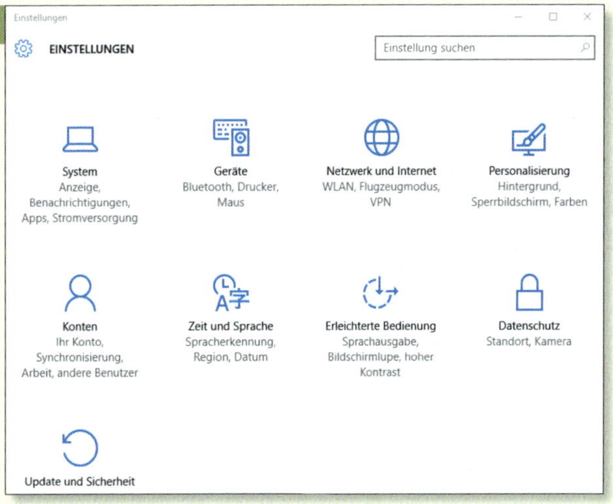

8
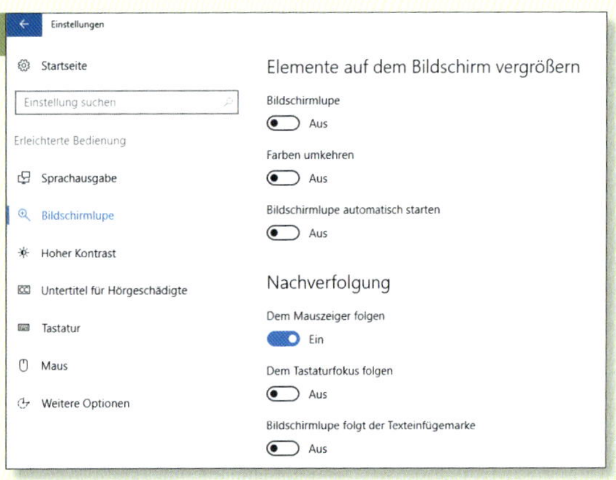

9
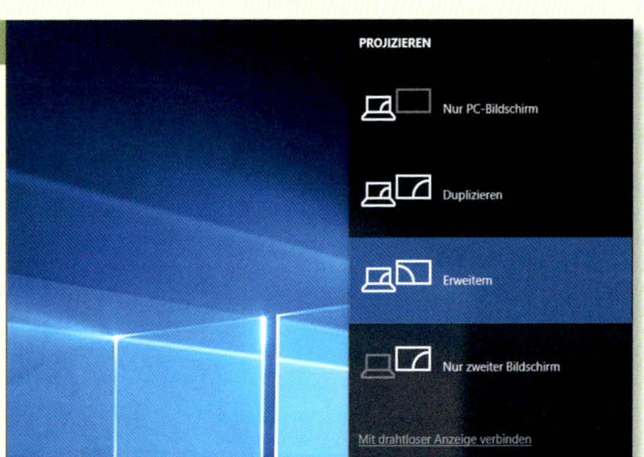

Schritt 7

Wenn Sie schnell und ohne große Umwege Einstellungen auf Ihrem PC vornehmen möchten, sind Sie mit ⊞ + I bestens beraten. In dem Fenster, das sich daraufhin öffnet, finden Sie zahlreiche Möglichkeiten, die per Mausklick aufgerufen werden können.

Schritt 8

⊞ + U sorgt dafür, dass Einstellungen zur erleichterten Bedienung Ihres Computers (z. B. Sprachausgabe, Bildschirmlupe) zugänglich werden.

Schritt 9

Arbeiten Sie mit mehreren Bildschirmen? Dann können Sie nach Drücken von ⊞ + P individuell regeln, wie sich die Monitore zueinander verhalten sollen.

Zahlreiche Shortcuts

Beachten Sie, dass ich Ihnen hier nur eine kleine Auswahl der Tastaturbefehle vorstellen kann. Es existieren noch zahlreiche weitere. Darüber hinaus bringen Programme und Apps in der Regel eigene Shortcuts mit.

Schritt 10

Wer kennt das nicht: Man muss ganz schnell weg – und möchte den PC während seiner Abwesenheit vor unerlaubtem Zugriff schützen. Dazu wird einfach [⊞] + [L] gedrückt, und schon erscheint der Startbildschirm (siehe auch Hinweise im Kasten).

Schritt 11

Besonders interessant ist [⊞] + [X]. Dadurch wird unten links ein Zusatzmenü eingeblendet, das weitere Funktionen zur Auswahl stellt. Als Alternative dient auch ein Rechtsklick auf die **Windows-**Schaltfläche.

Schritt 12

Sie möchten ganz schnell mal ins Internet? Dann drücken Sie doch bitte einmal [⊞] + [1]. Schon öffnet sich Edge. Das ist ein sogenannter Browser, mit dem Sie im World Wide Web surfen können.

Erneut einloggen
Wenn Sie Schritt 10 ausgeführt haben, müssen Sie später zunächst auf das Bild klicken und anschließend Ihr Passwort eingeben. Deshalb kann in Ihrer Abwesenheit nichts passieren, das Sie nicht autorisiert haben.

10

11

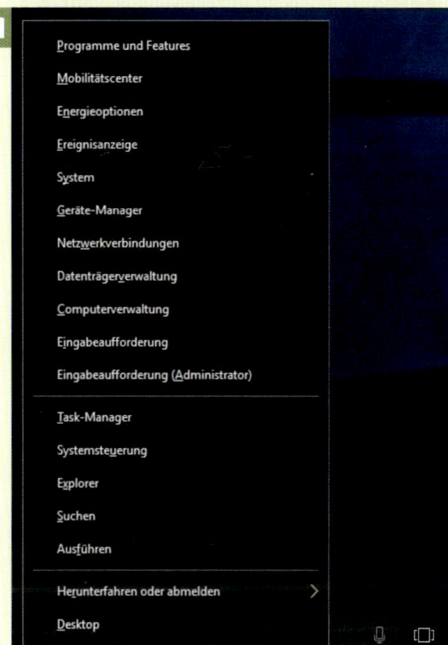

12

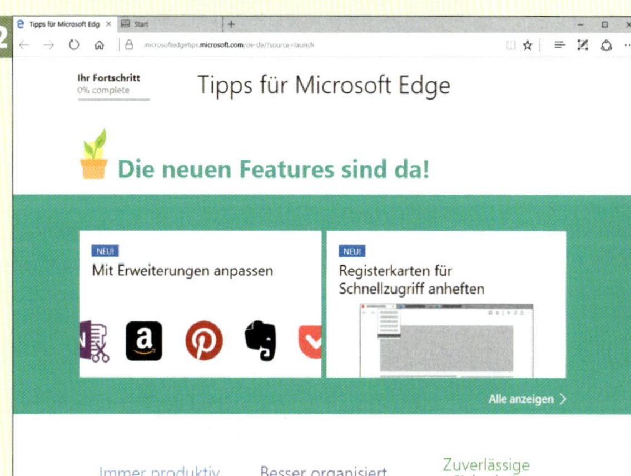

Kapitel 2
Erste Schritte mit Windows 10

Windows 10 ist installiert und präsentiert die Arbeitsoberfläche (auch Desktop oder Schreibtisch genannt). Sicherlich möchten Sie gleich einige Programme ausprobieren und die Oberfläche ein wenig an Ihre Bedürfnisse anpassen. Dabei müssen Sie jedoch einiges beachten. Wie richten Sie den Desktop ein? Wie sorgen Sie für die richtigen Inhalte im Startmenü? Und wie funktioniert das mit den Fenstern? Wo sind wichtige Einstelloptionen für Windows versteckt? Diese und noch mehr Fragen beantwortet dieses Kapitel.

Apps starten und schließen

Wo Sie die Apps (Programme) von Windows starten und das Erscheinungsbild des Startmenüs ❶ beeinflussen können, verrät Ihnen der erste Teil dieses Kapitels, der sich vorwiegend mit den Kacheln Ihres Betriebssystems befasst.

Mit Fenstern umgehen

Auf dem Desktop von Windows 10 werden Programme in sogenannten Fenstern ❷ gestartet. Überhaupt sind Fenster das A und O der täglichen Arbeit mit Windows. Eine erste Kontaktaufnahme mit dieser Art der Computerbedienung finden Sie im zweiten Teil dieses Kapitels. Windows 10 hält übrigens einige Hilfen bereit, die Ihnen den Umgang mit mehreren Fenstern erleichtern.

Die Windows-Hilfe aufrufen

Was machen Sie, wenn Sie Hilfe benötigen? Klar, Sie schauen in Ihr neues Windows-Buch. Was sonst? Wenn Sie dennoch das Windows-eigene Hilfesystem ❸ einmal testen wollen, stehen Ihnen verschiedene Optionen zur Verfügung.

Herunterfahren

Die Arbeit ist getan, und Sie möchten sich etwas Ruhe gönnen? Gerne! Nur vergessen Sie nicht, den Rechner auszuschalten, indem Sie ihn ordnungsgemäß herunterfahren ❹.

Wie Sie Apps starten und den Startbildschirm bedienen, erfahren Sie in diesem Kapitel. (1)

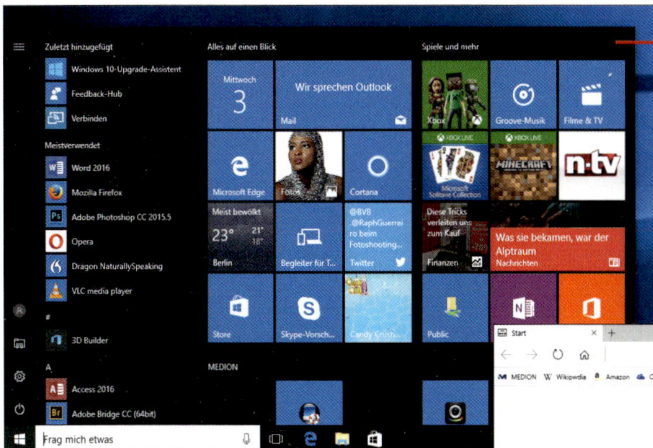

Auch der Umgang mit Fenstern auf dem Desktop soll nicht zu kurz kommen. (2)

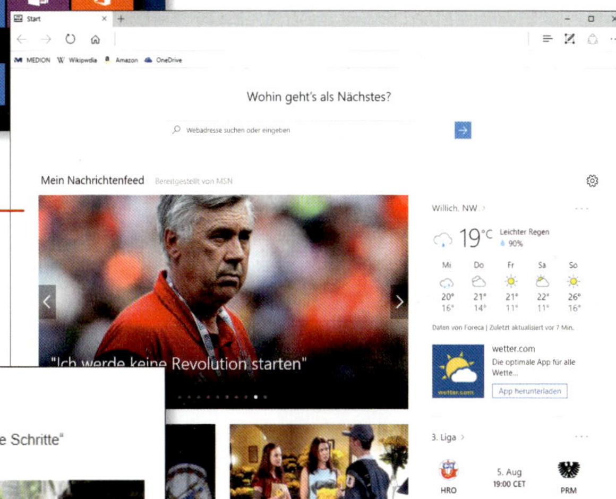

Die Windows-eigene Hilfe bietet Antworten und Unterstützung bei den meisten Fragen. (3)

Wenn Sie mit der Arbeit fertig sind, sollten Sie den Rechner ordnungsgemäß herunterfahren. (4)

Das Startmenü bedienen

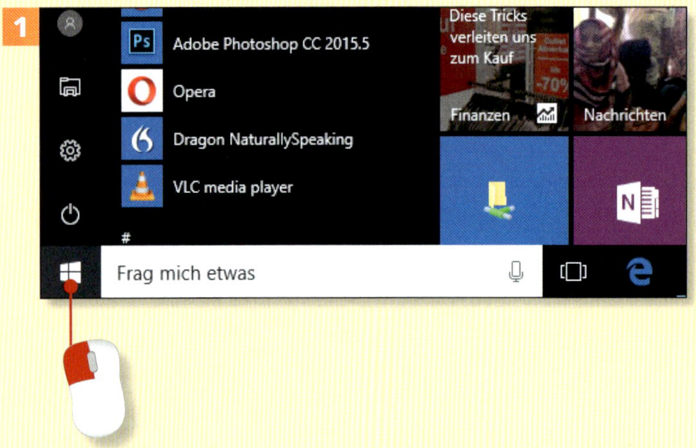

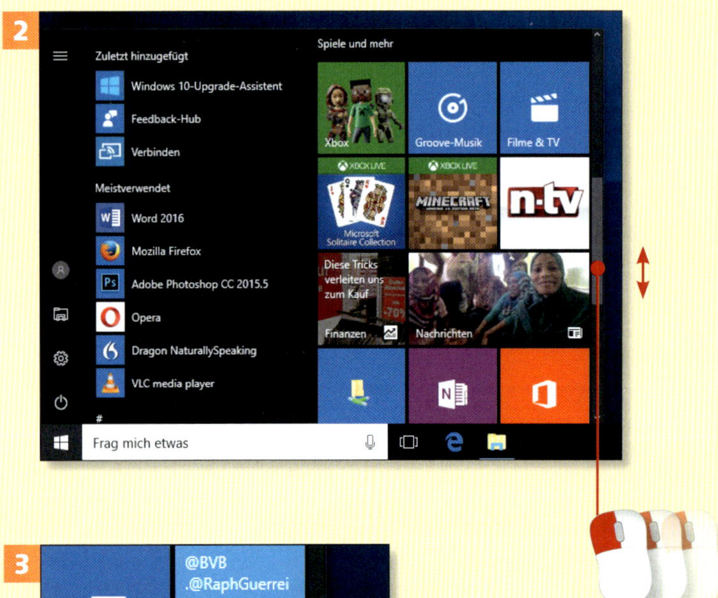

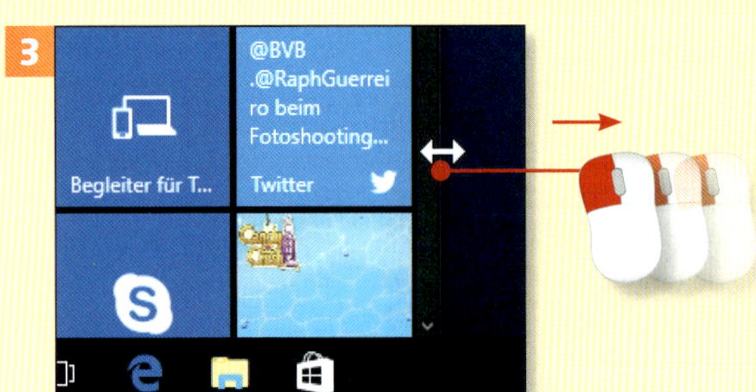

Bevor Sie mit der Arbeit in Windows 10 beginnen, sollten Sie sich zunächst einmal mit dem Startmenü vertraut machen. Es ist gespickt mit Apps des täglichen Bedarfs, die hier in Form von Kacheln ausfindig zu machen sind.

Schritt 1

Um das Startmenü zu öffnen, gibt es zwei Wege. Entweder Sie klicken auf die **Windows**-Schaltfläche unten links, oder Sie drücken ganz einfach die Taste [⊞] auf Ihrer Tastatur.

Schritt 2

Meist ist nur ein Teil des Inhalts zu sehen. Stellen Sie daher die Maus an den rechten Rand des Menüs. Der daraufhin erscheinende Balken kann mit gedrückter Maustaste nach unten geschoben werden. Nun sind auch die weiter unten befindlichen Kacheln zu sehen.

Schritt 3

Wenn Sie die Maus genau auf dem rechten Rand parken, werden Sie einen Doppelpfeil sehen. Jetzt können Sie das Menü durch Ziehen nach rechts verbreitern.

Schritt 4

Auch die Höhe des Menüs lässt sich durch Ziehen mit gedrückter Maustaste verändern. Dazu muss die Maus aber vorab am oberen Rand angeordnet werden.

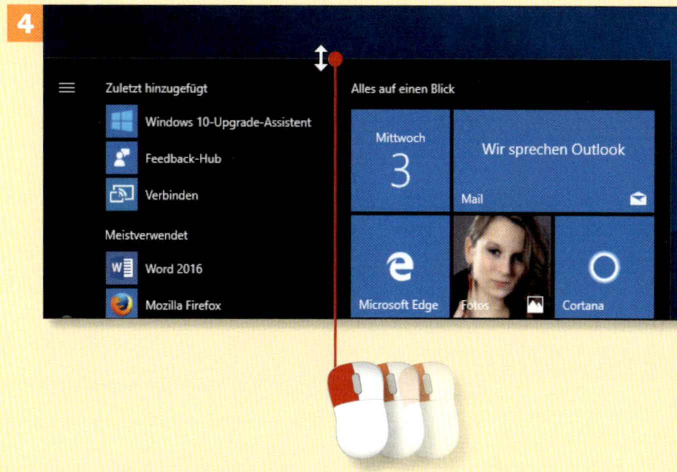

Schritt 5

Wenn Sie eine App öffnen möchten (hier **Begleiter für Telefon**), stellen Sie die Maus auf die entsprechende Kachel. Es erscheint ein kleiner heller Rahmen. Jetzt klicken Sie die Kachel an.

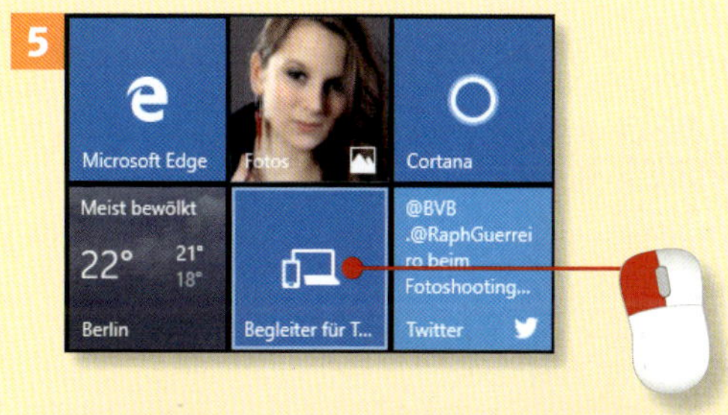

Schritt 6

Eine App wie z. B. **Cortana** öffnet sich im Bereich des Startmenüs (andere in eigenständigen Fenstern). Um diese oder andere Apps zu verlassen, klicken Sie einfach auf den Desktop.

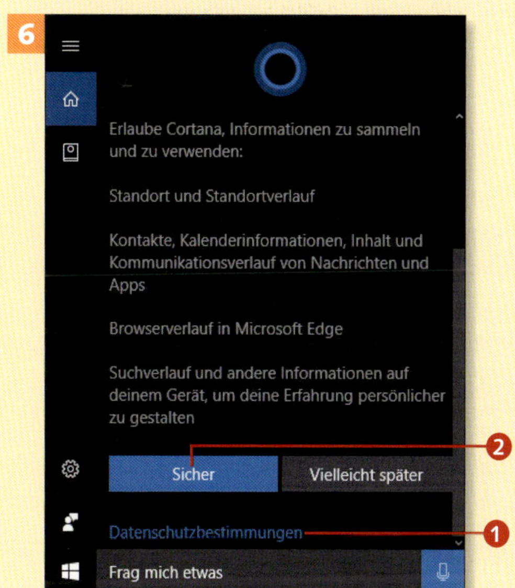

Cortana

Cortana ist eine Art »digitaler Assistent«, der in der Lage ist, Sprachbefehle zu empfangen und zu verarbeiten. Allerdings müssen Sie der App vor der ersten Benutzung zahlreiche Erlaubnisse erteilen. Wägen Sie genau ab, ob Sie das wollen! Bevor Sie auf **Sicher** ❷ klicken, sollten Sie die **Datenschutzbestimmungen** lesen ❶.

Die Kacheln anordnen

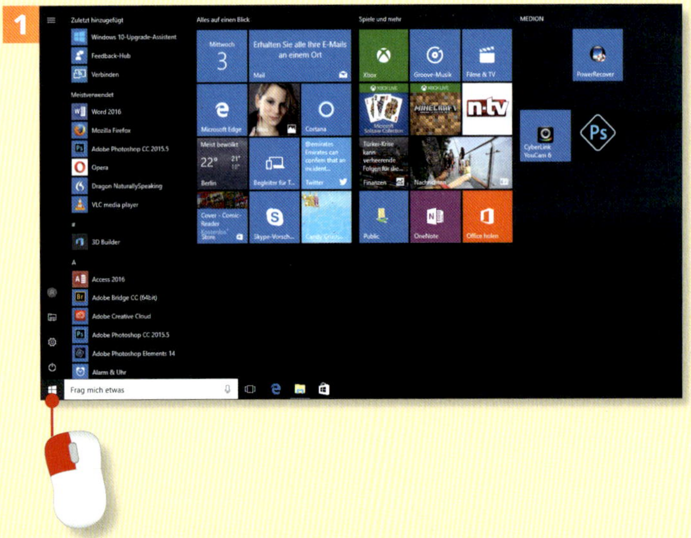

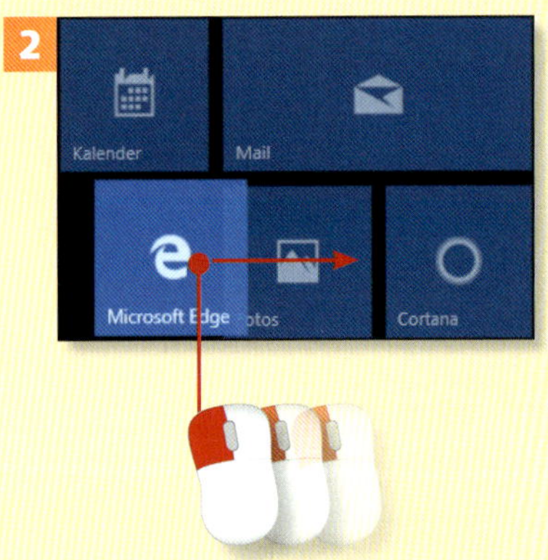

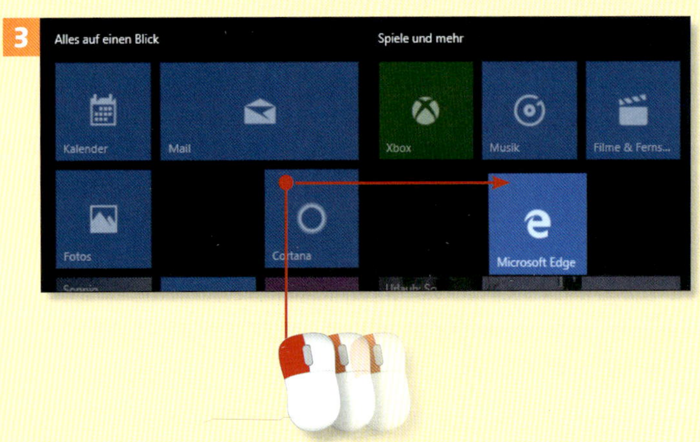

Das Startmenü von Windows 10 ist nicht in Stein gemeißelt. Möchten Sie es nach Ihren Wünschen gestalten?

Schritt 1

Klicken Sie auf die **Windows**-Schaltfläche. Falls nicht alle Kacheln (die farbigen Quadrate und Rechtecke des Startmenüs) sichtbar sind, vergrößern Sie das Menü etwas (siehe Schritte 3 und 4 auf Seite 26 und 27).

Schritt 2

Um die Position zweier Kacheln zu tauschen, klicken Sie auf eine der beiden, halten die Maustaste gedrückt, ziehen zur anderen Kachel herüber und warten, bis diese herübergerutscht ist. Lassen Sie die Maustaste anschließend los.

Schritt 3

Sie sehen zwei Kategorien (links **Alles auf einen Blick**, rechts **Spiele und mehr**). Dennoch dürfen Sie auch eine Kachel der linken Seite auf die rechte Seite ziehen – und umgekehrt.

Abmessungen beachten!

Sollte sich an der Zielposition eine Kachel befinden, die nicht den Abmessungen der gezogenen Kachel entspricht, rutscht die gesamte Reihe an der Zielposition nach unten.

Schritt 4

Haben beide Kacheln (also die gezogene und die an der Zielposition) die gleichen Abmessungen, rutscht die ursprünglich an der Position befindliche Kachel an die nächste erreichbare freie Stelle (hier: nach unten).

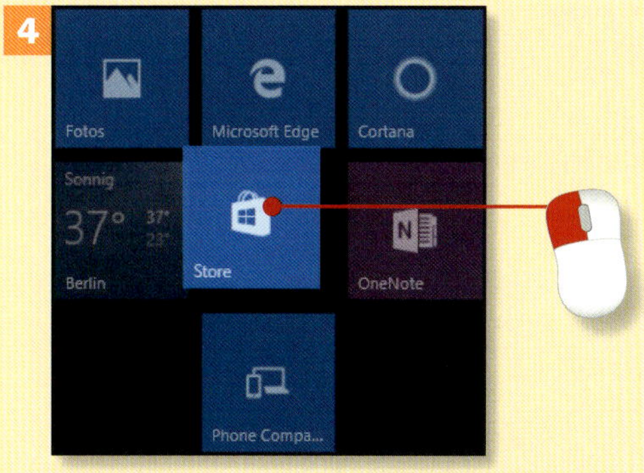

Schritt 5

Falls Sie eine eigene Gruppe aus jenen Kacheln zusammenstellen wollen, die Ihnen persönlich ganz wichtig sind, ziehen Sie erst eine und dann weitere Kacheln mit gedrückter Maustaste nach unten, bis sich ein hellerer Balken zeigt. Daraufhin lassen Sie die Maustaste los.

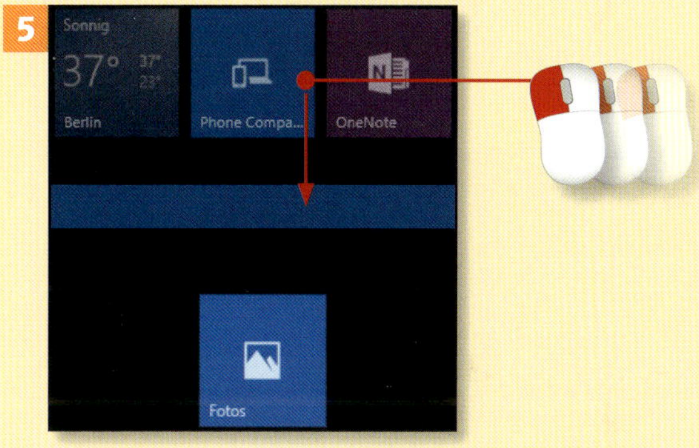

Schritt 6

Wenn Sie nicht benötigte Kacheln entfernen wollen, setzen Sie zunächst einen Rechtsklick darauf. Anschließend klicken Sie mit der linken Maustaste auf **Von „Start" lösen**.

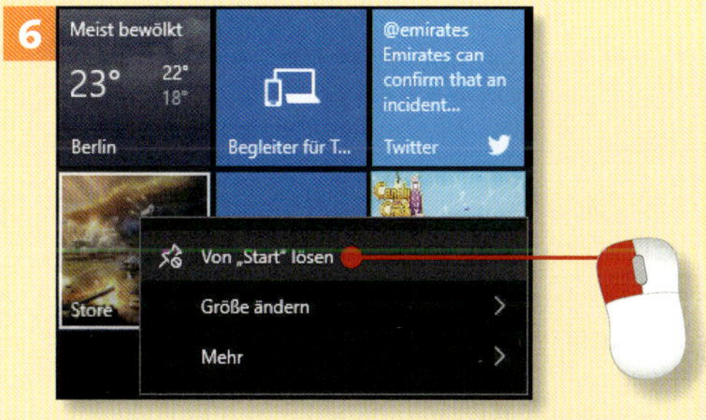

Kacheln wieder anheften

Sofern Sie gerade Schritt 6 vollzogen und es sich nun doch anders überlegt haben, schauen Sie in die linke Spalte des Startmenüs. Ziehen Sie den dort befindlichen Kacheleintrag wieder zurück an seine ursprüngliche Position.

Kacheln hinzufügen

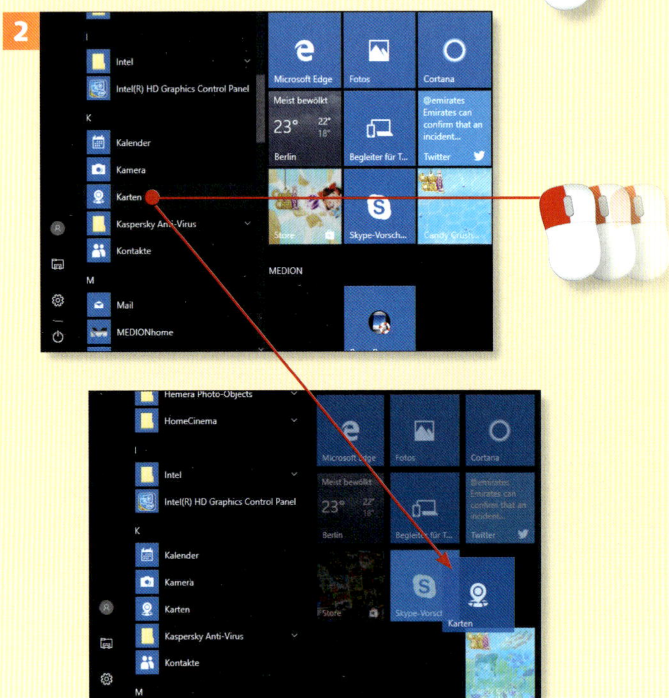

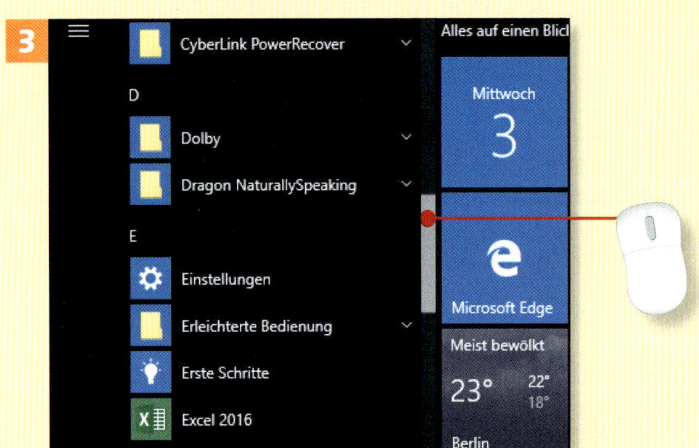

Sie können die Kachel einer bestimmten App oder eines Programms im Startmenü hinzufügen.

Schritt 1

Zunächst müssen Sie das Startmenü öffnen, indem Sie auf die **Windows**-Schaltfläche unten links klicken.

Schritt 2

Halten Sie ganz links in der Liste Ausschau nach der bevorzugten App. Ist sie dabei (hier: **Karten**)? Dann ziehen Sie diesen Eintrag mit gedrückter Maustaste in den Kachelbereich. Dort lassen Sie ihn los.

Schritt 3

Sollte die Kachel nicht dabei sein (siehe Schritt 2), benutzen Sie die Scrollleiste, die rechts neben der App-Liste zu finden ist. Sie erscheint, sobald Sie die Maus innerhalb der App-Liste bewegen.

Kachelgröße anpassen

Die Kachelgröße können Sie individuell festlegen. Klicken Sie die Kachel dazu mit rechts an, zeigen Sie anschließend auf **Größe ändern**, und wählen Sie eine der angebotenen Optionen (**Klein**, **Mittel**, **Breit**, **Groß**).

Schritt 4

Ziehen Sie den Scrollbalken mit gedrückter Maustaste nach unten, und suchen Sie den Eintrag, von dem Sie eine Kachel im Startmenü wünschen (hier: **Rechner**).

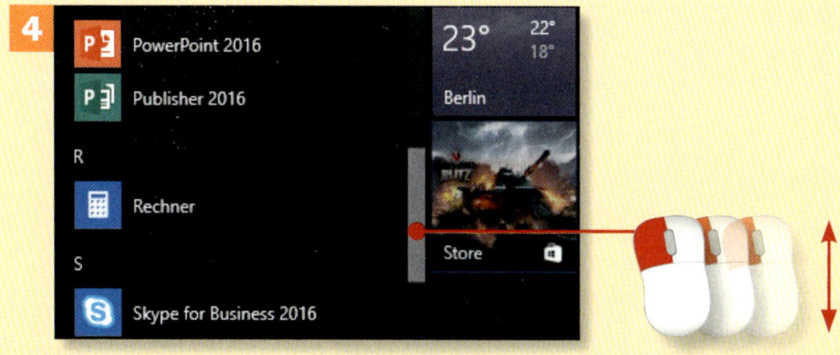

Schritt 5

Ein Tipp zum schnellen Auffinden einer App: Klicken Sie auf eine beliebige Buchstabenzeile (hier **A**), um das Alphabet anzuzeigen. Danach klicken Sie auf den Buchstaben, dessen Liste Sie öffnen wollen (hier **R** für **Rechner**).

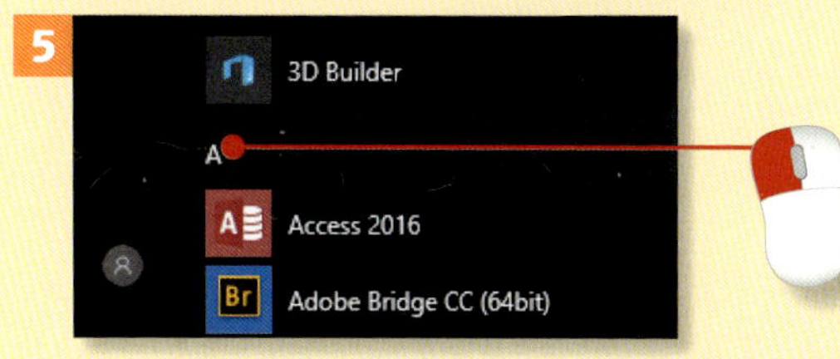

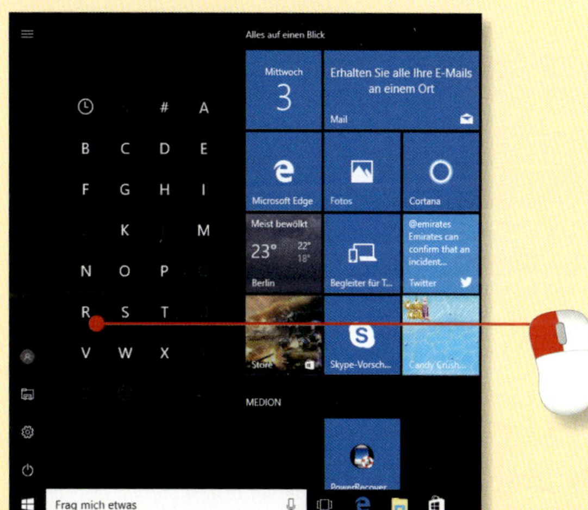

Schritt 6

Klicken Sie links in der Spalte auf den gesuchten Eintrag, halten Sie die Maustaste wieder fest, und ziehen Sie ihn in den Kachelbereich. Dort angelangt, lassen Sie los.

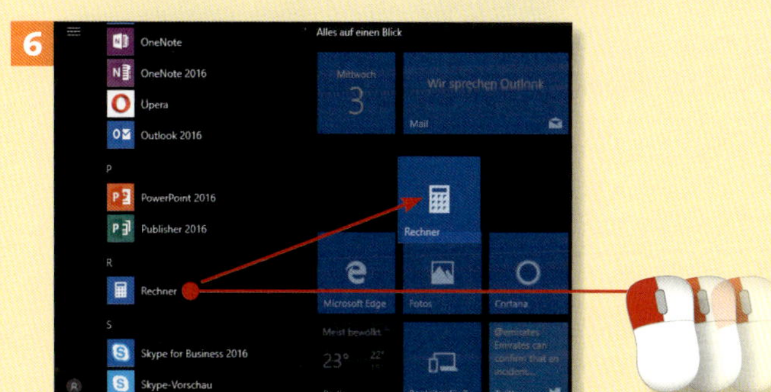

Buchstaben

Wenn Sie die in Schritt 5 vorgestellte Suche nach Alphabet nutzen, beachten Sie: Schwachgrau angezeigte Buchstaben symbolisieren, dass derzeit keine Apps mit diesem Anfangsbuchstaben vorhanden sind.

Apps öffnen und schließen

1

2

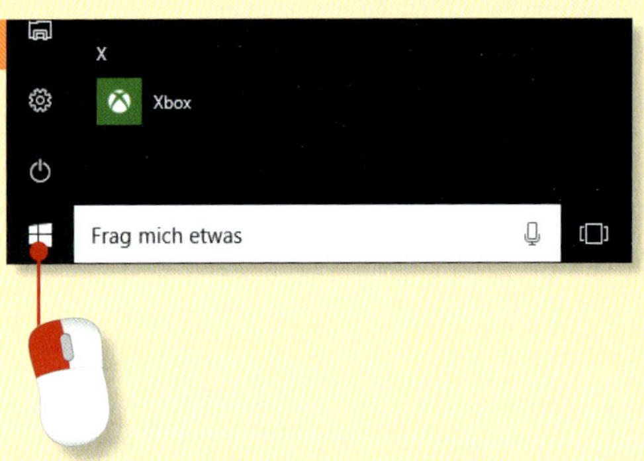

3

Das Starten einer App oder eines Programms ist keine große Sache. Über das Startmenü können Sie nach den Apps suchen und sie starten.

Schritt 1

Um eine App zu starten, klicken Sie (nach dem Öffnen des Startmenüs per Klick auf die **Windows**-Schaltfläche oder ⊞) kurz auf die Kachel.

Schritt 2

Um anschließend eine weitere App zu öffnen, drücken Sie erneut ⊞ oder klicken abermals auf das **Windows**-Symbol. Danach muss die entsprechende Kachel erneut angeklickt werden.

Schritt 3

Meist liegen die Fenster, in denen die Apps ausgeführt werden, übereinander. Die zuletzt gestartete App liegt ganz oben. Um eine andere App anzuzeigen, können Sie das entsprechende Symbol in der sogenannten *Taskleiste* anklicken.

Markierungen in der Taskleiste

Achten Sie auf die Striche 1 gleich unterhalb der Taskleisten-Symbole. Diese deuten darauf hin, dass die jeweilige App aktiv ist. Geschlossenen Apps fehlt dieser Balken.

Schritt 4

Sollten mehrere Fenster einer App geöffnet sein (hier: **Microsoft Edge** – Strg + N öffnet ein weiteres Edge-Fenster), zeigen Sie auf das Taskleisten-Symbol. Danach können Sie per Klick auswählen, welches Fenster Sie nach vorne stellen wollen.

4

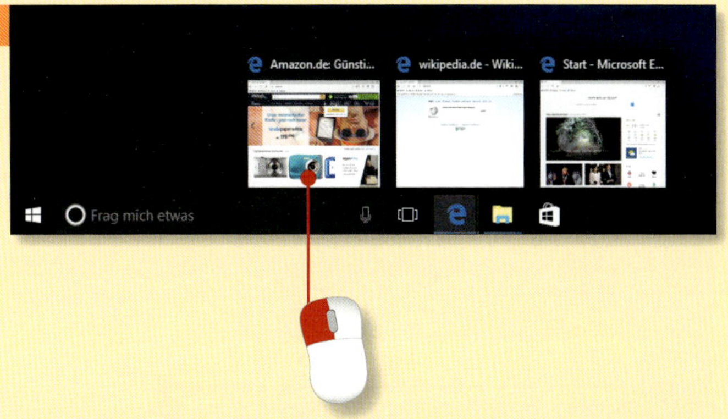

Schritt 5

Übrigens lassen sich mithilfe der Taskleiste auch Anwendungen schließen. Dazu klicken Sie mit rechts auf das gewünschte App-Symbol und wählen anschließend **Fenster schließen** (bei mehreren geöffneten Fenstern: **Alle Fenster schließen**).

5

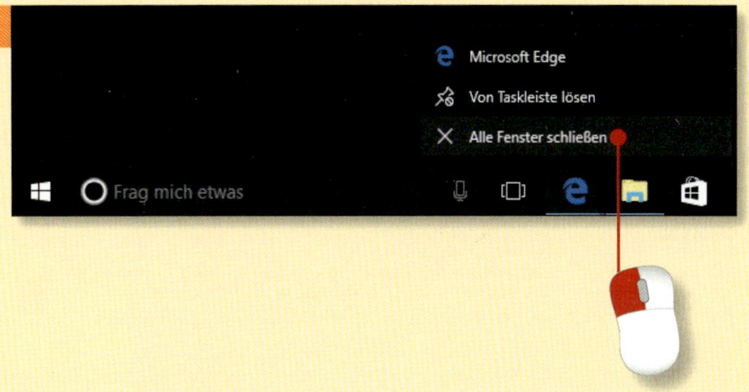

Schritt 6

Einige Apps (wie z. B. Microsoft Edge) sind standardmäßig in der Taskleiste vorhanden. Wenn Sie das nicht möchten, klicken Sie mit rechts auf das Symbol und wählen **Von Taskleiste lösen**.

6

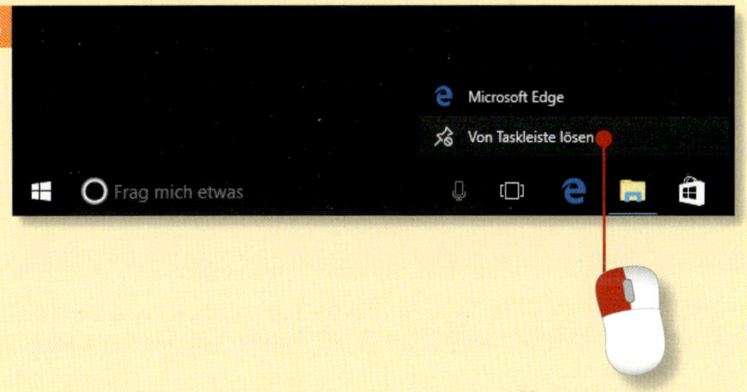

Eine App schließen

Wenn Sie auf das automatische Schließen einer App nicht warten wollen, drücken Sie, während Sie sich in der App befinden, die Tastenkombination Alt + F4.

Apps an die Taskleiste anheften

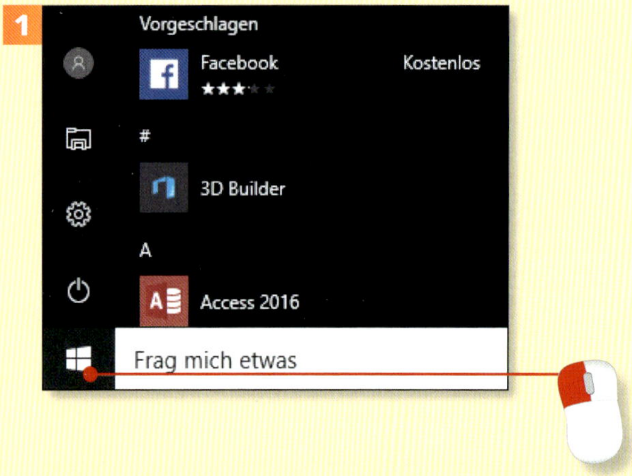

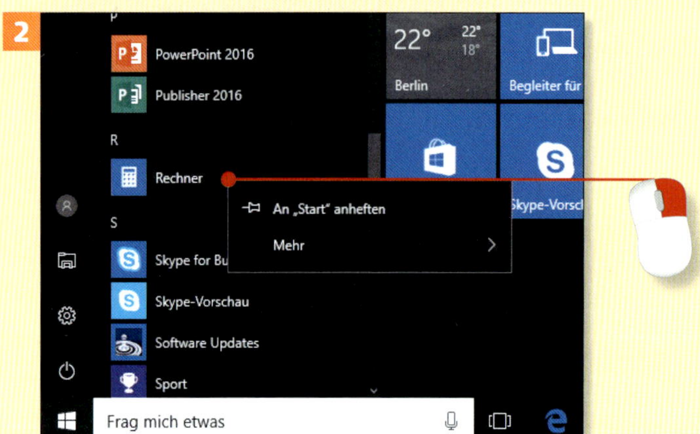

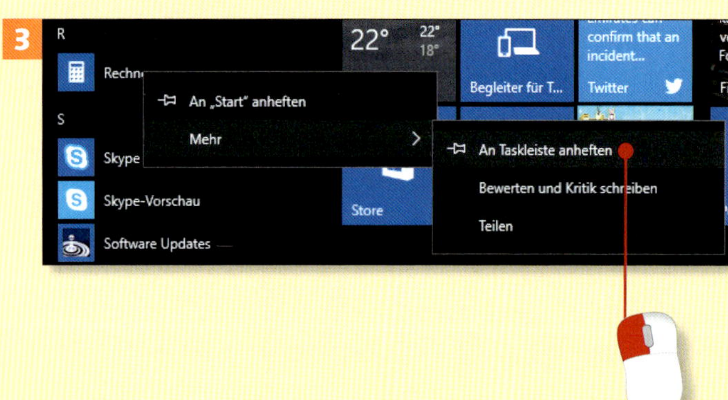

Im letzten Abschnitt haben Sie unter anderem erfahren, wie sich Apps aus der Taskleiste lösen lassen. Nun wollen Sie aber auch sicher wissen, wie Sie dort neue Apps hinzufügen.

Schritt 1

Der erste Schritt besteht einmal mehr darin, das Startmenü zu öffnen. Sie wissen ja: Ein Klick auf das **Windows**-Symbol reicht.

Schritt 2

Suchen Sie nach der App, die Sie in die Startleiste bringen wollen. Haben Sie die App gefunden, klicken Sie diese mit rechts an (hier: **Rechner**).

Schritt 3

Jetzt öffnet sich ein kleines Kontextmenü. Zeigen Sie darin auf den Eintrag **Mehr**. Fahren Sie herüber auf die rechts daneben befindliche Tafel, und klicken Sie mit der linken Maustaste auf **An Taskleiste anheften**.

Desktop-Programme schließen

Desktop-Programme werden im Gegensatz zu den Apps genauso geschlossen wie Desktop-Fenster. Diese verfügen nämlich über eigene **Schließen**-Schaltflächen. Wie Sie Desktop-Programme und -Fenster schließen, erfahren Sie auf Seite 40.

Den Sperrbildschirm überwinden

Windows 10 startet in der Regel automatisch mit dem sogenannten Sperrbildschirm. Um diesen zu überwinden, müssen Sie Ihr persönliches Passwort eingeben.

Schritt 1

Sofern Sie den Computer eine Weile nicht bedient oder [⊞] + [L] gedrückt haben, erscheint der *Sperrbildschirm*. Um ihn zu verlassen, müssen Sie zunächst eine beliebige Taste drücken oder einen Mausklick ausführen.

1

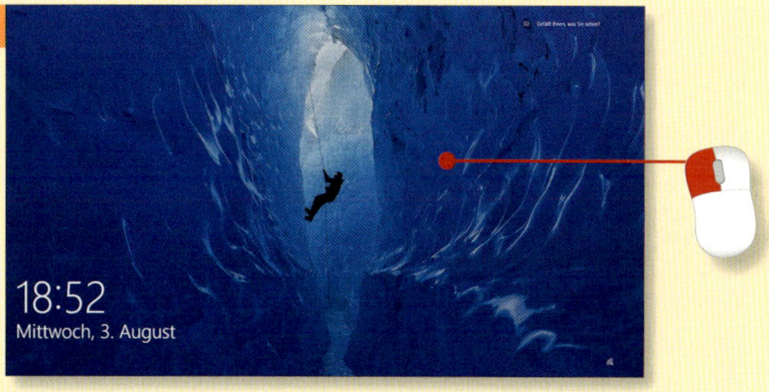

Schritt 2

Klicken Sie als Nächstes in das Eingabefeld **Kennwort**, und tragen Sie hier Ihr persönliches Passwort ein.

2

Schritt 3

Anschließend klicken Sie auf die Pfeilschaltfläche rechts neben dem Eingabefeld oder drücken [↵] auf der Tastatur.

3

Benutzerwechsel
Die Eingabemaske erscheint auch bei einem Benutzerwechsel – sofern weitere Benutzer auf dem PC eingerichtet sind. Wie Sie dazu vorgehen, erfahren Sie im Abschnitt »Ein Benutzerkonto einrichten« ab Seite 284.

Mit Desktop und Taskansicht arbeiten

Das Startmenü ist schick und innovativ, viele Anwender nutzen aber lieber die Taskleiste. Sie ist immer präsent und schneller zu bedienen. Zudem bringt sie einen interessanten Zusatznutzen mit: die Taskansicht, die Ihnen alle gerade laufenden Apps zeigt.

1

2

3

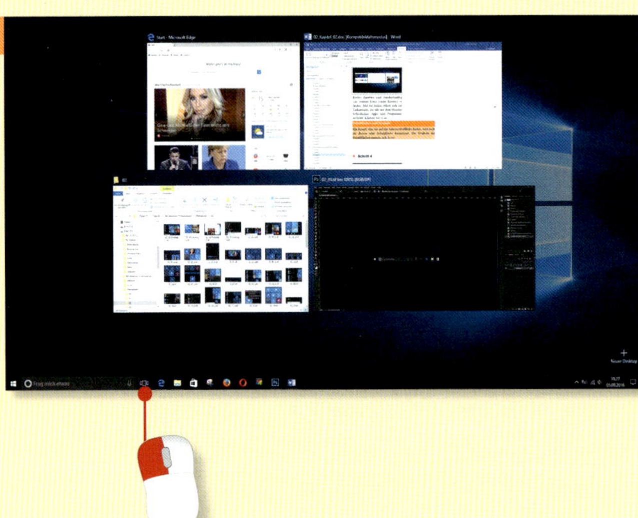

Schritt 1

Desktop und Taskleiste bilden eine Einheit. In Windows 8 musste man nach dem Start noch zunächst zum Desktop wechseln.

Schritt 2

Wann immer Sie das Startmenü benötigen, fahren Sie in die untere linke Ecke und klicken dort auf die **Windows**-Schaltfläche.

Schritt 3

Rechts daneben sind standardmäßig vier weitere Icons (siehe Kasten) zu finden. Mit dem linken öffnet sich die Taskansicht, die alle auf dem Monitor befindlichen Apps und Programme auflistet. Klicken Sie es an.

Schaltflächen und Symbole

Ein Knopf, den Sie auf der Arbeitsoberfläche finden, wird auch als *Button* oder *Schaltfläche* bezeichnet. Die Symbole der Schaltflächen nennen sich *Icons*.

Schritt 4

Platzieren Sie einen Mausklick auf einem der Fenster, wird dieses vergrößert und in den Vordergrund gestellt.

Schritt 5

Jedes der in der Taskansicht angezeigten Fenster lässt sich schnell schließen, indem Sie die kleine Schaltfläche mit dem Kreuz in der oberen rechten Ecke anklicken. Sie ist nur sichtbar, wenn die Maus auf dem Fenster steht.

Schritt 6

Wollen Sie die Taskansicht verlassen, ohne eine App auszuwählen, klicken Sie auf einen freien Bereich des Desktops oder erneut auf **Taskansicht** in der Taskleiste.

4

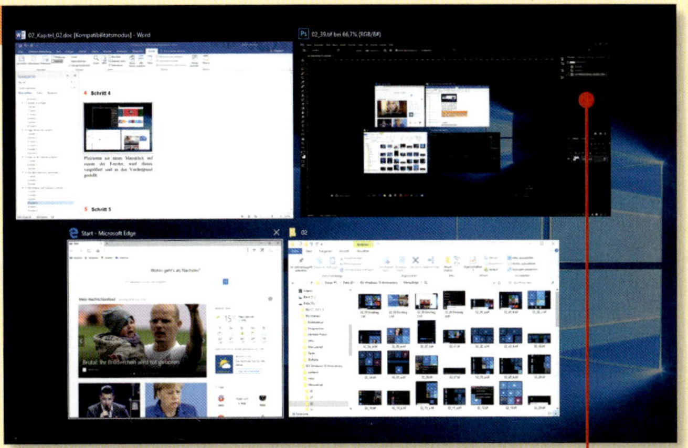

5

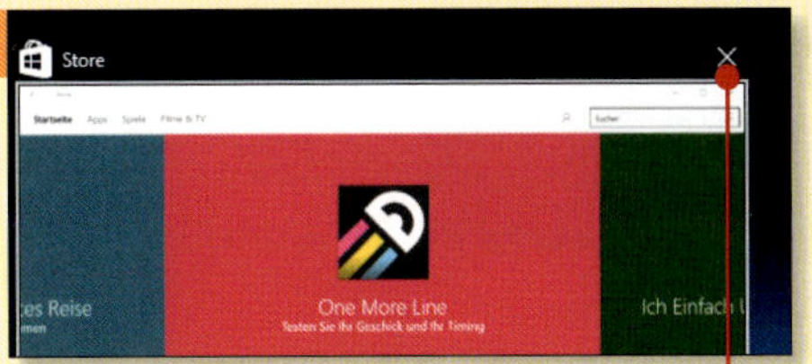

6

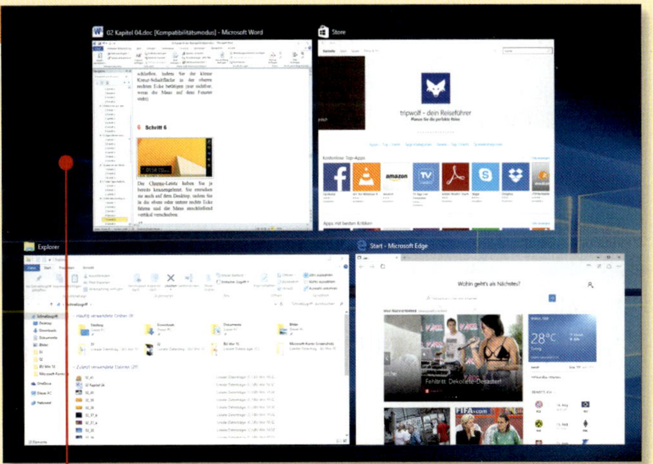

Taskleiste

Die horizontale Leiste, die sich auf dem Desktop ganz unten befindet, wird *Taskleiste* genannt. Wenn Sie weitere Programme oder Ordner öffnen, finden Sie deren Miniaturen ebenfalls in dieser Leiste. Schließen Sie eine App oder einen Ordner, verschwindet auch das Symbol wieder.

Mit mehreren Desktops arbeiten

1

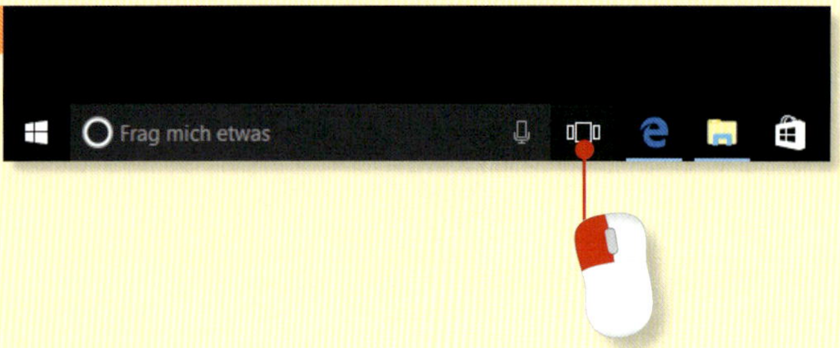

Neben der Taskansicht gibt es eine weitere, sehr interessante Funktion in Windows 10, die für Übersicht und Individualität sorgt. Sie können nämlich mit mehreren Desktops arbeiten. Hier lesen Sie, wie das geht.

Schritt 1

Der erste Schritt besteht darin, die Taskansicht zu öffnen. Klicken Sie dazu auf die Schaltfläche rechts neben dem Suchfeld.

2

Schritt 2

Ihre Aufmerksamkeit sollte nun der unteren rechten Ecke des Desktops gelten. Dort finden Sie ein Plus-Symbol mit der Bezeichnung **Neuer Desktop**. Klicken Sie darauf.

3

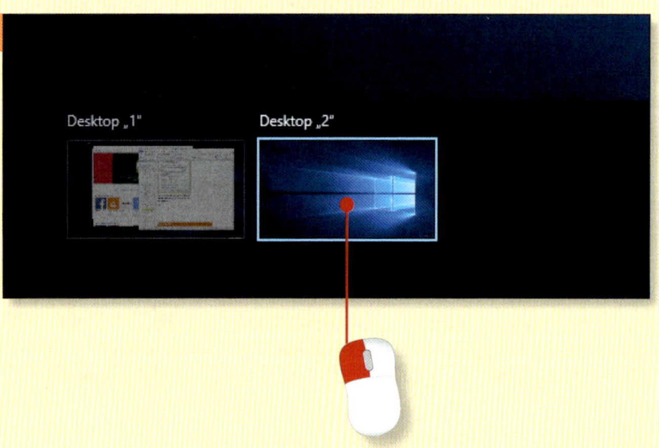

Schritt 3

Jetzt finden Sie ganz unten zwei Miniaturen. **Desktop „1"** ist der ursprüngliche, während **Desktop „2"** den neu hinzugefügten repräsentiert. Klicken Sie auf das Symbol, dessen Desktop Sie anzeigen lassen wollen.

Weitere Desktops

Wenn Sie es wünschen, können Sie auch mehr als einen Desktop hinzufügen. Dazu müssen Sie einfach die Schritte 1 bis 3 wiederholen.

Schritt 4

Wann immer Sie auf den Schalter **Taskansicht** klicken, werden die Desktop-Miniaturen erneut angeboten (sofern mehrere Desktops aktiv sind). Ein anschließender Mausklick bestimmt, welcher Desktop angezeigt werden soll.

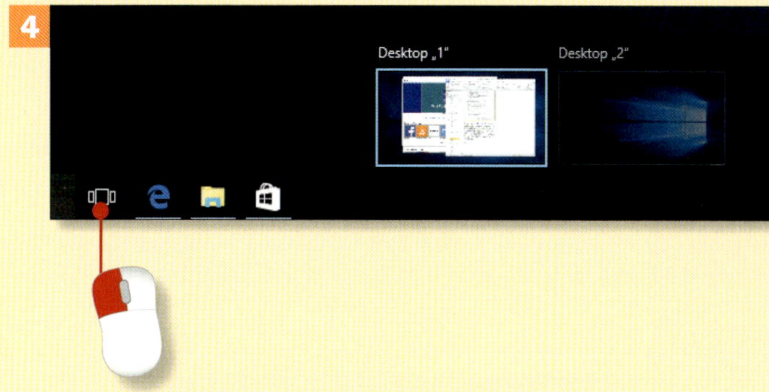

Schritt 5

Schließen Sie einen nicht mehr benötigten Desktop, indem Sie auf das kleine Kreuz oberhalb der Desktop-Miniatur klicken.

Schritt 6

Sehr interessant ist die Neuerung, dass ein geöffnetes Fenster schnell auf alle anderen Desktops übertragen werden kann. Dazu klicken Sie das Fenster bei aktiver Taskansicht mit rechts an und entscheiden sich anschließend für **Dieses Fenster auf allen Desktops anzeigen**.

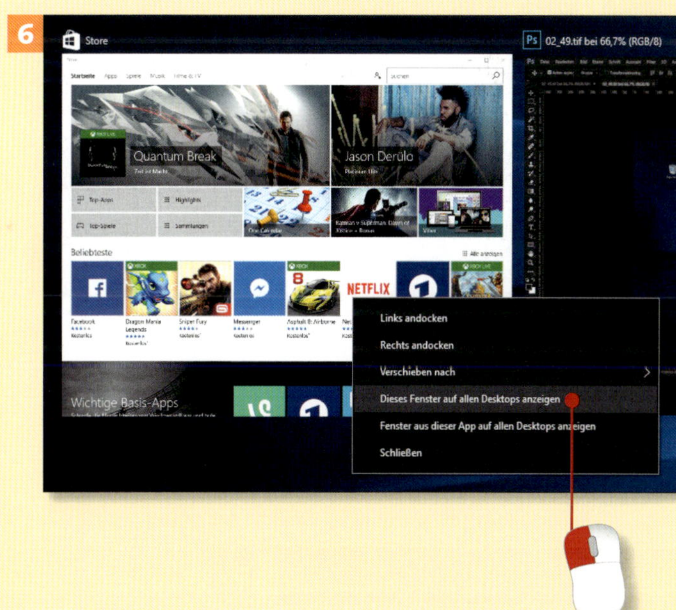

Aktive Apps

Aktive Apps werden ja in der Taskleiste unterstrichen dargestellt. Das gilt allerdings immer nur für den jeweils aktiven Desktop. Eine nur auf einem Desktop aktive App wird auf dem anderen folgerichtig nicht als geöffnet markiert.

Fenster öffnen und schließen

1

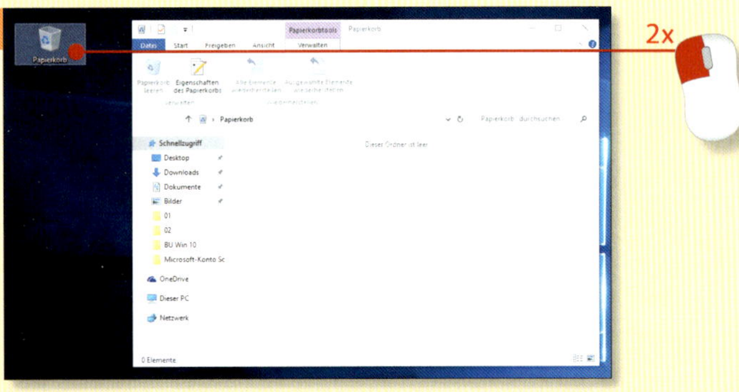

2

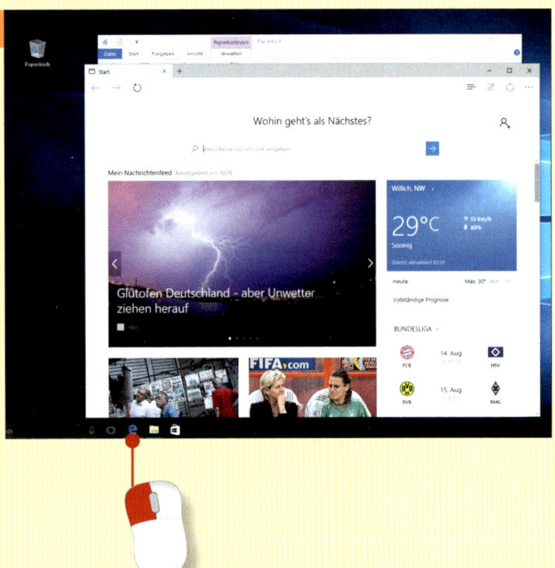

3

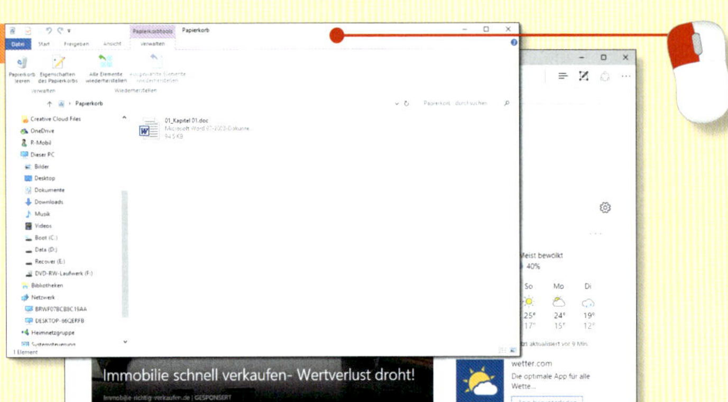

Windows macht seinem Namen alle Ehre. Denn alles spielt sich hier irgendwie in Fenstern ab. Das ist zumindest dann der Fall, wenn Sie über den Desktop hinaus weitere Bereiche öffnen.

Schritt 1

Elemente auf dem Desktop lassen sich öffnen, indem Sie doppelt auf das Symbol klicken. Öffnen Sie so z. B. den Papierkorb.

Schritt 2

Öffnen Sie ein weiteres Fenster, indem Sie unten in der Taskleiste einmal auf das Icon **Microsoft Edge** klicken. Dieses Fenster legt sich nun über das des Papierkorbs.

Schritt 3

Um das Papierkorb-Fenster nach vorn zu stellen, klicken Sie einmal an einer freien Stelle auf dessen Kopfleiste. Dadurch tritt das Papierkorb-Fenster in den Vordergrund, das Fenster von Microsoft Edge rückt in den Hintergrund.

Schritt 4

Ein geöffnetes Fenster kann minimiert werden. Das bedeutet: Es bleibt aktiv, wird aber nur noch als Symbol in der Taskleiste angezeigt. Klicken Sie dazu auf die **Minimieren**-Schaltfläche oben rechts.

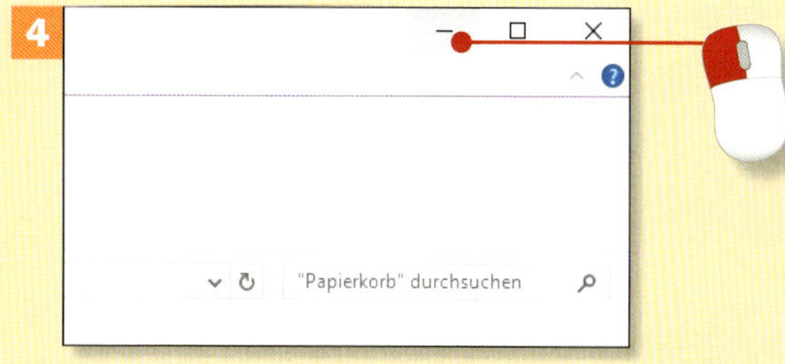

Schritt 5

Um ein minimiertes Fenster wiederherzustellen, klicken Sie auf das zugehörige Symbol in der Taskleiste. Der Papierkorb wird hier durch das Explorer-Symbol repräsentiert.

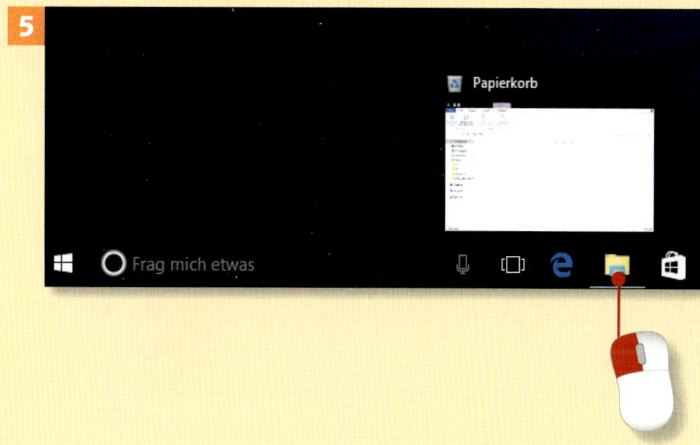

Schritt 6

Schließen Sie das Fenster, indem Sie den Button oben rechts anklicken. Über die links daneben befindliche Schaltfläche ❶ lässt sich das Fenster übrigens bildschirmfüllend darstellen bzw. wieder auf die ursprüngliche Größe reduzieren.

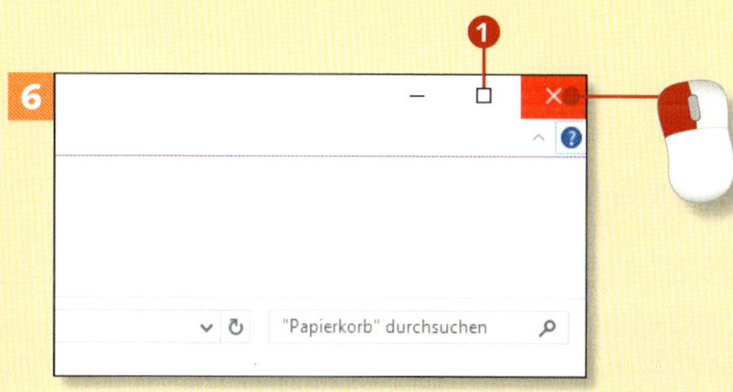

Vorschau des Fensters ansehen

Sollten später viele Fenster geöffnet sein, lässt sich anhand des Icons nicht immer zweifelsfrei erkennen, um welches Fenster es sich handelt. In diesem Fall verweilen Sie mit der Maus einen Moment auf dem Icon und warten, bis die entsprechende Miniatur sichtbar wird (siehe Schritt 5).

Fenster anordnen

1

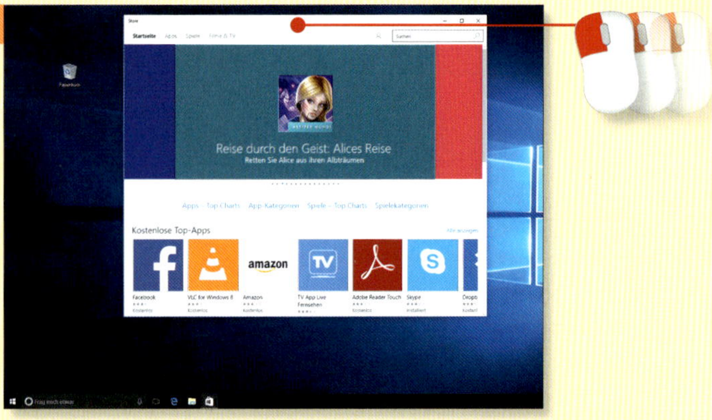

2

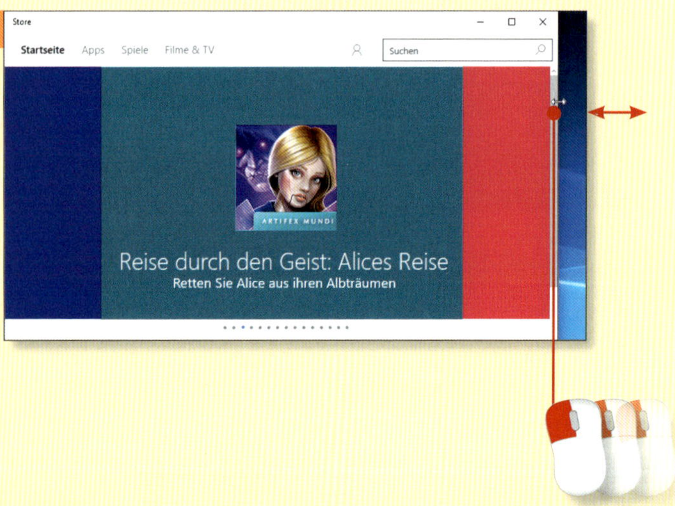

3

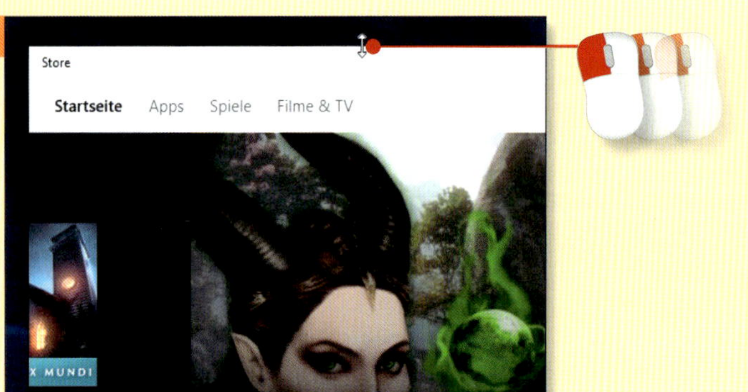

Was auf der Arbeitsoberfläche Ihres PCs geschieht, haben Sie in der Hand. Bestimmen Sie selbst, wo Fenster positioniert werden, und legen Sie auch deren jeweilige Größe fest.

Schritt 1

Das Fenster lässt sich ganz einfach positionieren. Klicken Sie dazu auf die Kopfleiste, halten Sie die Maustaste gedrückt, und verschieben Sie das Fenster. Danach lassen Sie die Maustaste los.

Schritt 2

Um das Fenster breiter zu ziehen, fahren Sie mit der Maus zu einem der beiden Rahmen links oder rechts. Der Mauszeiger wird zum Doppelpfeil. Halten Sie die Maustaste gedrückt, und ziehen Sie den Rahmen nach links oder rechts.

Schritt 3

Auf die gleiche Weise lässt sich ein Fenster auch in der Höhe verändern. Dazu ziehen Sie jedoch am unteren oder oberen Rand des Fensters.

Drag-and-drop

Das Ziehen und Fallenlassen eines Elements zur Änderung seiner Position nennt sich *Drag-and-drop*.

Schritt 4

Die in den Schritten 2 und 3 beschriebenen Skalierungen eines Fensters können auch in einem einzelnen Arbeitsgang erledigt werden. Dazu müssen Sie dann eine der vier Ecken des Fensters wie beschrieben verschieben. Der Mauszeiger mutiert zum diagonalen Doppelpfeil.

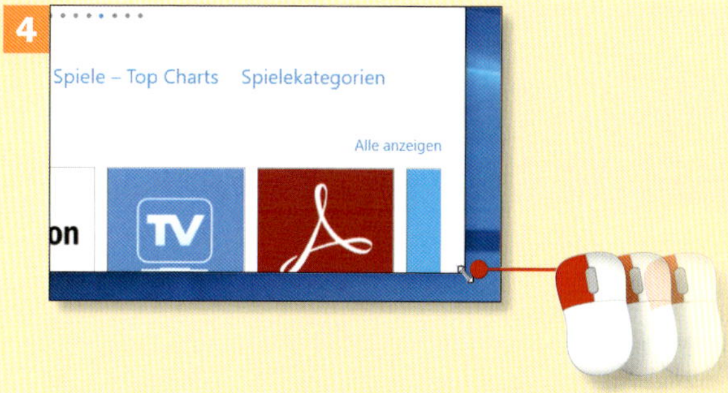

Schritt 5

Sie können ein Fenster prima maximieren, indem Sie es an der Kopfleiste anfassen und mit gedrückter Maustaste an den oberen Bildrand ziehen. Wenn Sie es dort fallenlassen, wird es automatisch vergrößert.

Schritt 6

Um zwei geöffnete Fenster nebeneinander anzuordnen, ziehen Sie eines der Fenster an den linken, das andere an den rechten Bildrand. Beide Fenster nehmen dann automatisch je eine Hälfte des Bildschirms ein. Wie Sie vier Fenster anordnen können, lesen Sie auf Seite 86.

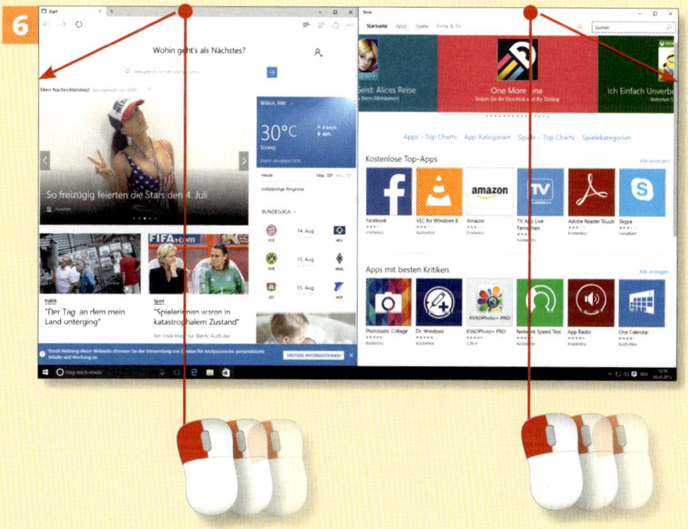

Fenster wiederherstellen
Sobald Sie ein Fenster an seiner Kopfleiste wieder in die Mitte des Desktops ziehen und es dort fallenlassen, wird die zuvor eingestellte Größe wiederhergestellt.

Die Systemsteuerung öffnen

1
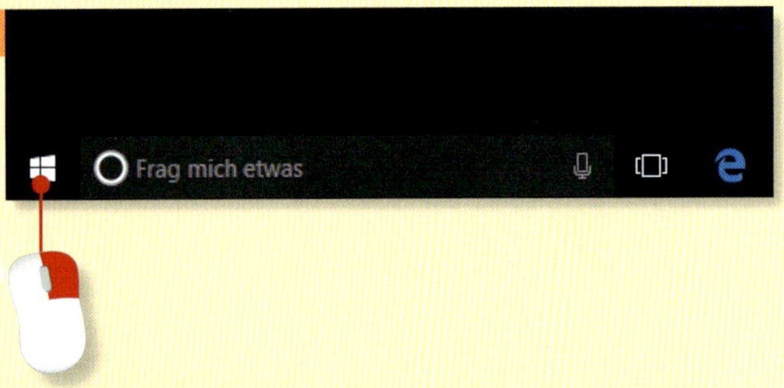

2
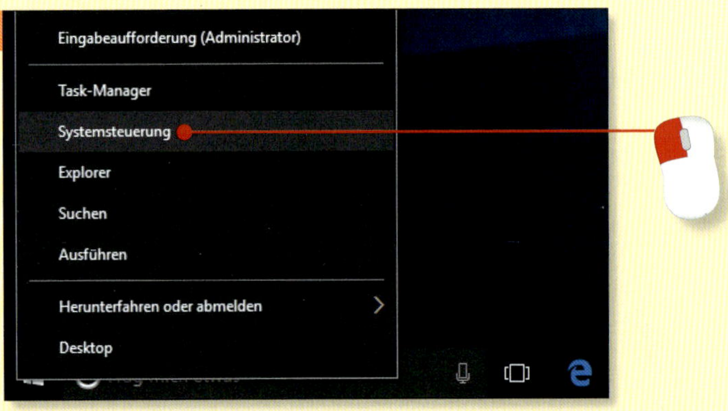

3
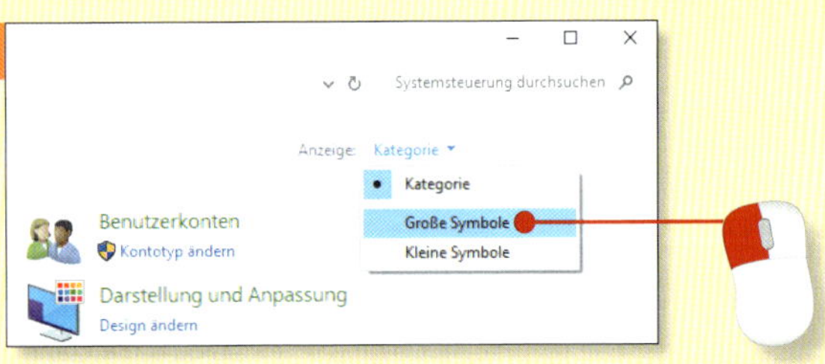

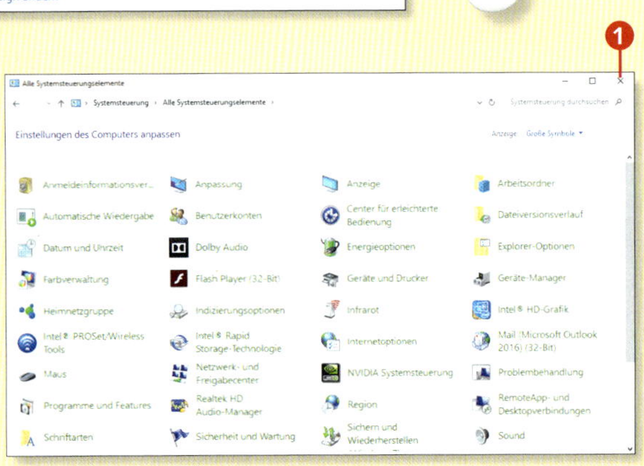

In der Systemsteuerung können Sie alle wichtigen Einstellungen von Windows vornehmen. Früher oder später werden Sie also nicht darum herumkommen, sich mit ihr zu beschäftigen. In dieser Anleitung erfahren Sie, wie Sie in die Systemsteuerung gelangen und zudem wichtige Symbole auf den Desktop bringen.

Schritt 1

Klicken Sie mit der rechten Maustaste auf das **Windows**-Symbol, das Sie unten links in der Ecke finden.

Schritt 2

Fahren Sie im Menü hinauf, bis Sie den Eintrag **Systemsteuerung** erreichen. Dort angelangt, führen Sie einen Mausklick aus.

Schritt 3

Sollte im Feld **Anzeige** des Fensters **Systemsteuerung** oben rechts **Kategorie** stehen, schalten Sie um auf **Große Symbole**. So werden alle Optionen der Systemsteuerung angezeigt – Ziel erreicht! Schließen Sie das Fenster mit einem Klick auf das Kreuz ❶.

Schritt 4

Jetzt sorgen Sie dafür, dass einige Icons für den schnellen Zugriff auf dem Desktop angezeigt werden. Führen Sie einen Rechtsklick auf den Desktop aus (aber weder auf einem Icon noch auf der Taskleiste!), und klicken Sie im Kontextmenü mit der linken Maustaste auf **Anpassen**.

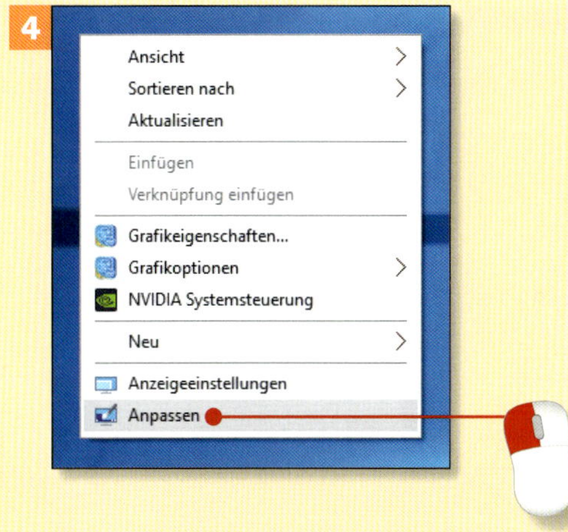

Schritt 5

In der linken Spalte des Dialogs **Personalisierung** schalten Sie um auf **Designs**, gefolgt von **Desktopsymboleinstellungen**. Klicken Sie darauf.

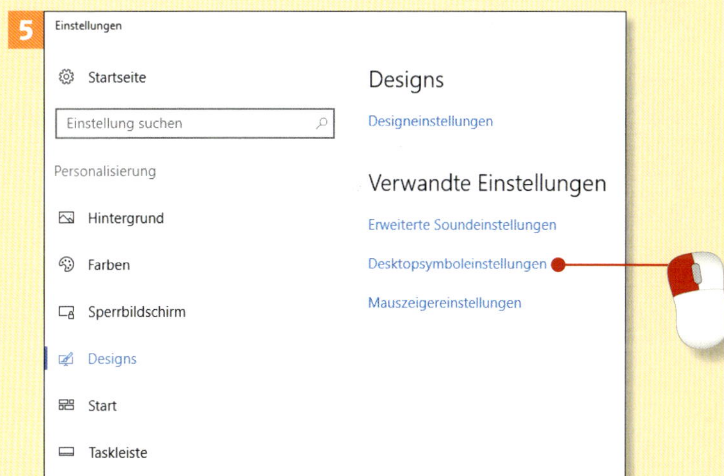

Schritt 6

Sorgen Sie dafür, dass die Einträge **Computer**, **Papierkorb**, **Benutzerdateien** und **Systemsteuerung** mit einem Häkchen versehen sind. Bestätigen Sie mit einem Klick auf **OK**, und schauen Sie sich die neuen Icons auf dem Desktop an.

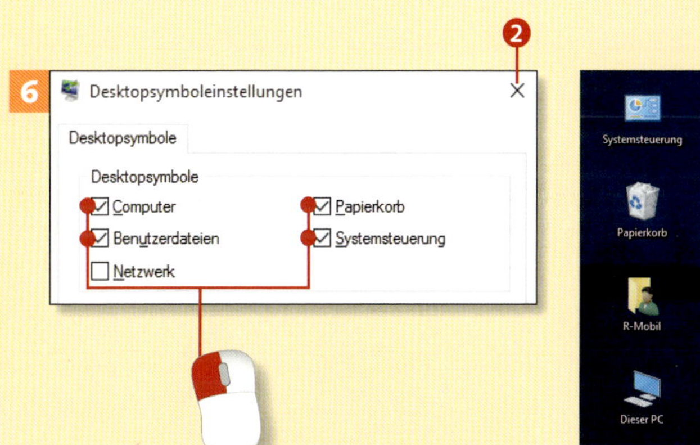

Fenster schließen

Da das Fenster **Anpassung** nicht mehr benötigt wird, sollten Sie es mit einem Klick auf das Kreuz (das sogenannte *Schließkreuz* ❷) wieder schließen.

Energieoptionen festlegen

Computer verbrauchen viel Energie. Daher sollten Sie das System auch in puncto Verbrauch an Ihre Gewohnheiten anpassen. So lässt sich leicht Geld sparen.

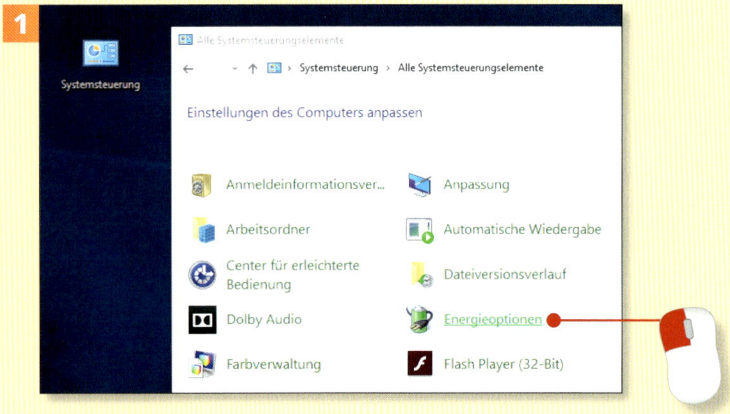

Schritt 1

Zunächst klicken Sie doppelt auf das in der letzten Anleitung neu erzeugte Icon **Systemsteuerung**. Dann wählen Sie **Energieoptionen** aus.

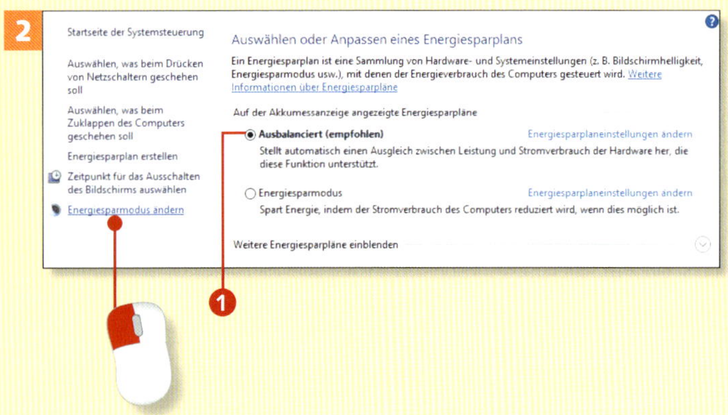

Schritt 2

Ausbalanciert (empfohlen) ❶ stellt einen guten Kompromiss zwischen Computerleistung und Verbrauch dar. Klicken Sie anschließend auf die Zeile **Energiesparmodus ändern**.

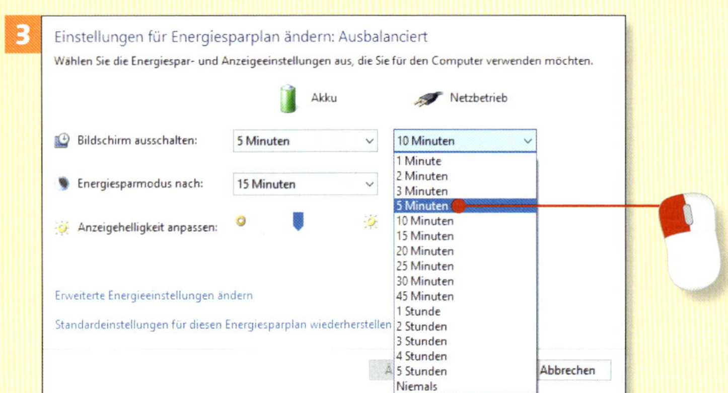

Schritt 3

Im nächsten Dialog klicken Sie auf die Zeitangabe neben **Bildschirm ausschalten**. Der Monitor sollte nach fünf Minuten in den Ruhezustand versetzt werden. Das spart viel Energie. Entscheiden Sie sich für eine der angebotenen Zeitangaben.

Mehrere Energiepläne

Für den Fall, dass Sie mit einem Notebook arbeiten, finden Sie unterschiedliche Optionen – und zwar sowohl für den Netz- als auch für den Akkubetrieb.

Schritt 4

Falls Sie daran interessiert sind, Energieoptionen zielgerichtet für einzelne Elemente des Computers einzustellen, klicken Sie auf **Erweiterte Energieeinstellungen ändern**. Anderenfalls wählen Sie **Änderungen speichern** ❷ und lassen die folgenden Schritte aus.

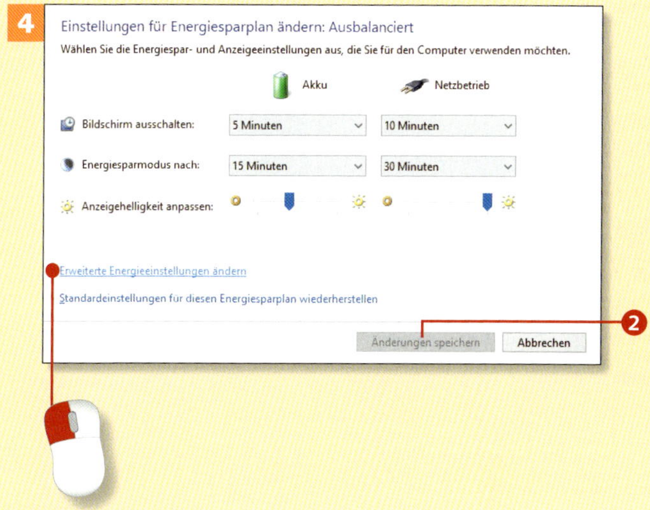

Schritt 5

Klicken Sie auf das oberste Menü **Ausbalanciert [Aktiv]**, und wählen Sie hier bei Bedarf die Option **Energiesparmodus**.

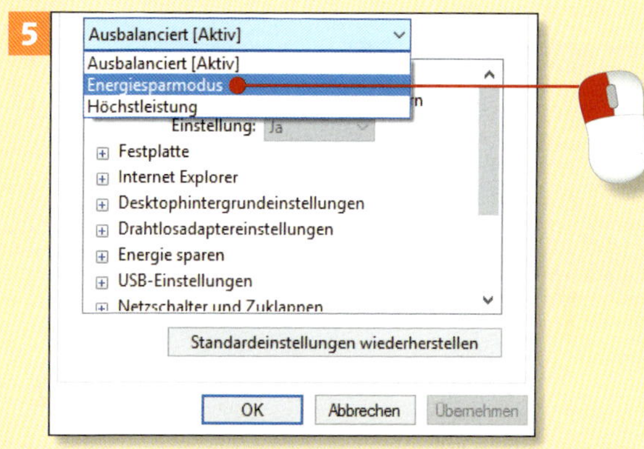

Schritt 6

Klicken Sie zuletzt auf **OK**. Für den Fall, dass Ihnen später einmal die neuen Einstellungen missfallen sollten, können Sie im gleichen Dialog vor dem erneuten Klick auf **OK** auch **Standardeinstellungen wiederherstellen** wählen.

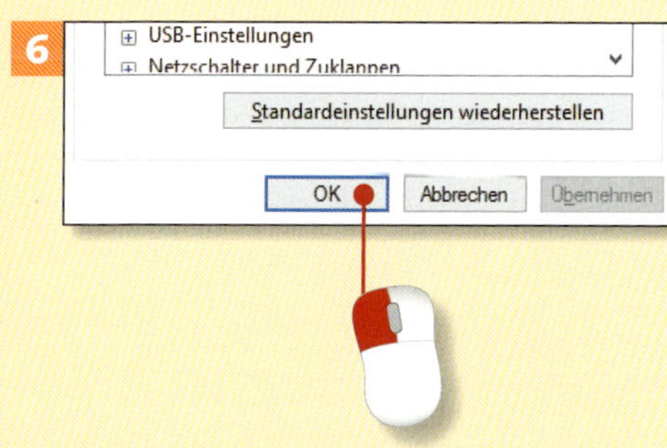

Festplatten deaktivieren

Auch das Deaktivieren von Festplatten ist in diesem Dialog möglich, jedoch nicht unbedingt zu empfehlen. Es dauert einen Moment, bis eine Festplatte nach dem Ruhezustand wieder »aufwacht«. Prüfen Sie daher genau, ob Sie diese Art der Einsparung wirklich nutzen wollen.

Die Hilfe aufrufen

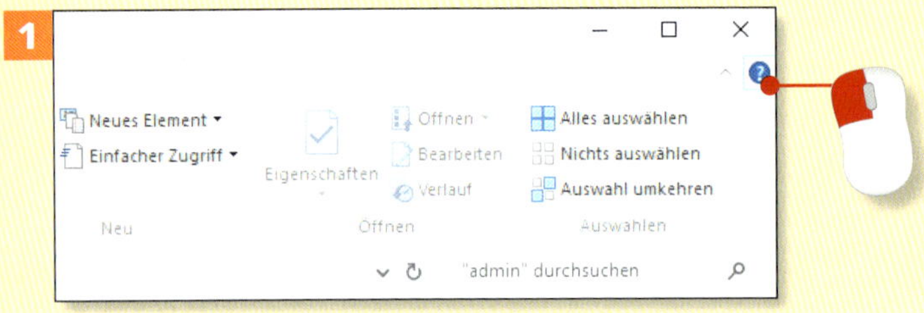

Wenn Sie Unterstützung benötigen, können Sie jederzeit auf die Windows-Hilfe zugreifen. Hier finden Sie Tipps und Tricks sowie weiterführende Informationen.

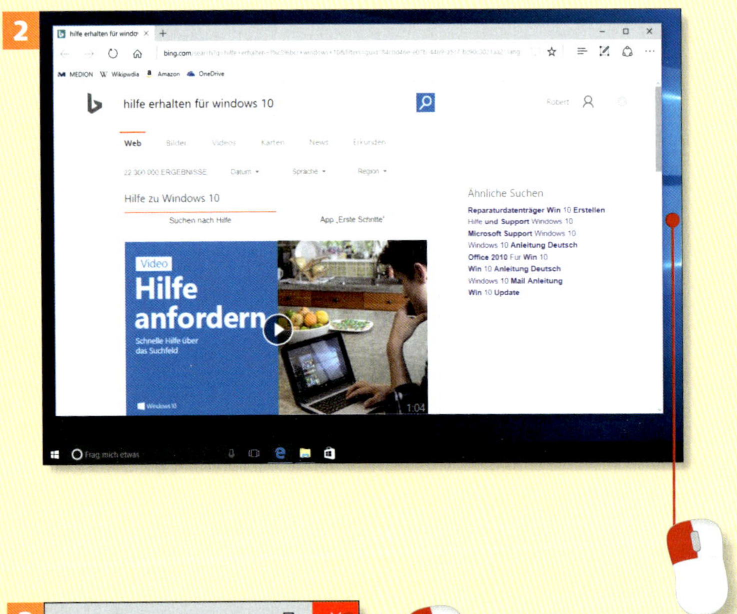

Schritt 1

In einem geöffneten Fenster (nicht aus der Systemsteuerung heraus!) können Sie das kleine Fragezeichen oben rechts anklicken.

Schritt 2

Alternativ drücken Sie einfach F1. (Achten Sie jedoch darauf, dass Sie sich gerade nicht in einem App-Fenster befinden – siehe Kasten). Falls erforderlich, klicken Sie vorab einmal auf einen freien Bereich des Desktops.

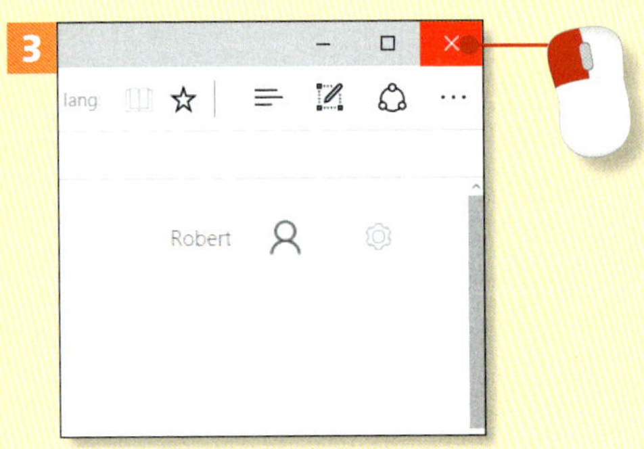

Schritt 3

Jetzt öffnet sich Microsoft Edge mit entsprechenden Hilfeseiten. Falls Sie die Hilfe nicht länger benötigen, sollten Sie das Fenster über die Schaltfläche mit dem Kreuz oben rechts wieder schließen.

F1 in Apps

Vorsicht! Wenn Sie F1 drücken, während Sie sich innerhalb einer App befinden, wird meist die Hilfe der betreffenden App aktiviert, nicht die von Windows 10!

Den Computer herunterfahren

Nach getaner Arbeit haben nicht nur Sie, sondern auch Ihr PC ein wenig Ruhe verdient. Das Herausziehen des Steckers wäre allerdings ein fataler Fehler! Fahren Sie den Computer lieber ordnungsgemäß herunter.

Schritt 1

Fahren Sie in die untere linke Ecke des Monitors. Klicken Sie auf die **Windows**-Schaltfläche.

Schritt 2

Ganz unten links im Startmenü finden Sie einen Knopf, der mit **Ein/ Aus** betitelt ist. (Die Bezeichnung erscheint, wenn Sie den Mauszeiger länger als eine Sekunde darauf parken.) Klicken Sie darauf.

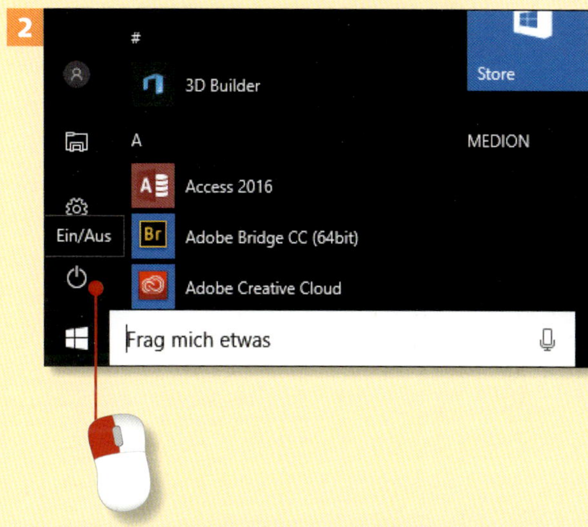

Schritt 3

Es öffnet sich ein kleines Kontextmenü, in dem Sie auch den Eintrag **Herunterfahren** finden. Klicken Sie darauf, damit die Programme geschlossen werden und der PC heruntergefahren werden kann. Gedulden Sie sich einen Augenblick, da dieser Prozess etwas Zeit in Anspruch nimmt.

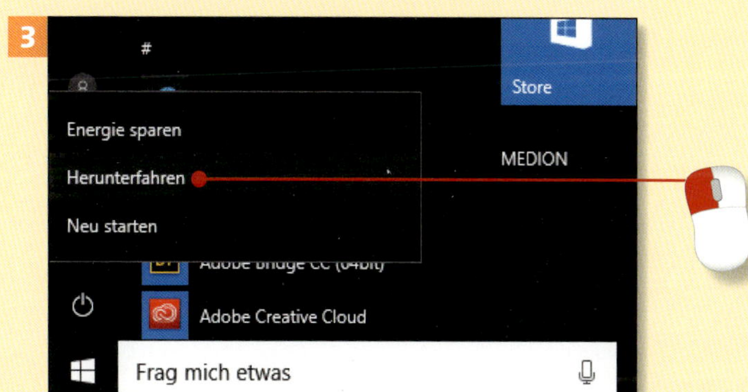

Kapitel 3
Windows 10 Tag für Tag

Nun geht es richtig in die Praxis. Viele Aufgaben und Arbeiten in einem Betriebssystem wiederholen sich regelmäßig. Was Sie unbedingt wissen sollten, erfahren Sie in den folgenden Abschnitten.

Apps suchen, öffnen und schließen
Für Ihre täglichen Aufgaben werden Sie gern und oft auf Apps ❶ zugreifen. Doch wo sind diese zu finden? Wie werden sie gestartet und beendet? Fragen über Fragen – die hier beantwortet werden.

Umgang mit Dateien: öffnen, speichern, schließen, löschen
Sie werden häufig Dateien öffnen, bearbeiten, speichern, schließen oder auch löschen: Briefe, Fotos, E-Mails und vieles mehr wollen verwaltet werden. Hier erfahren Sie, wie Sie durch den Einsatz von Ordnern ❷ die Übersicht behalten.

Tipps und Tricks
Zusätzlich zum Umgang mit Apps und Ordnern werden hier noch viele weitere Möglichkeiten vorgestellt, die Ihnen Ihren Windows-Alltag erleichtern. Lernen Sie die Zwischenablage kennen, blenden Sie Dateiendungen ein oder aus ❸, und reagieren Sie, wenn eine App vielleicht doch einmal abstürzt.

1 Bei der Menge an Apps kann man schon mal den Überblick verlieren, doch die Suche hilft zuverlässig.

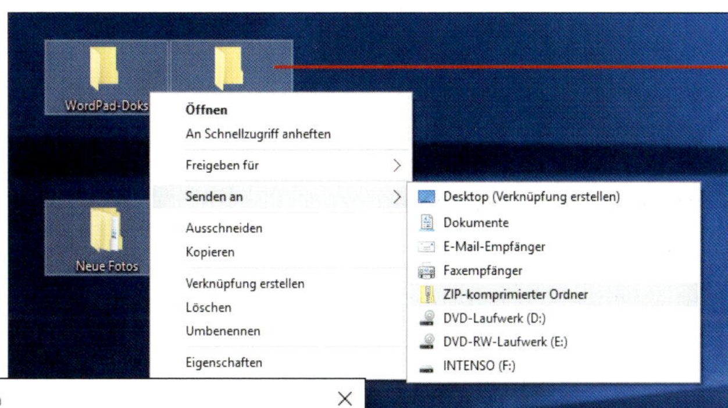

2 Sie werden viel mit Dateien und Ordnern arbeiten. Hier lernen Sie, sie gut zu organisieren und den Überblick zu behalten.

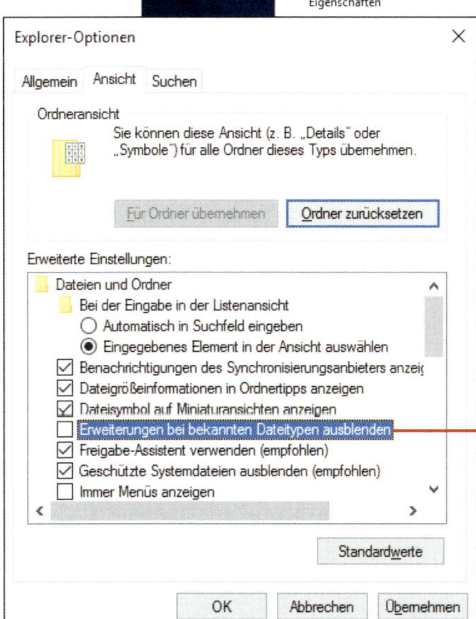

3 Wenn Ihnen das noch nicht reicht, finden Sie in diesem Kapitel noch einige Tipps und Tricks zur Arbeit mit Dateien und Ordnern.

Apps über die Suche finden

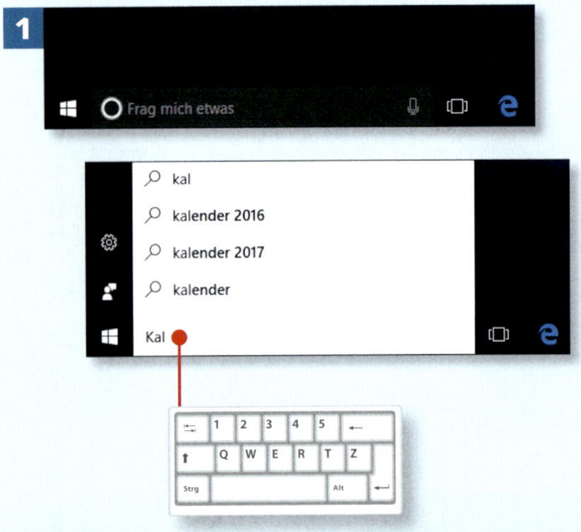

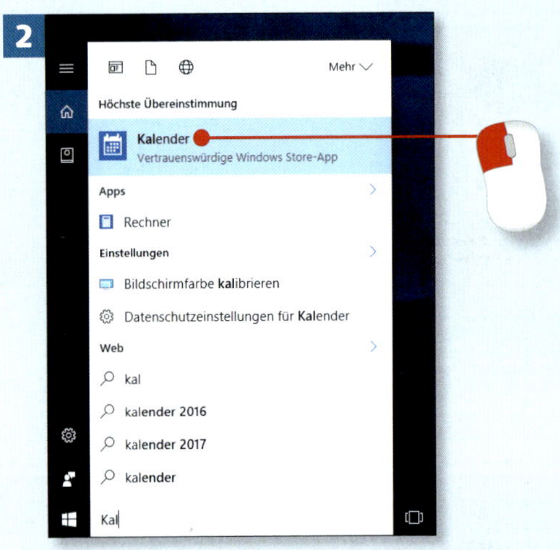

Die Taskleiste ist viel leistungsfähiger, als es auf den ersten Blick scheint. Darüber können Sie nämlich jedes installierte Programm und jede App in Windeseile aufspüren.

Schritt 1

Klicken Sie zunächst unten links in das Feld **Frag mich etwas**. Nehmen wir an, Sie suchen die Kalender-App: Geben Sie dazu »Kal« ein.

Schritt 2

Halten Sie in der direkt oberhalb erscheinenden Liste Ausschau. Da der gesuchte Eintrag bereits ganz oben markiert ist, können Sie gleich auf ↵ drücken. Wäre das nicht der Fall, müssten Sie den Sucheintrag mit der Maus anklicken.

Schritt 3

Und schon öffnet sich die gesuchte Kalender-App. Hier könnten Sie nun mit der Einrichtung fortfahren.

Groß- und Kleinschreibung

Bei der Suche nach Apps können Sie die Großschreibung ignorieren. Auch mit Kleinbuchstaben werden die Apps gefunden.

Kacheln aus dem Startmenü entfernen

Behalten Sie die Übersicht, indem Sie unnötige Kacheln eliminieren oder die Apps sogar deinstallieren.

Schritt 1

Öffnen Sie zunächst das Startmenü. Klicken Sie mit rechts auf die Kachel, die Sie aus dem Startmenü entfernen wollen. Daraufhin erscheint ein kleines Kontextmenü.

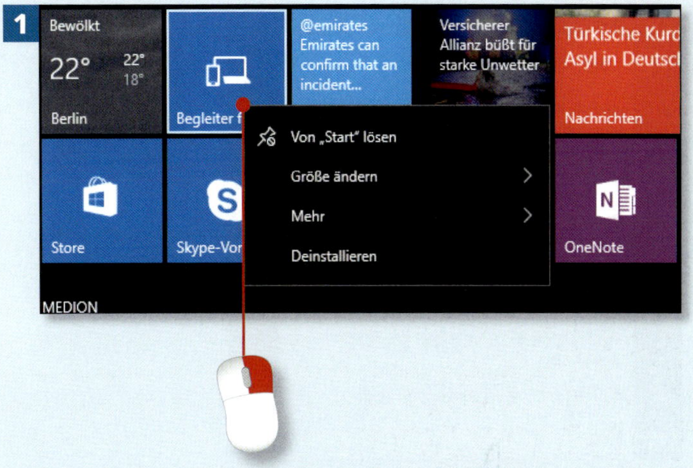

Schritt 2

Um die Kachel lediglich aus dem Startmenü zu entfernen, die Software jedoch auf dem Computer zu belassen, klicken Sie auf **Von „Start" lösen**.

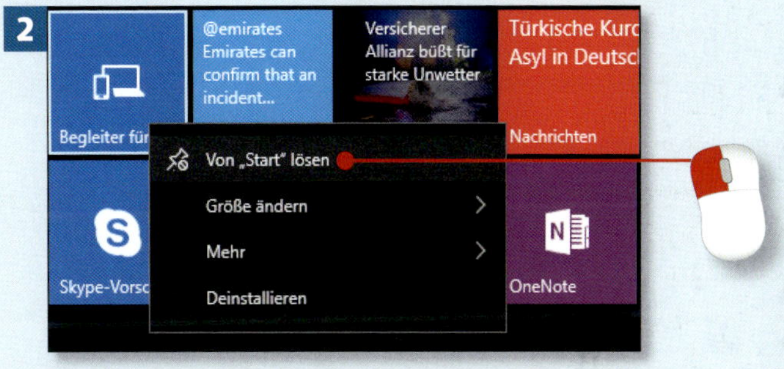

Schritt 3

Wollen Sie die komplette App deinstallieren? Dann wählen Sie **Deinstallieren** im Kontextmenü. Daraufhin öffnet sich ein kleines Fenster, in dem Sie abermals auf **Deinstallieren** klicken müssen. (Falls Sie es sich vor dem Klick noch anders überlegt haben, drücken Sie Esc.)

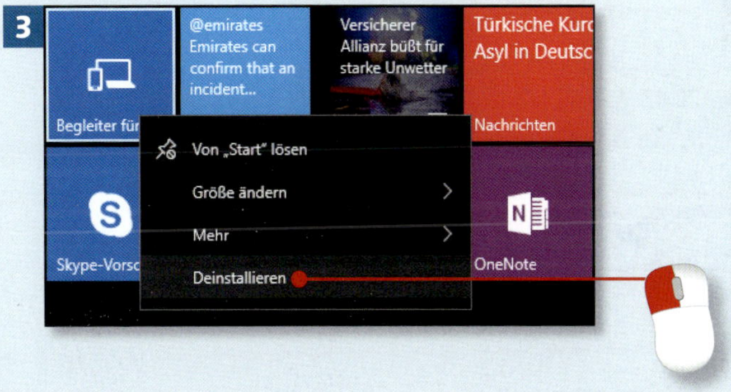

Apps wirklich deinstallieren?
Beachten Sie, dass es sich bei vielen Apps um Programme mit geringen Dateigrößen handelt. Die Deinstallation aus Platzgründen ist nur selten notwendig.

Verknüpfungen auf dem Desktop erstellen

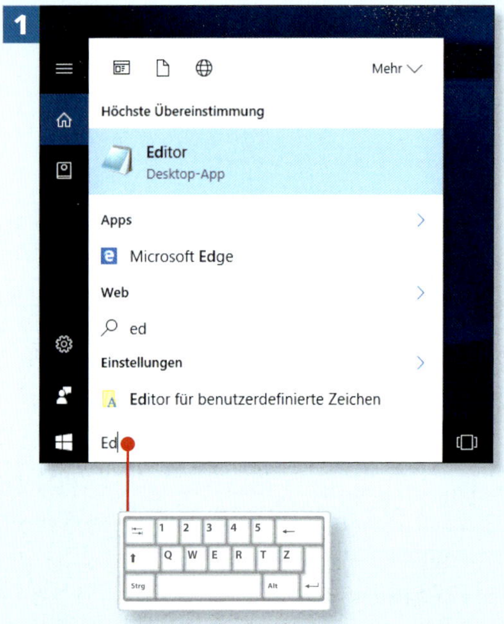

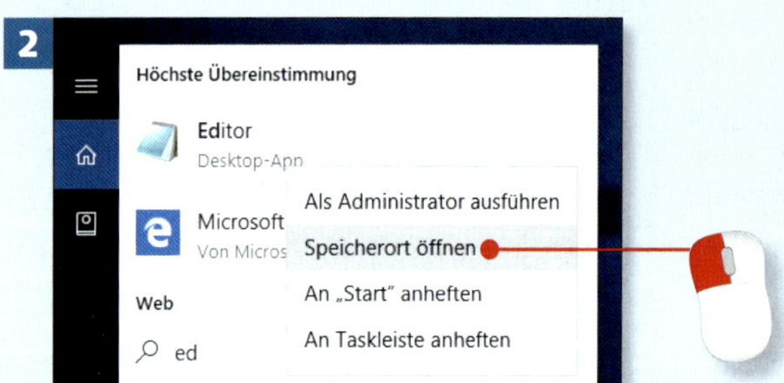

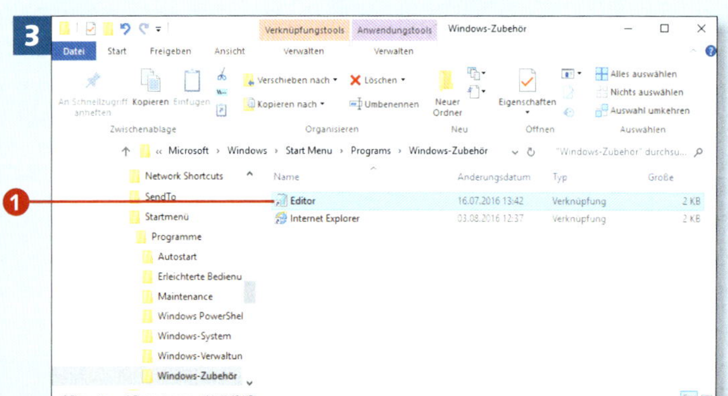

Sie müssen eine App oder eine andere Software nicht unbedingt über das Startmenü öffnen. Es ist möglich, sogenannte Verknüpfungen zu den Programmen auch auf dem Desktop zu erzeugen.

Schritt 1

Desktop-Verknüpfungen lassen sich direkt aus der Suche heraus hinzufügen. Dazu müssen Sie zunächst wieder in das Eingabefeld unten links klicken und z. B. »Ed« (für den *Editor*) eingeben.

Schritt 2

Klicken Sie nun mit rechts auf die gefundene App (hier: **Editor**). Im Menü, das daraufhin geöffnet wird, wählen Sie **Speicherort öffnen**.

Schritt 3

Die Folge dieser Aktion: Es öffnet sich ein Ordner, in dem eine passende Editor-Verknüpfung 1 zu finden ist.

Sie können ruhig kleinschreiben

In der Suche müssen Sie nicht auf Groß- und Kleinschreibung achten. Ob Sie hier »Ed« oder »ed« eingeben, ist völlig egal.

Schritt 4

Jetzt bitte volle Konzentration: Klicken Sie auf **Editor**, halten Sie die linke Maustaste und zusätzlich noch Alt gedrückt. Ziehen Sie die Verknüpfung auf einen freien Bereich des Desktops. Danach lassen Sie zunächst die Maustaste und erst danach Alt los.

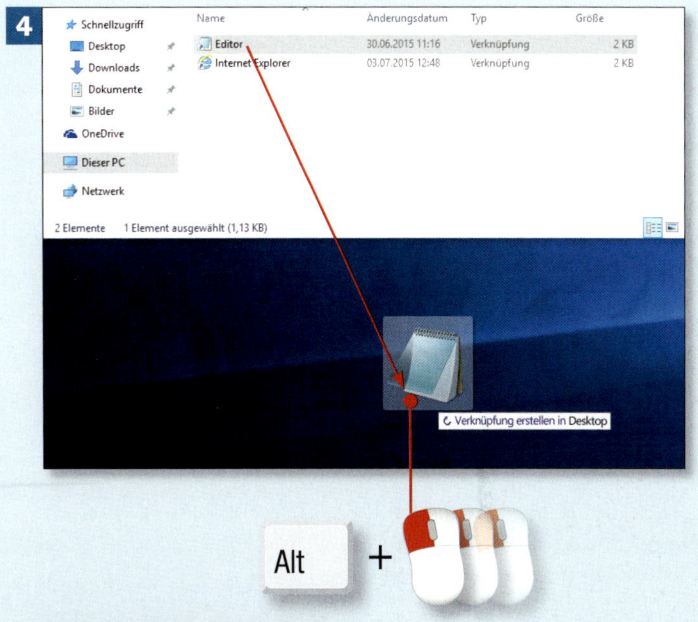

Schritt 5

Sie finden das Editor-Icon jetzt auf dem Desktop. Mit gedrückter Maustaste lässt es sich zudem verschieben. Wenn Sie das Programm starten wollen, müssen Sie es doppelt anklicken.

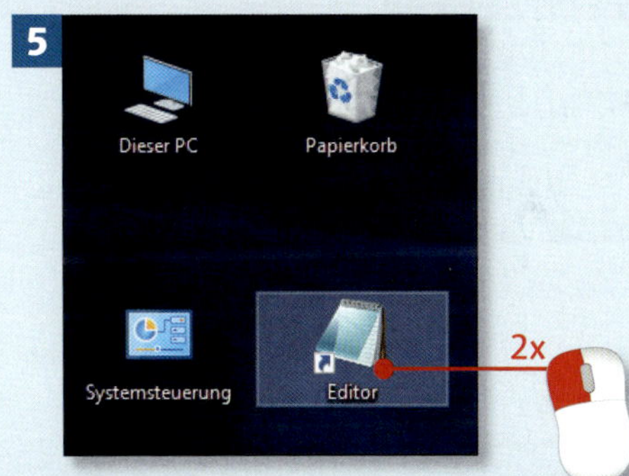

Schritt 6

Falls Sie vom Startmenü aus (Schritt 2) eine Verknüpfung im Startmenü oder auf der Taskleiste erzeugen wollen, klicken Sie mit rechts entweder auf **An „Start" anheften** oder auf **An Taskleiste anheften**.

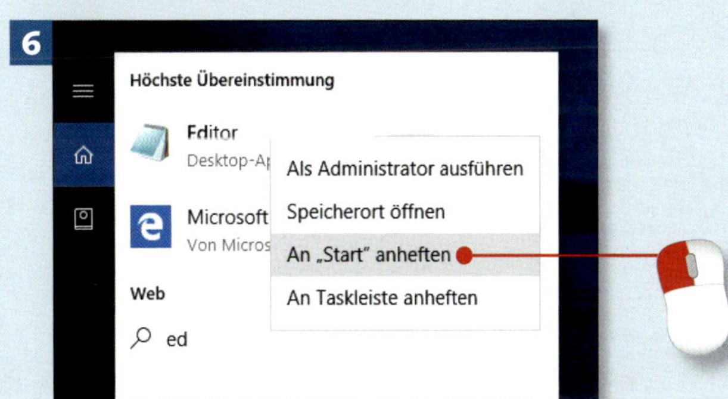

Ordner verknüpfen

So, wie sich Programme verknüpfen lassen, können Sie auch Ordner verknüpfen. Dazu ziehen Sie den Ordner, den Sie verknüpfen wollen, ebenfalls mit gedrückter Alt-Taste auf den Desktop oder in einen anderen Ordner (Schritt 4).

Der Explorer

Der Explorer von Windows 10 ist gewissermaßen das Herzstück der Ordnerverwaltung. Hier finden Sie wirklich alles.

1
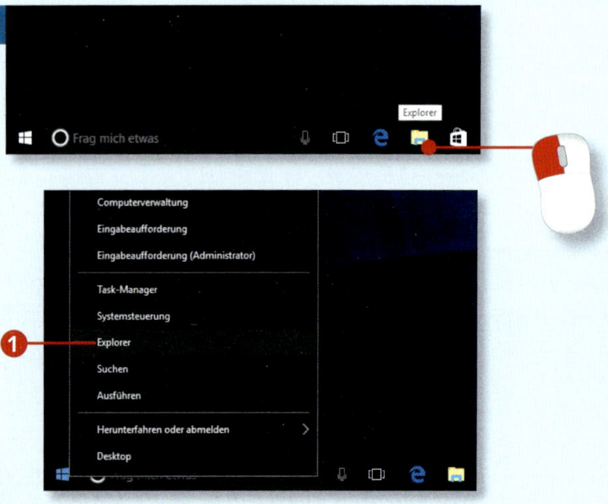

2
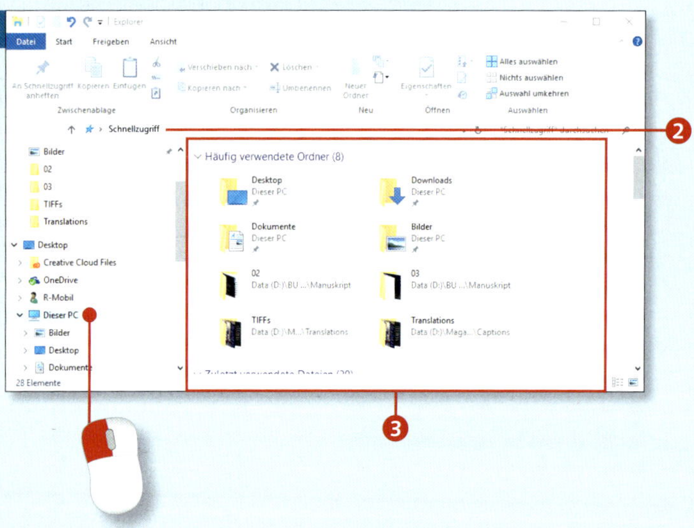

3
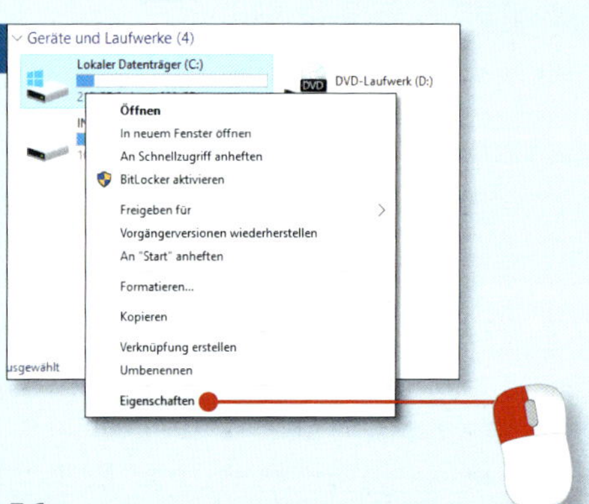

Schritt 1

Klicken Sie auf das Explorer-Symbol in der Taskleiste. Alternativ – wenn z. B. bereits ein Ordner geöffnet ist – dürfen Sie auch mit rechts auf das **Windows**-Symbol gehen und dort den Eintrag **Explorer** 1 anklicken. Nicht zu vergessen: [Windows] + [E] oder das Ordner-Symbol im Startmenü gehen auch.

Schritt 2

Sie sehen nun den Ordner **Schnellzugriff** 2. Hier erscheinen von Ihnen häufig und zuletzt genutzte Ordner 3 sowie eine Liste zuletzt verwendeter Dateien. Wenn Sie den kompletten Computer zugänglich machen möchten, wählen Sie **Dieser PC** in der linken Spalte.

Schritt 3

Wenn Sie nun einen beliebigen Eintrag mit der rechten Maustaste anklicken (hier: die Festplatte **Lokaler Datenträger (C:)**), können Sie unter anderem die im Kontextmenü befindlichen **Eigenschaften** anwählen.

Schritt 4

An der blau eingefärbten Fläche 4 können Sie gut erkennen, wie viel Platz auf der Festplatte derzeit belegt ist. In der Zeile **Freier Speicher** 5 können Sie u. a. die Größe des noch verfügbaren Speicherplatzes ablesen. Klicken Sie am Ende auf **Abbrechen**.

Schritt 5

Das Verzeichnis, das Sie auf der linken Seite markieren (hier: **Downloads**), lässt sich durchsuchen. Dazu geben Sie den gewünschten Begriff oben rechts ein, nachdem Sie in das Feld hineingeklickt haben. Ihr Resultat ist wahrscheinlich ein anderes als das hier abgebildete, je nachdem, was sich in Ihrem **Downloads**-Ordner befindet.

Schritt 6

Wenn Sie den gesuchten Eintrag ausfindig gemacht haben, können Sie darauf in der Fenstermitte mit einem Doppelklick zugreifen.

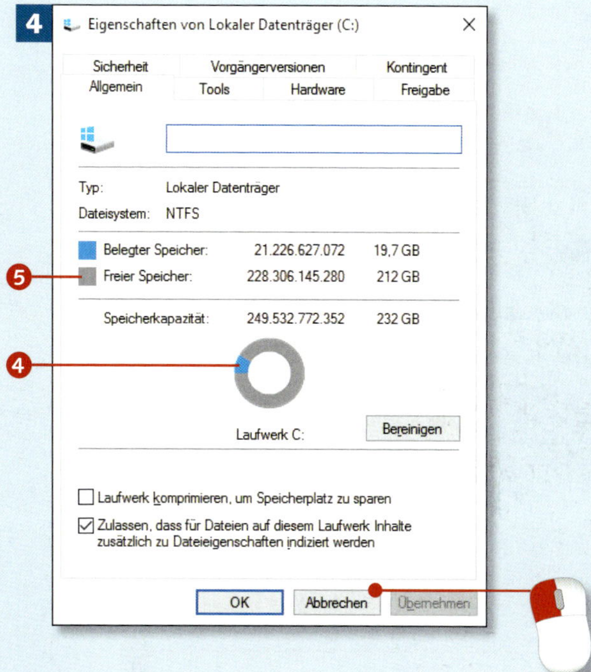

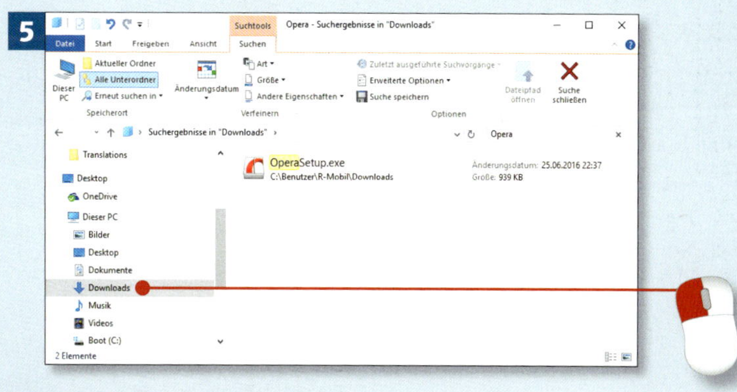

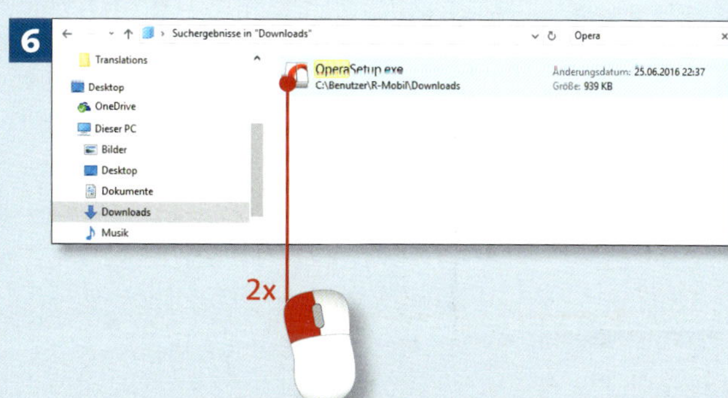

Markierungen

Die gelben Markierungen zeigen alle relevanten Stellen in den Suchergebnissen an. Grundsätzlich fände Windows den Begriff auch dann, wenn er in der Wortmitte oder am Wortende stünde.

Der Explorer (Forts.)

7

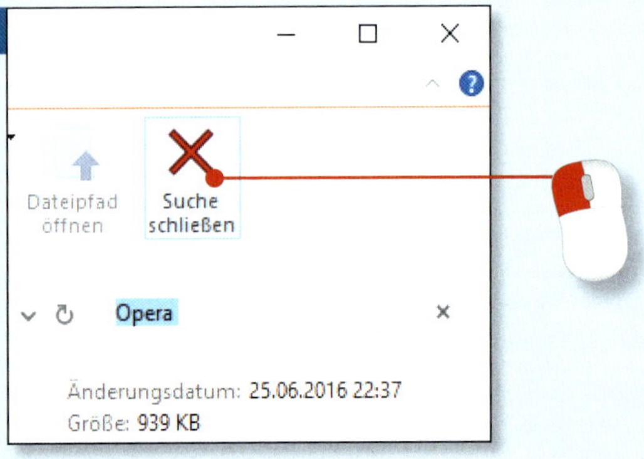

8

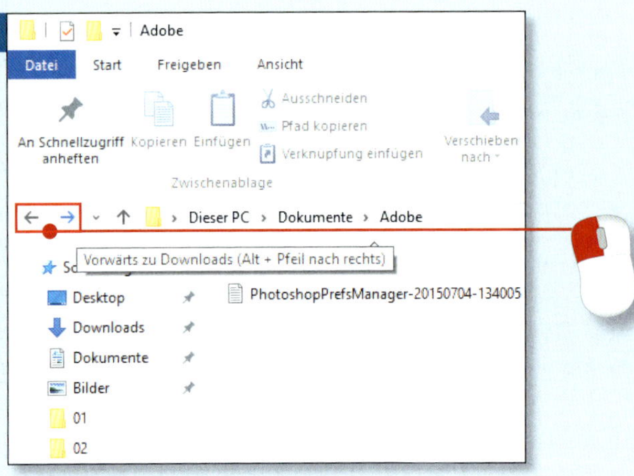

9

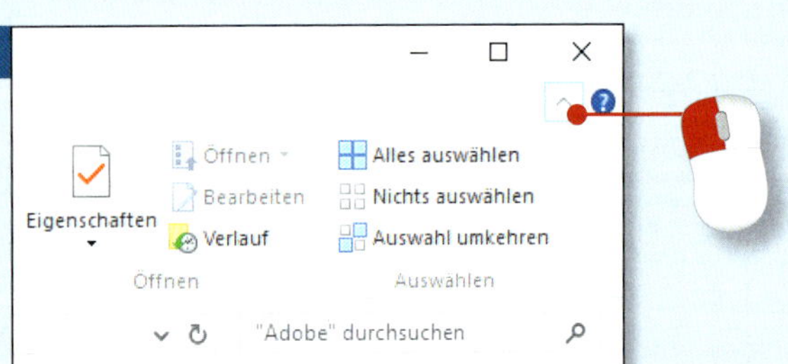

Schritt 7

Denken Sie daran, den Suchbegriff am Schluss wieder zu löschen, indem Sie auf das Schließkreuz im Eingabefeld klicken oder den Schalter **Suche schließen** weiter links anklicken.

Schritt 8

Mit den beiden Pfeiltasten oben links können Sie jederzeit eine Seite zurück bzw. anschließend wieder eine Seite nach vorn springen. Der Explorer merkt sich gewissermaßen, wo Sie gewesen sind. Zudem hilft eine QuickInfo weiter (siehe Kasten).

Schritt 9

Zusätzliche Funktionen bietet das sogenannte *Menüband*, das sich durch einen Mausklick auf das Symbol links neben dem Fragezeichen öffnen und auch wieder schließen lässt. Das geht auch mit der Tastenkombination Strg + F1.

QuickInfo

Parken Sie die Maus länger als eine Sekunde auf einem Objekt (in Schritt 8 ist das der nach rechts weisende Pfeil), erscheint gleich unterhalb eine sogenannte *QuickInfo*, die mehr Informationen über eine Funktion offenbart.

Schritt 10

So gelangen Sie zu den Inhalten eines Verzeichnisses: Markieren Sie in der linken Spalte das Verzeichnis, das Sie einsehen wollen (hier: **Desktop**). Setzen Sie in der Fenstermitte einen Doppelklick auf das Unterverzeichnis (hier ein Ordner mit dem Namen **Neue Fotos**).

Schritt 11

Darin können Sie jetzt auf weitere Unterordner ❶ zugreifen, die ihrerseits ebenfalls wieder individuelle Objekte und Unterordner enthalten können. Eine Ebene höher ❷ gelangen Sie mit dem senkrechten Pfeil oben links.

Schritt 12

Alternativ schließen Sie den Explorer einfach mit einem Klick auf das Schließkreuz. Sie wissen ja, wie Sie ihn jederzeit wieder aufrufen können (siehe Schritt 1).

Fenster maximieren

Um den Explorer komfortabel durchsuchen zu können, empfiehlt es sich, ihn zwischenzeitlich zu maximieren. Klicken Sie dazu auf die Schaltfläche ❸ neben dem Schließkreuz. Ein erneuter Klick darauf stellt die ursprüngliche Fenstergröße wieder her.

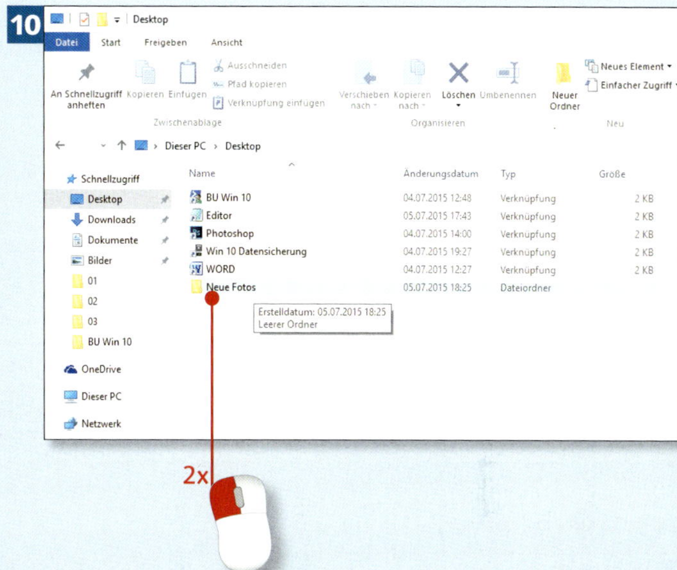

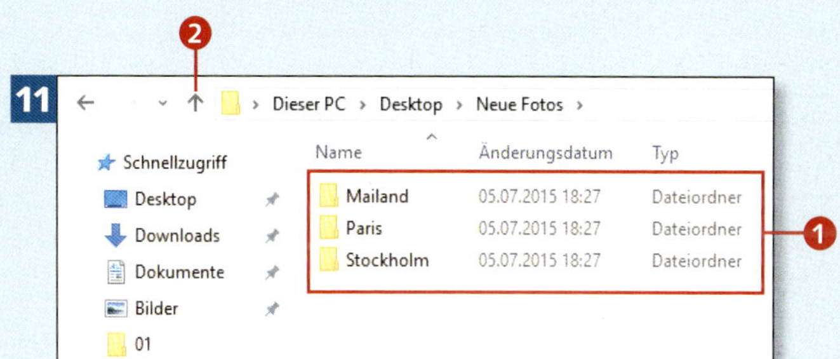

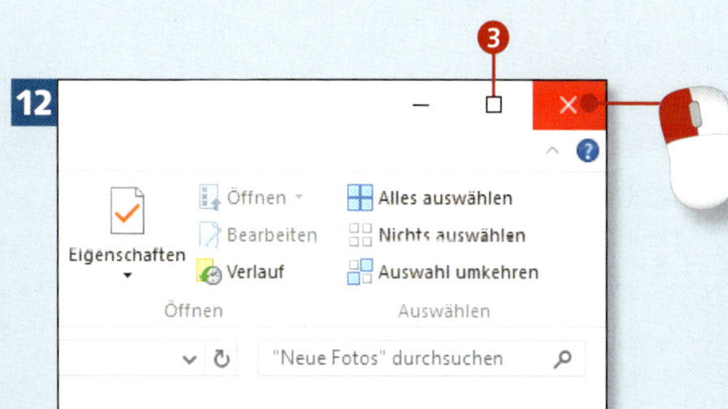

Der Explorer (Forts.)

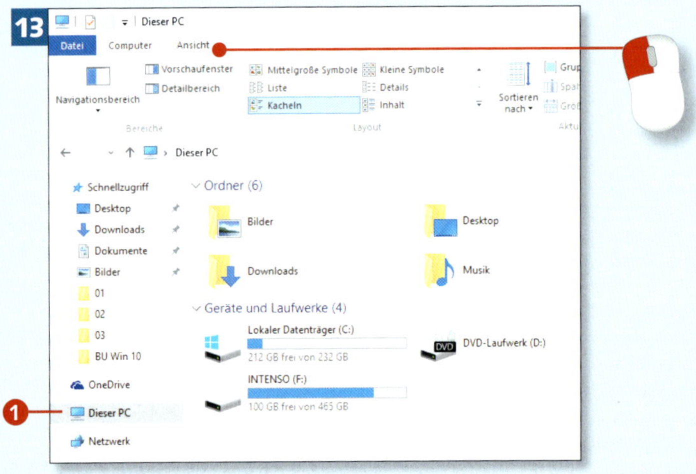

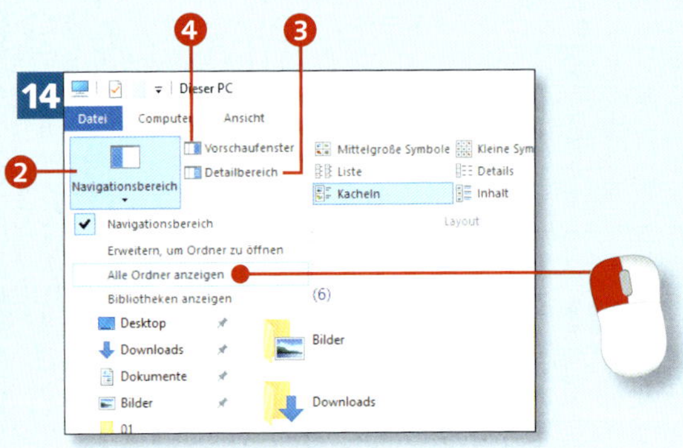

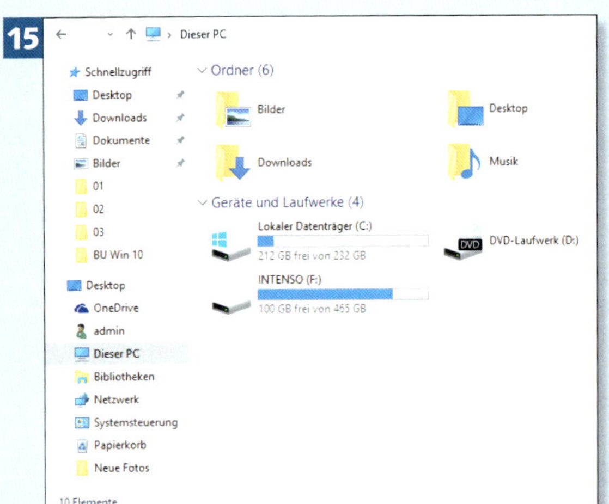

Schritt 13

Die Darstellung des Explorers können Sie beeinflussen, indem Sie auf **Ansicht** klicken. Zuvor haben wir uns in der linken Spalte für **Dieser PC** ❶ entschieden.

Schritt 14

Klicken Sie auf **Navigationsbereich** ❷. (Sollte das Fenster sehr schmal eingestellt sein, könnte das auf Ihrem PC anders aussehen. Ziehen Sie das Fenster in diesem Fall zunächst etwas breiter.) Im darunter erscheinenden Menü wählen Sie **Alle Ordner anzeigen**.

Schritt 15

Sie sehen, dass jetzt eine nicht unbeträchtliche Erweiterung der Einträge in der linken Spalte stattgefunden hat. Wollen Sie wieder in die ursprüngliche Ansicht zurück, wiederholen Sie die Schritte 13 und 14.

Weitere Bereiche anzeigen

Interessant sind auch die beiden rechts neben dem Navigationsbereich gezeigten kleineren Symbole. Mit dem unteren ❸ lässt sich ein Detailfenster für zusätzliche Optionen anzeigen, während das obere Symbol ❹ Vorschauen (z. B. von markierten Bilddateien) liefert.

Schritt 16

Die Darstellungsform der Symbole können Sie ändern. Dazu platzieren Sie die Maus über einem der sechs Einträge im Bereich **Layout**. Sie sehen dann eine entsprechende Vorschau. Wenn Ihnen ein Stil gefällt, klicken Sie ihn an (hier: **Inhalt**).

16

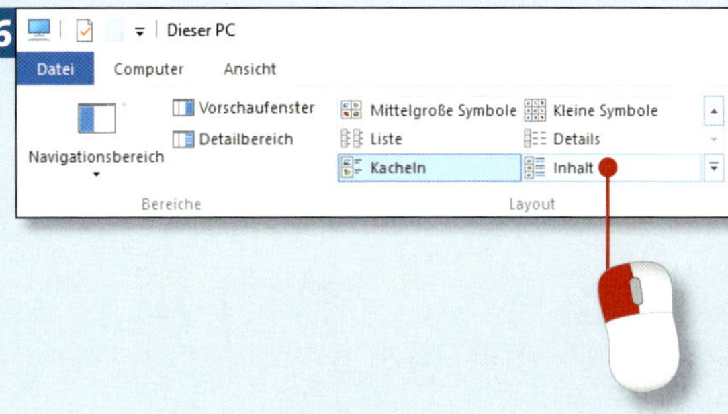

Schritt 17

Mitunter ist es sinnvoll, ein Verzeichnis nicht im aktuellen, sondern in einem neuen Fenster zu öffnen. Um das zu erreichen, halten Sie die Strg-Taste gedrückt, während Sie den Doppelklick ausführen.

17

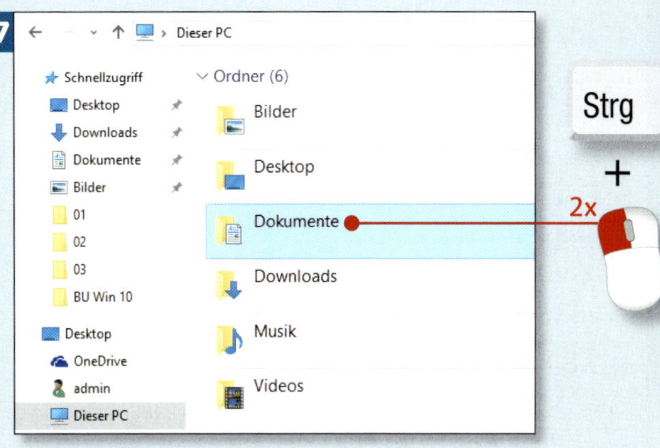

Schritt 18

Nach besagtem Doppelklick wird über dem ursprünglichen Fenster ein weiteres angezeigt. Wenn Sie Dateien und Ordner kopieren oder verschieben müssen, kann das von großem Vorteil sein.

18

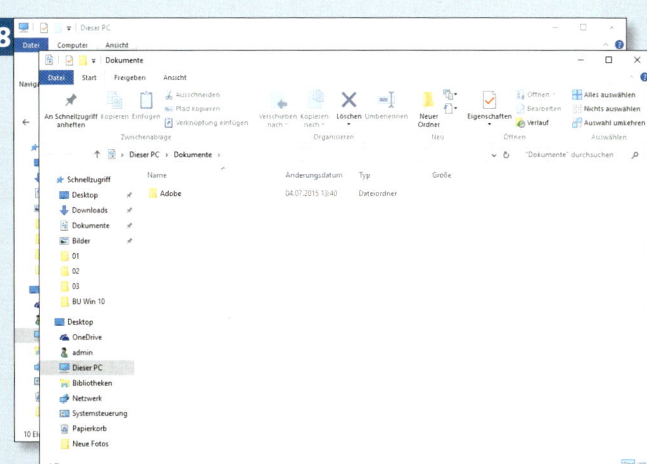

Warum mehrere Fenster öffnen?

Wie Sie Ihre Dateien am besten mithilfe zweier geöffneter Fenster sortieren, erfahren Sie im Abschnitt »Fenster anordnen« auf Seite 42.

Dateien öffnen, speichern, schließen

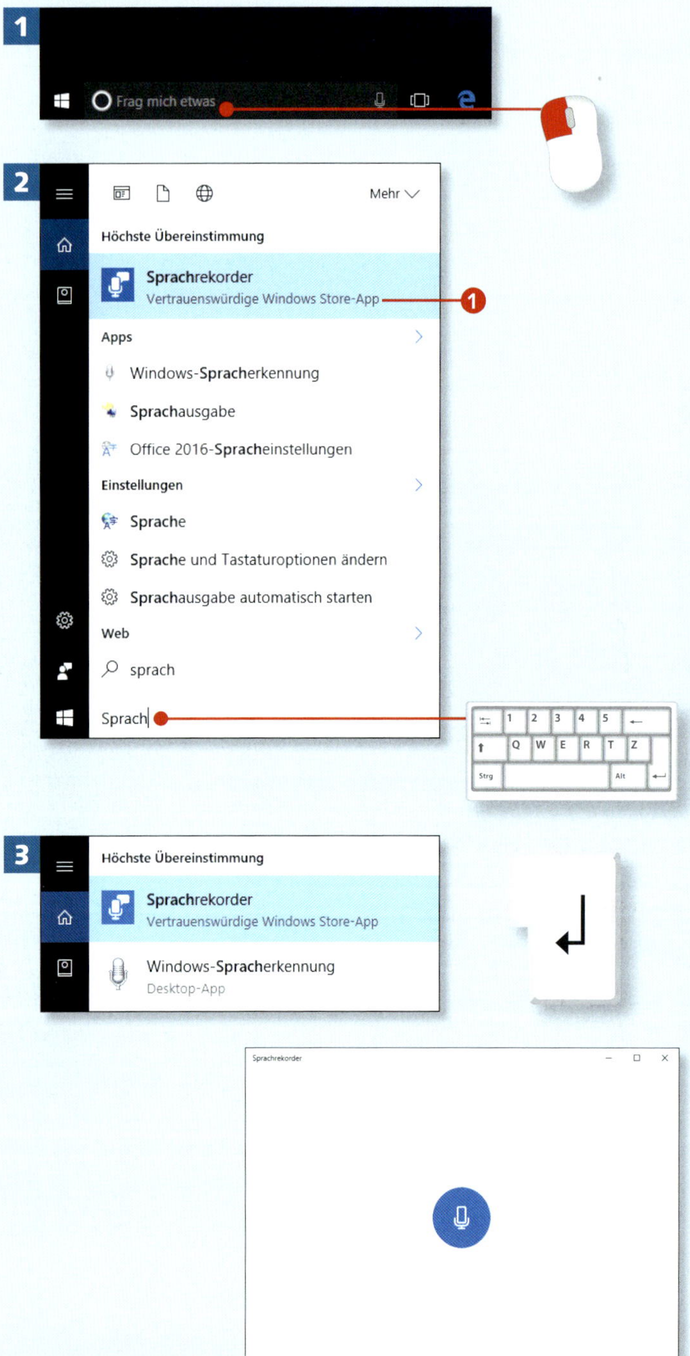

Sie haben verschiedene Möglichkeiten, ein Programm zu öffnen. Das Anklicken der Kachel im Startmenü ist die einfachste. Wenn es ein Icon auf dem Desktop gibt, reicht ein Doppelklick darauf. Doch was tun Sie, wenn sich die Software, die Sie starten möchten, derzeit noch im Verborgenen hält?

Schritt 1

Um Programme zu finden, klicken Sie einmal mehr in das Eingabefeld der Taskleiste unten links in der Ecke.

Schritt 2

Geben Sie das Suchwort ein (hier: »Sprach« für den Sprachrekorder). Sie sehen eine Liste der Ergebnisse, die passendsten Treffer stehen oben. Der Untertitel ❶ verrät Ihnen, ob es sich dabei um eine Windows-Store-App handelt.

Schritt 3

Ist die App bereits markiert (hier: der **Sprachrekorder**), dürfen Sie gleich [↵] drücken. Geben Sie einem anderen Eintrag den Vorzug, müssen Sie das per Mausklick machen – wie dem auch sei – die App öffnet sich im Anschluss daran.

Schritt 4

Wenn Sie mit Apps arbeiten, die in der Lage sind, Dokumente zu speichern (z. B. WordPad), müssen Sie nach getaner Arbeit oben links zunächst auf **Datei** klicken und sich anschließend für **Speichern** entscheiden.

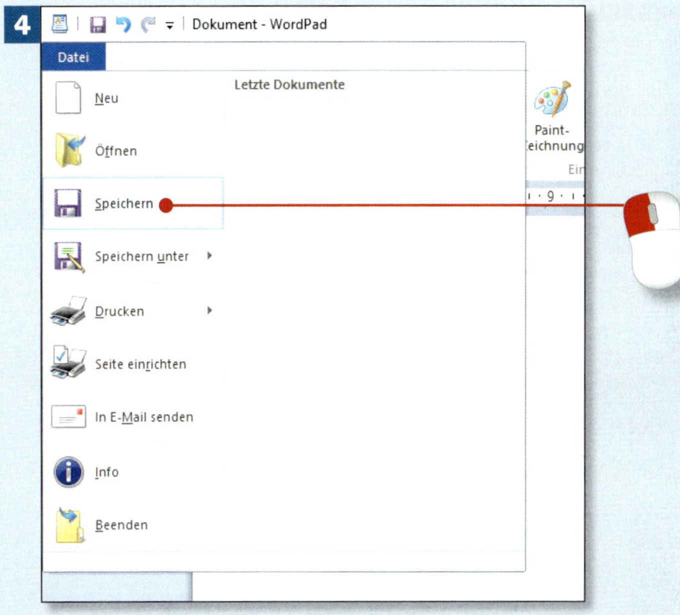

Schritt 5

Als Speicherort wollen wir für dieses Beispiel den Desktop nutzen. Nach besagtem Klick auf **Speichern** wählen Sie links in der Spalte **Desktop** und klicken zuletzt unten rechts auf **Speichern**.

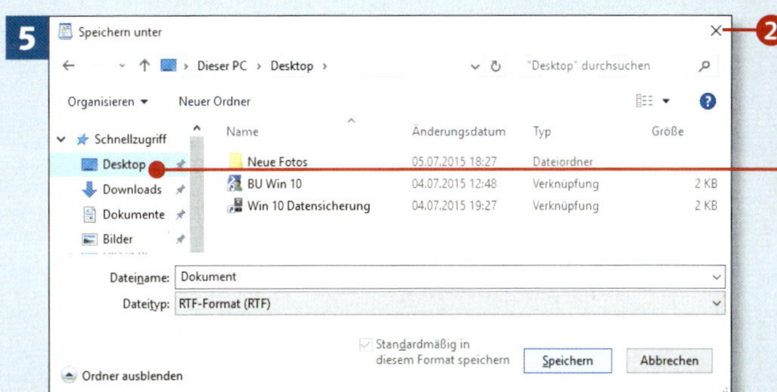

Schritt 6

Schließen Sie die Anwendung mit Alt + F4 oder per Klick auf das Kreuz zum Schließen **2** rechts oben im Fenster der Anwendung. Auf dem Desktop werden Sie Ihr soeben erzeugtes Dokument jederzeit wiederfinden. Setzen Sie einen Doppelklick darauf, öffnet es sich mitsamt dem zugehörigen Programm.

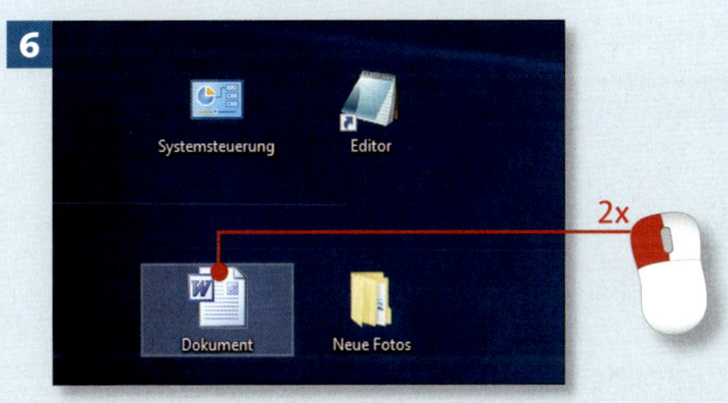

Programm suchen

Sie können Apps und Programme auch im **Store** suchen. Dazu öffnen Sie den **Store** über das entsprechende Icon in der Taskleiste und geben den Suchbegriff oben rechts im Feld **Suchen** ein.

Einen neuen Ordner erstellen und umbenennen

Damit Sie die Übersicht nicht verlieren, sollten Sie von Anfang an Ordner verwenden. Ordner sind Behälter für Dateien.

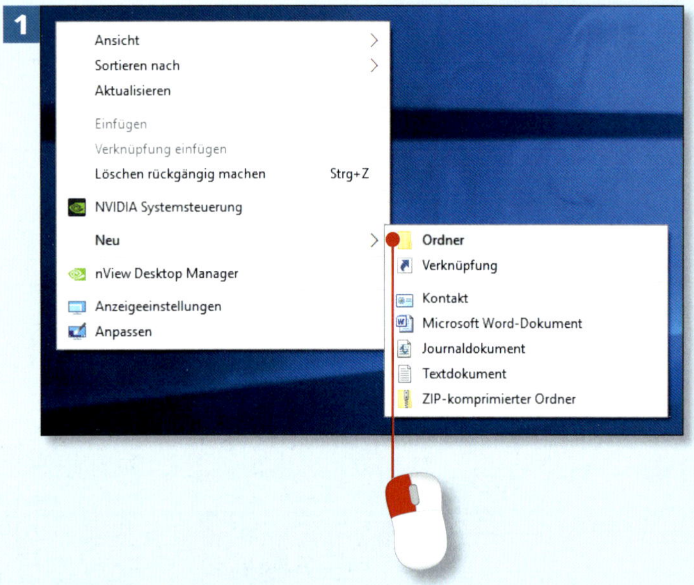

Schritt 1

Wenn Sie einen neuen Ordner auf dem Desktop einrichten wollen, klicken Sie mit der rechten Maustaste in einen freien Bereich, dann auf **Neu** und wählen **Ordner** per Mausklick aus.

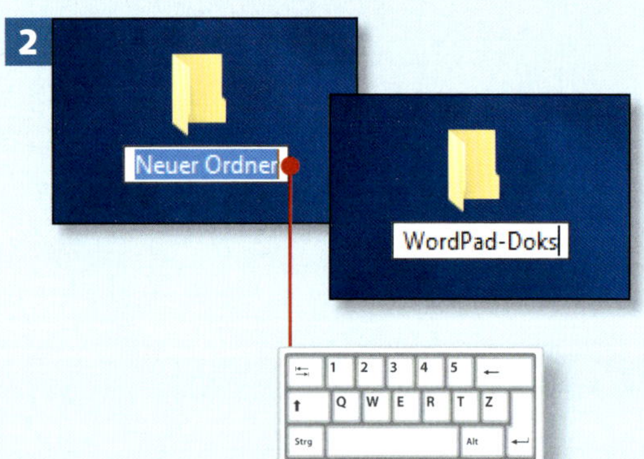

Schritt 2

Der Ordner trägt den Namen **Neuer Ordner**, was noch nicht sehr aussagekräftig ist. Da der Name markiert ist, können Sie über die Tastatur gleich eine neue Bezeichnung eingeben.

Schritt 3

Wenn das erledigt ist, drücken Sie ↵. Mit zwei Mausklicks hintereinander – in langsamer Reihenfolge, also kein Doppelklick – auf den Ordnernamen können Sie den Ordner jederzeit erneut umbenennen.

Unterordner anlegen

Um einen Unterordner anzulegen, klicken Sie nicht auf den Desktop, sondern in einen freien Bereich des geöffneten Ordners.

Dateien in Ordner verschieben

Sie haben nun ein WordPad-Dokument und einen Ordner erzeugt. Also nichts wie hinein mit dem Schriftstück in den Ordner.

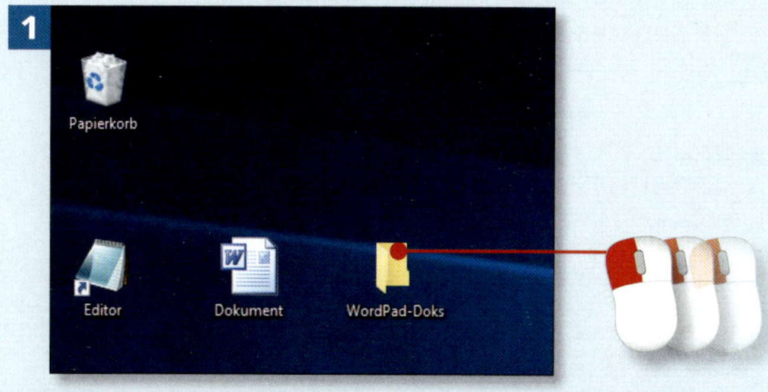

Schritt 1

Zunächst einmal wollen wir den Ordner an eine andere Position verschieben. Dazu klicken Sie ihn an, halten die Maustaste gedrückt und ziehen ihn neben das vorhandene Dokument.

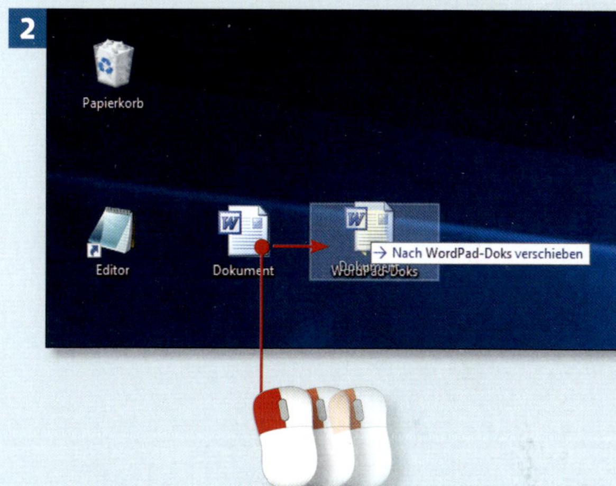

Schritt 2

Klicken Sie jetzt auf das Dokument, und ziehen Sie es hinüber. Sobald Sie sich mit der Maus auf dem Ordner befinden (Es erscheint **Nach WordPad-Doks verschieben**), lassen Sie los. Dieses Vorgehen nennt man *Drag-and-drop*.

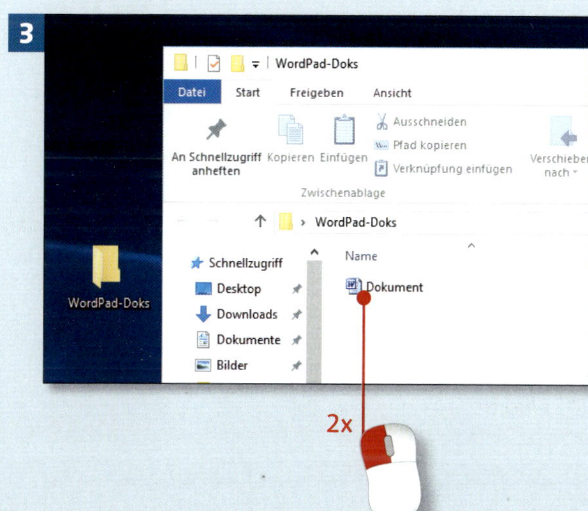

Schritt 3

Um an das Dokument zu gelangen, öffnen Sie den Ordner mit einem Doppelklick und klicken anschließend doppelt auf das Dokument.

Dokument öffnen
Wenn Sie das WordPad-Dokument ebenfalls öffnen wollten, müssten Sie das im Ordner befindliche Objekt (**Dokument**) ebenfalls mit einem Doppelklick versehen.

Ausschneiden, kopieren, einfügen

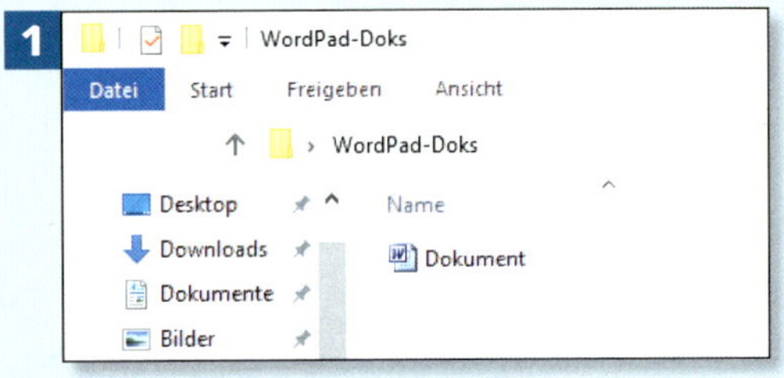

Als Alternative zum vorangegangenen Workshop lernen Sie jetzt zwei weitere Verschiebefunktionen kennen. Mit der Kopierfunktion und der Zwischenablage können Sie Objekte schnell von A nach B befördern.

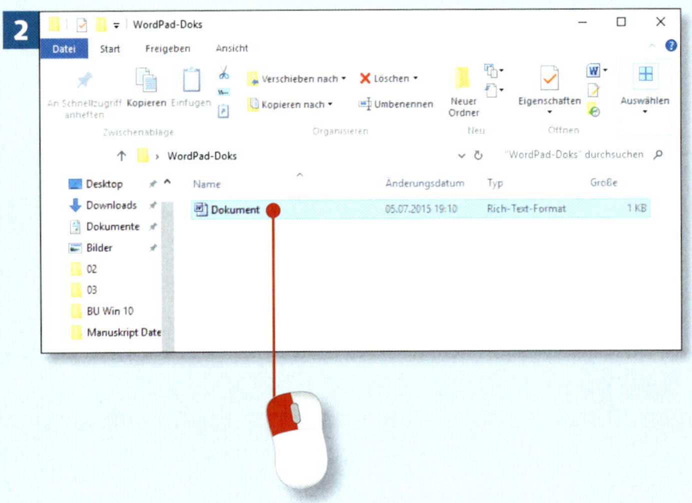

Schritt 1

Lassen Sie uns das Dokument wieder aus dem Ordner herausholen. Diesmal machen wir das aber über die Zwischenablage. Falls noch nicht geschehen, öffnen Sie den Ordner.

Schritt 2

Markieren Sie das Dokument mit einem Mausklick, und öffnen Sie das Menüband (Strg + F1).

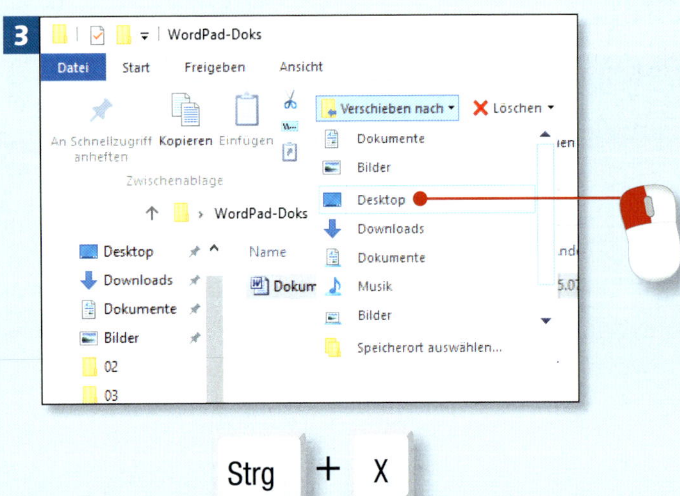

Schritt 3

Nun haben Sie zwei Möglichkeiten. Sie klicken im Menüband auf **Verschieben nach** (Register: **Start**) und entscheiden sich dort für **Desktop**, oder Sie drücken Strg + X.

Objekte verschieben

Wenn Sie sich in der Liste für **Speicherort auswählen** entscheiden, können Sie ein beliebiges Verzeichnis auswählen.

Schritt 4

Sollten Sie sich für Lösung 2 entschieden haben, müssen Sie jetzt noch auf eine freie Stelle des Desktops klicken und Strg + V drücken. Das Dokument ist im Ordner nun nicht mehr vorhanden.

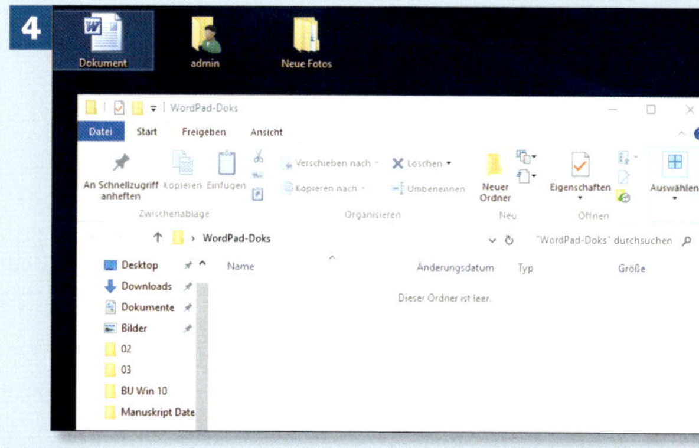

Schritt 5

Sie können das Dokument aber auch duplizieren, also kopieren, damit es an beiden Orten erscheint. Dazu markieren Sie das Dokument auf dem Desktop und drücken Strg + C. Alternativ geht es auch per Rechtsklick und **Kopieren**.

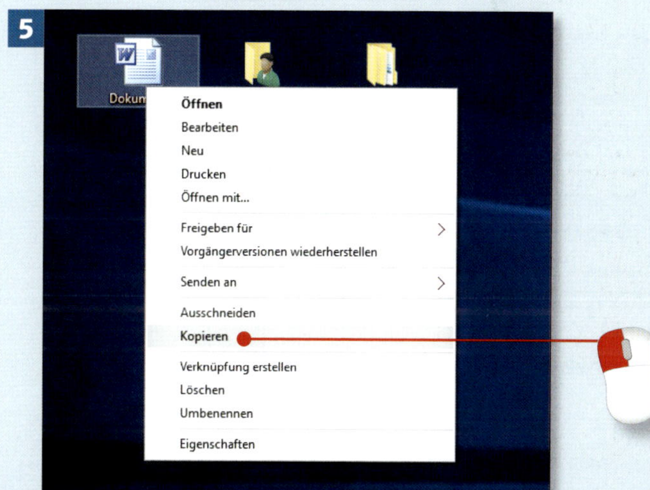

Schritt 6

Um nun ein Duplikat des Dokuments im Ordner zu platzieren, müssen Sie mit rechts dort hineinklicken und **Einfügen** anwählen. Oder aber Sie klicken mit links hinein und drücken Strg + V. **Einfügen** im Menüband geht natürlich auch.

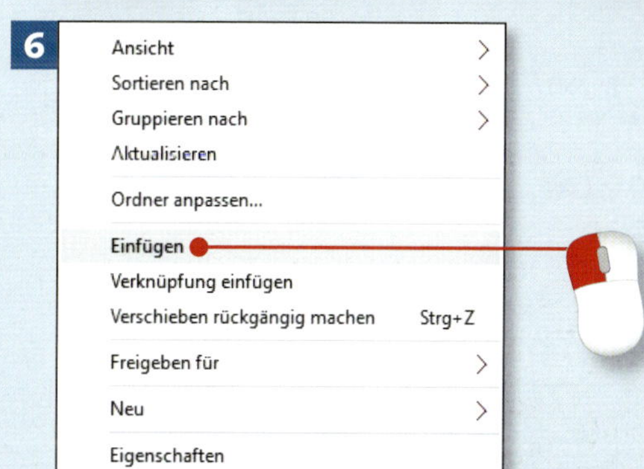

Kopieren und verschieben mit der Tastatur

Um ein Objekt zu kopieren, drücken Sie Strg + C. Mit Strg + X schneiden Sie es aus. Es wird dabei keine Kopie erzeugt. Mithilfe von Strg + V wird das zuvor kopierte oder ausgeschnittene Objekt wieder eingefügt.

Die Darstellung der Ordner ändern

Wenn Sie mit vielen unterschiedlichen Dateien arbeiten, kann es sinnvoll sein, dafür zu sorgen, dass sich die Ordner optisch voneinander unterscheiden. In dieser Anleitung erfahren Sie, wie Sie ein Ordner-Symbol ändern können.

1
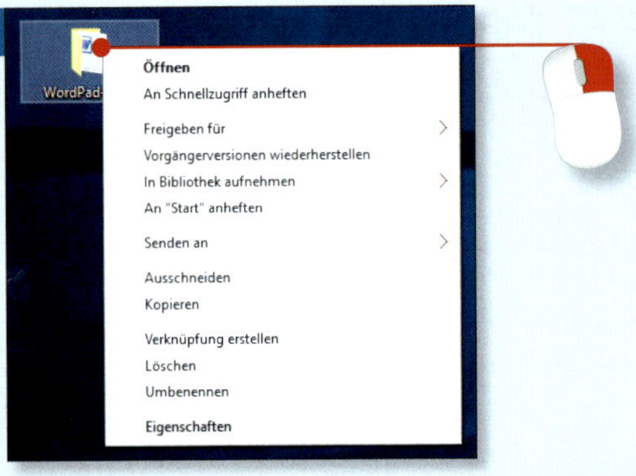

Schritt 1

Setzen Sie einen rechten Mausklick auf den zu verändernden Ordner, und klicken Sie im daraufhin erscheinenden Kontextmenü auf den Eintrag **Eigenschaften**.

2
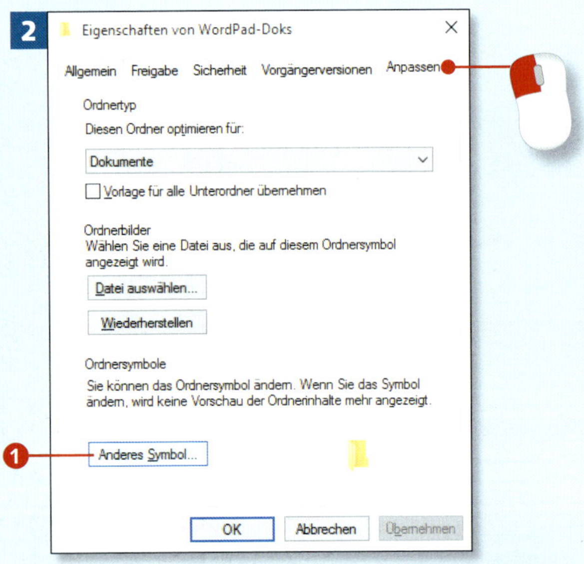

Schritt 2

Öffnen Sie nun die Registerkarte **Anpassen**. Dadurch wird die Schaltfläche **Anderes Symbol** ❶ zugänglich, die Sie ebenfalls anklicken.

3
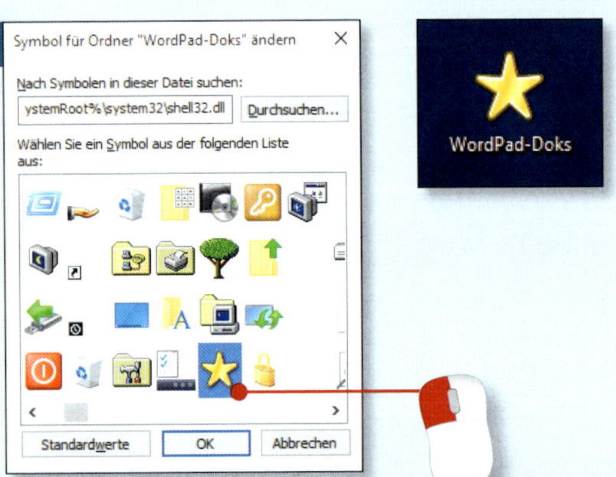

Schritt 3

Zuletzt verschieben Sie die *Scrollleiste* mit gedrückter linker Maustaste und suchen nach einem neuen Ordner-Symbol. Wenn Sie es gefunden haben, markieren Sie es und schließen beide Fenster mit einem Klick auf **OK**. Auf dem Desktop erscheint nun das neue Symbol.

Ordner und Dateien suchen

Wenn Sie eine Datei oder einen Ordner nicht mehr finden, können Sie danach suchen. Die Suche nach Dateien und Ordnern funktioniert exakt gleich.

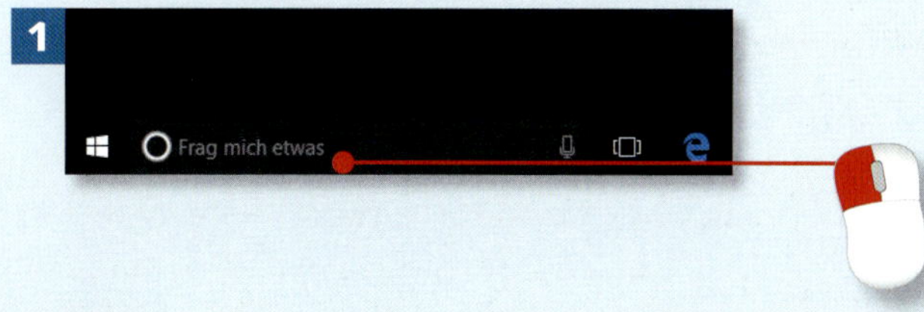

Schritt 1

Klicken Sie zunächst unten links in das Taskleisten-Suchfeld.

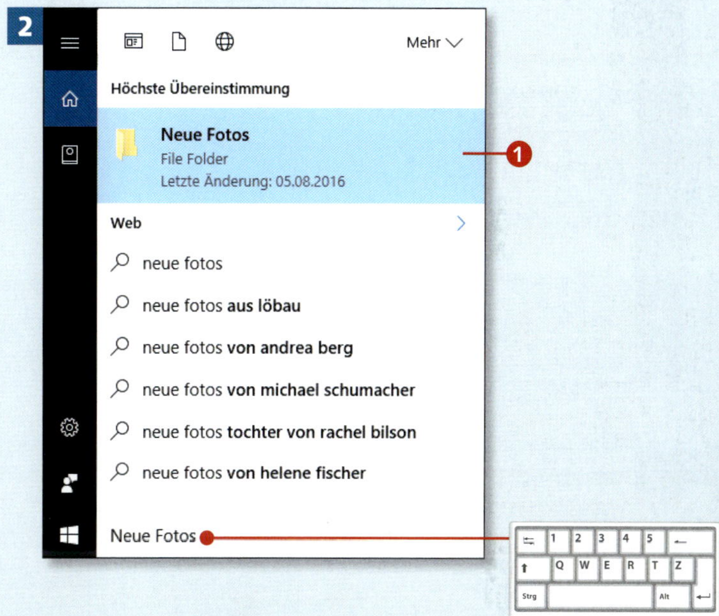

Schritt 2

Wir suchen beispielhaft nach dem Ordner **Neue Fotos**, der sich auf unserem Rechner befindet. Sie können stattdessen sofort nach Objekten suchen, die auf Ihrem Rechner liegen.

Schritt 3

Klicken Sie anschließend auf den Eintrag, der dem Suchergebnis am ehesten entspricht. Sollte das Ergebnis bereits markiert (= blau hinterlegt) sein ❶, reicht auch ein Druck auf ↵. Sogleich öffnet sich der gesuchte Ordner bzw. das Dokument.

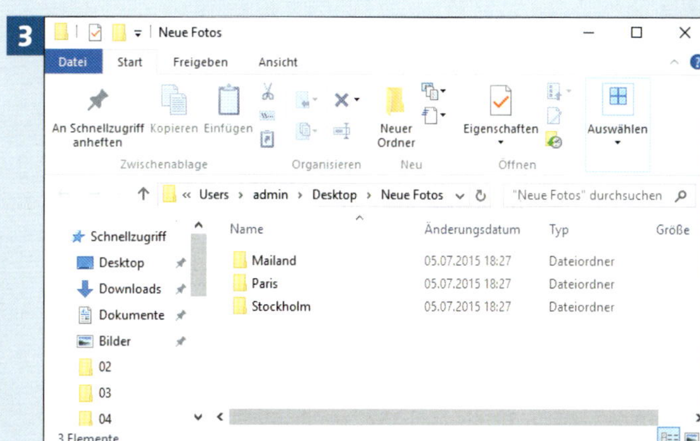

Kontextsensitive Eingabe

Achten Sie in Schritt 2 auf die sogenannte *kontextsensitive Eingabe*. Bei Eingabe jedes Buchstabens wird die Suchliste aktualisiert. So bleibt es Ihnen meist erspart, den kompletten Suchbegriff eingeben zu müssen.

Überall suchen

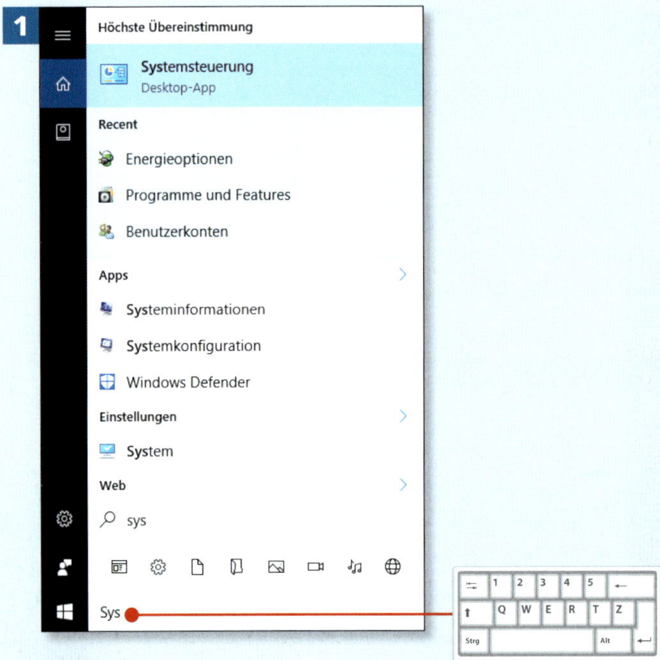

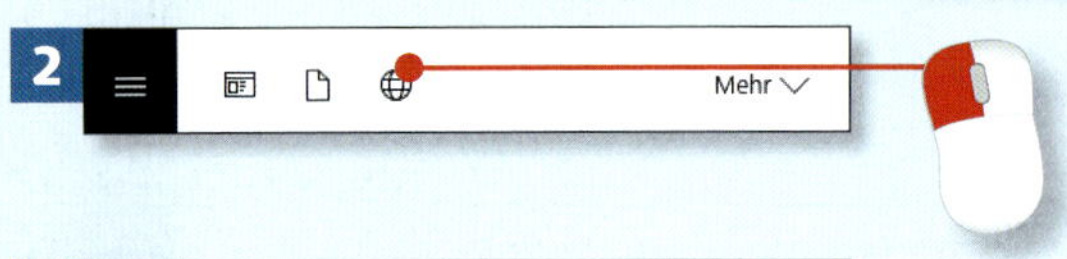

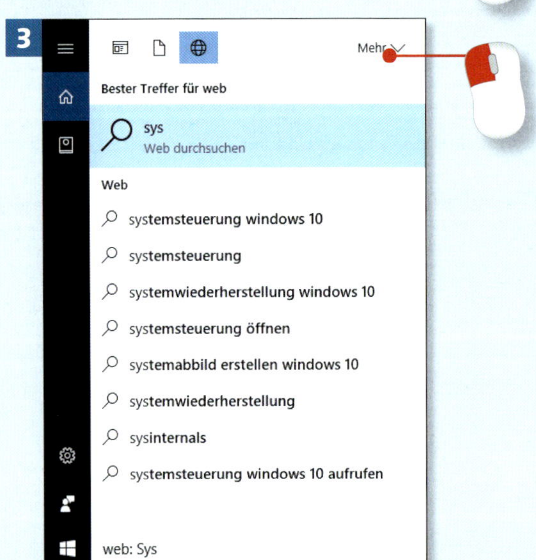

Falls eine umfangreiche Suche erforderlich ist, in der es neben Dateien oder Apps auch um Webinhalte geht, sollten Sie so vorgehen:

Schritt 1

Klicken Sie erneut in das Suchfeld unten links. Geben Sie den Suchbegriff ein (hier: »Sys« für Systemsteuerung). In der Liste werden nun sowohl Inhalte vom Computer als auch aus dem Internet angezeigt.

Schritt 2

Oberhalb des Eingabefeldes finden Sie verschiedene Listen (z. B. **Apps**, **Einstellungen**). Mithilfe der kleinen Symbole lässt sich das Ergebnis eingrenzen. Klicken Sie z. B. auf die Weltkugel.

Schritt 3

Sie sehen eine Liste, die nur Ergebnisse aus dem Web präsentiert. Klicken Sie auf **Mehr**, werden weitere Suchkategorien präsentiert.

Wo suche ich am besten?
Wenn Sie Änderungen an der Systemsteuerung vornehmen wollen, müssen Sie **Einstellungen** wählen (Schritt 2). Wollen Sie sich allgemein über das Thema informieren, bietet sich die Suche im **Web** an.

Was die Einstellungen auf Ihrem PC betrifft, wartet Windows 10 mit einem intuitiven Dialog auf. Wie Sie diesen mithilfe der Suchfunktion finden können, erfahren Sie hier.

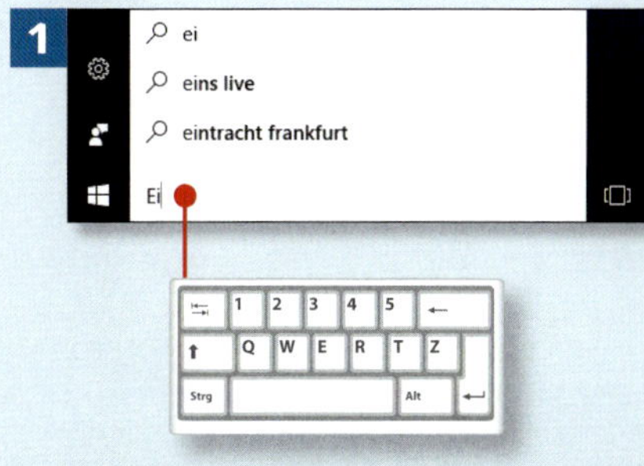

Schritt 1

Wenn Sie nicht wissen, wo sich der erwähnte Dialog versteckt, geben Sie unten links im Suchfeld »Ei« ein (für **Einstellungen**). Das reicht schon.

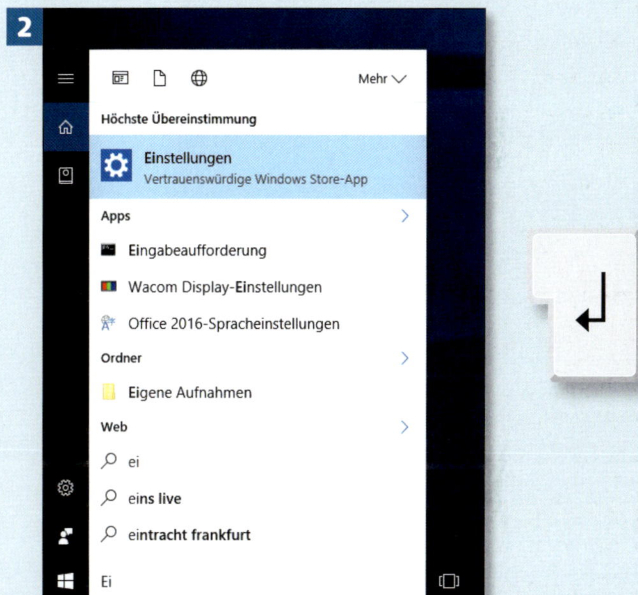

Schritt 2

Wählen Sie daraufhin den Eintrag **Einstellungen** oben in der Liste. Ist diese Option bereits farblich markiert, dürfen Sie auch gleich [↵] drücken.

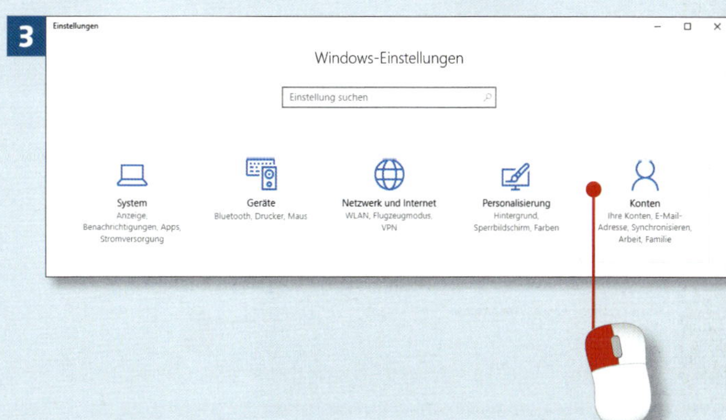

Schritt 3

Die Einstellungen sind hier übersichtlich in Rubriken unterteilt. Wollen Sie z. B. Änderungen an Ihrem Benutzerkonto vornehmen, klicken Sie auf **Konten**.

Einstellungen per Startmenü finden

Alternativ zur Suchfunktion können Sie auch unten links auf die **Windows**-Schaltfläche klicken und anschließend den Eintrag **Einstellungen** auswählen.

Cortana kennenlernen

1

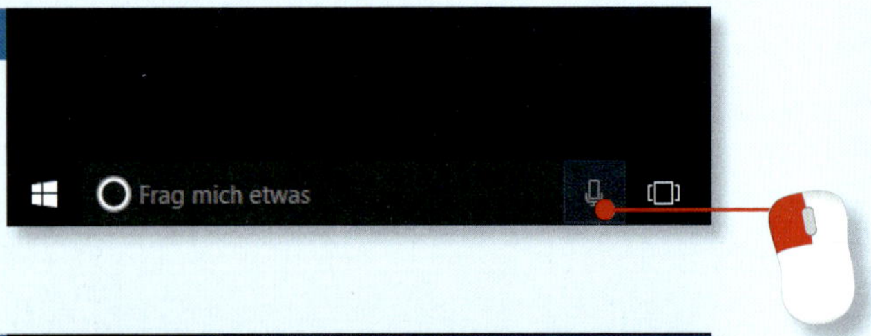

2

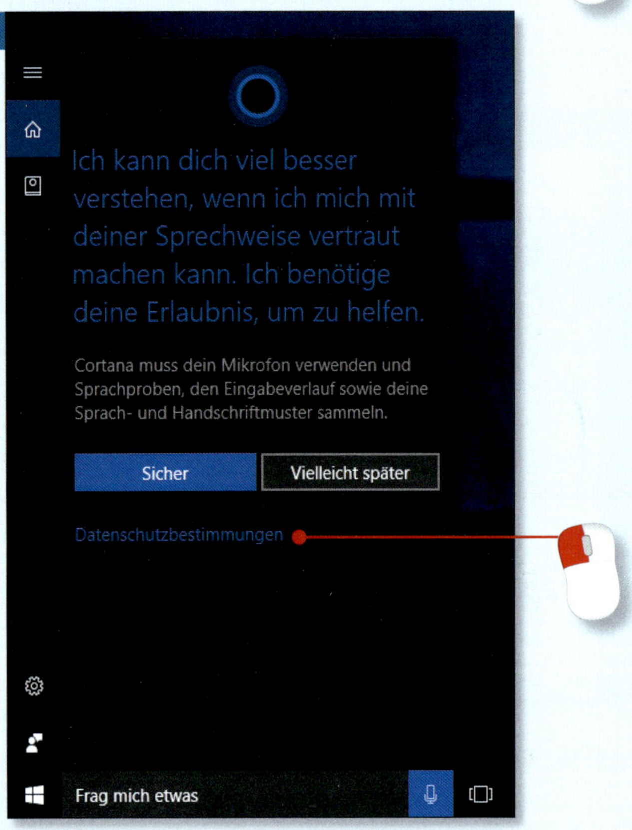

3

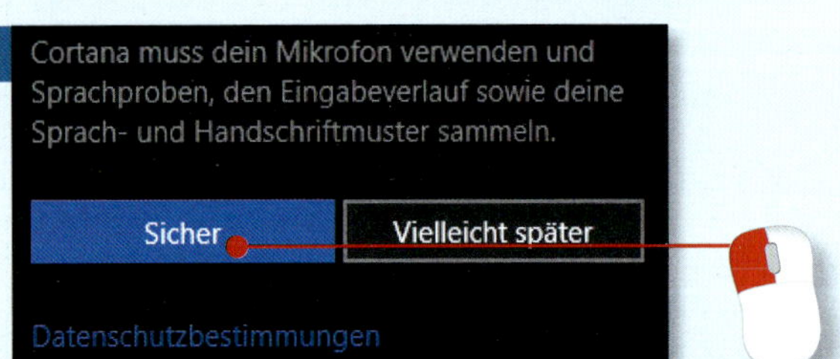

Cortana ist Ihre persönliche Sekretärin – und zwar eine, die »mit sich reden lässt«. Geben Sie ihr Sprachbefehle, oder nutzen Sie sie zur Recherche im Internet.

Schritt 1

Um Cortana zum Leben zu erwecken, klicken Sie auf das kleine Mikrofon-Symbol im Suchfeld der Taskleiste.

Schritt 2

Als Nächstes wird Ihre Einwilligung verlangt. Diese sollten Sie erst geben, nachdem Sie die **Datenschutzbestimmungen** gelesen haben und damit einverstanden sind.

Schritt 3

Wenn Sie Ihre Zustimmung verweigern, können Sie zwar einige Cortana-Funktionen nutzen (ab Schritt 5), nicht jedoch die Spracheingabe. Wenn Sie zuvor auf **Sicher** geklickt haben, können Sie loslegen.

Typische Cortana-Befehle:
Sprechen Sie mit Cortana. Sagen Sie z. B.: »Wie ist das Wetter in Paris?«, »Erinnere mich daran, Peter zum Geburtstag zu gratulieren!«, »Sende eine E-Mail!« etc.

Schritt 4

Klicken Sie einmal kurz in das Taskleisten-Suchfeld. Danach klicken Sie auf **Alle Tipps anzeigen**. Hier erfahren Sie viel mehr über die Arbeitsweise der Sprachsteuerung.

Schritt 5

Sie können Cortana auch über die Spracheingabe hinaus benutzen. Wenn Sie den Browser Edge geöffnet haben und zu einem Bild auf einer Webseite mehr wissen wollen, klicken Sie mit rechts darauf.

Schritt 6

Wählen Sie den Eintrag **Cortana fragen**. Kurze Zeit später taucht auf der rechten Seite die entsprechende Info auf.

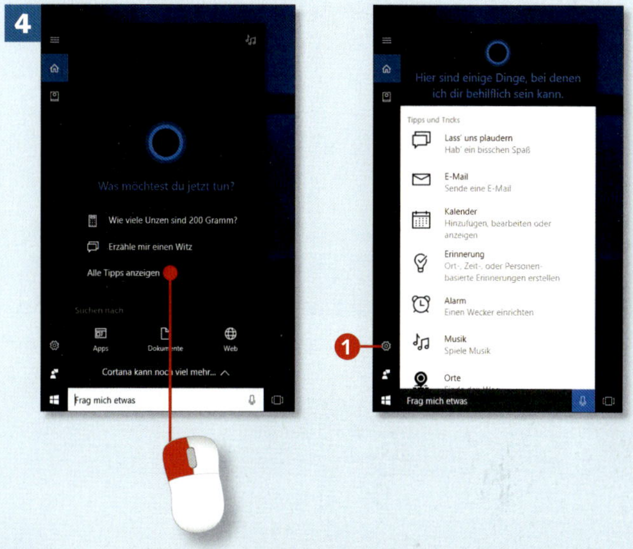

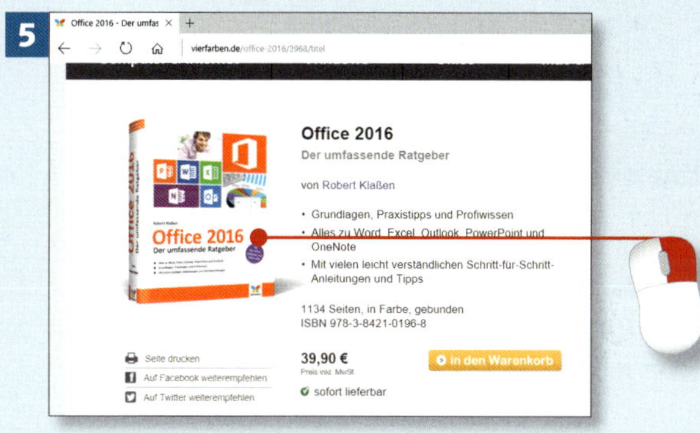

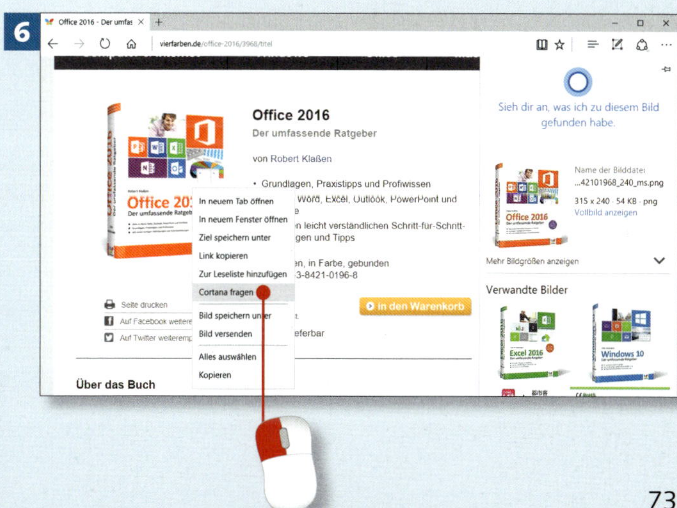

Cortana-Einstellungen

Die Cortana-Einstellungen finden Sie, indem Sie kurz in das Taskleisten-Suchfeld klicken und danach das Zahnrad-Symbol **Einstellungen** ❶ anklicken. Hier können Sie z. B. veranlassen, dass Cortana auf Ihren Sprachbefehl »Hey Cortana« reagiert und die Arbeit aufnimmt.

Dateien löschen und den Papierkorb leeren

1

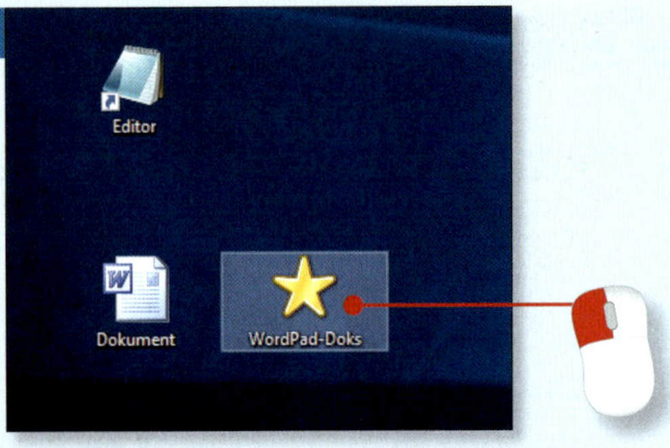

Glücklicherweise können Ordner und Dateien auch gelöscht werden. Ansonsten ist es ja nur eine Frage der Zeit, bis Ihre Festplatte randvoll ist.

Schritt 1

Das zu löschende Objekt müssen Sie zunächst per Mausklick markieren. Dabei spielt es keine Rolle, ob es sich auf dem Desktop oder in einem Ordner befindet. Wenn Sie nur eine einzelne Datei löschen wollen, machen Sie mit Schritt 4 weiter.

2

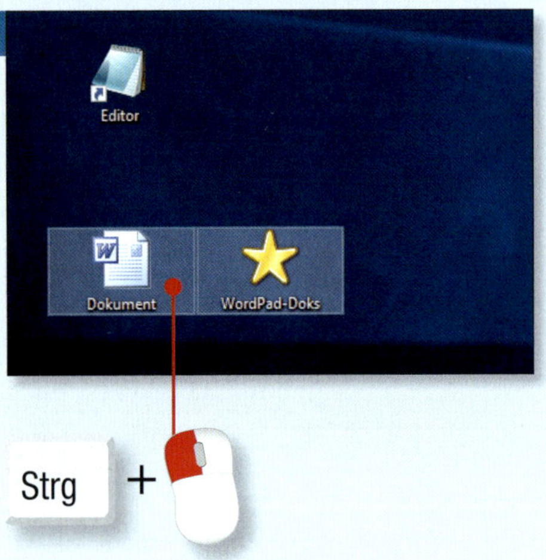

Schritt 2

Sie möchten neben dem markierten Objekt ein weiteres löschen? Dann halten Sie Strg gedrückt und klicken auch auf das zweite Objekt. Danach können Sie Strg wieder loslassen.

3

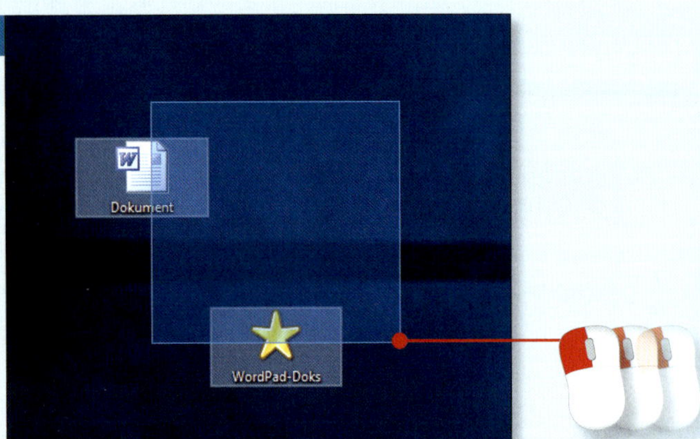

Schritt 3

Alternativ zu den Schritten 1 und 2 können Sie die zu löschenden Objekte auch per *Drag-and-drop* markieren. Klicken Sie dazu außerhalb eines Symbols, halten Sie die Maustaste gedrückt, ziehen Sie einen Rahmen über die Objekte, und lassen Sie erst los, wenn alle markiert sind.

Schritt 4

Jetzt klicken Sie auf eine der markierten Dateien, lassen die Maustaste nicht mehr los und ziehen sie zum Papierkorb. Sobald die QuickInfo **Nach Papierkorb verschieben** sichtbar wird, können Sie loslassen.

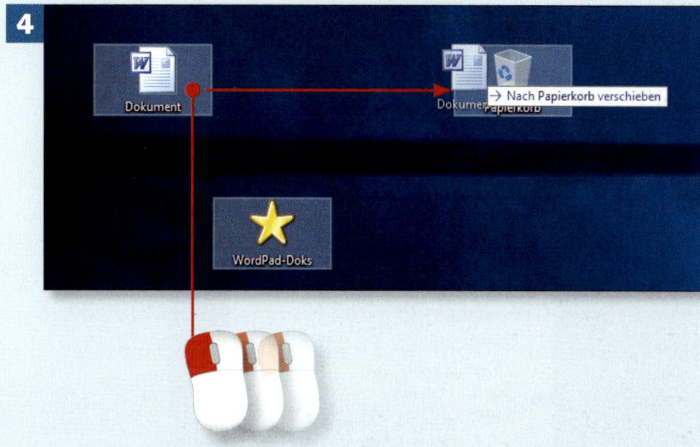

Schritt 5

Der Papierkorb wird jetzt als gefüllt angezeigt. Wenn Sie ihn leeren und die Dateien unwiderruflich löschen wollen, klicken Sie ihn mit rechts an und markieren **Papierkorb leeren**. Die anschließende Kontrollabfrage bestätigen Sie mit **Ja**.

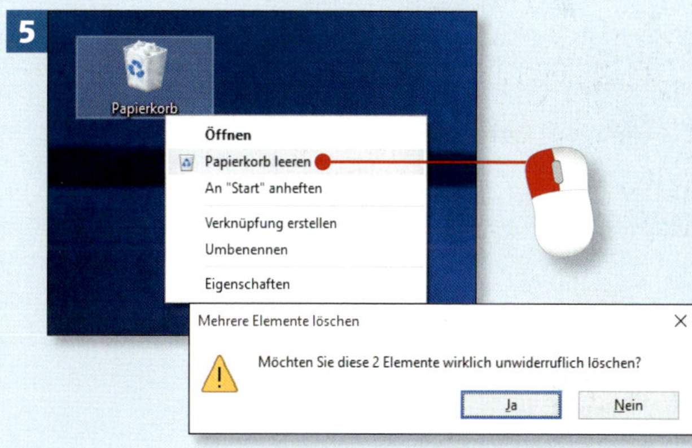

Schritt 6

Achtung: Dieser Schritt funktioniert nur, solange Schritt 5 noch nicht vollzogen ist! Sie haben eine Datei unbeabsichtigt gelöscht? Dann klicken Sie doppelt auf den Papierkorb, setzen einen Rechtsklick auf die Datei und wählen **Wiederherstellen**.

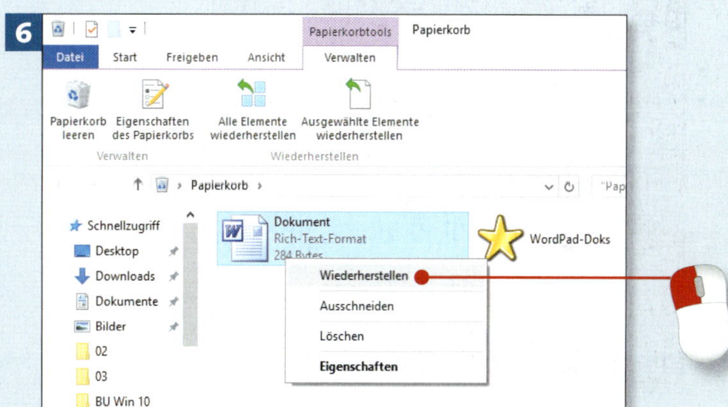

Keine Sicherheit beim Löschen
Bedenken Sie immer, dass Dateien niemals wirklich rückstandsfrei vom Rechner entfernt werden, auch wenn Sie diese aus dem Papierkorb gelöscht haben. Gelöschte Dateien können mit einer entsprechenden Software oft wiederhergestellt werden.

Eigenschaften von Dateien und Ordnern anzeigen

1

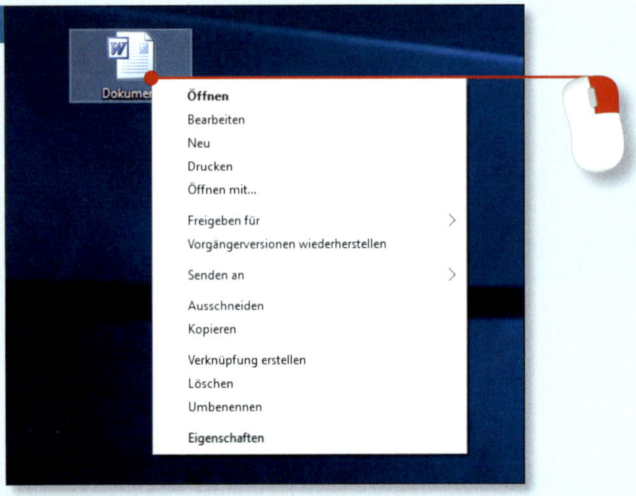

2

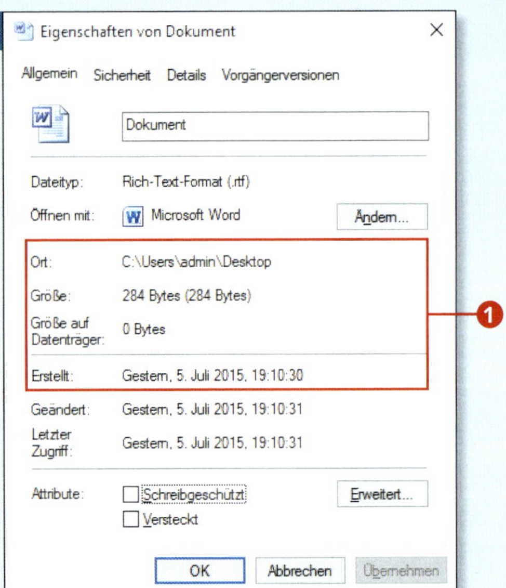

3

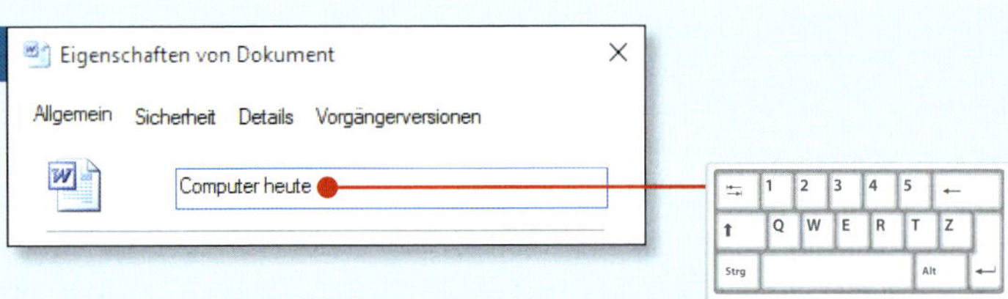

Sie haben mehrere Versionen eines Dokuments gespeichert und wollen nun wissen, welche Datei zuletzt erzeugt worden ist? Das und noch vieles mehr können Sie in den Eigenschaften nachsehen.

Schritt 1

Klicken Sie ein beliebiges Dokument mit rechts an, und entscheiden Sie sich im Kontextmenü für **Eigenschaften**. Ob sich das Dokument auf dem Desktop oder in einem Ordner befindet, spielt keine Rolle.

Schritt 2

Etwa in der Mitte des Eigenschaften-Fensters können Sie den Speicherort des Dokuments (in diesem Fall der Desktop), die Größe, das Erstellungsdatum 1 und noch viel mehr ablesen.

Schritt 3

Sie können das Dokument umbenennen, indem Sie den kompletten Text des oberen Eingabefelds mit gedrückter linker Maustaste überfahren. Danach beginnen Sie mit der Eingabe.

Schritt 4

Wenn Sie das Dokument schützen wollen, klicken Sie das Feld **Schreibgeschützt** an. Das Häkchen signalisiert: Die Datei kann zwar noch geöffnet und bearbeitet, nicht jedoch unter demselben Namen und am selben Ort gesichert werden.

4

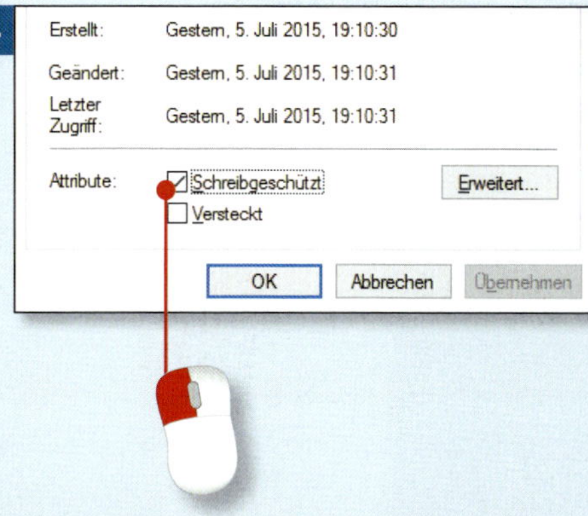

Schritt 5

Entfernen Sie das Häkchen wieder mit einem Klick, und wählen Sie das Register **Details**.

5

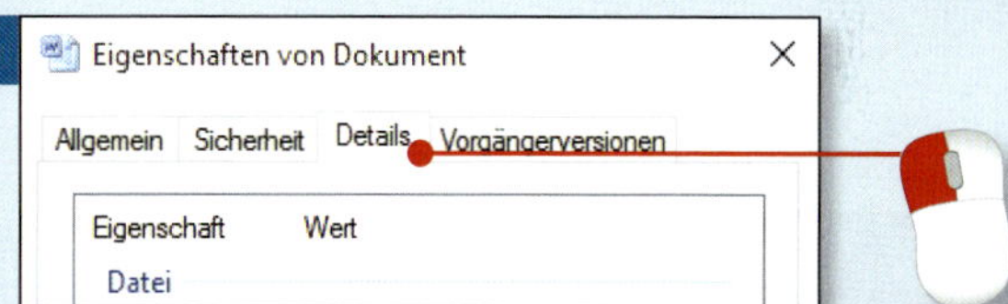

Schritt 6

Hier finden Sie weitere wichtige Informationen wie z. B. Erstellungs- und Änderungsdatum sowie Besitzer und Computer. Am Ende klicken Sie auf **OK**. Möchten Sie die Änderungen verwerfen, klicken Sie auf **Abbrechen**.

6

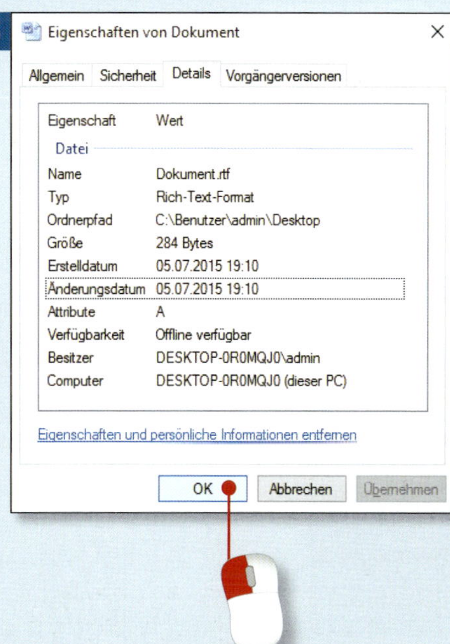

Dateien verstecken

Gehen Sie behutsam mit der Funktion **Versteckt** um. Damit lassen sich die Objekte nämlich ausblenden. Um sie wieder sichtbar zu machen, müssen Sie tief ins System gehen. Außerdem ist das Verstecken ohnehin keine wirklich sichere Methode, um den Inhalt vor neugierigen Blicken zu verbergen.

Dateien komprimieren und dekomprimieren

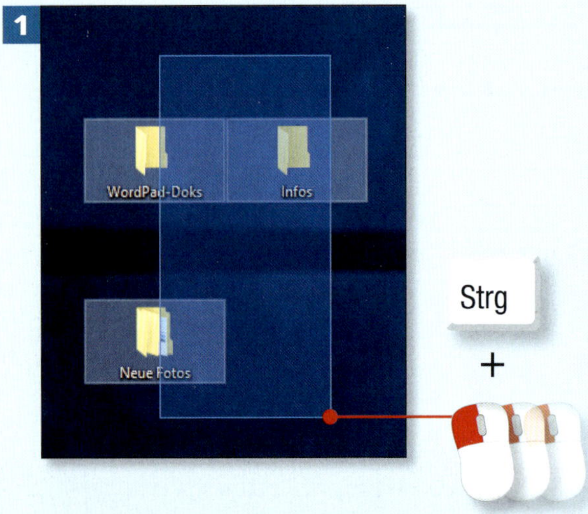

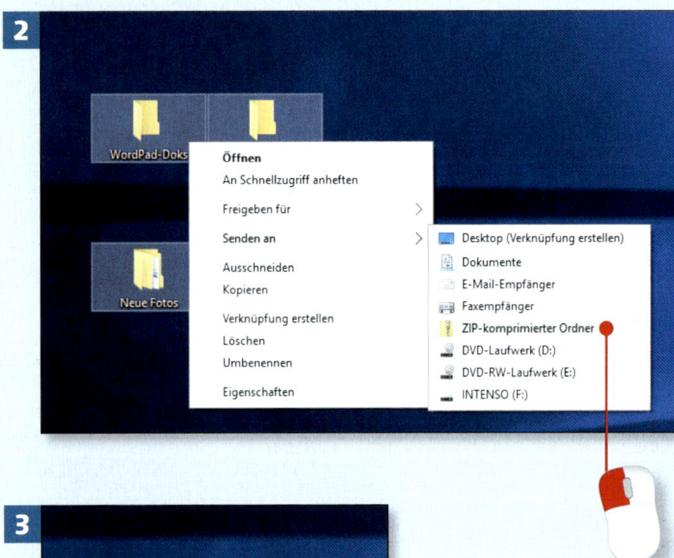

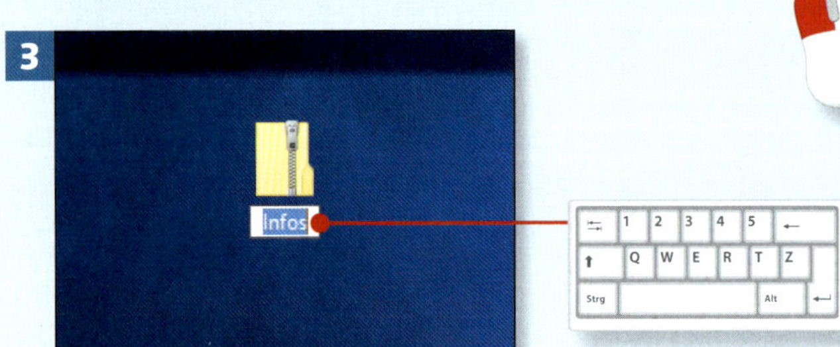

Wenn Sie beabsichtigen, Dateien zu archivieren oder per E-Mail zu versenden, ist es sinnvoll, diese vorab zu komprimieren. Dabei werden die Dateien gewissermaßen zusammengepresst, und die Dateigröße verringert sich zum Teil beträchtlich. Umgangssprachlich nennt man diese Technik »zippen«.

Schritt 1

Setzen Sie einen Mausklick auf das Objekt, das Sie komprimieren wollen. Sie dürfen auch mehrere Objekte anklicken, während Sie [Strg] gedrückt halten, oder mit gedrückter Maustaste einen Rahmen um die zu »zippenden« Dateien ziehen.

Schritt 2

Danach erfolgt der mittlerweile wohl bestens bekannte Rechtsklick auf eine der markierten Dateien. Zeigen Sie auf **Senden an**, und platzieren Sie anschließend einen Mausklick auf **ZIP-komprimierter Ordner**.

Schritt 3

Kurz darauf finden Sie einen weiteren Ordner vor, der mit einem Reißverschluss versehen ist. Wenn Sie keinen neuen Namen eingeben wollen, drücken Sie [↵].

Schritt 4

Öffnen Sie den ZIP-Ordner per Doppelklick. Sie können sich die darin enthaltenen Dateien zwar ansehen und auch darauf zugreifen, jedoch lässt sich damit nicht arbeiten.

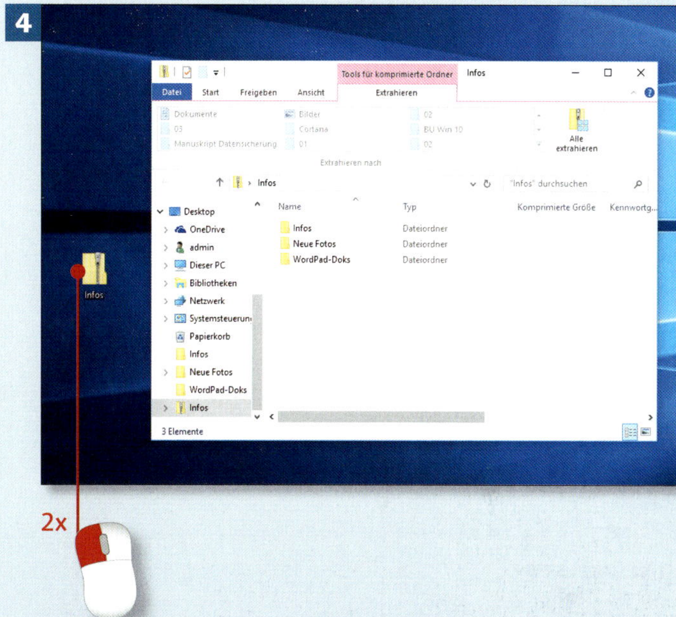

Schritt 5

Um die »gezippten« Dateien wieder verwenden zu können, muss ihr Empfänger mit der rechten Maustaste daraufklicken und **Alle extrahieren** auswählen. (Alternativ öffnet er den Ordner, wie in Schritt 4 beschrieben, und klickt im Menüband auf **Alle extrahieren**.)

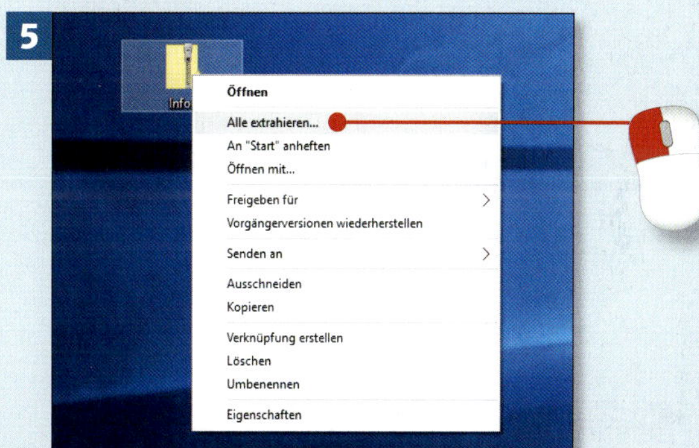

Schritt 6

Im nächsten Dialog müssen Sie noch einmal auf **Extrahieren** klicken. Jetzt wird am selben Ort, an dem sich der ZIP-Ordner befindet, ein dekomprimierter Ordner erzeugt. Die darin enthaltenen Dateien können bearbeitet werden.

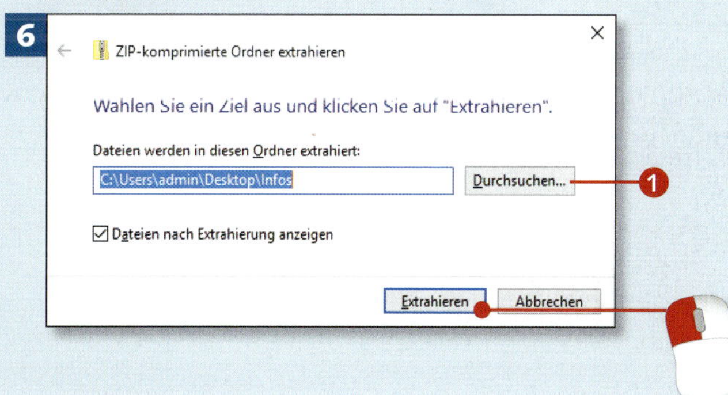

Speicherort ändern

Klicken Sie auf **Durchsuchen** ❶, falls Sie beabsichtigen, einen neuen Speicherort für die entpackten Dateien anzugeben.

Dateitypen anzeigen

1

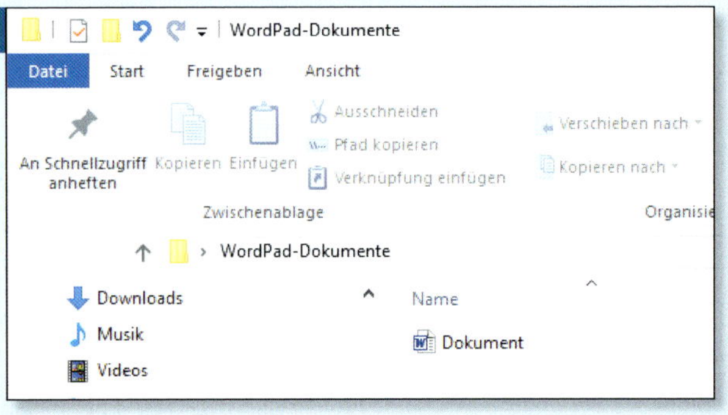

2

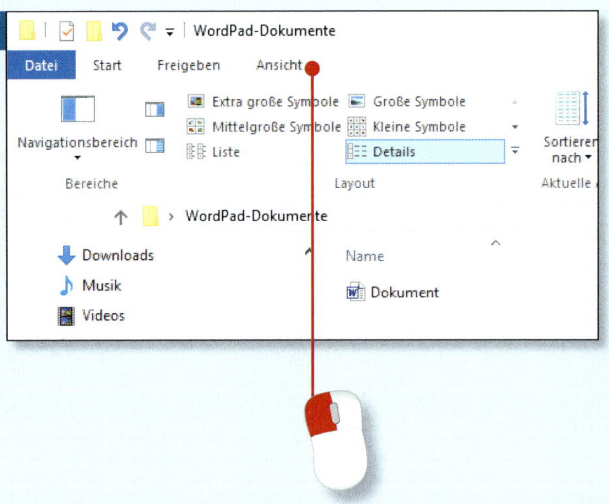

3

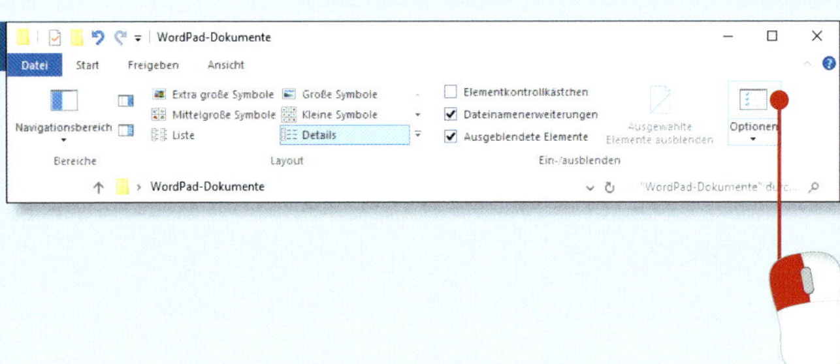

Wenn Sie es mit vielen verschiedenen Arten von Dateien zu tun haben, ist es sinnvoll, sich die Dateiendungen anzeigen zu lassen. Daran ist nämlich zu erkennen, in welchem Format die Dokumente vorliegen.

Schritt 1

Öffnen Sie einen Ordner, in dem sich mindestens eine Datei befindet (hier: **WordPad-Dokumente**). Sie sehen darin lediglich Namen, jedoch keine Dateiendungen.

Schritt 2

Markieren Sie das Register **Ansicht**, das Sie oberhalb des Menübands finden. Sollte das Menüband geschlossen sein, öffnen Sie es, indem Sie Strg + F1 drücken.

Schritt 3

Klicken Sie jetzt auf die Schaltfläche **Optionen**. Achten Sie aber darauf, nicht den Namen oder das darunter befindliche Dreieck, sondern tatsächlich das Symbol zu treffen.

Systemsteuerung

Wenn Sie lieber den klassischen Weg nehmen, können Sie auch den Dialog **Explorer-Optionen** in der Systemsteuerung zugänglich machen.

Schritt 4

Im folgenden Dialog finden Sie die **Ordneroptionen**. Holen Sie hier zunächst einmal mit einem Klick die Registerkarte **Ansicht** nach vorn.

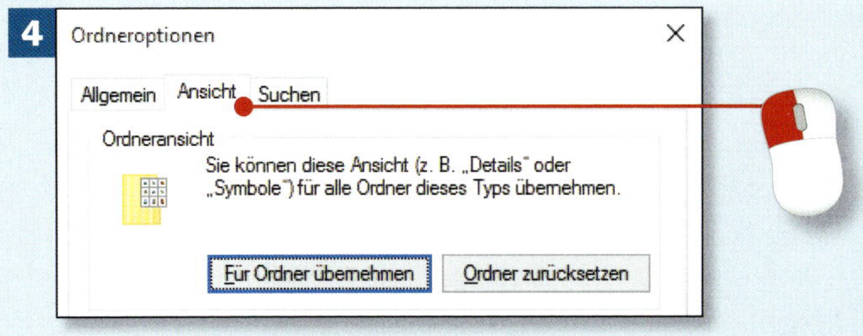

Schritt 5

In der Liste des Bereichs **Erweiterte Einstellungen** suchen Sie nach dem Eintrag **Erweiterungen bei bekannten Dateitypen ausblenden**. Klicken Sie die Zeile an, damit das vorangestellte Häkchen verschwindet. Bestätigen Sie mit **OK**.

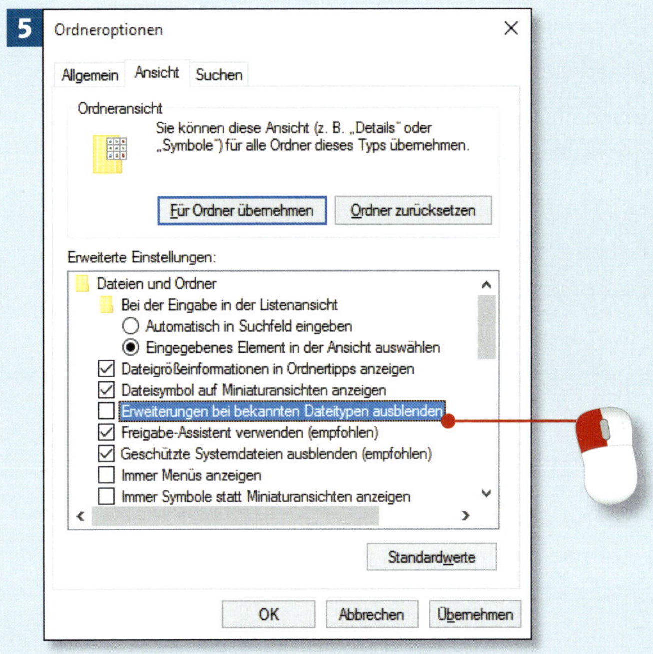

Schritt 6

Wenn Sie sich jetzt den Ordner noch einmal anschauen, werden Sie feststellen, dass hinter dem Dateinamen die Endung *.rtf* ❶ auftaucht. Sie steht für *Rich Text Format*.

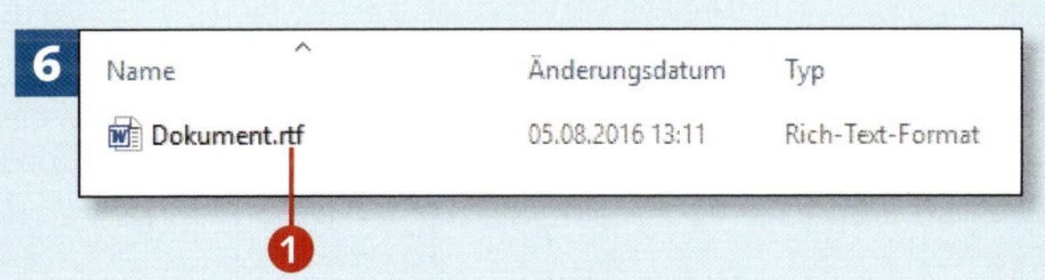

Weitere Dateiendungen

Von nun an werden Ihnen sämtliche Dateiendungen angezeigt. So wird ein Foto z. B. mit der Endung *.jpg*, *.png* oder *.tif* ausgezeichnet, während Apps (also ausführbaren Programmen) in der Regel die Endung *.exe* angehängt ist.

Abgestürzte Programme schließen

Auch wenn es äußerst selten ist, kann es auch unter Windows 10 einmal passieren, dass ein Programm abstürzt. In diesem Fall lässt es sich nicht mehr wie gewohnt schließen, und Sie müssen es über die Systemsteuerung abschalten.

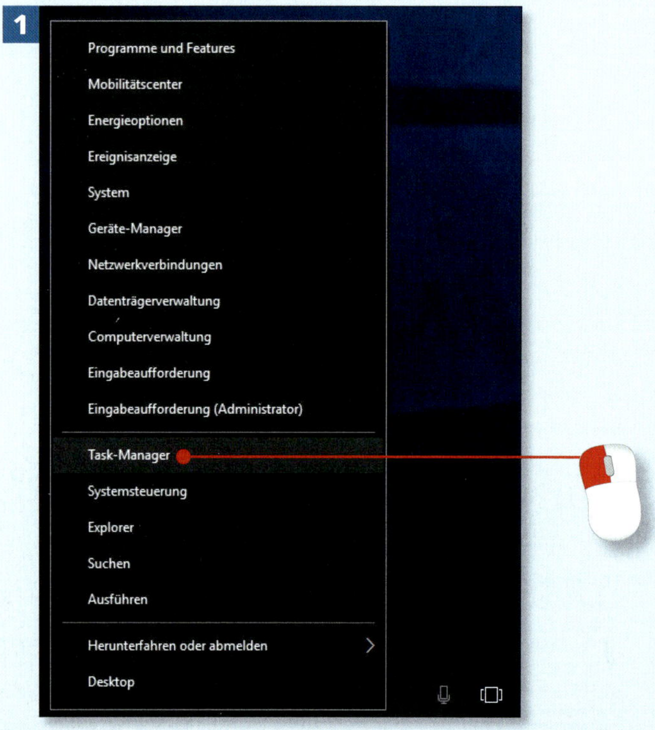

Schritt 1

Klicken Sie mit rechts auf die **Windows**-Schaltfläche oder einen freien Bereich in der Taskleiste, und wählen Sie im Kontextmenü **Task-Manager** aus.

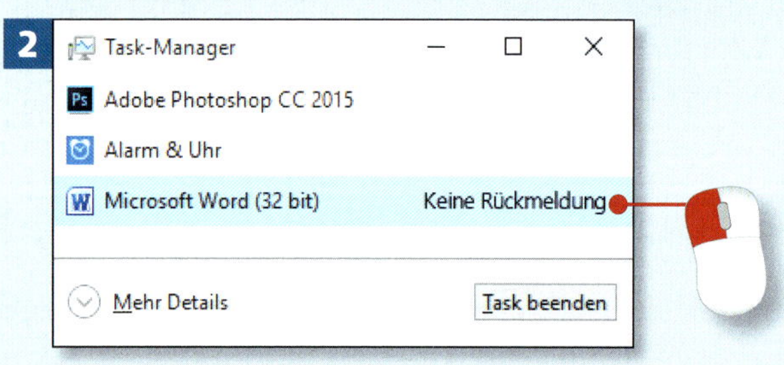

Schritt 2

Das Programm, das nicht mehr ordnungsgemäß ausgeführt werden kann, wird im Task-Manager mit dem Status **Keine Rückmeldung** ausgezeichnet. Markieren Sie diese Zeile mit einem Mausklick.

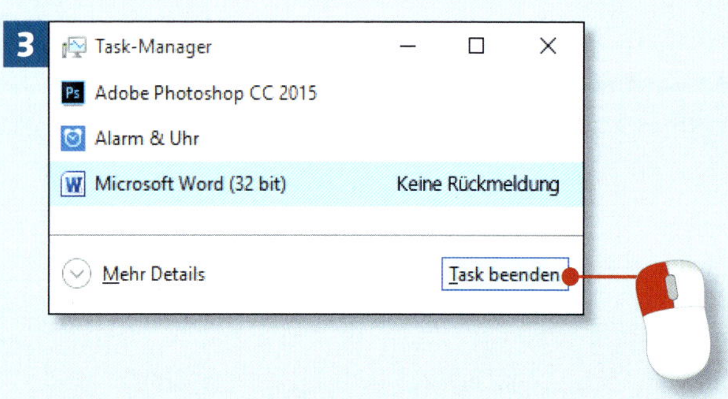

Schritt 3

Klicken Sie jetzt auf den Schalter **Task beenden** unten rechts im Fenster. Sollten Sie nun noch gefragt werden, ob Sie das Programm wirklich schließen wollen, müssen Sie dies mit **Ja** bestätigen.

Schritt 4

Die Zeile mit dem gestörten Programm ist verschwunden. Zuletzt schließen Sie das Fenster mit einem Klick auf das Schließkreuz. Da Sie aber schon einmal hier sind: Klicken Sie kurz noch auf **Mehr Details**.

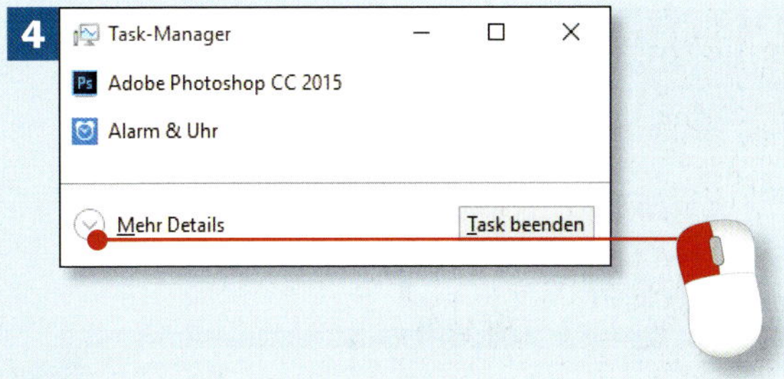

Schritt 5

Die beeindruckende Liste, die sich daraufhin öffnet, offenbart sämtliche Prozesse, die derzeit auf Ihrem PC betrieben werden. Auch hier könnten Sie eine Zeile markieren und dann auf **Task beenden** klicken.

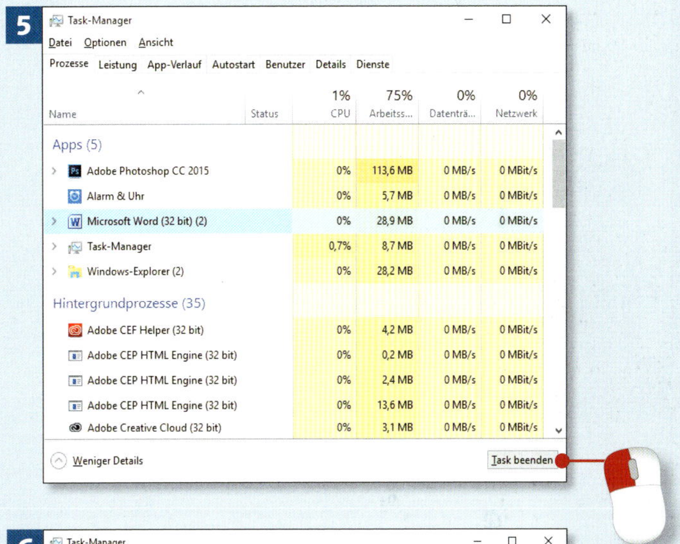

Schritt 6

Wollen Sie einmal sehen, wie die Prozessoren in Ihrem Rechner mit der Arbeit zurechtkommen? Dann klicken Sie auf das Register **Leistung**. Zur Task-Manager-Ansicht kommen Sie mit **Weniger Details** zurück.

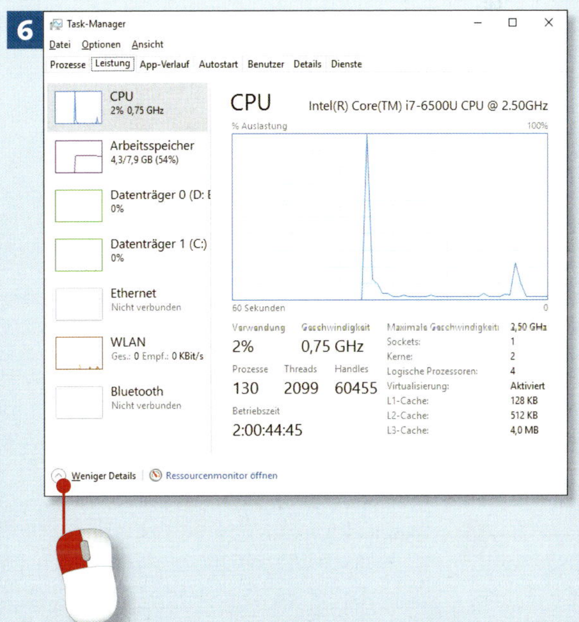

!

Weniger Details

Da die Ansicht **Weniger Details** intuitiver ist, sollten Sie vor dem Schließen des Fensters daraufklicken. Tun Sie das nicht, wird der Task-Manager künftig im Modus **Mehr Details** geöffnet.

Mit mehreren Apps gleichzeitig arbeiten

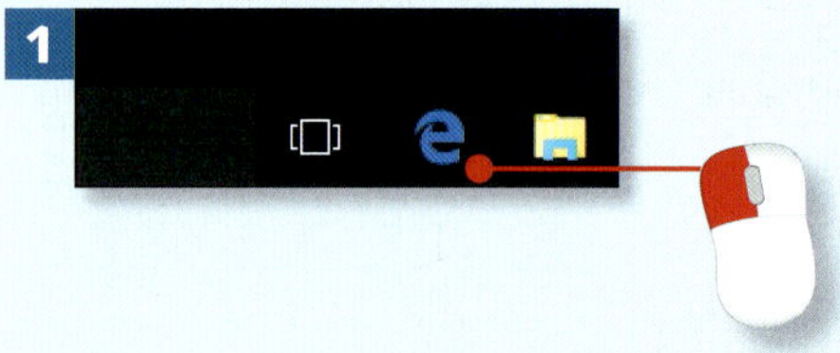

Mitunter ist es sehr sinnvoll, mehrere Apps nebeneinanderzustellen; etwa wenn Sie gerade Finanzmarktinfos einholen, währenddessen etwas im Internet recherchieren und nebenbei noch eine E-Mail schreiben wollen.

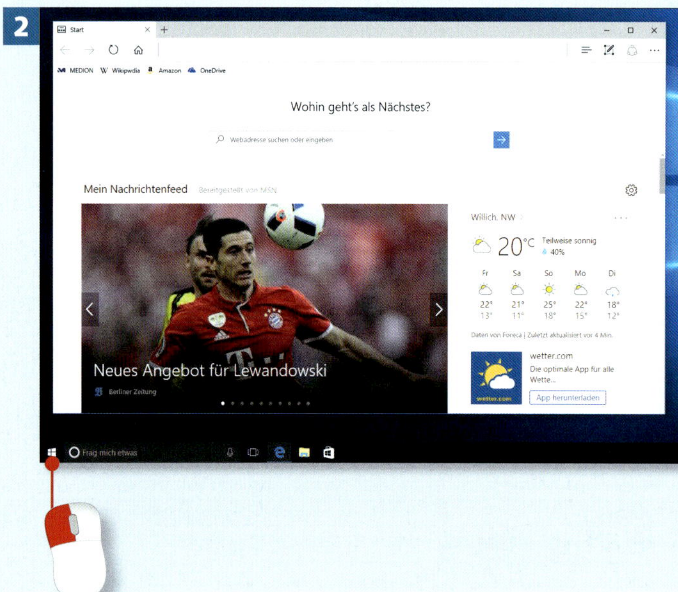

Schritt 1

Beginnen Sie mit dem Öffnen einer beliebigen App. Wir entscheiden uns hier für Microsoft Edge. Klicken Sie also auf das entsprechende Symbol in der Taskleiste.

Schritt 2

Sobald Microsoft Edge geöffnet ist, drücken Sie entweder die Taste [Windows-Taste] oder fahren in die untere linke Bildecke. Dort angekommen, klicken Sie auf die **Windows**-Schaltfläche, um wieder in das Startmenü zu gelangen.

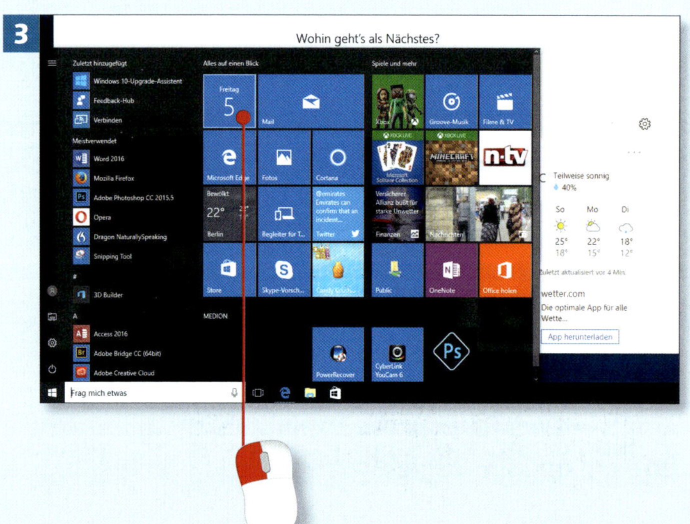

Schritt 3

Öffnen Sie mehrere weitere Apps. Unsere Wahl fällt u. a. auf die Kalender-App. Klicken Sie deshalb die gleichnamige Kachel an.

Schritt 4

Sie befinden sich nun in der Kalender-App. Klicken Sie mit der linken Maustaste auf die Kopfleiste der Anwendung, und halten Sie die Maustaste gedrückt.

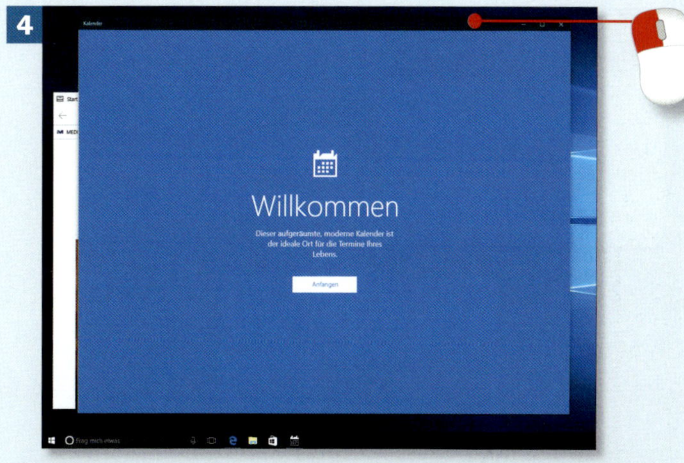

Schritt 5

Jetzt müssen Sie die Maus nur noch nach links oder (wie hier) nach rechts bewegen. Lassen Sie los, sobald sich in der rechten Hälfte des Bildschirms eine Art Glasrahmen ❶ zeigt.

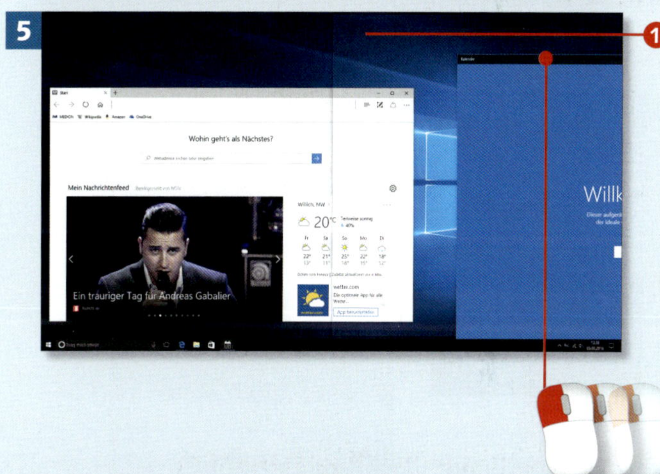

Schritt 6

Schauen Sie auf die linke Seite des Monitors. Dort sind alle weiteren Programme aufgeführt, die ebenfalls noch geöffnet sind. (In unserem Beispiel sind es noch drei.).

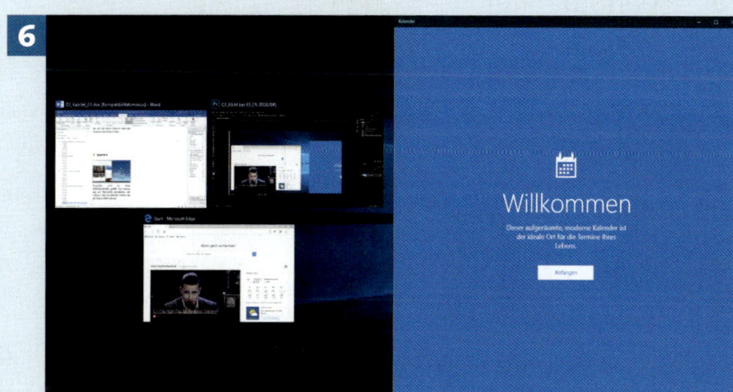

App zurückziehen

Genau so, wie in den Schritten 4 und 5 beschrieben, lässt sich eine App auch aus dem Anzeigebereich herausziehen – mit dem Unterschied, dass Sie diese an der Kopfleiste anklicken und mit gedrückter Maustaste ein Stück nach unten ziehen und fallenlassen.

Mit mehreren Apps gleichzeitig arbeiten (Forts.)

7

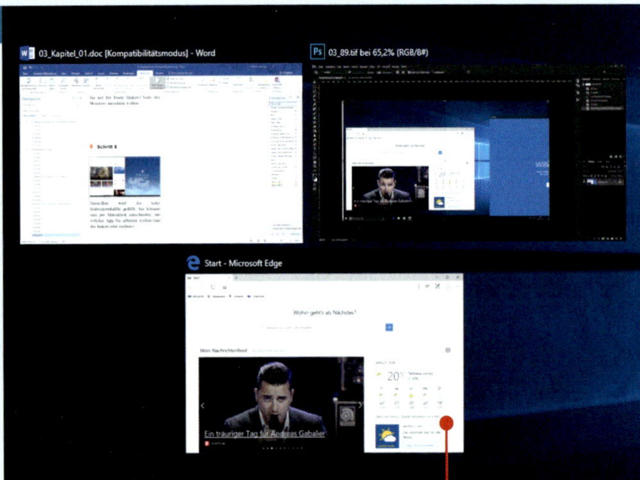

8

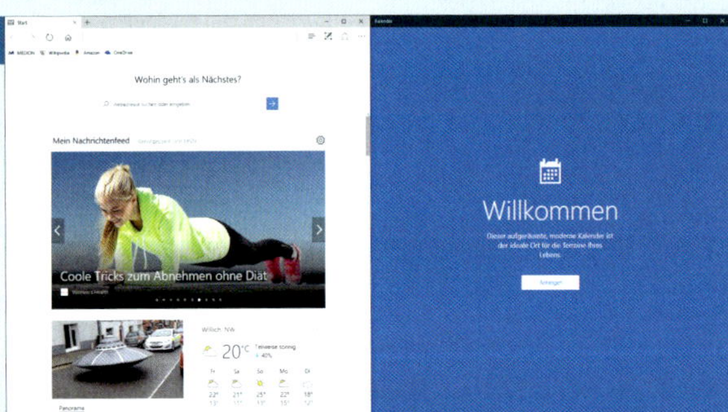

9

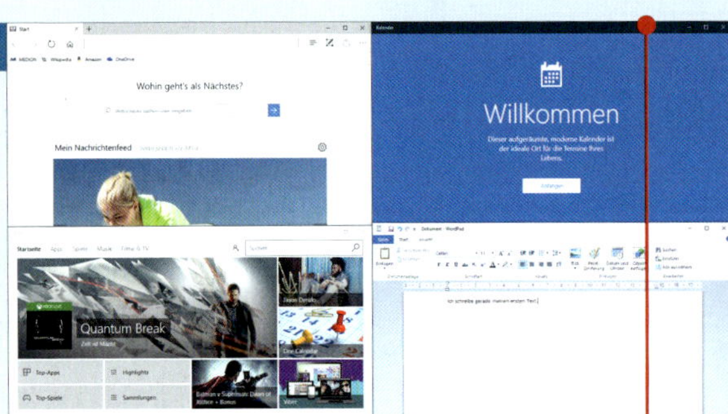

Schritt 7

Klicken Sie auf die App-Miniatur, die Sie auf der freien (linken) Seite des Monitors anordnen wollen.

Schritt 8

Daraufhin wird die linke Bildschirmhälfte gefüllt. Sie können nun per Mausklick entscheiden, mit welcher App Sie arbeiten wollen (mit der linken oder rechten).

Schritt 9

Wenn Sie mit insgesamt drei oder vier Apps gleichzeitig arbeiten möchten, müssen Sie nicht zum linken oder rechten Rand ziehen (Schritt 5), sondern in eine der vier Ecken des Monitors. Dann wird jeweils nur ein Viertel der Arbeitsfläche bereitgestellt.

Nicht zu weit ziehen

Ziehen Sie den Mittelbalken nicht zu weit. Anderenfalls wird diese Seite komplett geschlossen. Solange Sie die Maustaste jedoch noch nicht losgelassen haben, können Sie ein Stück zurückziehen und loslassen. Dann bleibt die Anzeige geteilt.

Schritt 10

Dies ist ebenfalls eine gute Wahl: Ziehen Sie nacheinander drei Apps in jeweils eine Ecke, und lassen Sie die vierte Teilfläche frei (hier: unten links). Dann ist der Zugriff auf den Desktop jederzeit möglich.

10

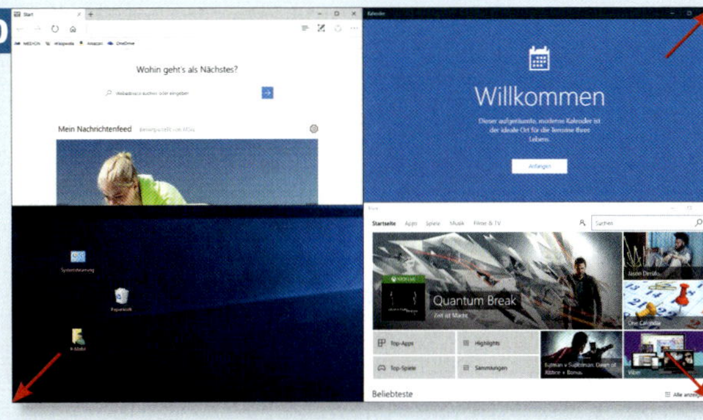

Schritt 11

Sie suchen nach weiteren Alternativen der Fensteranordnung? Dann klicken Sie doch bitte einmal mit rechts auf eine freie Stelle in der Taskleiste. Danach platzieren Sie einen Klick auf **Fenster nebeneinander anzeigen**.

11

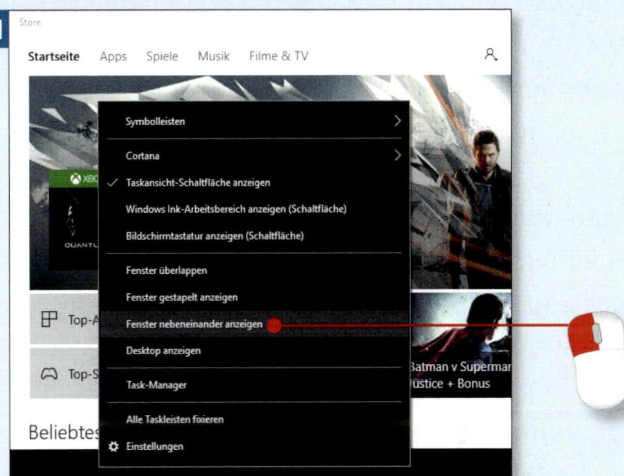

Schritt 12

Sie wollen die Größe eines geöffneten Fensters noch individueller anpassen? Dabei sollen alle anderen Fenster unverändert bleiben? Kein Problem! Ziehen Sie einfach an einer der vier Seiten, und halten Sie dabei die Maustaste gedrückt.

12

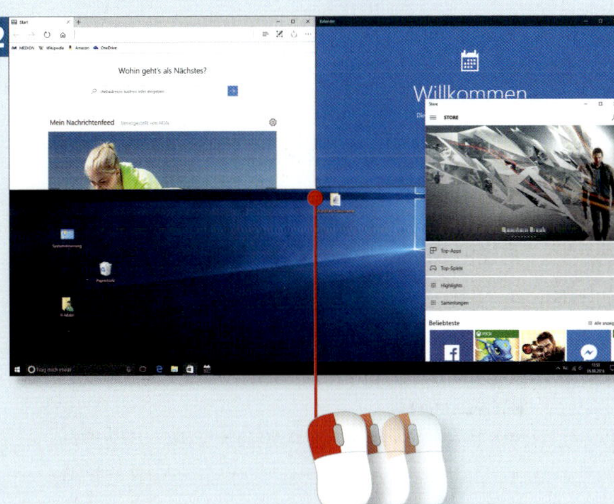

Apps bleiben geöffnet

Beachten Sie, dass die App durch das »Zuziehen« (siehe Schritt 12) nicht geschlossen, sondern lediglich deren Darstellung aufgehoben wird. Zum Schließen klicken Sie auf die App und drücken dann die Tastenkombination Alt + F4.

Kapitel 4
Im Internet surfen

Das Internet eröffnet Ihnen zahlreiche Möglichkeiten. Was Sie tun müssen, falls noch keine Internetverbindung besteht, wie Sie auf Webseiten surfen, nach bestimmten Inhalten suchen und Edge konfigurieren, erfahren Sie in diesem Kapitel.

Die Internetverbindung einrichten

Windows 10 ist in der Regel so vorkonfiguriert, dass eine Internetverbindung steht, noch bevor Sie Edge das erste Mal öffnen. Dennoch kann es vorkommen (z. B. bei technischen Problemen oder bei der Übernahme eines bestehenden Computersystems), dass Sie selbst noch einmal Hand anlegen müssen ❶.

Surfen und suchen im Internet

Bei der Suche im weltweiten Netz, der Anwahl verschiedener Webseiten sowie dem Speichern und Drucken von Webinhalten ❷ helfen Ihnen die Anleitungen in diesem Kapitel zuverlässig weiter.

Edge konfigurieren

Mit der Zeit werden Sie Surfgewohnheiten entwickeln, besonderen Wert auf bestimmte Funktionen legen und vielleicht auch einmal die eine oder andere individuelle Einstellung ❸ vornehmen wollen. Auch hier steht Ihnen Edge als zuverlässige Arbeitsumgebung zur Verfügung.

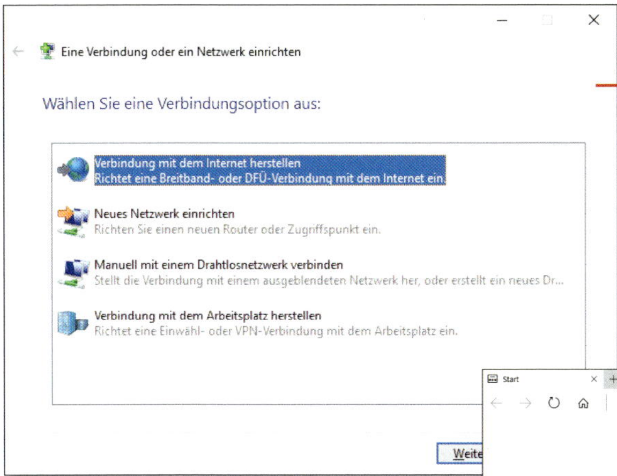

1 Zunächst müssen Sie Ihre Internetverbindung einrichten.

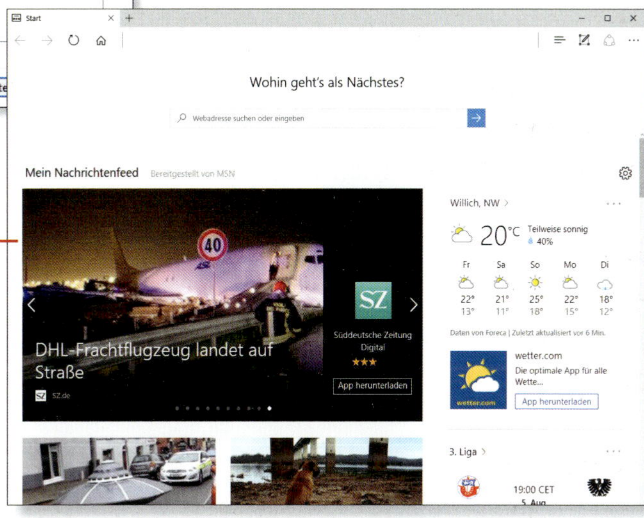

2 Surfen Sie im World Wide Web, stellen Sie Edge passend ein, oder drucken Sie Webseiten aus.

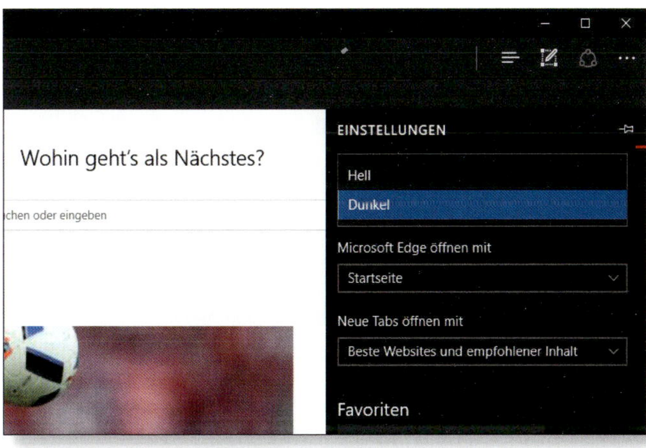

3 Edge zu konfigurieren ist kinderleicht – und lässt sich ganz nach Ihren Wünschen anpassen.

Eine Internetverbindung einrichten

1
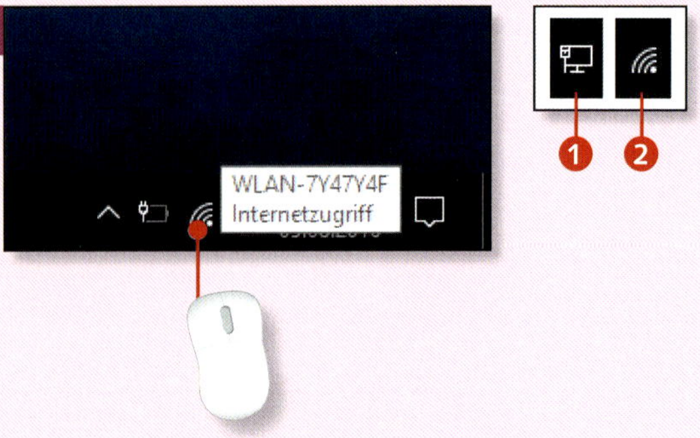

2
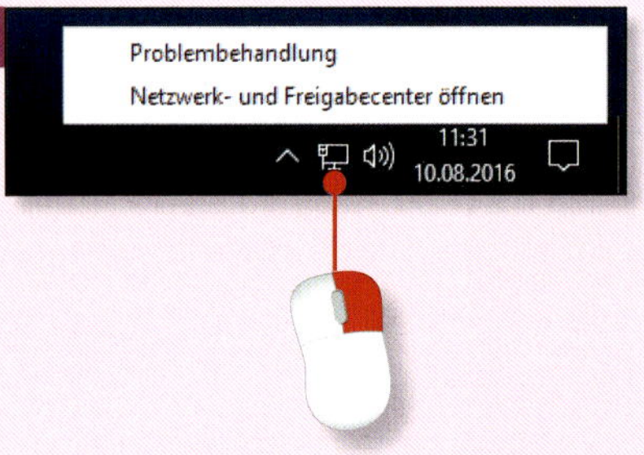

3
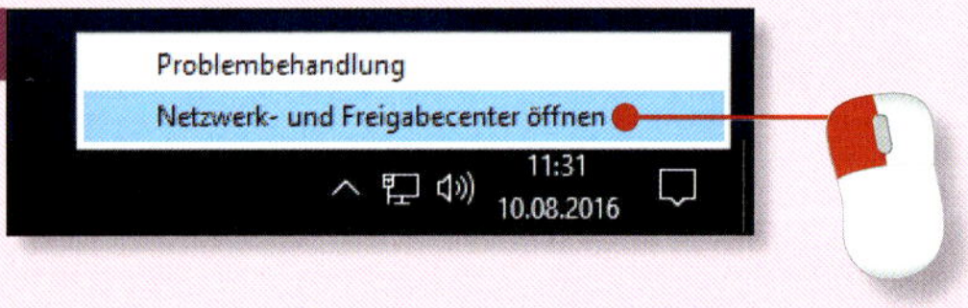

In Windows 10 wird bereits beim ersten Start alles vorbereitet, damit Sie sofort eine Verbindung mit dem Internet haben. Sollte jedoch noch keine Verbindung vorhanden sein, folgen Sie diesen Schritten.

Schritt 1

Halten Sie in der unteren rechten Ecke des Bildschirms nach einem Netzwerk-Symbol Ausschau. Wenn Sie unsicher sind, parken Sie die Maus kurz auf jedem Symbol, ohne zu klicken, um sich eine QuickInfo anzeigen zu lassen. (Das Symbol unten links weist auf einen Anschluss via Netzwerkkabel ❶ hin, während das rechte WLAN ❷ symbolisiert.)

Schritt 2

Sofern die QuickInfo **Netzwerk Internetzugriff** oder Ähnliches anzeigt, können Sie diese Anleitung jetzt schon abschließen. Ist das nicht der Fall, klicken Sie mit rechts auf das Symbol.

Schritt 3

Anschließend wählen Sie mit der linken Maustaste den Eintrag **Netzwerk- und Freigabecenter öffnen** aus.

Kein Netzwerk-Symbol zu sehen?
Wenn kein derartiges Symbol zu sehen ist, öffnen Sie die Systemsteuerung (nach Rechtsklick auf die **Windows**-Schaltfläche) und gehen im nächsten Fenster auf **Netzwerk- und Freigabecenter**. Sollte die Schaltfläche nicht sichtbar sein, stellen Sie die **Anzeige** oben rechts zuvor auf **Große Symbole**.

Schritt 4

Im nächsten Dialogfenster entscheiden Sie sich per Mausklick für **Neue Verbindung oder neues Netzwerk einrichten**.

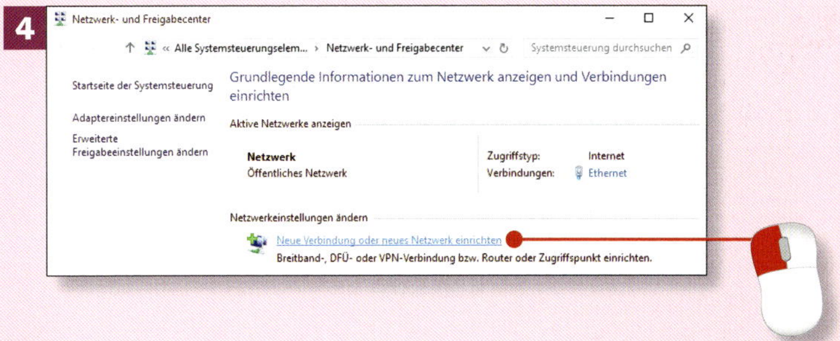

Schritt 5

Klicken Sie auf **Verbindung mit dem Internet herstellen**. Wenn die Zeile blau markiert erscheint, bestätigen Sie mit einem Klick auf **Weiter**.

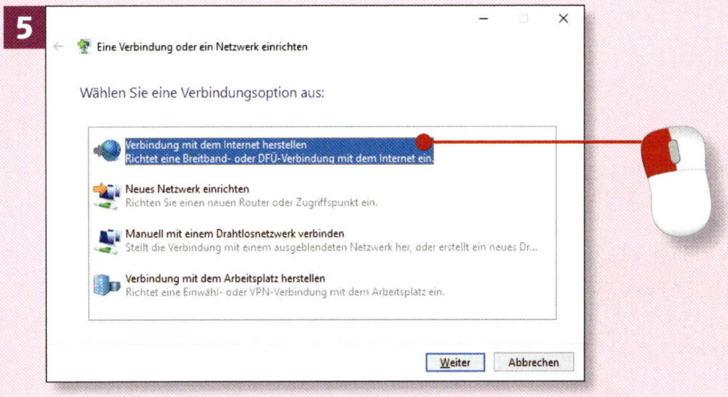

Schritt 6

Je nach Verbindungsart (z. B. LAN oder WLAN) müssen Sie jetzt noch unterschiedliche Eingabefelder bearbeiten und Ihre Zugangsdaten, die Sie von Ihrem Internetanbieter erhalten, eingeben.

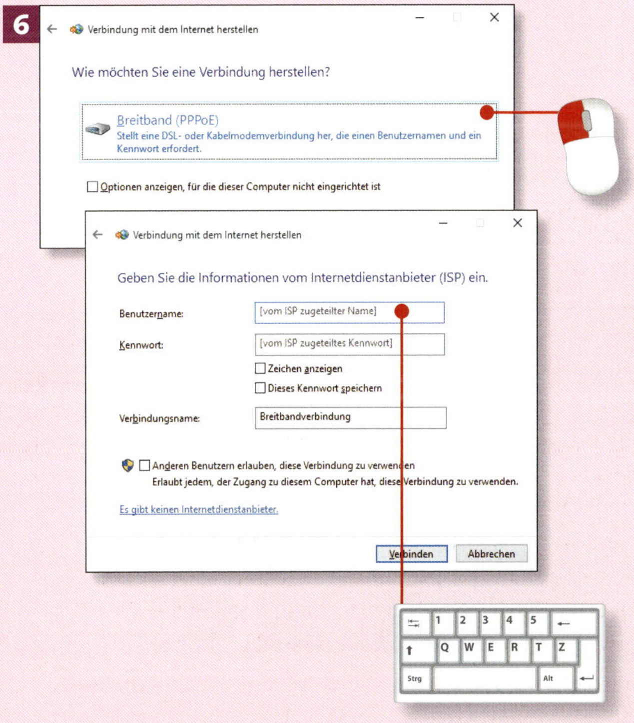

Folgen Sie der Anleitung Ihres Providers

Vermutlich haben Sie von Ihrem Internetanbieter (*Provider*) zusätzlich zu Ihrem Router oder Modem eine Anleitung erhalten. Sehen Sie nach, ob dort besondere Anweisungen zur Einrichtung der Internetverbindung gegeben werden.

Microsoft Edge kennenlernen

1

2

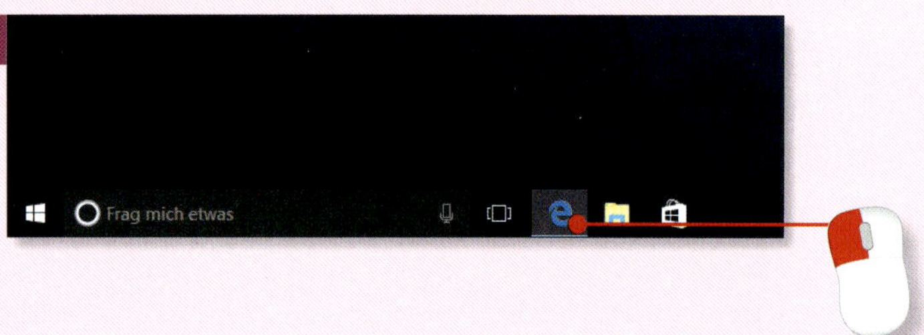

3

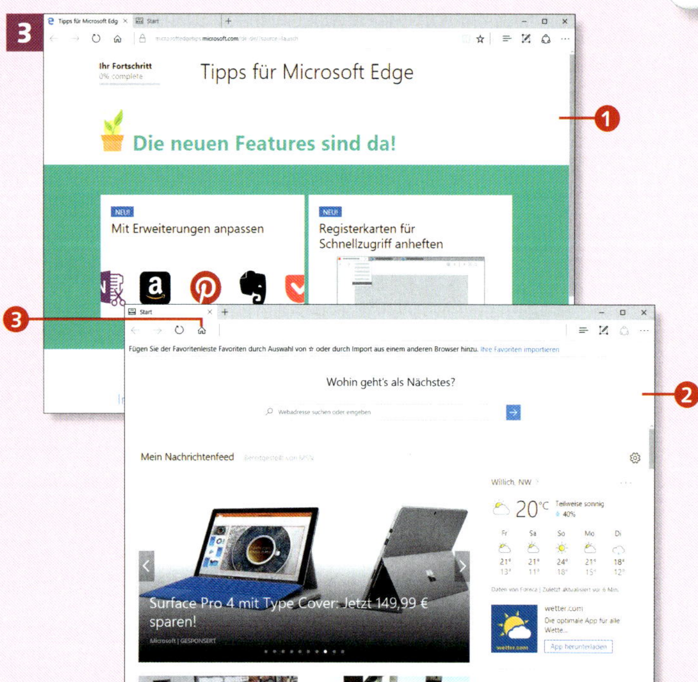

Was bis Windows 8.1 der Internet Explorer war, ist für Windows 10 Edge. Mit dem Browser können Sie im Internet surfen und vieles mehr erledigen. Sie können die Anwendung sowohl über das Startmenü als auch vom Desktop aus starten.

Schritt 1

Öffnen Sie das Startmenü, und klicken Sie anschließend auf die Kachel **Microsoft Edge**.

Schritt 2

Alternativ zu Schritt 1 entscheiden Sie sich für das **e**-Symbol in der Taskleiste.

Schritt 3

Nach dem allerersten Öffnen finden Sie einige Tipps zu Edge ❶. Später wird hier der Nachrichtenfeed von MSN (*Microsoft Network*) ❷ angeboten. Selbstverständlich können Sie auch eine andere Webseite als Startseite bestimmen.

Schaltfläche »Startseite« anzeigen ❸

Im Workshop »Edge konfigurieren« erfahren Sie, wie die Startseiten-Schaltfläche hinzugefügt wird – falls diese nicht angezeigt wird.

Schritt 4

Besonders zum Lesen von Nachrichten und Ähnlichem empfiehlt es sich, das Fenster zu maximieren. Klicken Sie dazu auf das entsprechende Symbol oben rechts.

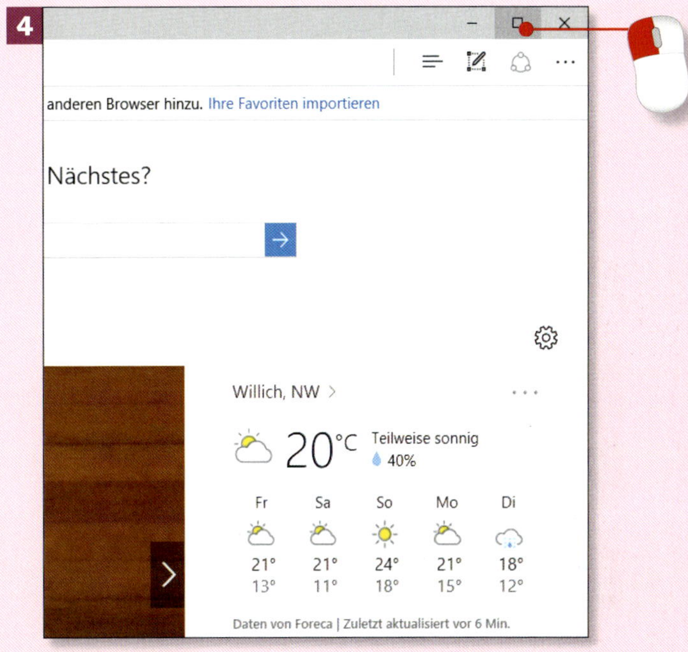

Schritt 5

Wer lange Zeit auf einer bestimmten Seite verbringt, sollte diese manuell aktualisieren. Zwar macht MSN das automatisch – jedoch gilt das nicht für jede Webseite. Deswegen kann es sinnvoll sein, von Zeit zu Zeit auf **Aktualisieren** zu klicken.

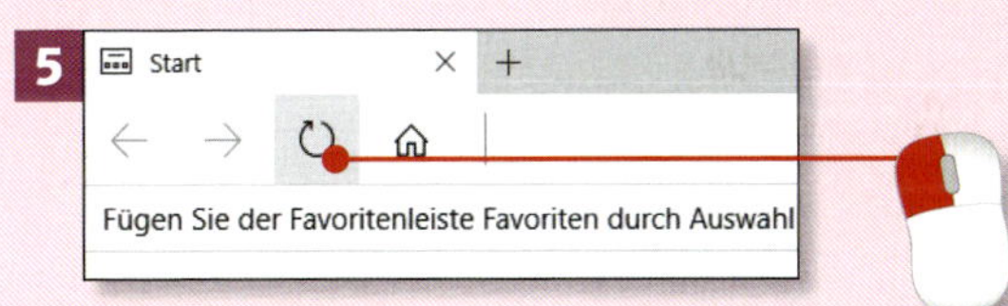

Schritt 6

Wenn Sie keine Lust mehr auf Edge haben und das Programm beenden wollen, klicken Sie oben rechts auf das Schließkreuz, oder drücken Sie [Alt] + [F4]. Edge wird daraufhin geschlossen.

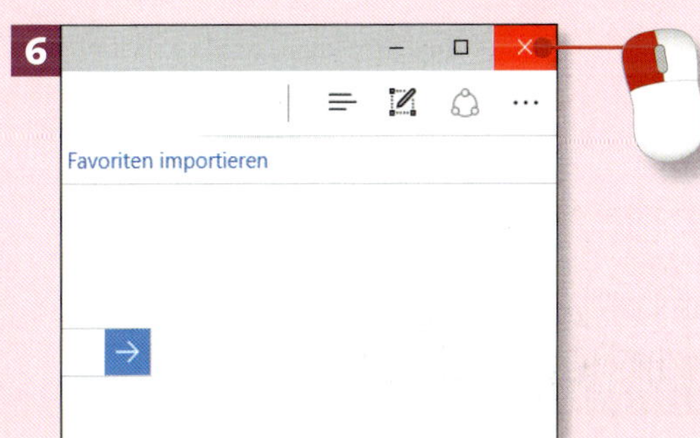

Schreibweise für Webseiten

Eine Webseitenadresse beginnt korrekterweise mit der Angabe des Internetprotokolls *http://*, gefolgt von *www.*, dann dem Namen der Seite sowie dem Kürzel der Länderkennung (z. B. *.de* für deutsche Websites). Allerdings reicht es auch aus, z. B. nur »msn.com« einzutippen.

Edge konfigurieren

1
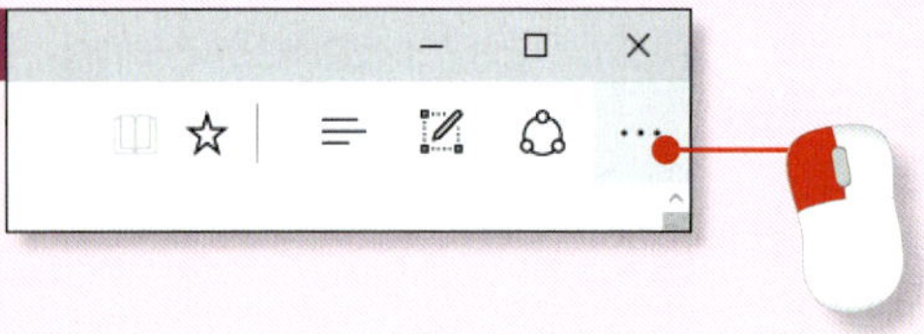

2
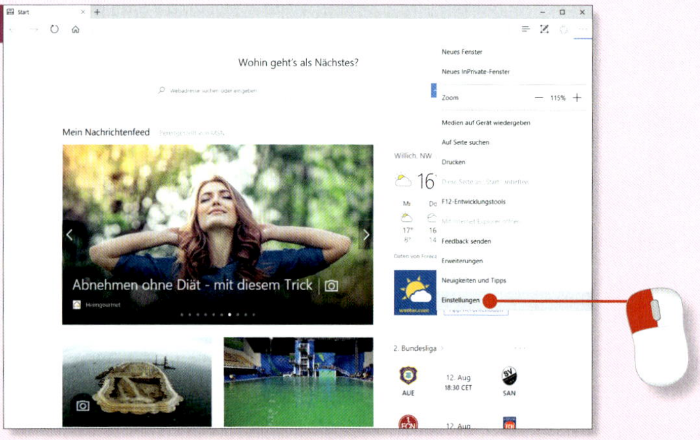

3
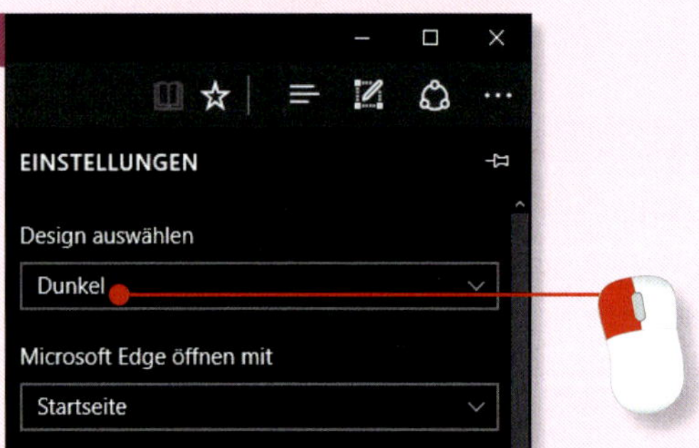

Nachdem der erste Probelauf beendet ist, sollten Sie Edge nach Ihren Wünschen konfigurieren. Worauf es dabei besonders ankommt, zeigen die folgenden Schritte.

Schritt 1

Um Einstellungen an Edge vornehmen zu können, klicken Sie grundsätzlich zunächst auf die Schaltfläche **Mehr** oben rechts (das ist der Knopf mit den drei Punkten).

Schritt 2

Fahren Sie in der Liste ganz nach unten, und klicken Sie auf **Einstellungen**.

Schritt 3

Eine sehr interessante neue Funktion ist **Design auswählen**. Hier können Sie die Oberfläche von **Hell** auf **Dunkel** umstellen. Das schont die Augen. Wenn Ihnen das nicht gefällt, gehen Sie anschließend wieder auf **Hell**.

Favoriten importieren

Sofern Sie bisher in einem anderen Browser mit Favoriten gearbeitet haben (Internet Explorer oder Firefox), können Sie diese ohne Neueinrichtung in Edge übernehmen. Dazu klicken Sie auf **Favoriteneinstellungen anzeigen** und wählen **Importieren**. Mehr zum Thema finden Sie unter »Favoriten speichern« ab Seite 102.

Schritt 4

Gehen Sie mithilfe des Mausrads oder mit der Scrollleiste in der rechten Spalte bis ganz nach unten.

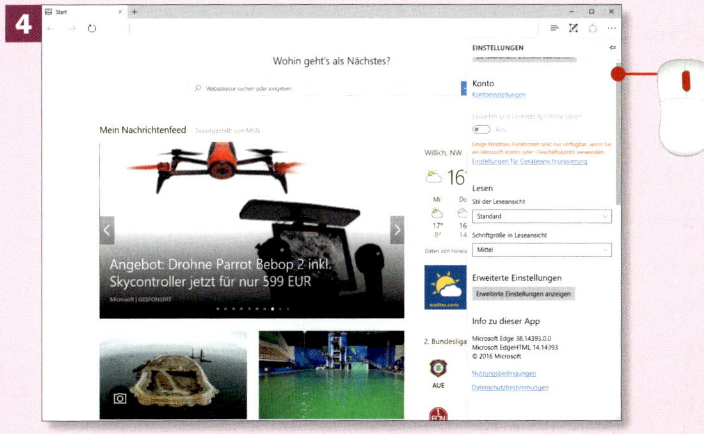

Schritt 5

Um in die Schaltzentrale von Edge zu gelangen, drücken Sie auf die Taste **Erweiterte Einstellungen anzeigen**.

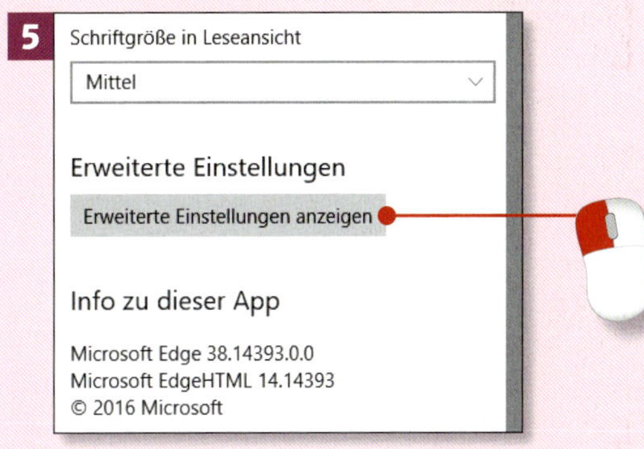

Schritt 6

Hier gibt es zahlreiche Einstellungsmöglichkeiten. Zunächst einmal lässt sich **Schaltfläche „Startseite" anzeigen** auf **Ein** stellen, was zur Folge hat, dass neben der Adresszeile ein kleines Haus-Symbol präsentiert wird. Ein Klick darauf bringt Sie stets zur eingestellten Homepage (siehe Schritt 7).

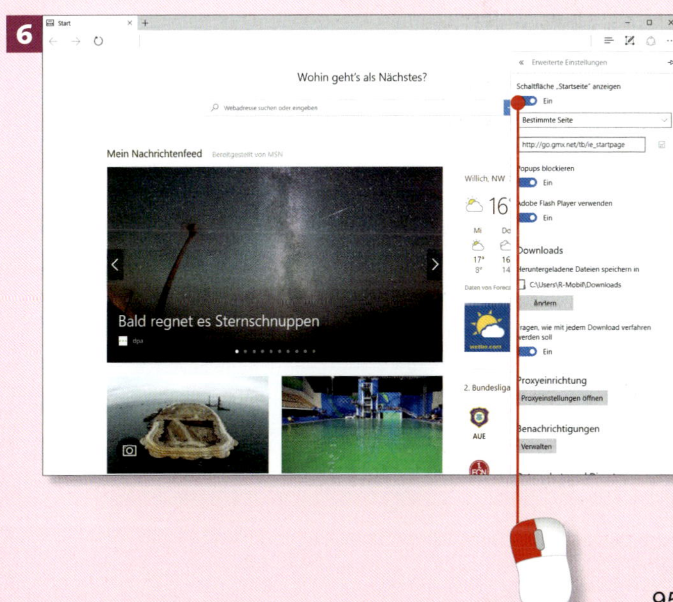

Was ist die Startseite?
Als Startseite bezeichnet man die Internetseite, die sich per Klick auf das erwähnte Haus-Symbol anzeigen lässt. Sie ist nicht zu verwechseln mit der Seite, die angezeigt wird, wenn Sie Edge öffnen.

Edge konfigurieren (Forts.)

Schritt 7

Welche Website erscheinen soll, legen Sie im Feld darunter fest.

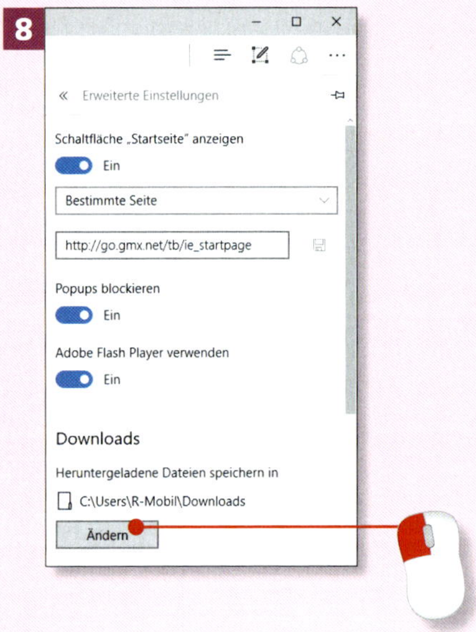

Schritt 8

Etwas weiter unten finden Sie die Rubrik **Downloads**. Hier können Sie festlegen, wo Elemente, die Sie herunterladen, gespeichert werden. Standardmäßig ist das der Ordner **Downloads** des jeweiligen Benutzers. Sie können aber auf **Ändern** klicken.

Schritt 9

Sollten Sie noch nicht so firm sein, was die Windows-Ordnerstrukturen angeht, empfiehlt es sich, hier zunächst den Desktop zu nehmen. Damit landen alle Downloads direkt auf dem Schreibtisch. Markieren Sie ganz links den Eintrag **Desktop**.

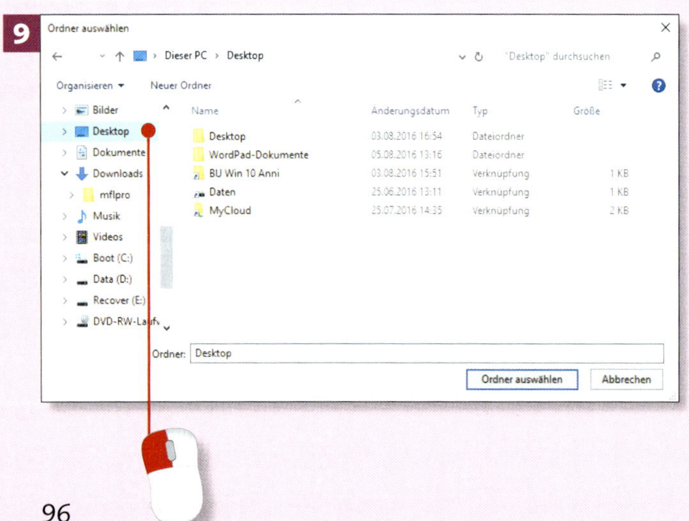

Andere Festplatte benutzen

Alternativ zum Desktop bietet sich auch eine andere interne Festplatte als Speicherort an. Auf Dauer sollten Sie Ihren Desktop nämlich nicht mit zu vielen Downloads überfrachten.

Schritt 10

Lassen Sie einen Klick auf **Ordner auswählen** folgen. Der neue Speicherpfad wird sogleich angezeigt ❶.

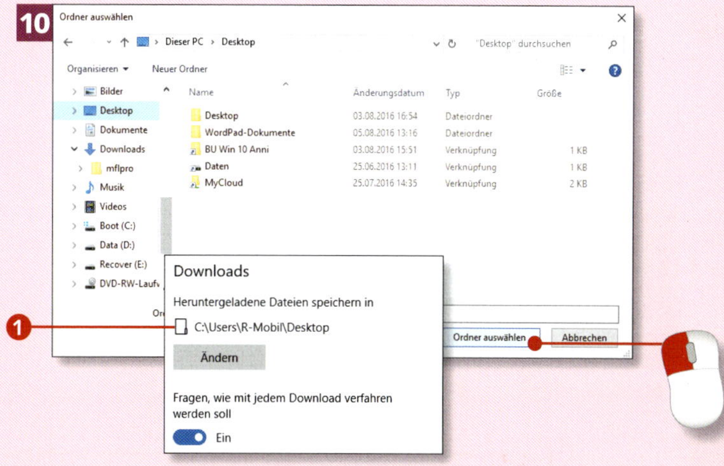

Schritt 11

Sollte **Popups blockieren** inaktiv sein, klicken Sie auf den gleichnamigen Schalter. Er sollte am Ende in jedem Fall auf **Ein** stehen (siehe Kasten).

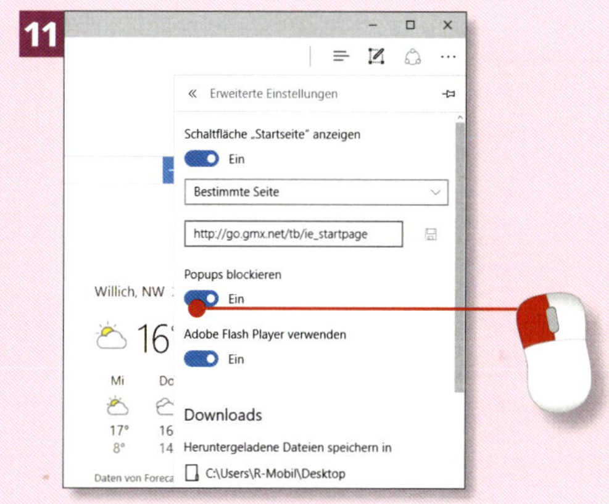

Schritt 12

Wenn Sie fertig sind, klicken Sie auf einen freien Bereich des Browserfensters, damit sich die Liste mit den Einstellungen schließt.

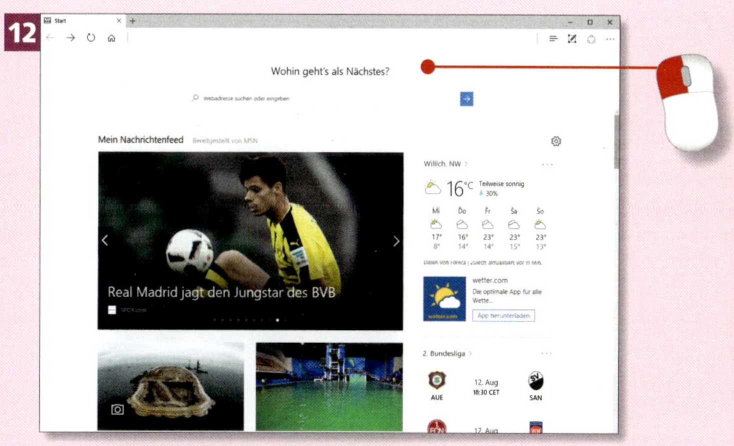

Was sind Popups?
Popups sind kleine Zusatzfenster (meist Werbung), die zusätzlich zum Edge-Fenster angezeigt werden können. Das ewige Wegklicken nervt, weshalb der **Popupblocker** aktiv sein sollte.

Webseiten besuchen

Im Internet zu surfen bedeutet ja nichts anderes, als Webseiten zu besuchen. Wie das mit Edge funktioniert, erfahren Sie hier.

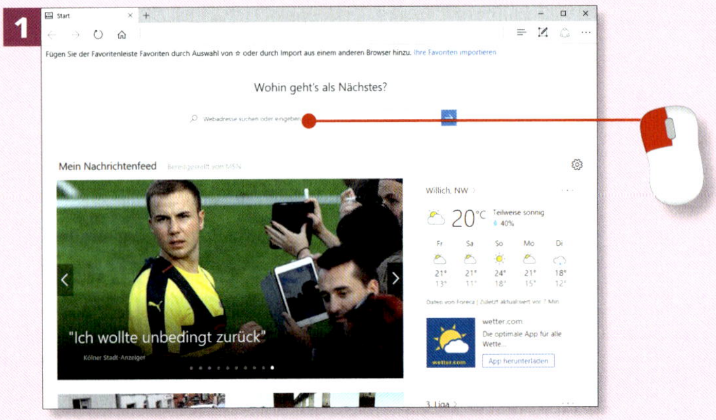

Schritt 1

Nachdem Edge geöffnet worden ist, klicken Sie auf **Webadresse suchen oder eingeben**.

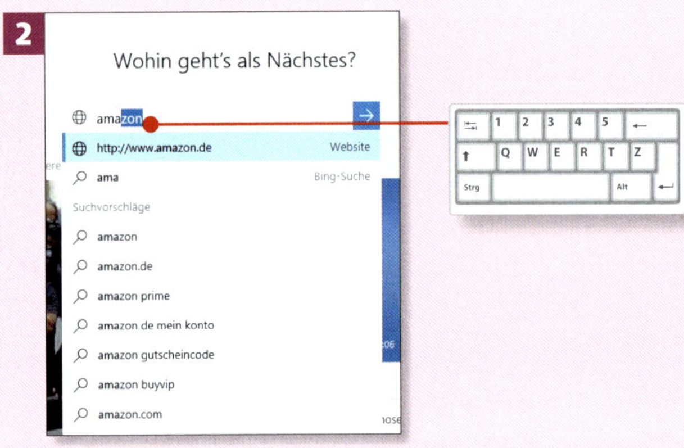

Schritt 2

Da Edge über eine Auto-Vervollständigung verfügt, werden Suchbegriffe selbstständig ergänzt. Ist das gesuchte Wort gefunden, drücken Sie [↵] – anderenfalls schreiben Sie einfach weiter.

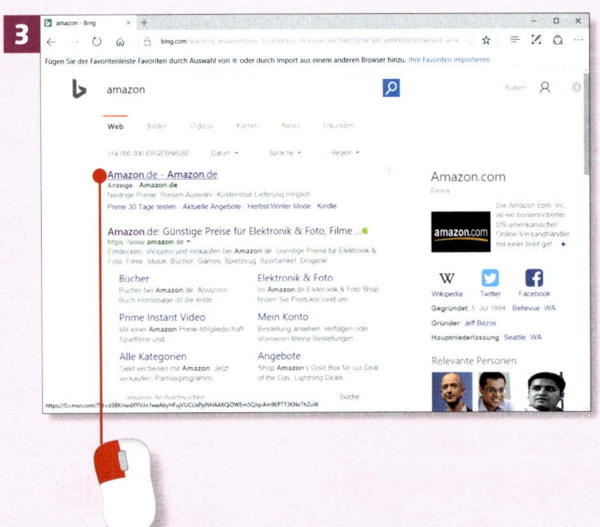

Schritt 3

Jetzt werden Ihnen Einträge der Suchmaschine *Bing* angeboten (vergleichbar mit *Google*). Um die gewünschte Seite zu öffnen (hier: *Amazon.de*), müssen Sie noch auf die blaue Zeile klicken.

Google und Co.

Suchmaschinen wie Google oder Bing kommen erst dann zum Einsatz, wenn Sie eine Webadresse nicht kennen, aber dennoch wissen, was genau Sie suchen. Wenn Sie sich z. B. mobile.de, auto.de oder ähnliche Seiten anzeigen lassen möchten, geben Sie z. B. »auto kaufen« ein.

Schritt 4

Wenn Sie sich Schritt 3 sparen möchten, müssen Sie anstelle eines Suchworts eine gültige Internetadresse eingeben. Dazu drücken Sie zunächst auf den **Zurück**-Pfeil oben links.

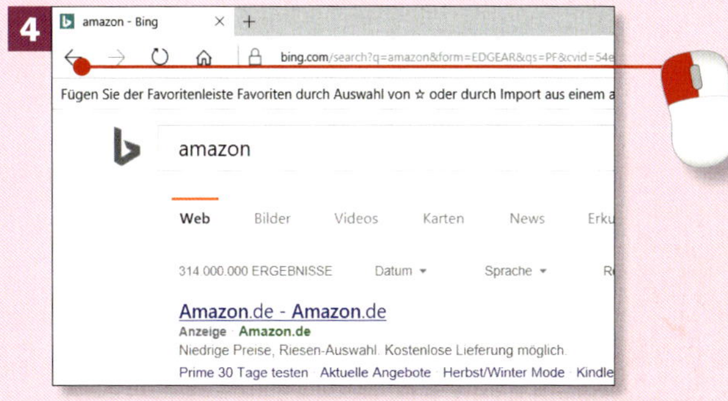

Schritt 5

Klicken Sie noch einmal in das Suchfeld, wobei Sie aber diesmal nicht »amazon«, sondern »amazon.de« eintippen, also die Internetadresse des Unternehmens.

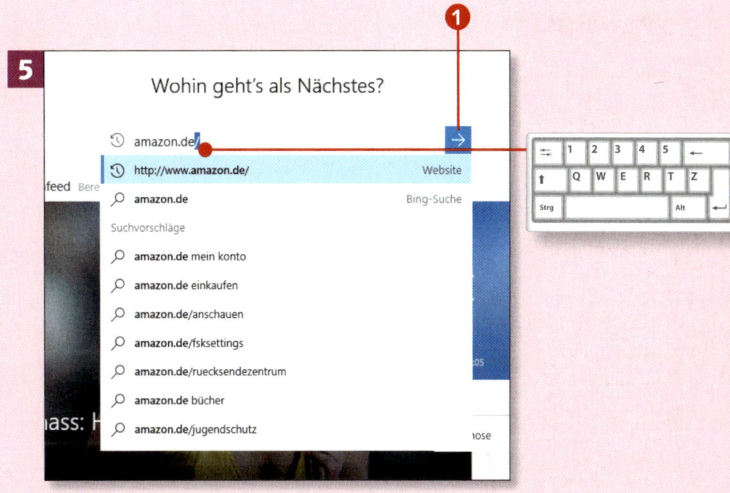

Schritt 6

Nachdem Sie [↵] gedrückt oder auf den blauen Pfeil **1** geklickt haben, werden Sie direkt zur gewünschten Webseite weitergeleitet (ohne den Umweg über Bing).

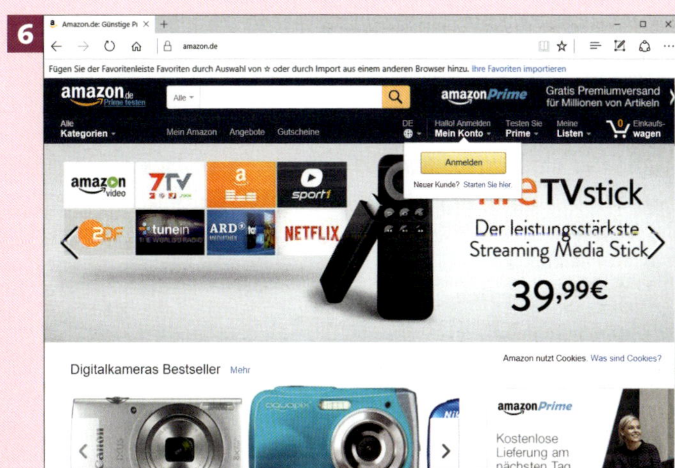

Gültige Adressen

Gültige Adressen weisen grundsätzlich einen Namen und eine Länderkennung auf. Beides wird durch Punkte voneinander getrennt. Die Endung *.de* steht für Deutschland (Schweiz = *.ch*, Österreich = *.at*).

Eine Startseite festlegen

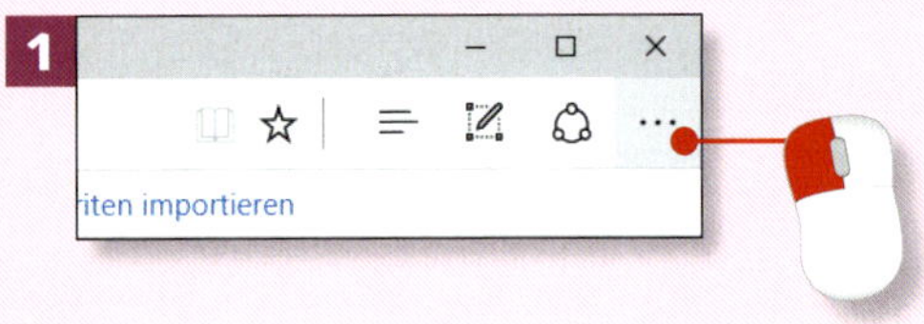

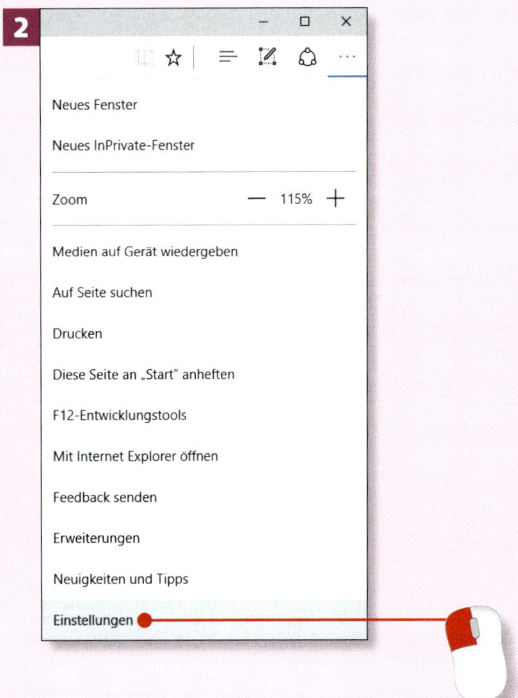

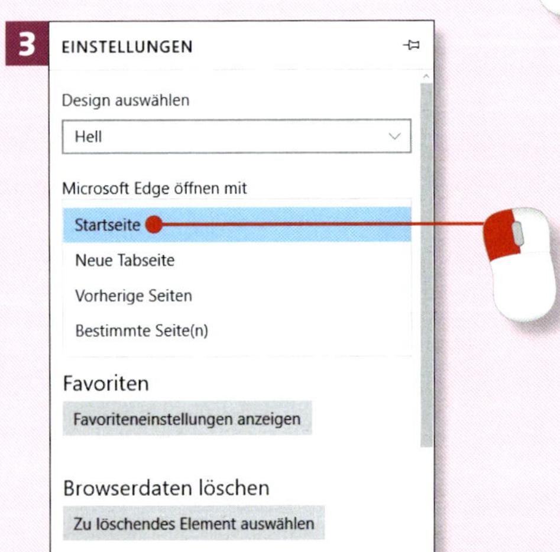

Soll Ihre Lieblingsseite immer dann erscheinen, wenn Sie Microsoft Edge öffnen? Dann wenden Sie die folgenden Schritte an.

Schritt 1

Öffnen Sie Edge. Anschließend klicken Sie auf die gepunktete Schaltfläche gleich unterhalb des Schließkreuzes, um das Programmmenü von Edge zu öffnen.

Schritt 2

Dort finden Sie auch die Möglichkeit, die Einstellungen von Edge zu ändern. Entscheiden Sie sich also in der ausklappenden Liste für **Einstellungen**.

Schritt 3

Im Bereich **Microsoft Edge öffnen mit** ist standardmäßig **Startseite** eingestellt. Klicken Sie darauf, damit sich die Liste mit Alternativen öffnet.

Einstellungen verwerfen

Für den Fall, dass Sie später doch wieder MSN als Startseite definieren wollen, wählen Sie in Schritt 3 einfach wieder **Startseite** an und starten Edge anschließend neu.

Schritt 4

Wählen Sie den untersten Listeneintrag an. Er heißt **Bestimmte Seite(n)**.

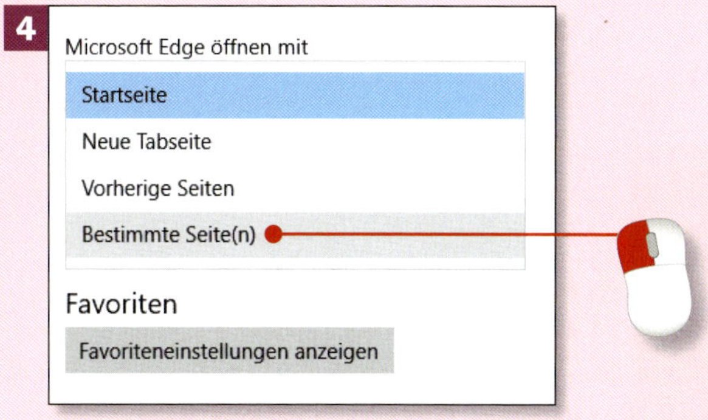

Schritt 5

Jetzt schließt sich die Liste automatisch und gibt das Feld **URL eingeben** frei. Klicken Sie dort hinein.

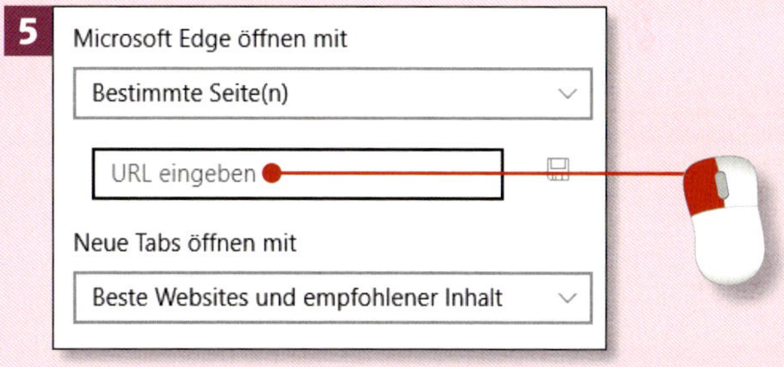

Schritt 6

Zuletzt tippen Sie die gewünschte Adresse ein und klicken anschließend auf das kleine Disketten-Symbol rechts daneben. Dies bewirkt, dass Ihre Änderungen übernommen werden.

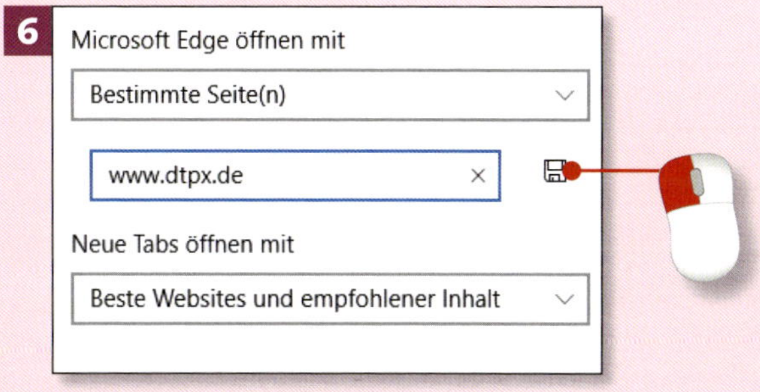

Edge neu starten
Um die Einstellung zu testen, müssen Sie Edge zunächst komplett schließen. Starten Sie die Anwendung anschließend erneut, wird die neue Seite angezeigt.

Favoriten speichern

Wenn Sie Webseiten immer wieder besuchen, sollten Sie diese als Favoriten speichern. Das erspart es Ihnen, die Webadresse immer wieder neu einzutippen.

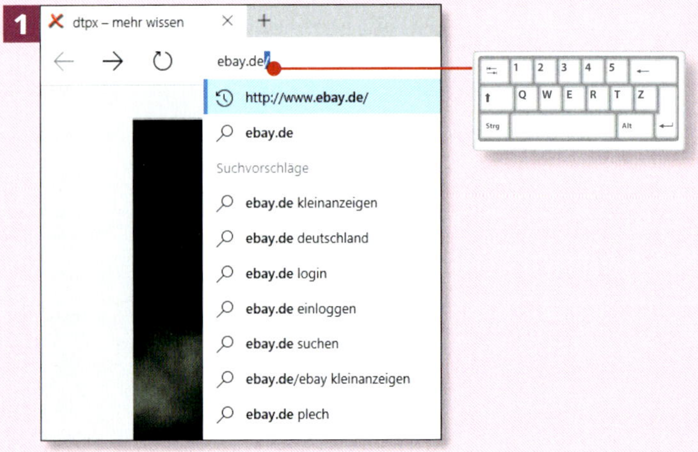

Schritt 1

Besuchen Sie die Seite, die Sie als Favorit speichern wollen. In diesem Beispiel nehmen wir die Website *www.ebay.de*. Schließen Sie die Eingabe mit [↵] ab.

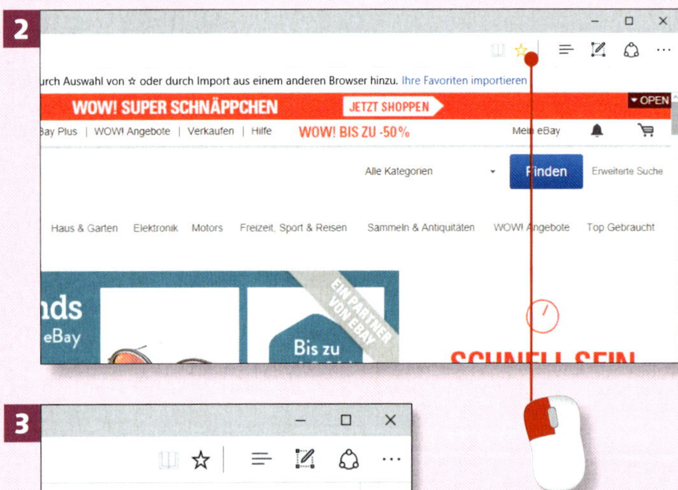

Schritt 2

Danach klicken Sie auf das Stern-Symbol oben rechts im Programmfenster von Edge.

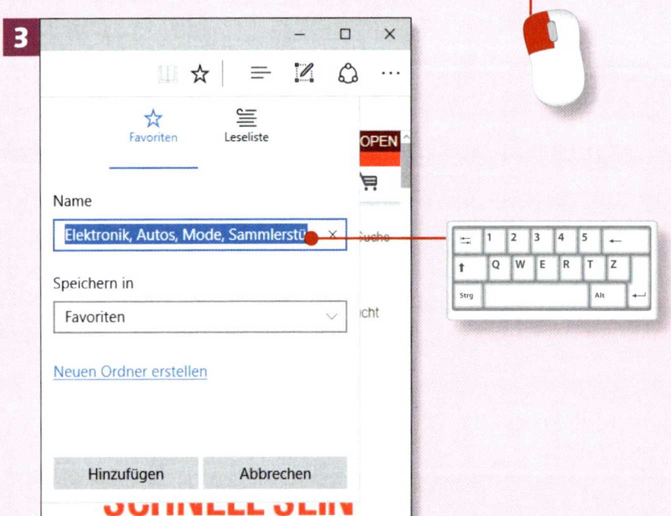

Schritt 3

Der angebotene und bereits blau markierte Name ist in der Regel viel zu lang. Tippen Sie hier stattdessen »eBay« ein.

Leseleiste

Sie dürfen (in Schritt 3) gerne ganz oben von **Favoriten** auf **Leseliste** umschalten. Hier werden sogar Bildminiaturen mitgespeichert. Allerdings müssen Sie in Schritt 6 dann ebenfalls auf **Leseliste** umschalten.

Schritt 4

Klicken Sie im Anschluss unten links auf **Hinzufügen**. Das Menü schließt sich danach automatisch.

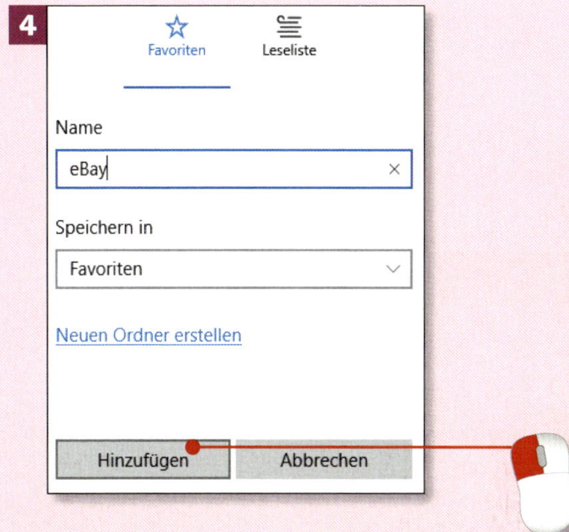

Schritt 5

Und so können Sie Ihre Favoriten später aufrufen: Setzen Sie zunächst einen Mausklick auf den **Favoriten**-Button.

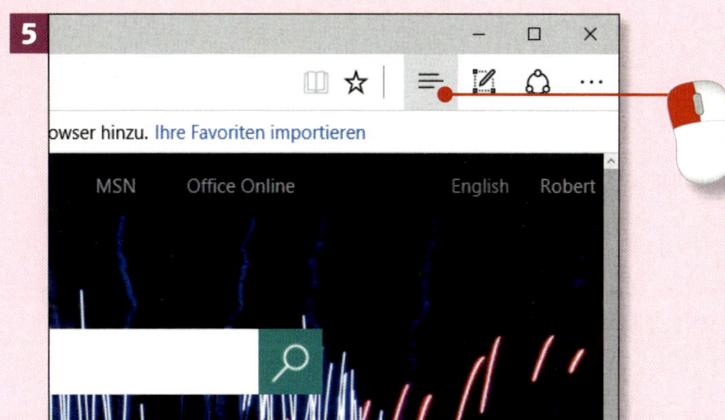

Schritt 6

Daraufhin erscheint eine Liste mit allen Favoriten. (Voraussetzung ist jedoch, dass der Stern **1** auf der linken Seite ausgewählt ist.) Wenn Sie zur eBay-Webseite wollen, klicken Sie auf die gleichnamige Zeile.

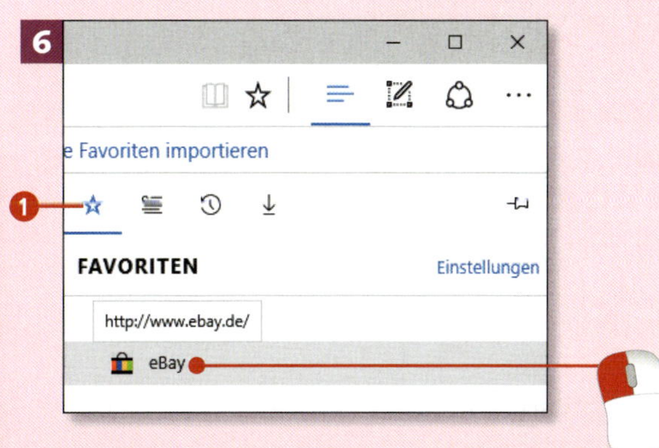

Kachel aus Website erzeugen
Sie befinden sich auf einer Webseite, von der Sie gerne eine Kachel im Startmenü hätten? Dann klicken Sie die drei Punkte oben rechts an und wählen **Diese Seite an »Start« anheften**.

Eine Favoritenleiste erstellen

Edge ist standardmäßig nicht mit einer Favoritenleiste ausgestattet. Das ist schade, denn dadurch erreichen Sie die beliebtesten Webseiten noch schneller als über die Favoriten.

1
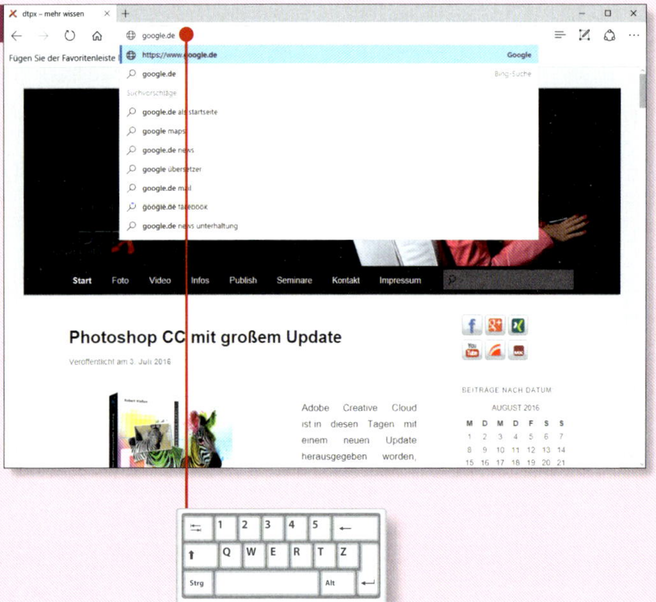

Schritt 1

Zunächst müssen Sie eine Webseite aufsuchen, die in der Favoritenleiste erscheinen soll. Bestätigen Sie Ihre Wahl mit [↵].

2
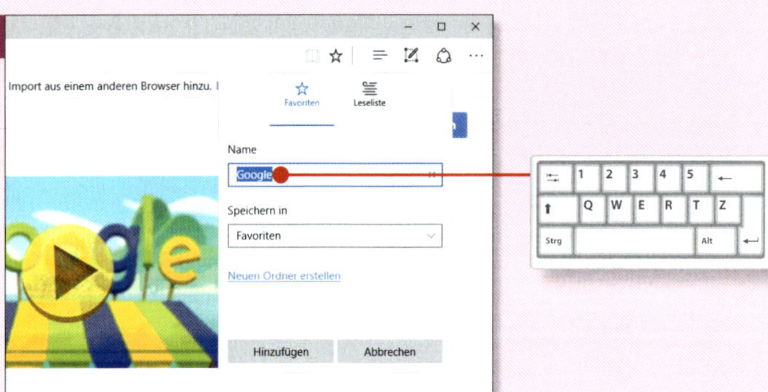

Schritt 2

Klicken Sie auf den Stern für die Favoriten. Geben Sie bei Bedarf einen neuen Namen ein (siehe Schritt 3 des letzten Workshops).

3
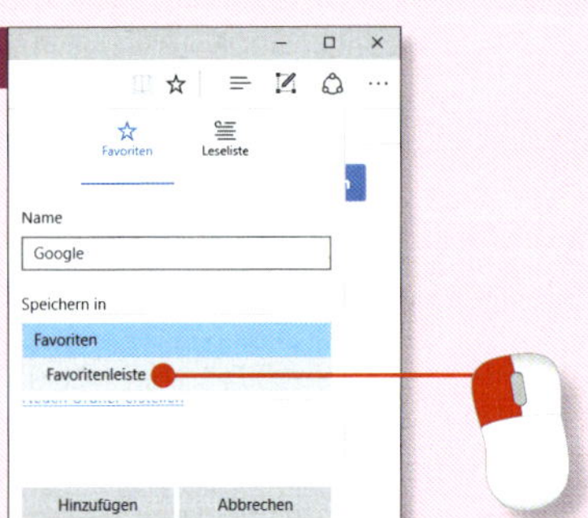

Schritt 3

Bevor Sie auf **Hinzufügen** klicken, ist es ganz wichtig, dass Sie im Feld **Speichern in** auf **Favoritenleiste** umschalten.

Favoriten sortieren

Im Anschluss an Schritt 6 können Sie weitere Favoriten hinzufügen. Sortieren Sie die Einträge, indem Sie diese mit gedrückter Maustaste horizontal auf der Leiste verschieben.

Schritt 4

Zuletzt klicken Sie auf **Hinzufügen**. Nun ist der Favorit zwar gespeichert, jedoch die Leiste noch nicht sichtbar. Das erledigen wir jetzt. Die folgenden Schritte müssen Sie übrigens nur ein einziges Mal ausführen.

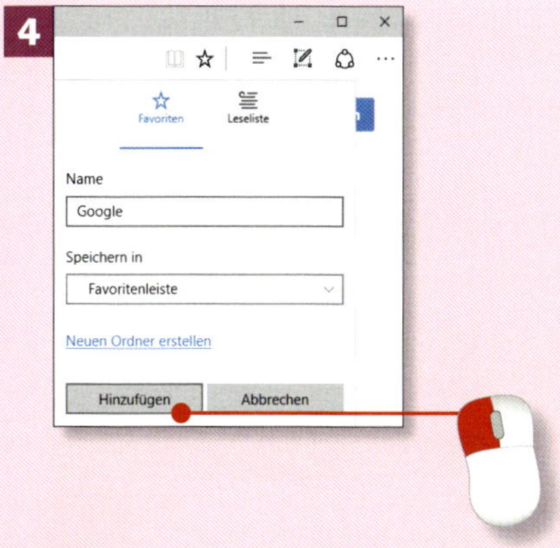

Schritt 5

Gehen Sie erneut in die Einstellungen. (Sie wissen ja: zunächst auf die drei Punkte **Mehr** und anschließend auf **Einstellungen** klicken.) Danach klicken Sie noch auf **Favoriteneinstellungen anzeigen**.

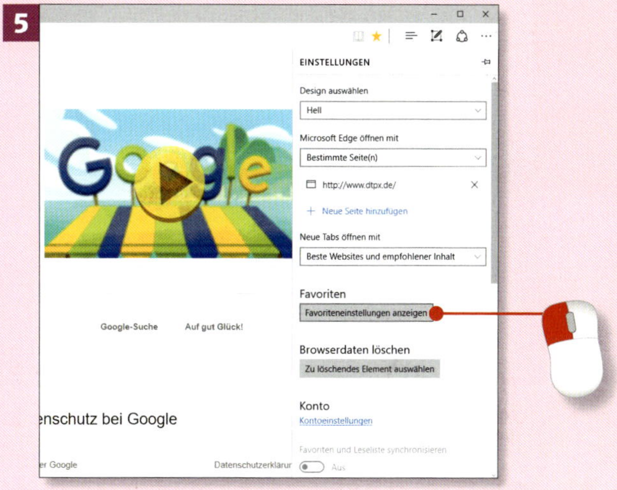

Schritt 6

Zuletzt sorgen Sie dafür, dass der Schalter **Favoritenleiste anzeigen** auf **Ein** steht (er ist dann blau). Ganz links im Fenster finden Sie nun den Favoriten **Google** ❶. Fügen Sie bei Bedarf weitere Favoriten hinzu, die sich dann rechts daneben einreihen werden.

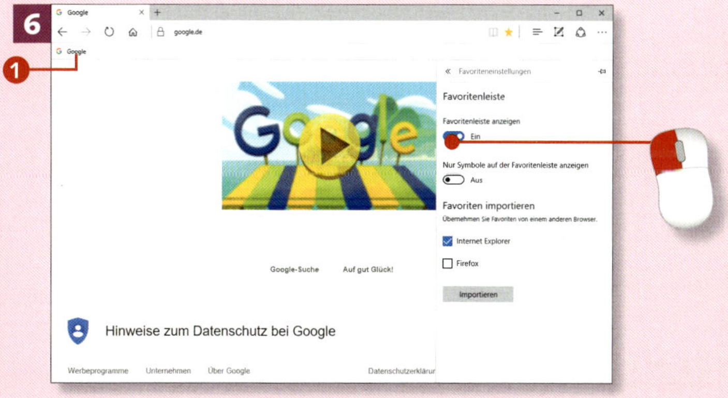

Einträge aus der Favoritenleiste entfernen

Sie möchten sich von einem Eintrag trennen? Dann klicken Sie ihn mit rechts an und wählen **Entfernen**.

Suchen im Internet

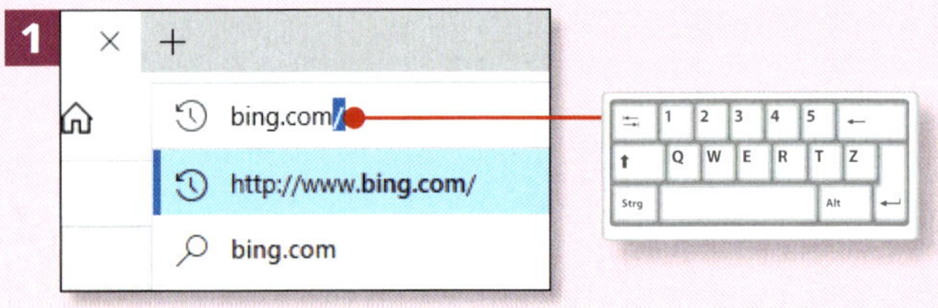

Wenn Sie noch nicht genau wissen, wo die Reise hingehen soll, lassen Sie sich doch vom Microsoft-Suchdienst »Bing« helfen. Wenn Sie lieber eine andere Suchmaschine nutzen möchten, geben Sie in Schritt 1 einfach die gewünschte Alternativ-Adresse ein.

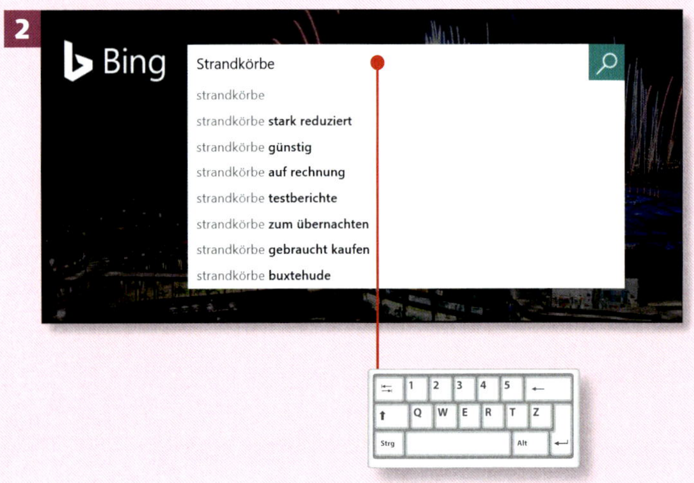

Schritt 1

Geben Sie »bing.com« in die Adresszeile ein, und drücken Sie anschließend [↵].

Schritt 2

Klicken Sie in das Eingabefeld, und geben Sie einen oder mehrere Suchbegriffe ein. Auf Groß- und Kleinschreibung müssen Sie nicht achten. Drücken Sie zum Schluss erneut [↵].

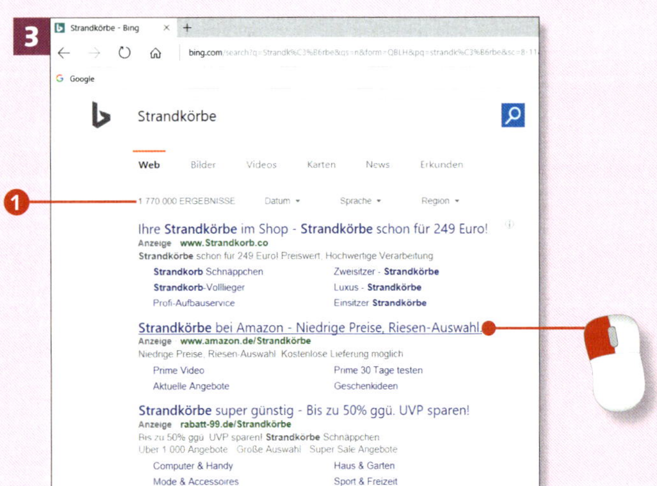

Schritt 3

Die Ergebnisse werden sogleich angezeigt. Die blauen Zeilen sind sogenannte *Links*, die grünen zeigen die dazugehörigen Webadressen. Klicken Sie auf einen Link, um die Webseite zu besuchen.

Anzahl der Suchergebnisse

Wenn Sie wissen wollen, wie viele Treffer Bing gefunden hat, beachten Sie die Angabe unterhalb des Bing-Eingabefelds ❶.

Schritt 4

Falls Sie nur die deutschsprachigen Webseiten anzeigen lassen wollen, können Sie das mit einem Klick auf **Sprache**, gefolgt von **Nur Deutsch**, veranlassen.

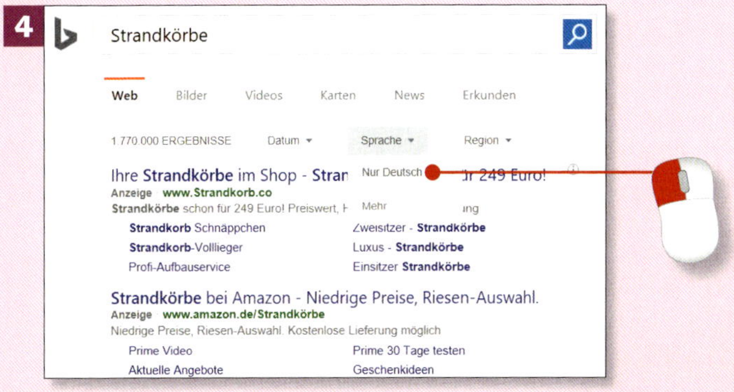

Schritt 5

Starten Sie eine neue Suche, indem Sie einen Dreifachklick in das Eingabefeld oben links setzen. Ist zuvor nur ein Suchwort eingegeben worden, reicht ein Doppelklick. Damit markieren Sie das bereits Eingetragene und können sofort die neuen Begriffe eintippen. Am Ende drücken Sie ↵.

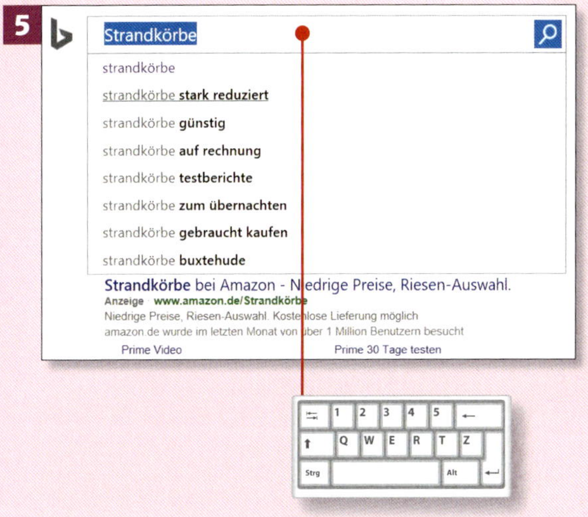

Schritt 6

Beachten Sie das Zahnrad-Symbol, das oben rechts angezeigt wird **2**. Nach einem Klick darauf können Sie auf **Einstellungen** gehen und z. B. nicht jugendfreie Inhalte herausfiltern. Außerdem können Sie Ihren persönlichen Standort eingeben, der die regionale Suche unterstützt.

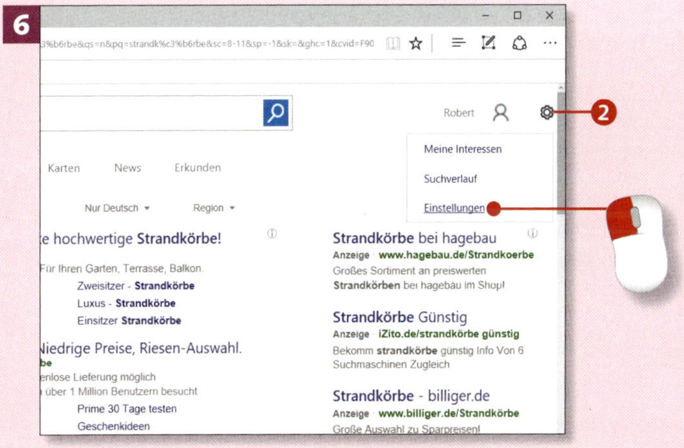

Änderungen speichern

Denken Sie daran, am Ende auf **Speichern** zu klicken, sofern Sie Änderungen in Schritt 6 vorgenommen haben. Anderenfalls werden diese nicht übernommen.

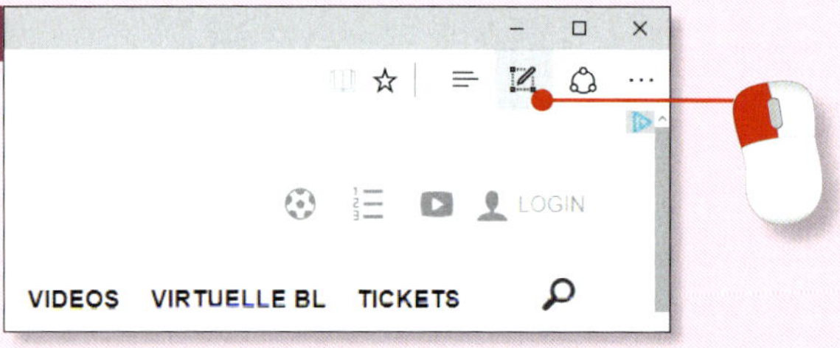

Sie können die Recherche-Funktionen von Edge benutzen. Damit lassen sich Bereiche einer Internetseite markieren und in die Favoriten oder das OneNote-Notizbuch übertragen.

Schritt 1

Klicken Sie oben rechts in Edge auf den Schalter **Webseitennotiz erstellen**.

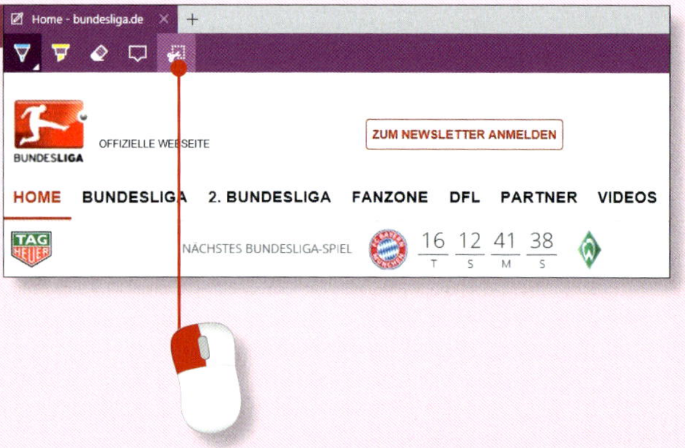

Schritt 2

Im Anschluss können Sie oben links verschiedene Werkzeuge auswählen. Wir verwenden das Werkzeug **Beschneiden**, mit dem Ausschnitte des Bildschirms an Ihr Notizbuch übergeben werden können.

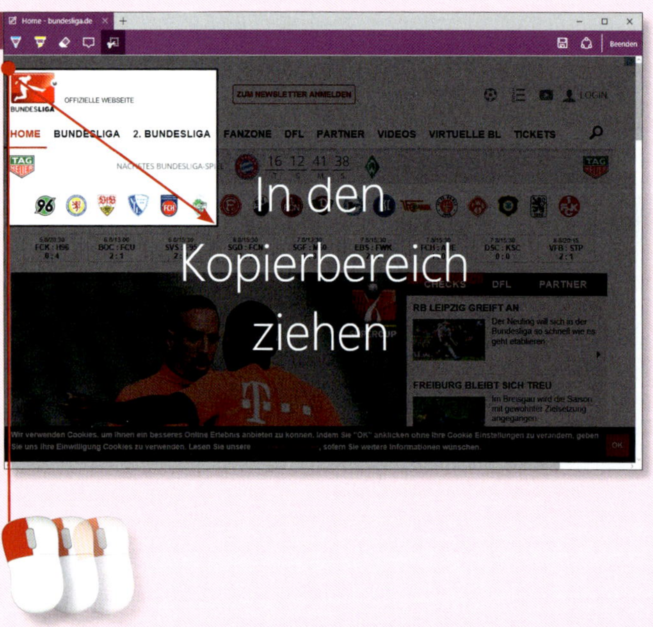

Schritt 3

Sie sehen jetzt einen Hinweis im Anzeigebereich. Klicken Sie auf die obere linke Ecke des Bereichs, halten Sie die linke Maustaste gedrückt, und ziehen Sie so weit nach unten rechts, bis der gewünschte Bereich umrandet ist. Danach lassen Sie los.

Sprechblase

Mit der kleinen Sprechblase – **Notiz hinzufügen** – können Sie Anmerkungen direkt auf der Webseite platzieren.

Schritt 4

Klicken Sie jetzt oben rechts auf den **Speichern**-Button.

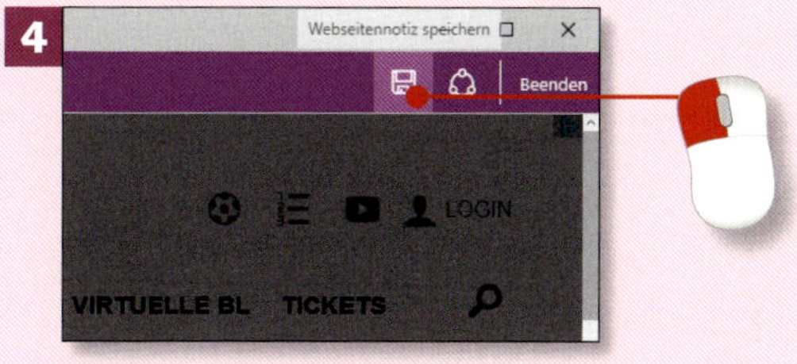

Schritt 5

Nun können Sie bestimmen, wo der Ausschnitt abgespeichert werden soll. Wir entscheiden uns hier für die **Leseleiste**. (Wenn Sie Ihr persönliches Notizbuch verwenden möchten, klicken Sie auf **OneNote** 1.)

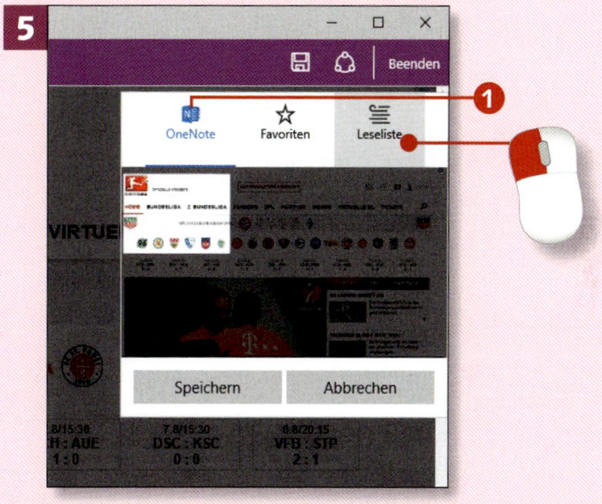

Schritt 6

Klicken Sie auf **Speichern** unterhalb der Grafik. Die Leseleiste können Sie im Übrigen mithilfe des Schalters **Hub** 2 öffnen.

Webseitennotiz beenden
Bevor Sie die Leseleiste hinzufügen können, müssen Sie den Notizmodus beenden. Klicken Sie dazu oben rechts auf **Beenden**.

Webseiten erneut besuchen

Kennen Sie das? Sie haben vor einiger Zeit eine tolle Webseite besucht – und wissen deren Adresse nicht mehr, da Sie weitergesurft sind? – Das ist jedoch kein Problem.

1

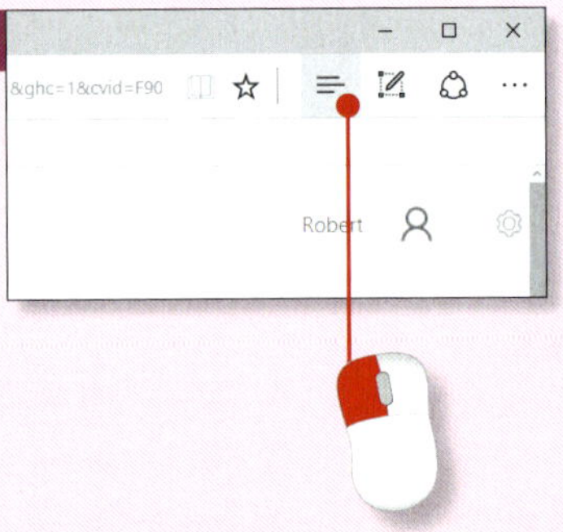

Schritt 1

Zunächst müssen Sie einen Klick auf die Schaltfläche **Hub** setzen. Das sind die drei horizontalen Linien oben rechts in Edge.

2

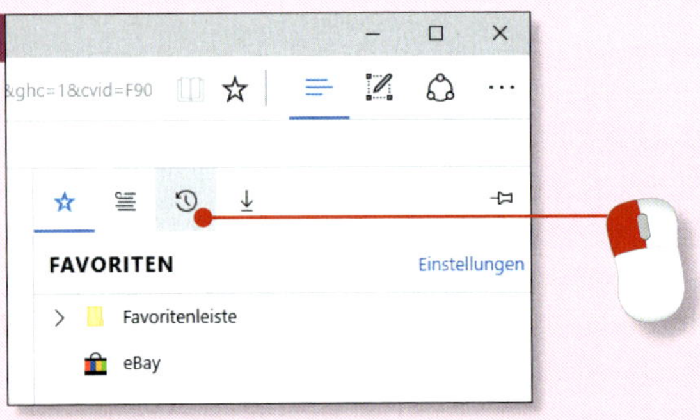

Schritt 2

Drücken Sie anschließend auf das kleine Uhren-Symbol eine Zeile tiefer.

3

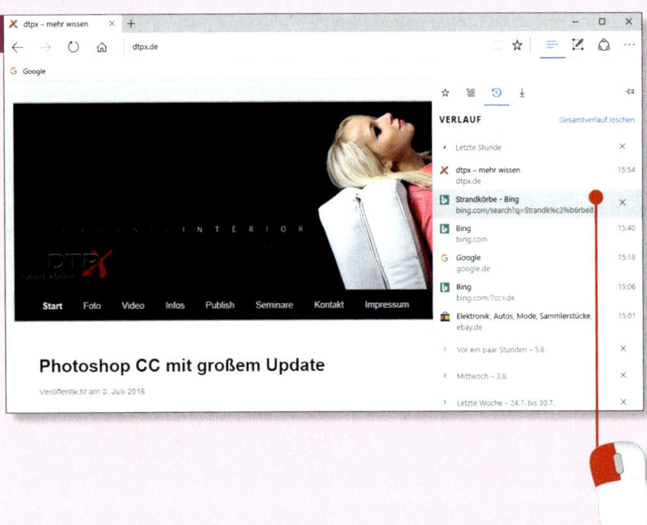

Schritt 3

Jetzt werden zunächst einmal alle Seiten der letzten Stunde gelistet. Klicken Sie auf den Eintrag der Seite, nach der Sie suchen (hier die Bing-Suche nach Strandkörben).

Größere Zeitabschnitte durchsuchen

Ganz unten werden (schwachgrau) weitere Zeitabschnitte angeboten (z. B. **Heute**, **Gestern**, **Letzte Woche** etc.). Wenn Sie dort suchen wollen, müssen Sie die Option zunächst per Mausklick anwählen.

Privat surfen

Wer beim Surfen keine Spuren wie z. B. Einträge in Verlaufslisten hinterlassen will, sollte InPrivate einsetzen.

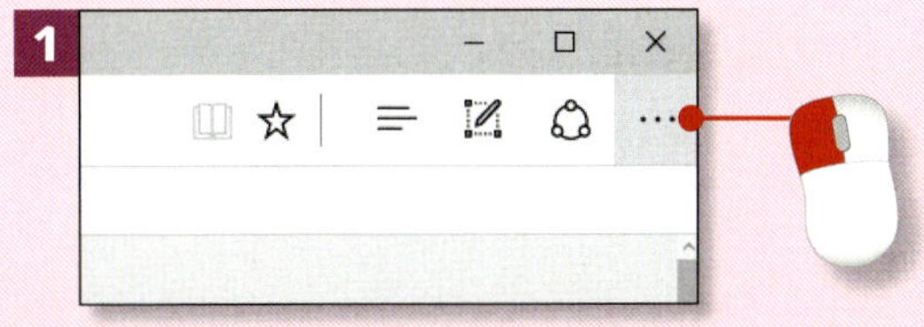

Schritt 1

Klicken Sie auf den Schalter **Mehr**, den Sie in Edge oben rechts finden, gleich unter dem Schließkreuz.

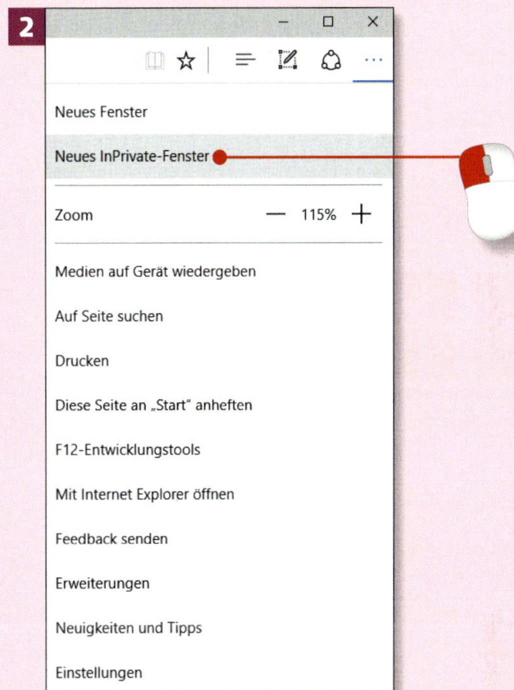

Schritt 2

Klicken Sie auf **Neues InPrivate-Fenster**. Es öffnet sich ein neues Fenster, in das die gewünschten Sucheinträge eingetippt werden können.

Schritt 3

Es werden keine Verlaufslisten erstellt oder sonstige Informationen auf dem Rechner hinterlassen. Wenn Sie fertig sind, schließen Sie das InPrivate-Fenster einfach wieder.

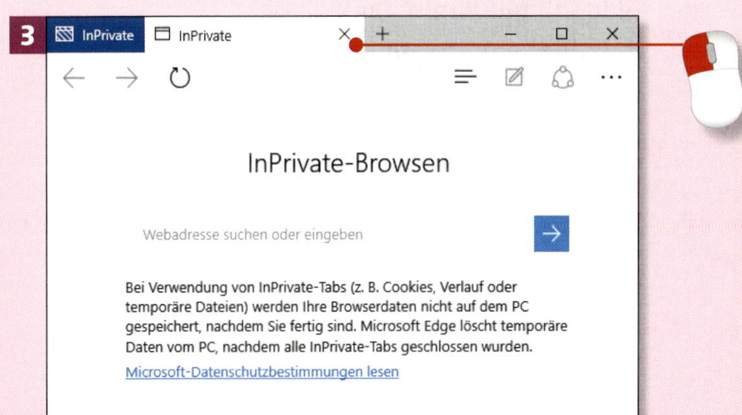

i

Browserdaten löschen

Wenn Sie Verlaufslisten, Cookies u. Ä. entfernen möchten, gehen Sie auf **Mehr – Einstellungen** und scrollen herunter, bis **Browserdaten löschen** zu sehen ist. Danach erfolgt ein Klick auf **Zu löschendes Element auswählen**. Entscheiden Sie zuletzt, was vom PC entfernt werden soll.

Mit Registern arbeiten

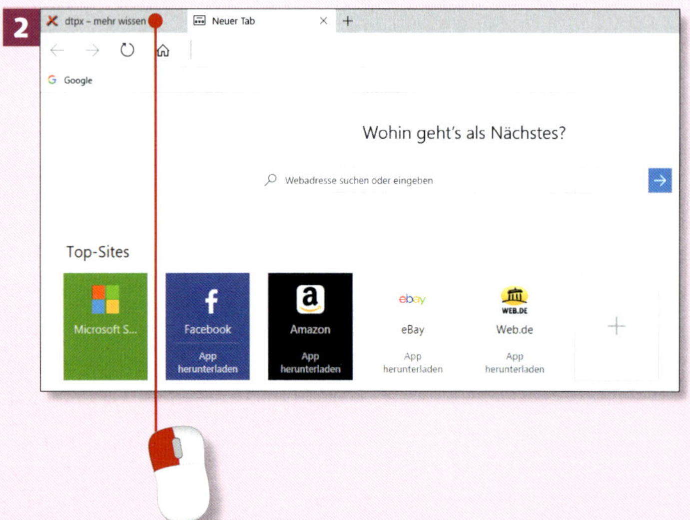

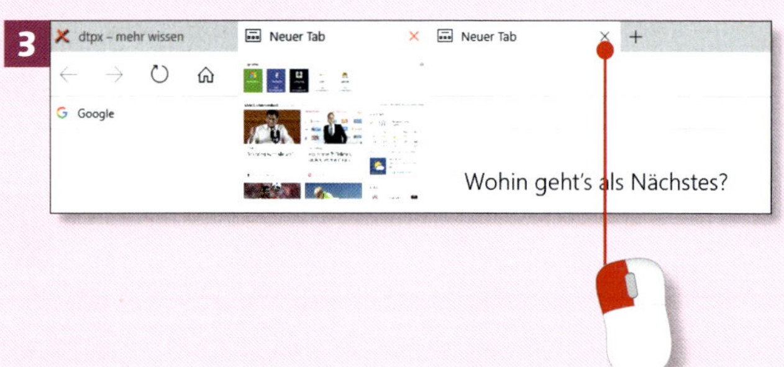

Mitunter möchten Sie auf mehrere Webseiten gleichzeitig Zugriff erhalten – etwa um Angebote miteinander zu vergleichen. Hier sollten Sie mit Registern arbeiten. Sie können dann schnell zwischen den Webseiten wechseln, indem Sie das jeweilige Register anklicken.

Schritt 1

Sie befinden sich auf einer Webseite, die Sie sich später noch ansehen wollen? Dann klicken Sie auf das kleine Plus-Symbol in der Kopfleiste der Anwendung. Strg + T geht im Übrigen auch.

Schritt 2

Im neuen Tab dürfen Sie nun nach Herzenslust weitersurfen. Sollten Sie zur ursprünglichen Seite zurückkehren wollen, setzen Sie einen Mausklick auf den linken Tab.

Schritt 3

Fügen Sie mithilfe des Plus-Symbols bei Bedarf weitere Tabs hinzu. Schließen Sie einen nicht mehr benötigten Tab mittels Klick auf das Kreuzchen.

Neues Edge-Fenster öffnen

Sie möchten anstelle eines Tabs ein zusätzliches Edge-Fenster? Dann drücken Sie einfach Strg + N. Das ursprüngliche Fenster bleibt dabei erhalten – die dortigen Inhalte werden weiterhin angezeigt.

Sind für Sie bestimmte Elemente (Favoriten, Leseliste, Verlauf, Downloads) so wichtig, dass sie permanent zugänglich sein sollten? Dann machen Sie diese zum festen Bestandteil der Edge-Oberfläche.

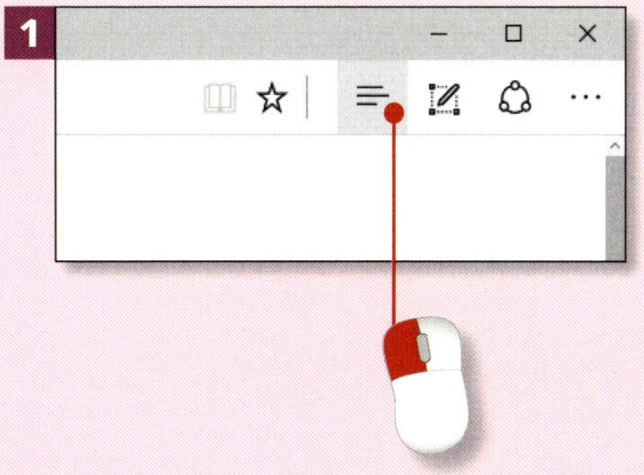

Schritt 1

Klicken Sie auf die Schaltfläche **Hub**. Das ist der Button mit den drei horizontalen Linien.

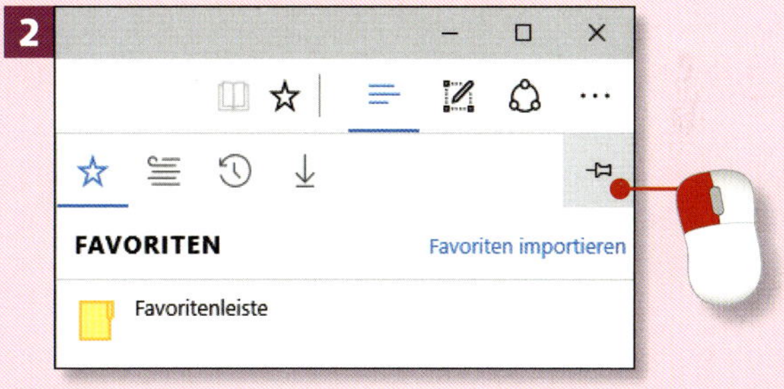

Schritt 2

Danach klicken Sie auf den kleinen Pin, der sich ganz rechts befindet.

Schritt 3

Die Leiste bleibt nun permanent eingeblendet. Wollen Sie die Leiste wieder entfernen, klicken Sie auf das Schließkreuz, das sich jetzt an der Position befindet, an der zuvor der Pin war.

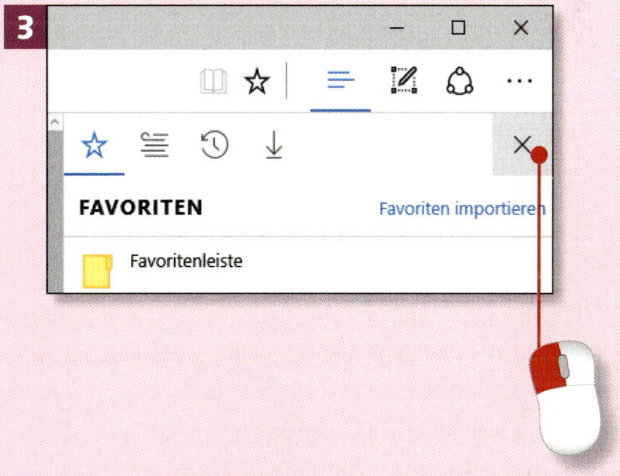

Inhalt verändern
Mithilfe der Schaltflächen 1 bis 4 in Schritt 3 können Sie den Inhalt der Leiste jederzeit verändern.

Registerkarten anheften

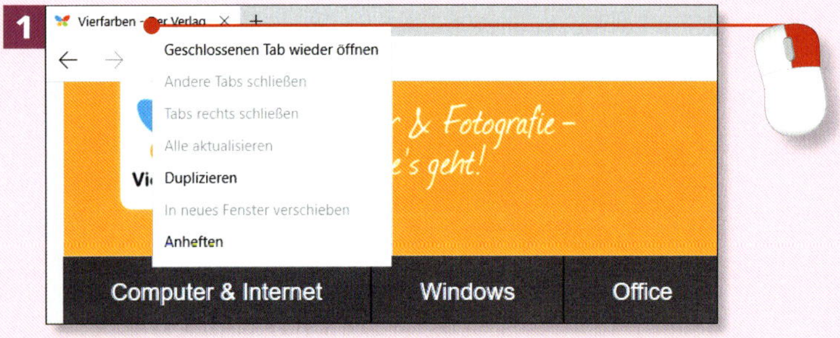

Webseiten, die Sie täglich benötigen, können Sie mit einer neuen Funktion stets verfügbar machen – und zwar, indem Sie Registerkarten anheften. Diese werden bei jedem Öffnen von Edge automatisch geladen.

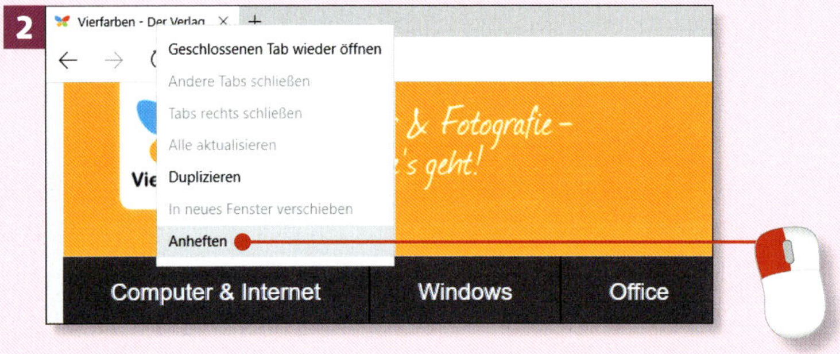

Schritt 1

Besuchen Sie die Website, die künftig permanent als Register in Edge vorhanden sein soll. Im Anschluss daran klicken Sie mit rechts auf die Registerkarte.

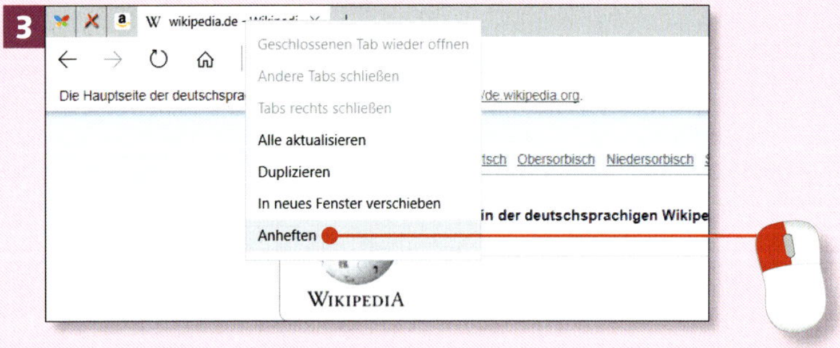

Schritt 2

Jetzt wählen Sie **Anheften** im Menü aus. Dies hat zur Folge, dass die Registerkarte auf minimale Breite schrumpft und ganz nach links verschoben wird.

Schritt 3

Wollen Sie weitere Registerkarten anheften? Dann klicken Sie zunächst auf das Plus-Symbol neben dem soeben angehefteten Register. Steuern Sie die nächste Website an, und wiederholen Sie Schritt 2.

Angeheftete Registerkarten entfernen
Wenn Sie sich irgendwann von einer angehefteten Registerkarte trennen wollen, klicken Sie das Register mit rechts an und wählen **Loslösen** aus dem Kontextmenü. Die Seite wird dann zum normalen Register, das manuell über das Schließen-Kreuz entfernt werden kann.

Erweiterungen hinzufügen

Für nahezu jeden Browser existieren Erweiterungen – die sogenannten Add-ons. In der aktuellen Edge-Version können derartige Zusatzprogramme (= Extensions) problemlos abgerufen und hinzugefügt werden.

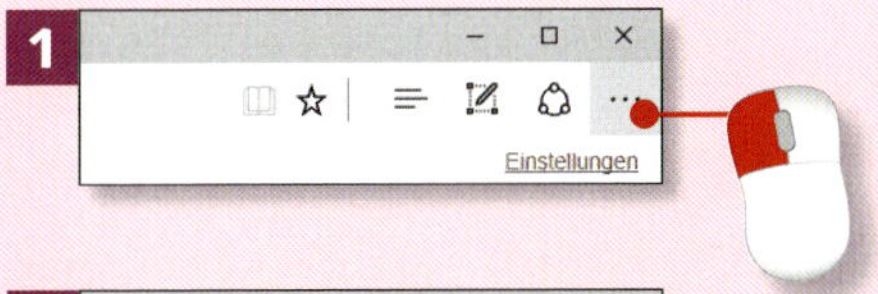

Schritt 1

Klicken Sie auf den Drei-Punkte-Schalter **Mehr** oben rechts im Edge-Browser.

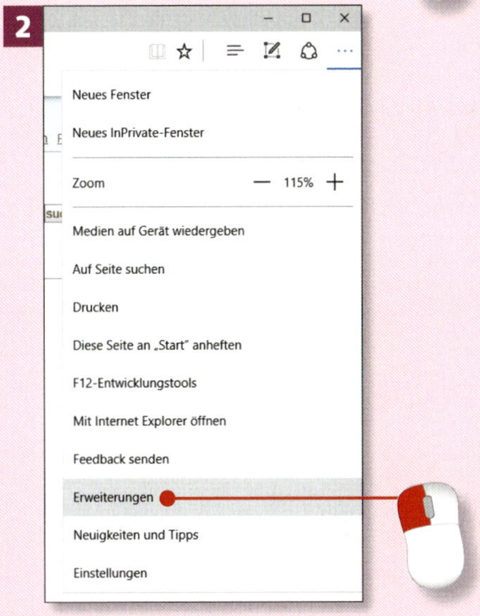

Schritt 2

Im Anschluss daran müssen Sie die Zeile **Erweiterungen** aktivieren, die ziemlich weit unten im Menü zu finden ist.

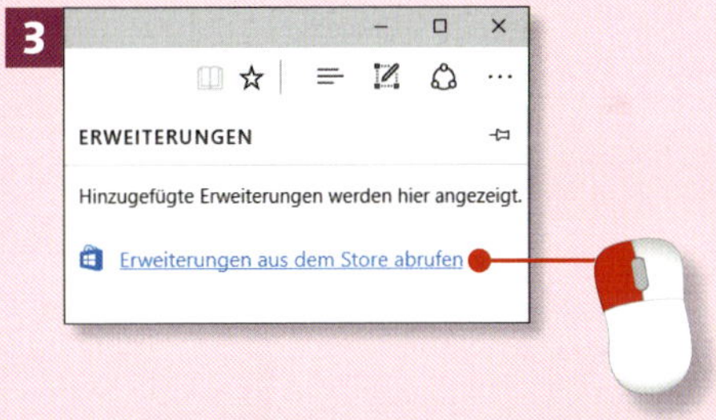

Schritt 3

Sie sehen jetzt eine Zeile mit dem schönen Titel **Erweiterungen aus dem Store abrufen**. Ein Klick darauf genügt, und Sie können nach der gewünschten Erweiterung Ausschau halten.

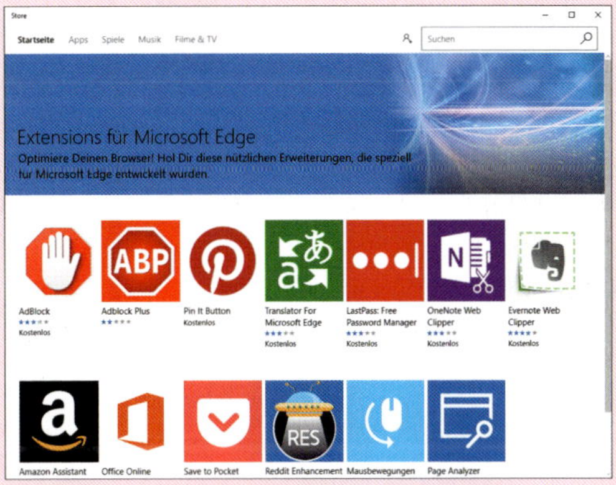

Erweiterung aktivieren

Wenn Sie eine interessante Erweiterung gefunden haben, klicken Sie darauf. Das weitere Vorgehen wird dann entsprechend erläutert.

Webseiten als PDF ausgeben und drucken

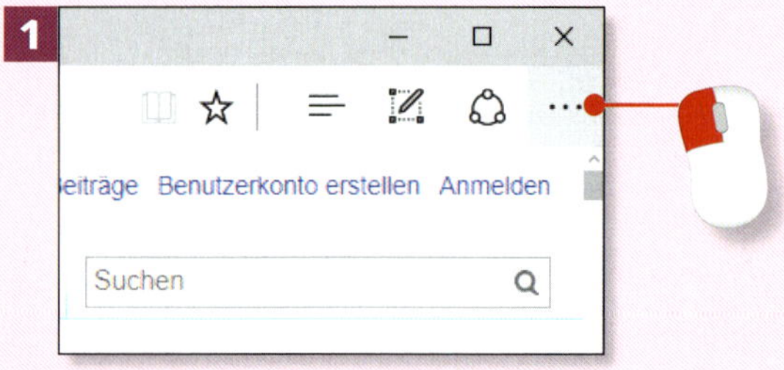

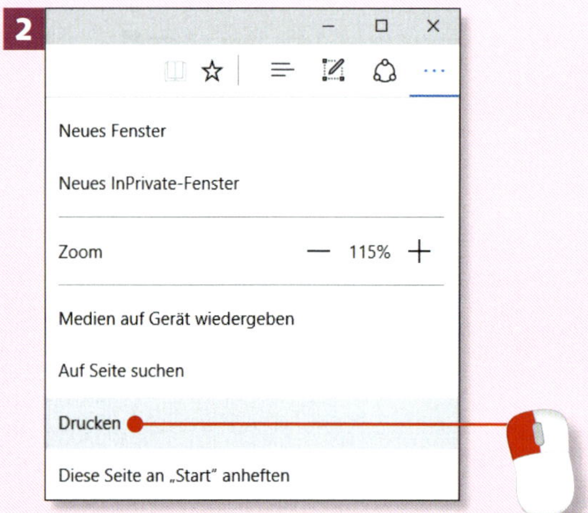

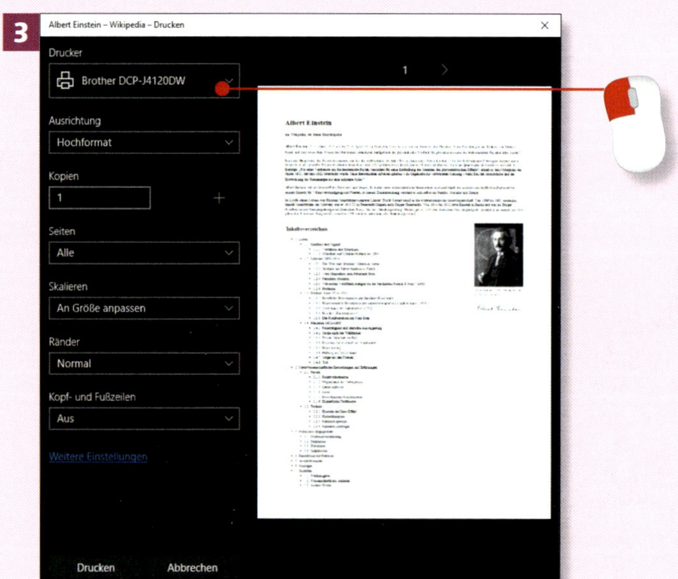

Was ist, wenn Sie eine Website als PDF erstellen oder zu Papier bringen wollen? Dann sollten Sie in der Lage sein, selbst zu bestimmen, was gedruckt werden soll und was nicht.

Schritt 1

Zunächst rufen Sie die Seite auf, die gedruckt werden soll. Klicken Sie im Anschluss auf **Mehr**.

Schritt 2

In der Liste, die sichtbar wird, klicken Sie auf die Zeile **Drucken**.

Schritt 3

Sie haben nun mehrere Optionen: Sie können das Dokument als PDF-Datei ausgeben. Das eignet sich prima zum Lesen am Monitor und zum Versenden per E-Mail. Dazu müssen Sie ganz oben im Feld **Drucker** den Eintrag **Microsoft Print to PDF** selektieren. Um es auszudrucken, stellen Sie hingegen Ihren angeschlossenen Drucker ein.

Urheber- und Verwertungsrecht

Beachten Sie auch bei Druck und Weitergabe, ob Sie zur Vervielfältigung bzw. Überlassung berechtigt sind. Wenn Sie einen Ausdruck ausschließlich privat nutzen, sollte es keine Schwierigkeiten geben.

Schritt 4

Schauen Sie sich die Vorschau des Dokuments auf der rechten Seite an. Schalten Sie im Feld **Ausrichtung** einmal zwischen den beiden Optionen **Querformat** und **Hochformat** hin und her – und entscheiden Sie dann, welches Format eher geeignet ist.

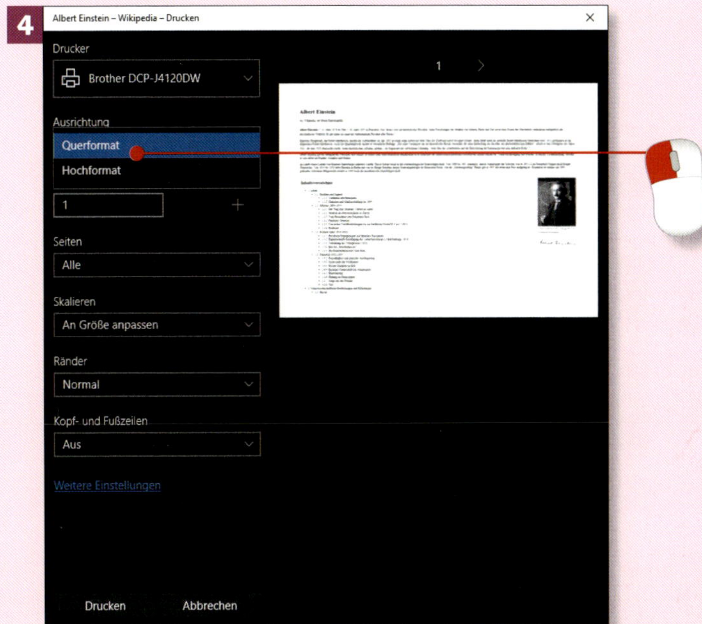

Schritt 5

Anschließend sollten Sie feststellen, wie viele Seiten erzeugt würden, wenn Sie die gesamte Website drucken oder als PDF ausgeben würden. Dazu klicken Sie so oft auf den oberhalb der Vorschau befindlichen, nach rechts weisenden Pfeil, bis es nicht mehr weitergeht.

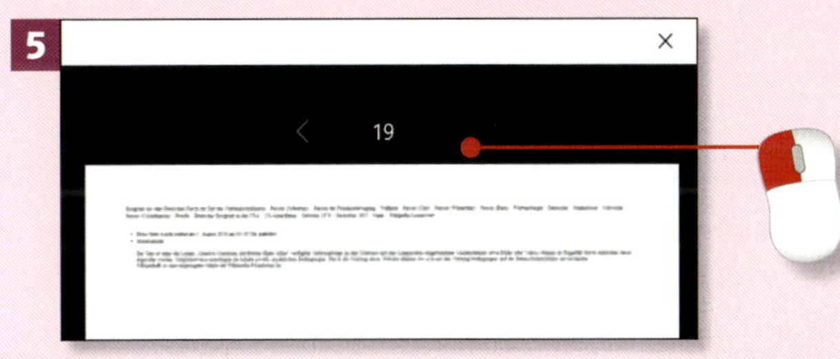

Schritt 6

Wollen Sie nur eine Seite ausgeben, wählen Sie diese nun mithilfe der beiden Pfeile in der Vorschau aus. Fahren Sie mit Schritt 7 fort. Wenn Sie mehrere Seiten drucken möchten, machen Sie stattdessen mit Schritt 8 weiter.

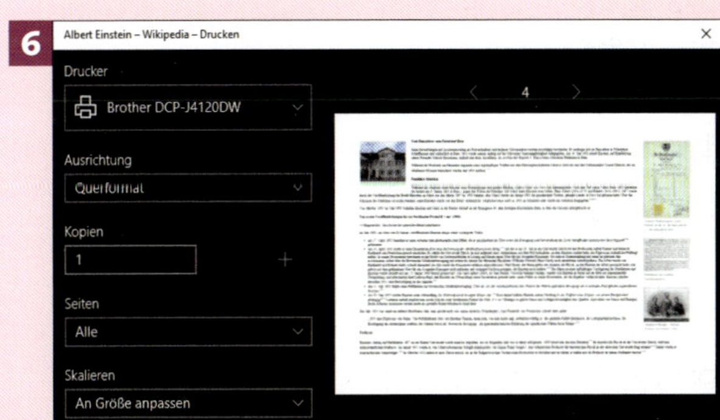

Ein anderes Papierformat wählen

Falls Sie ein anderes Papierformat als das standardmäßige Office-Papier (DIN A4) verwenden wollen, klicken Sie auf **Weitere Einstellungen**. Daraufhin werden weitere Größen angeboten.

Webseiten als PDF ausgeben und drucken (Forts.)

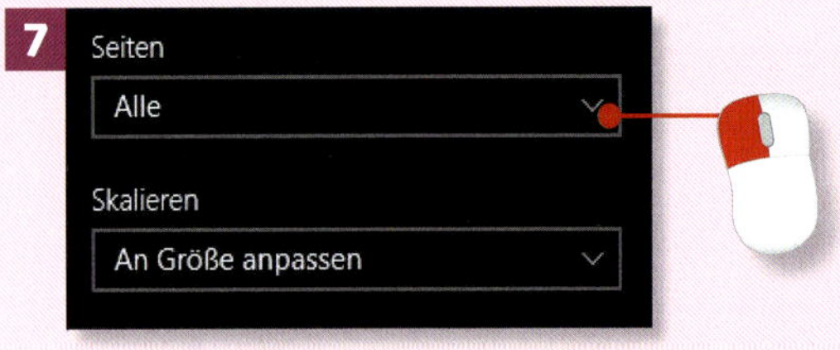

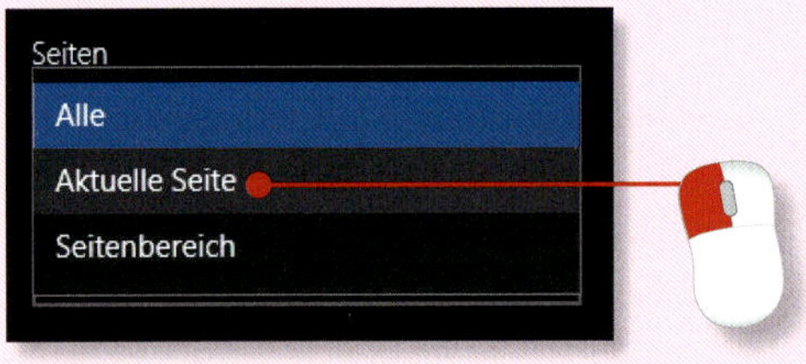

Schritt 7

Klicken Sie nun unterhalb des Textes **Seiten** auf **Alle**. Danach führen Sie einen weiteren Mausklick auf **Aktuelle Seite** aus. Fahren Sie nun mit Schritt 10 fort.

Schritt 8

Im Bereich **Seiten** klicken Sie nun auf das Kästchen **Alle**. Anschließend wählen Sie mit einem erneuten Klick die Option **Seitenbereich**.

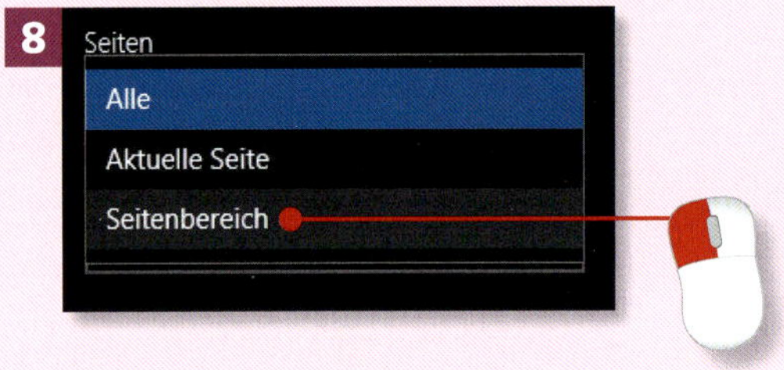

Schritt 9

Schauen Sie auf das Feld **Bereich**, das soeben neu hinzugekommen ist. Geben Sie darin an, welche Seiten Verwendung finden sollen (siehe Kasten).

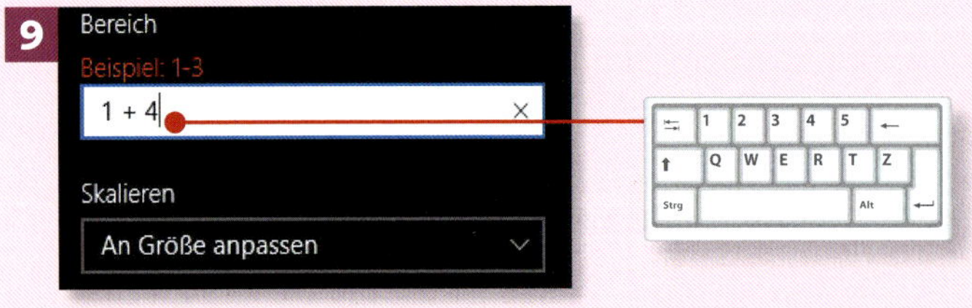

Seitenangaben

Bei der Seitenangabe können Sie verschiedene Eingaben vornehmen. »1-3« ist genauso erlaubt wie »1 bis 3«. Auch Kombinationen wie »1-2+4« oder »1+3+6« sind möglich.

Schritt 10

Nun können Sie auf **Drucken** klicken. Sofern Sie das Dokument am Drucker ausgeben, wird dieser sich mit einem Fenster melden. Darin dürfen Sie dann aber auch direkt auf **Drucken** klicken.

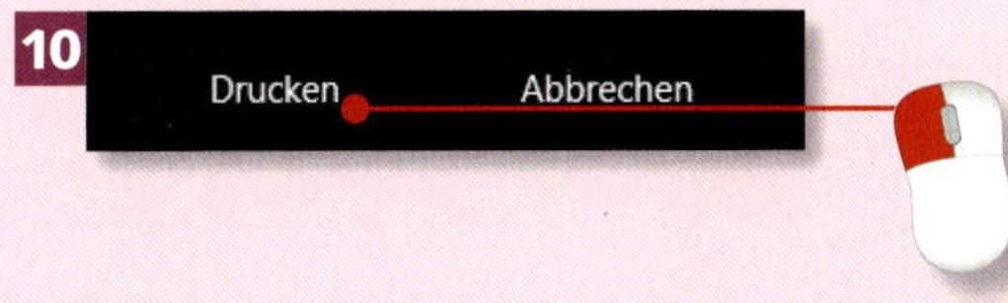

Schritt 11

Sie haben sich für ein PDF entschieden? Dann müssen Sie das Dokument jetzt noch benennen und den Speicherort festlegen. Standardmäßig wird das Verzeichnis **Dokumente** verwendet.

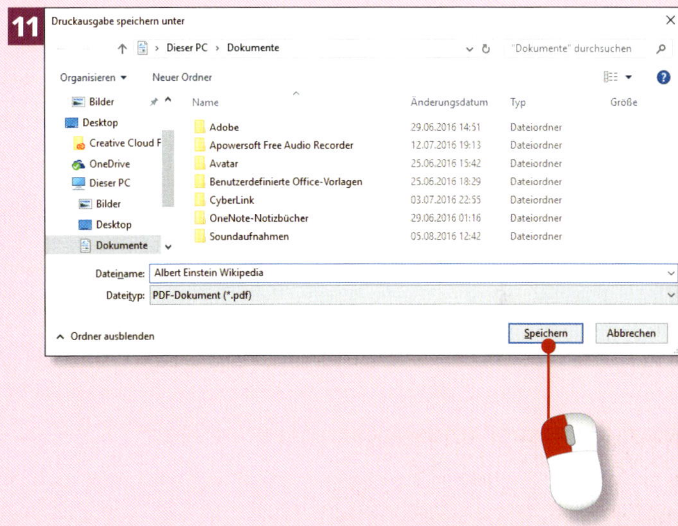

Schritt 12

Gehen Sie in den Ordner **Dokumente** ❶ (unter **Dieser PC** zu finden), und klicken Sie doppelt auf das PDF-Dokument. Es wird daraufhin in Edge präsentiert und steht damit permanent zur Verfügung – selbst dann, wenn keine Internetverbindung besteht.

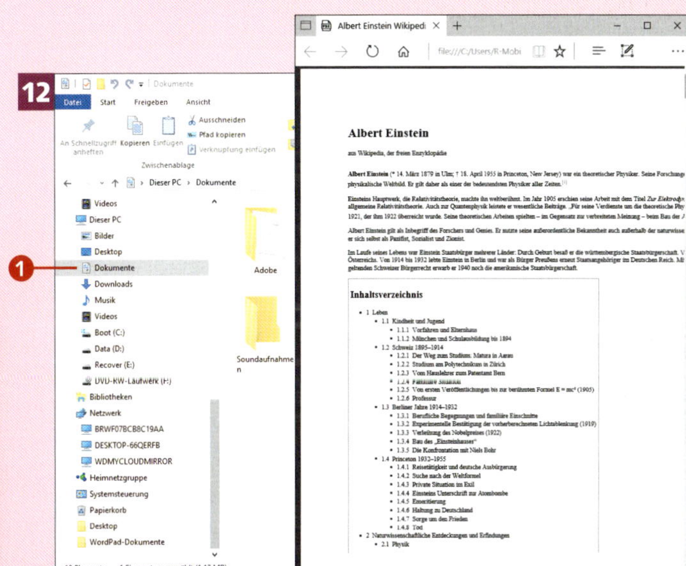

Drucker-Menüs

Drucker-Menüs (siehe Schritt 10) sehen je nach Hersteller und Drucker-Typ vollkommen unterschiedlich aus. Dennoch bieten in der Regel alle Einstelloptionen für das verwendete Papier und die Druckqualität an. Schauen Sie in das Handbuch Ihres Druckers.

Kapitel 5
E-Mails und Kontakte

Wie leicht und nützlich ist es doch, per E-Mail in Kontakt zu bleiben. Mit Windows 10 können Sie einfacher als je zuvor E-Mails schreiben und empfangen – und alles ganz auf Ihre persönlichen Bedürfnisse abstimmen – mit der Mail-App. Die Anwendungen Kontakte und Nachrichten knüpfen da nahtlos aneinander an und sorgen für einen innovativen Kommunikationsaustausch – direkt aus Windows heraus.

E-Mails schreiben, senden und löschen

Wie Sie die Mail-App ❶ konfigurieren und damit dann Ihre E-Mails schreiben, versenden und verwalten können, erfahren Sie in diesem Kapitel. Ebenso erfahren Sie, wie Sie Ihre Adressen und Kontakte mit Windows 10 verwalten.

Mail, Kontakte und Nachrichten im Team

Die E-Mail ist nur eine von vielen Möglichkeiten, in Kontakt zu treten. Mit der Kontakte-App ❷ holen Sie ganz schnell Ihre Facebook-Freunde mit ins Boot. Das ist kinderleicht. Man muss nur wissen, wo sich die Funktion versteckt.

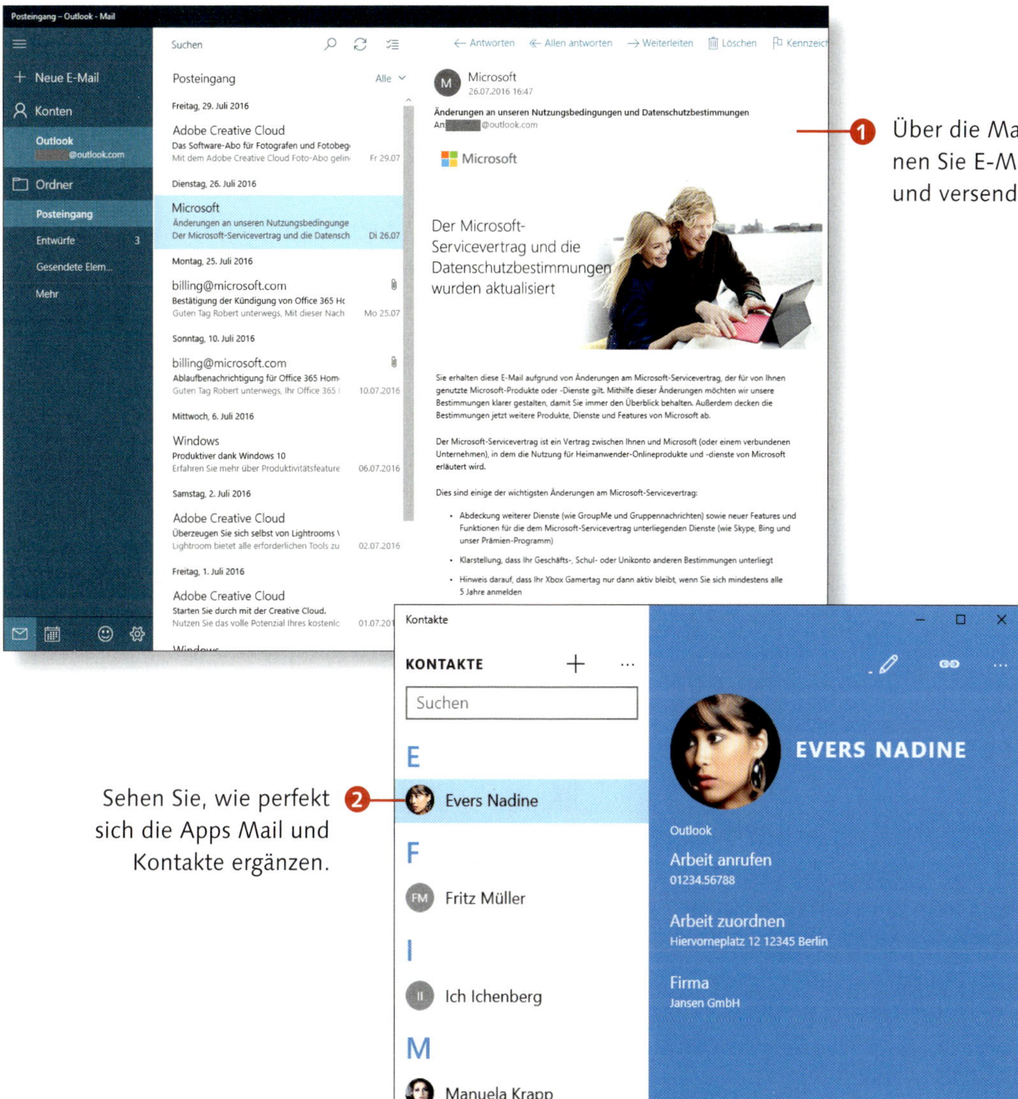

1 Über die Mail-App können Sie E-Mails schreiben und versenden.

2 Sehen Sie, wie perfekt sich die Apps Mail und Kontakte ergänzen.

Ein E-Mail-Konto einrichten

1

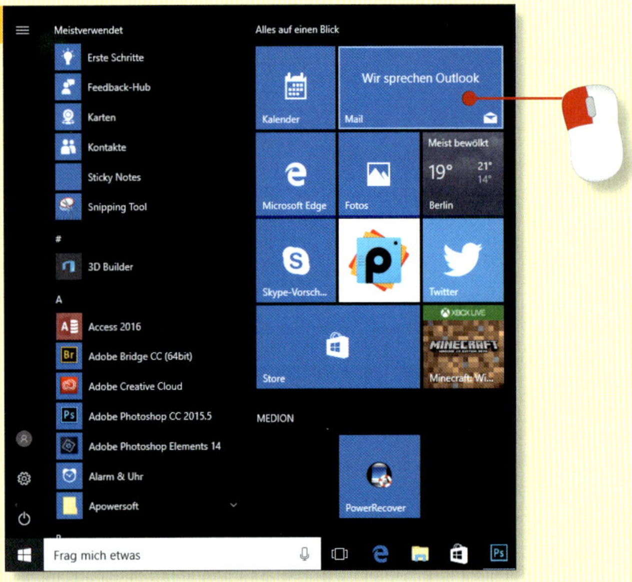

2

3

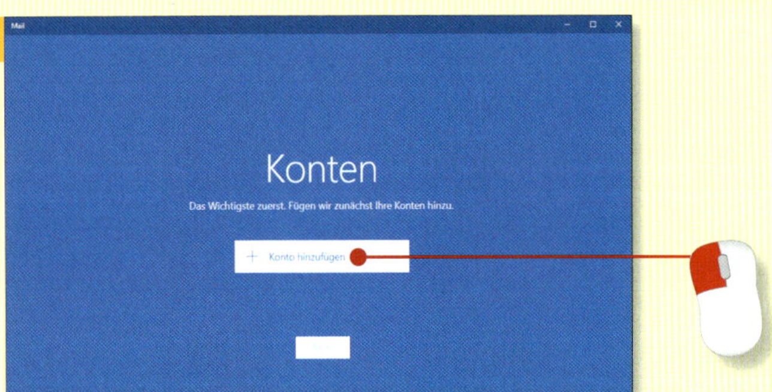

Sollten Sie noch keine E-Mail-Adresse haben, erfahren Sie in diesem Abschnitt, wie Sie eine einrichten. Microsoft bietet den Dienst Outlook.com an, aber Sie können auch andere Anbieter nutzen.

Schritt 1

Klicken Sie zunächst auf die **Windows**-Schaltfläche unten links und danach im Startmenü auf die Kachel **Mail**.

Schritt 2

Falls Sie aktuell noch kein Mail-Konto besitzen, ist die App Ihnen behilflich. Mit einem Klick auf **Anfangen** geht es los.

Schritt 3

In der folgenden Ansicht werden bereits auf dem Computer vorhandene Konten gelistet und können der Mail-App per Klick (hier: Outlook) zugewiesen werden. Fahren Sie mit Schritt 5 fort. Ist das nicht der Fall, bzw. wenn Sie ein neues oder weiteres **Konto hinzufügen** wollen, benutzen Sie die gleichnamige Schaltfläche.

Schritt 4

Wenn Sie ein Microsoft-Konto hinzufügen oder neu einrichten möchten, klicken Sie den obersten Eintrag an.

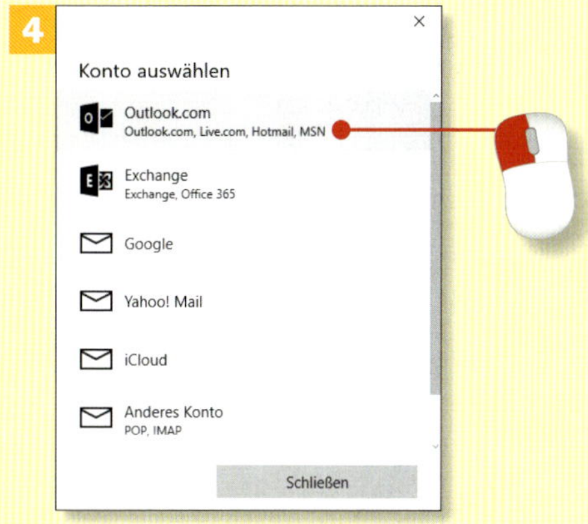

Schritt 5

Geben Sie E-Mail-Adresse oder Telefonnummer und das Kennwort des vorhandenen Kontos an. Wenn Sie ein Konto einrichten wollen, klicken Sie auf **Erstellen Sie ein Konto!** und folgen den weiteren Anweisungen.

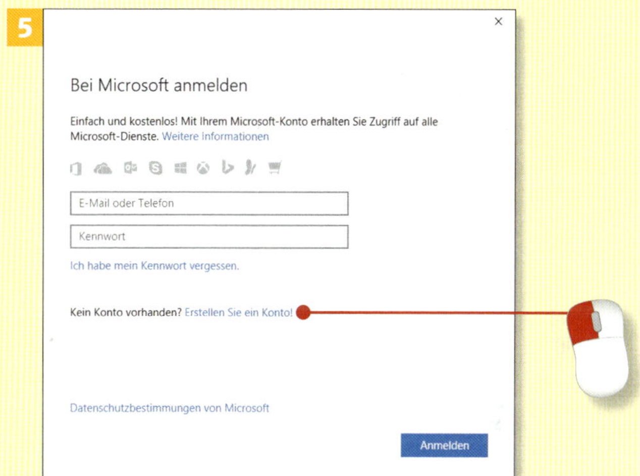

Schritt 6

Wenn das Anmelde-Prozedere durchlaufen ist, befinden Sie sich wieder auf dem Bildschirm **Konten**. Der Rest ist ein beherzter Klick auf **Bereit** – und schon ist das E-Mail-Konto eingerichtet.

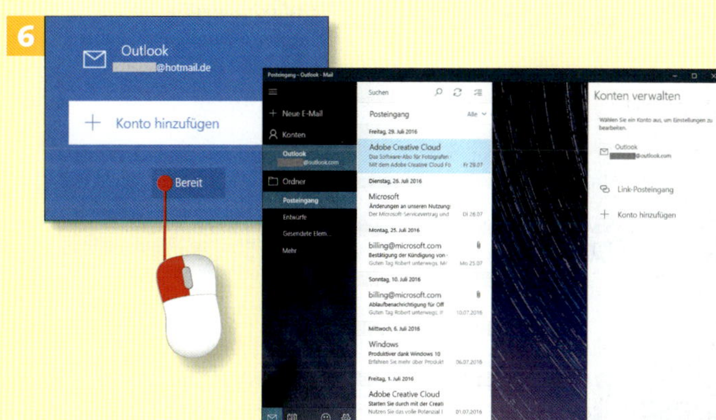

Alternative E-Mail-Konten

Prinzipiell können Sie Ihrer Mail-App jedes Konto hinzufügen (Google, Yahoo! oder Ähnliches). Konten, die in Schritt 4 nicht angeboten werden (z. B. web.de), werden über **Anderes Konto** konfiguriert.

Die Mail-App in der Übersicht

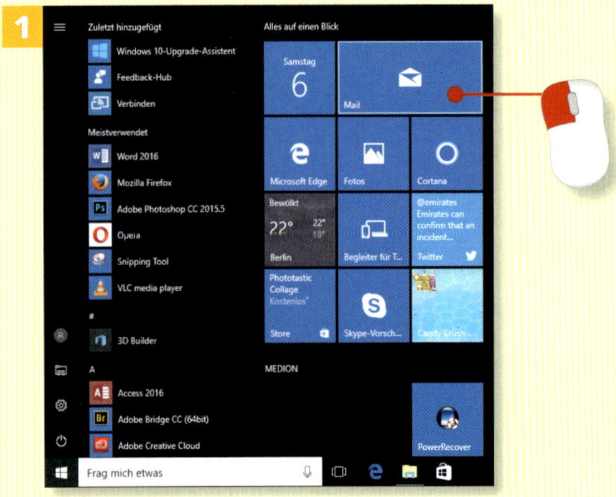

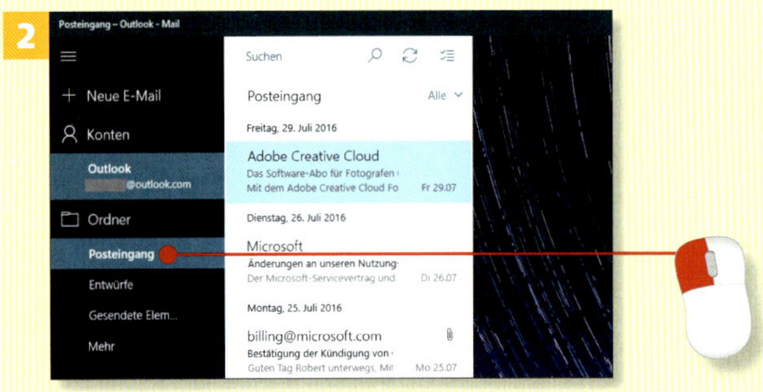

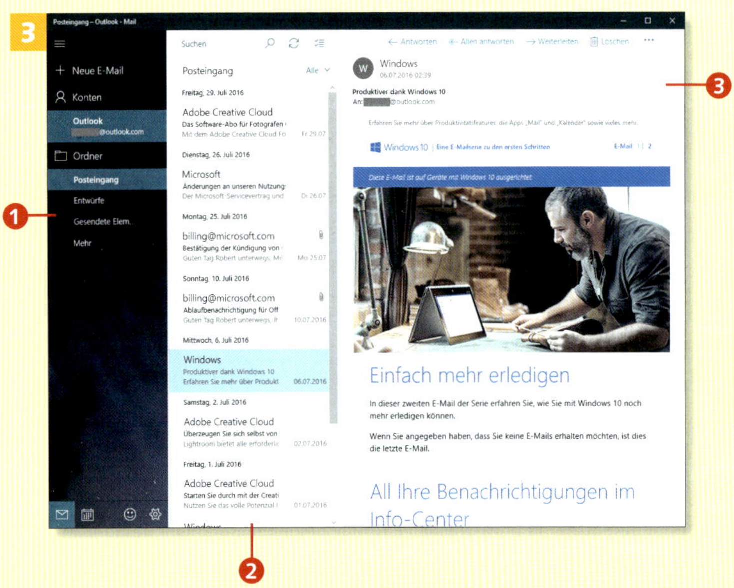

Nachdem Sie Ihr Konto eingerichtet haben, sollten Sie sich einen ersten Überblick über die Software verschaffen. Prüfen Sie, ob die Anmeldung klappt, und lernen Sie die Oberfläche kennen.

Schritt 1

Stellen Sie die Verbindung zu Ihrem E-Mail-Konto her, indem Sie zunächst die Kachel **Mail** im Startmenü anklicken.

Schritt 2

Nach kurzer Zeit sollten Sie verbunden sein. Na, haben Sie bereits Post bekommen? Aktivieren Sie dazu **Posteingang**.

Schritt 3

Sie sehen, dass die Oberfläche in drei Bereiche gegliedert ist. In der linken Spalte ❶ finden Sie verschiedene Ablagebereiche, in der Mitte ❷ werden die E-Mails aufgelistet. Rechts ❸ wird der Inhalt der ausgewählten Mail angezeigt.

Mail anzeigen

Klicken Sie in der mittleren Spalte auf eine Mail, um deren Inhalt rechts angezeigt zu bekommen.

Schritt 4

Wenn Sie weitere Bereiche zugänglich machen wollen (wie z. B. **Postausgang**, **Gelöschte Elemente**), müssen Sie zunächst auf **Mehr** klicken. Die Segmente tauchen dann in der mittleren Spalte auf.

Schritt 5

Wenn Sie Einstellungen vornehmen müssen (Konten, Erscheinungsbild etc.), klicken Sie auf das Zahnrad-Symbol unten links. Die Einstellungen erscheinen daraufhin ganz rechts ❹.

Schritt 6

Sofern in der mittleren Spalte eine E-Mail markiert ist, erscheinen oben rechts Buttons, die das direkte **Antworten**, **Weiterleiten** und **Löschen** möglich machen.

Einträge favorisieren

Alle in Schritt 4 gezeigten Einträge der mittleren Spalte, die mit einem Pin markiert sind, sind Favoriten. Sie tauchen in der linken Spalte auf. **Zu Favoriten hinzufügen** bzw. **Von Favoriten entfernen** steht nach einem Rechtsklick darauf zur Verfügung.

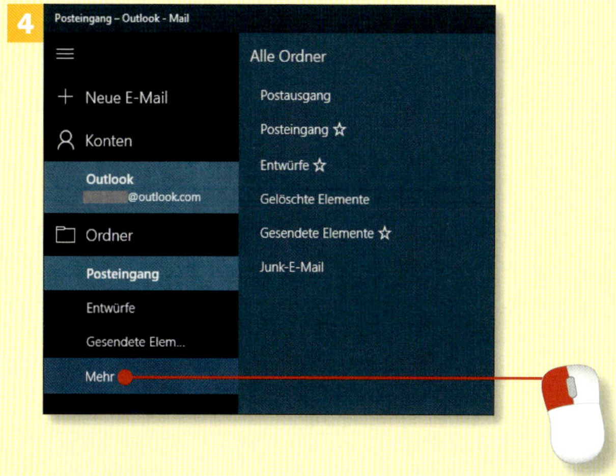

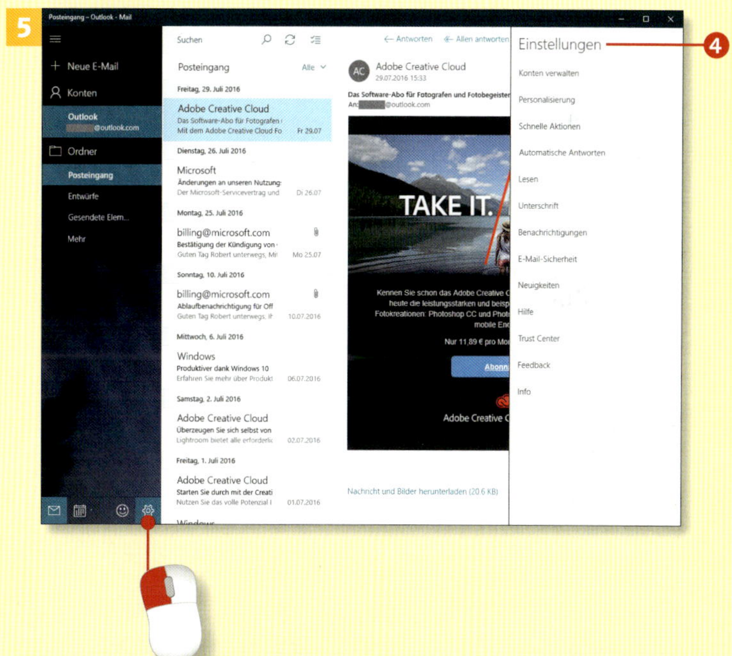

Die Mail-App einrichten

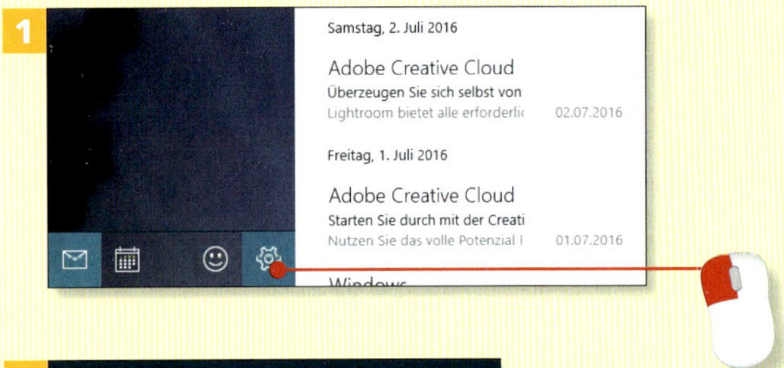

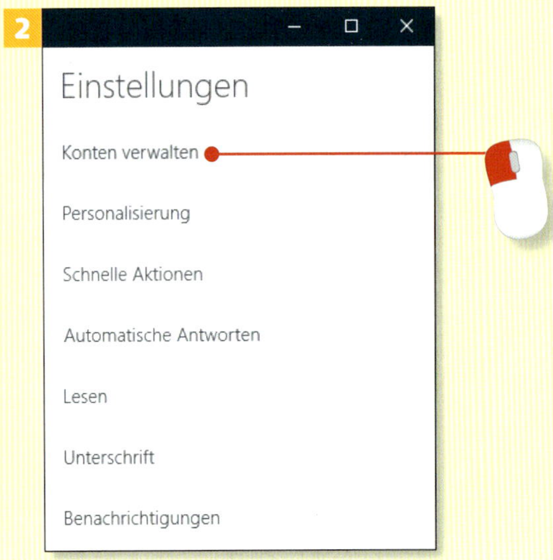

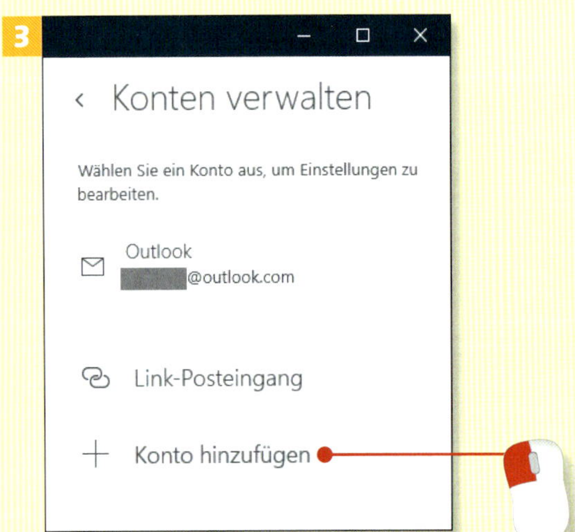

Nun wird die Mail-App an Ihre Bedürfnisse angepasst. Dazu stellen wir Ihnen verschiedene Bereiche vor. Ab Schritt 7 lernen Sie zudem die Funktion Auto-Responder kennen, die eingehende Mails während Ihrer Abwesenheit automatisch beantwortet. Praktisch, oder?

Schritt 1

Öffnen Sie die Einstellungen der Mail-App, indem Sie auf das Zahnrad-Symbol unten links klicken.

Schritt 2

Wenn Sie der Mail-App ein weiteres E-Mail-Konto hinzufügen möchten, klicken Sie jetzt auf **Konten verwalten**.

Schritt 3

Als Nächstes klicken Sie auf **Konto hinzufügen**. Danach folgen Sie ganz einfach der Anleitung »Ein E-Mail-Konto einrichten« ab Seite 122 und kehren anschließend wieder hierhin zurück.

Alle gängigen Anbieter

Google Mail und *Yahoo Mail* werden explizit unterstützt (siehe Seite 123), aber auch viele weitere gängige Anbieter wie *GMX* oder *Web.de* können Sie ganz einfach über **Anderes Konto** einrichten.

Schritt 4

Um den Kontenbereich zu verlassen und sich den anderen Optionen zu widmen, müssen Sie den nach links weisenden Pfeil neben **Konten verwalten** anklicken.

Schritt 5

Lieben Sie diffuse Fotos? Wenn ja, dürfen Sie diesen und den nächsten Schritt überspringen. Alle anderen wählen **Personalisierung**.

Schritt 6

Entscheiden Sie sich im Bereich **Hintergrund** der rechten Spalte für **Durchsuchen**. Wählen Sie nun ein Bild von Ihrer Festplatte aus, das Sie als Hintergrundbild nutzen möchten. Klicken Sie anschließend auf **Öffnen**.

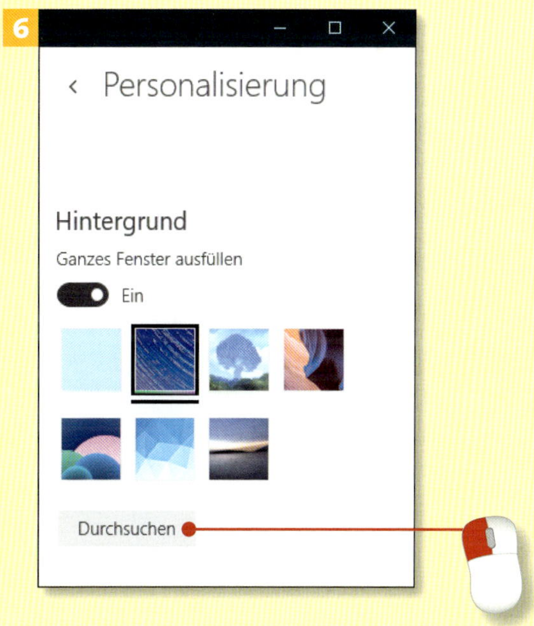

Hintergrundbild suchen
Nachdem Sie in Schritt 6 auf **Durchsuchen** geklickt haben, wird der Ordner *Bilder* Ihres Computers bereitgestellt. Hier können Sie z. B. ein eigenes Foto des Unterorders *Eigene Aufnahmen* zuweisen.

Die Mail-App einrichten (Forts.)

Schritt 7

Kommen wir zum Auto-Responder. Dazu kehren Sie zurück zu den **Einstellungen** und entscheiden sich für **Automatische Antworten**.

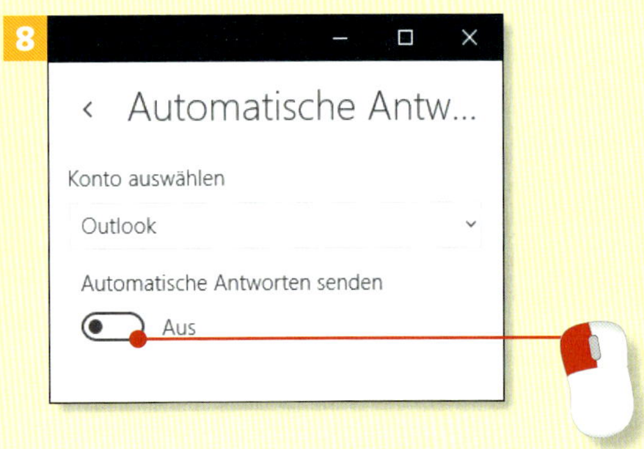

Schritt 8

Setzen Sie im Bereich **Automatische Antworten** einen Mausklick auf den Schalter **Aus**. Er wird dadurch aktiviert.

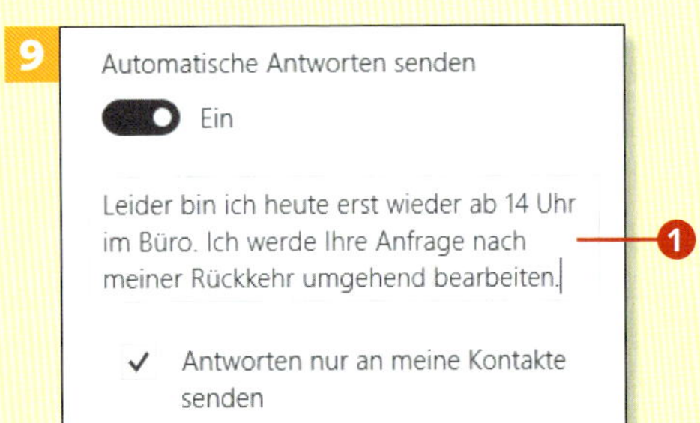

Schritt 9

Jetzt legen Sie im Eingabefeld darunter fest, was die App bei eingehenden E-Mails antworten soll (z. B. ab wann Sie wieder im Büro sind o. Ä.) **1**.

Auto-Responder

Sollten Sie für einen bestimmten Zeitraum abwesend sein, kann Mail dafür sorgen, dass eingehende Nachrichten mit einem Standardtext beantwortet werden. Diese Funktion steht in der Mail-App nur bei Microsoft-Konten (z. B. Outlook, Hotmail, MSN etc.) zur Verfügung.

Schritt 10

Wenn Sie nicht wollen, dass der Auto-Responder nur bei Mails Ihrer persönlichen Kontakte reagiert, sondern bei jeder eingehenden E-Mail antwortet, deaktivieren Sie das Häkchen. Beachten Sie jedoch, dass nun auch Spam-Mailer eine Antwort bekommen – und somit wissen, dass Ihre E-Mail-Adresse funktioniert.

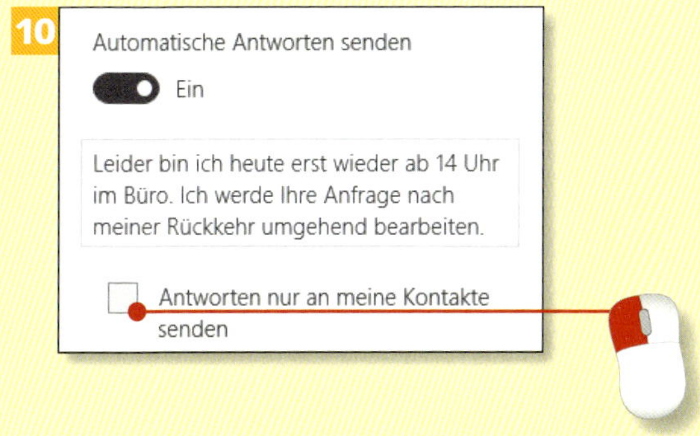

Schritt 11

Vergessen Sie nach Ihrer Rückkehr nicht, **Automatische Antworten** wieder zu deaktivieren. Zur Erinnerung gibt Mail einen Hinweis aus. Ein Klick auf **Deaktivieren** reicht.

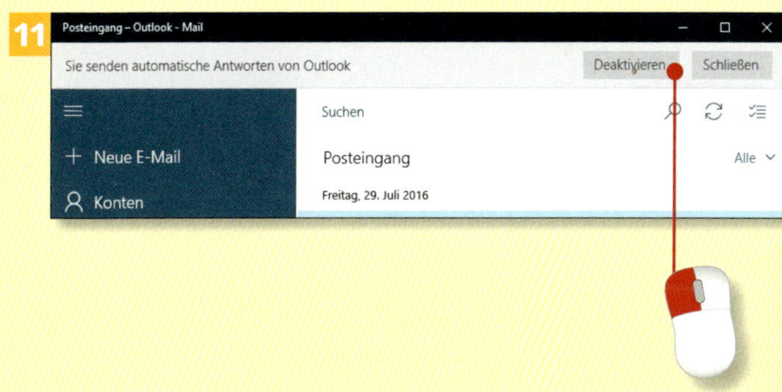

Schritt 12

Unten links finden Sie ein kleines Kalender-Symbol, das direkt aus Mail heraus das Bereitstellen der Kalender-App ermöglicht. So haben Sie in Mail auch Ihre Termine immer im Blick.

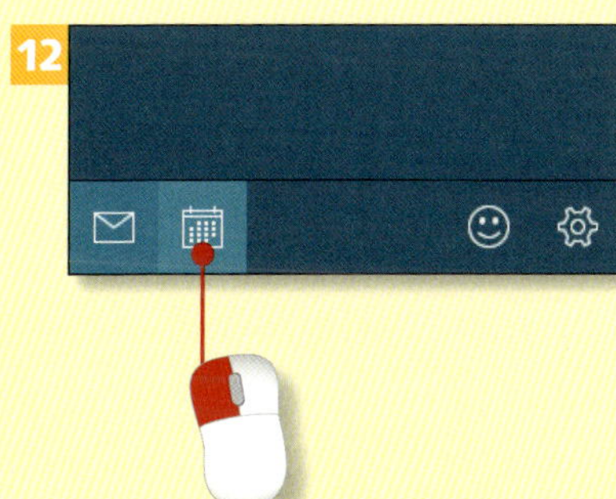

Benachrichtigungen
Ihre E-Mails gehen natürlich trotz automatischer Antwort ein (Schritt 11). Gut so, denn anderenfalls würden Sie ja keine Kenntnis über die Nachricht erlangen. Sie finden also alle Nachrichten, die während Ihrer Abwesenheit eingegangen sind, im Posteingang.

E-Mails schreiben und senden

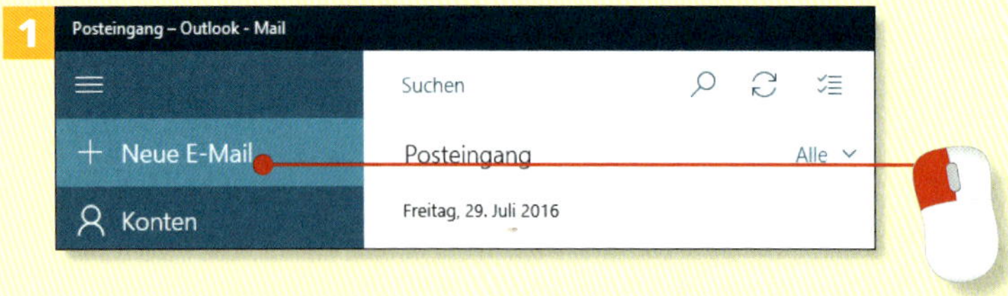

Sie wollen E-Mails schreiben und versenden. Und bestimmt wollen Sie auch wissen, wie sich nicht mehr benötigte E-Mails löschen lassen, oder?

Schritt 1

In der oberen linken Ecke befindet sich gut sichtbar die Schaltfläche **Neue E-Mail**.

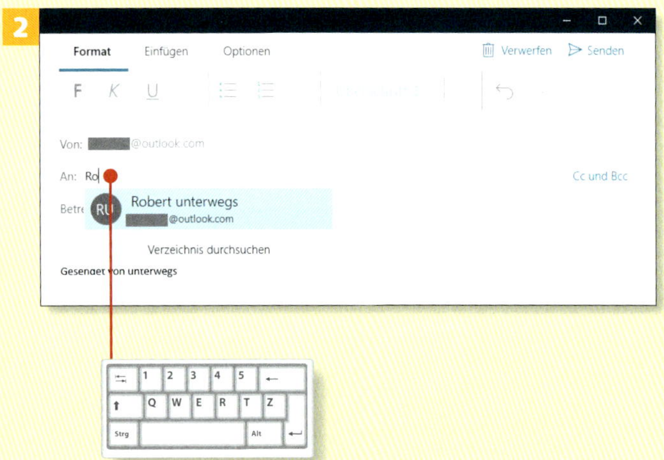

Schritt 2

Tragen Sie auf der rechten Seite der App zunächst die E-Mail-Adresse des Empfängers ein. Sobald Sie einen Buchstaben antippen, werden dazu passende Kontakte vorgeschlagen. Wenn Sie einen Vorschlag übernehmen wollen, klicken Sie ihn an.

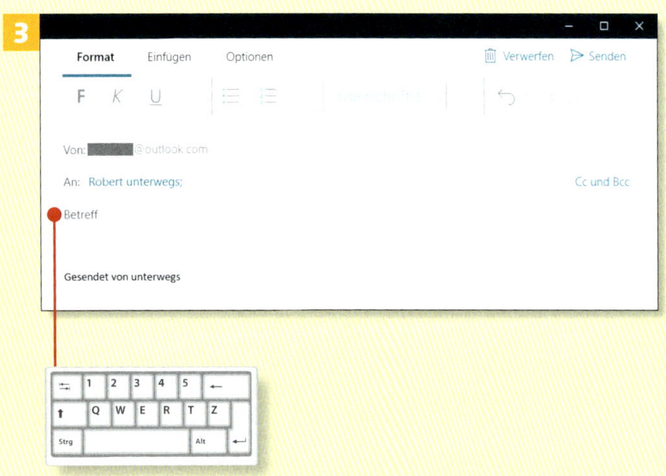

Schritt 3

Gleich darunter sehen Sie die Zeile **Betreff**. Klicken Sie darauf, um eine »Überschrift« für die Mail zu verfassen.

Kein Betreff erforderlich

Sie müssen keinen Betreff angeben. Allerdings empfiehlt es sich, dem Empfänger bereits vor dem Öffnen der Mail anzuzeigen, worum es in Ihrer Nachricht geht.

Schritt 4

Klicken Sie anschließend noch eine Zeile tiefer, und geben Sie den Text ein. Die Zeilenumbrüche – also die Anfänge einer Zeile – werden dabei ganz automatisch erzeugt. Sie können nach Herzenslust drauflostippen.

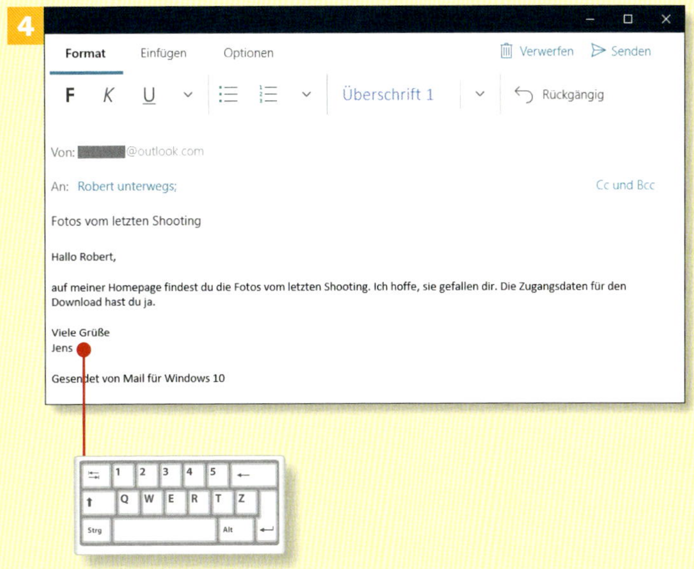

Schritt 5

Falls Sie den Text noch in seiner Schriftart, Größe, Farbe o. Ä. verändern wollen (hier: Hervorhebung), markieren Sie ihn zunächst. Dazu überfahren Sie ihn mit gedrückter linker Maustaste. Verwenden Sie anschließend die Steuerelemente in der Kopfleiste.

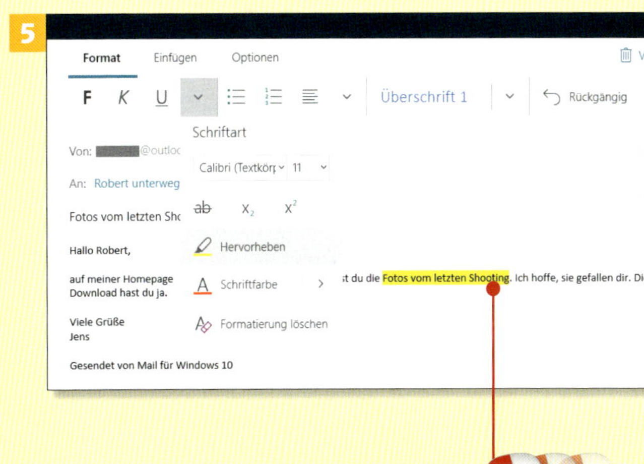

Schritt 6

Wenn alles erledigt ist, haben Sie nichts weiter zu tun, als oben rechts auf **Senden** zu klicken.

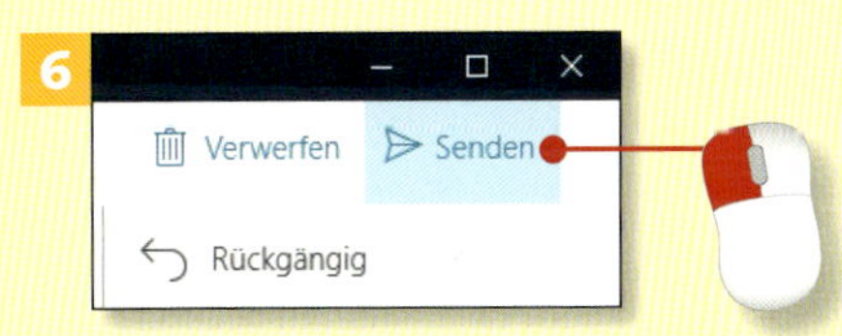

Text markieren

Noch ein Hinweis zur Markierung von Text in Schritt 5: Ein einzelnes Wort markieren Sie mit einem Doppelklick, während ein Dreifachklick einen ganzen Absatz markiert.

E-Mail-Texte gestalten

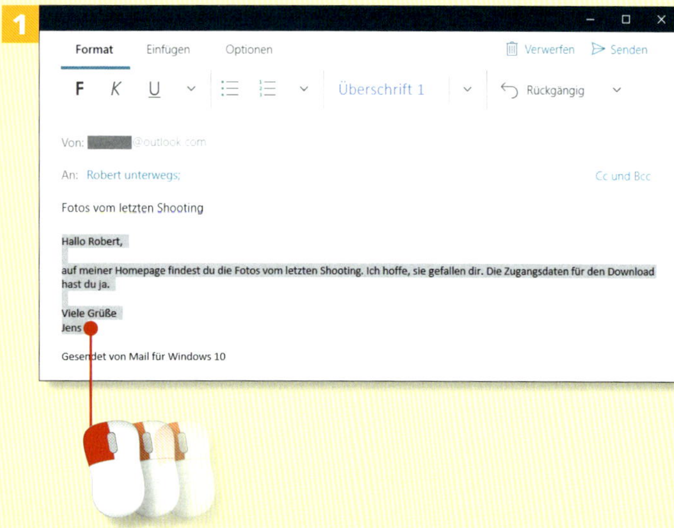

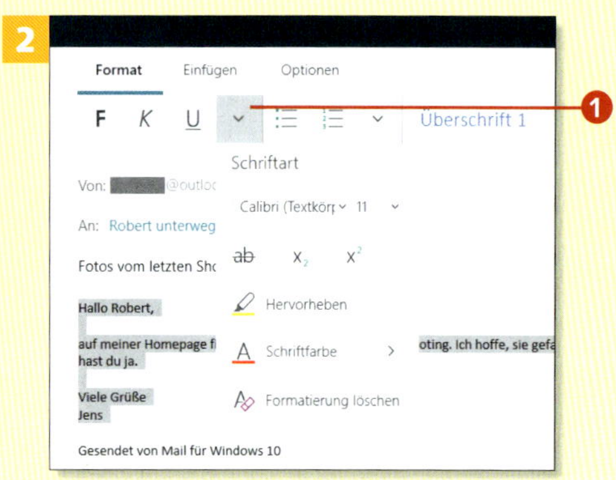

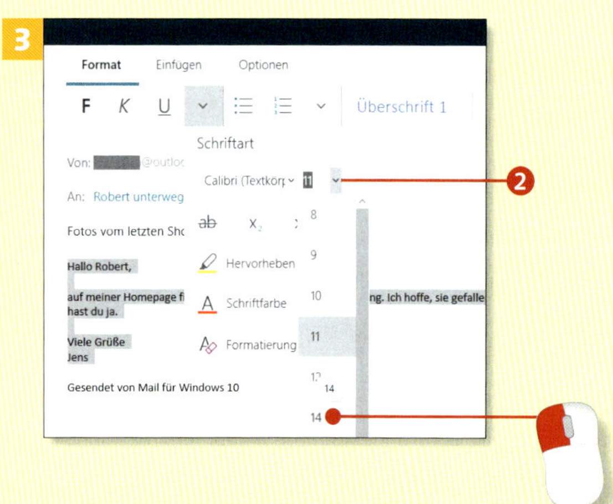

Werfen wir noch einen Blick hinter die Kulissen. Hier erfahren Sie, wie Sie einen Text farbig gestalten, ihn in der Größe anpassen und mit weiteren Effekten versehen können.

Schritt 1

Schreiben Sie zunächst in der Mail-App eine Textnachricht. Danach markieren Sie den Text, den Sie verändern wollen, indem Sie ihn mit gedrückter linker Maustaste überfahren.

Schritt 2

Klicken Sie nun auf die kleine Pfeilspitze ❶ in der Werkzeugleiste. Dadurch öffnet sich eine Tafel mit zahlreichen Optionen.

Schritt 3

Zur Größenänderung der markierten Schrift klicken Sie auf die kleine Spitze rechts ❷. Dadurch öffnet sich eine Liste mit zahlreichen vordefinierten Schriftgrößen. Klicken Sie auf den Wert, der Ihnen zusagt.

Schritt 4

In der gleichen Tafel (Schritt 2) finden Sie auch die Zeile **Schriftfarbe**. Wenn Sie die zuletzt verwendete benutzen wollen (hier: Rot), klicken Sie auf diese Zeile ❸. Anderenfalls benutzen Sie die rechts daneben befindliche, nach rechts weisende Pfeilspitze.

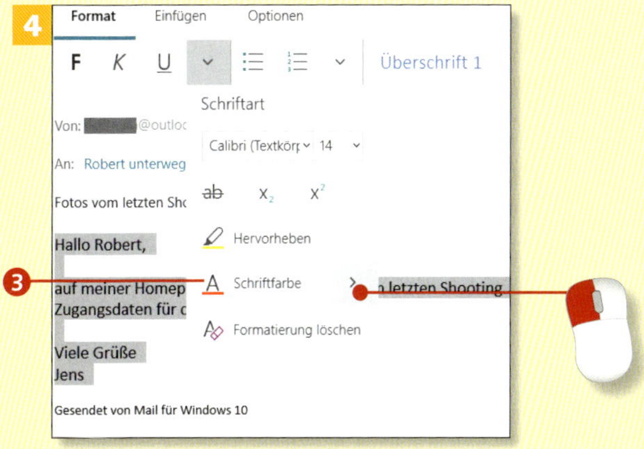

Schritt 5

Suchen Sie nach der gewünschten Farbe. Achten Sie bei der Wahl jedoch darauf, dass der Kontrast zum weißen Hintergrund noch groß genug bleibt. Sonst kann Ihr Empfänger den Text schlecht lesen. Wenn Sie fündig geworden sind, klicken Sie das entsprechende Farbfeld an.

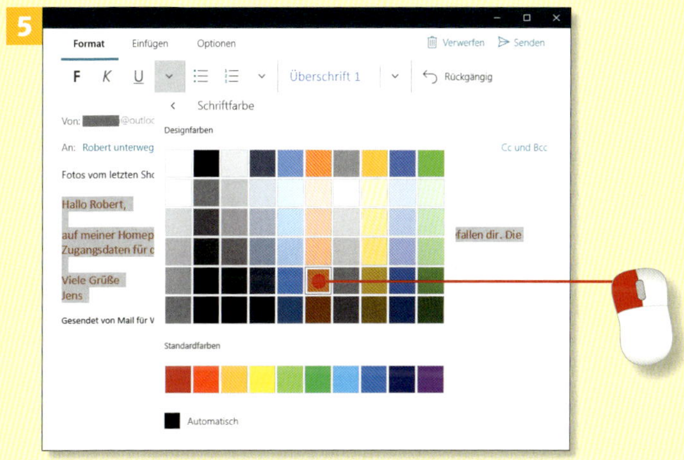

Schritt 6

Begutachten Sie Ihr Ergebnis. Beachten Sie dabei aber, dass die Schrift noch immer markiert ist. Zur besseren Beurteilung empfiehlt es sich, einen Mausklick auf oder neben dem Text auszuführen.

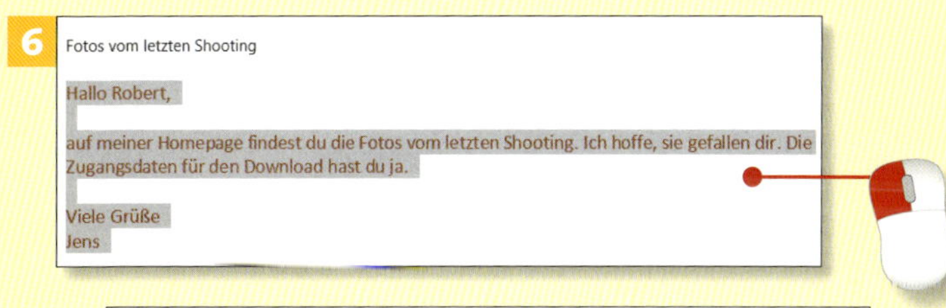

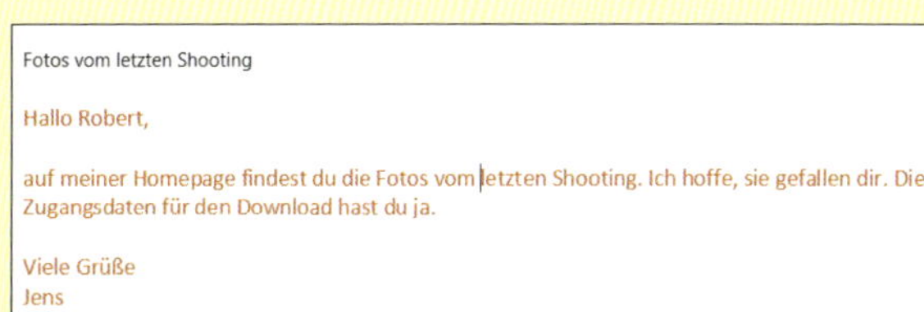

Letzte Farbe erneut zuweisen

Die zuletzt eingestellte Farbe bleibt grundsätzlich erhalten. Sie kann erneut zugewiesen werden, indem Sie direkt auf den Schalter **Schriftfarbe** ❸ klicken.

Anhänge versenden

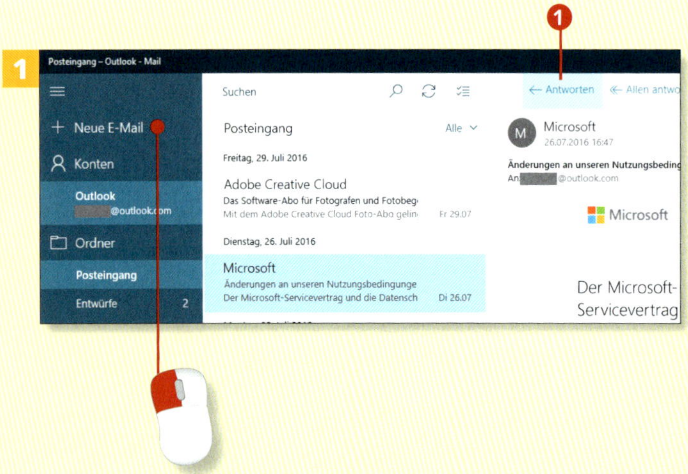

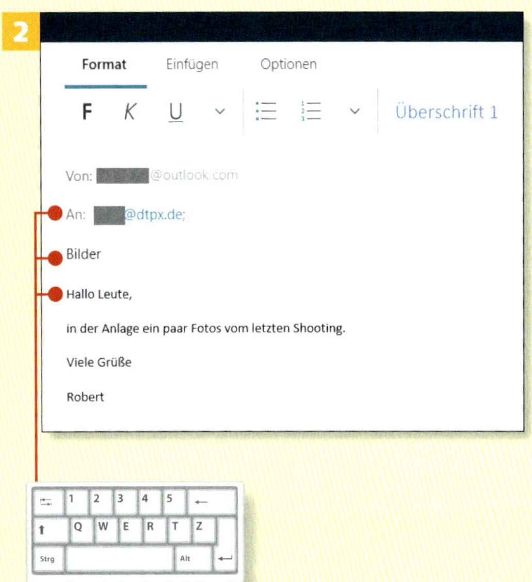

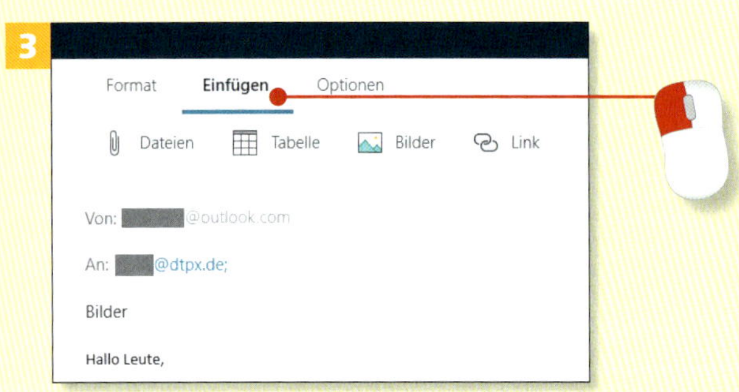

Mit der Mail-App können Sie nicht nur Textnachrichten versenden, sondern auch Fotos und andere Dateien.

Schritt 1

Klicken Sie auf **Neue E-Mail**. Sofern Sie eine E-Mail erhalten haben, auf die Sie reagieren wollen, klicken Sie auf **Antworten** 1.

Schritt 2

Geben Sie die E-Mail-Adresse des Empfängers ein, verfassen Sie einen Betreff, und formulieren Sie den Textinhalt der Mail wie gehabt.

Schritt 3

Um der Mail die Anlagen hinzuzufügen, klicken Sie oben zunächst auf das Register **Einfügen**.

Entwürfe

Solange die E-Mail noch nicht versendet ist, bleibt sie als Entwurf gespeichert. Sollten Sie sich also einmal »verklickt« haben und nun die Mail nicht mehr sehen, entscheiden Sie sich in der linken Spalte für **Entwürfe**.

Schritt 4

Gleich unterhalb wird nun eine neue Leiste offeriert. Hier müssen Sie auf die Büroklammer (**Dateien**) klicken.

Schritt 5

Es öffnet sich der Ordner **Dokumente**, der standardmäßig im Verzeichnis **Dieser PC** zu finden ist. Hier wählen wir beispielhaft das im vorangegangenen Kapitel erzeugte PDF-Dokument. Markieren Sie es, und bestätigen Sie die Auswahl mit **Öffnen**.

Schritt 6

Jetzt finden Sie in der Mail unterhalb der Betreff-Zeile den hinzugefügten Anhang. Wenn Sie mit der E-Mail fertig sind, klicken Sie auf die Schaltfläche **Senden**.

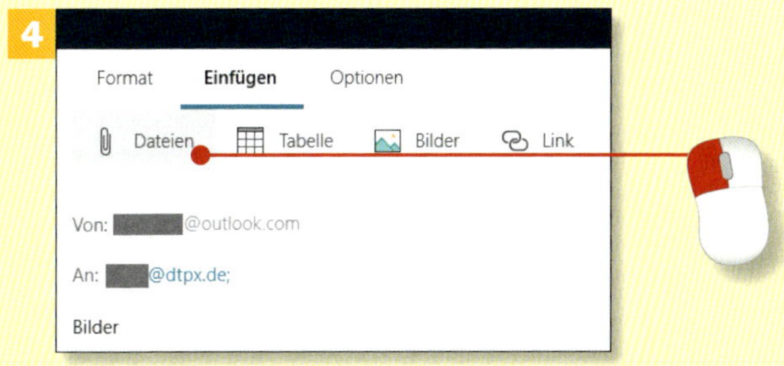

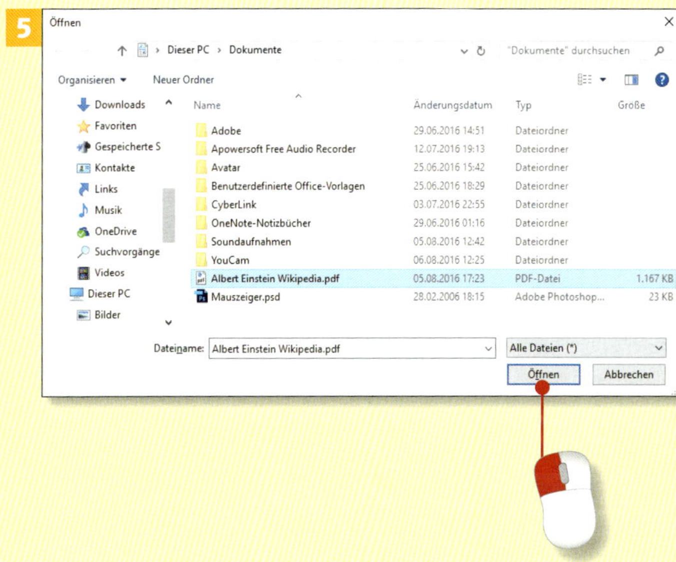

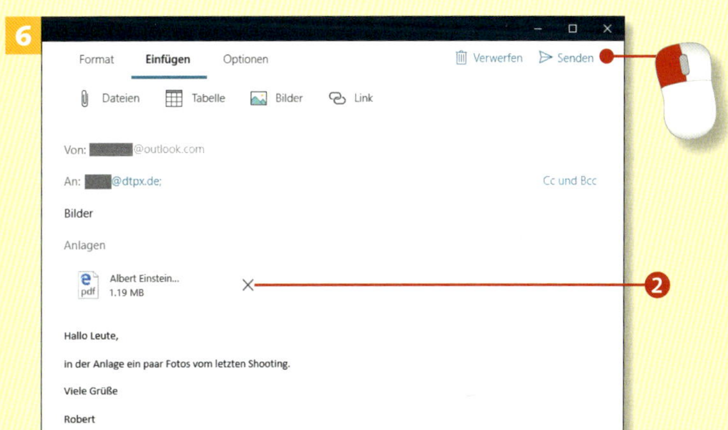

Anhang vor dem Senden entfernen

Soll der Anhang wider Erwarten doch nicht gesendet werden? Dann klicken Sie (vor dem Absenden!) auf das Kreuzchen ❷ rechts neben der Dateibezeichnung.

E-Mails drucken

1
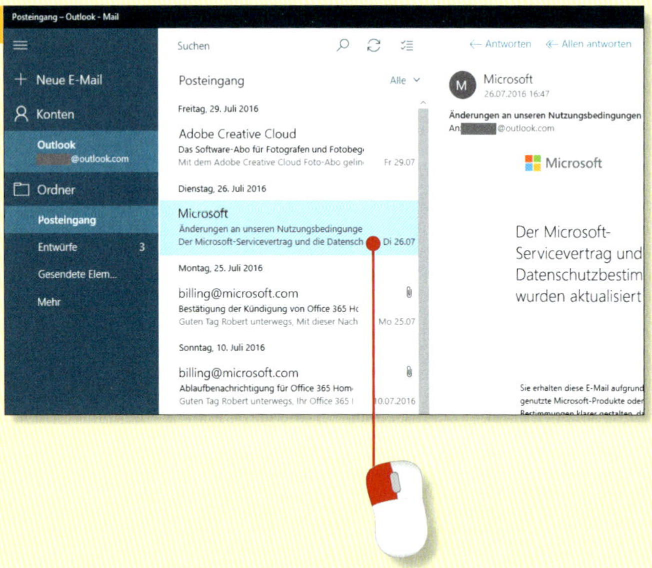

2
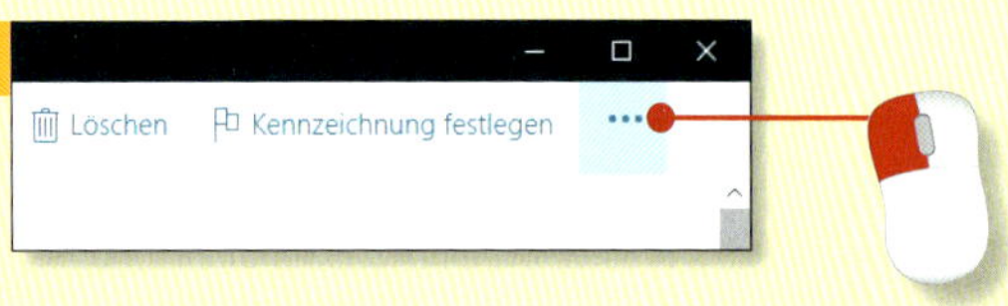

3
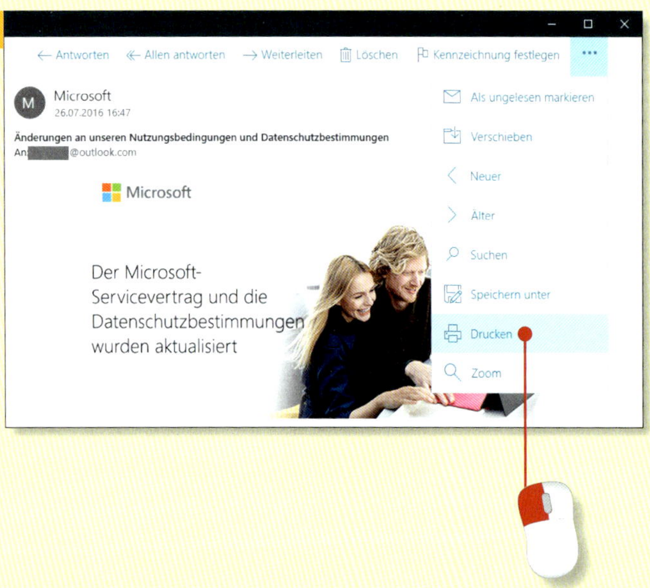

Eine E-Mail muss im Bedarfsfall auch zu Papier gebracht werden können. Allerdings ist die Drucken-Funktion der Mail-App nicht auf den ersten Blick sichtbar.

Schritt 1

Markieren Sie die E-Mail, die Sie ausdrucken möchten, in der mittleren Spalte des Posteingangs. Hier haben wir uns für eine E-Mail des Microsoft-Teams entschieden.

Schritt 2

Jetzt klicken Sie auf **Aktionen** (die drei Punkte) in der oberen rechten Ecke.

Schritt 3

Der nächste Klick gehört dem Schalter **Drucken**. Dadurch wird der Zugang zum Druck-Dialog eröffnet, den Sie ja auf Seite 116 bereits kennengelernt haben.

Tastaturkürzel benutzen

Wer gerne mit Tastaturkürzeln arbeitet, ist hier klar im Vorteil. Sie können sich die Schritte 2 und 3 nämlich sparen, wenn Sie stattdessen Strg + P drücken.

Schritt 4

In der oberen linken Ecke der Anwendung taucht nun eine Auswahl der potenziellen Drucker auf. Wenn dort **Microsoft Print to PDF** steht, klicken Sie darauf.

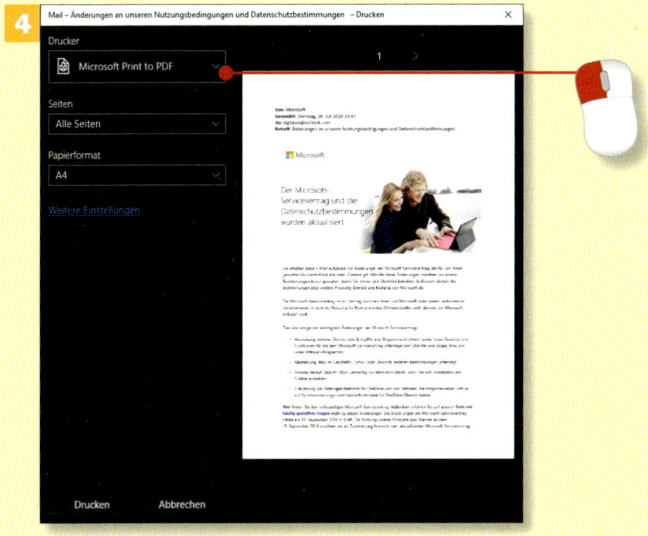

Schritt 5

Suchen Sie hier nach dem gewünschten Drucker, und selektieren Sie ihn per Mausklick (hier: **Brother DCP-6690CW Printer**).

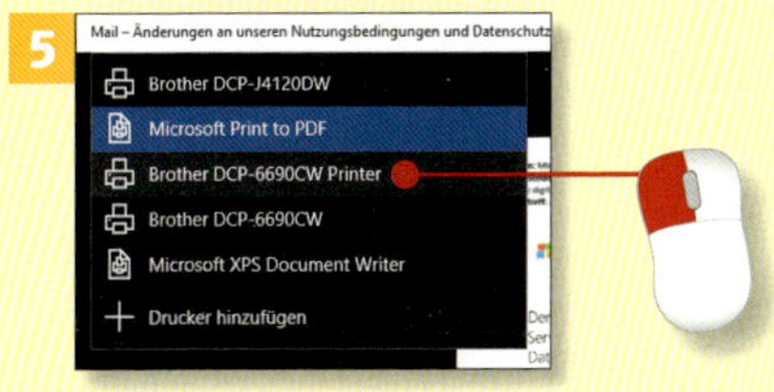

Schritt 6

Wollen Sie noch Einstellungen zu Papier und Druckqualität vornehmen? Dann sollten Sie auf **Weitere Einstellungen** ❶ klicken. Leiten Sie den Druck mit einem Klick auf **Drucken** ein.

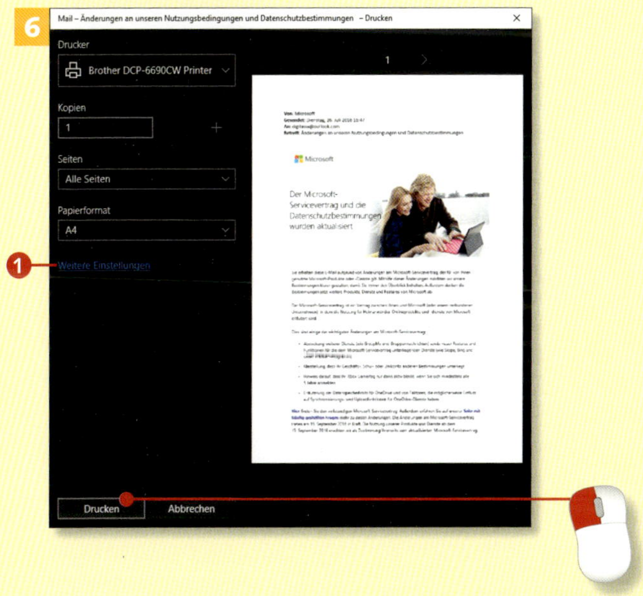

Papiereinstellungen

Die Papiereinstellungen (**Typ**) sind sehr wichtig. Wenn Sie Text-E-Mails zu Papier bringen, werden Sie in der Regel **Normalpapier** verwenden. Höherwertige Ausdrucke, die möglicherweise Grafiken oder Bilder enthalten, erhalten Sie hingegen mit Inkjet- oder gar Fotopapier.

E-Mails kennzeichnen

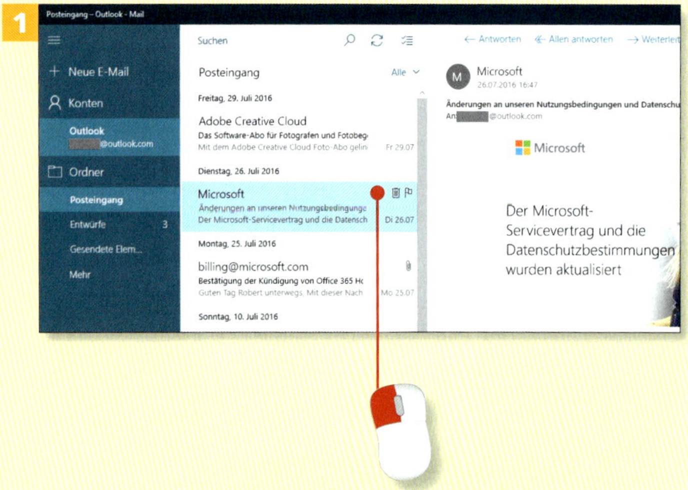

Es gibt sicherlich auch unter Ihren E-Mails wichtige und weniger wichtige. Da der Posteingang häufig schnell voller Nachrichten ist, hilft es, die Nachrichten entsprechend zu kennzeichnen. So finden Sie dann wichtige E-Mails schneller wieder.

Schritt 1

Falls Ihnen eine E-Mail sehr wichtig ist, zeigen Sie in der mittleren Spalte des Posteingangs auf diese E-Mail.

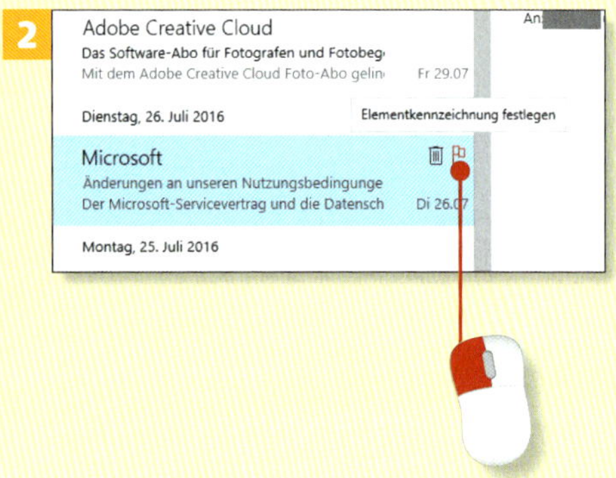

Schritt 2

Fahren Sie in der E-Mail-Zeile nach rechts, und klicken Sie das kleine Fähnchen an. (Wenn Sie die Maus darauf parken, erscheint die Quick-Info **Elementkennzeichnung festlegen**.) Die Fahne bleibt fortan ständig sichtbar.

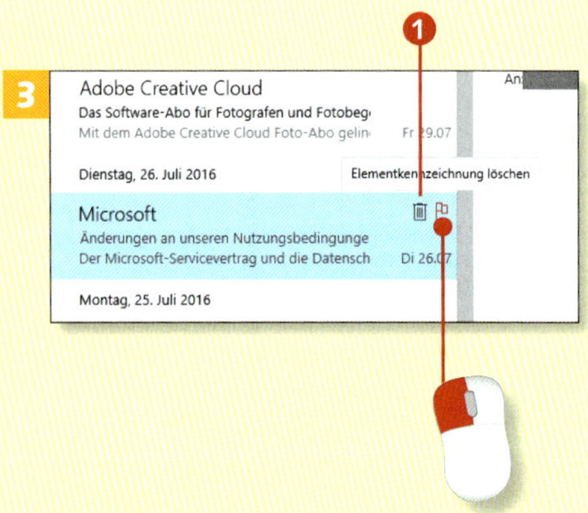

Schritt 3

Wenn Sie sich irgendwann dazu durchringen, die Markierung wieder aufzuheben, klicken Sie einfach erneut auf die Fahne. (Jetzt erscheint **Elementkennzeichnung löschen**.)

Alternativ kennzeichnen
Alternativ zu Schritt 2 können Sie auch einen Rechtsklick auf den Mail-Eintrag setzen und **Kennzeichnung festlegen** antippen.

Nichts ist schlimmer als ein überfülltes Postfach. Unwichtige E-Mails sollten Sie gleich löschen. Doch mit dem bloßen Löschen ist die E-Mail noch nicht wirklich entfernt.

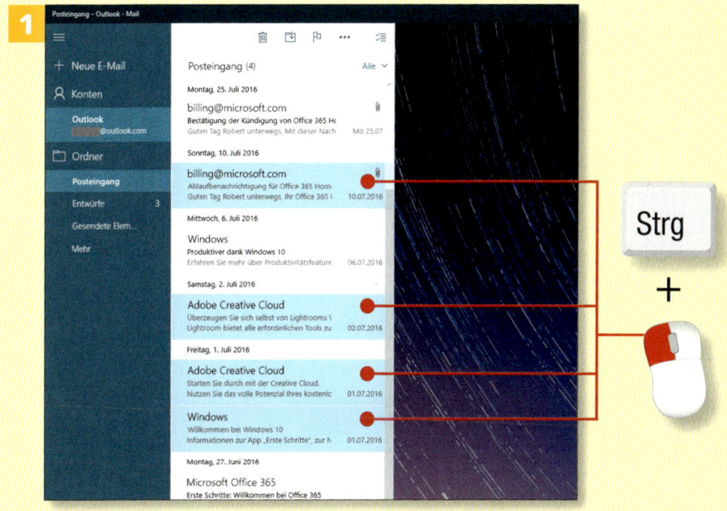

Schritt 1

Zeigen Sie in der mittleren Spalte des Posteingangs auf die E-Mail, die Sie löschen wollen. Mehrere E-Mails selektieren Sie, indem Sie diese anklicken, während Sie Strg gedrückt halten.

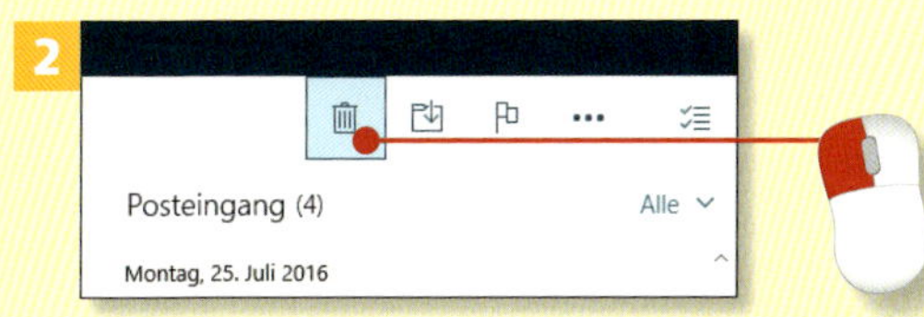

Schritt 2

Setzen Sie nun einen Klick auf den Papierkorb, der sich in der mittleren Spalte ganz oben befindet.

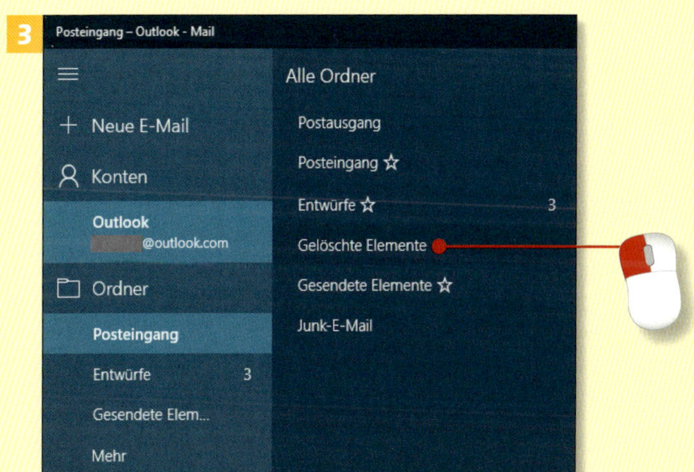

Schritt 3

Erst wenn Sie auf **Mehr**, gefolgt von **Gelöschte Elemente**, gehen und die Mail dort noch einmal löschen, ist sie endgültig weg.

Einzelne Nachricht löschen

Eine einzelne Nachricht wird gelöscht, indem Sie einen Mausklick auf das Papierkorb-Symbol der E-Mail setzen ❶.

Eine E-Mail-Signatur anlegen

Ist Ihnen bereits aufgefallen, dass unter jeder E-Mail »Gesendet von Mail für Windows 10« steht? Das ist eine sogenannte Signatur. Hier sollte allerdings besser Ihre eigene, persönliche Signatur stehen – und zwar automatisch – ohne dass Sie diese immer wieder aufs Neue eingeben müssen.

Schritt 1

Öffnen Sie die Mail-Einstellungen – Sie wissen ja: das kleine Zahnrad-Symbol unten links.

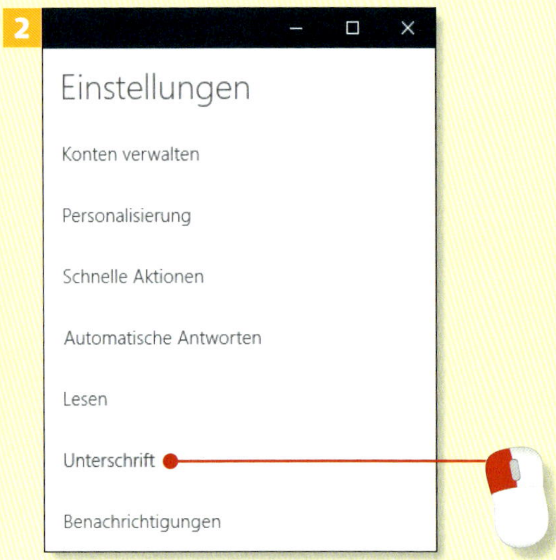

Schritt 2

Als Nächstes muss oben rechts in den **Einstellungen** ein Klick auf **Unterschrift** erfolgen.

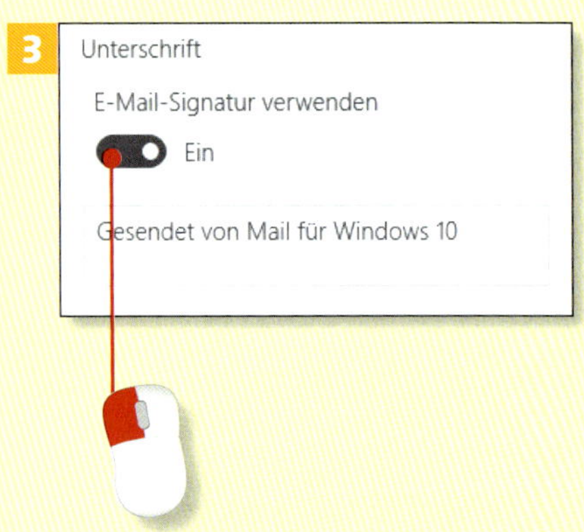

Schritt 3

Wenn Sie die Windows-10-Info lediglich deaktivieren wollen, klicken Sie jetzt einfach den Schalter **Ein** gleich unter **E-Mail-Signatur verwenden** an.

Vorhandenen Text einfügen

Signaturen dürfen auch via Zwischenablage eingefügt werden. Markieren Sie den Text z. B. in WordPad und drücken Strg + C. In Schritt 5 betätigen Sie Strg + V.

Schritt 4

Führen Sie Schritt 3 nicht aus, bzw. machen Sie ihn rückgängig, wenn Sie eine eigene Signatur eingeben wollen. Klicken Sie anschließend in das Eingabefeld, das unmittelbar darunter angeordnet ist. Der vorhandene Text wird daraufhin markiert.

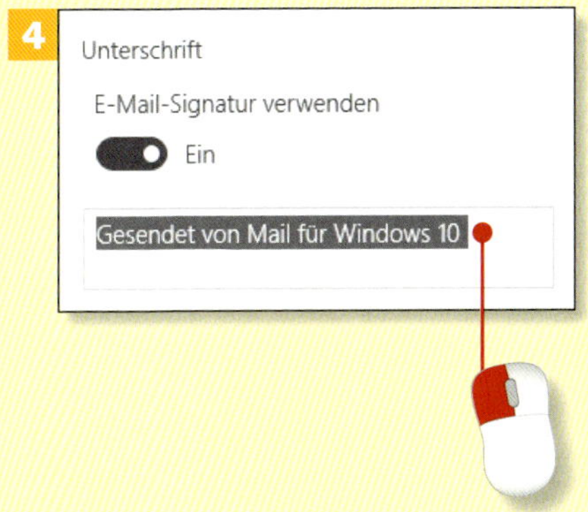

Schritt 5

Jetzt können Sie gleich losschreiben und einen aufschlussreicheren Text verfassen. Stören Sie sich nicht daran, dass die Anwendung Begriffe, die ihr nicht bekannt sind, rot unterstreicht. Diese Linien erscheinen später nicht in der Signatur.

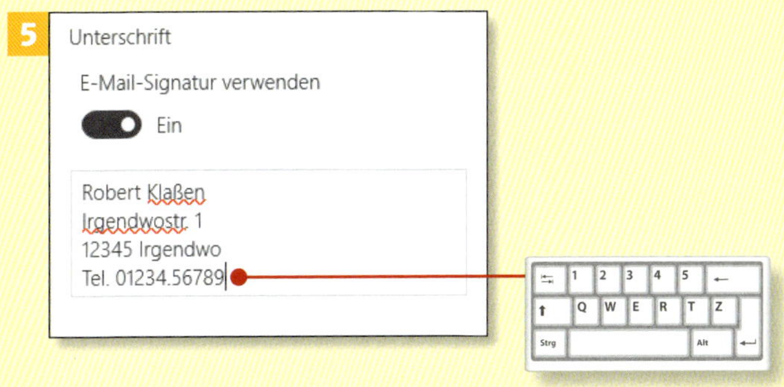

Schritt 6

Erzeugen Sie probehalber eine neue E-Mail. Sie werden feststellen, dass diese gleich mit Ihrer neuen Signatur aufwartet. Ist das nicht praktisch?

Text immer präsent

Denken Sie daran, dass der Text automatisch in jeder Mail verwendet wird. Wenn Sie das bei einzelnen E-Mails nicht wollen, müssen Sie diesen Text markieren, indem Sie den Cursor mit gedrückter linker Maustaste darüberziehen und dann die Entf-Taste drücken, bevor Sie die Nachricht abschicken.

Kontakte anlegen und verwalten

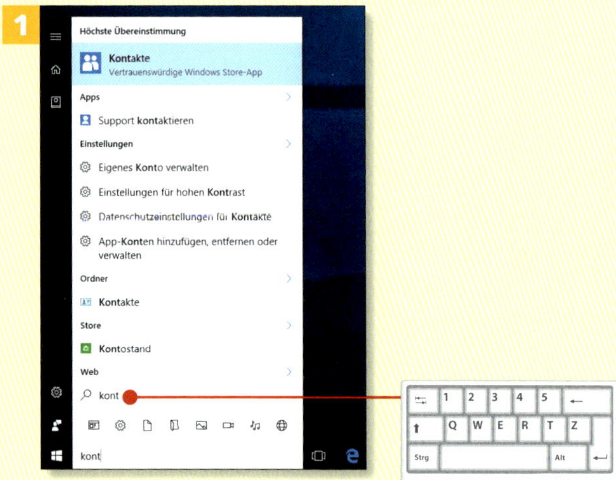

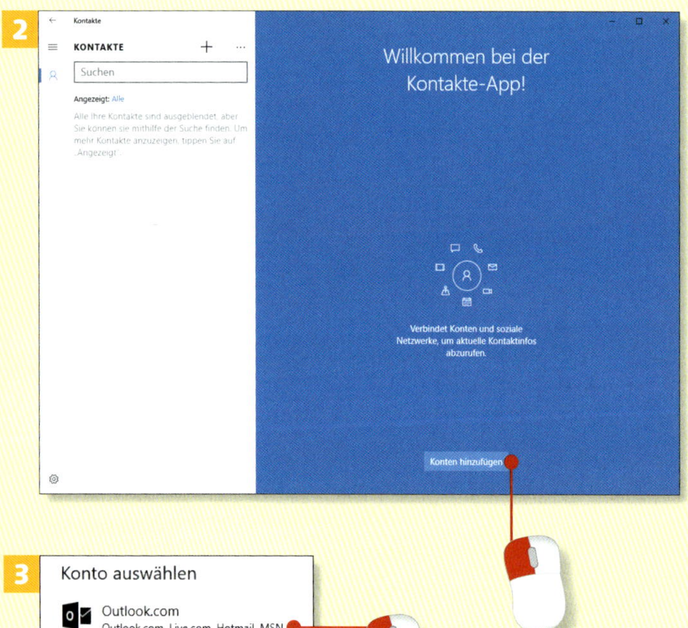

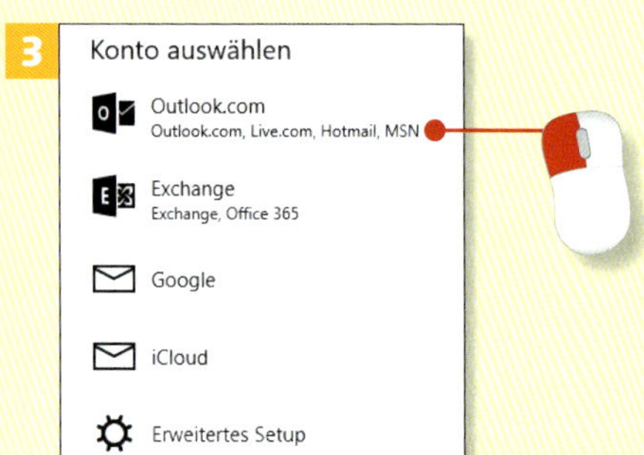

Bestimmt wollen Sie die E-Mail-Adressen, die Sie häufig nutzen, nicht immer wieder neu eingeben. Hier hilft die Kontakte-App, Ihr digitales Adressbuch. Schauen wir uns das Zusammenspiel zwischen den Apps Mail und Kontakte an.

Schritt 1

Um die Kontakte-App von Windows 10 zu öffnen, klicken Sie im Startmenü auf **Kontakte**. Sollte dort kein Eintrag vorhanden sein, geben Sie das Stichwort »Kontakte« ins Taskleisten-Suchfeld ein. Bestätigen Sie mit [↵].

Schritt 2

Bei der ersten Verwendung der App sollten Sie auf **Konten hinzufügen** klicken. Anderenfalls fahren Sie mit Schritt 4 fort.

Schritt 3

Wählen Sie das Konto an, das Sie hinzufügen möchten, und folgen Sie den weiteren Anweisungen (siehe **Ein E-Mail-Konto einrichten** auf Seite 122 ab Schritt 4).

Facebook

Wenn Sie Facebook nutzen wollen, laden Sie die App aus dem Store.

Schritt 4

Legen Sie einen neuen Kontakt an, indem Sie oben links auf das kleine Plus-Symbol klicken.

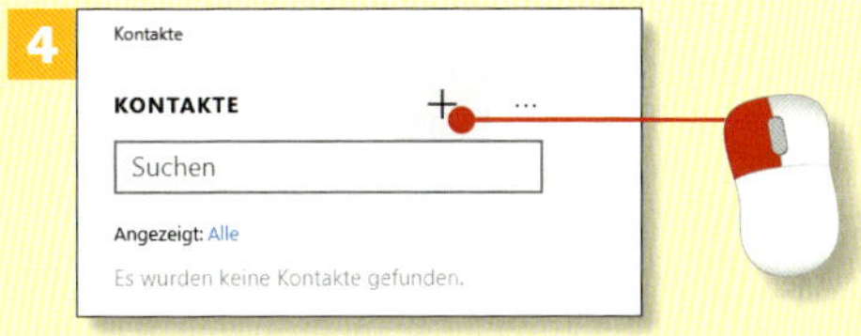

Schritt 5

Tippen Sie den Namen des Kontakts ein, oder klicken Sie auf den Bleistift. Dann nämlich erhalten Sie eine separate Eingabemaske.

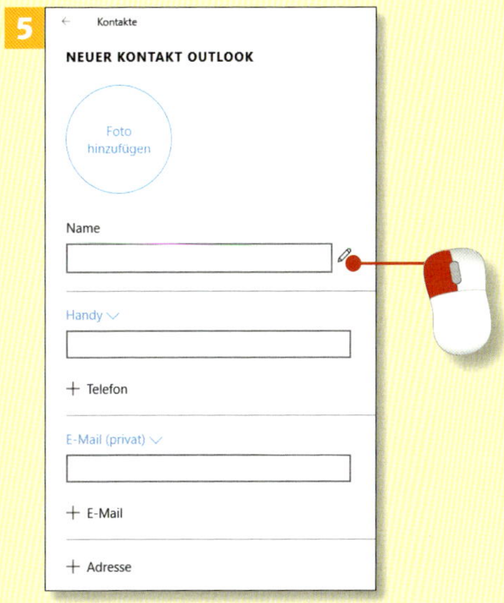

Schritt 6

Tippen Sie ein, was Sie für wichtig halten, und bestätigen Sie Ihre Eingaben mit einem Klick auf **Fertig**. Sie müssen nicht alle Felder füllen, sondern können völlig frei wählen, welche Daten Sie eintragen möchten.

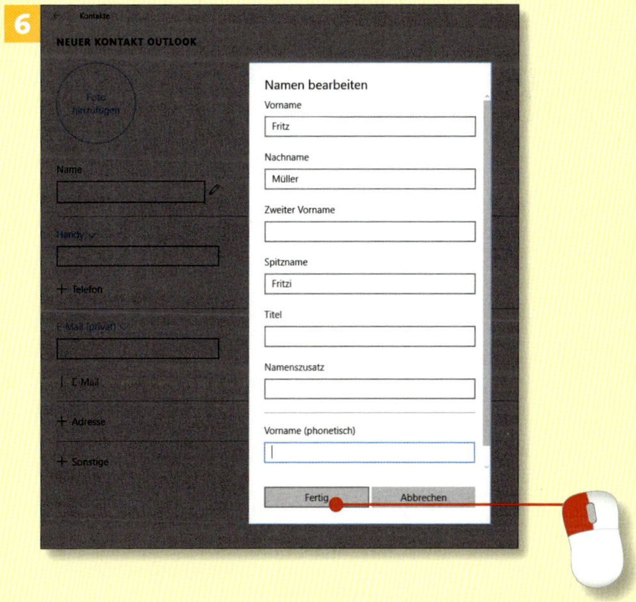

Eingabeerleichterung

Springen Sie während der Eingabe bequem von Feld zu Feld, indem Sie auf [Tab] drücken. Das erspart Ihnen den immer wiederkehrenden Mausklick in das jeweils nächste Feld.

Kontakte anlegen und verwalten (Forts.)

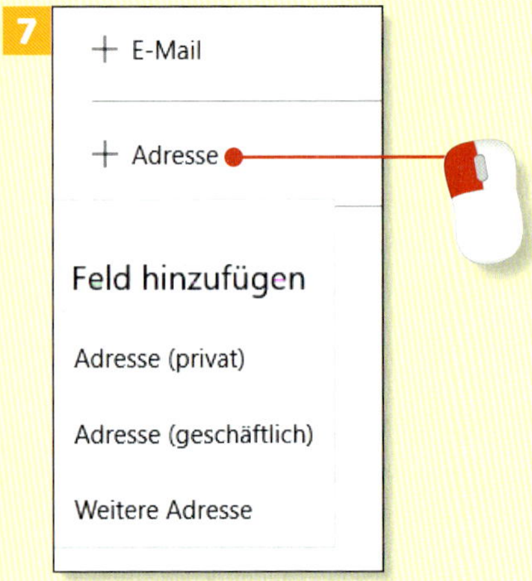

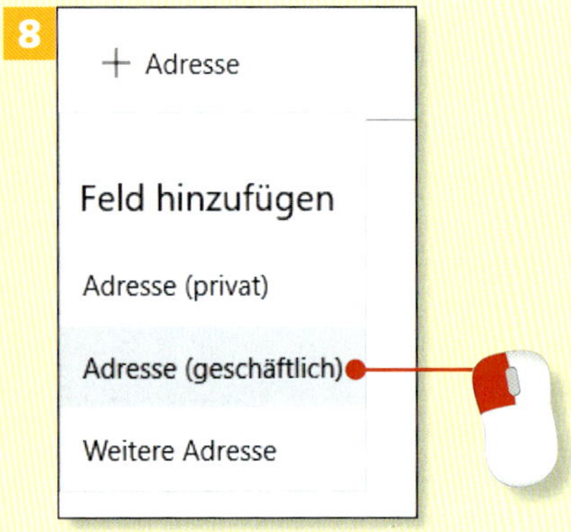

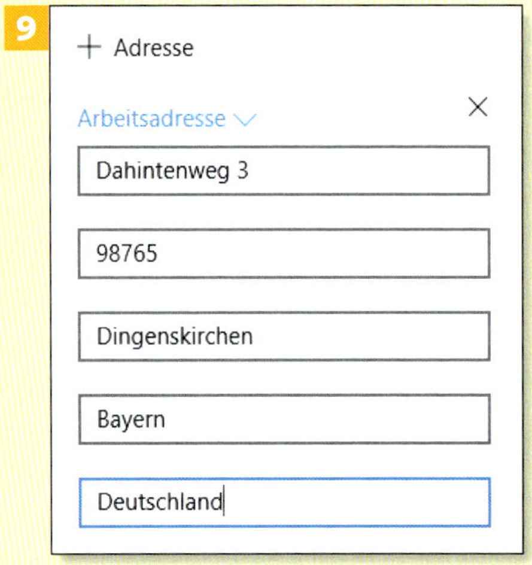

Schritt 7

Wollen Sie Infos hinzufügen, zu denen noch kein Eingabefeld existiert (z. B. die Adresse), müssen Sie diese Zeile zunächst anklicken.

Schritt 8

Legen Sie fest, ob es sich z. B. um eine private oder geschäftliche Adresse handelt, indem Sie den gewünschten Eintrag auswählen. Selbstverständlich können Sie mehrere Adressen eingeben, so wie Sie auch mehrere Telefonnummern oder E-Mail-Adressen eintragen können.

Schritt 9

Bitte klicken Sie nach der Eingabe nicht auf das Schließkreuz (es würde alle Eingaben löschen), sondern auf eine freie Stelle der Mail-App.

Bild hinzufügen
Existiert ein Foto zu dem Kontakt? Dann nehmen Sie es mit auf, indem Sie ganz oben in den Kreis **Foto hinzufügen** klicken.

Schritt 10

Ist alles erledigt? Prima. Dann dürfen Sie das kleine Disketten-Symbol oben rechts anklicken. So speichern Sie die Kontaktdaten.

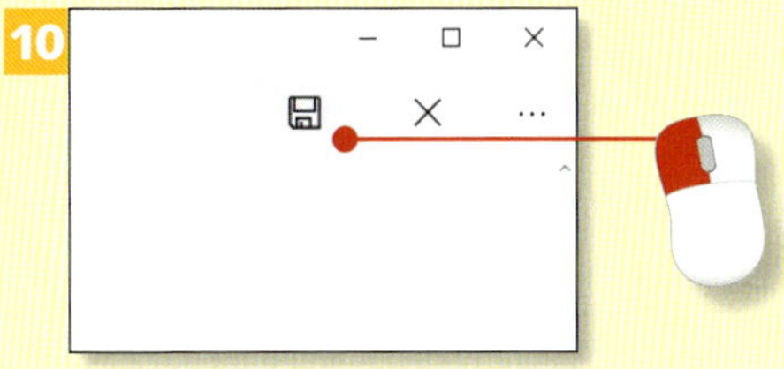

Schritt 11

Nun befinden Sie sich wieder in der Standardansicht. Für den Fall, dass sich Kontaktdaten ändern (z. B. eine neue Telefonnummer), markieren Sie den Kontakt auf der linken Seite und klicken auf das Bleistift-Symbol.

Schritt 12

Fügen Sie nun weitere Kontakte hinzu, indem Sie diese Anleitung ab Schritt 4 wiederholen. So füllen Sie allmählich Ihre Kontaktliste. Wollen Sie die Daten anzeigen lassen, muss der Kontakt zuvor links ausgewählt werden.

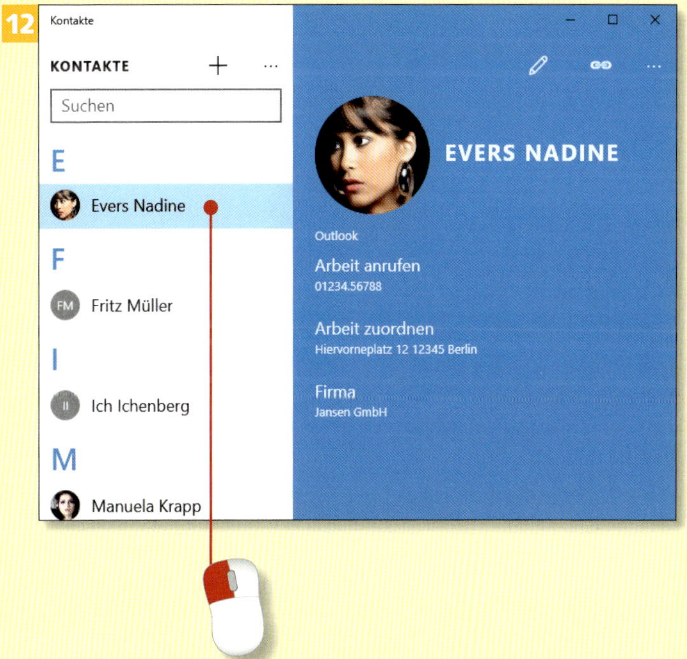

Kontakt löschen

Zum Entfernen eines Kontakts klicken Sie die drei Punkte oben rechts an und entscheiden sich anschließend für **Löschen**.

E-Mail an einen Kontakt schicken

1
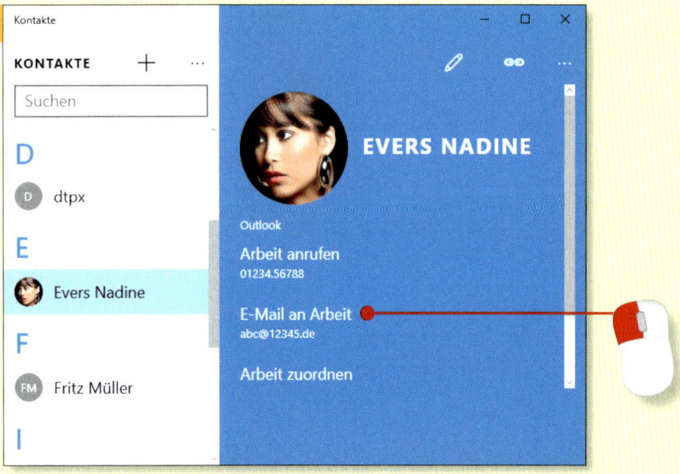

2
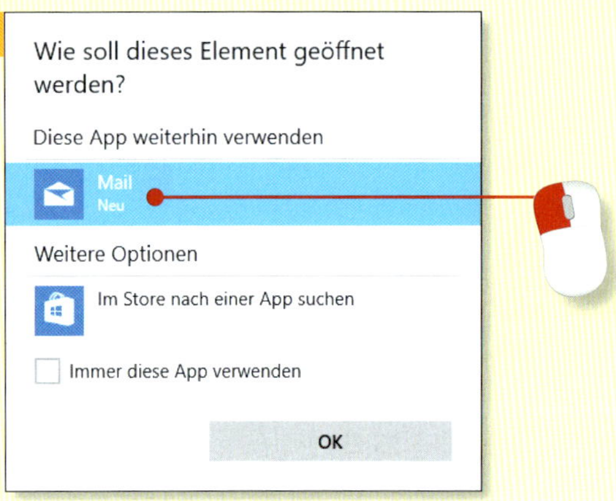

3
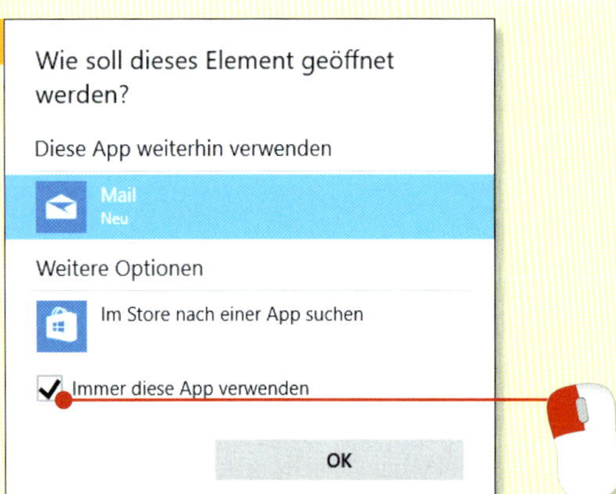

Natürlich wollen Sie eine Kontaktliste nicht nur besitzen, sondern auch nutzen. Schaffen Sie eine direkte Verbindung zwischen der Kontakte- und Mail-App.

Schritt 1

Nachdem der Kontakt in der linken Spalte markiert worden ist, klicken Sie die E-Mail-Adresse an (hier: **E-Mail an Arbeit**).

Schritt 2

Sie werden nun gefragt, welche App geöffnet werden soll, wenn Sie einen derartigen Vorgang ausführen. Wählen Sie oben **Mail** aus.

Schritt 3

Damit diese Einstellung nicht jedes Mal erneut abgefragt wird, aktivieren Sie das Häkchen **Immer diese App verwenden**, bevor Sie auf **OK** klicken.

Direkt schreiben

Jetzt öffnet sich Mail, erstellt automatisch eine neue E-Mail und trägt sogar die Mail-Adresse schon ein. Sie geben nur noch einen **Betreff** an und tippen den gewünschten Text ein.

Kontakte sortieren

Wenn sich die Kontakte-Liste mehr und mehr füllt, wird es unübersichtlich. Erschwerend kommt hinzu, dass die App Kontakte grundsätzlich nach Vornamen sortiert. Das ist bei geschäftlichen Kontakten unüblich. Stellen Sie die Suche auf Nachnamen um.

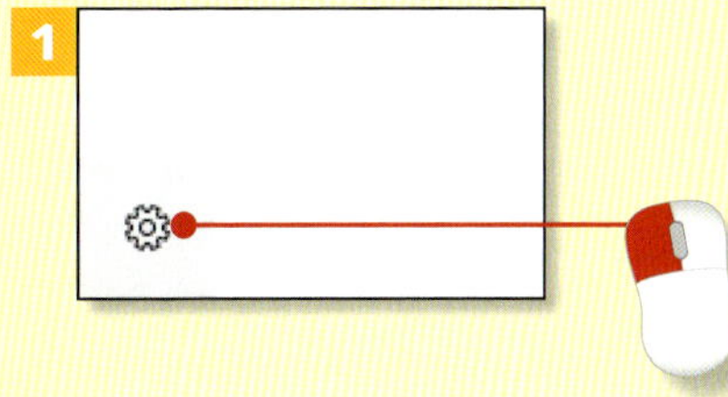

Schritt 1

Zunächst klicken Sie ganz unten links innerhalb der Kalender-App auf das kleine Zahnrad-Symbol.

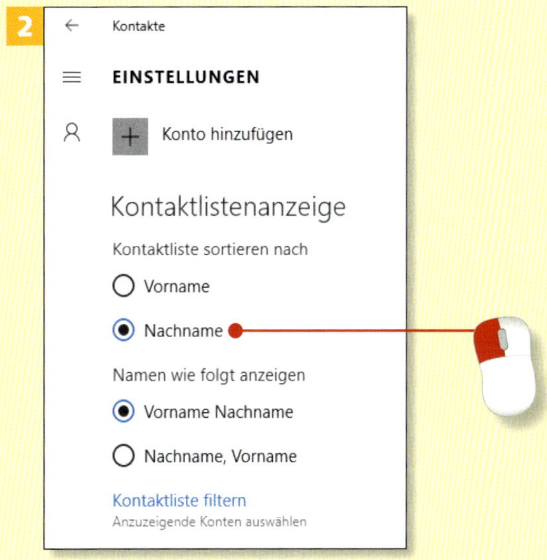

Schritt 2

Prüfen Sie, welche Option im Bereich **Kontaktliste sortieren nach** eingestellt ist. Sollte der schwarze Punkt bei **Vorname** aktiv sein, ändern Sie das, indem Sie auf **Nachname** klicken.

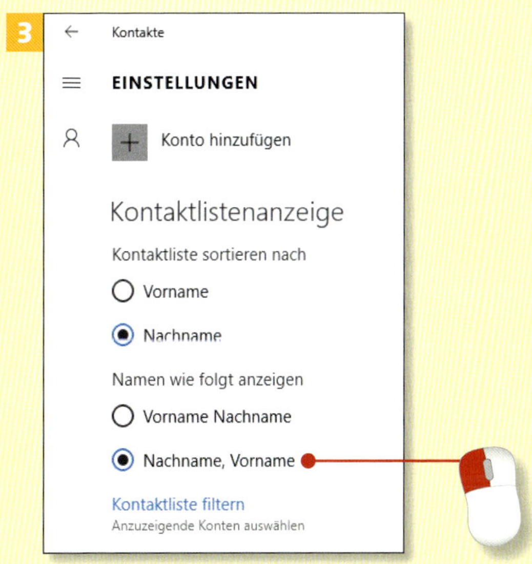

Schritt 3

Unter **Namen wie folgt anzeigen** empfiehlt sich ebenfalls eine Umstellung auf **Nachname, Vorname**, damit der Familienname in der Liste zuerst angezeigt wird.

Zur Kontakte-Ansicht zurückkehren

Zuletzt klicken Sie auf den ganz oben links befindlichen Pfeil. Dieser bringt Sie wieder zurück in die Standardansicht der Kontakte-App.

Kapitel 6
Fotos sortieren und bearbeiten

Falls Sie digital fotografieren, möchten Sie Ihre Bilder natürlich auch auf den eigenen PC übertragen, um sie zu archivieren oder nachzubearbeiten. Windows 10 vereinfacht diese Arbeit enorm, indem es die wichtigsten Werkzeuge bereits mitbringt.

Fotos auf den Rechner übertragen

Zunächst müssen die Bilder von der Kamera auf den Rechner gelangen ❶. So können Sie sie archivieren und später auch leicht bearbeiten, wenn Sie möchten.

Fotos ansehen

Windows bringt eine Fotos-App ❷ mit, die interessante Darstellungsmöglichkeiten für Sie bereithält. Jetzt ist es z. B. einfacher als je zuvor, Fotos zu integrieren und bildschirmfüllend zu betrachten.

Fotos verbessern

Bildverbesserungen und -veränderungen ❸ sind mit den Optionen der Fotos-App leicht möglich. In diesem Kapitel erfahren Sie, wie das geht.

❶ Zuerst einmal müssen Sie Ihre Fotos auf den Rechner übertragen.

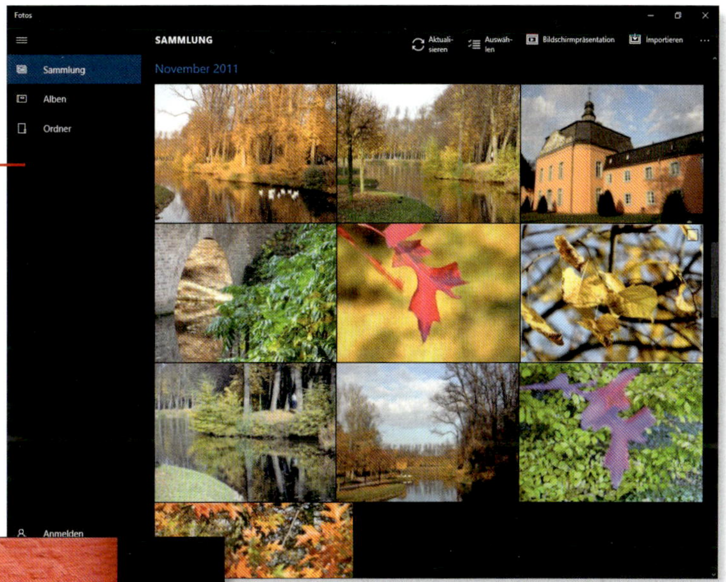

❷ Mit der Fotos-App können Sie sich Ihre Bilder anschauen und darin Ordnung halten.

❸ Mit der Fotos-App können Sie Ihre Bilder ganz einfach verbessern.

Fotos auf den Computer übertragen

Ihr PC versteht sich ausgezeichnet mit Kameras, Kartenlesegeräten, Festplatten, USB-Sticks, CDs und anderen Medien, auf denen Fotos gespeichert sind. Ich zeige Ihnen, wie Sie die Fotos auf Ihren Computer übertragen.

1

Schritt 1

Verbinden Sie Ihre Kamera per USB-Kabel mit dem PC, und schalten Sie sie an, oder stecken Sie die SD-Karte in den SD-Slot Ihres PCs. Wenig später erscheint in der unteren rechten Ecke ein Hinweis. Klicken Sie darauf.

2
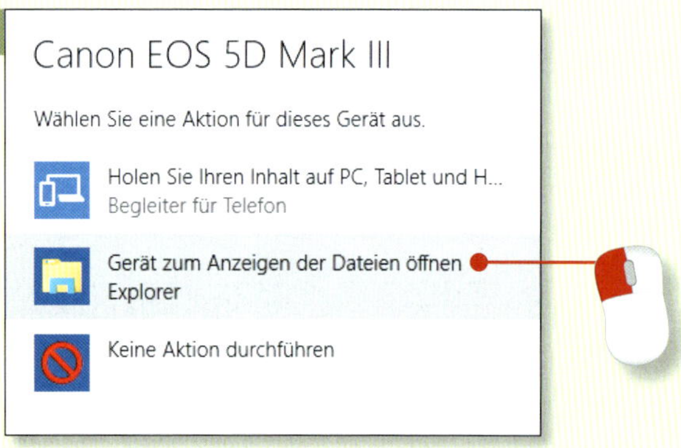

Schritt 2

Entscheiden Sie sich in der erscheinenden Tafel für **Holen Sie Ihren Inhalt auf PC, Tablet ...**, wenn Sie eine App zur Übertragung verwenden wollen. Wenn Sie die Fotos lieber manuell kopieren, wählen Sie **Gerät zum Anzeigen ...** und lesen ab Schritt 7 weiter.

3
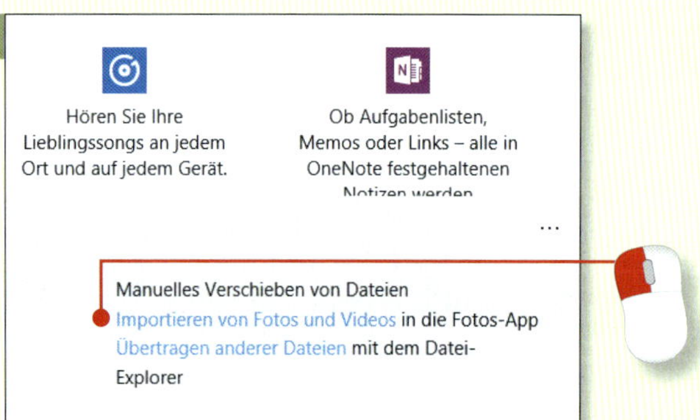

Schritt 3

Klicken Sie unten rechts auf **Importieren von Fotos und Videos**.

Inhalte auf Mobilgeräten teilen

Klicken Sie auf **Ausblenden**, um sich darüber zu informieren, wie PC-Inhalte auf Mobilgeräte übertragen werden können.

Schritt 4

Die Fotos-App durchsucht nun Ihre Kamera nach Fotos. Ein entsprechender Hinweis wird eingeblendet. Das Durchsuchen kann je nach Anzahl der Bilder einige Minuten dauern.

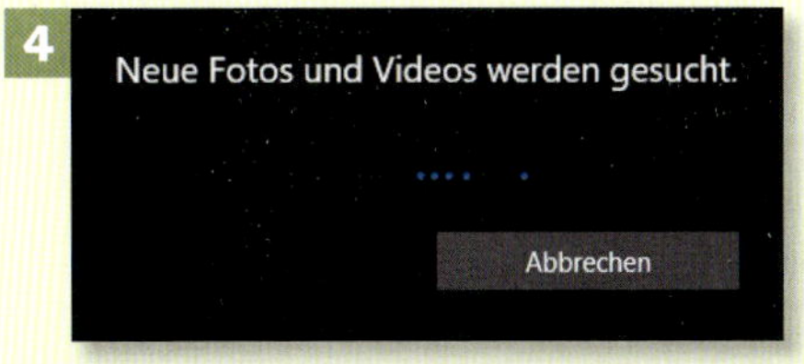

Schritt 5

Auf dem nächsten Hinweisfenster sehen Sie, wie viele Bilder gefunden wurden. Die Fotos-App bietet Ihnen nun an, diese in den Ordner *Bilder* zu importieren. Ein anderer Speicherort ist leider nicht wählbar. Klicken Sie auf **Importieren**.

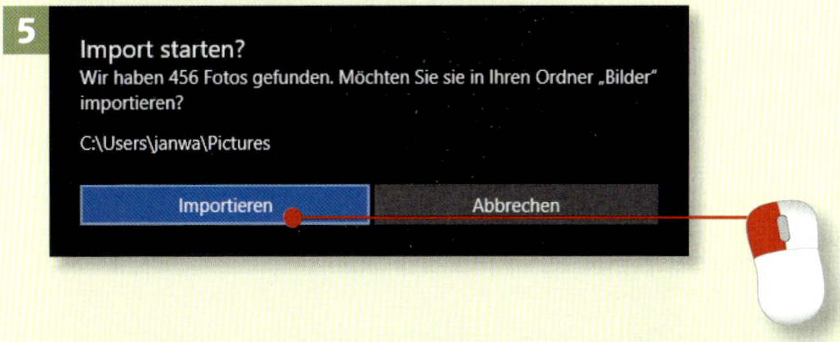

Schritt 6

Auch jetzt kann es wieder einige Zeit dauern, wenn Sie viele Bilder importieren. Sie sehen oben in der Fotos-App den Fortschritt des Vorgangs. Nach Abschluss des Vorgangs finden Sie die neuen Fotos unter Ihren Alben, sortiert nach Datum und mit dem Vermerk **Neu** ❶.

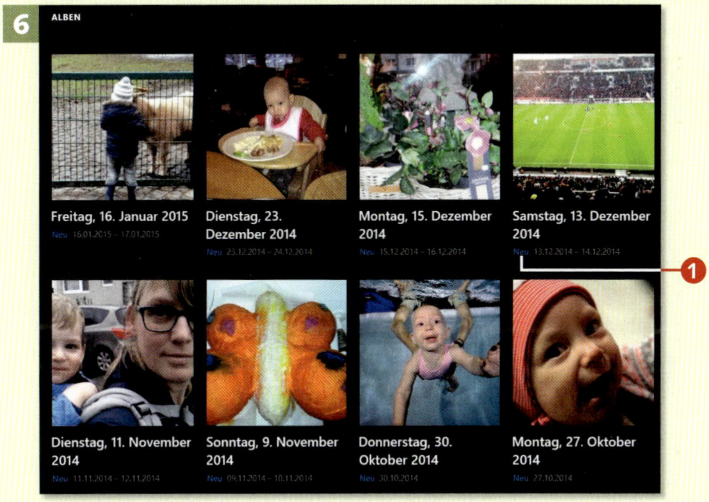

Kamerasoftware installieren

Digitalkameras liegt meist umfangreiche Software bei. In den meisten Fällen sind auch Apps dabei, mit denen sich Fotos herunterladen lassen. Wenn Sie lieber mit dieser Herstellersoftware arbeiten, die auf das jeweilige Gerät zugeschnitten ist, müssen Sie diese zuvor unter Windows 10 installieren.

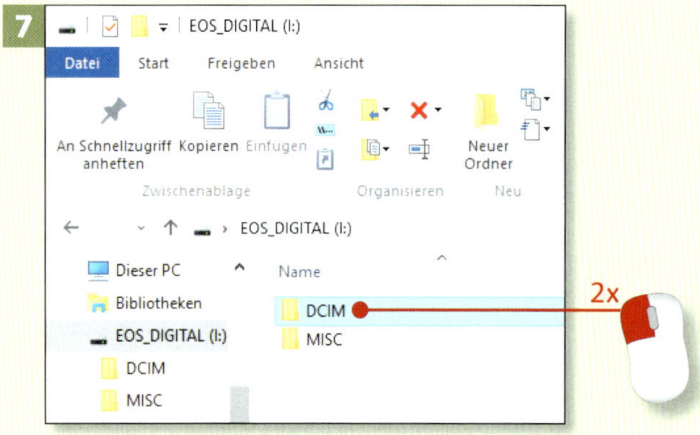

Schritt 7

Auch der direkte Import ohne zusätzliche Apps ist möglich. Dazu sollten Sie zunächst in Schritt 2 **Gerät zum Anzeigen der Dateien öffnen** wählen. Dies bewirkt, dass der Datenträger als Ordner bereitgestellt wird. Doppelklicken Sie auf das Verzeichnis **DCIM**.

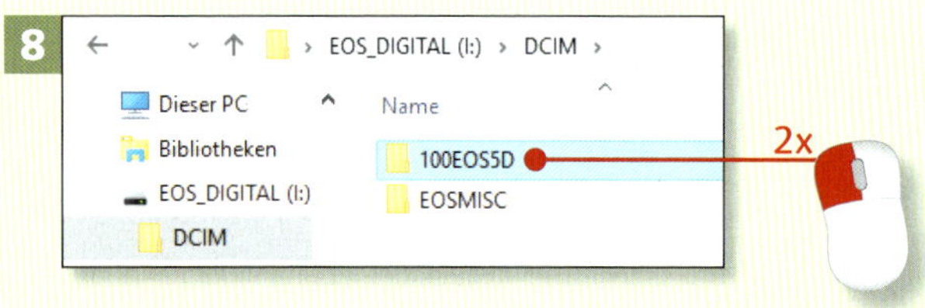

Schritt 8

Halten Sie jetzt nach einem Ordner Ausschau, der Ihre Kamera repräsentiert (hier: **100EOS5D**). Auch auf diesen müssen Sie nun doppelklicken. Ordner mit der Bezeichnung **EOSMISC** o.Ä. lassen Sie außen vor.

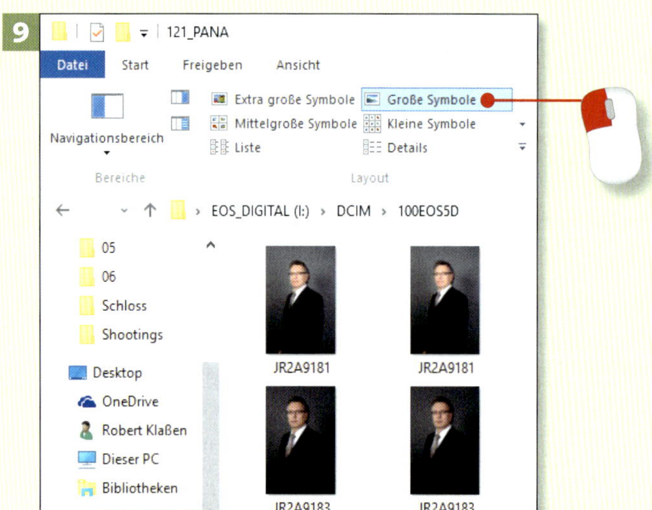

Schritt 9

Nun ist es sinnvoll, im Register **Ansicht** auf **Große Symbole** umzuschalten. Dadurch werden weiter unten Vorschauminiaturen sichtbar, die die Auswahl der gewünschten Fotos erleichtern.

Miniaturen

Die Miniatur eines Fotos wird nur angezeigt, wenn sich auch zumindest ein Foto in diesem Ordner befindet. So können Sie schnell herausfinden, ob Sie sich auch wirklich im richtigen Ordner befinden.

Schritt 10

Stellen Sie nun mithilfe des Explorers den Ordner **Bilder** (**Dieser PC**) neben den Foto-Ordner. Erzeugen Sie bei Bedarf einen neuen Ordner in **Bilder**. Wie das funktioniert, können Sie ab Seite 64 nachlesen.

10

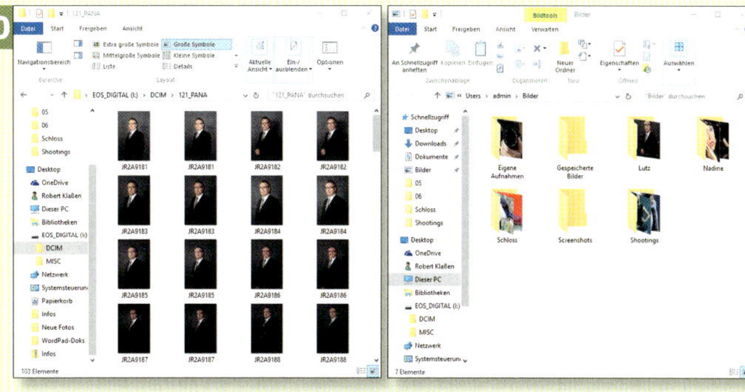

Schritt 11

Jetzt ziehen Sie alle gewünschten Dateien des Quellordners (Kamera oder Cardreader) herüber in den Ordner, den Sie in **Bilder** neu integriert haben. Lassen Sie die Maustaste auf dem Ordner los.

11

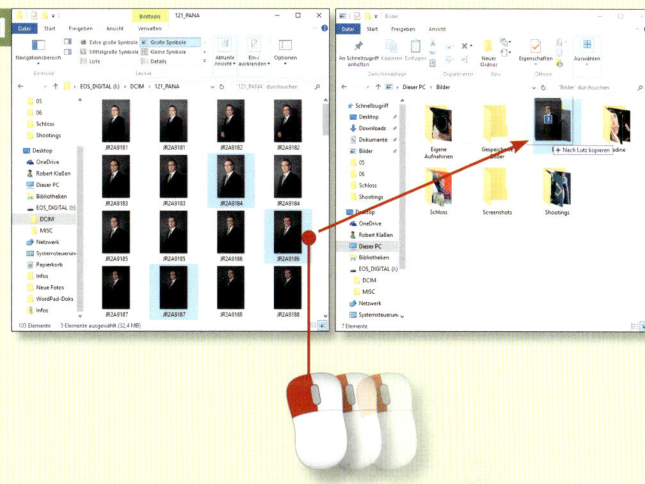

Schritt 12

Schließen Sie die Ordner, und öffnen Sie die Fotos-App (siehe auch Abschnitt »Fotos ansehen mit der Fotos-App« ab Seite 156). Die soeben kopierten Bilder werden nun dort ebenfalls angezeigt.

12

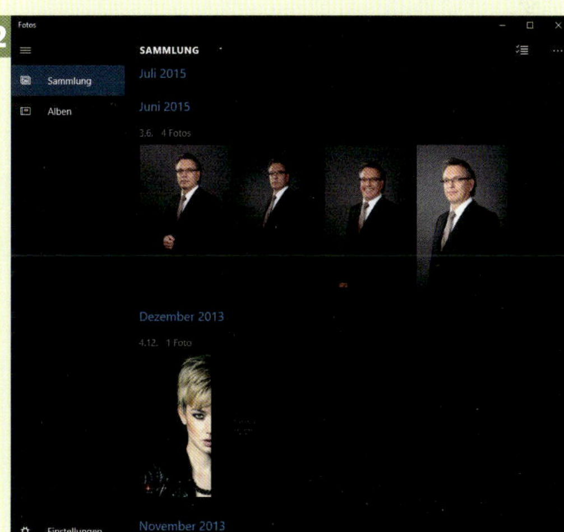

Ordner finden

Alle im Ordner *Dieser PC\Bilder* integrierten Fotos werden automatisch in die Fotos-App aufgenommen. So bleibt die App immer auf dem neuesten Stand – egal, auf welche Art und Weise der Import erfolgt.

Fotos aus dem Internet laden

Vielleicht soll es ja mal ein Foto aus dem World Wide Web sein, das Sie auf Ihre Festplatte bringen wollen? Prüfen Sie unbedingt vorher, ob Sie das auch dürfen!

1

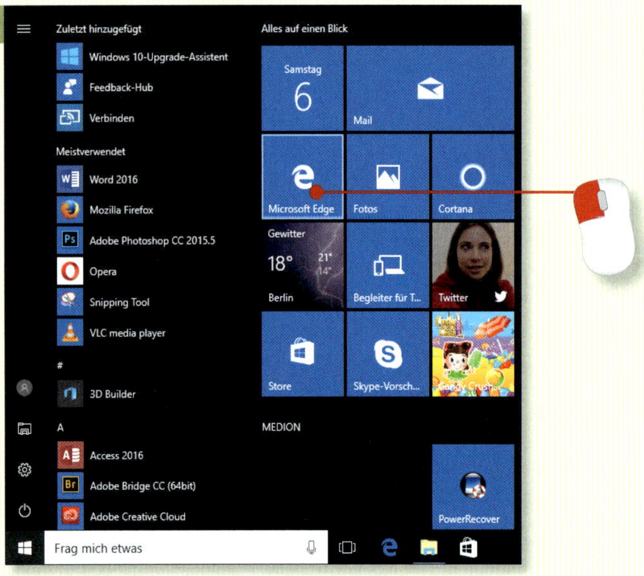

Schritt 1

Starten Sie den Browser Edge, indem Sie das entsprechende Symbol im Startmenü oder in der Taskleiste anklicken.

2

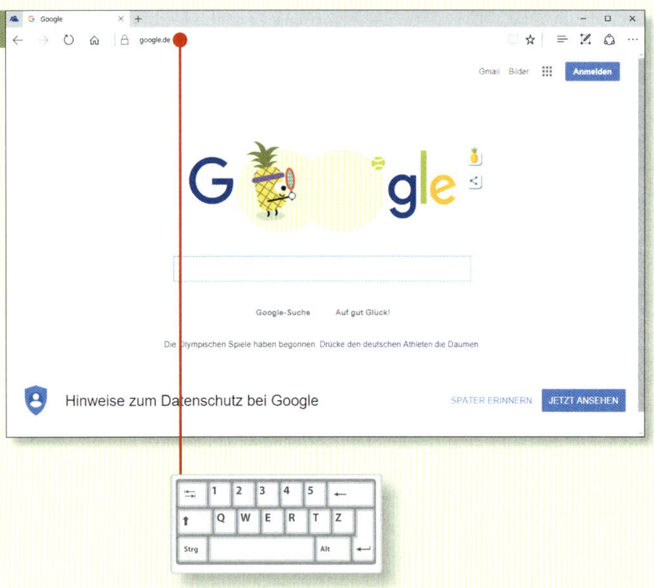

Schritt 2

Geben Sie im oberen Eingabefeld z. B. »google.de« ein oder eine Seite Ihrer Wahl, von der Sie ein Foto herunterladen wollen. Schließen Sie die Eingabe mit [↵] ab.

3

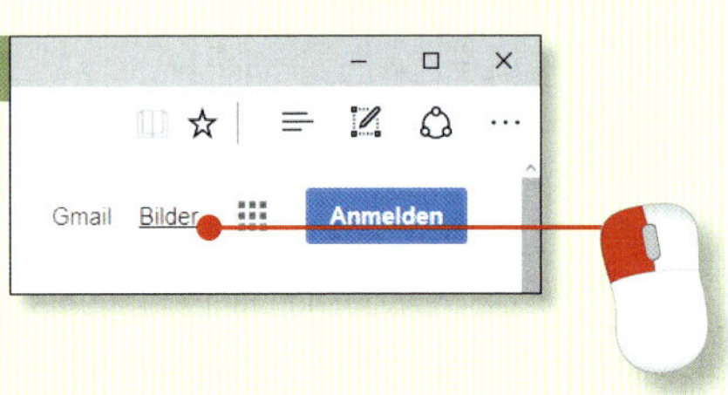

Schritt 3

Falls Sie wie in diesem Beispiel die Google-Seite aufgerufen haben, klicken Sie jetzt oben rechts auf die Rubrik **Bilder**.

!

Urheber- und Verwertungsrechte

Beachten Sie geltende Urheber- und Verwertungsrechte! Es kann immense Abmahnkosten und weitere empfindliche Strafen bis hin zur Strafverfolgung nach sich ziehen, wenn Sie Bildmaterial verwenden, für das Sie nicht die erforderlichen Lizenzen haben!

Schritt 4

Geben Sie einen Suchbegriff in das Suchfeld ein, z. B. »Hochhaus« (Die Großschreibung können Sie ignorieren.). Schließen Sie die Eingabe auch hier mit ↵ ab.

Schritt 5

Nachdem Sie eine der Miniaturen per Mausklick ausgewählt haben, finden Sie in der rechten Spalte des Browsers die Zeile **Originalgröße**. Setzen Sie einen Mausklick darauf.

Schritt 6

Klicken Sie das Foto jetzt mit der rechten Maustaste an, und entscheiden Sie sich für **Bild speichern unter**. Beachten Sie auch den Hinweis im Kasten.

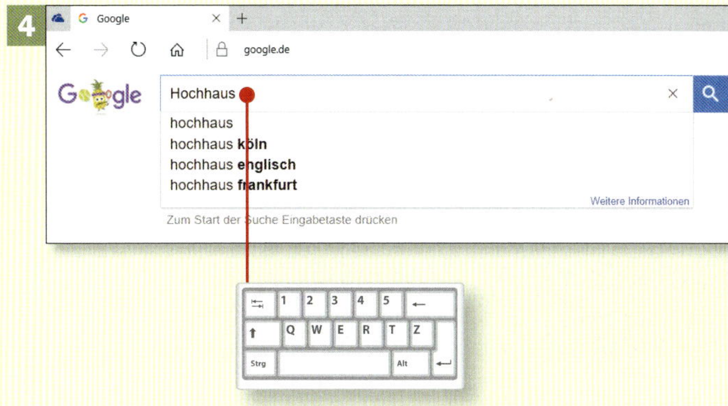

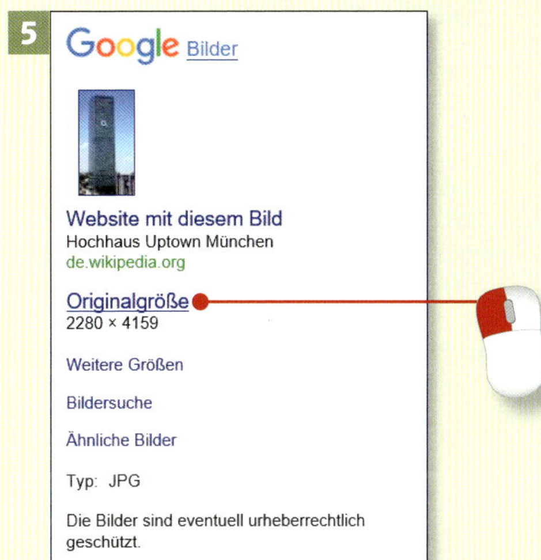

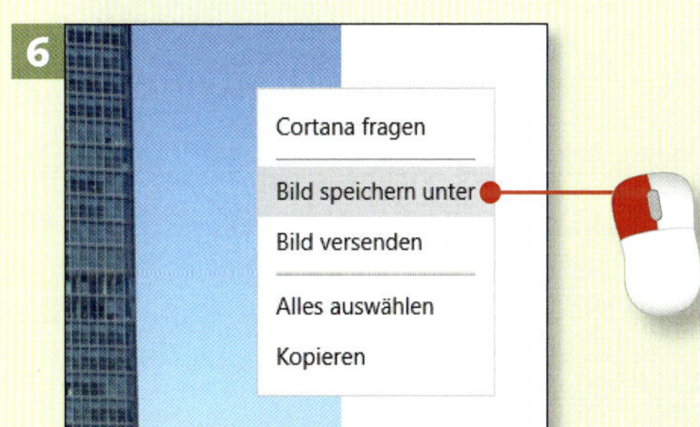

Speicherort wählen

Im folgenden Dialog müssen Sie noch auf **Speichern** klicken, sofern Sie damit einverstanden sind, dass das Foto im Ordner **Bilder (Dieser PC)** abgelegt wird. Anderenfalls suchen Sie in der linken Spalte des Dialogs zunächst einen anderen Speicherort aus.

Fotos ansehen mit der Fotos-App

1

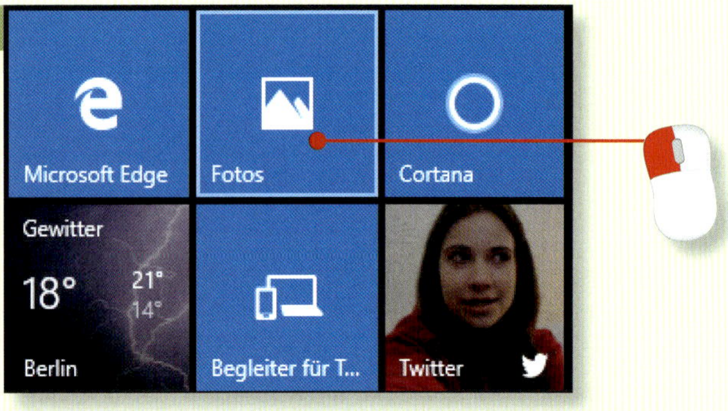

2

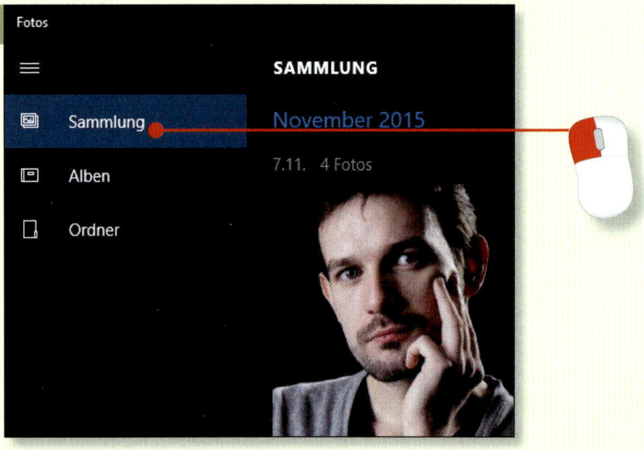

3

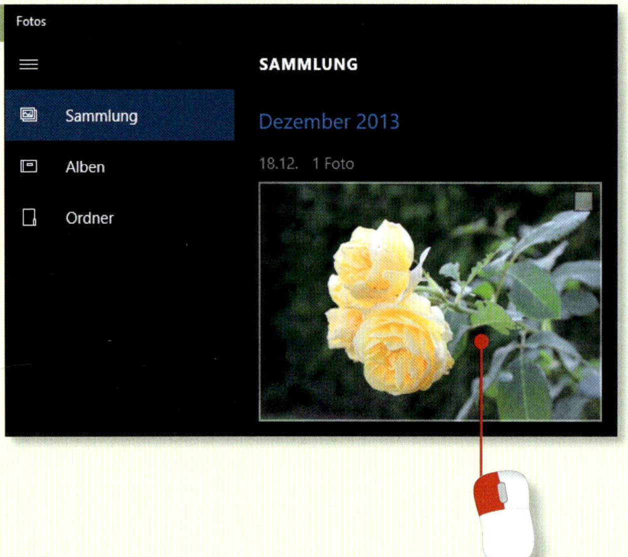

Die in Windows 10 integrierte Fotos-App ermöglicht es Ihnen, Fotos mit einfachen Mitteln komfortabel darzustellen.

Schritt 1

Zunächst einmal muss der Bereich aktiviert werden, der in Windows zur Darstellung von Bildern vorgesehen ist. Klicken Sie dazu auf die Kachel **Fotos**.

Schritt 2

Schalten Sie oben links, falls nötig, auf **Sammlung** um, damit bereits vorhandene Fotos angezeigt werden können.

Schritt 3

Wollen Sie ein Foto vergrößert betrachten, klicken Sie die dazugehörige Miniatur an.

Die Windows-Fotoanzeige

Sind Sie mit der Windows-Fotoanzeige aus älteren Versionen noch gut vertraut und wollen sie weiterhin nutzen, dann habe ich eine gute Nachricht für Sie. Es gibt sie noch. Sie können sie öffnen, indem Sie ein Bild mit der rechten Maustaste anklicken und dann **Öffnen mit** und **Windows-Fotoanzeige** auswählen.

Schritt 4

Springen Sie ein Foto weiter, indem Sie die Pfeilspitze ganz rechts anklicken. Mit dem Pfeil auf der gegenüberliegenden Seite ❶ gelangen Sie ein Foto zurück.

Schritt 5

Die Darstellungsgröße verändern Sie per Klick auf die kleinen Symbole unten rechts. Zum Vergrößern drücken Sie auf das Plus oder die beiden Tasten [Strg] + [+].

Schritt 6

Zum Verkleinern des Bildes klicken Sie auf das Minus unten rechts oder drücken alternativ [Strg] + [-].

4

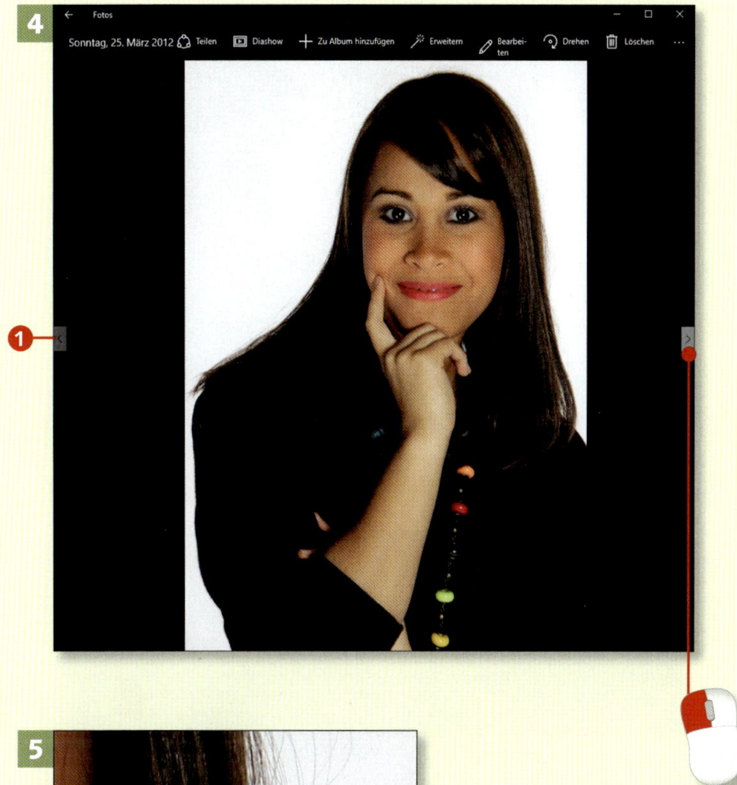

5

6

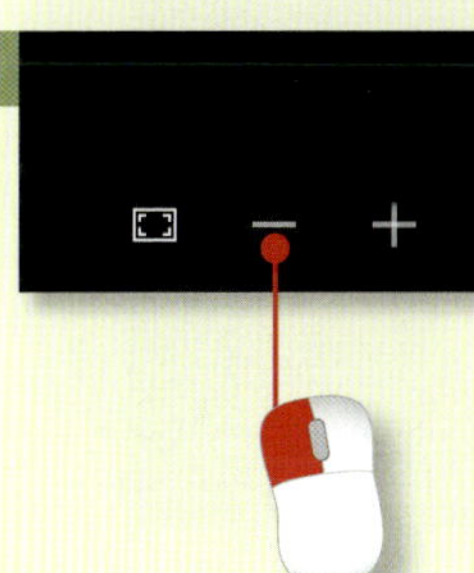

Tatsächliche Größe anzeigen
Führen Sie einen Mausklick auf dem linken der drei Symbole aus, oder setzen Sie einen Doppelklick auf das Foto, um es in Originalgröße anzuzeigen. Wiederholen Sie die Aktion, um das Bild wieder in seine ursprüngliche Ansicht zurückzuversetzen.

Fotos ansehen mit der Fotos-App (Forts.)

7

Schritt 7

Sofern ein Foto zuvor vergrößert worden ist, kann auch der anzuzeigende Bereich verändert werden. Dazu klicken Sie auf das Bild, halten die Maustaste gedrückt und schieben die Maus in die gewünschte Richtung.

8

Schritt 8

Ein kurzer Mausklick auf das Foto hat zur Folge, dass oben rechts nützliche Schaltflächen angeboten werden.

Schritt 9

Wenn Sie z. B. eines der Bilder nicht länger behalten möchten, klicken Sie auf das Papierkorb-Symbol.

9

Gelöschte Fotos

Gelöschte Fotos werden zunächst in den Papierkorb des Betriebssystems verschoben. Erst wenn Sie den Papierkorb leeren, sind die Fotos komplett gelöscht.

Schritt 10

Beantworten Sie die Kontrollabfrage mit einem Klick auf **Löschen**. Sollten Sie es sich doch anders überlegen, klicken Sie stattdessen auf **Abbrechen**. In diesem Fall wird die Tafel wieder geschlossen.

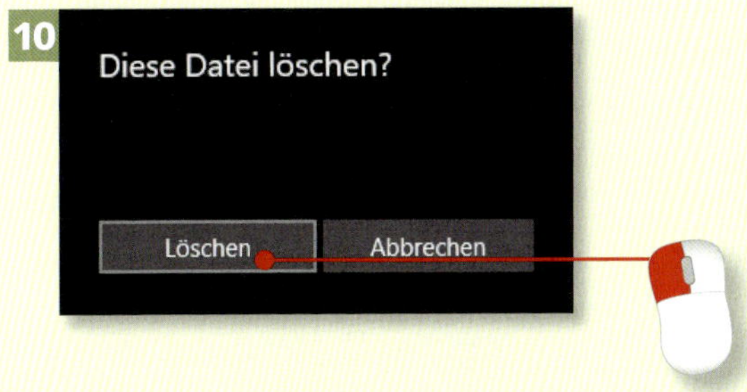

Schritt 11

Wenn Sie eines Ihrer Fotos gern zu Papier bringen möchten, müssen Sie zunächst auf die Schaltfläche mit den drei Punkten oben rechts klicken und anschließend **Drucken** wählen. Noch schneller funktioniert es mit Strg + P.

Schritt 12

Sie wollen die Bildansicht verlassen? Dann reicht ein Klick auf den Pfeil oben links.

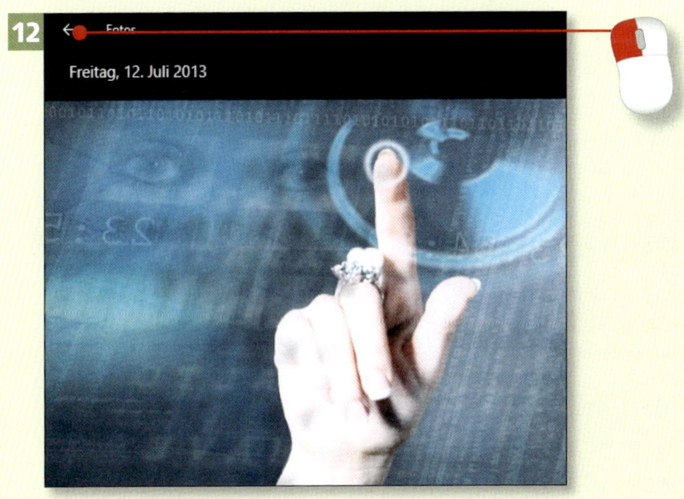

Bildbearbeitung

Sollten Sie spezielle Bildbearbeitungssoftware auf Ihrem Computer installiert haben, können Sie Bilder der Fotos-App auch direkt an das Programm übergeben. Dazu wählen Sie in Schritt 11 **Öffnen mit** 1.

Fotos als Diashow ansehen

1
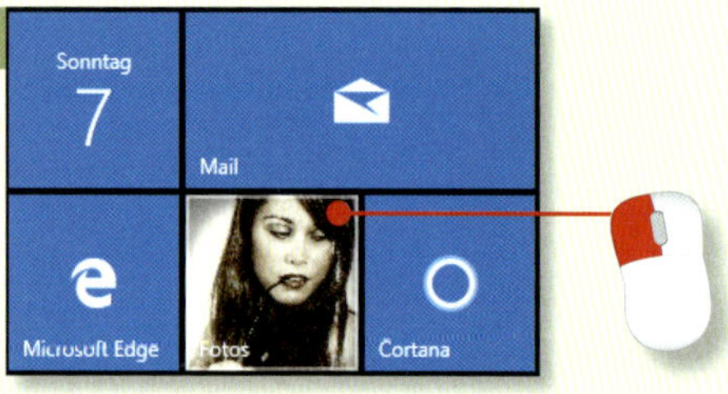

Wenn Sie sich einmal entspannt zurücklehnen und den Inhalt eines Ordners komfortabel als Diashow betrachten wollen, sollten Sie dazu folgende Schritte ausführen.

2
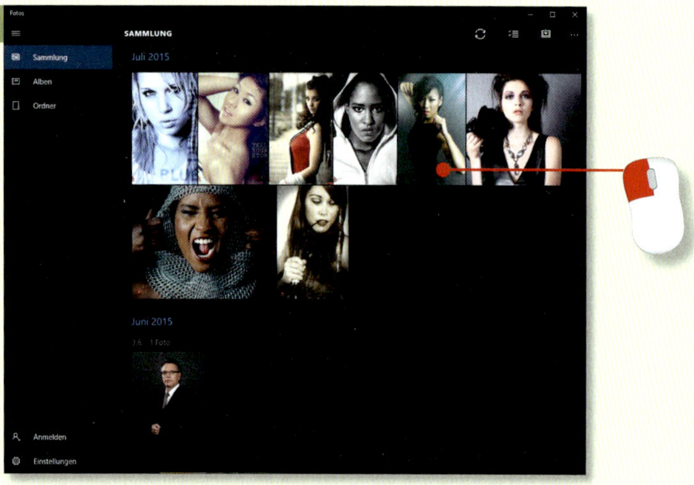

Schritt 1

Klicken Sie auf die Kachel **Fotos**. Sobald Sie Bilder auf Ihren Rechner importiert haben, ist die Kachel animiert, d.h., sie zeigt eine Diashow Ihrer Fotos.

Schritt 2

In der Fotos-App klicken Sie auf die Bildminiatur des Fotos, mit dem Sie die Diashow beginnen wollen.

3

Schritt 3

Das Foto wird nun bekanntermaßen vergrößert dargestellt. Platzieren Sie einen Mausklick auf dem Foto, damit die Bedienleiste ganz oben sichtbar wird.

Diashow für den Sperrbildschirm
Sie wünschen sich eine Diashow auf dem Sperrbildschirm? Dann schauen Sie doch einmal in Kapitel 11, »Windows 10 anpassen«, ab Seite 264 nach.

Schritt 4

Klicken Sie auf den Schalter **Diashow** (der zweite von links) in besagter Leiste. Beachten Sie auch den Hinweis im Kasten.

4

Schritt 5

Zum Beenden der Diashow müssen Sie nichts weiter tun, als irgendeine Taste auf Ihrer Tastatur zu drücken. Wenn Sie lieber das Zeigegerät benutzen, können Sie auch einen Mausklick oder Rechtsklick ausführen.

5

Schritt 6

Wenn Sie die Diashow erneut von einem bestimmten Foto aus betrachten möchten, können Sie anschließend wieder die beiden Pfeiltasten am linken und rechten Bildrand oder das Scrollrad Ihrer Maus benutzen (sofern vorhanden) und die Diashow ab dem eingestellten Foto erneut aktivieren.

6

Diashow schnell starten

Wenn Sie die Schritte 3 und 4 durch einen einzigen Tastenklick ersetzen möchten, können Sie auch F5 drücken. Schneller geht's nun wirklich nicht, oder?

Bildeigenschaften abrufen

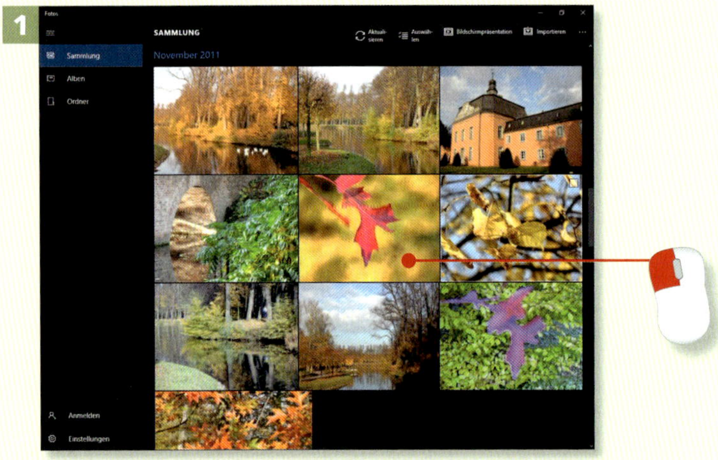

Mitunter ist es wichtig, zu wissen, wie groß ein Bild ist – etwa um abschätzen zu können, ob es sich für den E-Mail-Versand eignet. So etwas können Sie in den Eigenschaften in Erfahrung bringen – aber auch direkt in der Fotos-App.

Schritt 1

Direkt aus der Fotos-App heraus funktioniert das Abrufen von Bilddaten, indem Sie zunächst das gewünschte Foto anklicken.

Schritt 2

Aktivieren Sie nun **Weitere Infos**. Sie wissen ja: Das ist die Drei-Punkte-Schaltfläche oben rechts.

Schritt 3

In der Liste selektieren Sie nun die Zeile **Dateiinfo**.

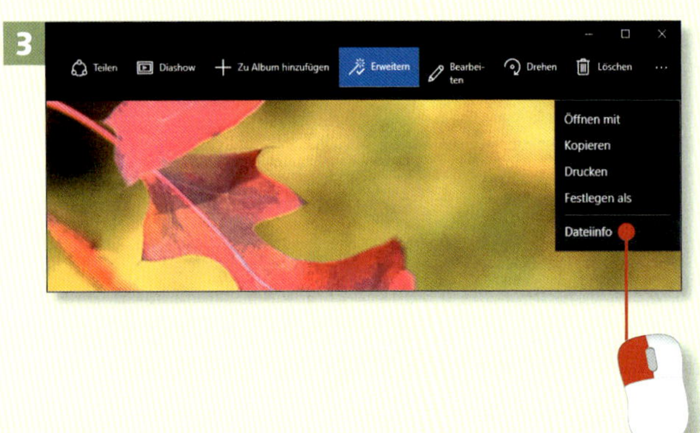

Erweitern

Standardmäßig ist das dritte Werkzeug von links – **Erweitern** – bereits ausgewählt (blau hinterlegt), was Sie jedoch noch getrost ignorieren dürfen.

Schritt 4

Achten Sie auf die **Größe** (hier: 3,7 MB) ❶. Um die Anzeige der Dateiinfo wieder zu verlassen, klicken Sie auf den Pfeil ganz oben links.

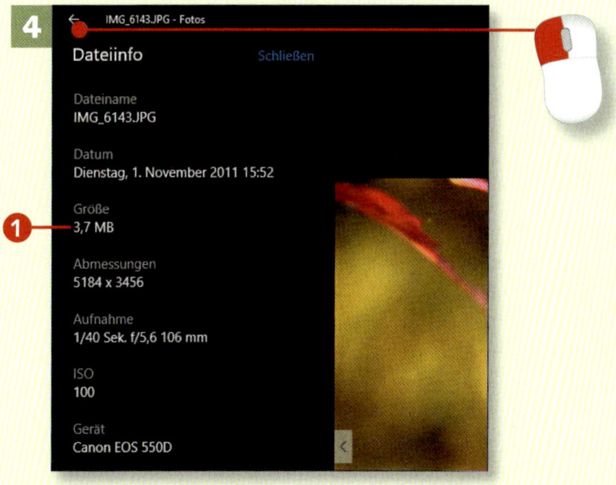

Schritt 5

Die **Eigenschaften** eines Fotos können Sie auch direkt im Windows-Ordner abfragen. Dazu ist jedoch ein vorheriger Rechtsklick auf die Bildminiatur notwendig.

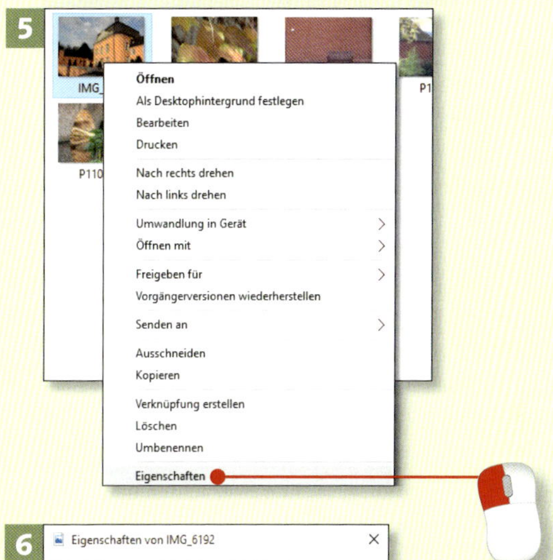

Schritt 6

Lesen Sie die **Größe** ❷ ab, und wählen Sie zum Verlassen des Dialogs entweder **OK** oder **Abbrechen**.

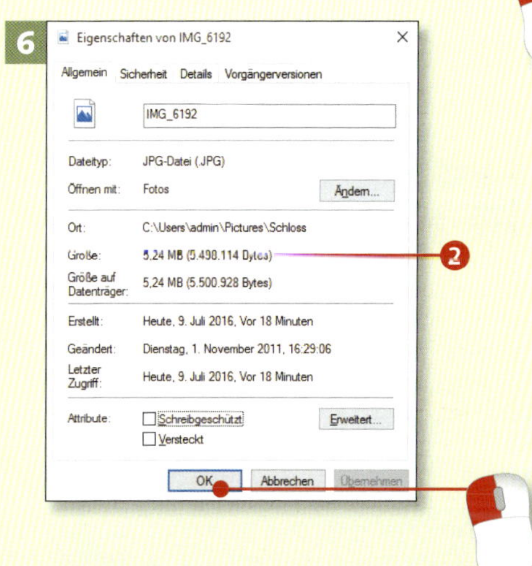

Bild schützen

Auf dem Register **Allgemein** befindet sich ein Ankreuzkästchen mit dem Titel **Schreibgeschützt**. Wenn Sie dieses aktivieren, kann die Bilddatei nicht mehr bearbeitet werden (z. B. in einem Bildbearbeitungsprogramm oder in der Fotos-App). So können Fotos vor unbeabsichtigten Veränderungen geschützt werden.

Die Dateigröße von Fotos ändern

1

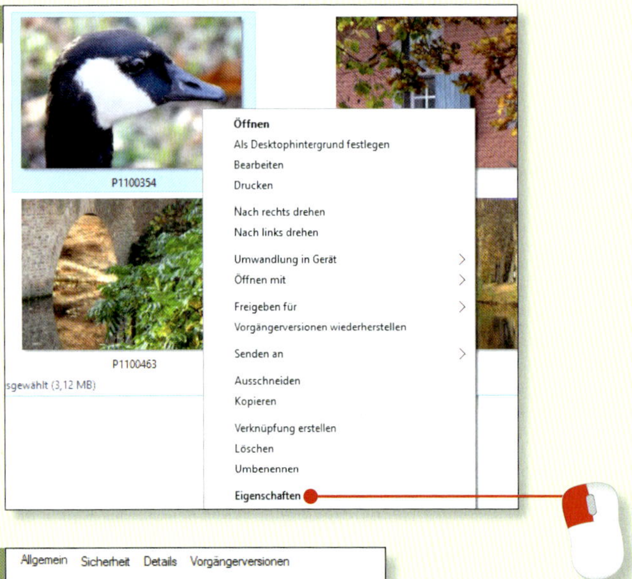

2

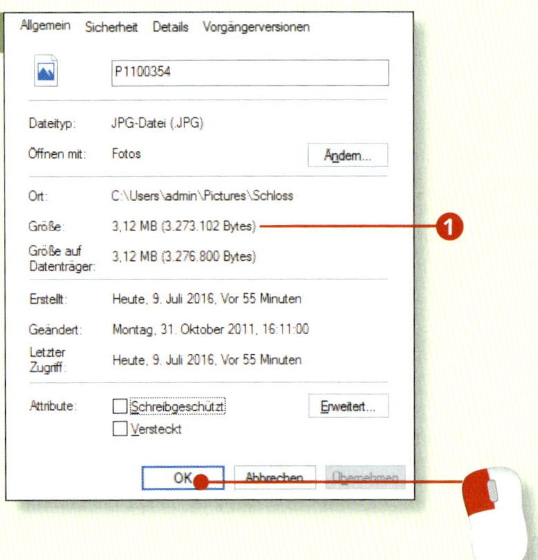

3

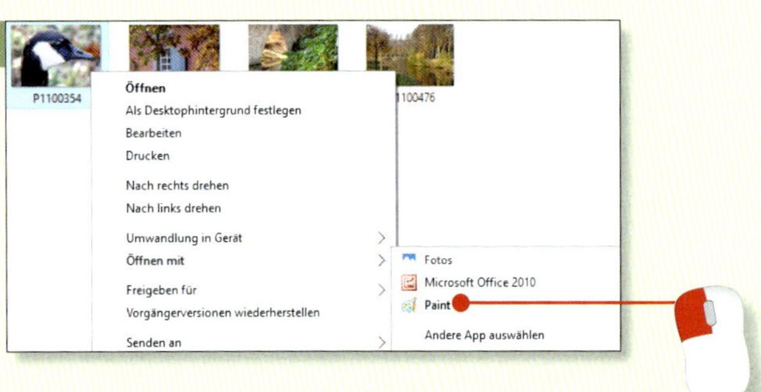

Die Bildgröße eines Fotos spielt eine wichtige Rolle. Oft ist es sinnvoll, ein Foto zu verkleinern – besonders, wenn Sie es zur Ansicht per E-Mail versenden wollen.

Schritt 1

Setzen Sie einen Rechtsklick auf ein beliebiges Foto, und lassen Sie sich anschließend im Kontextmenü die **Eigenschaften** anzeigen.

Schritt 2

Lesen Sie die **Größe** 1 des ausgewählten Fotos ab. Hier sind es 3,12 MB. Das ist z. B. recht viel für die Verwendung im Internet oder den E-Mail-Versand. Klicken Sie auf **OK** oder **Abbrechen**.

Schritt 3

Danach klicken Sie erneut mit der rechten Maustaste auf die Miniatur und entscheiden sich im Kontextmenü für **Öffnen mit ▸ Paint**.

In den Unterordner springen

Falls Sie Ihre Fotos im Verzeichnis *Bilder* in Unterordner sortiert haben, müssen Sie einen Doppelklick auf den gewünschten Unterordner setzen, um ihn zu öffnen.

Schritt 4

Das Bild ist riesig. Ziehen Sie das Fenster an der unteren rechten Ecke mit gedrückter linker Maustaste etwas größer, damit auch die verdeckten Schaltflächen angezeigt werden. Danach klicken Sie auf **Größe ändern** ❷.

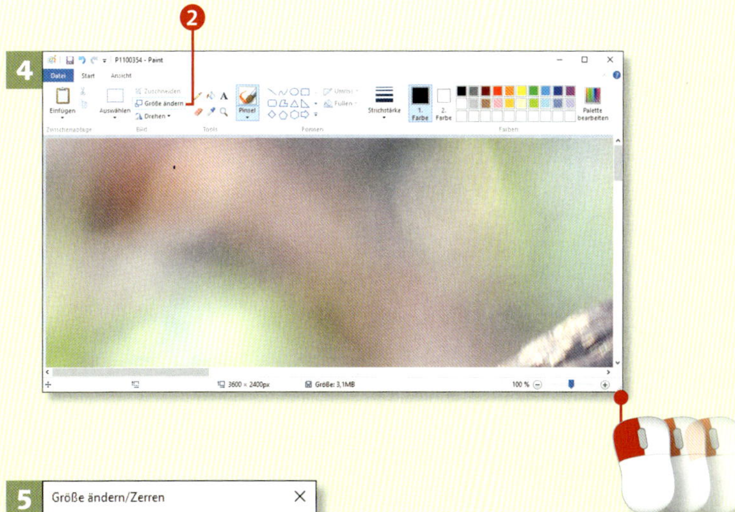

Schritt 5

Da **Seitenverhältnis beibehalten** standardmäßig aktiviert ist, müssen Sie nur einen Wert verändern (Höhe oder Breite). Klicken Sie doppelt in das Feld **Horizontal**, und geben Sie die Größe ein (hier: 10 %). Drücken Sie [↵], oder klicken Sie auf **OK**.

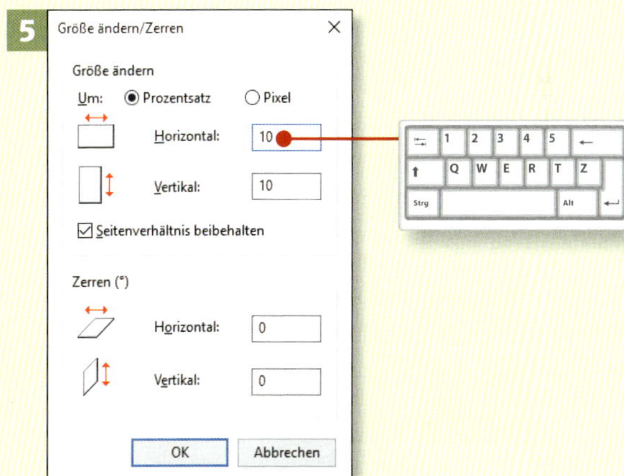

Schritt 6

Das Bild ist entsprechend kleiner geworden. Speichern Sie das Foto unter einem neuen Dateinamen als JPEG (**Datei ▸ Speichern unter ▸ JPEG-Bild**). Anschließend werden Sie feststellen, dass die Dateigröße beträchtlich geschrumpft ist.

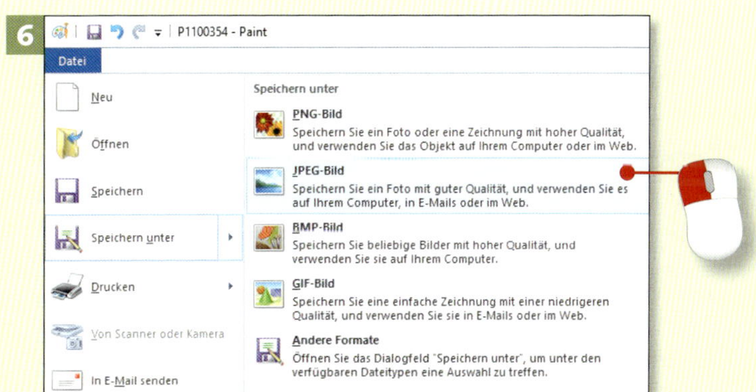

Verzerren

Wenn Sie **Seitenverhältnis beibehalten** abwählen (siehe Schritt 5) und nur eine der beiden Maßangaben (Breite *oder* Höhe) verändern, wird das Foto verzerrt.

Ein Foto als Kopie speichern

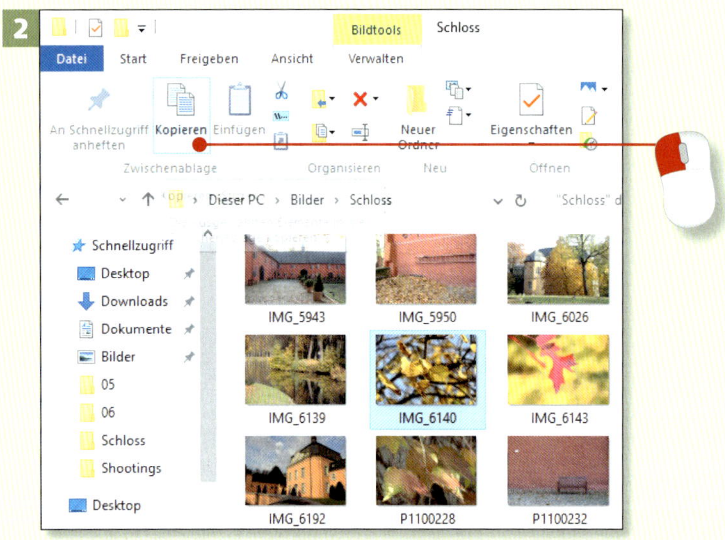

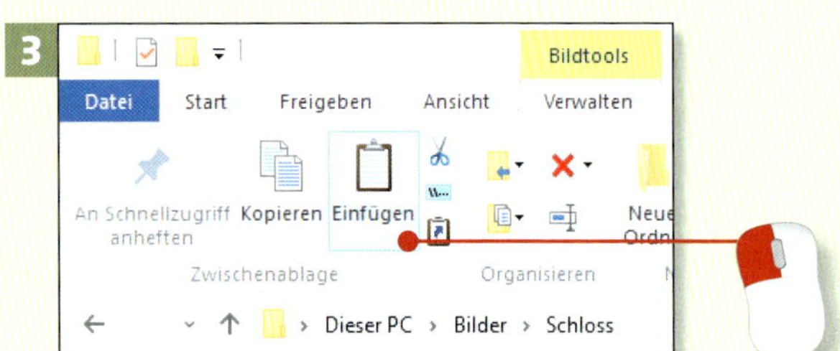

Falls Sie beabsichtigen, mehrere Fotos für unterschiedliche Verwendungszwecke zu erstellen, sollten Sie eine Kopie des Bildes anfertigen. Dann bleibt das Original unverändert.

Schritt 1

Zunächst einmal markieren Sie das gewünschte Bild mit einem Klick.

Schritt 2

Danach klicken Sie oben links im Menüband des Ordners auf **Kopieren** (Register: **Start**). Sollte die Schaltfläche nicht sichtbar sein, lesen Sie den Kasten auf dieser Seite.

Schritt 3

Nachdem das Foto nun kopiert wurde und in der Zwischenablage liegt, klicken Sie auf **Einfügen**. Das sorgt dafür, dass eine Kopie des Bildes in den gleichen Ordner gelegt wird. Sie können links auch einen anderen Ordner auswählen.

Menüband öffnen

Wenn das Menüband geschlossen ist, klicken Sie auf die nach unten zeigende Pfeilspitze neben dem Fragezeichen ganz rechts. Die Pfeilspitze klappt daraufhin das Menüband aus und zeigt entsprechend nach oben.

Schritt 4

Die Kopie wird im Ordner automatisch markiert. Das ist auch in Ordnung so. Klicken Sie nun einmal auf den Namen der Bildkopie, um ihn gesondert zu markieren und ihn dann überschreiben zu können.

Schritt 5

Tippen Sie den neuen Namen ein (hier: »Schlosspark 01«), und bestätigen Sie den Vorgang mit [↵].

Schritt 6

Auf den ersten Blick scheint es, als sei das Bild verschwunden. Das ist aber nicht der Fall. Es ist lediglich alphabetisch einsortiert worden ❶. Und es ist übrigens noch immer markiert.

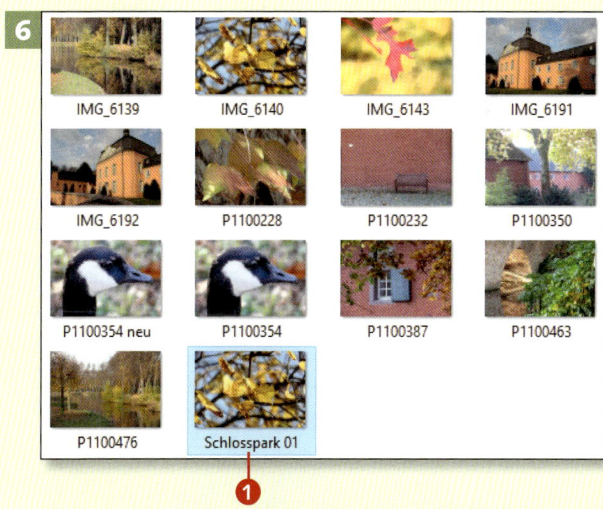

Bild und Titel markieren

Sollten Sie ein Foto umbenennen wollen, das noch nicht markiert ist, müssen Sie zwei Mausklicks hintereinander auf den Namen setzen. Lassen Sie sich zwischen den beiden Klicks etwas Zeit, damit kein Doppelklick entsteht (Damit würden Sie das Foto öffnen.). Mit dem ersten Klick wählen Sie quasi das Foto aus, mit dem zweiten den Namen.

Bilder nachbearbeiten

1

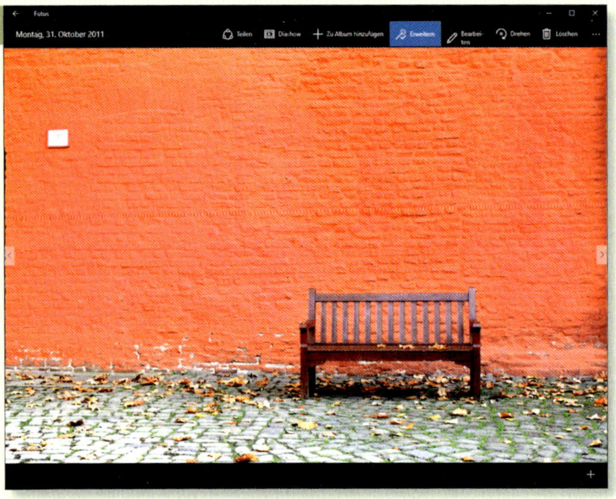

2

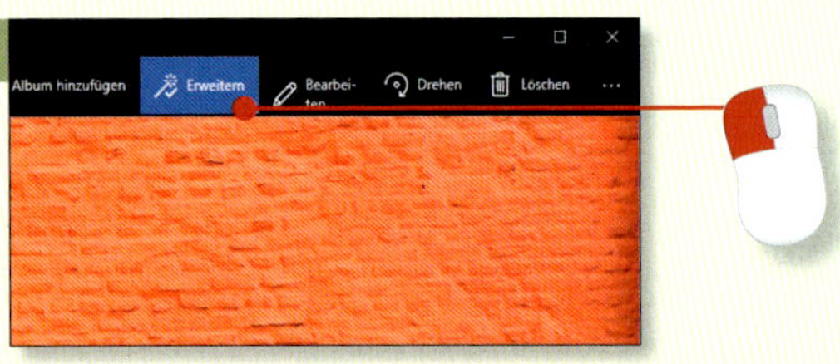

3

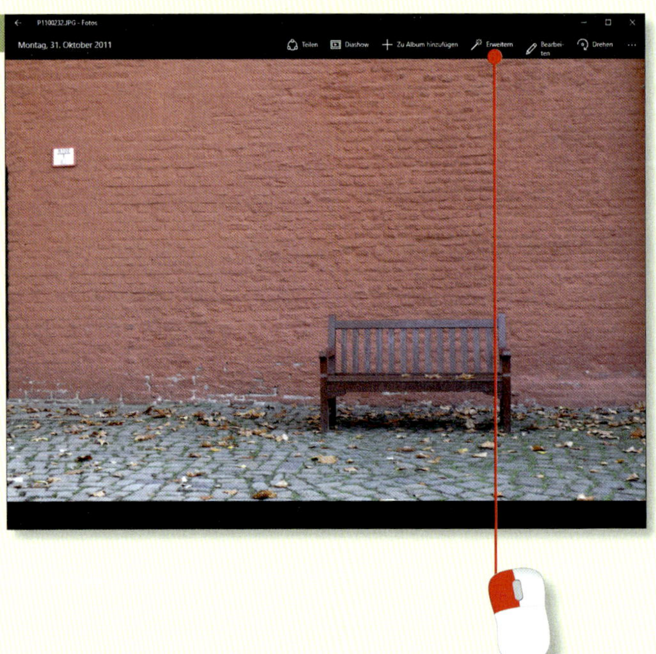

Mit der Fotos-App können Sie Bilder nicht nur betrachten, sondern auch bearbeiten.

Schritt 1

Öffnen Sie die Fotos-App, und stellen Sie eines der Fotos in der vergrößerten Bildansicht dar. Wie das geht, haben Sie auf Seite 157 erfahren.

Schritt 2

Standardmäßig korrigiert die Fotos-App Ihre Bilder automatisch. Wollen Sie es dennoch einmal selbst versuchen? Dann klicken Sie auf **Erweitern** oder drücken E.

Schritt 3

Oh Schreck! Das Foto ist blass und farbarm, denn Sie haben die automatische Korrektur soeben deaktiviert. Entscheiden Sie sich für **Bearbeiten** in der Kopfleiste.

Verbessern

Standardmäßig ist **Verbessern** aktiv. Das Foto wird von der Fotos-App nämlich automatisch analysiert und korrigiert. Meist kann man mit dem Resultat sehr zufrieden sein. Wenn Sie sich lieber auf die App verlassen möchten, schalten Sie **Verbessern** einfach wieder ein.

Schritt 4

Lassen Sie uns das Foto etwas heller machen. Dazu klicken Sie links auf die Taste **Licht**. Sobald Sie auf der linken Seite eine Funktion angewählt haben, erscheinen rechts neben dem Foto entsprechende Optionen.

4

Schritt 5

Klicken Sie auf die Schaltfläche **Kontrast** ❶, die sich daraufhin in einen Ring mit weißem Kreis verwandelt. Letzterer kann mit gedrückter Maustaste im oder gegen den Uhrzeigersinn gedreht werden, bis das Foto Ihren Wünschen entspricht.

5

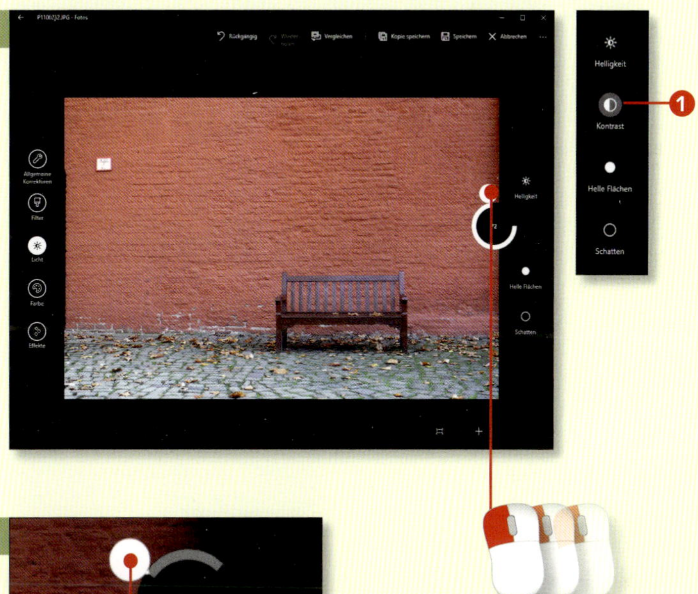

Schritt 6

Benutzen Sie auch die anderen Steuerelemente wie z. B. **Helligkeit**. Dabei gilt: Im Uhrzeigersinn gedreht, wird das Bild heller, gegen den Uhrzeigersinn wird es dunkler.

6

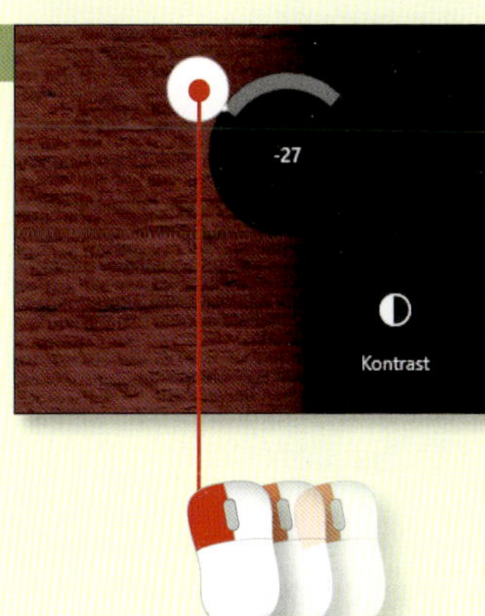

Bedeutung der Steuerelemente
Mit der **Helligkeit** beeinflussen Sie die gesamte Helligkeit im Foto. Mit zunehmendem **Kontrast** lassen sich helle und dunkle Bildbereiche besser voneinander unterscheiden. **Hervorheben** beeinflusst vorwiegend die hellen und **Schatten** die dunklen Bereiche.

7

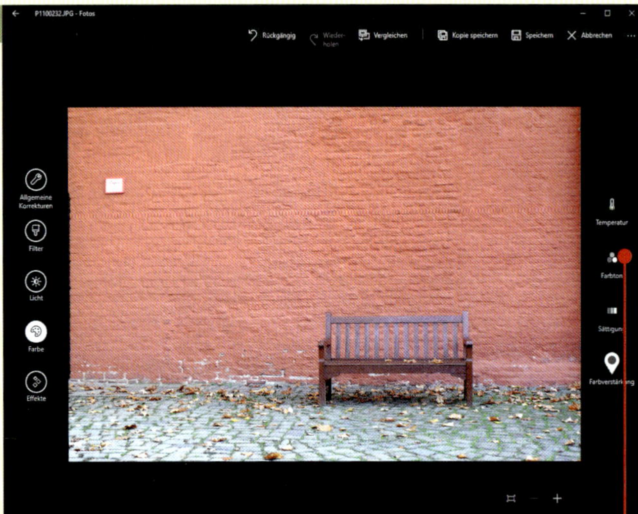

8

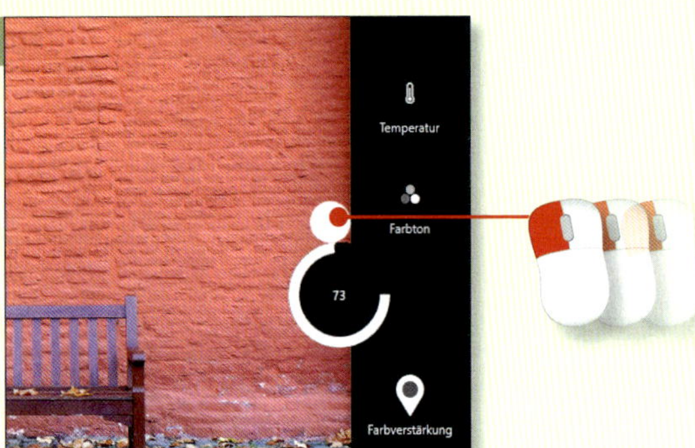

9

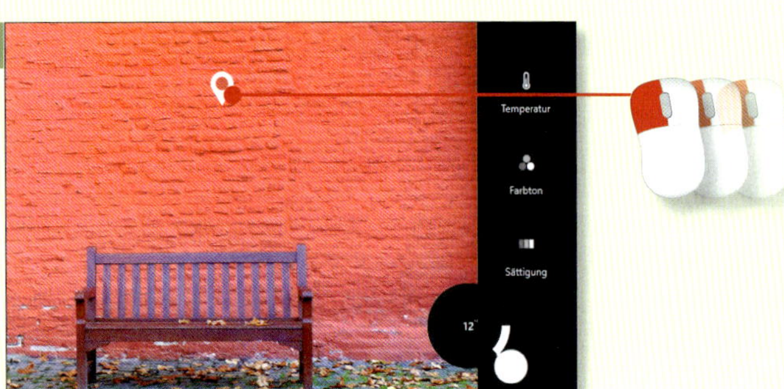

Schritt 7

Wenn Sie zufrieden sind, können Sie links in einen anderen Korrekturbereich gehen (z. B. **Farbe**). Nun erhalten Sie auf der gegenüberliegenden Seite die farbspezifischen Regler.

Schritt 8

Was die **Farbe** betrifft, ist zunächst die **Sättigung** interessant, da sie die Leuchtkraft des Bildes verstärken kann.

Schritt 9

Klicken Sie einmal auf **Farbverstärkung**. Halten Sie die Maustaste gedrückt, und ziehen Sie den Pin an eine Position des Bildes, deren Farbe Sie gezielt beeinflussen wollen. Im Anschluss wird rechts wieder ein Regler erscheinen, mit dem nun gezielt die soeben definierte Farbe bearbeitet wird (Bedienung siehe Schritte 5 und 6).

Temperatur und Farbton

Mit der Temperatur lassen sich die Farben im Bild abkühlen oder erwärmen, während der Farbton in der Regel nur geeignet ist, einem Farbstich entgegenzuwirken.

Schritt 10

Ich möchte Ihnen auf jeden Fall noch das Retuschieren-Werkzeug vorstellen. Klicken Sie links auf **Allgemeine Korrekturen** 1 und anschließend rechts auf **Retuschieren**.

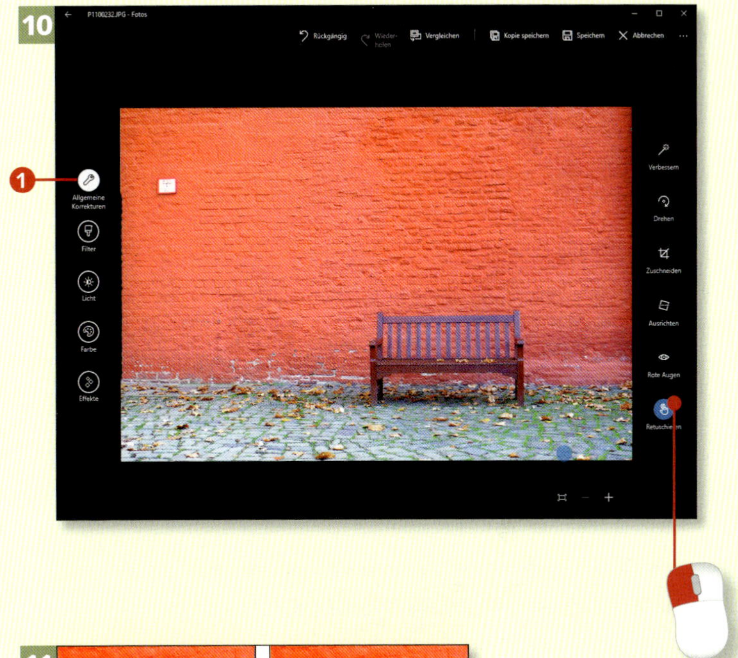

Schritt 11

Nun können Sie mit der Maus auf Flecken oder beschädigte Stellen klicken (ggf. mehrfach), um diese zu reparieren.

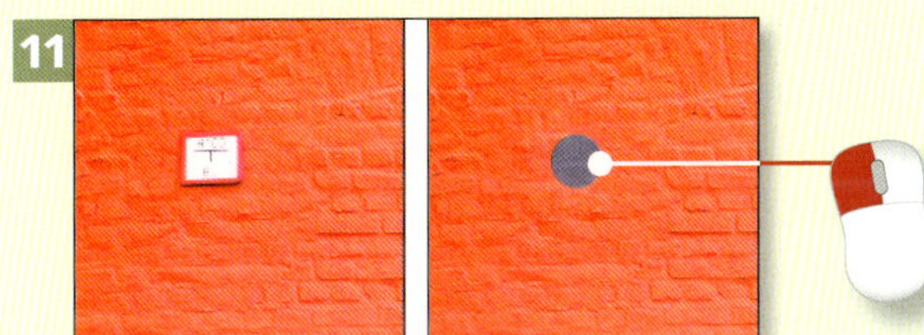

Schritt 12

Wenn sämtliche Arbeiten erledigt sind, haben Sie die Wahl, ob die Einstellungen auf das Originalfoto angewendet werden sollen oder ob Sie lieber eine Kopie erstellen. Klicken Sie auf das entsprechende Disketten-Symbol (hier: Kopie speichern).

Ergebnis betrachten

Die Ergebnisdatei finden Sie (zumindest wenn Sie eine Kopie gespeichert haben) nun neben dem Original im Zielordner, also an der gleichen Stelle, an der auch das Original zu sehen ist.

Fotoeffekte und Zuschneiden

Ich möchte Ihnen zwei weitere Effekte zeigen. Außerdem werden Sie ein Foto zuschneiden.

1

Schritt 1

Wechseln Sie in den Bearbeitungsmodus der Fotos-App: Miniatur anklicken und danach auf den Bleistift oben rechts gehen. Wie Sie dann vorgehen müssen, haben Sie ja in Schritt 2 der letzten Anleitung erfahren. Klicken Sie anschließend links auf **Effekte**.

2

Schritt 2

Wenn Sie nun rechts auf **Vignette** gehen und das Steuerelement verstellen, wie zuvor beschrieben, können Sie die Ecken des Bildes abdunkeln.

3

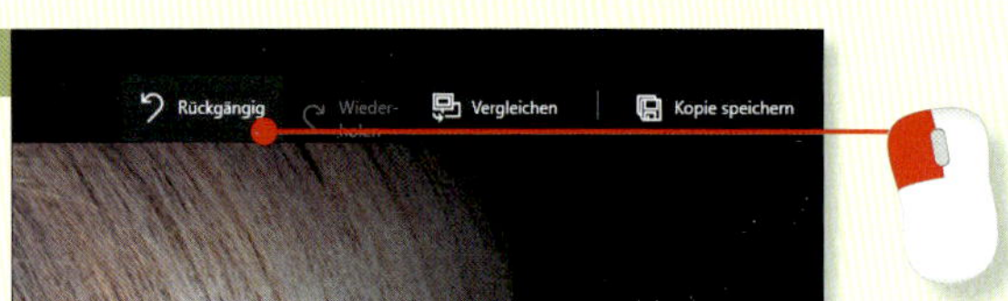

Schritt 3

Wollen Sie einen Schritt rückgängig machen, klicken Sie auf den linken der beiden gebogenen Pfeile in der Kopfleiste. Den Schalter können Sie mehrfach nutzen. Sie gelangen Stück für Stück zurück zum Original.

Der rechte Pfeil

Der nach rechts gebogene Pfeil bewirkt, dass zuvor rückgängig gemachte Schritte wiederhergestellt werden können.

Schritt 4

Klicken Sie doch einmal auf die Schaltfläche **Selektiver Fokus**, die Sie ebenfalls im Bereich **Effekte** finden. Mit dieser können Sie nämlich wichtige Bildbereiche scharf und weniger wichtige unscharf darstellen.

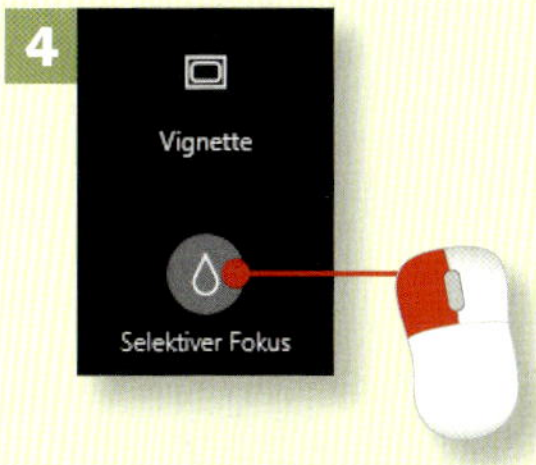

Schritt 5

Auf dem Foto finden Sie nun einen Kreis mit vier Punkten und einem Kreuz in der Mitte. Klicken Sie auf das Kreuz. Halten Sie die linke Maustaste gedrückt, und bewegen Sie den gesamten Kreis auf das Zentrum jener Stelle im Bild, die scharf bleiben soll.

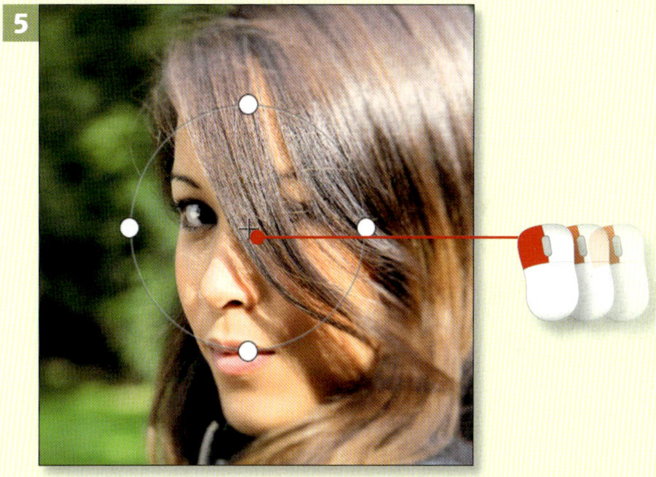

Schritt 6

Anschließend ziehen Sie die Punkte mit gedrückter linker Maustaste derart in Form, dass der Bildbereich, der scharf bleiben soll, nun eingegrenzt wird.

Ellipse formen

Da sich alle vier Punkte einzeln bewegen lassen, ist es auch möglich, anstelle eines Kreises eine Ellipse zu erzeugen.

Fotoeffekte und Zuschneiden (Forts.)

7

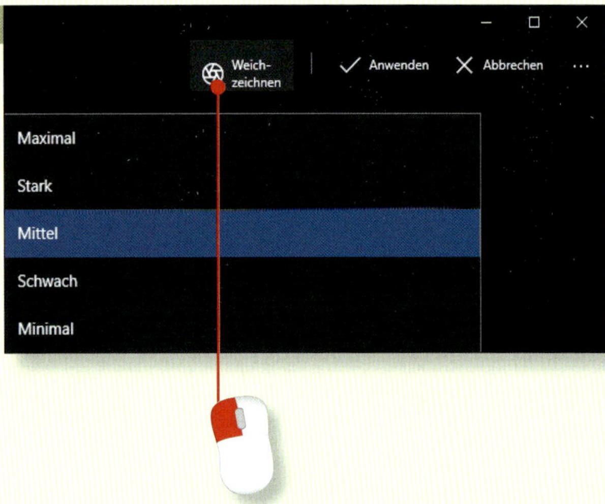

Schritt 7

Nachdem das erledigt ist, klicken Sie oben links auf **Weichzeichnen**. Das sorgt dafür, dass gleich darunter eine kleine Tafel emporgeschoben wird.

8

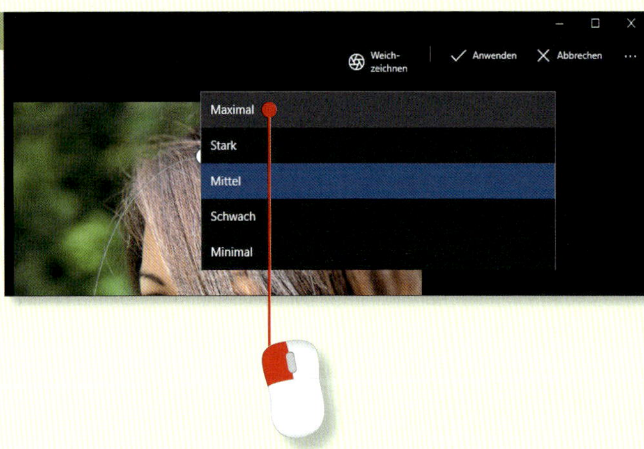

Schritt 8

Entscheiden Sie sich auf dieser Tafel für die Intensität, mit der die Weichzeichnung auf die Bildbereiche jenseits der Ellipse angewandt werden soll (hier: **Maximal**).

9

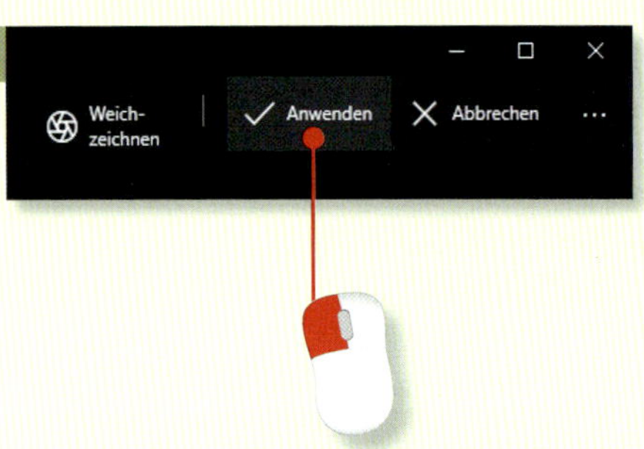

Schritt 9

Wenn Sie mit dem Ergebnis zufrieden sind, klicken Sie oben rechts auf **Anwenden**. Wenn Ihnen das Resultat nicht gefällt, können Sie auch auf **Abbrechen** klicken und die Schritte 4 bis 8 wiederholen.

Intensität der Weichzeichnung

Die Intensität der Weichzeichnung ist letztlich auch von der Größe eines Bildes abhängig. Größere Fotos werden nicht so stark weichgezeichnet wie kleinere.

Schritt 10

Zuletzt wollen wir uns noch ansehen, wie sich der Rand eines Fotos abschneiden lässt. Dazu klicken Sie innerhalb des Bearbeitungsbereichs auf **Allgemeine Korrekturen** ❶ und anschließend rechts auf **Zuschneiden**.

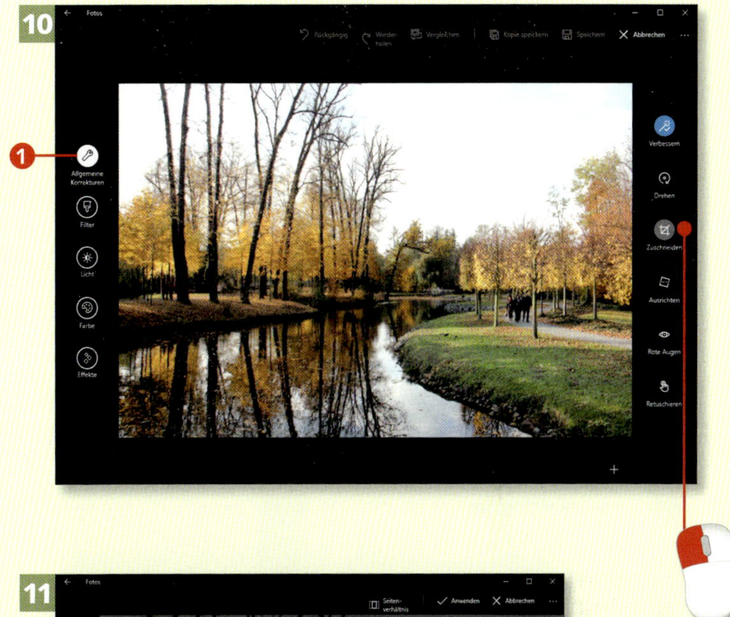

Schritt 11

Anhand der vier Kreis-Anfasser auf dem Foto kann der Rahmen nun angepasst werden. Klicken Sie die Punkte an, wobei Sie die linke Maustaste gedrückt halten und die Punkte entsprechend auf dem Foto verschieben.

Schritt 12

Zuletzt müssen Sie den Zuschnitt bestätigen. Dazu klicken Sie oben rechts auf **Anwenden** und dann auf **Speichern**.

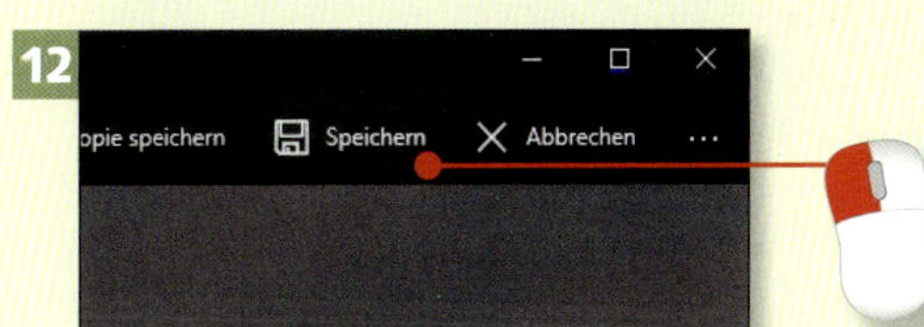

Ausrichten

Diese Funktion ist dazu da, Fotos gerade zu rücken. Wenn Senkrechten im Bild nicht wirklich senkrecht sind oder der Horizont eher diagonal als parallel verläuft, können Sie das Foto entsprechend drehen.

Ein Bildschirmfoto aufnehmen

1

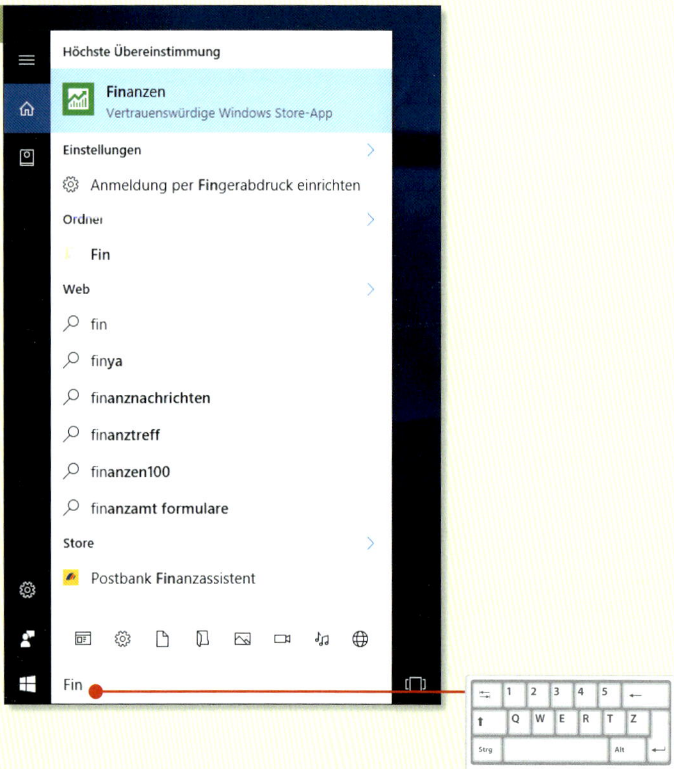

2

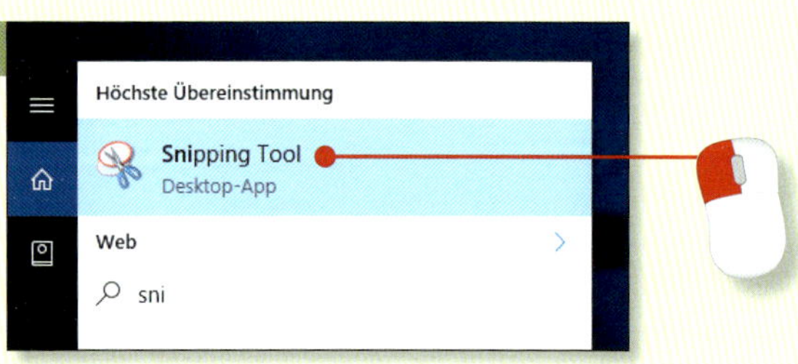

3

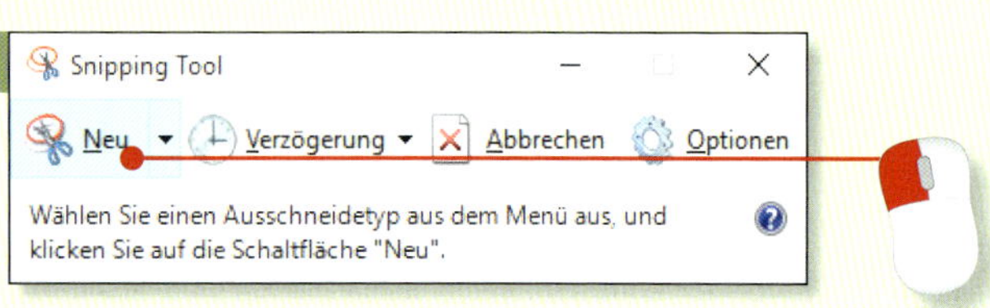

Bildschirmfotos sind, wie der Name schon sagt, Schnappschüsse dessen, was Sie auf dem Monitor sehen. Aus diesen »Screenshots« lassen sich komplett eigenständige Fotos erstellen.

Schritt 1

Öffnen Sie eine beliebige Software, von der Sie einen Screenshot anfertigen wollen. Wir entscheiden uns hier einmal für die Store-App *Finanzen*, die Sie durch Eingabe von »Fin« im Suchfeld unten links finden.

Schritt 2

Sie benötigen noch eine zweite App – nämlich die Screenshot-App. Sie heißt *Snipping Tool*, und Sie finden Sie über die Eingabe von »sni«.

Schritt 3

Sorgen Sie dafür, dass nichts das Fenster überdeckt, das Sie abfotografieren wollen – mit Ausnahme des Snipping Tools. Klicken Sie auf **Neu**.

Foto in der Zwischenablage

Das Foto, das Sie in den folgenden Schritten noch erzeugen werden, landet automatisch in der Zwischenablage des Betriebssystems und kann mithilfe von Strg + V eingefügt werden.

Schritt 4

Klicken Sie nun auf eine der vier Ecken des Finanzen-Tools (Wir entscheiden uns für oben links.), wobei Sie die Maustaste auf gar keinen Fall loslassen dürfen.

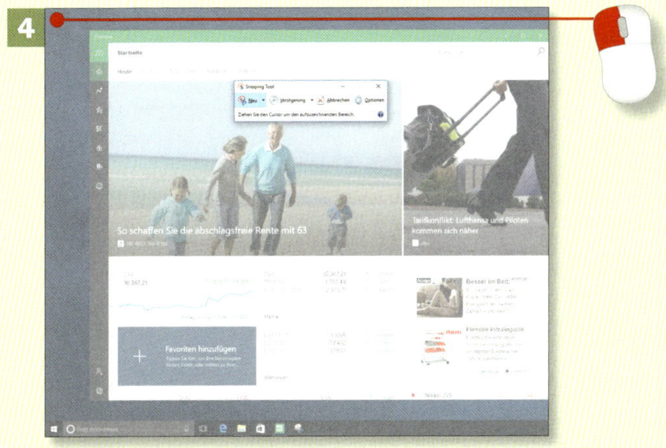

Schritt 5

Fahren Sie nun in die untere rechte Ecke des Bereichs, den Sie in Ihren Screenshot aufnehmen wollen. Solange die Maustaste noch gedrückt ist, lässt sich die Position noch korrigieren. Lassen Sie los, wenn Sie mit dem Ausschnitt zufrieden sind.

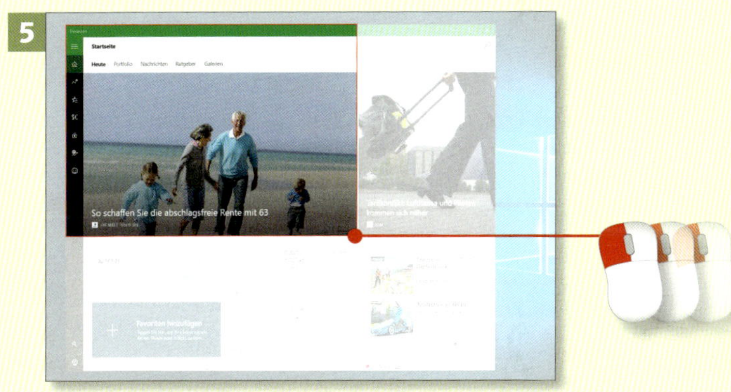

Schritt 6

Nun öffnet sich wie von Geisterhand die Snipping-Tool-Arbeitsumgebung, in der sich der Screenshot noch bearbeiten lässt. Zum Speichern klicken Sie oben links auf **Datei** und wählen **Speichern unter**.

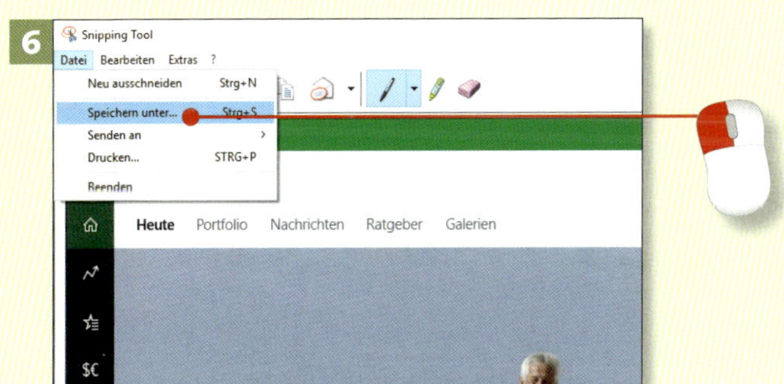

Das Snipping Tool ist unsichtbar

Sobald Sie damit beginnen, den Rahmen aufzuziehen, blendet sich das Snipping Tool aus. Es wird also grundsätzlich nicht mit aufgenommen – egal, wo es platziert ist.

Ein eigenes Foto als Desktop-Hintergrund

1
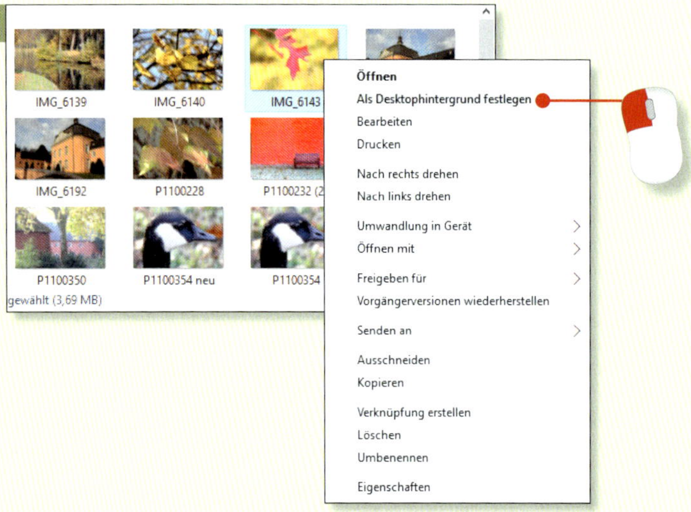

Hat es eines Ihrer Fotos verdient, Ihren Desktop zu zieren? In dieser Anleitung lernen Sie, wie Sie das mit zwei Mausklicks einrichten.

Schritt 1

Klicken Sie eine Bildminiatur mit rechts an, und wählen Sie im Kontextmenü **Als Desktophintergrund festlegen**. Das waren schon die beiden oben erwähnten Klicks.

2
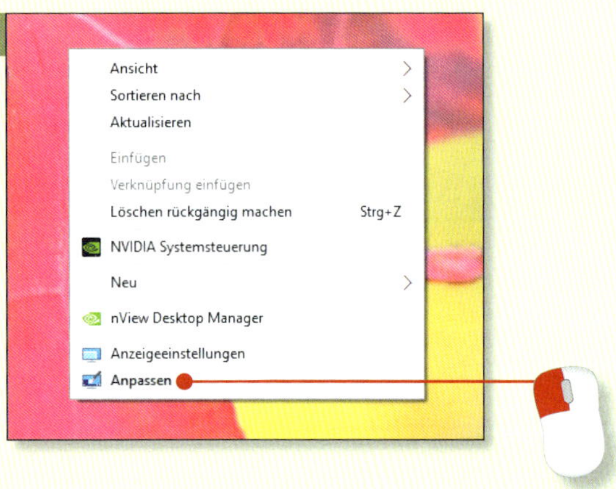

Schritt 2

Nun können Sie das Erscheinungsbild aber noch grundsätzlich anpassen. Dazu setzen Sie einen Rechtsklick auf den Desktop und entscheiden sich im Kontextmenü für **Anpassen**.

3
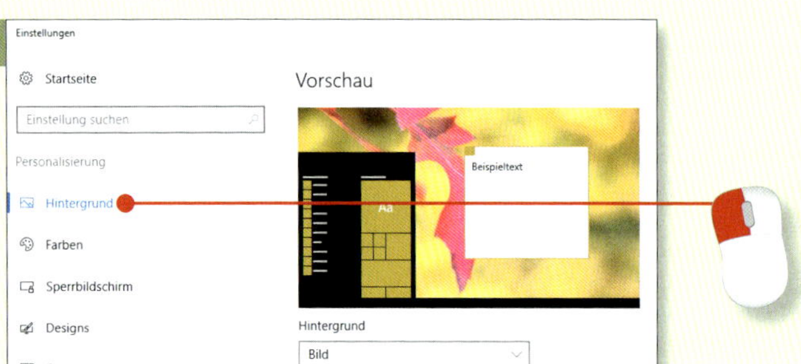

Schritt 3

Die Ausrichtung des Fotos ändern Sie, indem Sie im geöffneten Dialogfenster **Personalisierung** ganz oben auf **Hintergrund** klicken.

Fensterrahmen

Die Rahmen der Fenster nehmen automatisch eine zum verwendeten Bild passende Farbe an.

Schritt 4

Öffnen Sie dann ganz unten die Liste **Anpassung auswählen**. Dazu klicken Sie auf das Pulldown-Menü – standardmäßig steht dort **Ausfüllen** – und wählen z. B. **Zentriert** oder das Design, das Ihnen im Zusammenspiel mit dem Foto am besten gefällt.

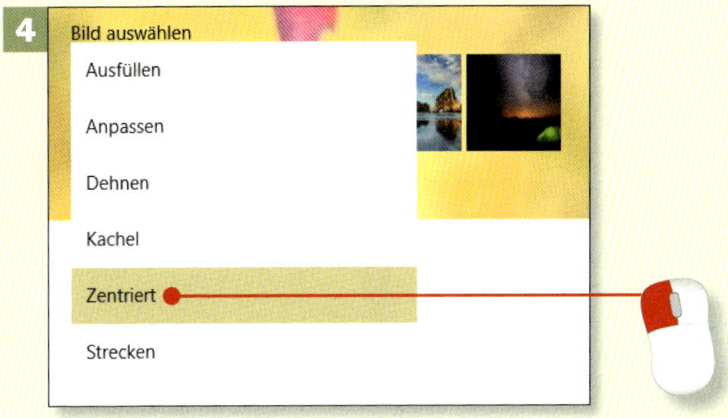

Schritt 5

Verlassen Sie den Dialog mit einem Klick auf das Schließkreuz oben rechts, und klicken Sie auf **Änderungen speichern**.

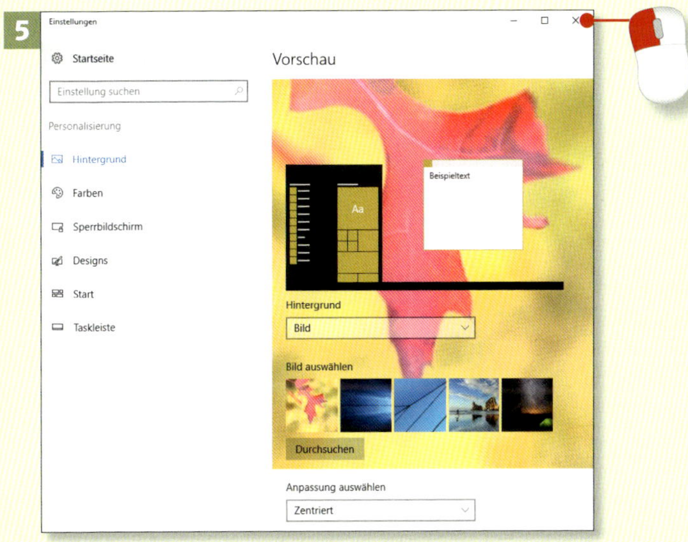

Schritt 6

Falls Sie doch lieber wieder den alten Hintergrund verwenden möchten, gehen Sie so vor, wie in Schritt 2 beschrieben, und klicken dann im Bereich **Bild auswählen** auf eine andere Kachel als die erste.

Bildpositionen

Testen Sie die unterschiedlichen Bildpositionen. Je nach dem Seitenverhältnis des Fotos und der Auflösung Ihres Monitors (z. B. 4:3 oder 16:9) kann es zu Verzerrungen kommen.

Eine Desktop-Diashow erzeugen

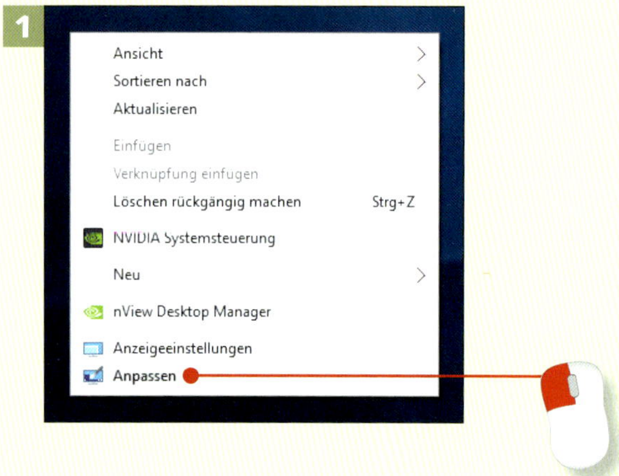

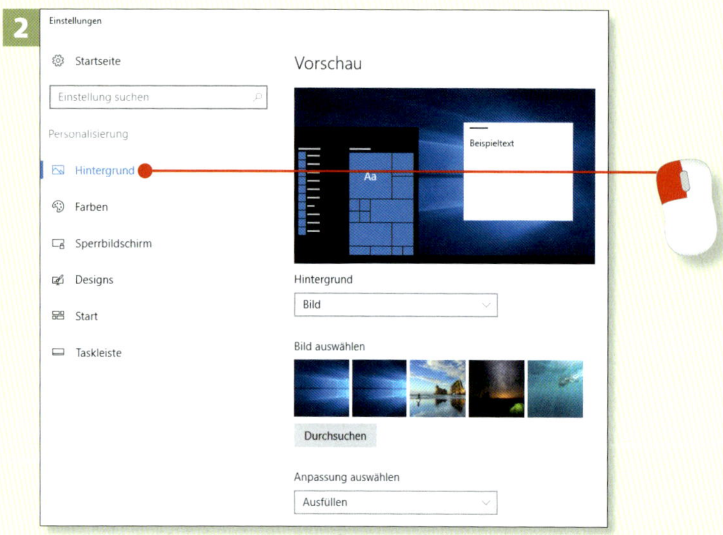

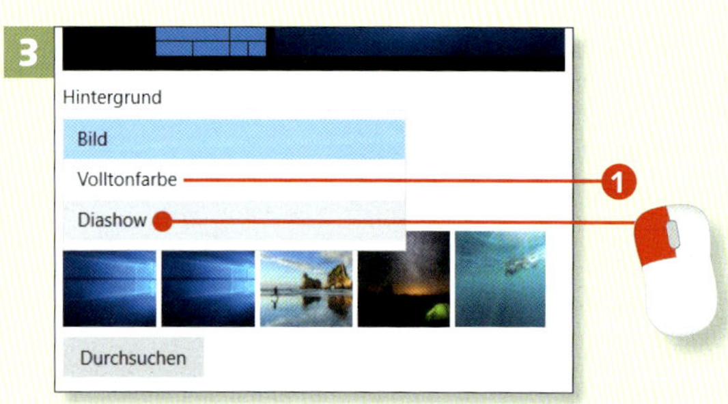

Sie haben einen schönen Hintergrund für Ihren Desktop gefunden? Na, prima! Wie wäre es aber, wenn dort stets Ihre eigenen Fotos präsentiert würden? Dieses Windows-10-Novum müssen Sie unbedingt kennenlernen.

Schritt 1

Klicken Sie zunächst mit der rechten Maustaste auf einen freien Bereich des Desktops. Danach klicken Sie auf die Zeile **Anpassen**.

Schritt 2

Aktivieren Sie auf der linken Seite des Dialogs **Personalisierung** die Zeile **Hintergrund**.

Schritt 3

Im Selektionsfeld **Hintergrund** müssen Sie nun von **Bild** auf **Diashow** umschalten.

Volltonfarbe

Wählen Sie **Volltonfarbe** 1 statt **Bild** oder **Diashow**, werden auf dem Desktop einfarbige Hintergründe präsentiert.

Schritt 4

Damit allein ist es allerdings noch nicht getan. Denn Sie müssen Windows nun mitteilen, welche Bilder verwendet werden sollen. Klicken Sie auf **Durchsuchen**.

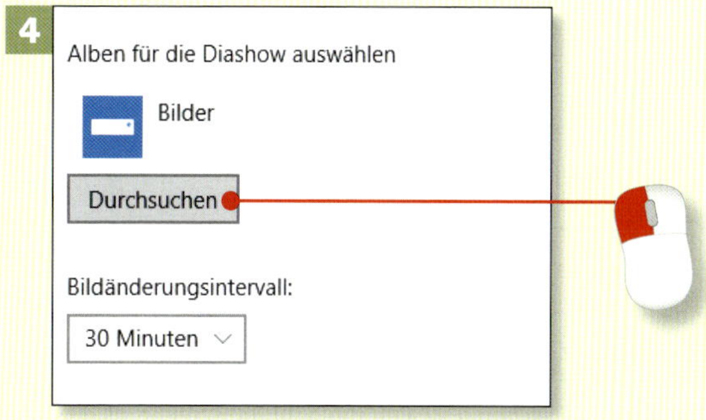

Schritt 5

Wählen Sie im oberen Bereich des Fensters einen Bildordner, und klicken Sie danach auf den Schalter **Diesen Ordner auswählen**.

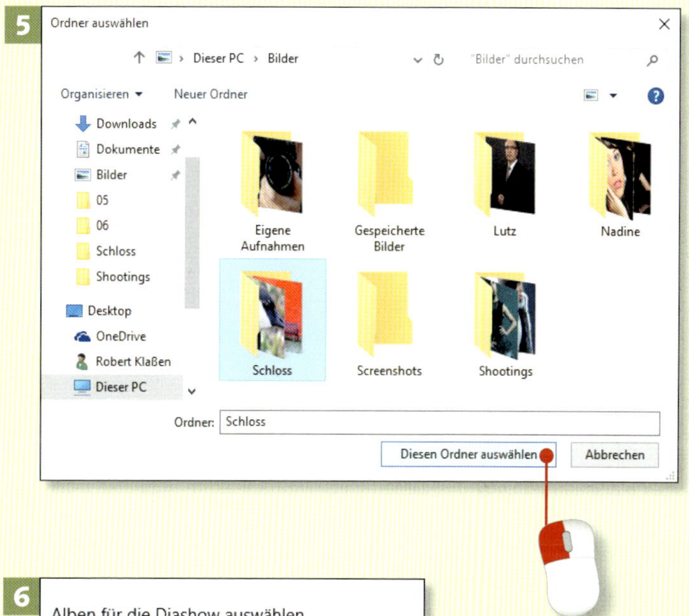

Schritt 6

Zuletzt sollten Sie noch auf die voreingestellten **30 Minuten** klicken. Das ist das **Bildänderungsintervall**, also die Zeit, die vergeht, bis das nächste Bild eingeblendet wird. Bei Bedarf können Sie dort einen anderen Wert einstellen.

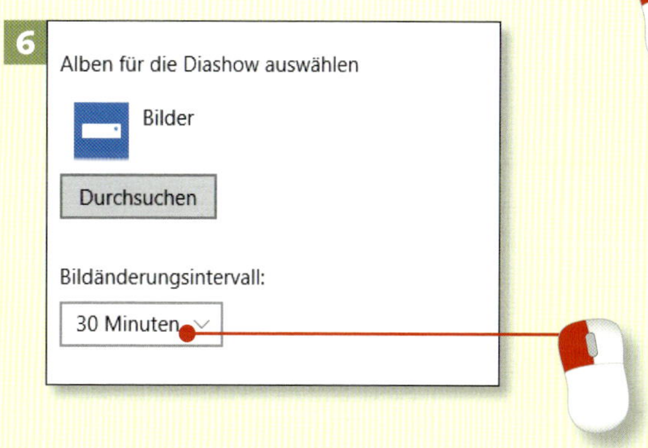

Intervalle

Es werden sechs verschiedene Intervalle angeboten – nämlich von einer Minute bis zu einem Tag. Letzteres bewirkt, dass nur ein Foto pro Tag angezeigt wird.

Kapitel 7

Musik und Videos

Besitzen Sie eine umfangreiche Musiksammlung? Sie möchten auf Ihrem PC, Notebook oder Tablet Musik abspielen oder von CD hören, Wiedergabelisten erstellen und anderes mehr? All das ist kein Problem mit Windows 10 – mit der App Groove-Musik, die Sie in diesem Kapitel kennenlernen werden. Am Ende des Kapitels zeige ich Ihnen außerdem, wie Sie Filme anschauen und kaufen können.

Groove-Musik

Die App Groove-Musik ❶ verbindet gewissermaßen Ihr Musikarchiv mit dem Store, in dem Sie direkt einkaufen gehen können. Sie werden begeistert sein, wie unkompliziert das geht.

Der Windows Media Player

Groove-Musik und der Windows Media Player ❷ sind wahre Alleskönner. Sie werden Ihnen mit ihren wichtigsten Funktionen vorgestellt. Auch das Übertragen Ihrer Musik von CD auf Festplatte ist damit möglich. Hier erfahren Sie, wie das geht.

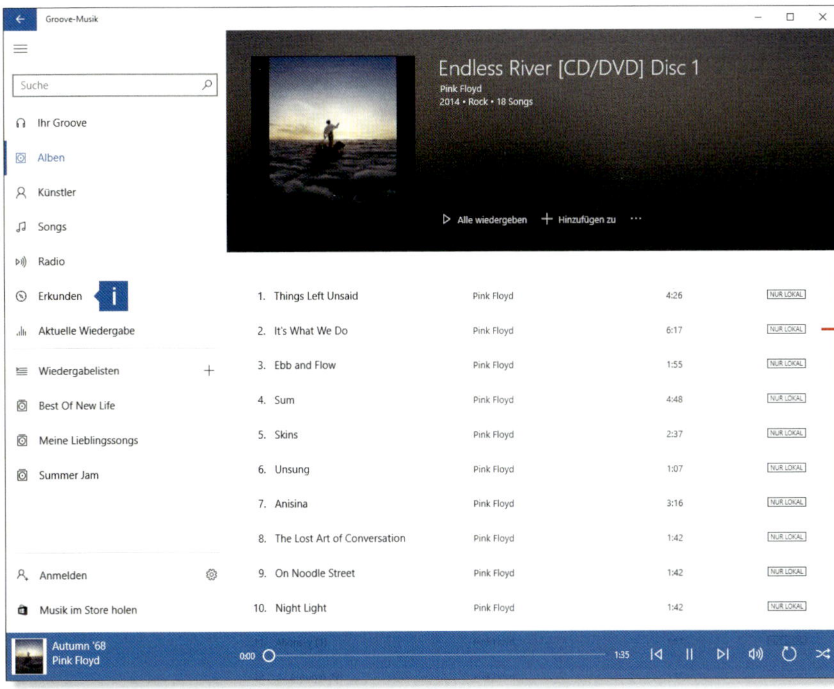

1 Die App Groove-Musik in Windows 10 bietet Ihnen ausgiebiges Musikvergnügen.

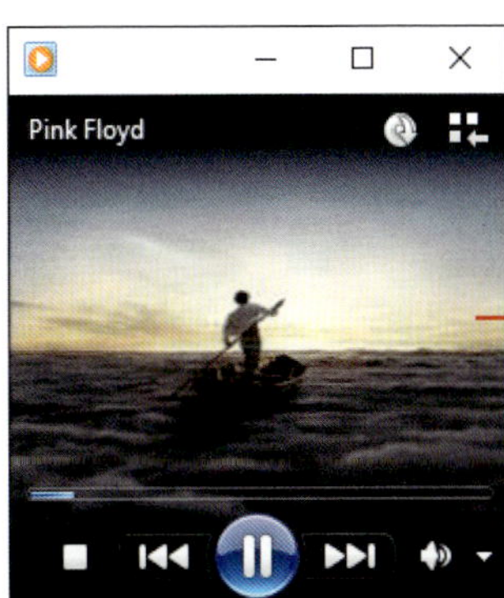

2 Mit dem Windows Media Player können Sie sich Ihre Musik auf jede erdenkliche Weise anhören.

Die App Groove-Musik auf einen Blick

1

2

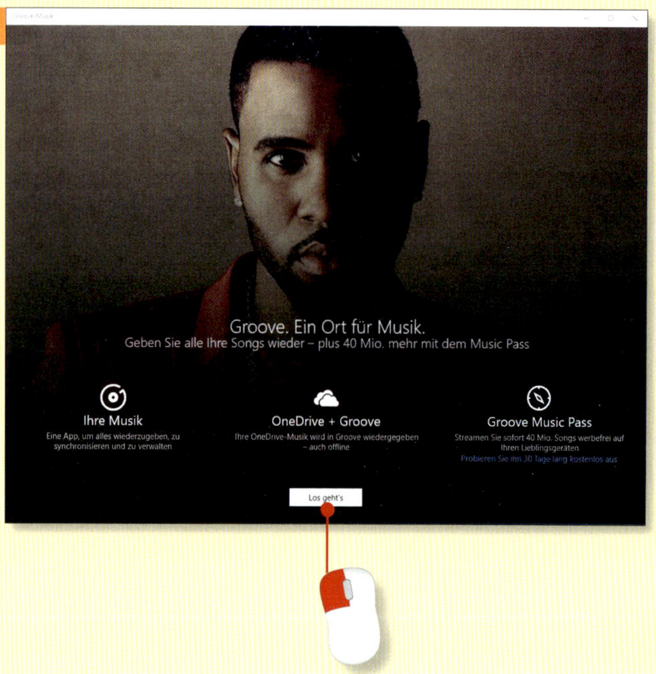

3

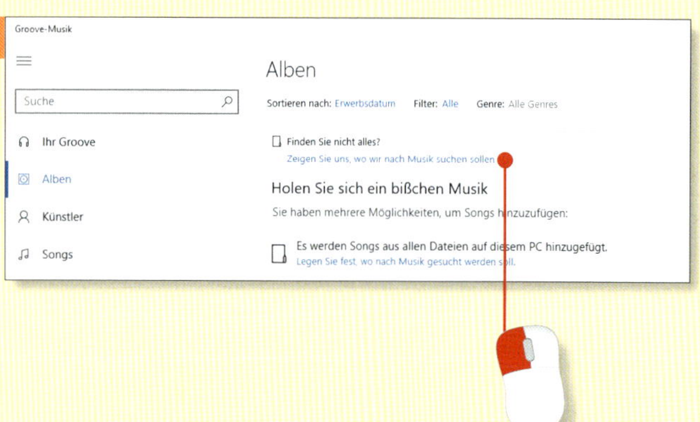

Wenn es um die Wiedergabe von Musik geht, sind Sie mit Groove-Musik bestens bedient. Schauen wir uns diese App einmal an.

Schritt 1

Klicken Sie im Startmenü zunächst auf die Kachel **Groove-Musik**. Vorab müssen Sie möglicherweise im Menü etwas herunterscrollen.

Schritt 2

Nachdem sich die Anwendung erstmals geöffnet hat, klicken Sie einmal auf **Los geht's**.

Schritt 3

Sie befinden sich auf der Seite **Alben**. Wenn Sie Musik auf dem PC gespeichert haben, diese aber nicht im Standardordner für Musik (*Dieser PC\Musik*) liegt, sollten Sie jetzt auf **Zeigen Sie uns, wo wir nach Musik suchen sollen** klicken.

Zahlreiche Ordner hinzufügen

Sie dürfen beliebig viele Ordner hinzufügen. Da dies allerdings mit der Zeit unübersichtlich wird, empfehle ich Ihnen, neue Musik in den Ordner *Musik* zu legen.

Schritt 4

Klicken Sie als Nächstes auf das Plus-Symbol, um weitere Ordner hinzuzufügen, die mit der App verbunden werden sollen – also jene Ordner, die Ihre Musik enthalten.

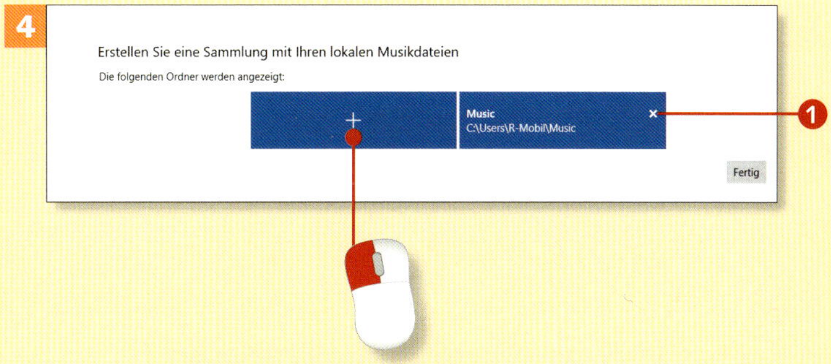

Schritt 5

Navigieren Sie zu dem Ordner, der eingebunden werden soll. Markieren Sie ihn, und klicken Sie anschließend auf **Diesen Ordner zu „Musik" hinzufügen**.

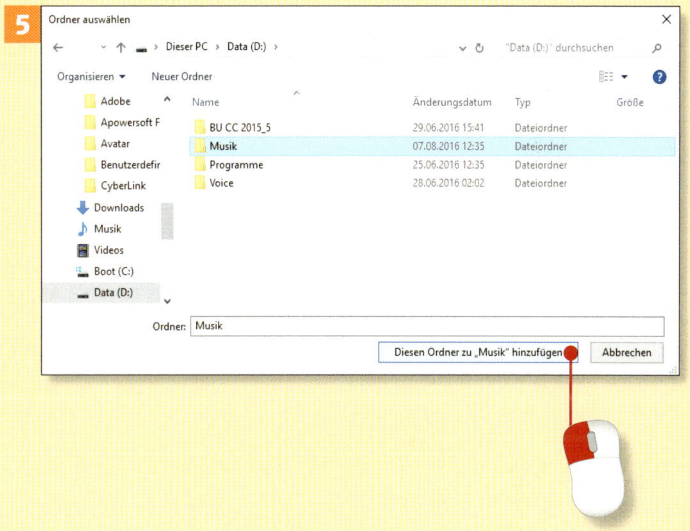

Schritt 6

Wiederholen Sie die Schritte 4 und 5, bis alle Ordner verknüpft sind. Am Ende bestätigen Sie mit einem Klick auf **Fertig**.

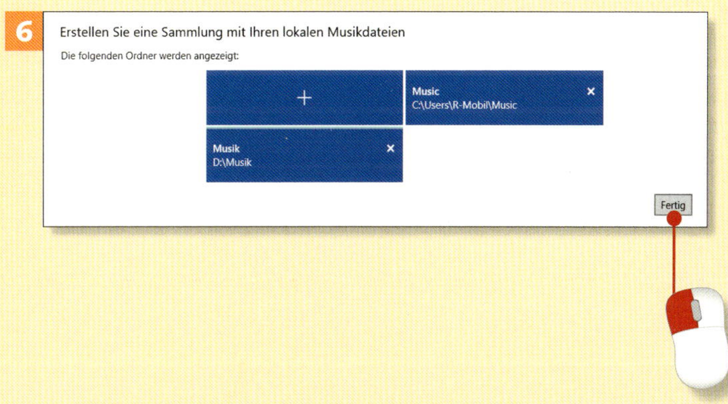

Verknüpfung entfernen

Wenn Sie die Verknüpfung zu einem Ordner aufheben möchten, klicken Sie im Anschluss an Schritt 3 auf das Schließkreuz **1** der jeweiligen Verknüpfung, das sich im blauen Kasten oben rechts befindet.

Die App Groove-Musik auf einen Blick (Forts.)

7

8

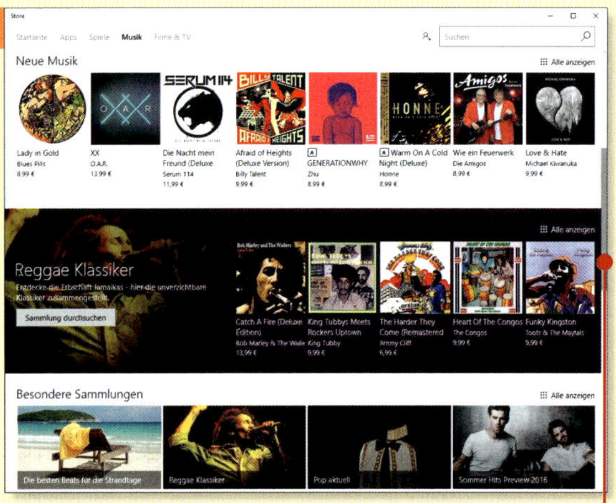

9

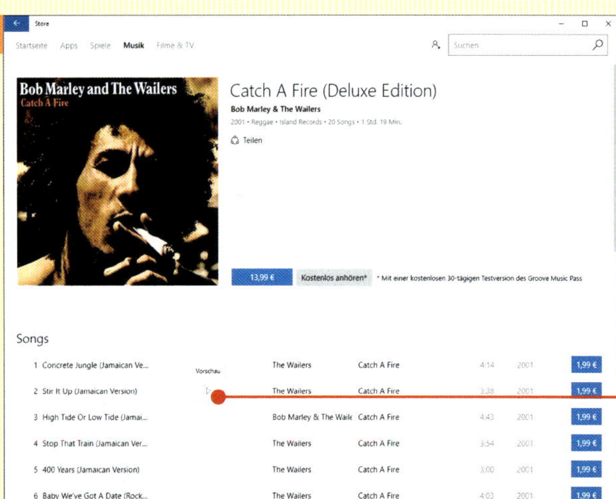

Schritt 7

Im Windows Store werden nicht nur Apps, sondern auch Musik angeboten. Wenn Sie im Sortiment stöbern möchten, klicken Sie unten links auf **Musik im Store holen**.

Schritt 8

Scrollen Sie mithilfe des an der rechten Seite befindlichen Scrollbalkens durch die Angebote des Stores. Interessieren Sie sich für eine der bebilderten Offerten, klicken Sie das Foto an.

Schritt 9

Wollen Sie kurz in einen Titel hineinhören, klicken Sie auf die **Vorschau**-Schaltfläche des betreffenden Songs.

Musik kaufen

Die hier vorgestellten Funktionen dienen dazu, das Hineinhören in einen Titel zu ermöglichen. Um sich den Titel vollständig anhören zu können, müssen Sie diesen kaufen. Wie das geht, erfahren Sie auf Seite 198.

Schritt 10

Zurück zur vorangegangenen Ansicht gelangen Sie, wie in Windows-Apps üblich, mit dem Pfeil oben links.

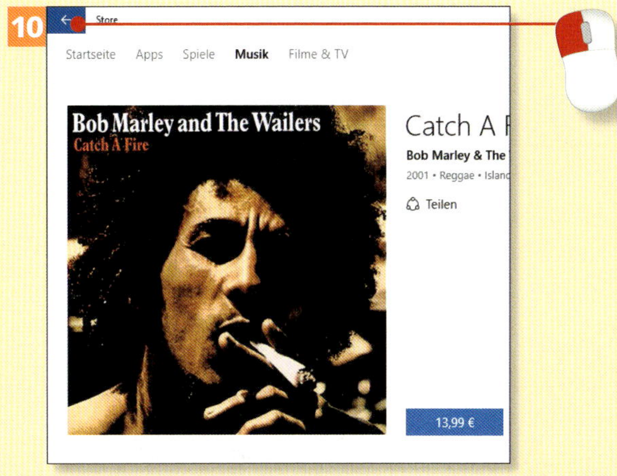

Schritt 11

Beachten Sie das Suchfeld oben rechts. Mit diesem können Sie jederzeit nach Titeln oder Künstlern Ausschau halten. Nach Druck auf [↵] werden die Resultate seitenfüllend angezeigt.

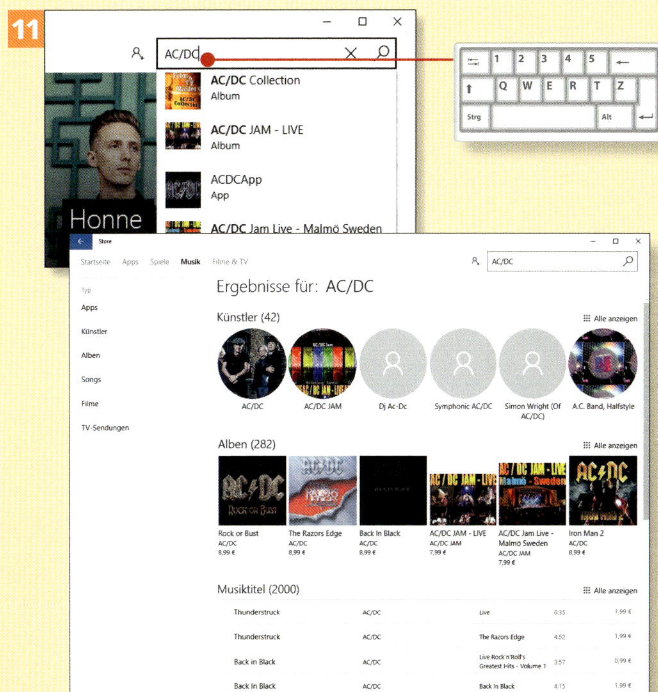

Schritt 12

Beenden Sie die Store-App mithilfe des Schließkreuzes. Sie gelangen dann automatisch wieder in die Groove-Musik-App.

Rubriken

Der Store hat noch weit mehr zu bieten als nur Musik und Apps. Schauen Sie oben links in die Leiste. Sie sehen: Auch die Rubriken **Spiele** und **Filme & TV** werden hier angeboten.

Eine Musik-CD wiedergeben

1

2

3

Windows 10 beherbergt nicht nur die Groove-Musik-App, sondern auch den Windows Media Player. Mit ihm können Sie auch CDs abspielen.

Schritt 1

Legen Sie eine CD in Ihren PC ein. Kurz darauf wird unten rechts auf dem Desktop ein Hinweis angezeigt, auf den Sie klicken müssen.

Schritt 2

In der sich daraufhin öffnenden Liste entscheiden Sie sich für **Audio-CD wiedergeben ▸ Windows Media Player**.

Schritt 3

Wenn Sie den Player zum ersten Mal benutzen, müssen Sie zunächst die gewünschten Einstellungen vornehmen. Ich empfehle Ihnen, hier auf **Benutzerdefinierte Einstellungen** zu klicken. Klicken Sie sich mit **Weiter** durch die Dialoge.

Hinweis verpasst?

Der in Schritt 1 erwähnte Hinweis bleibt nur einige Sekunden lang stehen. Sollten Sie ihn verpasst haben, geben Sie auf der Startseite »media« ein und bestätigen mit ↵, sobald der Eintrag **Windows Media Player** erscheint.

Schritt 4

Falls Sie einverstanden sind, dass sich der Media Player Informationen zu Ihrer Musik aus dem Internet holt, müssen Sie alle drei Checkboxen unter **Erweiterte Wiedergabefunktionen** aktiv lassen. Andernfalls wählen Sie diese ab. Klicken Sie anschließend unten rechts auf **Weiter**.

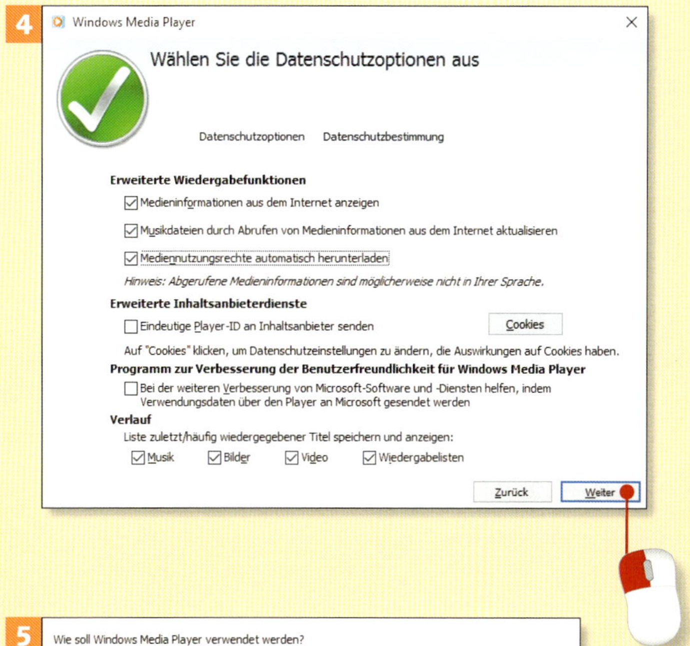

Schritt 5

Wählen Sie den Player als Standardplayer aus. Zum Schluss klicken Sie auf **Fertig**.

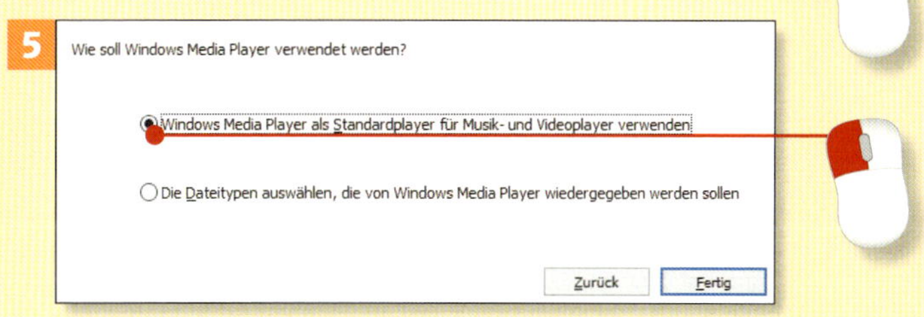

Schritt 6

Die Wiedergabe der CD beginnt nun ganz automatisch. Zudem wird der Player in minimaler Größe angezeigt. Sie können ihn über folgende Schaltflächen bedienen: **Pause/Play** ❸, **Vor** ❹ und **Zurück** ❷, **Stopp** ❶ und **Lautstärke** ❺. Sie sind nur sichtbar, wenn sich die Maus auf dem Player befindet.

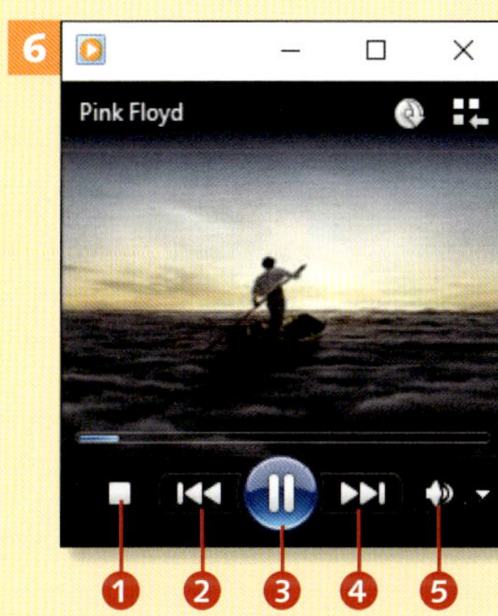

Keine Infos aus dem Internet

Wenn Sie in Schritt 4 die erweiterten Wiedergabefunktionen deaktivieren, verhindern Sie damit auch, dass z. B. Album-Miniaturen (Cover) oder die Titel der Musikstücke hinzugefügt werden.

Musik von einer CD kopieren

Nun ist es ja wunderbar, dass Sie CDs anhören können. Meist bietet es sich aber an, den Inhalt der CD für den künftigen direkten Zugriff auf den Rechner zu übertragen.

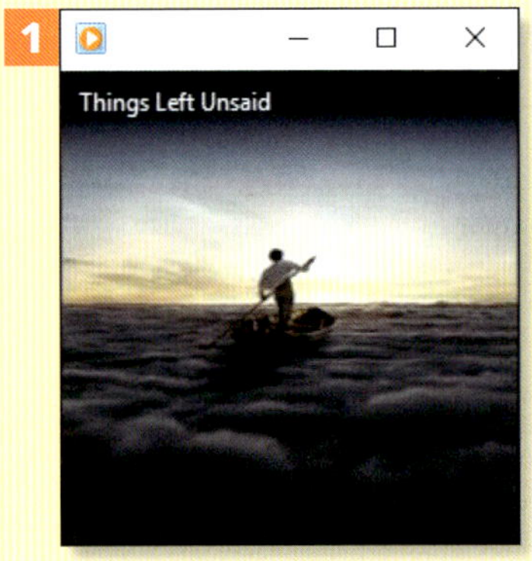

Schritt 1

Sobald Sie eine CD einlegen, öffnet sich das Fenster des Media Players automatisch – vorausgesetzt, Sie haben die Schritte der vorangegangenen Anleitung durchlaufen.

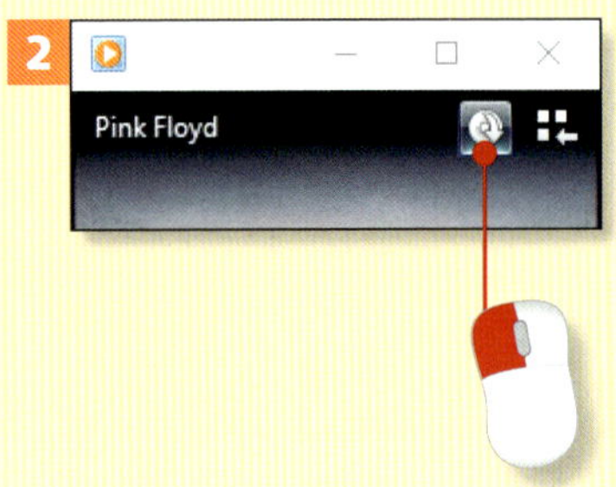

Schritt 2

Das Kopieren der kompletten CD funktioniert am schnellsten, indem Sie auf das kleine CD-Symbol oben rechts im Player klicken. Wenn Sie nur einzelne Tracks importieren möchten, machen Sie stattdessen mit Schritt 4 weiter.

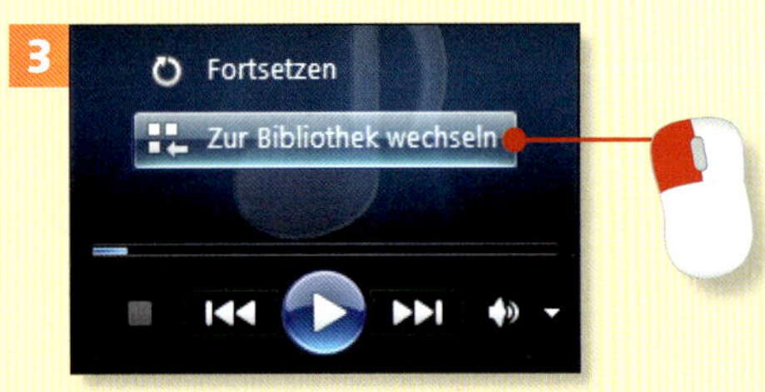

Schritt 3

Warten Sie einen Augenblick. Wenn der Kopiervorgang beendet ist, klicken Sie auf **Zur Bibliothek wechseln**. Auf diese Weise wird allerdings die komplette CD übertragen.

Vorgesehener Speicherort
Die CD zu kopieren heißt: Die ausgewählten Stücke werden an den dafür vorgesehenen Speicherort (*Dieser PC\Musik*) übertragen.

Schritt 4

Wollen Sie hingegen nur Teile der CD auf Ihren Rechner übertragen, klicken Sie anstelle von Schritt 2 direkt auf das Bibliothek-Symbol oben rechts.

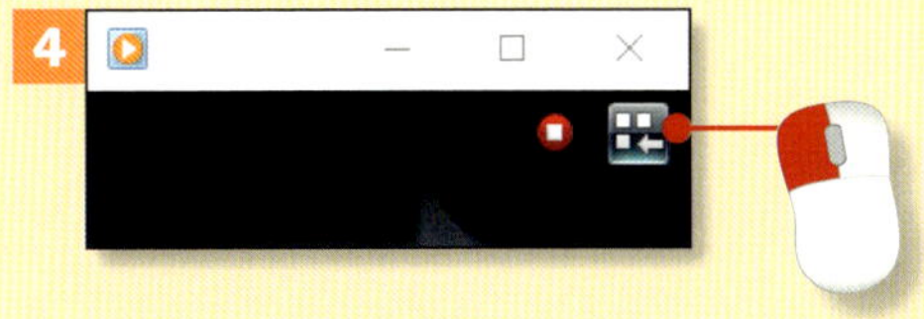

Schritt 5

Jetzt sehen Sie alle Titel einzeln in einer Liste. Besonders praktisch: Klicken Sie zunächst in die oberste Checkbox **Album**, und wählen Sie danach mit einem Klick in die jeweilige Checkbox nur die Titel aus, die importiert werden sollen (hier: 5 und 6).

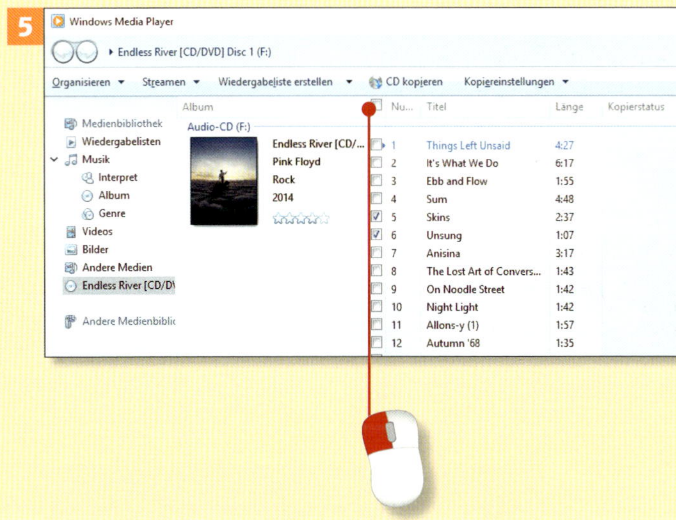

Schritt 6

Wenn Sie alle Titel ausgewählt haben, klicken Sie zuletzt auf die Schaltfläche **CD kopieren**, um den Prozess in Gang zu setzen.

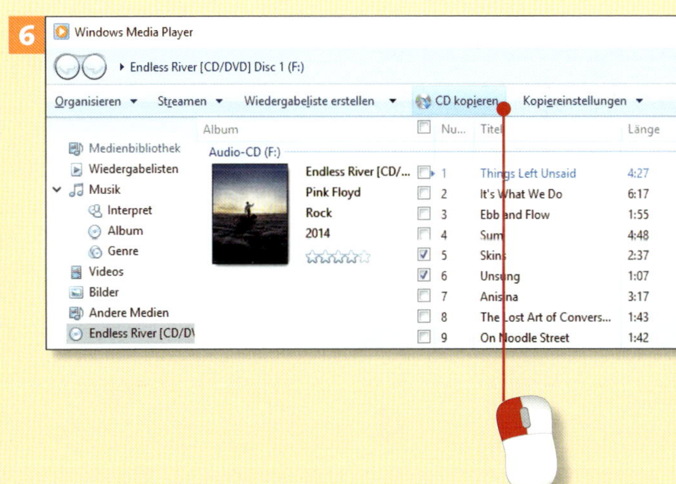

Speicherort ändern

Es ist zu empfehlen, sämtliche Musik im Ordner *Musik* aufzubewahren. Von dort sind die Dateien nämlich auch ohne großen Aufwand z. B. in der Groove-Musik-App erreichbar. Wenn Sie dennoch ein anderes Verzeichnis wählen möchten, klicken Sie oben links auf **Organisieren ▸ Optionen**. Im Register **Musik kopieren** klicken Sie dann auf **Ändern** und wählen den neuen Ordner aus.

Eigene Musik abspielen

1

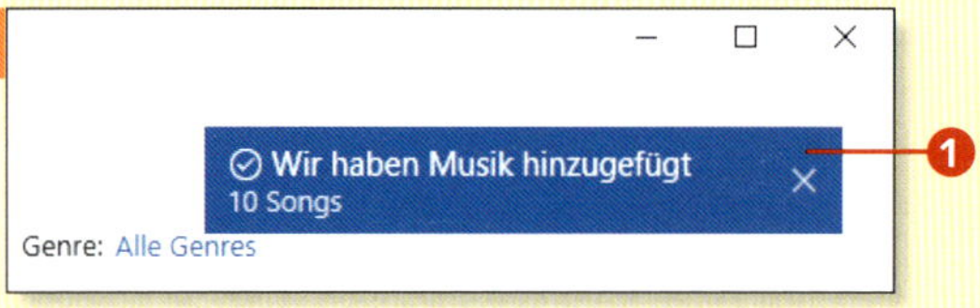

2

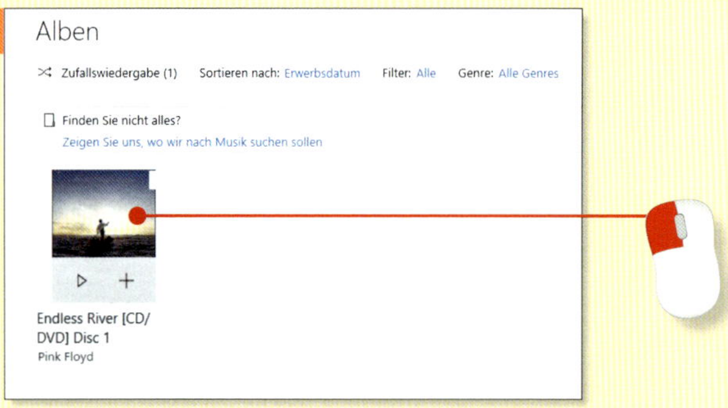

3

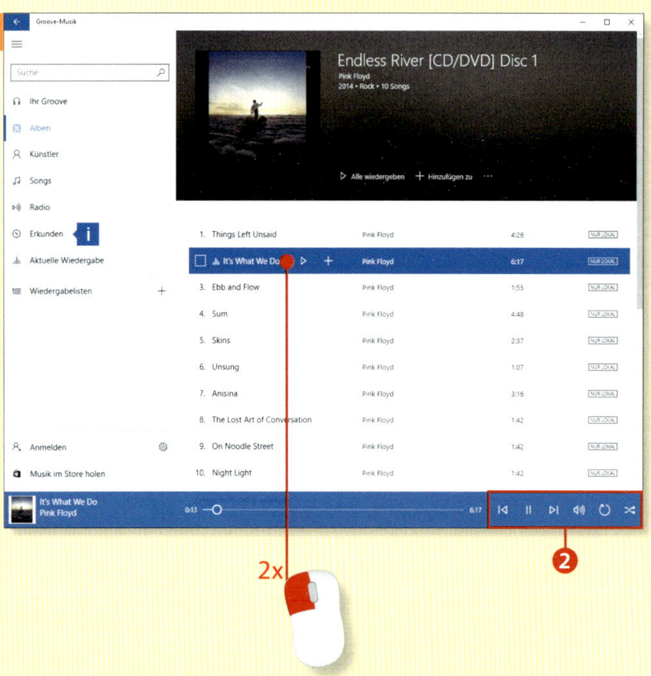

Nachdem Sie erfahren haben, wie Sie Musik auf den Computer kopieren können, geht es nun um das Abspielen Ihrer eigenen Musik. Dies geht sowohl im Media Player als auch in Groove-Musik.

Schritt 1

Starten Sie die Groove-Musik-App. Hier werden Sie gleich darüber informiert, dass neue Musik importiert worden ist ❶ (siehe vorangegangene Anleitung).

Schritt 2

Das Album erscheint weiter unten und kann mit einem Klick darauf zugänglich gemacht werden.

Schritt 3

Die einzelnen Titel können nun mit einem Doppelklick abgespielt werden. Zur weiteren Bedienung benutzen Sie bitte die Steuerelemente in der Fußleiste der App ❷.

Ansicht ändern

Sicher werden mit der Zeit zahlreiche Alben und Tracks hinzukommen. Beachten Sie, dass sich Ihr Musikarchiv durch Auswahl in der linken Spalte unterschiedlich anzeigen lässt (z. B. nach Alben, Künstlern oder einzelnen Songs).

Schritt 4

Im Windows Media Player geht das Öffnen des soeben hinzugefügten Albums ähnlich leicht von der Hand. Klicken Sie in der linken Spalte zunächst auf **Album**.

Schritt 5

Jetzt platzieren Sie einen Doppelklick auf der Album-Miniatur, um das Album zu öffnen.

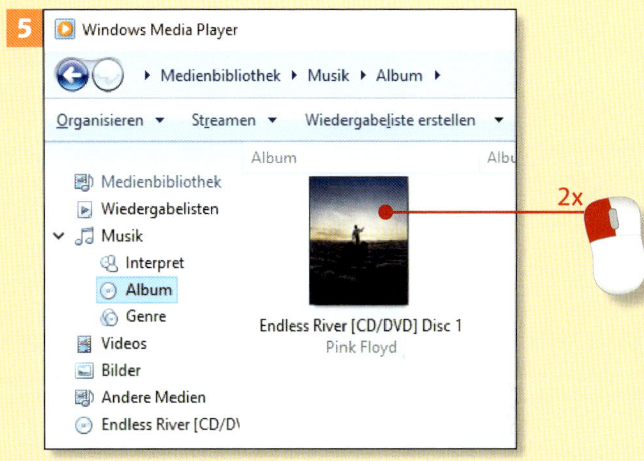

Schritt 6

Zuletzt erfolgt noch ein Doppelklick auf den Track, den Sie sich anhören möchten, und los geht's. Lehnen Sie sich entspannt zurück, und lauschen Sie den Klängen. Sie haben es sich verdient.

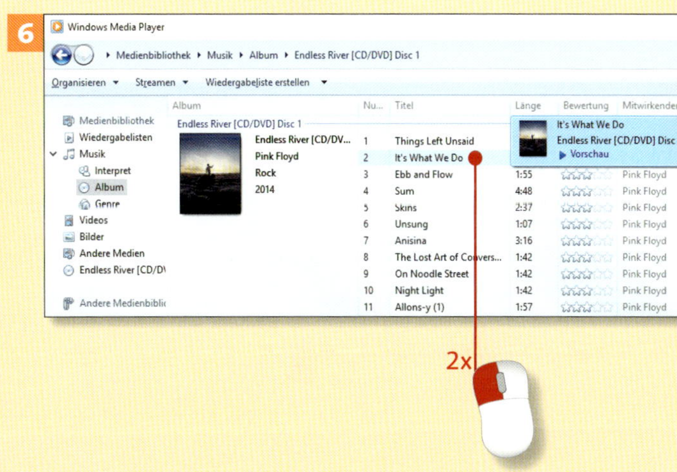

Musik in der Cloud

Sie können Musik prinzipiell in die Cloud OneDrive übertragen, Ihren Speicher im Internet. Dann können Sie auch von unterwegs aus jederzeit darauf zugreifen. Weitere Hinweise finden Sie auf Seite 314.

Wiedergabelisten anlegen

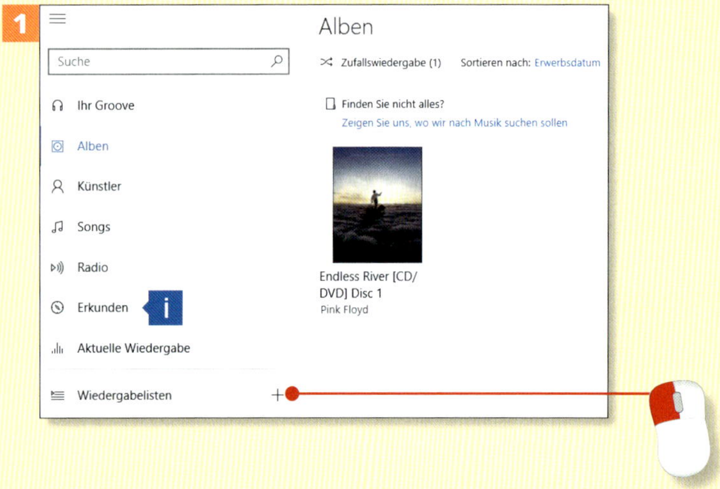

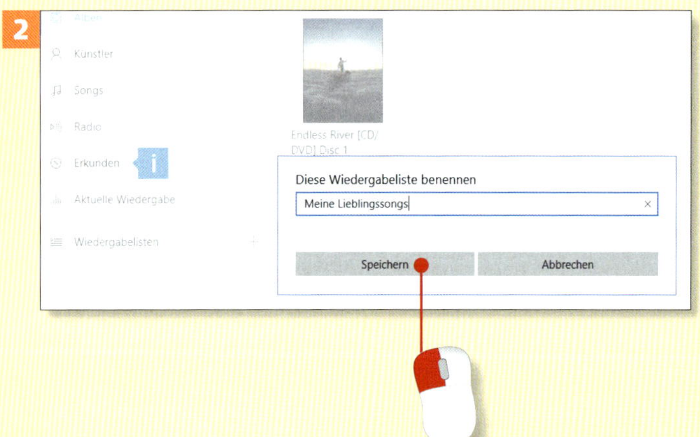

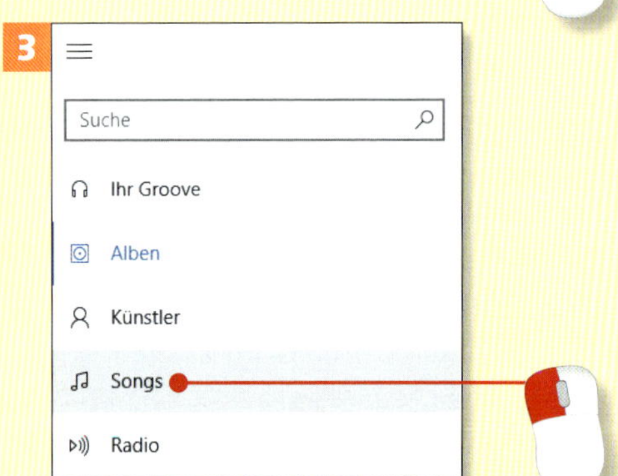

Wenn Sie CDs zusammenstellen und unterschiedliche Titel aus verschiedenen Alben hinzufügen wollen, nutzen Sie Wiedergabelisten. Die Vorgehensweise ist sowohl im Media Player als auch in der Groove-Musik-App prinzipiell identisch.

Schritt 1

Zunächst einmal benötigen Sie eine neue Wiedergabeliste. Dazu klicken Sie in der linken Spalte der Anwendung auf das kleine Plus-Symbol rechts neben **Wiedergabelisten**.

Schritt 2

Im Anschluss geht es daran, die Wiedergabeliste zu benennen. Tippen Sie die gewünschte Bezeichnung ein, und klicken Sie anschließend auf **Speichern**.

Schritt 3

Jetzt geht es darum, Stücke innerhalb der Groove-Musik-App für das Hinzufügen zur Wiedergabeliste bereitzustellen. Deshalb schalten Sie um auf **Songs** (linke Spalte).

Keine Duplikate

Für die Wiedergabeliste werden keine Duplikate der Musikstücke angelegt, sondern lediglich Verweise auf die Originaldatei.

Schritt 4

Sollten Sie über ein umfangreiches Musikarchiv verfügen, lohnt es sich, die Liste zu sortieren, Filter hinzuzufügen oder Genres anzeigen zu lassen. Klicken Sie z. B. auf das Wort **Erwerbsdatum**, und stellen Sie die Sortierreihenfolge **A bis Z** ein.

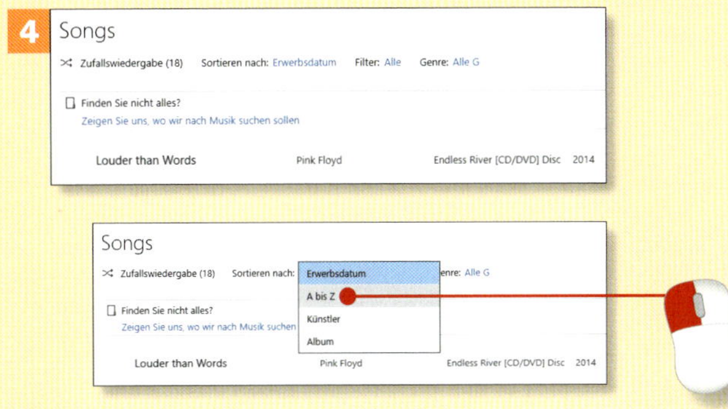

Schritt 5

Markieren Sie alle infrage kommenden Titel. Die Ankreuzkästchen erscheinen vor dem Titel, sobald Sie sich mit der Maus auf der betreffenden Zeile befinden. Ausgewählte Tracks werden blau markiert – anstelle des Kästchens wird jetzt ein Häkchen angezeigt.

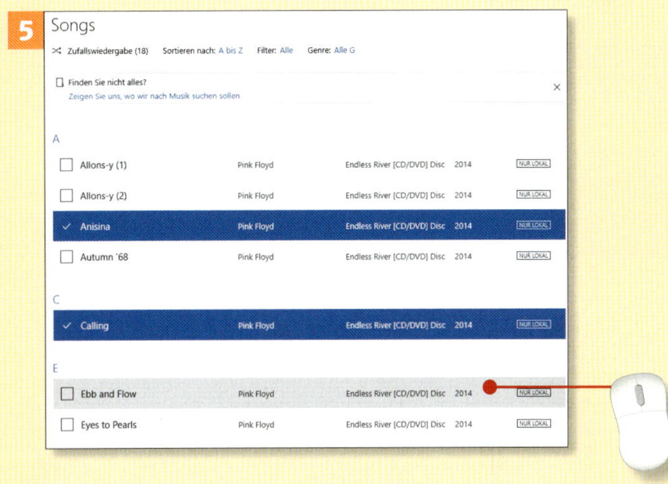

Schritt 6

Am schnellsten geht das Hinzufügen nun, indem Sie einen der bereits markierten Titel noch einmal anklicken, die Maustaste nicht mehr loslassen und die Tracks auf den Titel der Wiedergabeliste herüberziehen. Dort angelangt, lassen Sie los.

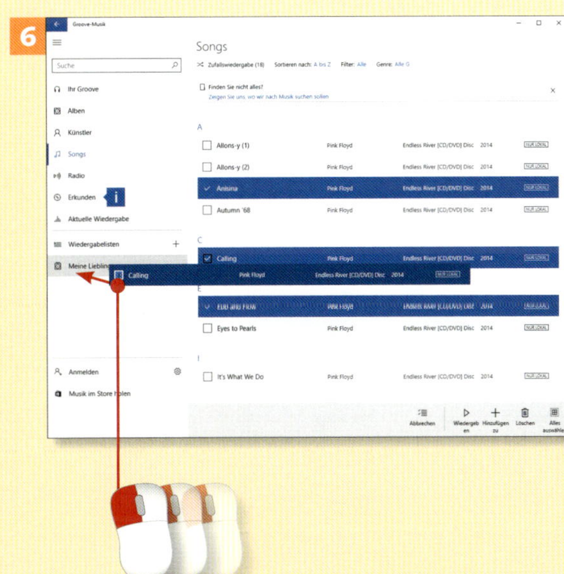

Weitere Titel hinzufügen

Fügen Sie der Liste weitere Titel hinzu, indem Sie z. B. ein Album öffnen und daraus weitere Titel auf die Wiedergabeliste ziehen.

Wiedergabelisten verwalten

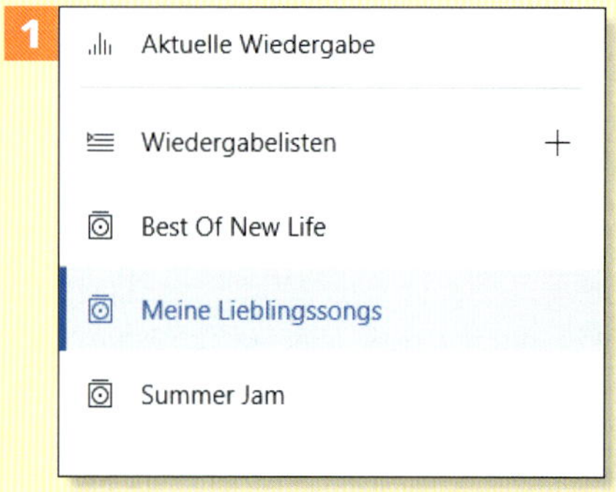

In diesem Abschnitt gebe ich Ihnen nun noch einige Tipps und Infos zum Umgang mit Wiedergabelisten. Bestimmt wollen Sie auch wissen, wie Sie die Listen sortieren können, oder?

Schritt 1

Natürlich muss niemand mit einer einzigen Wiedergabeliste auskommen. Sie können auf die im Abschnitt »Wiedergabelisten anlegen« auf Seite 194 beschriebene Art beliebig viele weitere Listen erzeugen.

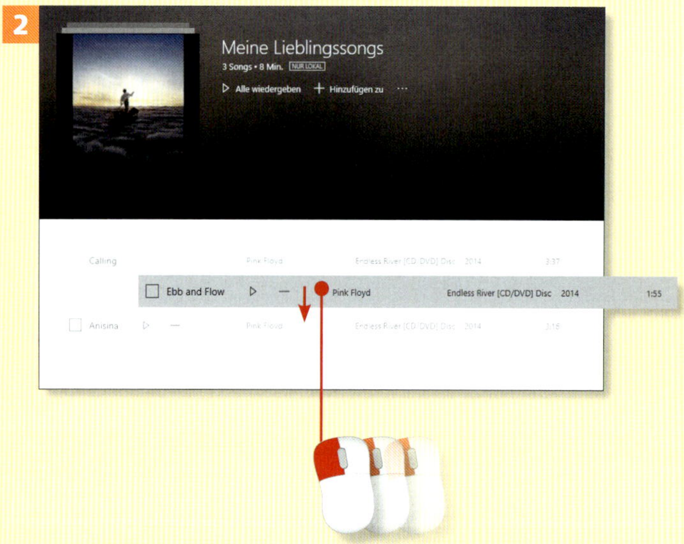

Schritt 2

Titel lassen sich einfach umsortieren, indem sie mit gehaltener Maustaste an eine andere Position geschoben werden. Lassen Sie die Maustaste los, wenn Sie sich zwischen zwei Titeln, über dem ersten oder unter dem letzten in der Liste befinden.

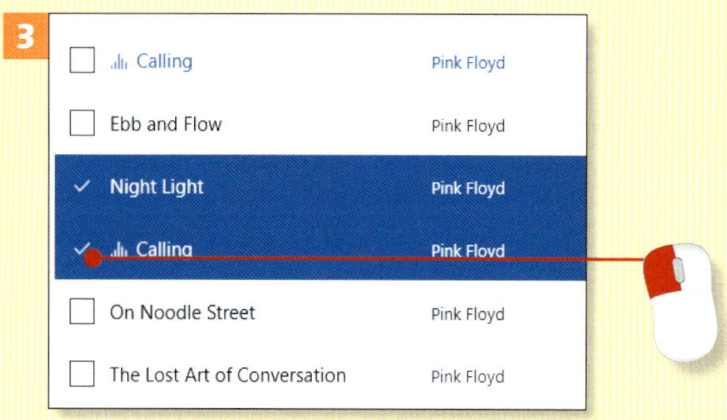

Schritt 3

Wenn Sie einen Titel nachträglich aus der Wiedergabeliste entfernen möchten, müssen Sie diesen (oder mehrere) zunächst wieder anwählen. Benutzen Sie dazu die vorangestellte(n) Checkbox(en).

Schritt 4

Anschließend müssen Sie in der Fußleiste **Aus Wiedergabeliste löschen** anklicken (der Schalter mit dem Mülleimer) oder `Entf` auf Ihrer Tastatur drücken.

4

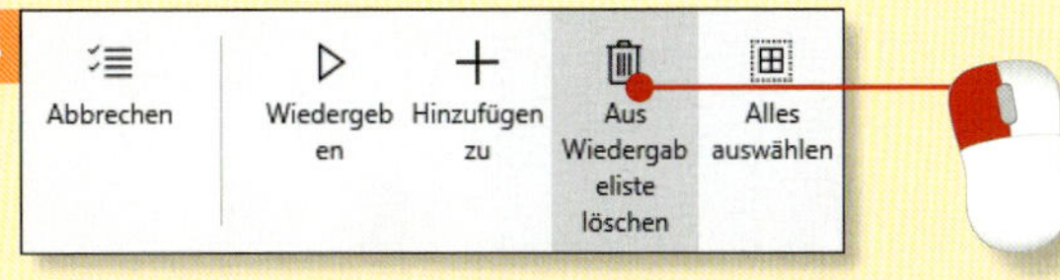

Schritt 5

Markierte Titel dürfen von hier aus auch anderen Wiedergabelisten hinzugefügt werden. Dazu klicken Sie zunächst auf **Hinzufügen zu** im Fuß der App.

5

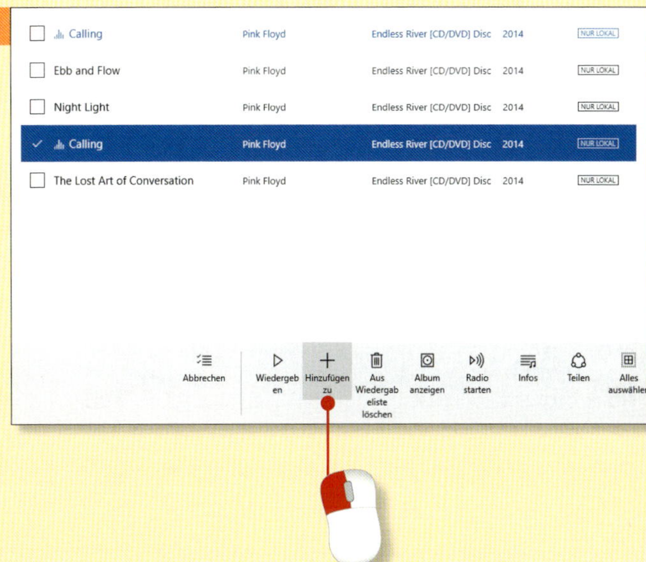

Schritt 6

Danach klicken Sie im Listenfeld die Wiedergabeliste an, in die der Track ebenfalls integriert werden soll (hier: **Best Of New Life**).

6

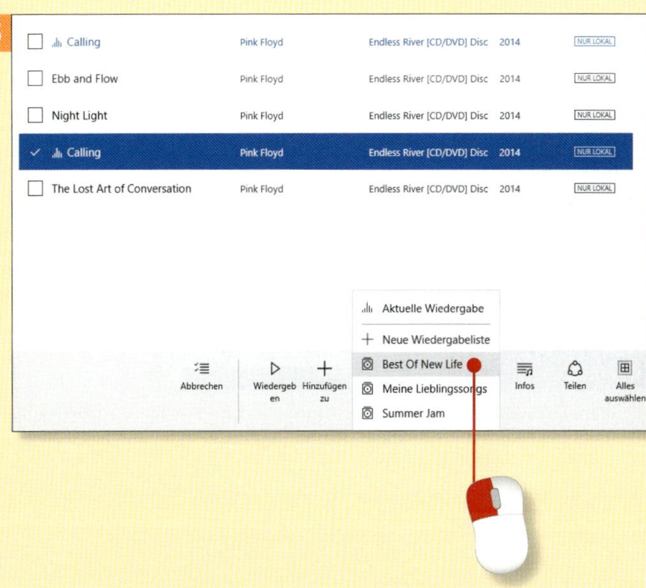

Wiedergabeliste anpinnen

Wenn Sie eine Wiedergabeliste schnell zugänglich machen möchten, können Sie den Listeneintrag in der linken Spalte mit rechts anklicken und »Anpinnen« auswählen. Nun wird eine Kachel der Wiedergabeliste im Startmenü erzeugt.

Musik online kaufen

1

2

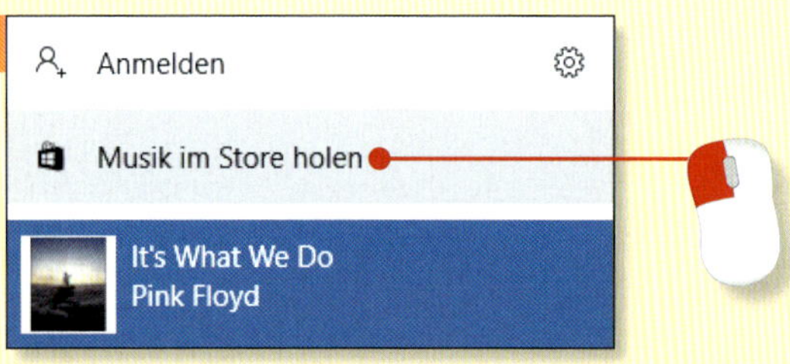

3

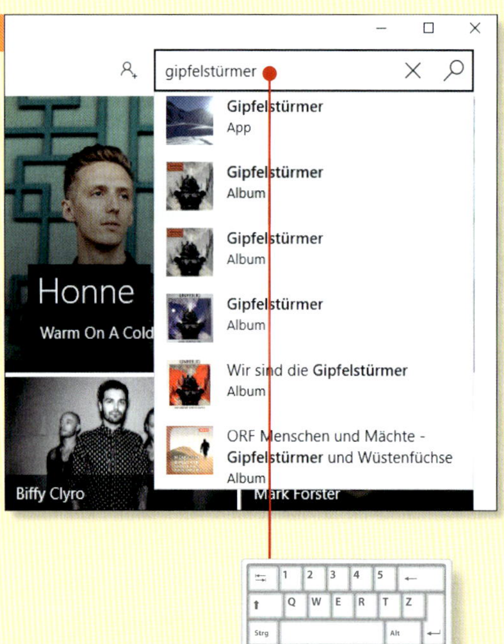

Bestimmt macht das Durchstöbern der Store-App Lust auf mehr. Gefällt Ihnen ein Song oder Album, können Sie ihn bzw. es dort gleich erwerben.

Schritt 1

Öffnen Sie die App Groove-Musik, indem Sie auf die gleichnamige Kachel im Startmenü klicken. Alternativ geben Sie »Mu« in das Suchfeld der Taskleiste ein und drücken [↵].

Schritt 2

Setzen Sie einen Mausklick auf **Musik im Store holen** unten rechts.

Schritt 3

Daraufhin werden Sie mit der Store-App verbunden. Sofern Sie nicht direkt auf der Startseite fündig werden, tragen Sie den Namen des Albums oder Interpreten in das Suchfeld ein und wählen den gewünschten Eintrag aus der Liste.

Eintrag checken

Bedenken Sie, dass Sie sich im Store befinden. Dort gibt es auch Apps. Sie sollten also vor dem Mausklick darauf achten, dass Sie die gewünschte Musik erwischen und nicht etwa eine App (die es unter dem Suchbegriff »Gipfelstürmer« z. B. ebenfalls gibt).

Schritt 4

Um sich ein Stück aus einem Album anzuhören, klicken Sie auf die kleine Play-Schaltfläche. Sie wird jedoch erst sichtbar, wenn sich die Maus in der gewünschten Zeile befindet.

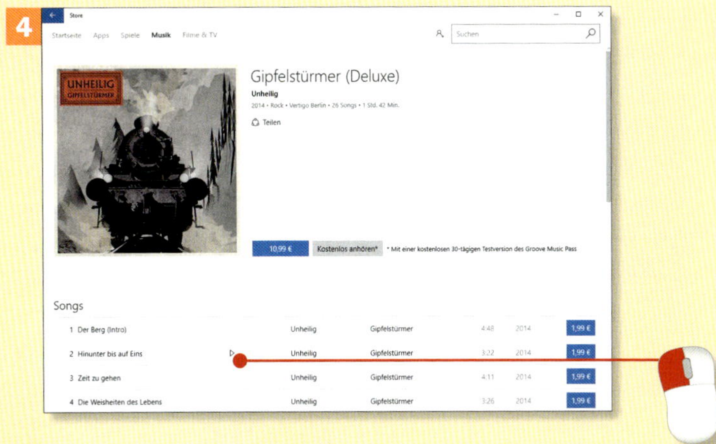

Schritt 5

Preise für einzelne Songs befinden sich rechts in der jeweiligen Zeile, während Albumpreise direkt neben der Albumvorschau angeordnet sind. Zum Erwerb klicken Sie auf den Preis des gewünschten Artikels.

Schritt 6

Zunächst müssen Sie ein Konto auswählen. Anschließend loggen Sie sich ein. Tragen Sie das Kennwort ein, und bestätigen Sie mit einem Klick auf **Anmelden**. Danach wird das Finanzielle abgewickelt.

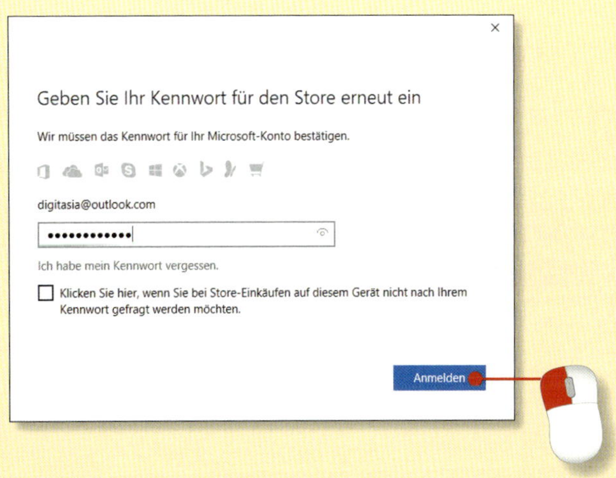

Alben und Tracks

Ein **Album** besteht gewöhnlich aus mehreren Tracks (also Musikstücken). Allerdings müssen Sie nicht unbedingt das gesamte Album erstehen, sondern können meist auch einzelne Tracks kaufen.

Filme kaufen, Filme abspielen

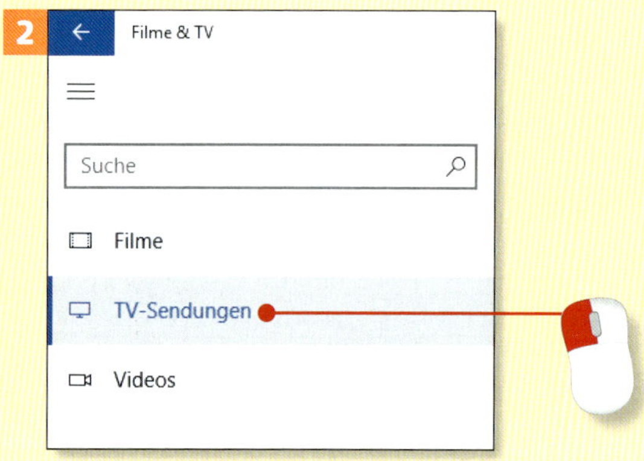

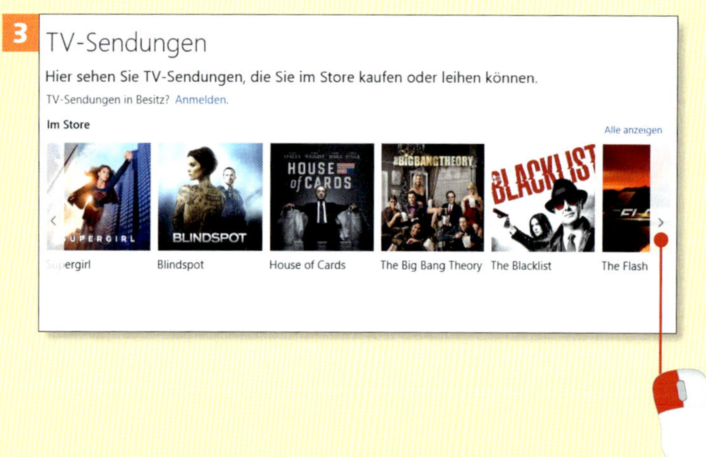

Mit Windows können Sie auch Filme und Videos im Store kaufen, ausleihen und Trailer ansehen. Außerdem lassen sich auch eigene Filme ansehen.

Schritt 1

Zum Öffnen der App klicken Sie im Startmenü auf **Filme & TV**. Sind Sie bereits im Store, dann wählen Sie oben links **Filme & TV**.

Schritt 2

Entscheiden Sie auf der linken Seite der Anwendung, ob Sie sich **Filme**, **TV-Sendungen** oder eigene **Videos** ansehen wollen.

Schritt 3

Suchen Sie nach dem gewünschten Film oder nach der TV-Sendung. Benutzen Sie die Nach-rechts- oder Nach-links-Schaltfläche (die sichtbar sind, wenn Sie sich auf der Bildleiste befinden), um weitere Inhalte anzeigen zu lassen. Wenn Sie etwas gefunden haben, klicken Sie es an.

Eigene Filme abspielen

Sie wollen Ihre eigenen, auf dem Computer befindlichen Filme abspielen? Dann klicken Sie einen solchen Film mit rechts an, zeigen auf **Öffnen mit** und entscheiden sich zuletzt für **Filme & TV**.

Schritt 4

Sollte zum gewählten Film oder zur TV-Serie eine Vorschau, ein sogenannter *Trailer*, existieren, finden Sie unter dem Cover eine Vorschau, die Sie anklicken können.

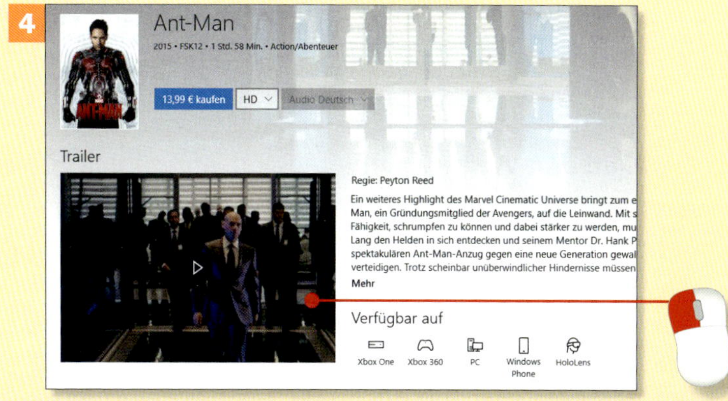

Schritt 5

Genießen Sie die Vorschau. Wenn Sie genug gesehen haben, klicken Sie auf den nach links weisenden Pfeil in der oberen linken Ecke.

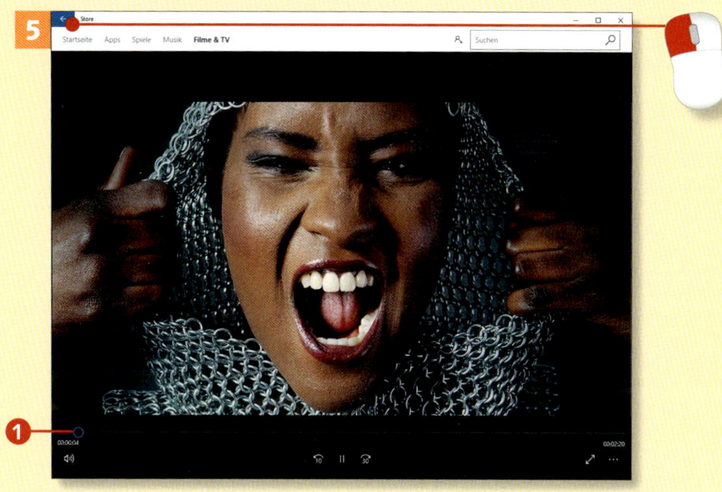

Schritt 6

Wollen Sie den Film kaufen, klicken Sie auf den Preis. Fernsehserien haben meist einen Staffelpreis, der für alle Folgen einer Staffel gilt. Zudem können Sie in der Regel auch einzelne Episoden der Serie erwerben, die etwas weiter unten gelistet sind.

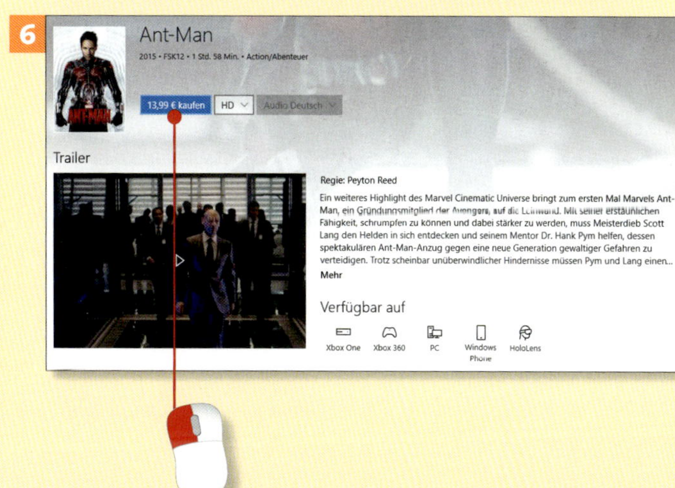

Playhead

Der kleine Kringel **1**, den Sie in Schritt 5 sehen, ist der *Playhead* (Abspielmarke). Dieser kann per Drag-and-drop in horizontaler Richtung verschoben werden. So können Sie sich fast stufenlos innerhalb des Videos bewegen – also auch mal schnell vor- oder zurückspringen.

Kapitel 8
Texte schreiben

Erstellen und Weiterverarbeiten von Text zählen zu den am häufigsten genutzten Aufgaben am Computer. Sie als Windows-10-Besitzer haben es leicht, denn Sie können gleich anfangen. Neben WordPad steht Ihnen auch das Programm Kurznotizen zur Verfügung.

Texte verfassen

Wenn Sie kein kostenpflichtiges Textverarbeitungsprogramm wie Microsoft Word nutzen möchten, können Sie Ihre Texte auch mit WordPad ❶ erstellen, auszeichnen und sogar Bilder in den Text einfügen.

Malen und zeichnen

Sie wollen mithilfe eines Touchscreens, eines Stift-Tabletts oder einfach nur mit der Maus malen, zeichnen oder skizzieren? Dann ist die innovative Ink-Technologie ❷ genau das Richtige für Sie. Damit lassen sich virtuelle Klebezettel beschreiben und Bilder malen.

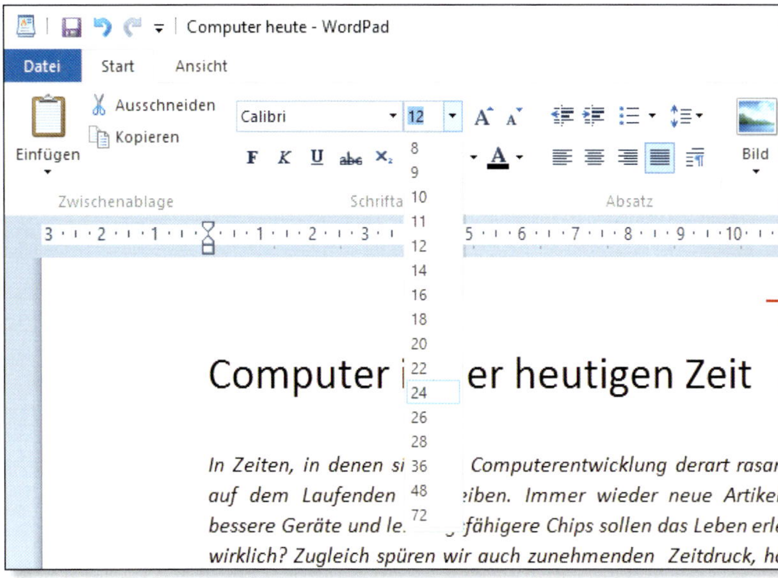

1 Mit WordPad können Sie Ihre Texte verfassen und gestalten.

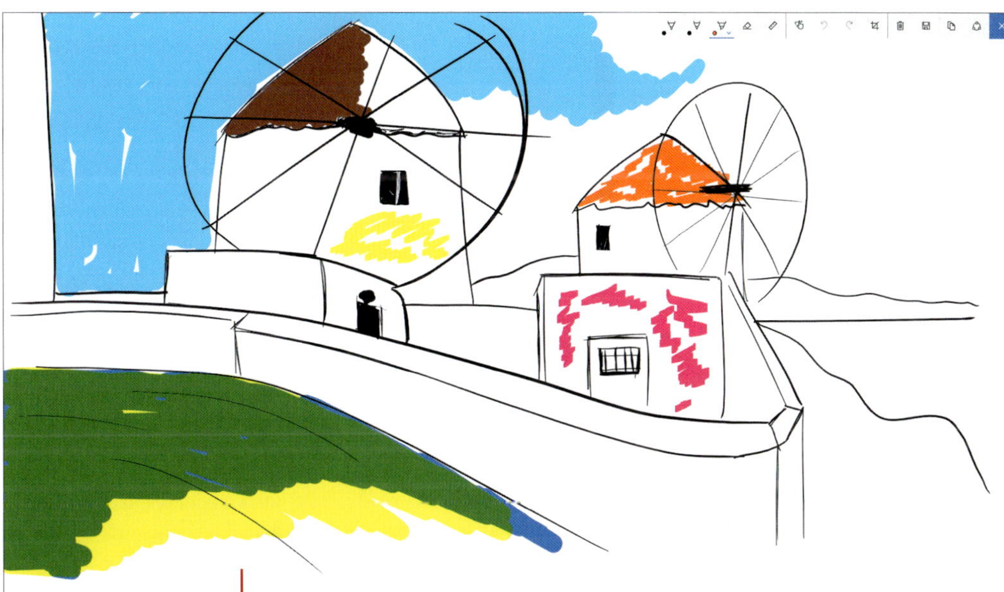

2 Dank der Ink-Technologie können Sie Kurznotizen handschriftlich erstellen und sogar Bilder malen.

Texte mit WordPad verfassen

1

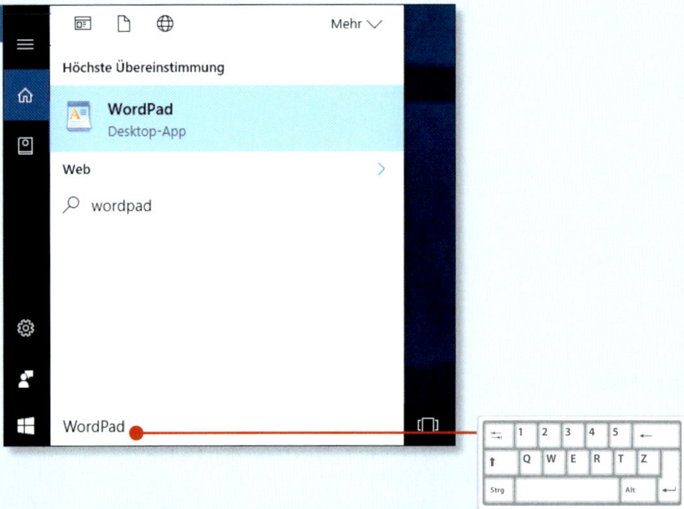

2

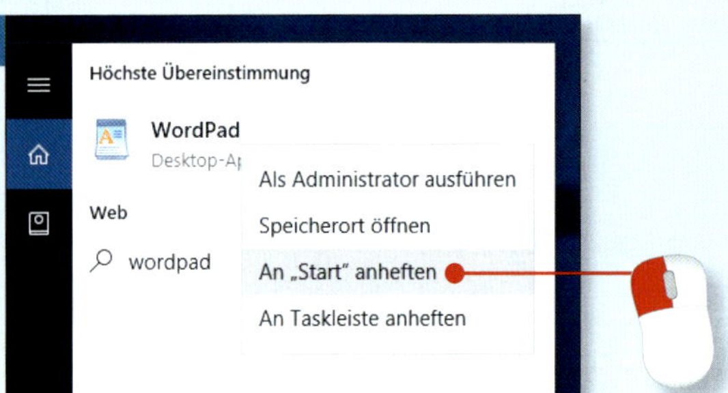

3

In diesem Abschnitt geht es um die Erstellung und Formatierung von Text. WordPad kann viel mehr, als man meint.

Schritt 1

Suchen Sie zunächst die WordPad-App. Dazu tippen Sie im Taskleisten-Suchfeld einfach ein entsprechendes Suchwort ein (hier: »WordPad«).

Schritt 2

Bevor wir das Programm öffnen, wollen wir davon eine Schnellstart-Kachel im Startmenü erzeugen. Klicken Sie den **WordPad**-Eintrag deswegen mit rechts an, und gehen Sie dann auf **An „Start" anheften**.

Schritt 3

Es ist zu empfehlen, die Kachel mit gedrückter Maustaste an die gewünschte Position zu schieben. Nun können Sie die Anwendung mit einem Klick auf die soeben erzeugte Verknüpfung im Startmenü öffnen.

Kachel nicht erforderlich

Wenn Sie keine Kachel wünschen, lassen Sie die Schritte 2 und 3 weg und drücken stattdessen nach Schritt 1 direkt ↵.

Schritt 4

Sie können nun Text eingeben oder ein vorhandenes Dokument öffnen (**Datei ▸ Öffnen**). Wenn Sie in eine neue Zeile springen, also einen Absatz erzeugen wollen, drücken Sie [↵]. Großbuchstaben schreiben Sie, solange Sie [⇧] gedrückt halten.

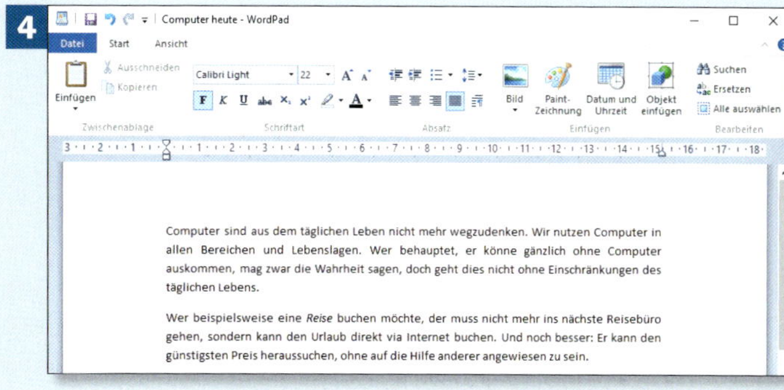

Schritt 5

Wenn Sie sich verschreiben, können Sie Zeichen mit [Entf] oder [←] löschen. Ganze Begriffe markieren Sie mit einem Doppelklick, während Sie ganze Absätze mit einem Dreifachklick auswählen. Markierungen werden gelöscht, sobald Sie mit der Neueingabe des Textes beginnen.

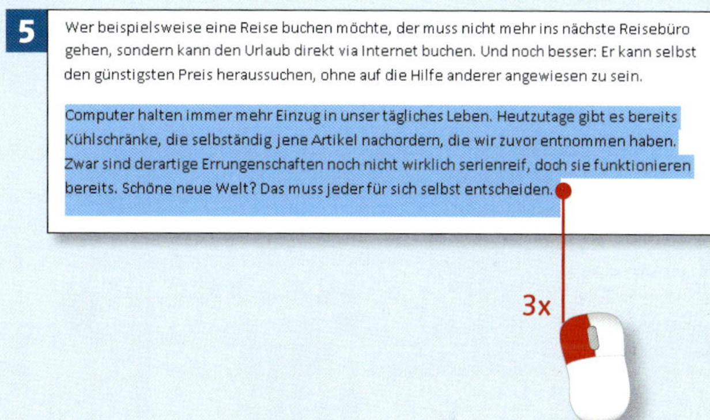

Schritt 6

Zur besseren Übersicht und für Hervorhebungen ist es sinnvoll, Text unterschiedlich zu gestalten. Setzen Sie z. B. einen Dreifachklick auf die Überschrift. Sie wird daraufhin blau markiert.

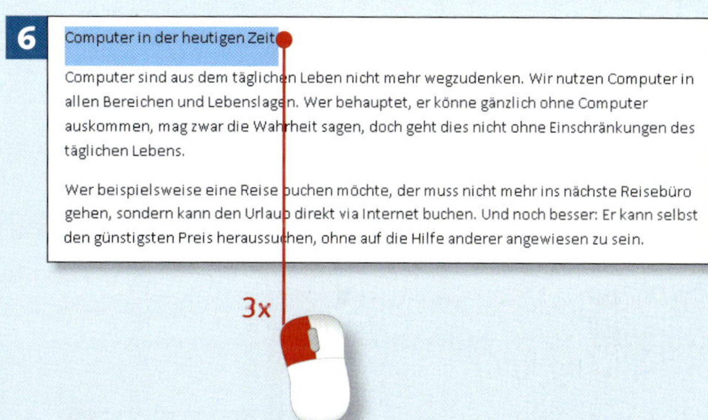

i

Buchstaben auszeichnen

Anstelle ganzer Wörter oder Zeilen können Sie auch einzelne Buchstaben markieren und separat auszeichnen. Die Veränderung wirkt sich stets nur auf die markierten Bereiche aus.

Texte mit WordPad verfassen (Forts.)

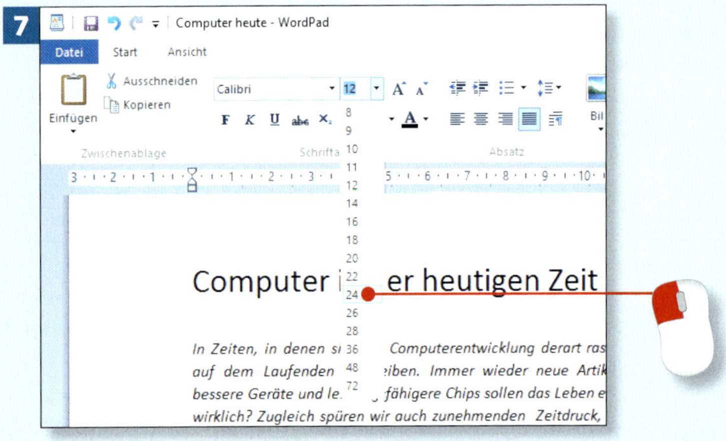

Schritt 7

Dann verändern Sie den **Schriftgrad**. Öffnen Sie die entsprechende Liste, indem Sie auf das kleine Dreieck neben der Schriftgröße klicken. Fahren Sie jetzt das Menü entlang, bis Sie bei **24** angelangt sind. Dort platzieren Sie einen weiteren Mausklick.

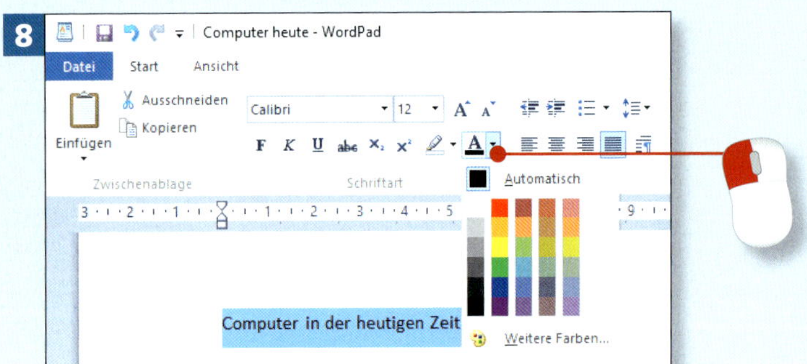

Schritt 8

Die immer noch markierte Schrift soll jetzt umgefärbt werden. Klicken Sie dazu auf das kleine Textfarben-Dreieck.

Schritt 9

Nun wählen Sie eine Farbe aus und klicken auf das entsprechende farbige Quadrat (im Beispiel: **Kräftiges Blau**). Dies hat zur Folge, dass der Text entsprechend umgefärbt wird.

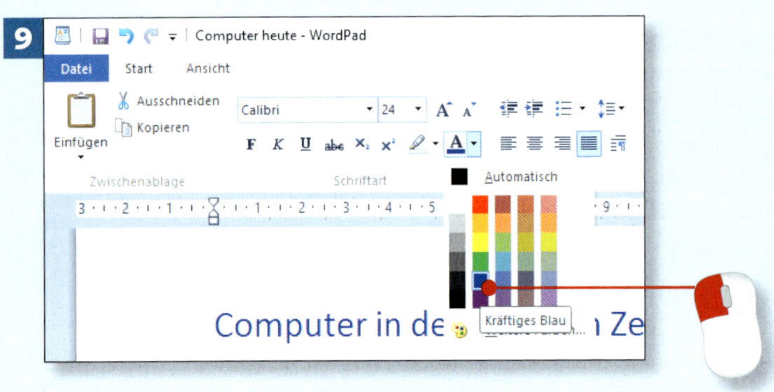

Farbe mit Bedacht wählen

Wenn Sie das Dokument später drucken möchten, achten Sie bei der Wahl der Schriftfarbe immer darauf, ob der Text auf dem gedruckten Papier später gut lesbar ist. Bunt ist zwar schön, aber der Lesbarkeit nicht immer zuträglich.

Schritt 10

Da Sie die Schriftfarbe nicht richtig sehen können – der Text ist ja immer noch blau markiert –, sollten Sie nun noch auf einen beliebigen Bereich des Textes klicken. Setzen Sie nur einen einzelnen Mausklick.

Schritt 11

In diesem Schritt setzen Sie ein einzelnes Wort kursiv. Markieren Sie dazu ein Wort, das Sie für wichtig halten, indem Sie einen Doppelklick darauf setzen.

Schritt 12

Damit das markierte Wort schräg gestellt werden kann, klicken Sie auf die kleine **K**-Schaltfläche. Mit **F** setzen Sie das Wort fett, mit **U** wird der markierte Text unterstrichen.

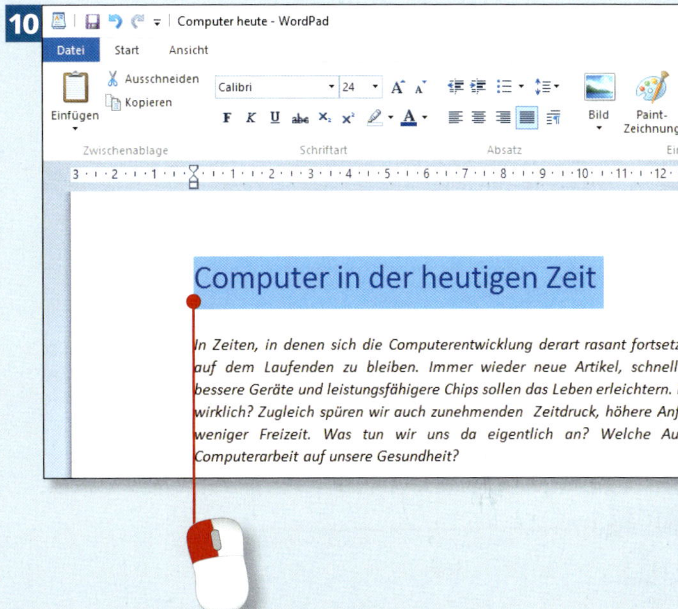

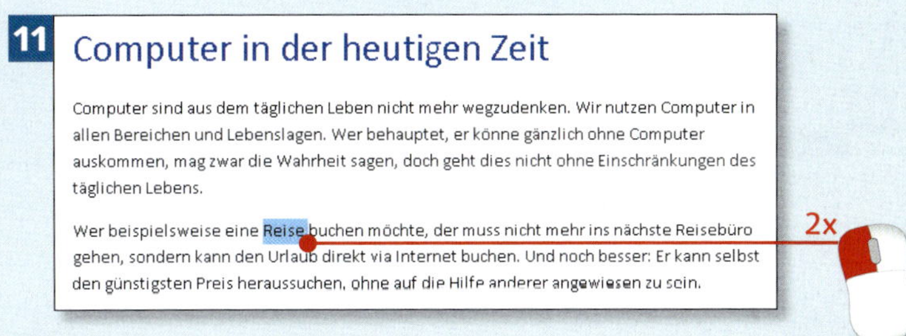

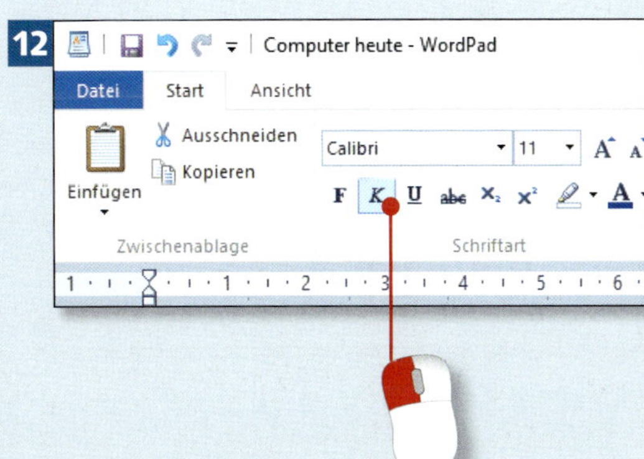

Microsoft Word

Wenn Sie ein professionelles Textverarbeitungsprogramm ausprobieren möchten, laden Sie sich eine Testversion von Microsoft Office unter *www.office.com* herunter (Rubrik: **Produkte ▸ Testen**)

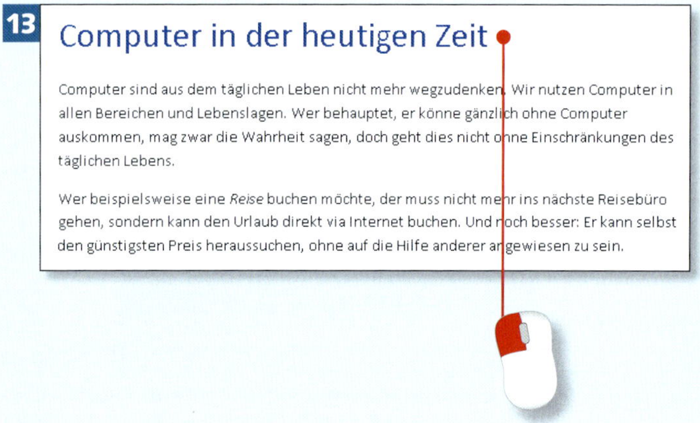

Schritt 13

Entfernen Sie die Markierung wieder, indem Sie einen einzelnen Mausklick auf einen anderen Textbereich setzen.

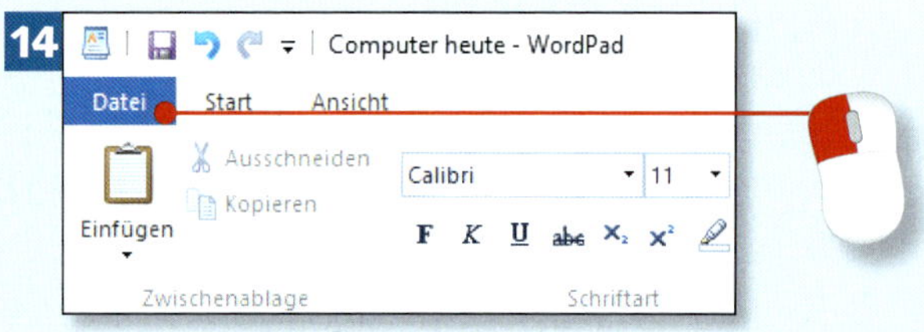

Schritt 14

Es wird Zeit, das Dokument zu speichern. Denn wenn es mal einen Computer- oder Programmabsturz geben sollte, wäre alles verloren. Daher klicken Sie zunächst auf **Datei** in der oberen linken Ecke.

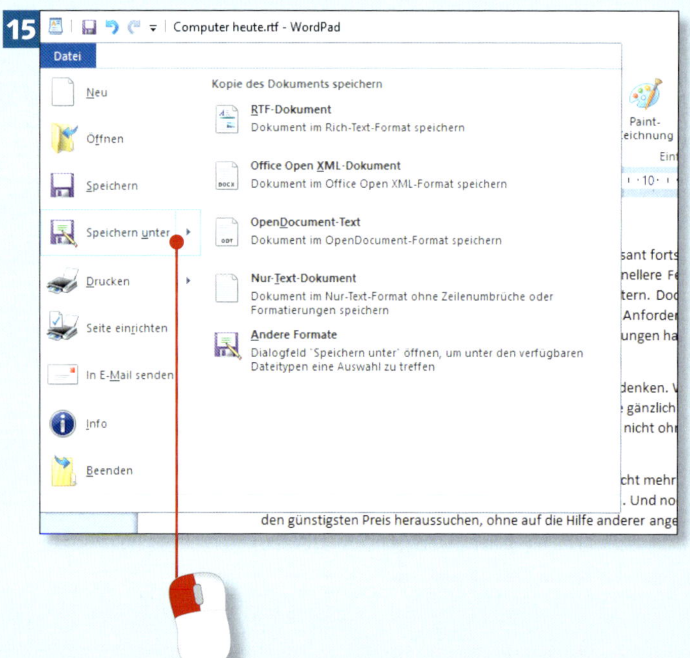

Schritt 15

Im Menü klicken Sie dann auf **Speichern unter**. Das sorgt dafür, dass Sie im nächsten Dialog einen Speicherort angeben können.

Speichern nicht vergessen

Auch wenn die Programme unter Windows 10 sehr stabil laufen: Es ist ärgerlich, wenn Sie einen langen Text durch technische Probleme verlieren. Gehen Sie lieber auf Nummer sicher: Häufiges Speichern (ebenso wie das Zwischenspeichern mit [Strg] + [S]) erspart Ihnen unter Umständen eine Menge Ärger.

Schritt 16

Da der Dateiname unten im Dialog **Speichern unter** bereits blau markiert ist, können Sie gleich einen neuen eingeben. Vergeben Sie den Namen »Computer heute«.

Schritt 17

Wenn Sie nun in der linken Spalte noch den **Desktop** auswählen, haben Sie einen Speicherort zugewiesen. Zur Wiederholung: Das WordPad-Dokument wird unter dem Namen »Computer heute« auf dem Desktop abgelegt.

Schritt 18

Zuletzt reicht ein Klick auf **Speichern,** und das Dokument ist gesichert. Wenn Sie wollen, können Sie WordPad nun mit einem Klick auf das Schließkreuz oben rechts beenden.

16

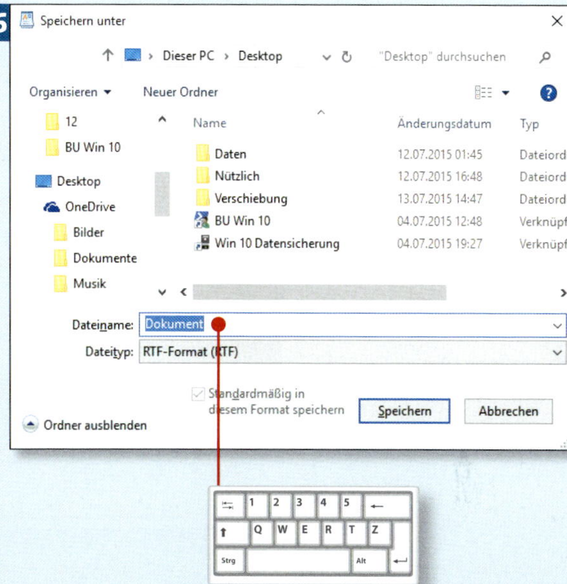

17

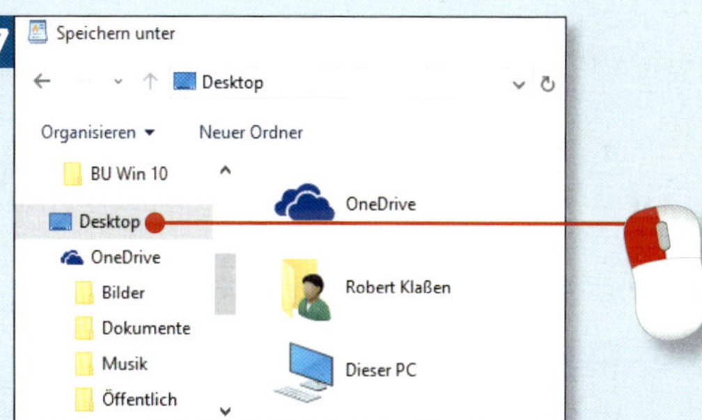

18

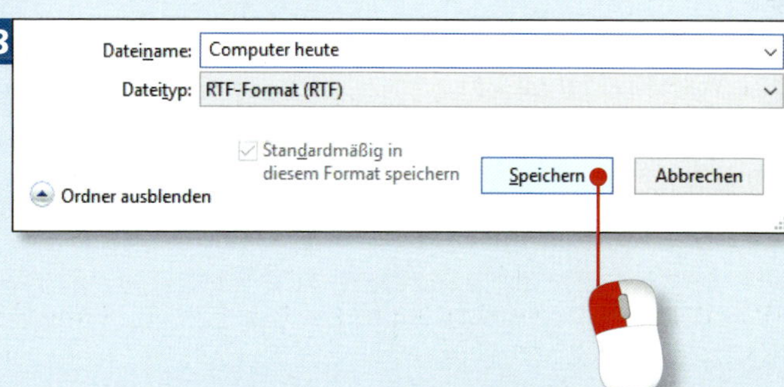

Dokument öffnen

Nachdem Sie WordPad geschlossen haben, können Sie das Dokument jederzeit wieder zugänglich machen, indem Sie doppelt auf das entsprechende Symbol auf dem Desktop klicken. Sie müssen das Programm WordPad vorab nicht extra öffnen.

Kurznotizen erstellen

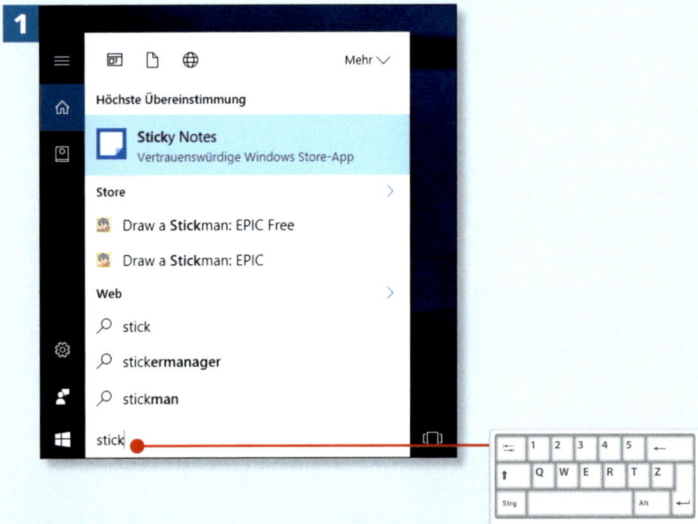

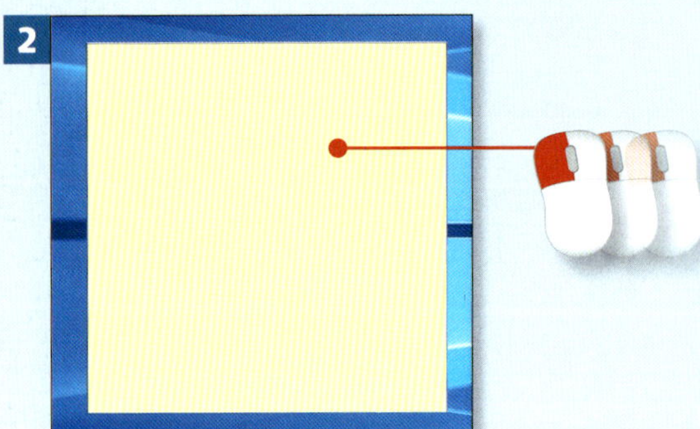

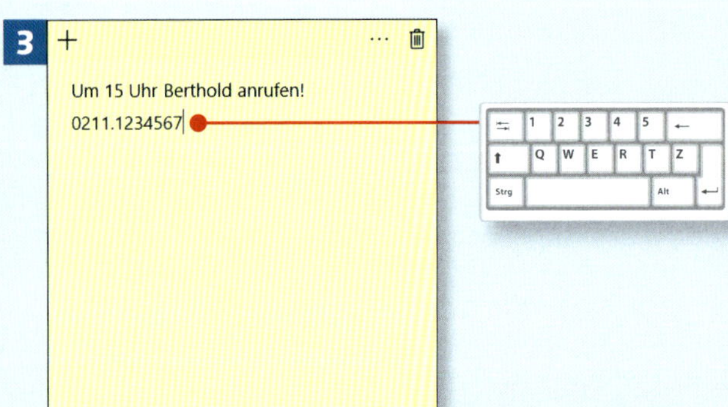

Wenn Sie etwas nur schnell notieren wollen, ist WordPad viel zu umständlich. Verwenden Sie doch lieber »Haftnotizen«, die Sie aus dem echten Leben bestimmt kennen. Es gibt sie auch als digitale Version.

Schritt 1

Geben Sie im Suchfeld unten links als Stichwort »stick« (für »Sticky Notes«) ein. Unter »kurz« (für »Kurznotizen« ließ sich die Mini-App nach dem neuesten Windows-Update nicht finden. Drücken Sie [↵], um das Programm zu öffnen.

Schritt 2

Der Zettel taucht jetzt auf dem Desktop auf. Klicken Sie auf die Kopfzeile, und verschieben Sie den Zettel mit gedrückter linker Maustaste an eine beliebige Stelle.

Schritt 3

Nun können Sie die Notiz verfassen. Alles, was Sie über die Tastatur eingeben, erscheint auf dem Zettel. Auch hier nehmen Sie eine Zeilenschaltung mit [↵] vor.

Zettel vergrößern

Für einen größeren Zettel können Sie die Ecken oder Seitenbegrenzungen mit gedrückter linker Maustaste ziehen.

Schritt 4

Wenn eine Notiz nicht ausreicht, ziehen Sie einfach einen weiteren Zettel hinzu. Das gelingt, indem Sie auf das kleine Plus-Symbol oben links klicken. Diese Symbole sind nur sichtbar, wenn sich der Mauszeiger auf dem Zettel befindet.

Schritt 5

Damit sich die Zettel nicht nur inhaltlich, sondern auch farblich voneinander unterscheiden, klicken Sie zunächst auf die Menü-Schaltfläche (die drei Punkte) und wählen anschließend den gewünschten Farbkreis (z. B. **Gras**).

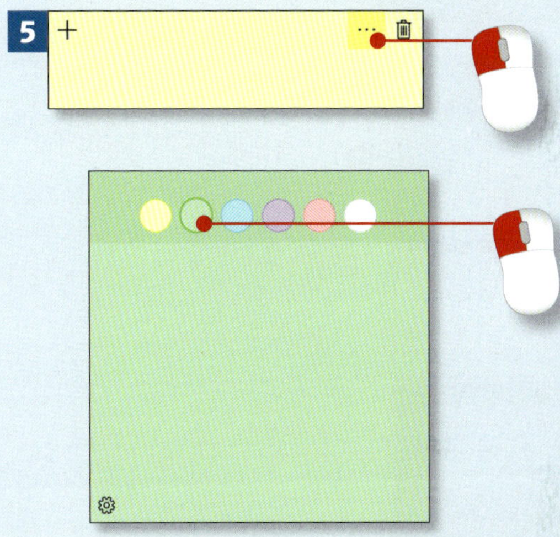

Schritt 6

Das Notierte ist erledigt – Sie benötigen den Notizzettel also jetzt nicht mehr. Klicken Sie auf das Papierkorb-Symbol ❶ oben rechts, und bestätigen Sie die Kontrollabfrage mit **Ja**.

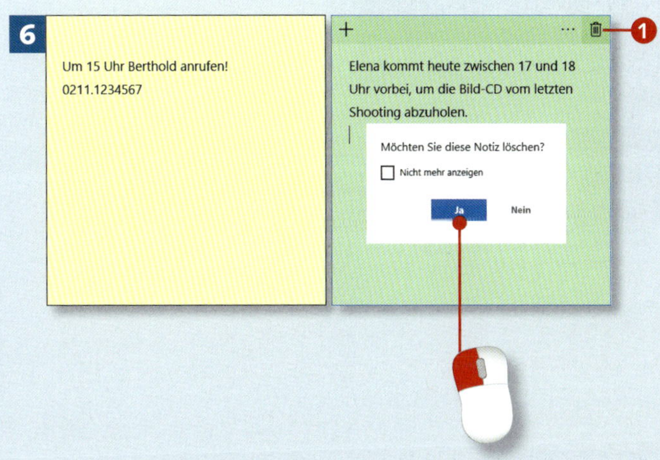

Notizzettel bleiben erhalten

Notizzettel sind auch für den langfristigen Einsatz vorgesehen und bleiben auch nach einem Neustart des Computers bzw. nach der Abmeldung des Benutzers erhalten. Sie müssen den Notizzettel dazu nicht speichern.

Schreiben, zeichnen, malen

1

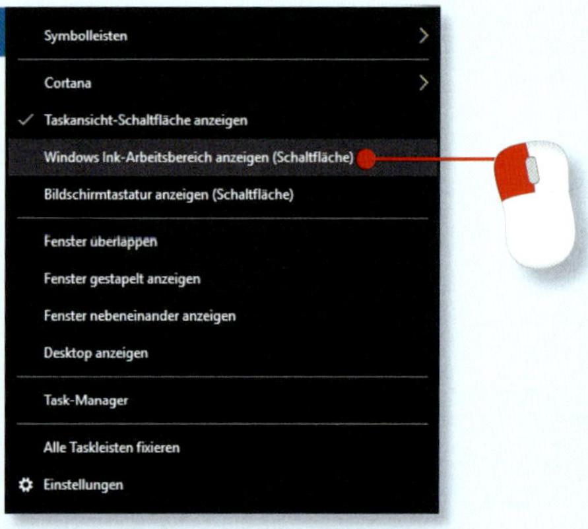

2

3

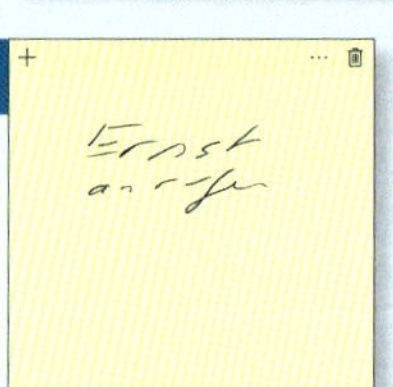

Wer mit einem Touchscreen oder Stift arbeitet, wird sich über die neue Ink-Technologie freuen. Damit lassen sich die vorgestellten Zettel handschriftlich füllen und Skizzen erstellen.

Schritt 1

Sofern Sie einen PC mit Touchscreen verwenden, fahren Sie mit Schritt 2 fort. Ansonsten klicken Sie mit rechts auf einen freien Bereich der Taskleiste und wählen **Windows Ink-Arbeitsbereich anzeigen (Schaltfläche)**.

Schritt 2

Klicken Sie unten rechts auf das Stift-Symbol, das sich neben der Uhrzeit befindet. Im oberen Bereich sehen Sie nun drei Arbeitsbereiche.

Schritt 3

Wählen Sie **Kurznotizen** 1 aus, um einen Notizzettel hinzuzufügen. Sie können mit dem Stift oder per Touchscreen handschriftliche Notizen anfertigen.

Keinen Touchscreen oder Stift zur Hand?

Wenn Sie keinen Touchscreen oder kein Stifttablett besitzen, können Sie die neue Funktion dennoch ausprobieren – und zwar mit der Maus.

Schritt 4

Wiederholen Sie Schritt 2, und lassen Sie anschließend eine Berührung der Schaltfläche **Skizzenblock** folgen.

Schritt 5

Sie können nun oben rechts zunächst einen Stift aussuchen und anschließend damit malen.

Schritt 6

Wenn Sie ein bereits aktiviertes Stiftwerkzeug noch einmal antippen, erhalten Sie weitere Einstelloptionen. So kann z. B. die Farbe gewechselt oder die Stiftgröße verändert werden.

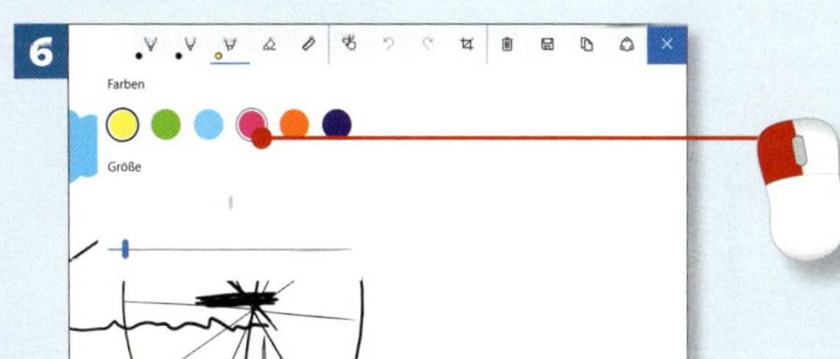

Bildschirmskizze

Die Funktion **Bildschirmskizze** (Schritt 4) fertigt zunächst einen Screenshot (= Foto) Ihres Desktops an und stellt einen Arbeitsbereich zur Verfügung, mit dem Sie auf diesem Bild zeichnen können. Nach Fertigstellung sollten Sie oben rechts auf **Speichern** klicken, um die Bilddatei zu sichern.

Kapitel 9
Weitere Geräte anschließen

So ganz ohne Papier kommt man meist ja doch nicht aus. Eine der am häufigsten genutzten Funktionen von Windows ist deshalb auch das Drucken. Wenn Sie im Besitz eines Druckers sind, erfahren Sie hier, wie Sie ihn unter Windows 10 einrichten und einsetzen können. Auch die Einrichtung weiterer Geräte wie z. B. Festplatten, USB-Sticks, Lautsprecher oder Handys zeige ich Ihnen.

Mit Windows drucken

Drucker anschließen, hinzufügen, testen und drucken ❶ – das klingt kompliziert? Keine Sorge, in aller Regel ist dazu kein großer Aufwand nötig. In diesem Kapitel sehen Sie, wie es geht.

Der Sound in Windows

Sie möchten mit Ihrem Rechner Musik hören, Filme gucken oder etwas aufzeichnen? Dafür brauchen Sie wohl auch Lautsprecher ❷. Wie Sie diese anschließen und danach weiter vorgehen müssen, wird in diesem Kapitel Schritt für Schritt erklärt.

Mehr Speicherplatz, mehr Sicherheit

Platz ist nach wie vor ein kostbares Gut. Das gilt besonders für die eingebauten Festplatten. Wenn Sie mehr Speicherplatz benötigen, schließen Sie eine externe Festplatte an und verwenden diese als zusätzlichen Speicher – oder zur Datensicherung. Und wenn Sie schnell einmal Daten »mitnehmen« möchten, kopieren Sie alles Nötige auf einen USB-Stick ❸.

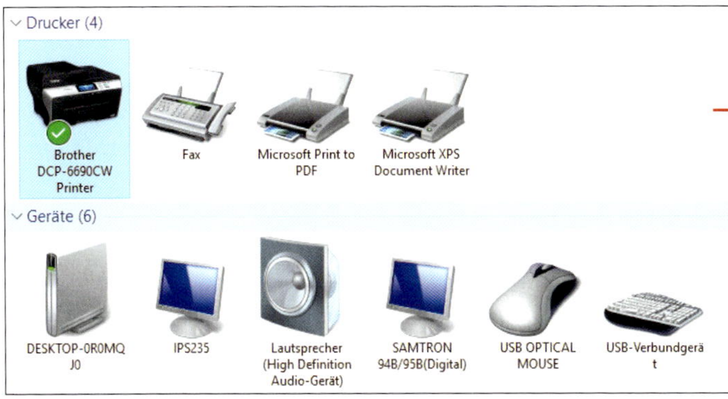

❶ Mit Windows zu drucken ist kinderleicht.

❷ Für ein sattes Musikerlebnis sollten Sie zunächst Lautsprecher anschließen.

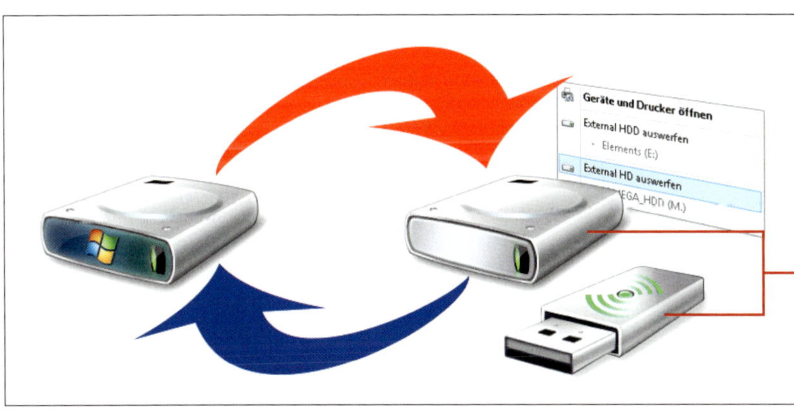

❸ Wenn Sie mehr Speicherplatz benötigen oder auf Mobilität Ihrer Daten setzen, nutzen Sie eine externe Festplatte oder einen USB-Stick.

Einen Drucker anschließen

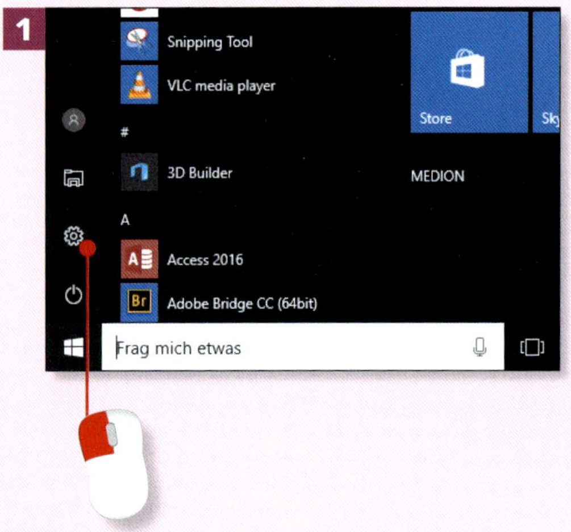

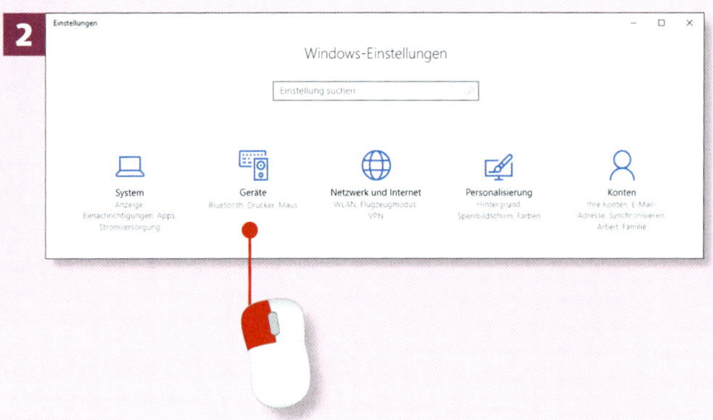

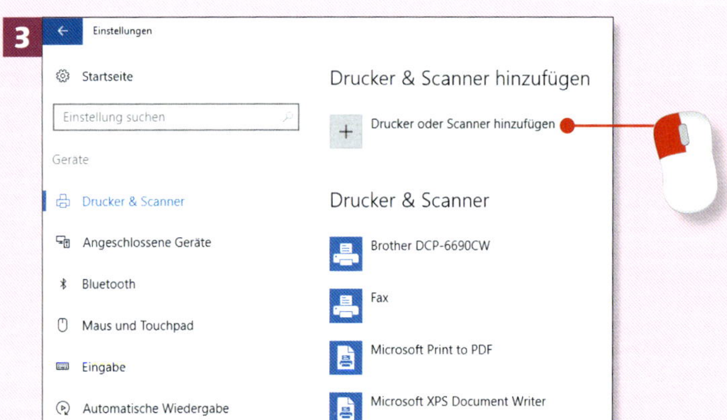

Drucker werden heutzutage per USB angeschlossen oder funktionieren drahtlos über WLAN. Sie nehmen ihre Arbeit sofort auf, sobald sie eingeschaltet sind. Sie müssen aber möglicherweise selbst noch Hand anlegen.

Schritt 1

Schließen Sie den Drucker an, und schalten Sie ihn ein. Öffnen Sie die Systemsteuerung, indem Sie ⊞ drücken und im Startmenü auf das Zahnrad-Symbol **Einstellungen** klicken.

Schritt 2

Fahren Sie mit einem Klick auf **Geräte ▸ Bluetooth, Drucker, Maus** fort.

Schritt 3

Schauen Sie nach, ob der Drucker in der Druckerliste bereits angezeigt wird (hier: **Brother DCP-6690CW**). Wenn ja, ist bereits alles erledigt. Ist das nicht so, klicken Sie auf **Drucker oder Scanner hinzufügen**.

Software installieren

Bei der automatischen Installation wird nur die Treibersoftware installiert. Sollte Ihr Drucker mit zusätzlicher Software ausgeliefert worden sein, müssen Sie diese separat installieren.

Schritt 4

Sollten Sie im letzten Schritt auf **Drucker oder Scanner hinzufügen** geklickt haben, sucht Windows jetzt nach neu hinzugefügten Geräten. Kurz darauf wird der gefundene Drucker aufgeführt. Klicken Sie auf den entsprechenden Eintrag.

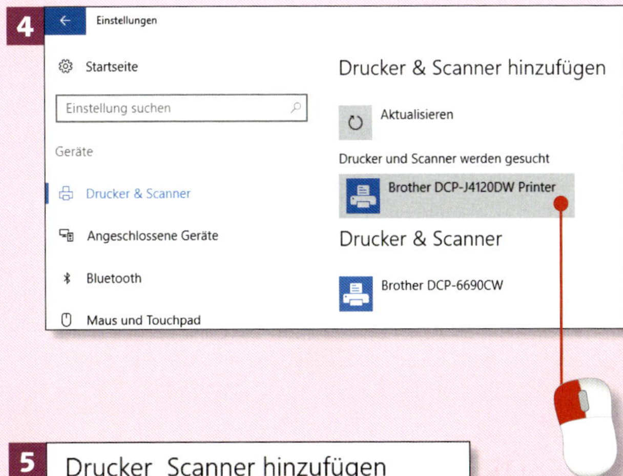

Schritt 5

Nun müssen Sie noch auf **Gerät hinzufügen** klicken. Der Schalter verschwindet daraufhin. Ein Fortschrittsbalken ❶ symbolisiert, wie weit die Installation fortgeschritten ist.

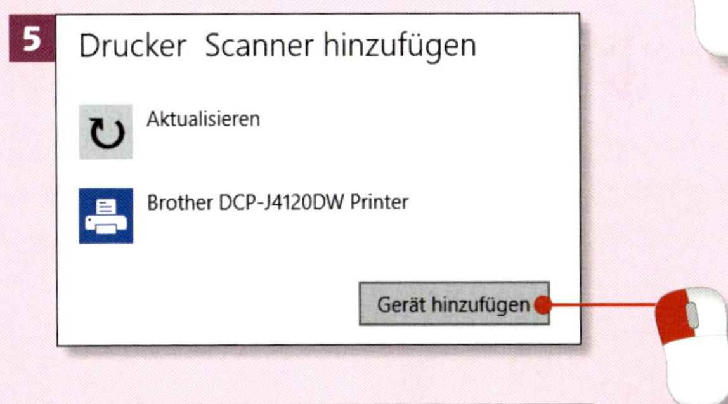

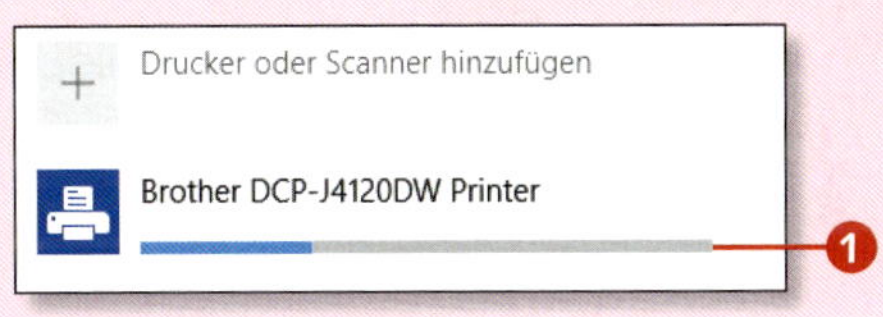

Schritt 6

Nach einer Weile wird der Drucker als **Bereit** gemeldet. Verlassen Sie die **Einstellungen** mit einem Klick auf das Schließkreuz oben rechts.

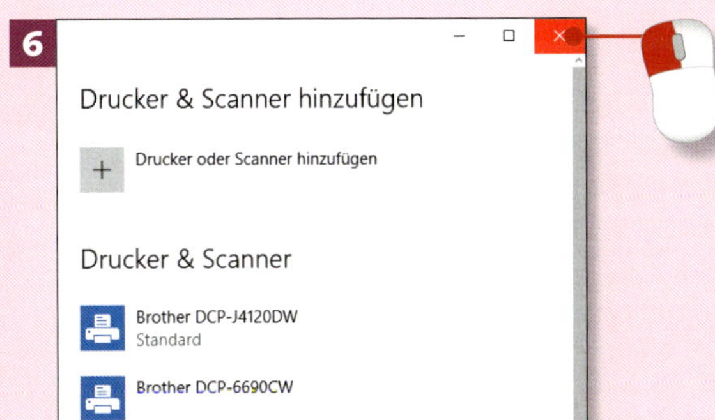

Listen interpretieren

Bitte achten Sie stets darauf, dass bereits angeschlossene Geräte immer in der unteren Liste (**Drucker & Scanner**) zu finden sind, während Geräte, die noch nicht fertig konfiguriert sind, in der Liste **Drucker oder Scanner hinzufügen** stehen.

Netzwerkdrucker einrichten

1
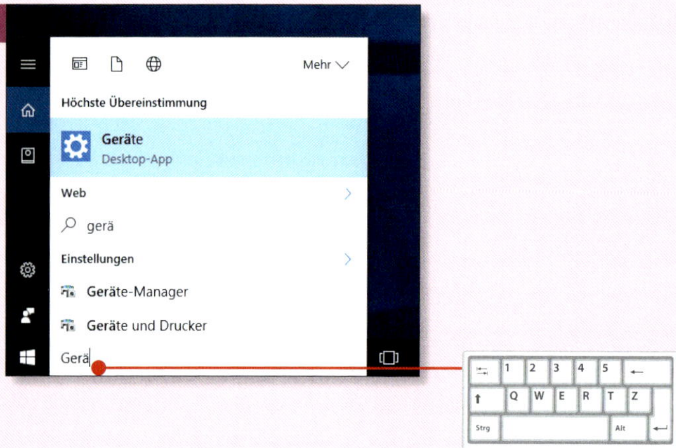

2
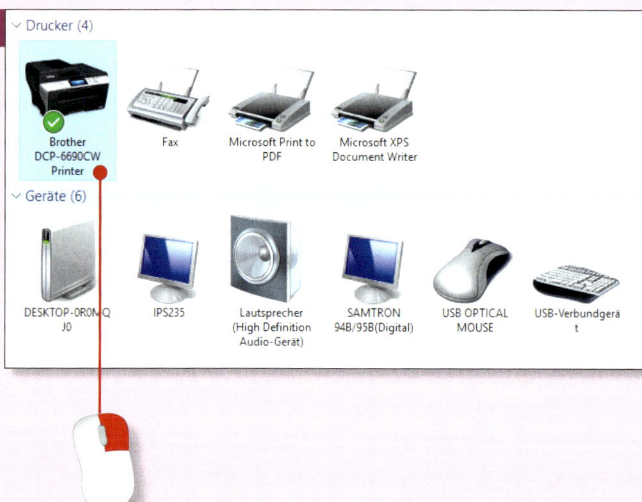

3
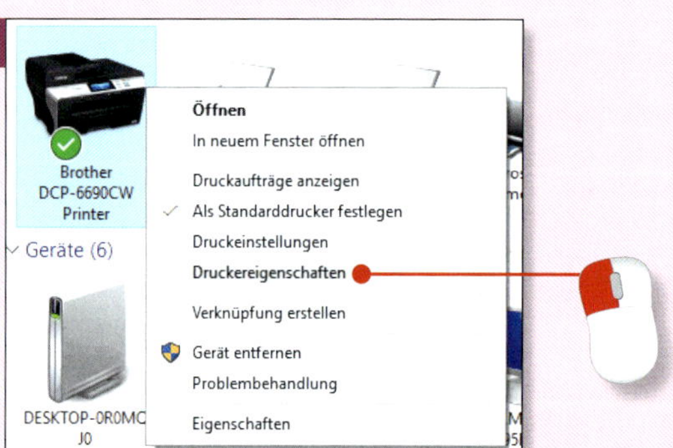

Wenn Sie einen Netzwerkdrucker hinzufügen wollen, auf den mehrere Computer Zugriff haben sollen, die im Netzwerk integriert sind, können Sie das ebenfalls von Hand erledigen.

Schritt 1

Sie müssen zunächst in das Fenster **Geräte und Drucker** gelangen. Am einfachsten ist das, indem Sie im Suchfeld der Taskleiste »Geräte und« eingeben und danach mit ↵ bestätigen.

Schritt 2

Halten Sie nach der Miniatur des Druckers Ausschau, den Sie als Netzwerkdrucker einrichten wollen. Klicken Sie anschließend mit rechts auf das entsprechende Symbol.

Schritt 3

Es folgt ein normaler Mausklick auf **Druckereigenschaften**.

Bitte warten!
Sollten Sie gerade erst einen Drucker hinzugefügt haben, kann es einige Sekunden dauern, bis das Symbol angezeigt wird. Fehlt das Drucker-Symbol? Dann klicken Sie mit rechts auf eine freie Stelle neben den Drucker-Symbolen, und entscheiden Sie sich anschließend für **Aktualisieren**.

Schritt 4

Nachdem sich ein weiteres Fenster geöffnet hat, setzen Sie einen Klick auf das Register **Freigabe**.

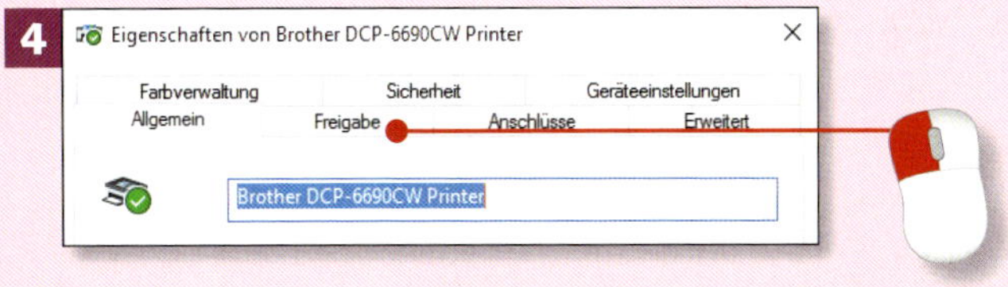

Schritt 5

Klicken Sie nun auf den Schalter **Freigabeoptionen ändern**.

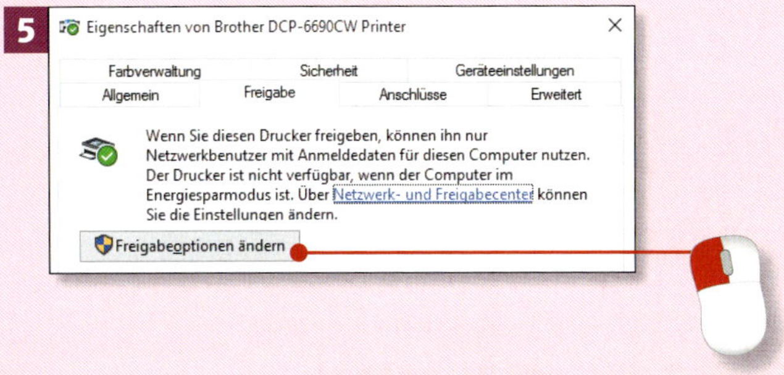

Schritt 6

Aktivieren Sie die Checkbox (das Ankreuzkästchen) **Drucker freigeben**. Danach bestätigen Sie mit **OK** und schließen alle geöffneten Fenster wieder.

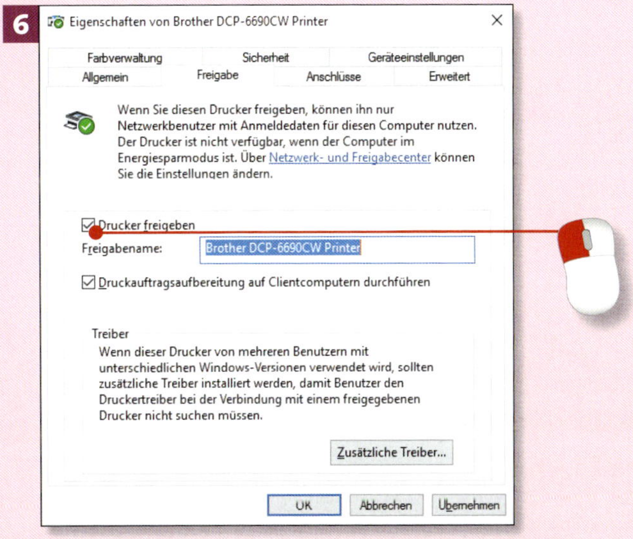

Anzeige der Freigabe
Dass ein Drucker freigegeben ist, sehen Sie am Personen-Icon 1 in der Fußleiste. Dazu muss das Drucker-Symbol (siehe Schritt 2) jedoch zuvor markiert werden.

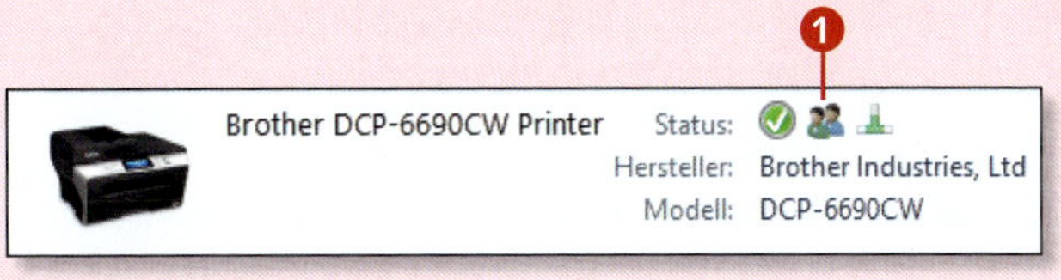

Funktion des Druckers prüfen

Der Drucker ist angeschlossen und entsprechend konfiguriert? Dann testen Sie jetzt, ob das Gerät auch einwandfrei arbeitet.

1

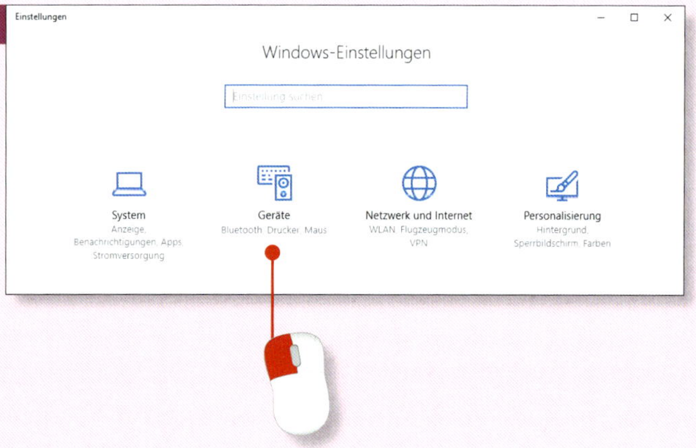

2

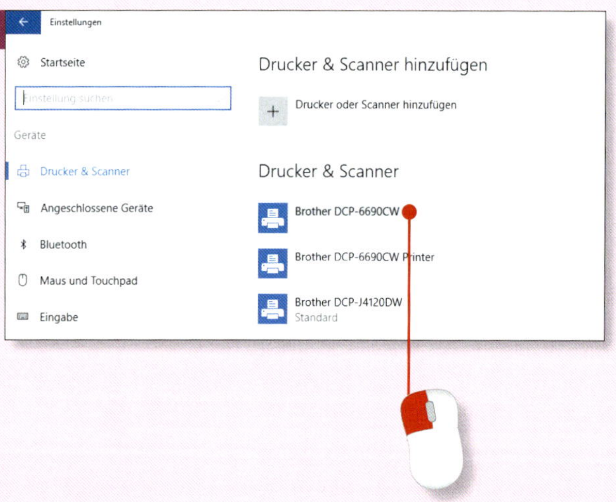

3

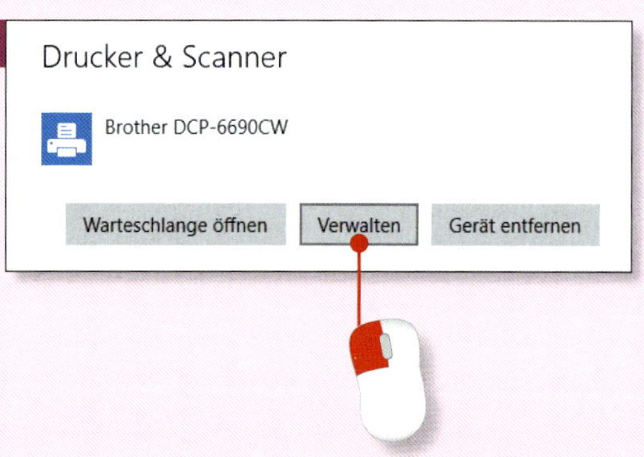

Schritt 1

Öffnen Sie die Geräteeinstellungen für Drucker, wie es im Abschnitt »Einen Drucker anschließen« (Seite 216) in den Schritten 1 und 2 beschrieben wurde.

Schritt 2

Als Nächstes klicken Sie in der Liste **Drucker & Scanner** auf den Drucker, den Sie testen wollen.

Schritt 3

Lassen Sie unterhalb des Druckereintrags einen Klick auf **Verwalten** folgen.

Warteschlange
Unterhalb des Druckereintrags (Schritt 3) finden Sie auch die Schaltfläche **Warteschlange öffnen**. Dahinter verbirgt sich eine Liste aller Druckaufträge, die aktuell noch nicht fertiggestellt sind. Es ist nämlich durchaus gestattet, den Drucker mit mehreren Aufträgen zu füttern. Dieser arbeitet sie dann nacheinander ab.

Schritt 4

Auf der linken Seite des Fensters entscheiden Sie sich nun für **Testseite drucken.**

Schritt 5

Ist das Ergebnis nicht in Ordnung, klicken Sie auf die Zeile **Druckeinstellungen**.

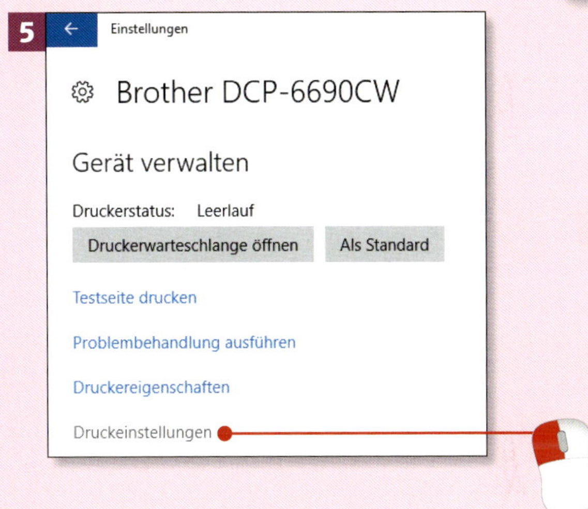

Schritt 6

Im Dialogfenster **Druckeinstellungen für ...** finden Sie je nach Modell in aller Regel Möglichkeiten und Hinweise, die zu verbesserten Druckergebnissen führen, z. B. hinsichtlich der Druckqualität.

Weitere Infos einholen
Da ich hier leider nicht auf alle Modelle eingehen kann, muss ich Sie bei detaillierteren Fragen auf das Handbuch Ihres Druckers oder an den Händler Ihres Vertrauens verweisen.

Den Standarddrucker festlegen

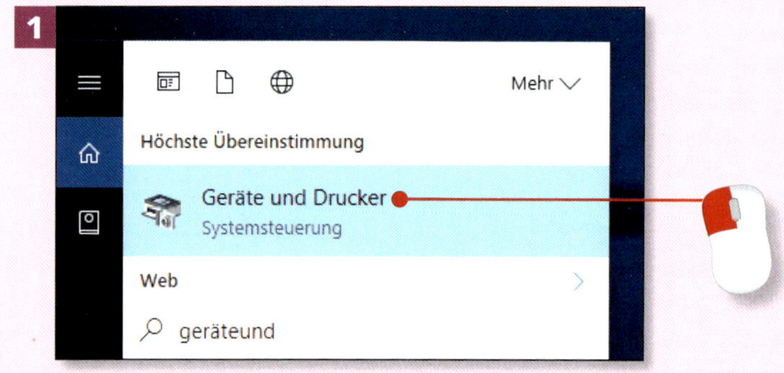

Sollte der neue Drucker nicht als Standarddrucker festgelegt sein, müssen Sie ihn bei jedem Druckauftrag manuell zuweisen (siehe Kasten). Hier zeige ich Ihnen, wie Sie das vermeiden können.

Schritt 1

Öffnen Sie das Fenster **Geräte und Drucker**. Wie das geht, haben Sie ja in den letzten Anleitungen erfahren.

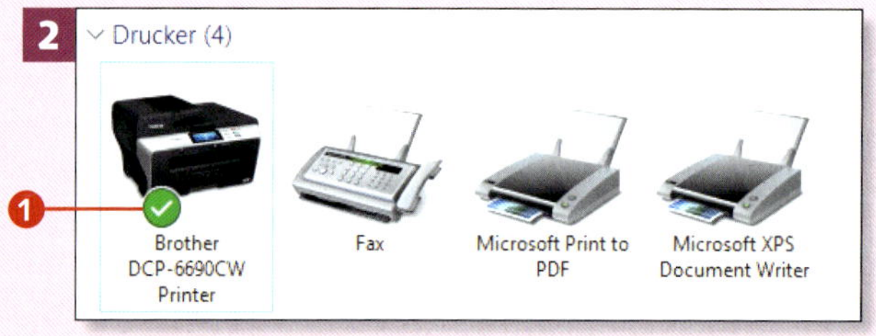

Schritt 2

Suchen Sie den Drucker, der mit einem Häkchen 1 versehen ist. Das ist nämlich stets das Indiz für den aktuellen Standarddrucker. Ist Ihr Drucker mit einem Häkchen versehen? Glückwunsch! Die folgenden Schritte können Sie sich sparen.

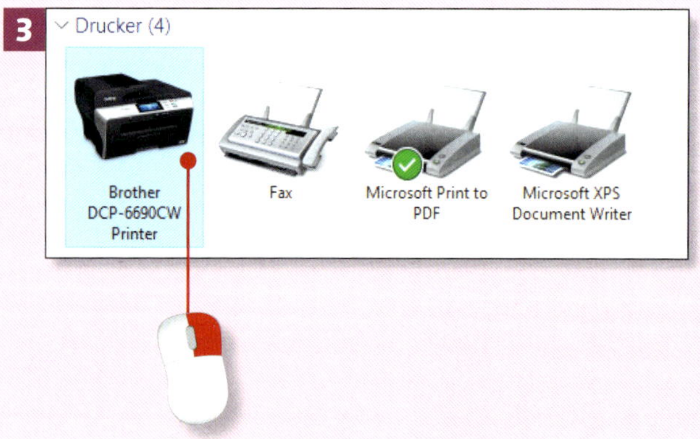

Schritt 3

Sollte es bei Ihnen so aussehen wie in der Abbildung, ist Ihr neuer Drucker noch nicht Standard. In diesem Fall klicken Sie mit rechts auf den neuen Drucker.

Standarddrucker

Wenn Sie in einer Software (z. B. WordPad) auf **Datei ▸ Drucken** klicken, wird der Druckauftrag an den Standarddrucker geschickt, bzw. dieser wird in der Druckerauswahl als Erstes angeboten.

Schritt 4

Im Kontextmenü klicken Sie – nun wieder mit der linken Maustaste – auf den Eintrag **Als Standarddrucker festlegen**.

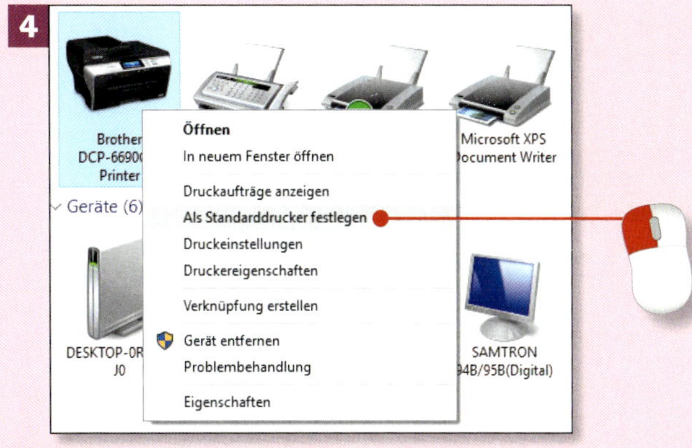

Schritt 5

Im Anschluss daran ist das Häkchen Ihren Einstellungen entsprechend neu platziert worden. Schließen Sie das Fenster **Geräte und Drucker**.

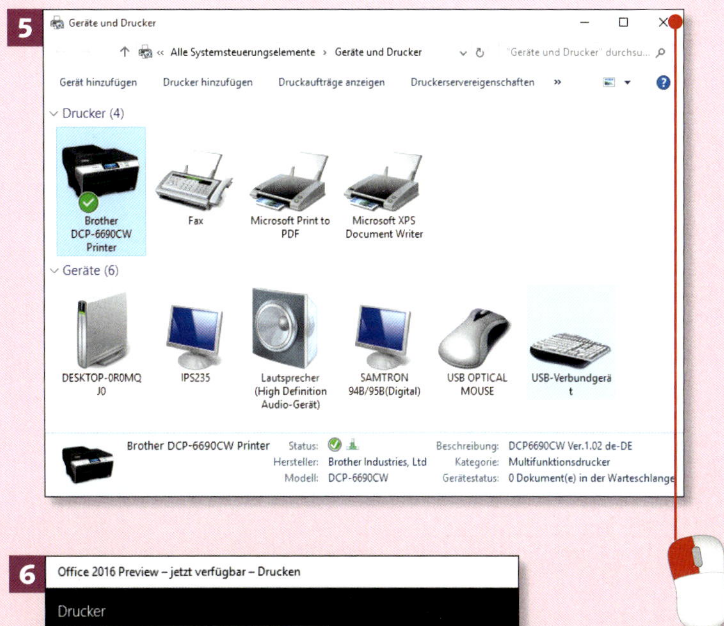

Schritt 6

Zur Kontrolle öffnen Sie eine App, aus der gedruckt werden kann (hier: **Mail**) und drücken Strg + P. Eventuell müssen Sie zuvor eine E-Mail anwählen. Im Feld **Drucker** wird nun der Standarddrucker ❷ angeboten.

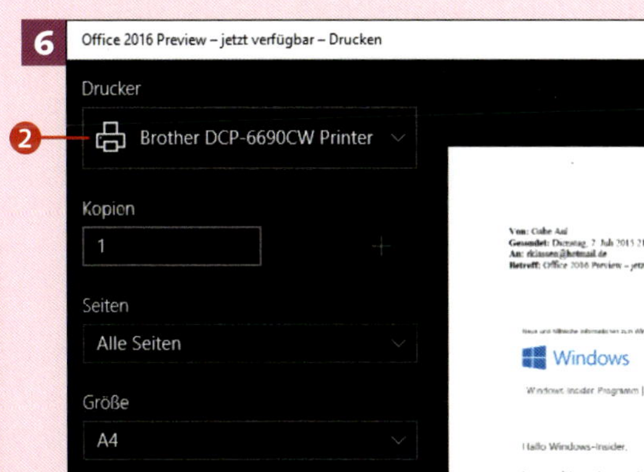

Nur ein Standarddrucker
Egal, wie viele Drucker Sie anschließen – Sie werden immer nur einen einzigen als Standarddrucker nutzen können.

Drucker entfernen

1
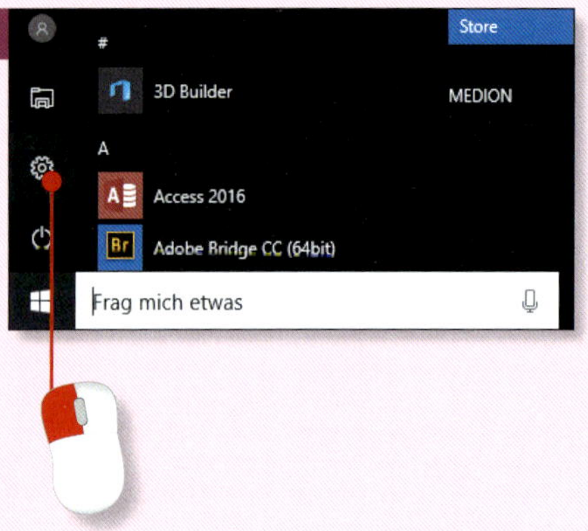

2
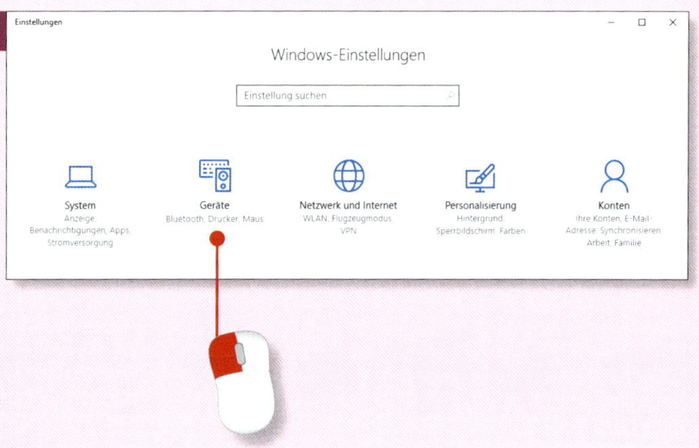

3
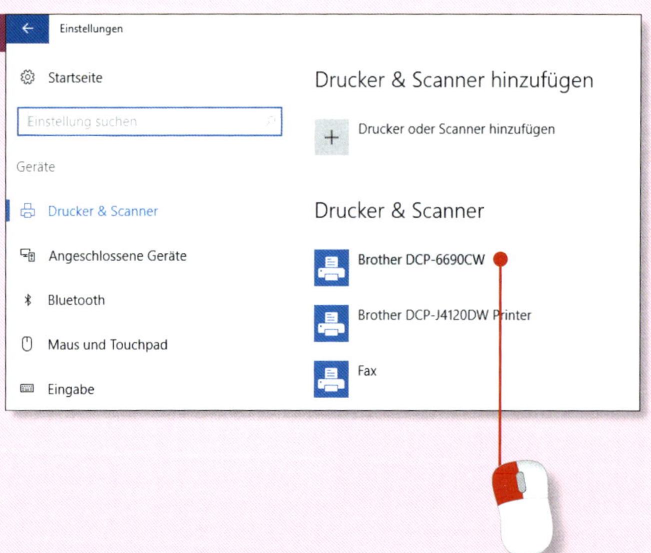

Drucker leben leider nicht ewig. Deswegen werden Sie von Zeit zu Zeit einen neuen benötigen. Der alte Drucker bleibt aber in der Geräteliste – es sei denn, Sie entfernen ihn dort manuell. Ich zeige Ihnen zwei unterschiedliche Vorgehensweisen, mit denen Sie Ihr Ziel erreichen.

Schritt 1

Zunächst der erste Weg: Dazu drücken Sie ⊞ und entscheiden sich danach für **Einstellungen**.

Schritt 2

Wählen Sie im jetzt erscheinenden Dialogfenster den Schalter **Geräte ▸ Bluetooth, Drucker, Maus** an.

Schritt 3

Platzieren Sie im Verzeichnis **Drucker & Scanner** einen Mausklick auf den Drucker, den es zu entfernen gilt (hier: **Brother DCP-6690CW**).

Das kann dauern …

Verzagen Sie nicht, wenn die Entfernung des Geräts nicht direkt sichtbar wird. Es kann durchaus ein wenig dauern, bis auch das Drucker-Icon entfernt wird.

Schritt 4

Jetzt wird eine Schaltfläche präsentiert, die mit **Gerät entfernen** betitelt ist. Wählen Sie diese an.

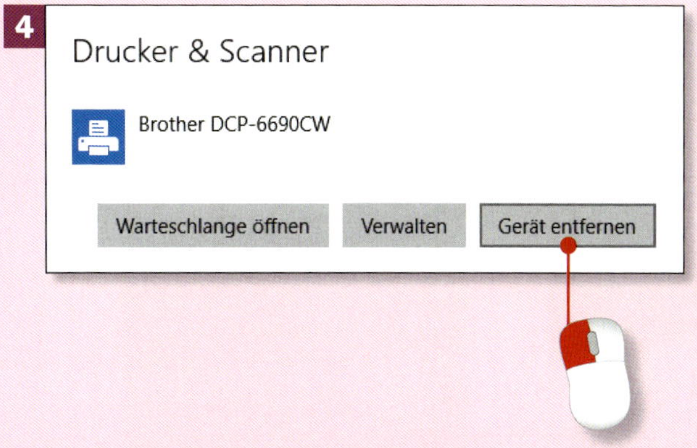

Schritt 5

Windows fragt nun lieber noch einmal nach. Sind Sie wirklich damit einverstanden, dass der Drucker entfernt wird? Dann lassen Sie einen Klick auf **Ja** folgen. Wenn Sie es sich doch anders überlegt haben, klicken Sie außerhalb dieser Hinweistafel, um den Vorgang abzubrechen.

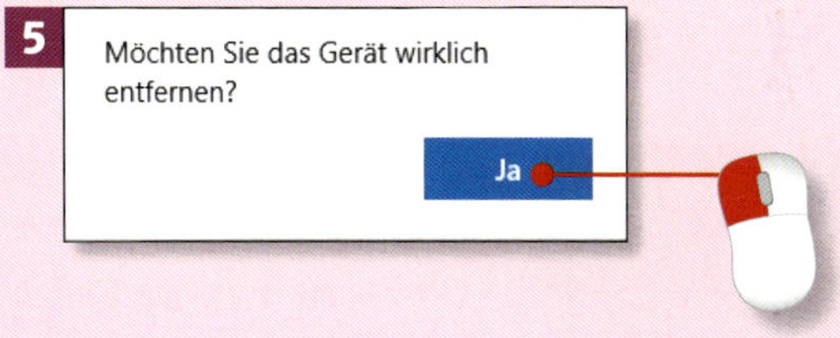

Schritt 6

Hier nun der zweite Weg: Nach dem Öffnen des Fensters **Geräte und Drucker** (siehe Schritte 1 und 2 auf Seite 222) wählen Sie das Symbol des zu entfernenden Druckers mit rechts aus und klicken auf **Gerät entfernen**. Auch hier ist eine Kontrollabfrage nachgeschaltet.

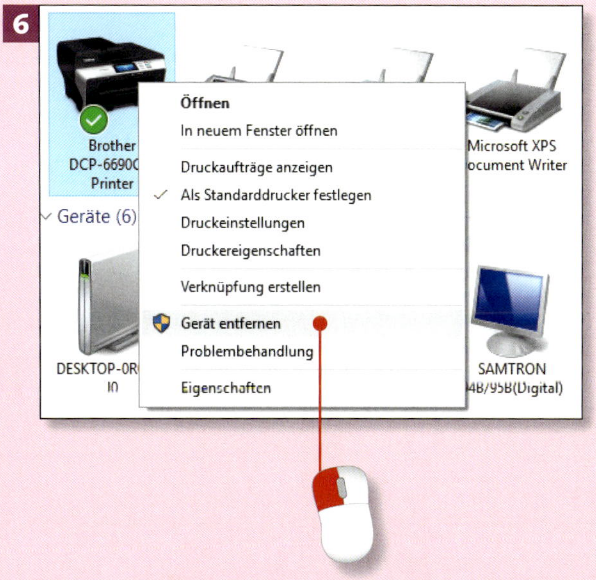

Treiber bleiben erhalten
Auch wenn Sie einen Drucker entfernen, bleibt dessen Treiber dennoch installiert. Sollten Sie dasselbe Gerät irgendwann wieder anschließen müssen, geht es also umso schneller.

Lautsprecher anschließen und testen

1

2

3

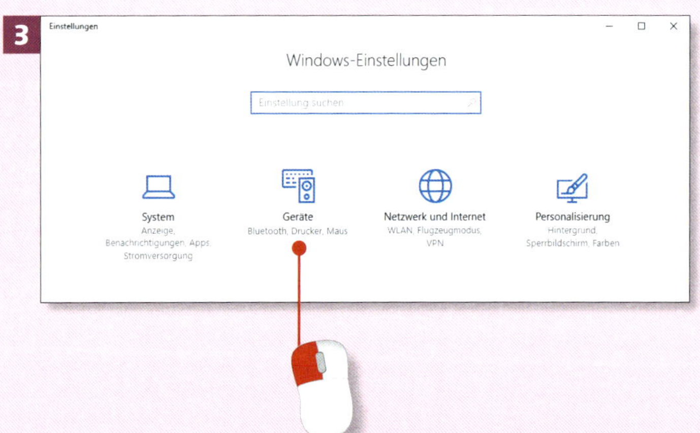

Lautsprecher sollten von Anfang an korrekt konfiguriert werden, damit es nicht zu Beeinträchtigungen kommt. Denn schließlich soll der Klang ja auch am PC zum Hörgenuss werden.

Schritt 1

Zunächst müssen Sie sicherstellen, dass Sie an Ihrem Rechner den richtigen Anschluss gewählt haben. Stereo-Lautsprecher gehören stets an den grünen Ausgang 1.

Schritt 2

Öffnen Sie die Einstellungen, indem Sie zunächst unten links auf die **Windows**-Schaltfläche klicken (oder [Windows-Taste] drücken) und dann auf **Einstellungen**. Bestätigen Sie mit [↵].

Schritt 3

Im Dialog **Einstellungen** entscheiden Sie sich nun, wie schon beim Drucker, für **Geräte**.

Soundhardware

Damit Lautsprecher betrieben werden können, bedarf es grundsätzlich einer Soundkarte oder eines ähnlichen Geräts (z. B. eines Interfaces). Dieses muss betriebsbereit sein, damit die Lautsprecher funktionieren.

Schritt 4

Wechseln Sie nun die Kategorie. Dazu müssen Sie oben links in der Liste **Geräte** auf **Angeschlossene Geräte** umschalten.

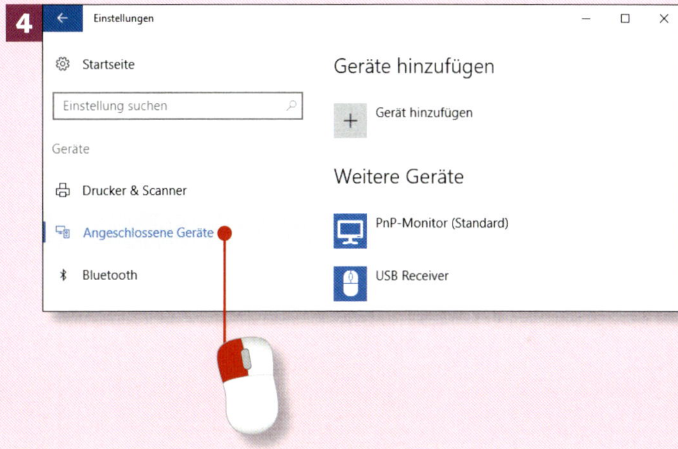

Schritt 5

Schauen Sie in der Liste **Weitere Geräte** in der Mitte des Fensters nach, ob ein Sound- oder Lautsprechersystem ❷ angezeigt wird. Wenn ja, fahren Sie mit Schritt 8 fort.

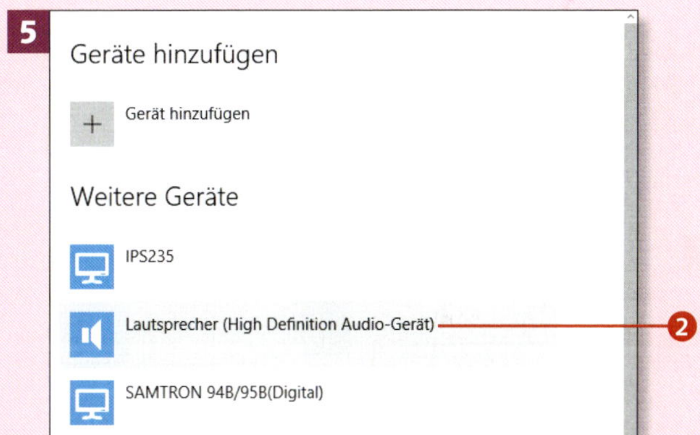

Schritt 6

Ist keine Soundhardware zu finden, müssen Sie ganz oben **Gerät hinzufügen** anwählen. Verfahren Sie im Weiteren prinzipiell so, wie in der Anleitung »Einen Drucker anschließen« ab Schritt 4 beschrieben.

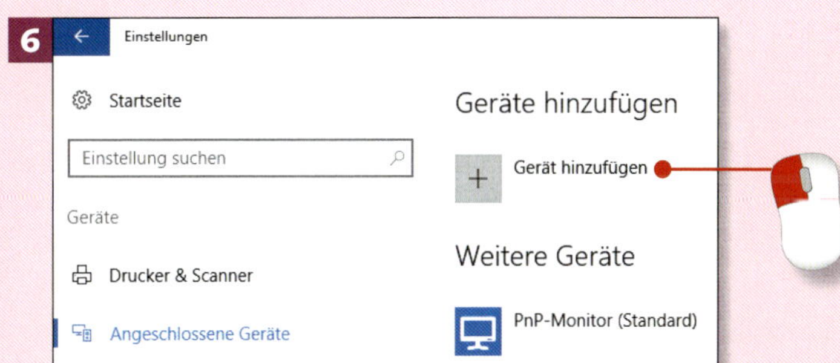

Soundsystem vorkonfiguriert

Wenn Sie einen Computer im Fachhandel inklusive Windows 10 erworben haben, können Sie die Schritte 2 bis 6 in der Regel außer Acht lassen, da derartige Einstellungen bereits vor dem Verkauf des PCs vorgenommen werden.

7

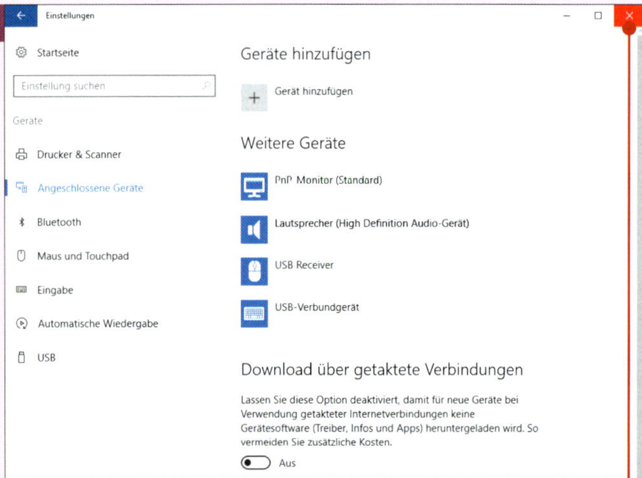

8

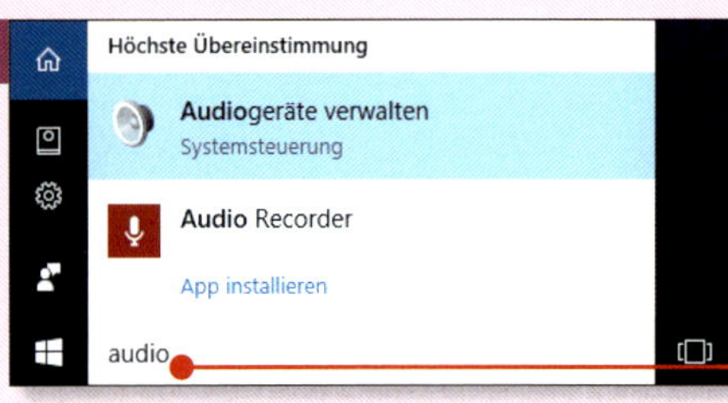

9

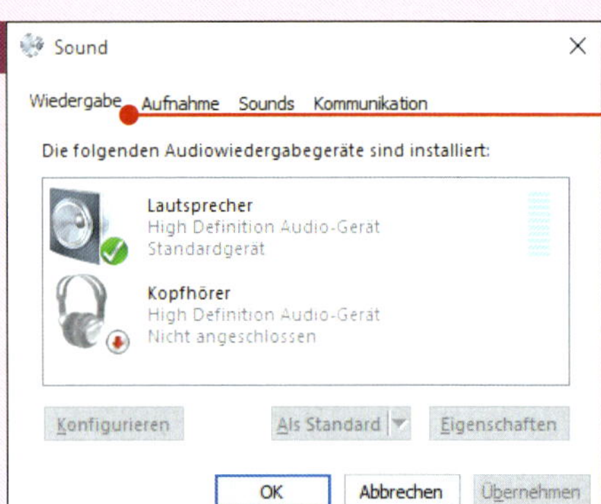

Schritt 7

Im Dialog **Einstellungen** ist damit alles erledigt. Schließen Sie das Fenster nun wieder.

Schritt 8

Jetzt kümmern wir uns um den akustischen Test des Systems. Dazu geben Sie »audio« in das Taskleisten-Suchfeld ein. Sobald **Audiogeräte verwalten** gelistet wird, drücken Sie [↵].

Schritt 9

Im Dialogfenster **Sound** aktivieren Sie das Register **Wiedergabe**, sofern dieses nicht bereits aktiv ist. Darunter sehen Sie alle angeschlossenen bzw. zur Verfügung stehenden Geräte.

Aufnahme-Check

Die Mikrofonaufnahme können Sie abschließend prüfen, indem Sie die Schritte der folgenden Anleitung ab Seite 230 nachvollziehen.

Schritt 10

Setzen Sie einen Doppelklick auf die Zeile **Lautsprecher**, damit die Testfunktion zugänglich gemacht werden kann.

Schritt 11

Im Dialogfenster **Eigenschaften von Lautsprecher** aktivieren Sie zunächst die Registerkarte **Erweitert**. Anschließend klicken Sie auf **Testen**. Die Lautsprecher sollten jetzt ein kurzes Glockenspiel wiedergeben.

Schritt 12

Wenn Sie nichts hören bzw. wenn der Ton zu leise oder zu laut ist, wechseln Sie auf das Register **Pegel**. Ziehen Sie den Regler **Lautsprecher** mit gedrückter linker Maustaste nach links oder rechts, um die Lautstärke zu verändern. Bestätigen Sie die Änderung mit einem Klick auf **OK**.

10

11
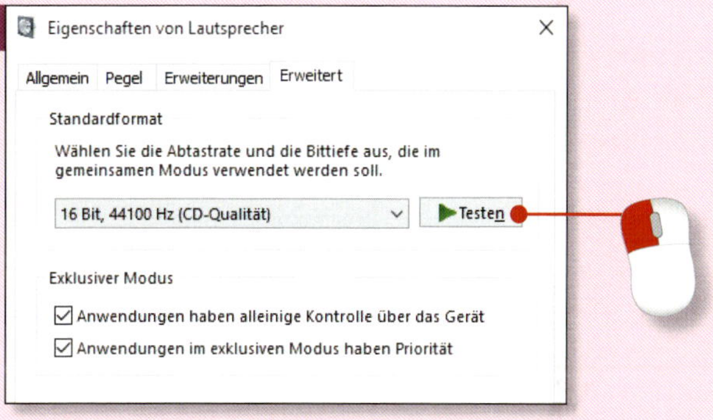

12
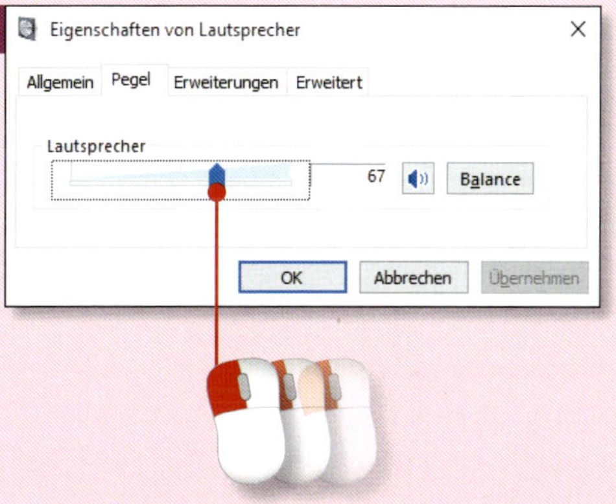

Den Mikrofonanschluss testen

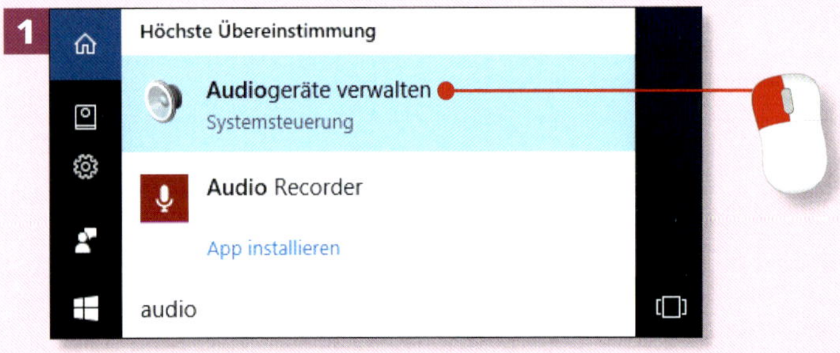

Obwohl die Geräte angeschlossen und konfiguriert sind, wie im vorangegangenen Workshop beschrieben, heißt das noch nicht, dass auch das Mikrofon bereits funktioniert.

Schritt 1

Um schnell in die Systemsteuerung zu gelangen, geben Sie unten links einfach »audio« ein. Wenn in der Liste **Audiogeräte verwalten** aktiviert ist, drücken Sie [↵].

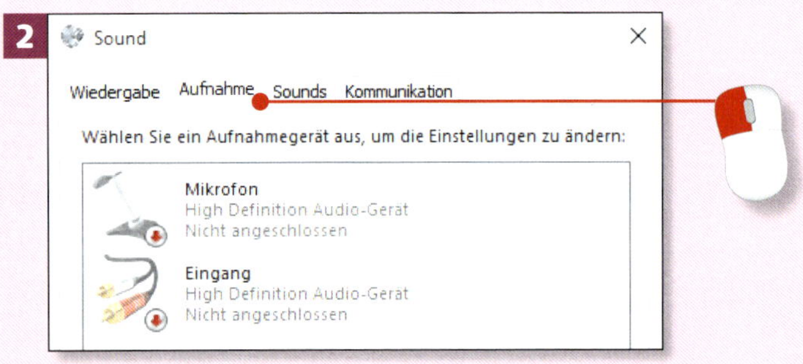

Schritt 2

Schalten Sie ganz oben im Fenster **Sound** auf die Registerkarte **Aufnahme** um.

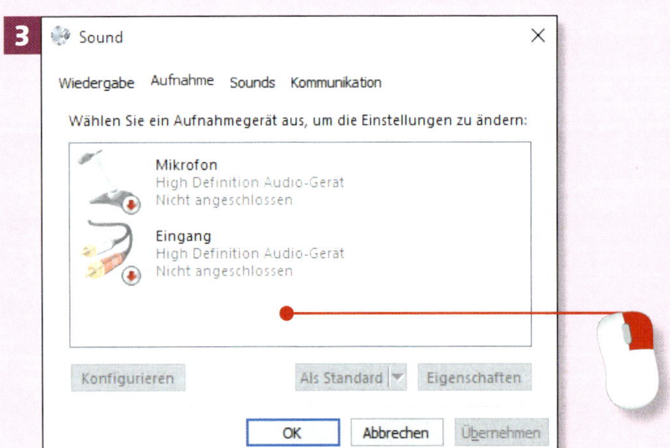

Schritt 3

Prüfen Sie, ob das Aufnahmegerät (z. B. das gewünschte Mikrofon, die Soundkarte oder das USB-Interface) in der Liste angezeigt wird. Wenn nicht, klicken Sie mit rechts an eine freie Stelle unterhalb der Liste.

i Mikrofonanschluss

Der in Schritt 3 gezeigte Eintrag **Mikrofon** ist nicht grundsätzlich der richtige. Diesen sollten Sie nur dann wählen, wenn Sie am Computer den rosa eingefärbten Anschluss der Soundkarte benutzen.

Schritt 4

Nun erscheint ein kleines Kontextmenü. Kontrollieren Sie, ob dem Eintrag **Deaktivierte Geräte anzeigen** ein Häkchen vorangestellt ist. Wenn nicht, klicken Sie darauf.

4
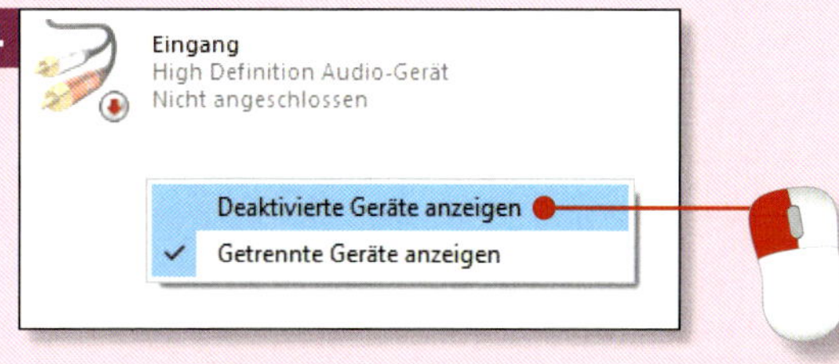

Schritt 5

Kompatible Geräte werden nun angezeigt (hier: **Analoger Anschluss 2 – MobilePre**). Da das Gerät jedoch noch auf **Deaktiviert** steht, müssen Sie auch auf diesem Eintrag einen Rechtsklick ausführen.

5
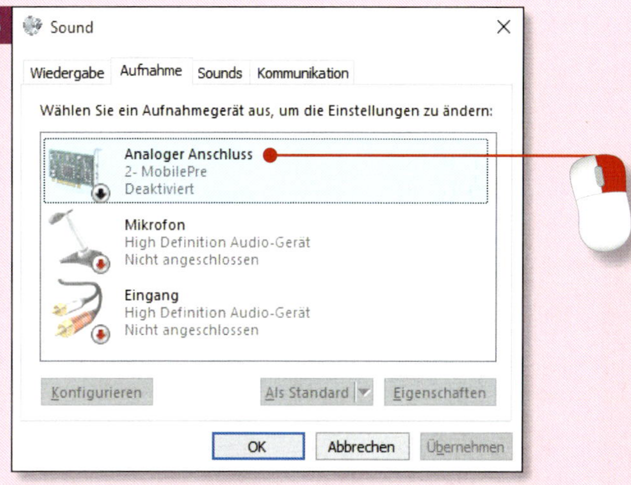

Schritt 6

Halten Sie nach dem Listeneintrag **Aktivieren** Ausschau. Diesen müssen Sie jetzt ebenfalls anklicken.

6
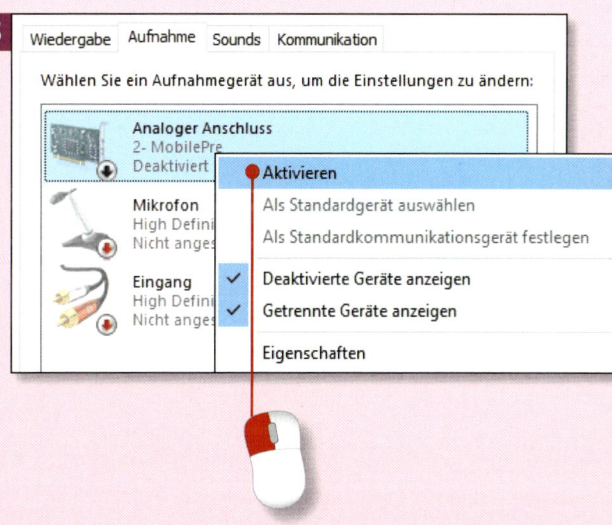

Pegel festlegen

Die Lautstärke für das Mikrofon lässt sich einstellen, nachdem Sie unten rechts auf **Eigenschaften** und im nächsten Dialog auf das Register **Pegel** geklickt haben.

Den Mikrofonanschluss testen (Forts.)

7

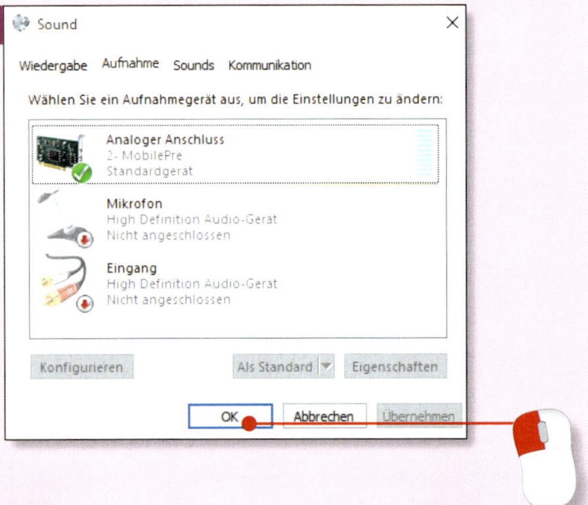

8

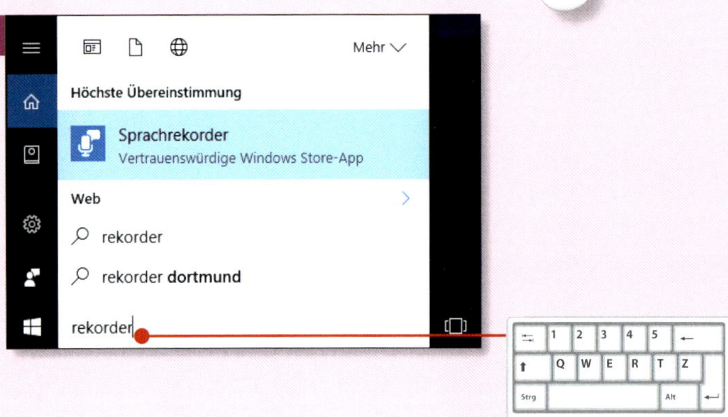

9

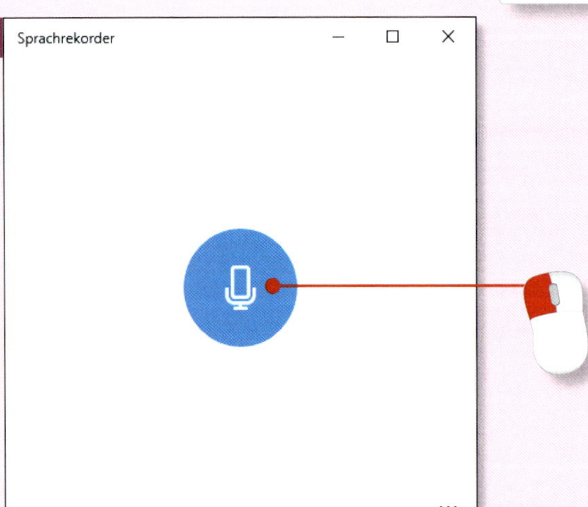

Schritt 7

So viel zur Konfiguration. Lassen Sie die Änderungen mit einem Klick auf **OK** wirksam werden.

Schritt 8

Tippen Sie nun »rekorder« oder »Recorder« in das Taskleisten-Suchfeld ein. Bestätigen Sie mit [↵], sobald **Sprachrekorder** ausgewählt ist.

Schritt 9

Der Rekorder ist zwar ausgesprochen minimalistisch, erfüllt jedoch seinen Zweck. Klicken Sie auf den Mikrofon-Button, der sich in der Mitte des Fensters befindet.

Pause

Solange Sie sich im Aufnahmemodus befinden, erscheint unterhalb des Start-/Stopp-Knopfes eine kleine Pausen-Schaltfläche. Klicken Sie darauf, wird vorübergehend nicht weiter aufgenommen. Ein erneuter Klick darauf führt die Aufnahme fort.

Schritt 10

Sprechen Sie nun in das Mikrofon. Wenn Sie fertig sind, drücken Sie den Stopp-Knopf in der Mitte.

Schritt 11

Oben finden Sie nun die Zeile **Aufnahme läuft**. Ein Klick darauf bringt Sie zur Wiedergabe-Einheit des Sprachrekorders.

Schritt 12

Spielen Sie die Aufnahme ab, indem Sie den Play-Button in der Mitte anklicken. Zurück zur Aufnahmeeinheit gelangen Sie mit Klick auf den Pfeil oben links.

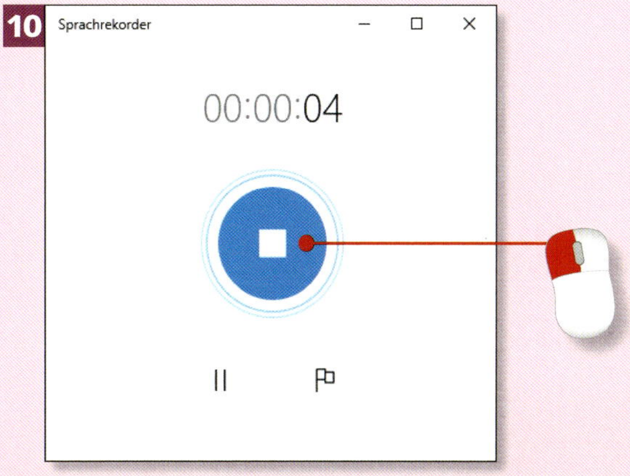

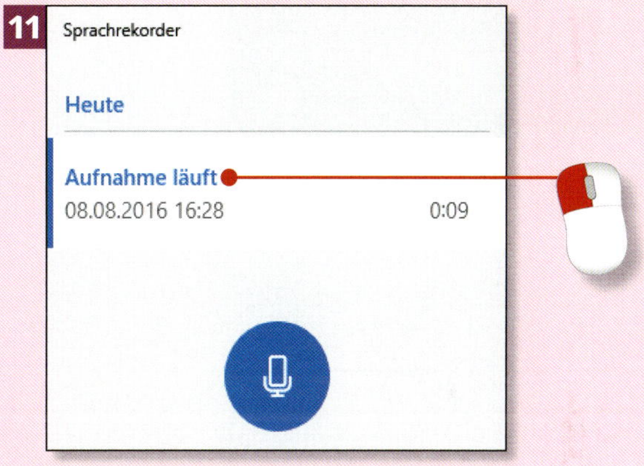

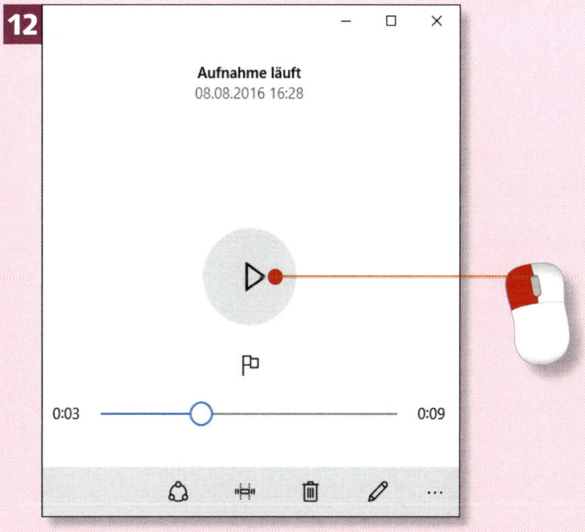

Datei umbenennen, freigeben, löschen
In Schritt 11 dürfen Sie auch einen Rechtsklick auf die Zeile setzen. Dadurch lässt sich die Aufnahme löschen, umbenennen, teilen (z. B. an Mail senden) sowie der Speicherort der Aufnahme öffnen (**Dokumente – Soundaufnahmen**).

USB-Stick oder USB-Festplatte hinzufügen

1

Um wichtige Daten zu sichern, können Sie sie auf eine USB-Festplatte verschieben. Wenn Sie Daten in der Jackentasche transportieren möchten, greifen Sie lieber zum USB-Stick. Die Verbindung mit dem PC ist identisch.

2
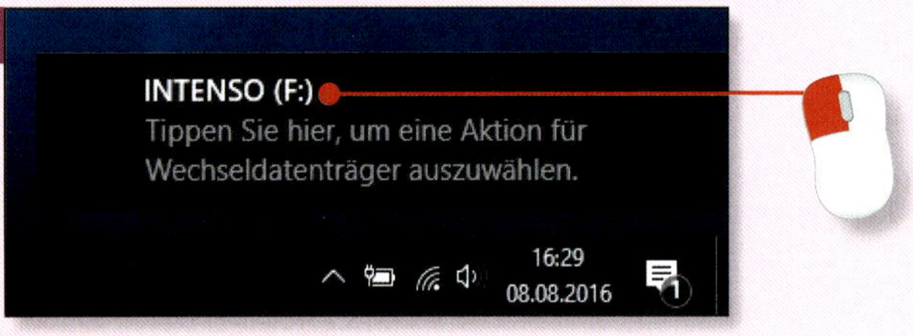

Schritt 1

Verbinden Sie das externe Gerät (Festplatte oder USB-Stick) mit Ihrem PC. Schalten Sie die Festplatte ein, sofern diese über einen Schalter verfügt. USB-Sticks müssen in der Regel nicht eingeschaltet werden.

Schritt 2

Sollte die Festplatte oder der USB-Stick erstmals an der zuvor zugewiesenen USB-Steckdose verwendet werden, erscheint nun eine Tafel am unteren rechten Bildrand. Diese klicken Sie an. Sollte keine Tafel angezeigt werden, machen Sie mit Schritt 4 weiter.

3
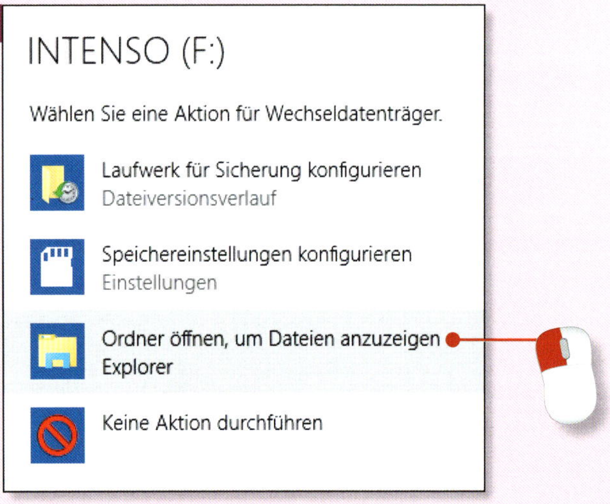

Schritt 3

Jetzt öffnet sich oben rechts ein Menü, das es ermöglicht, direkt auf die Festplatte oder den USB-Stick zuzugreifen. Klicken Sie auf **Ordner öffnen, um Dateien anzuzeigen ▸ Explorer**, öffnet sich die Festplatte als eigenständiges Fenster. Fahren Sie mit Schritt 7 fort.

Schritt 4

Falls Sie in Schritt 3 nicht schnell genug waren, um auf den Hinweis zu klicken, können Sie auch einen beliebigen Ordner auf Ihrem PC öffnen. Am besten klicken Sie auf das Ordner-Symbol in der Taskleiste. Es öffnet den Explorer.

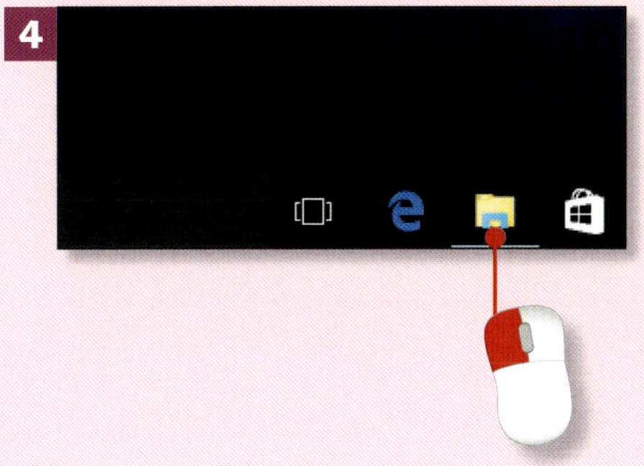

Schritt 5

Klicken Sie daraufhin in der linken Spalte des Fensters auf **Dieser PC**. Falls der Eintrag nicht zu sehen ist, müssen Sie vorab ein wenig nach unten scrollen.

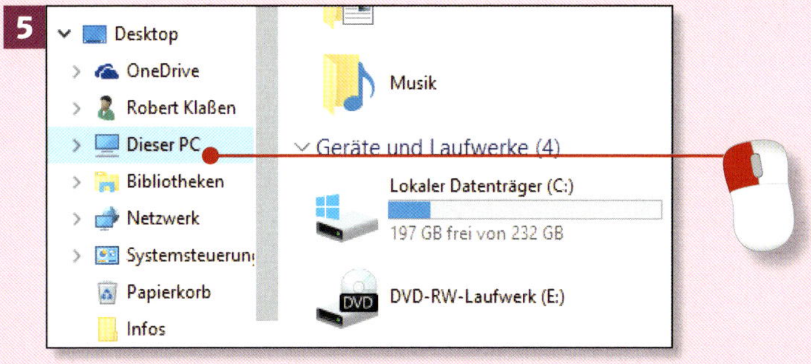

Schritt 6

Halten Sie im Bereich **Geräte und Laufwerke** nach einem neuen Datenträger Ausschau. Es werden weder DVD- oder CD-Symbole noch Festplatten mit Windows-Symbol gesucht! Platzieren Sie darauf einen Doppelklick (hier: **INTENSO (F:)**).

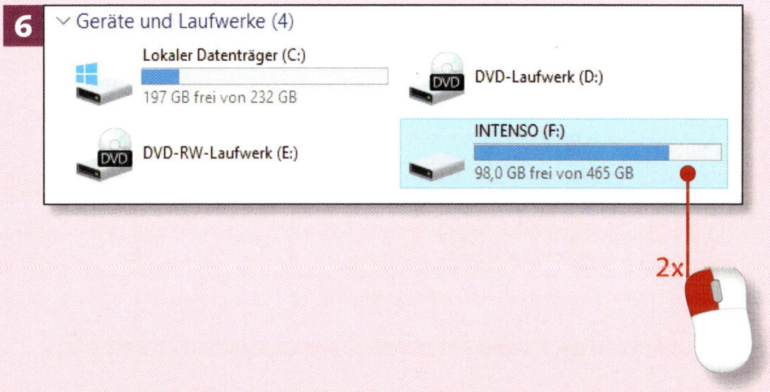

Anleitung auch für SD-Karten

Diese Anleitung können Sie auch für die Datenübertragung von einem Kamera-Chip verwenden – mit dem Unterschied, dass Sie die Speicherkarte dann in das Kartenlesegerät Ihres PCs einstecken und nicht in die USB-Steckdose.

USB-Stick oder USB-Festplatte hinzufügen (Forts.)

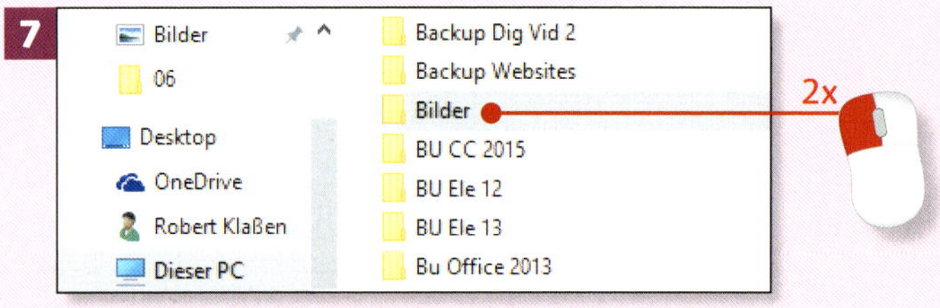

Schritt 7

Nun haben Sie folgende Möglichkeiten: Öffnen Sie vorhandene Ordner mit einem Doppelklick, um auf deren Inhalte zuzugreifen.

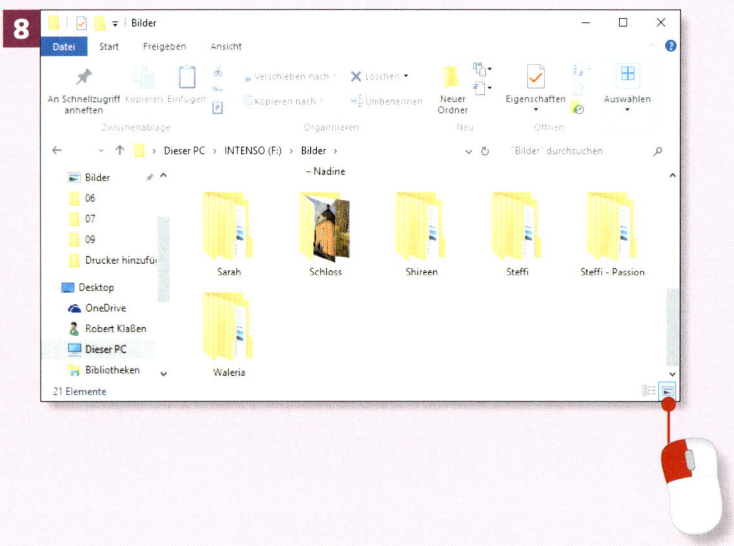

Schritt 8

Wenn Sie es z. B. mit Bildern zu tun haben, ist es sinnvoll, ganz unten rechts auf **Miniaturansicht** umzustellen.

Schritt 9

Wenn Sie mögen, öffnen Sie einen Ordner von Ihrer Festplatte und stellen nun beide Fenster zum Datenaustausch nebeneinander, indem Sie zunächst das eine Fenster an den linken Bildschirmrand und anschließend das andere an den rechten Bildschirmrand ziehen.

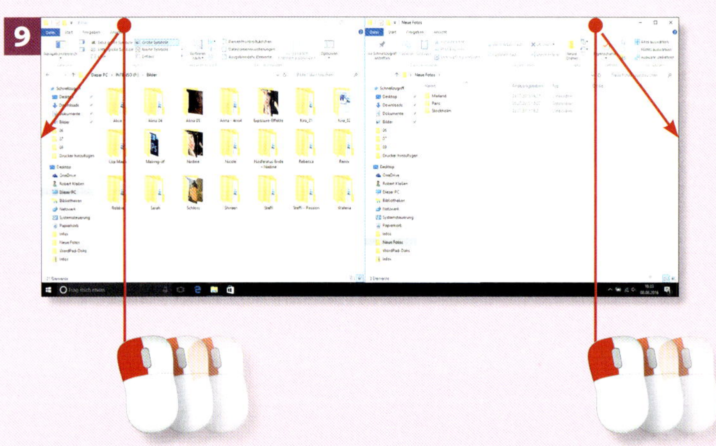

Listenansicht

Neben der Schaltfläche **Miniaturansicht** finden Sie auch noch die **Listenansicht**. Diese enthält zwar keine Bildvorschau, gibt Ihnen dafür aber Informationen über Dateitypen, Änderungsdaten etc. Über das Menü **Ansicht** (ganz oben im Ordner) werden weitere Ansichtsoptionen zur Verfügung gestellt.

Schritt 10

Jetzt können Sie Ordner und Dokumente per Drag-and-drop von einem Fenster in das andere ziehen. Dabei werden die Daten auf die Festplatte oder den Stick kopiert bzw. Daten von dort auf den PC übertragen – als Kopien. Die Originale bleiben erhalten.

10

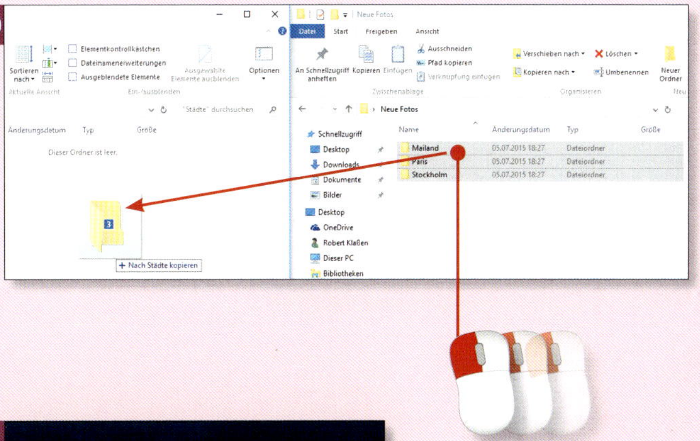

Schritt 11

Wenn alle Daten übertragen worden sind, schließen Sie sämtliche Fenster. Klicken Sie auf das kleine Dreieck-Symbol (**Ausgeblendete Symbole einblenden**) in der Taskleiste. Daraufhin öffnet sich eine Tafel.

11

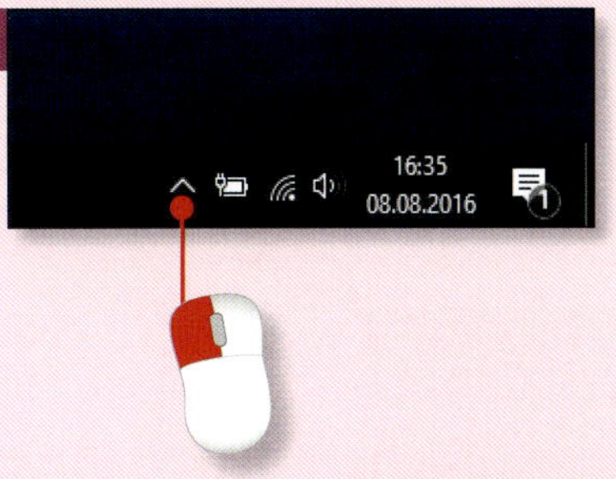

Schritt 12

Jetzt klicken Sie auf **Hardware sicher entfernen und Medium auswerfen**. Zuletzt wählen Sie das Laufwerk (hier: **External USB 3.0 auswerfen**).

12

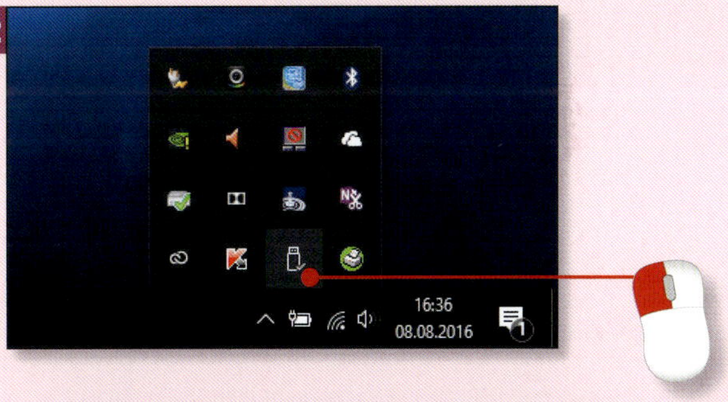

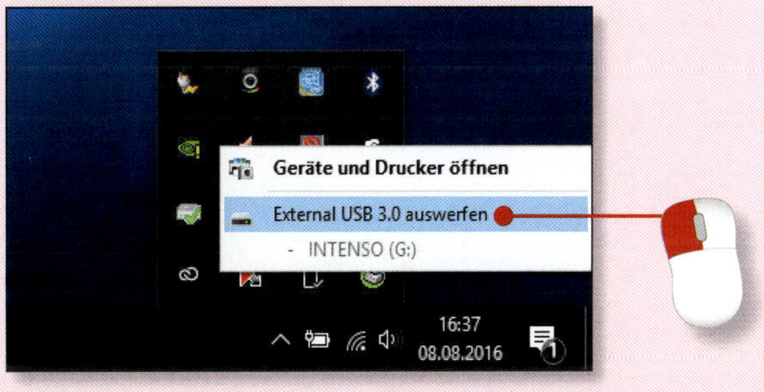

Grenzenloser Austausch

Dateien lassen sich über Schritt 10 hinaus auch zwischen den angeschlossenen Geräten und dem Desktop austauschen. Ziehen Sie eine Datei aus dem Laufwerksordner auf den Desktop, können die Daten auch dort abgelegt werden. Umgekehrt geht es natürlich auch.

Bluetooth-Geräte mit Windows verbinden

Sofern Ihr Computer bluetoothfähig ist, lassen sich Daten kabellos zwischen dem PC und einem weiteren Gerät (z. B. einem Handy) übertragen. Die Schritte 1 bis 10 dieser Anleitung müssen Sie nur einmal absolvieren.

1

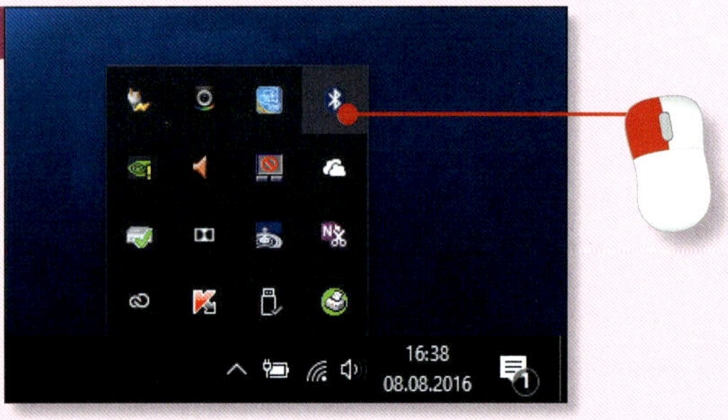

2

3

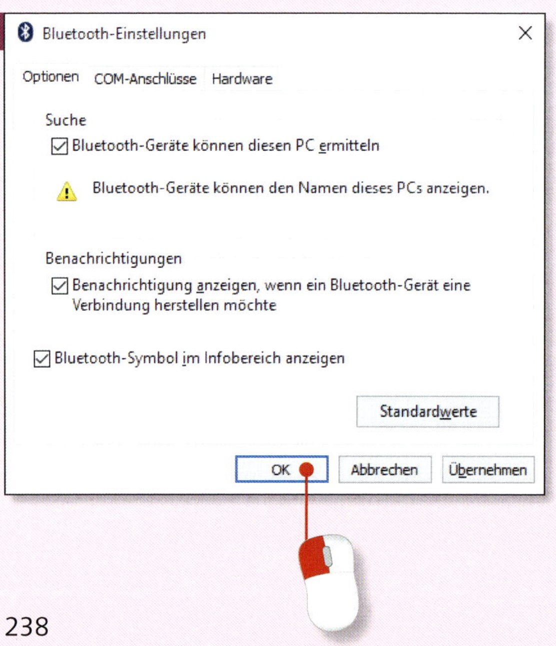

Schritt 1

Klicken Sie zunächst auf das kleine Dreieck in der Taskleiste und dann auf das Symbol **Bluetooth-Geräte**.

Schritt 2

Im Menü klicken Sie auf den Eintrag **Einstellungen öffnen**.

Schritt 3

Kontrollieren Sie, ob alle Häkchen innerhalb der Bluetooth-Einstellungen gesetzt sind. Falls nicht, holen Sie das jeweils mit einem Klick nach und bestätigen Ihre Angaben mit **OK**.

Einstellungen öffnen
Wenn das Gerät nicht in der Taskleiste angezeigt wird, erreichen Sie es über **Geräte und Drucker**. Klicken Sie dort mit rechts auf das Gerät und dann auf **Bluetooth-Einstellungen**.

Schritt 4

Aktivieren Sie Bluetooth auf dem externen Gerät. Dort sollte jetzt bereits der PC angezeigt werden. Wenn nicht, starten Sie die Suche nach dem PC. Schauen Sie zur Vorgehensweise in die Bedienungsanleitung des externen Geräts.

Schritt 5

Wechseln Sie nun in die Einstellungen (per Klick auf **Einstellungen** im Startmenü), und wählen Sie hier wieder **Geräte ▸ Bluetooth, Drucker, Maus**.

Schritt 6

Wählen Sie oben links in der Geräteliste **Bluetooth** aus. Daraufhin sollte das gewünschte Handy in der Mitte des Fensters bereits sichtbar sein (hier: **Windows Phone**).

4

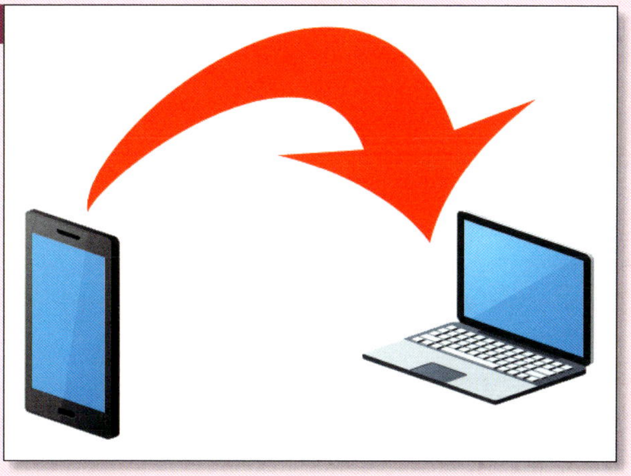

5

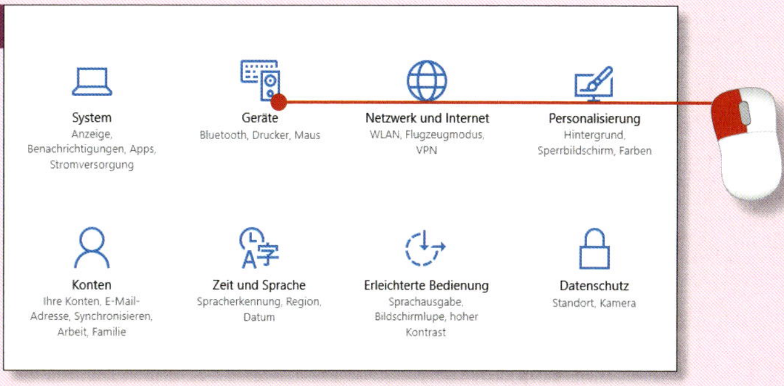

6

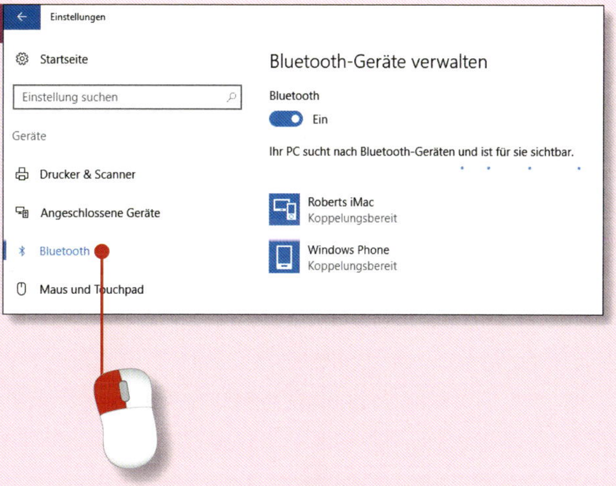

Gerät nicht gefunden?
In den Bluetooth-Einstellungen des Handys besteht die Möglichkeit, das Gerät zu verbergen. Wenn diese Funktion aktiv ist, kann Windows 10 das Gerät allerdings nicht finden. Stellen Sie es daher zuvor auf **sichtbar** bzw. **Telefon zeigen**.

Bluetooth-Geräte mit Windows verbinden (Forts.)

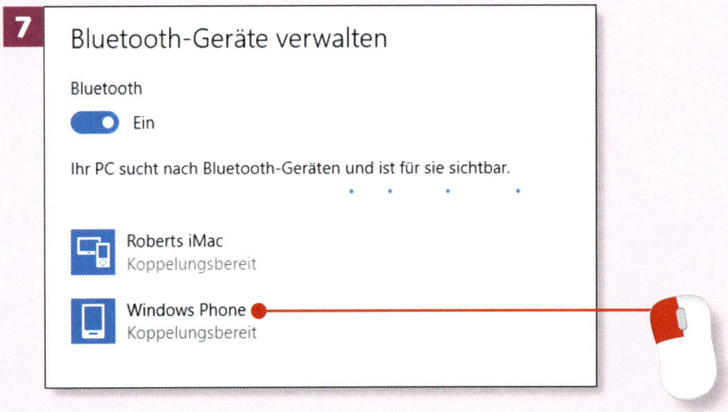

Schritt 7

Gedulden Sie sich einen Augenblick. Sobald das Mobiltelefon als **Koppelungsbereit** ausgezeichnet wird, setzen Sie einen Mausklick auf diesen Eintrag.

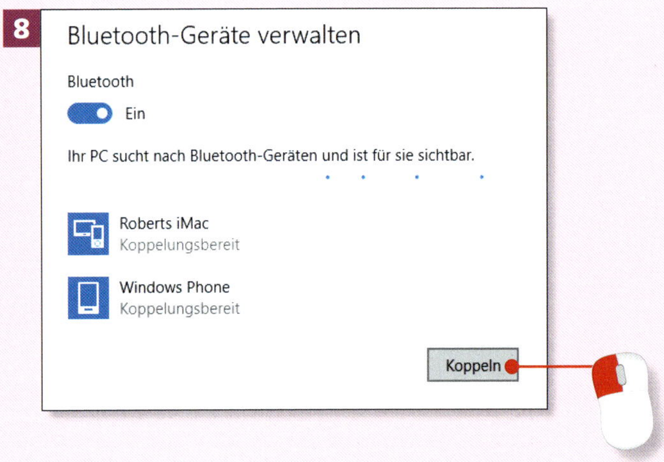

Schritt 8

Jetzt wird der Schalter **Koppeln** angeboten, den Sie nun ebenfalls mit einem Mausklick versehen müssen.

Schritt 9

Nun sehen Sie eine Kennung (eine Zahlenkombination), die Sie mit der auf Ihrem Bluetooth-Gerät vergleichen müssen. Wenn sie übereinstimmen, bestätigen Sie das zunächst am PC mit einem Klick auf **Ja** und anschließend auf dem Handy.

Mehrere Geräte in Reichweite?
Prinzipiell muss man ja immer davon ausgehen, dass weitere aktivierte Geräte in Reichweite sind. Dennoch können Sie diese Schritte ruhigen Gewissens ausführen – sofern Sie darauf achten, dass Sie auch wirklich eine Verbindung zu »Ihrem« und nicht zu einem fremden Gerät herstellen.

Schritt 10

Das klappt ja prima. Sobald in den Einstellungen **Gekoppelt** 1 vermeldet wird, können Sie das Fenster wieder schließen.

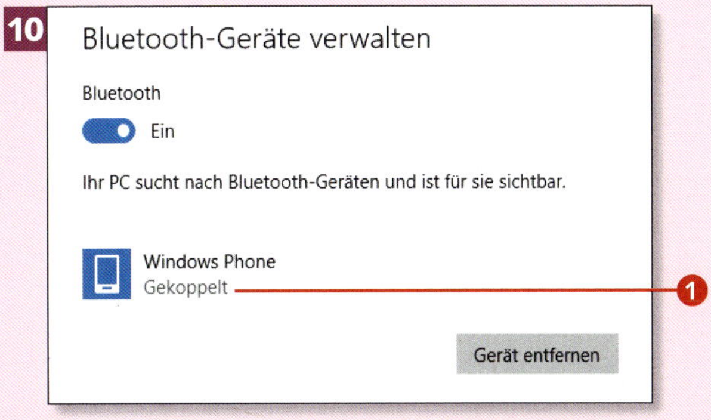

Schritt 11

Starten Sie probehalber mit einer Dateiübertragung in Richtung Handy. Dazu öffnen Sie erneut die Bluetooth-Liste (siehe Schritt 1) und entscheiden sich für **Datei senden**.

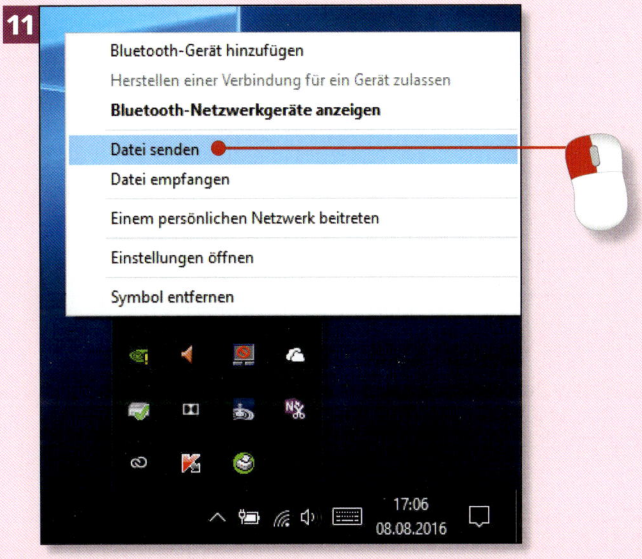

Schritt 12

Im folgenden Fenster müssen Sie nun noch das mobile Endgerät auswählen, das Sie beliefern wollen.

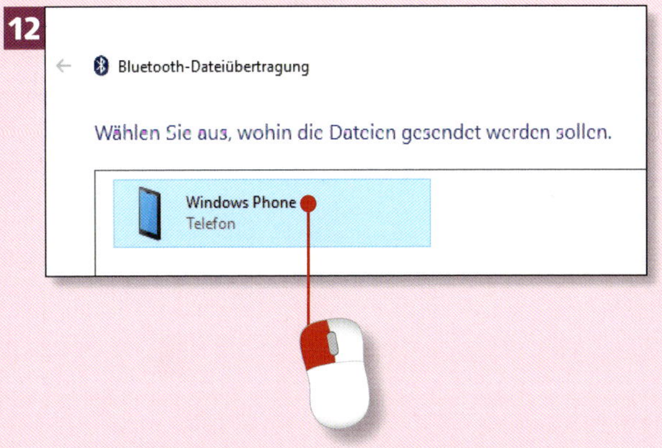

Speicherort bleibt aktuell
Den Speicherort für die Bluetooth-Datenübertragung müssen Sie nur einmal angeben. Weitere Dateien werden künftig gleich dorthin übertragen. Wenn Sie den Speicherort irgendwann ändern wollen, ist das natürlich über **Durchsuchen** jederzeit möglich.

Bluetooth-Geräte mit Windows verbinden (Forts.)

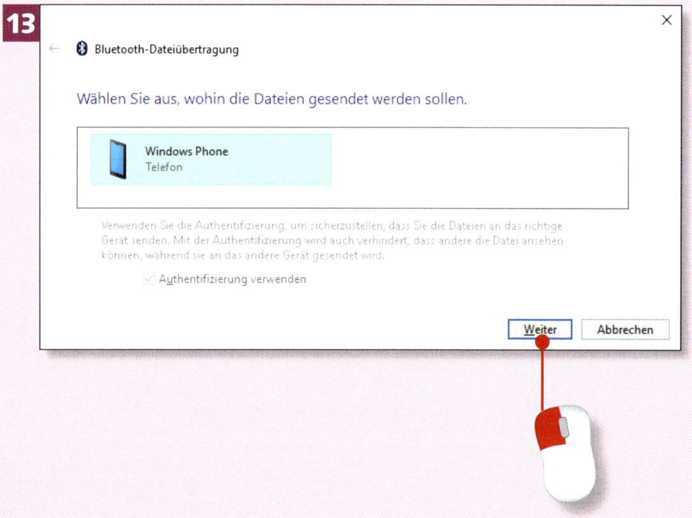

Schritt 13

Standardmäßig dürfte in der Geräteliste nur ein Gerät aufgeführt sein – es sei denn, Sie haben zuvor mehrere Handys mit dem PC gekoppelt. Bestätigen Sie Ihre Auswahl mit einem Klick auf **Weiter**.

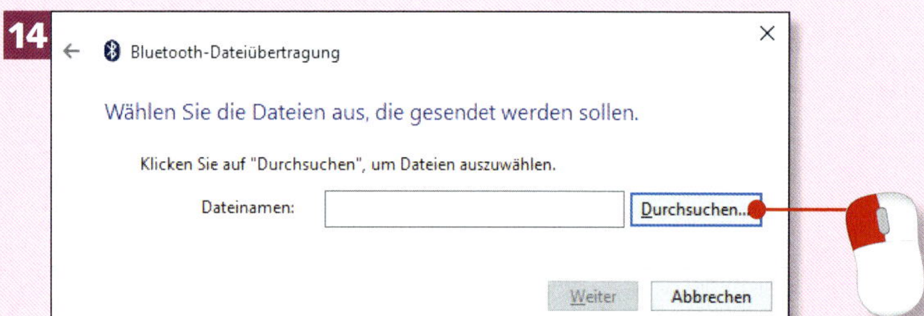

Schritt 14

Zuletzt gehen Sie auf **Durchsuchen**. Immerhin müssen Sie dem Mobilgerät ja eine Datei zum Transfer anbieten.

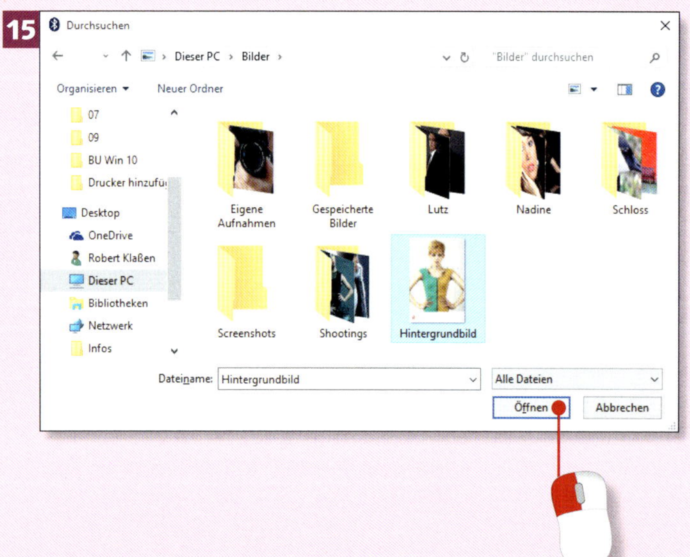

Schritt 15

Markieren Sie das Bild, das Sie übertragen wollen, und klicken Sie auf **Öffnen**.

Authentifizierung

Falls mehrere Handys in der Nähe sind, müssen Sie eventuell eine Authentifizierung vornehmen, d.h., Sie müssen vor der Datenübertragung den Koppelungscode des Handys eingeben. Wie Sie den Code für Ihr Gerät ermitteln, erfahren Sie in der Bedienungsanleitung Ihres Mobiltelefons.

Schritt 16

Das Fenster schließt sich daraufhin automatisch, und Sie gelangen zurück zum Dialog **Bluetooth-Dateiübertragung**. Hier müssen Sie jetzt noch einmal auf **Weiter** klicken.

16

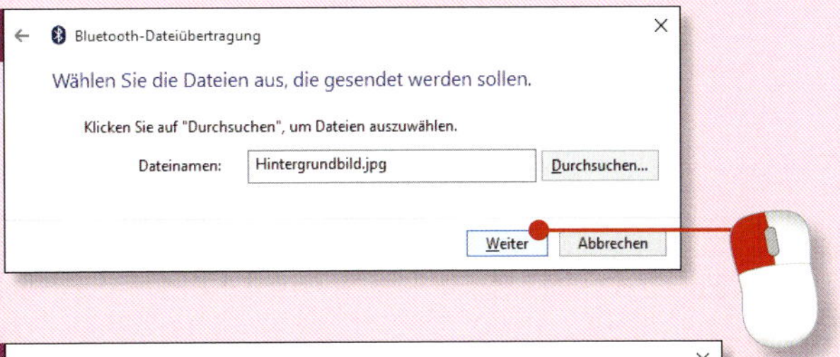

Schritt 17

Jetzt müssen Sie die Sendung auf dem Handy annehmen. Dazu erscheint dort eine Meldung. Anschließend meldet Windows 10 die erfolgreiche Übertragung. Klicken Sie nun auf **Fertig stellen**.

17

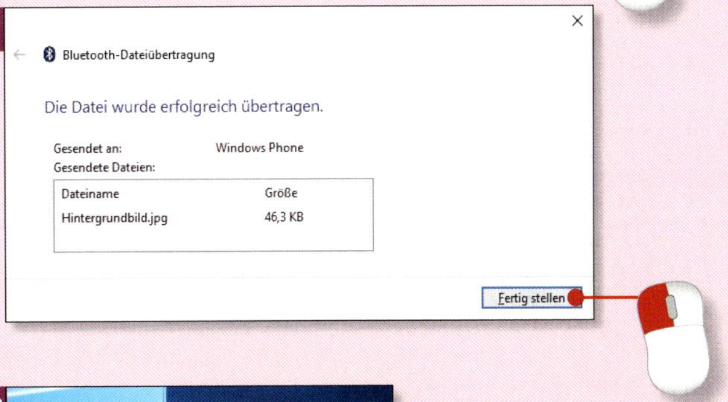

Schritt 18

Zuletzt sollten Sie auch den umgekehrten Weg prüfen. Dazu versenden Sie ein Bild via Bluetooth vom Handy an den PC. Dort wiederholen Sie Schritt 12, wobei Sie in der Liste **Datei empfangen** auswählen. Jetzt erscheint ein Dialog, der das Zuweisen eines Speicherplatzes ermöglicht. Klicken Sie auf **Fertig stellen**.

18

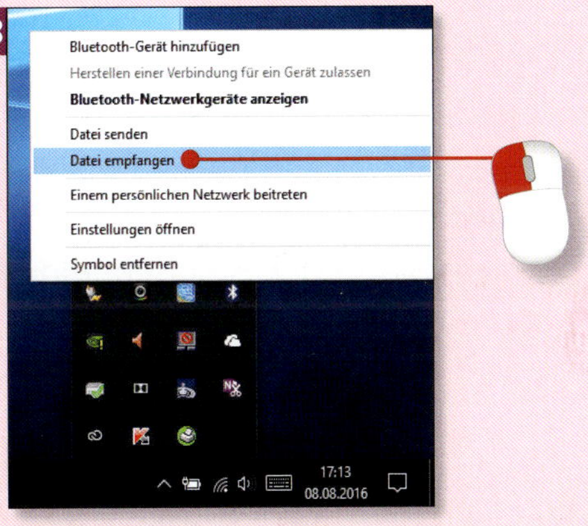

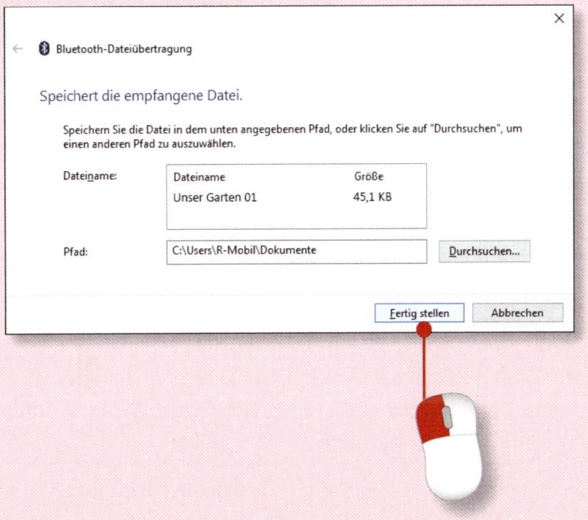

Mehrere Dateien senden

In Schritt 15 können Sie auch mehrere Dateien markieren. Halten Sie dazu einfach `Strg` gedrückt, während Sie die Dateien anklicken. Danach werden sämtliche markierten Dateien nacheinander transferiert.

Kapitel 10
Scannen, drucken, brennen

Die Fotos nur digital auf dem Rechner sehen zu können reicht oft nicht aus. Wenn Sie einen Fotodrucker besitzen, möchten Sie Ihre Bilder sicher auch ausdrucken. In diesem Kapitel lesen Sie nicht nur, wie das funktioniert, sondern auch, wie Sie Ihren Scanner einsetzen und Musik-CDs brennen.

Fotos einscannen
Schritt für Schritt erfahren Sie in diesem Kapitel, wie Sie Ihren Scanner einrichten und damit Fotos oder auch andere Dokumente einscannen ❶ können.

Fotos drucken
Sie sind im Besitz eines Farbdruckers? Dann sehen Sie hier, wie Sie Ihre Fotos optimal auf Papier zur Geltung bringen ❷. Das geht mit Windows 10 ganz komfortabel.

Musik auf CD brennen
Wenn Ihr Rechner nicht das perfekte Präsentationsmedium für Ihre Musik ist, sollten Sie eine CD brennen ❸. Wie das geht, erfahren Sie in den Anleitungen in diesem Kapitel.

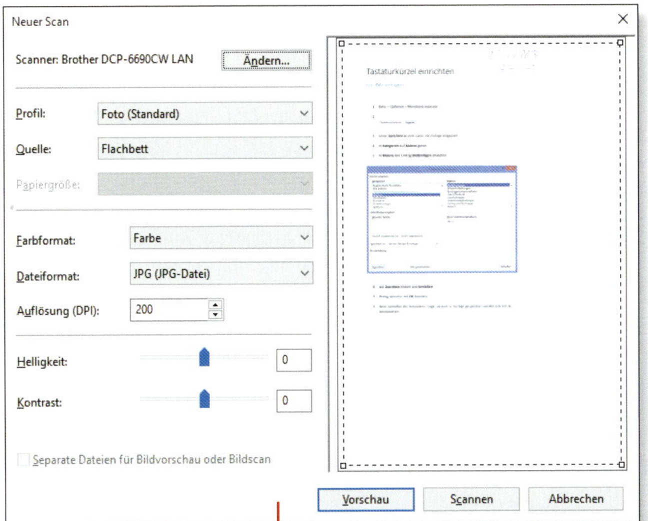

1 Scannen Sie Fotos, die Sie noch nicht digital vorliegen haben, einfach ein.

2 Wenn Sie Ihre Fotos in der Hand halten möchten, drucken Sie sie ganz einfach aus.

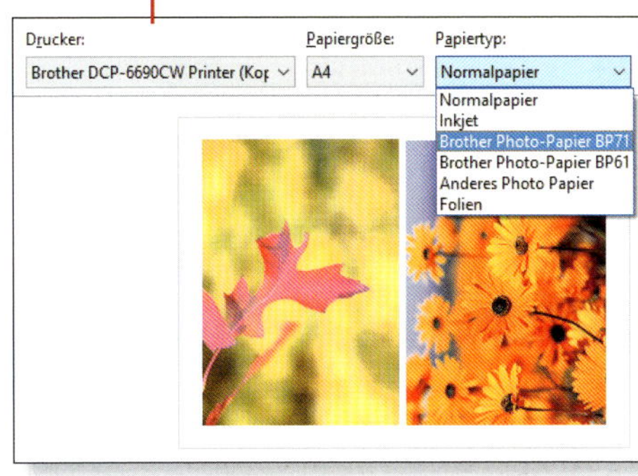

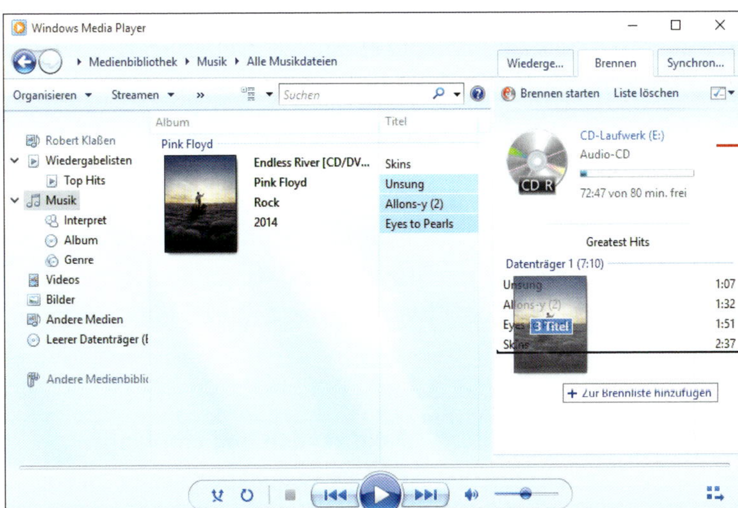

3 Brennen Sie Musik und Fotos auf CD – für Ihr Regal oder um sie an andere weiterzugeben.

Fotos und Dokumente einscannen

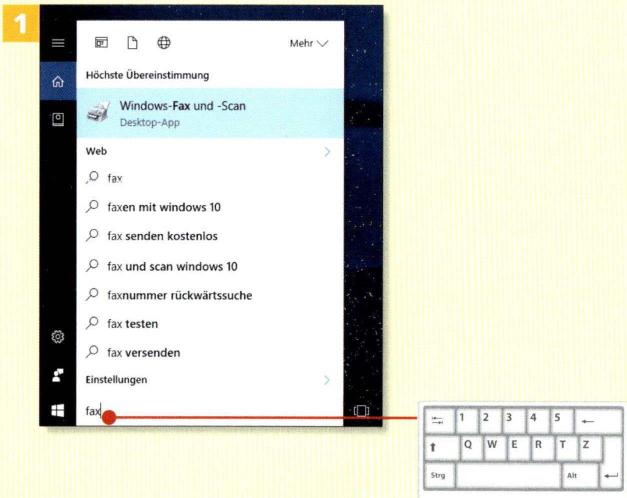

Die meisten Scanner bringen ihre eigene Software mit. Dennoch lassen sich Scanner auch mit einer Windows-internen Lösung bedienen, für die keine Installation erforderlich ist.

Schritt 1

Geben Sie unten links den Suchbegriff »fax« oder »scan« ein. Sie werden die App *Windows-Fax und -Scan* finden. Bestätigen Sie mit ↵.

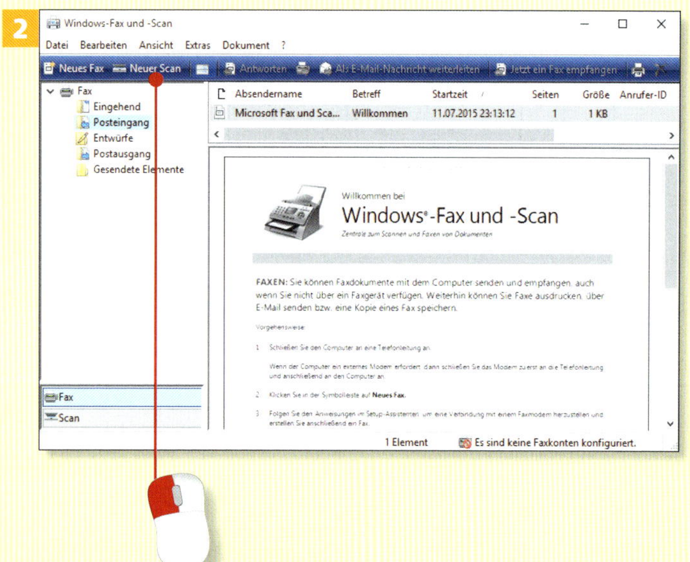

Schritt 2

Wenn Sie sich ausführlich über das Thema Fax informieren wollen, lesen Sie die Anleitung unten rechts. Wenn Sie nur scannen möchten, klicken Sie auf **Neuer Scan**.

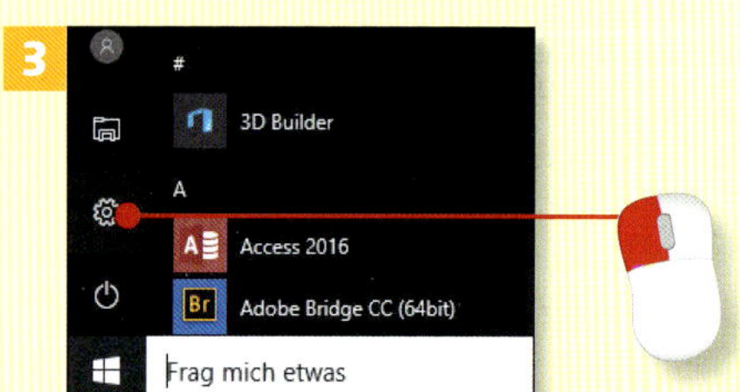

Schritt 3

Sollten Sie eine Fehlermeldung erhalten, schließen Sie die App. Drücken Sie ⊞, gefolgt von einem Klick auf das Zahnrad **Einstellungen**.

Faxe senden und empfangen

Um die Faxfunktion nutzen zu können, müssen Sie mitunter weitere Kabel anschließen. Schauen Sie in der Bedienungsanleitung Ihres Geräts nach, was zu tun ist.

Schritt 4

Öffnen Sie den Einstellungsbereich **Geräte ▶ Bluetooth, Drucker, Maus**. Dort finden Sie auch die Einstellungsmöglichkeiten für Ihren Scanner.

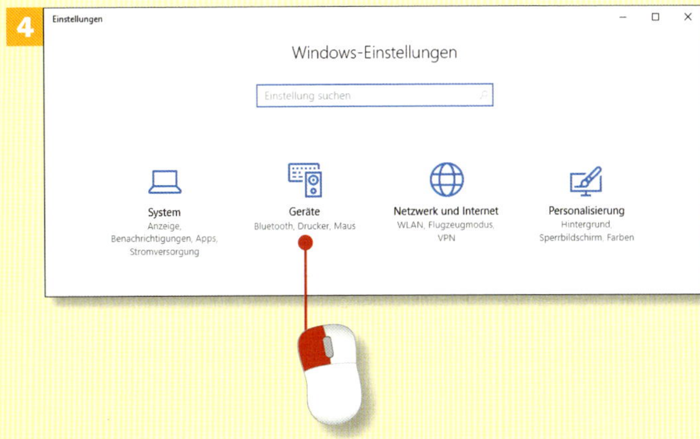

Schritt 5

Ganz oben finden Sie den Schalter **Drucker oder Scanner hinzufügen**. Gedulden Sie sich einen Augenblick, bis das Gerät gefunden wurde.

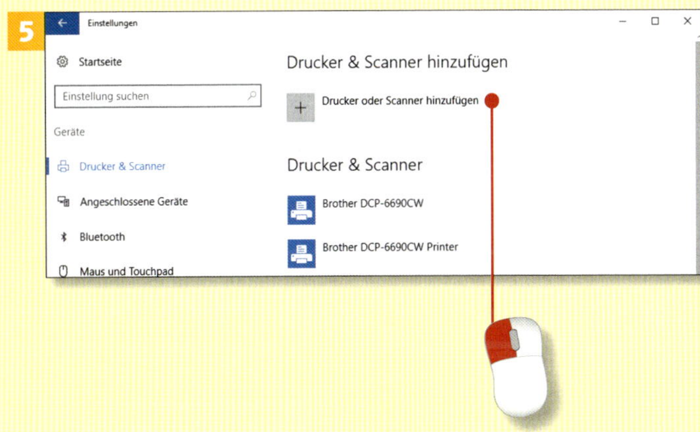

Schritt 6

Wird der neue Eintrag gelistet, dürfen Sie die Einstellungen wieder verlassen.

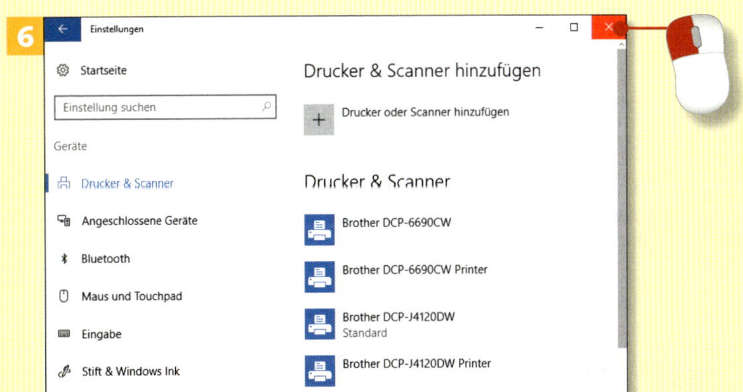

Treiber installieren

Bitte beachten Sie, dass Windows von Hause aus zwar zahllose Treiber im Gepäck hat – aber leider nicht alle. Sollte Ihre Suche (Schritt 5) nicht von Erfolg gekrönt sein, müssen Sie den Treiber nachinstallieren. Dem Gerät liegt gewöhnlich Software bei, die installiert werden muss.

Fotos und Dokumente einscannen (Forts.)

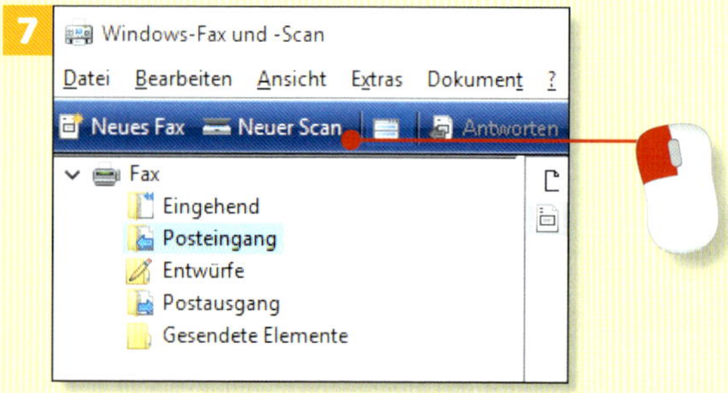

Schritt 7

Gehen Sie abermals in die Fax- und Scansoftware (siehe Schritt 1), und klicken Sie erneut auf **Neuer Scan**.

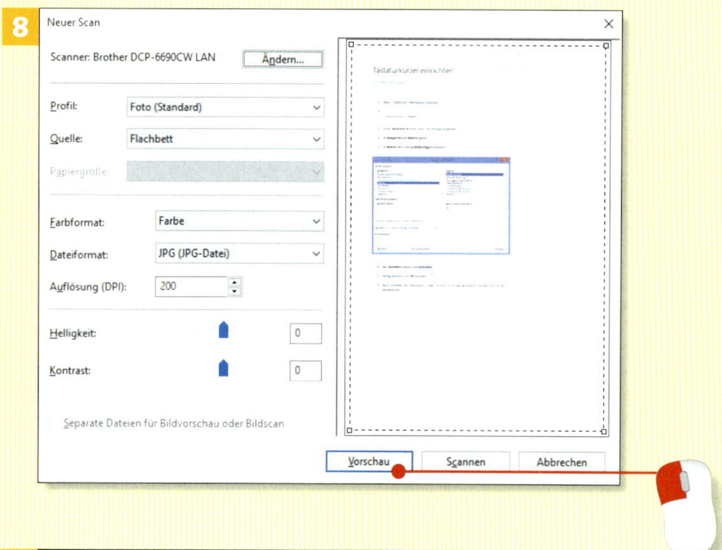

Schritt 8

Jetzt zeigt sich das Fenster **Neuer Scan**. Legen Sie eine beliebige Vorlage auf den Scanner, und erzeugen Sie zunächst eine Vorschau, indem Sie auf **Vorschau** klicken. Das Ergebnis sehen Sie auf der rechten Seite der Anwendung.

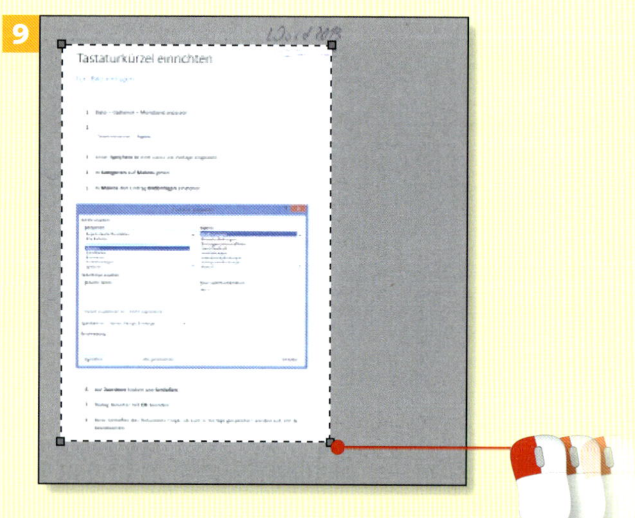

Schritt 9

Ziehen Sie den gestrichelten Rahmen in Form, indem Sie eine der vier Ecken mit gedrückter Maustaste verschieben. Begrenzen Sie den Rahmen auf den Bereich, der gescannt werden soll.

Foto beschneiden

Es wird stets das gescannt, was sich innerhalb des Rahmens befindet. Vermeiden Sie es, allzu große weiße Ränder in die Auswahl mit einzubeziehen, da dies nur die Dateigröße des Scans unnötig aufbläht.

Schritt 10

Jetzt müssen Sie lediglich noch auf **Scannen** klicken. Warten Sie einen Moment, bis der Scanner seine Arbeit abgeschlossen hat.

10

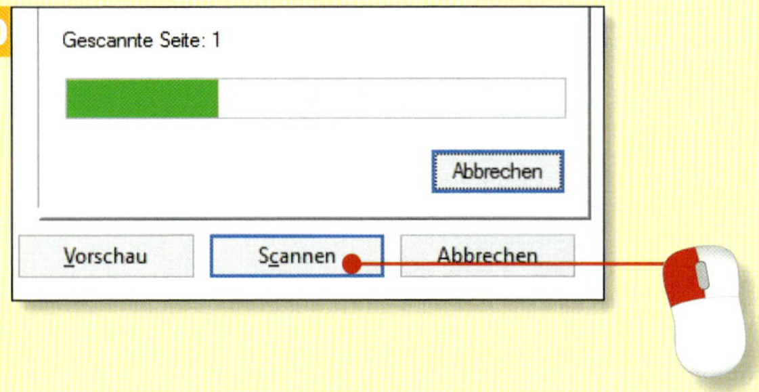

Schritt 11

Die Ablichtung erscheint nun rechts unten in der Anwendung. Wenn nur ein Teil zu sehen ist, müssen Sie ein wenig nach unten scrollen. Das Foto könnten Sie nun als E-Mail weiterleiten. In diesem Fall öffnet sich Ihr Mail-Programm. Sie können das eingescannte Bild auch drucken oder löschen.

11

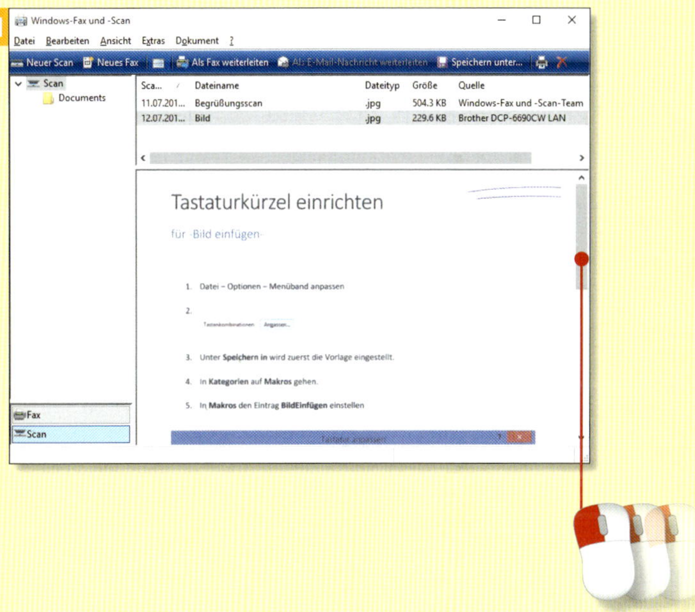

Schritt 12

Das Foto selbst ist jetzt übrigens bereits auf der Festplatte gespeichert. Sie finden es unter *Dieser PC\Dokumente\Gescannte Dokumente*.

12

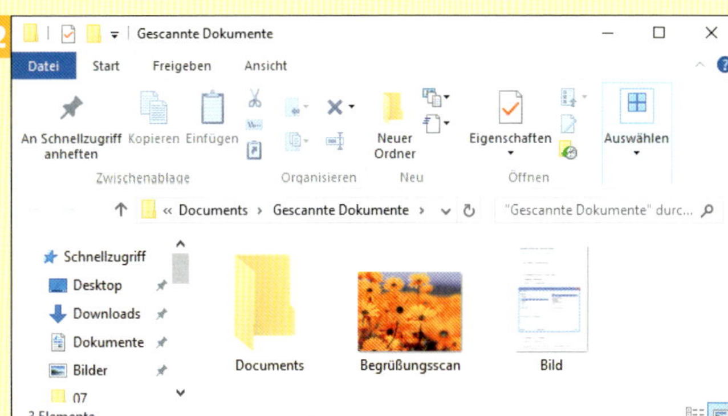

Foto erneut speichern

Wenn Sie das gescannte Bild auch noch an einem anderen Ort speichern möchten, wählen Sie in der App Windows-Fax und -Scan **Datei ▸ Speichern unter**.

Richtig scannen mit Windows-Fax und -Scan

1

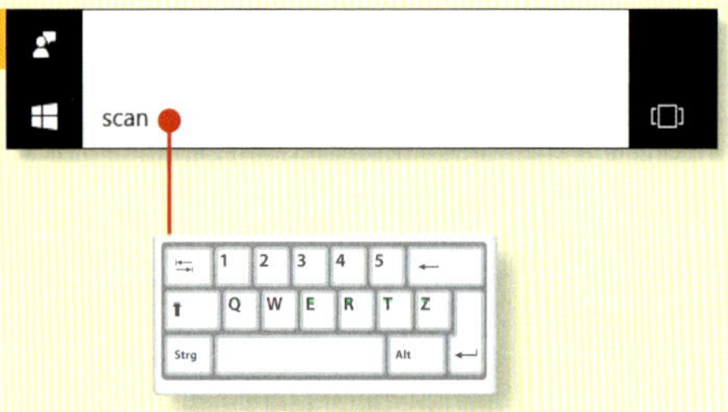

2

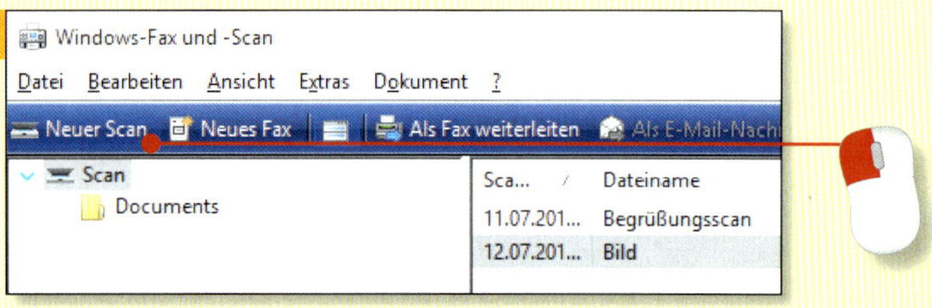

3

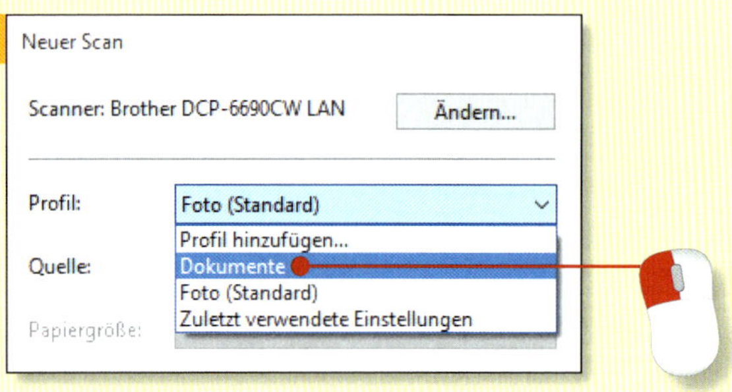

Wenn Sie mit Windows-Fax und -Scan arbeiten, müssen Sie einiges beachten. Die folgenden Grundlagen werden Ihnen aber auch weiterhelfen, wenn Sie die Scanner-eigene App einsetzen. Das sollten Sie wissen:

Schritt 1

Öffnen Sie Windows-Fax und -Scan. Geben Sie im Suchfeld der Taskleiste den Suchbegriff »scan« ein, und bestätigen Sie mit ↵.

Schritt 2

Öffnen Sie den Scan-Dialog, indem Sie auf **Neuer Scan** klicken.

Schritt 3

Zunächst einmal sollten Sie das Feld **Profil** öffnen. Lassen Sie **Foto** stehen, wenn Sie ein Bild qualitativ hochwertig einscannen wollen. Für Bürounterlagen o. Ä., die mit geringerer Qualität auskommen, stellen Sie um auf **Dokumente**.

JPEG vs. TIFF

TIFF-Dateien sind wesentlich größer als JPEG-Dateien. Denn JPEG komprimiert die Bilddaten. Bei TIFF erhalten Sie so aber Bilddokumente, die verlustfrei nachbearbeitet werden können. Entscheiden Sie das am besten abhängig von der Qualität, die Sie erwarten, und der Größe, die das Dokument belegen darf. Wenn Sie es per Mail verschicken wollen, ist JPEG die bessere Wahl.

Schritt 4

Im Feld **Farbformat** müssen Sie entscheiden, ob ein farbloser Scan (**Graustufe**) reicht (z. B. bei Briefen) oder ob es doch lieber **Farbe** werden soll.

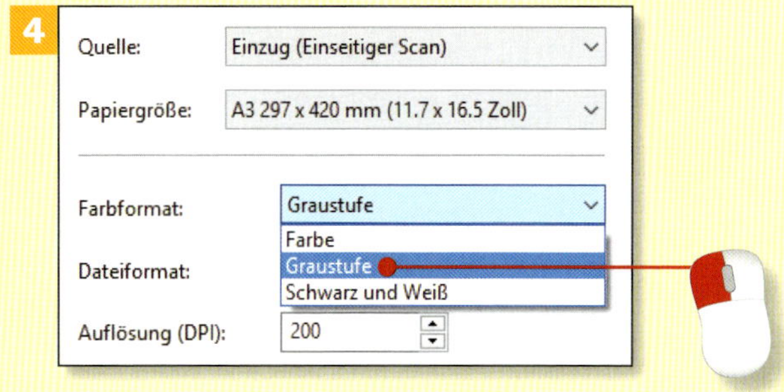

Schritt 5

Dateiformat und **Auflösung (DPI)** sind abhängig von der gewünschten Qualität. Hochwertige Fotos sollten Sie mit **300 DPI** im Format **TIF** oder **JPG** (siehe Kasten auf Seite 250) speichern, während Texte mit **150 DPI** und **PNG** auskommen. Zeichnungen werden am besten mit mindestens **600 DPI** (besser 1.200) als **TIF** erstellt.

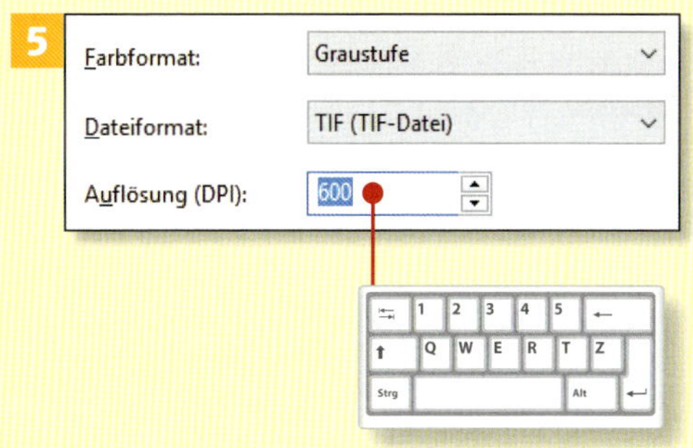

Schritt 6

Zuletzt klicken Sie auf die Schaltfläche **Scannen**, um den Vorgang zu starten.

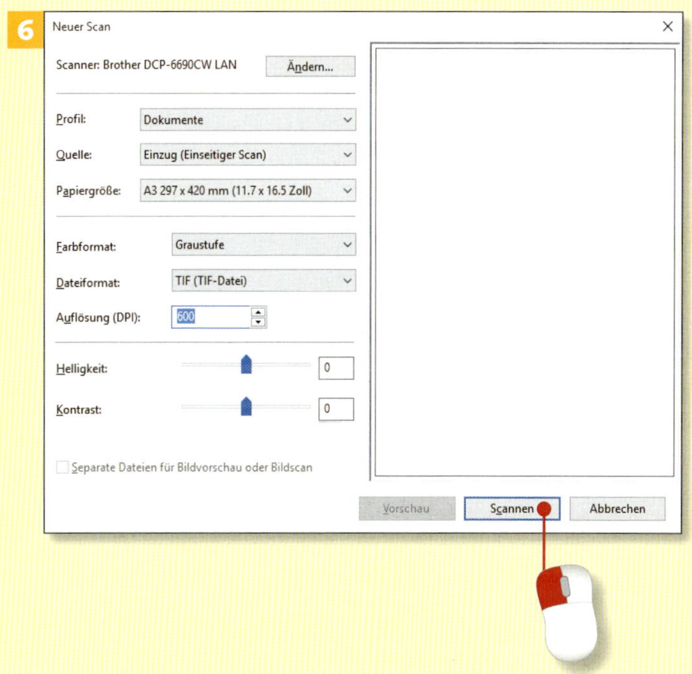

Schwarzweiße Scans

Wollen Sie in Schwarzweiß scannen (z. B. Baupläne oder Bleistiftskizzen), wählen Sie unter **Farbformat** den Eintrag **Schwarz und Weiß**. Dabei werden keine Graustufen gewonnen, sondern echtes Schwarz und Weiß.

Fotos zu Hause ausdrucken

1

2

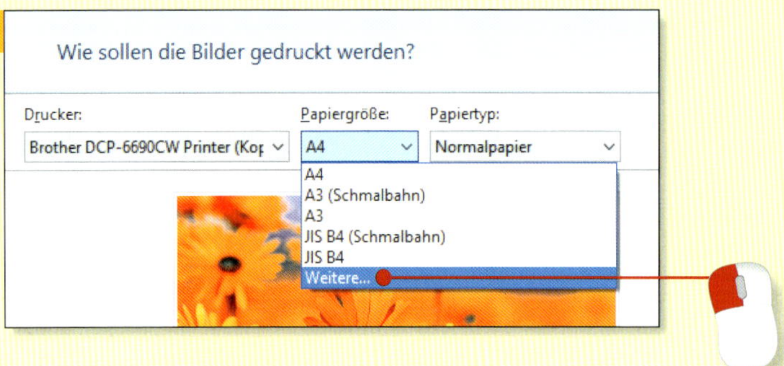

3

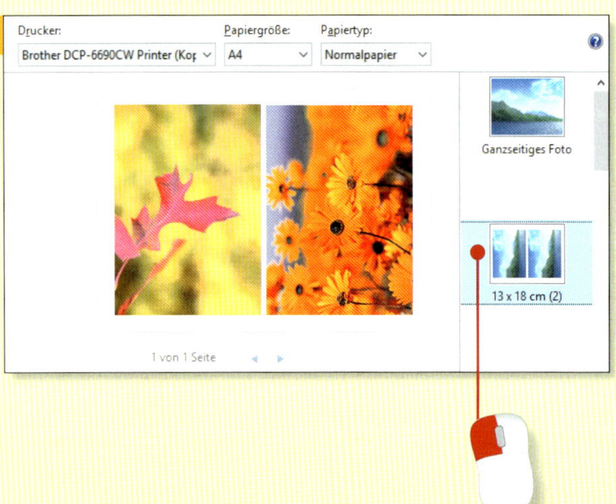

Wenn Sie Bildbearbeitungsprogramme wie Adobe Photoshop oder GIMP einsetzen, können Sie auch deren Druckfunktionen nutzen. Wenn Sie ein Bild jedoch ohne viel Schnickschnack zu Papier bringen wollen, können Sie das auch einfach mit Windows 10 tun.

Schritt 1

Markieren Sie ein oder mehrere Fotos (mehrere, indem Sie Strg beim Klicken gedrückt halten). Danach führen Sie einen Rechtsklick auf eines der markierten Bilder aus und wählen **Drucken** im Kontextmenü.

Schritt 2

Als Nächstes könnten Sie auf ein anderes Format umschalten. Wenn das gesuchte Format in der Liste **Papiergröße** nicht enthalten ist, klicken Sie auf **Weitere**.

Schritt 3

Bei DIN-A4-Papier haben Sie die Möglichkeit, mehrere Fotos auf einem Blatt auszugeben. Dazu müssen Sie auf der rechten Seite z. B. auf **13 × 18 cm (2)** klicken.

Schritt 4

Jetzt sollten Sie noch den **Papiertyp** einstellen. Wählen Sie im gleichnamigen Feld die Bezeichnung, die dem von Ihnen eingesetzten Papier entspricht. In der Regel ist auf der Verpackung des Papiers vermerkt, um welchen Papiertyp es sich handelt.

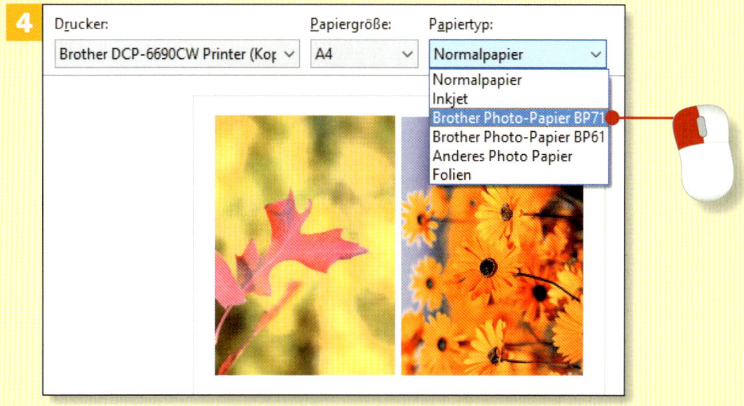

Schritt 5

Im Fuß der Anwendung legen Sie noch fest, wie viele Kopien pro Bild erzeugt werden sollen. Mit der Pfeiltaste unterhalb der Vorschau springen Sie (falls in Schritt 1 ausreichend Fotos gewählt worden sind) zur nächsten Seite.

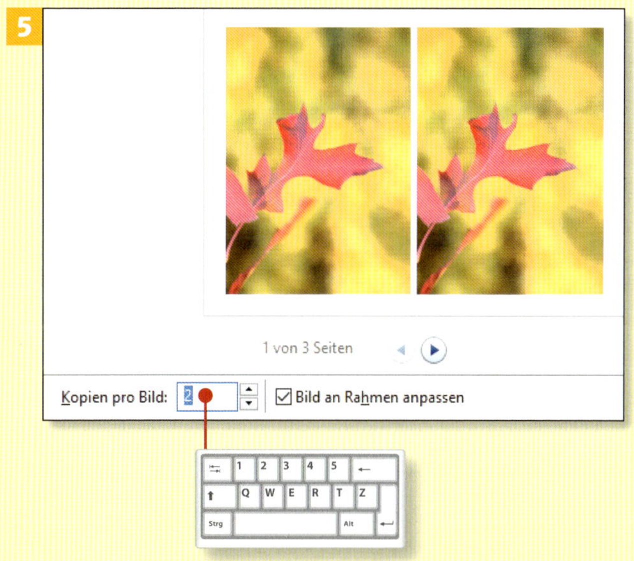

Schritt 6

Die Option **Bild an Rahmen anpassen** sorgt dafür, dass der zur Verfügung stehende Platz optimal ausgenutzt wird. Dabei werden die Bilder allerdings beschnitten. Zur Verdeutlichung schalten Sie das Häkchen mit einem Klick ein und wieder aus.

Wahl der Vorgabe

Die im Auswahlfeld stehende Ziffer (im Beispiel **2**) gibt Aufschluss darüber, wie viele Fotos auf jedem Blatt platziert werden (siehe Schritt 3).

7

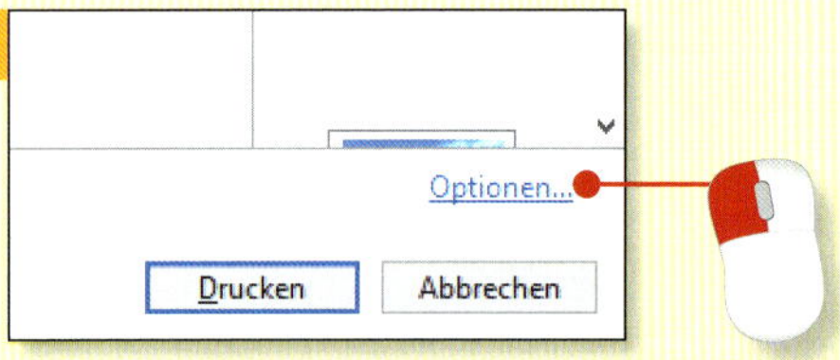

8

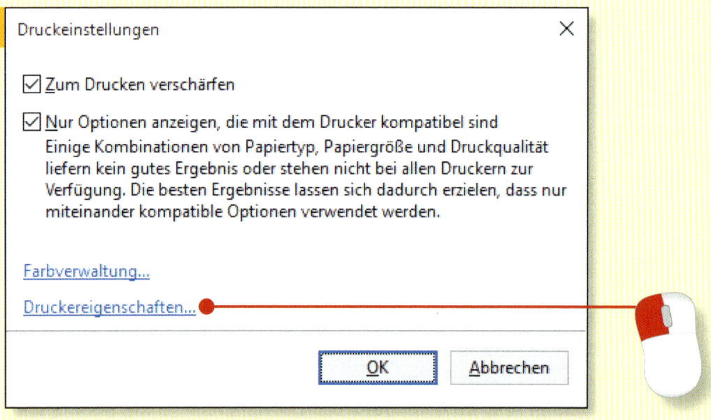

9

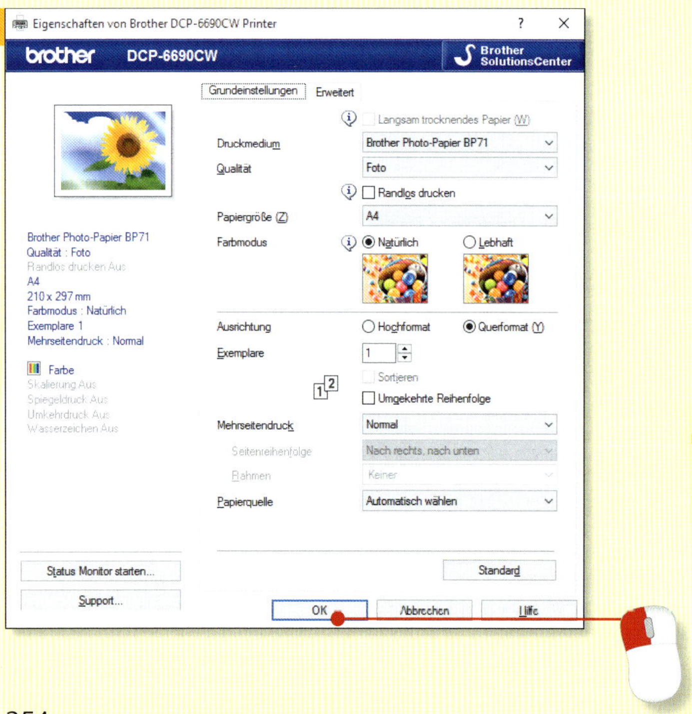

Schritt 7

Klicken Sie zuletzt noch unten rechts auf **Optionen**, um weitere spezifische Einstellungen vorzunehmen.

Schritt 8

Im Dialogfenster **Druckeinstellungen** bieten sich Ihnen verschiedene Optionen (siehe auch den Kasten auf dieser Seite). Diese lassen Sie in der Regel jedoch am besten so, wie sie sind. Klicken Sie lieber auf **Druckereigenschaften**.

Schritt 9

In diesem Dialogfenster und über die Schaltfläche **Erweitert** können Sie individuelle Einstellungen direkt im Druckermenü vornehmen. Die Dialoge unterscheiden sich je nach Druckerhersteller. Haben Sie alle Einstellungen vorgenommen, klicken Sie zum Schluss auf **OK**.

Fotos schärfen

Wenn Sie nach einem Ausdruck feststellen, dass die Fotos etwas unscharf sind, sorgen Sie dafür, dass die Option **Zum Drucken verschärfen** aktiviert ist.

Schritt 10

Das war's. Jetzt müssen Sie nichts weiter tun, als im Dialogfenster **Bilder drucken** auf **Drucken** zu klicken.

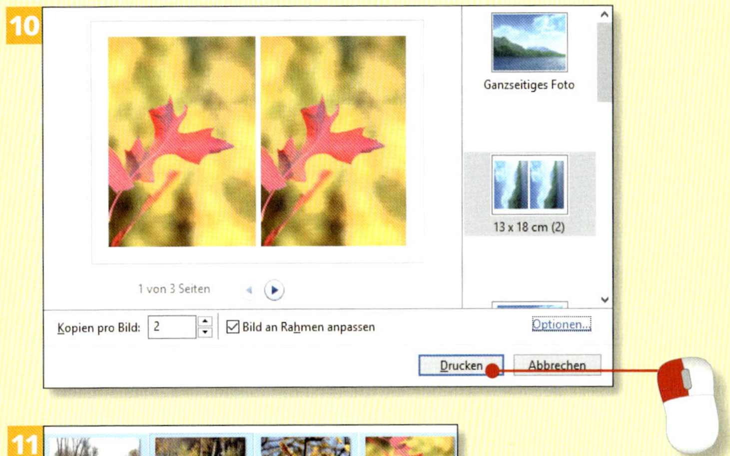

Schritt 11

Sie benötigen Kontaktabzüge vom gesamten Inhalt eines Ordners? Dann öffnen Sie diesen Ordner und drücken Strg + A. Dadurch werden alle darin enthaltenen Fotos markiert. Jetzt klicken Sie mit der rechten Maustaste auf ein markiertes Bild und wählen **Drucken** im Kontextmenü.

Schritt 12

Scrollen Sie in der rechten Spalte des Dialogs **Bilder drucken** ganz nach unten, und klicken Sie auf **Kontaktabzug** ❶. In der Mitte können Sie ablesen, wie viele Seiten gedruckt werden ❷, um alle Miniaturen zu Papier zu bringen. Zuletzt klicken Sie auf **Drucken**.

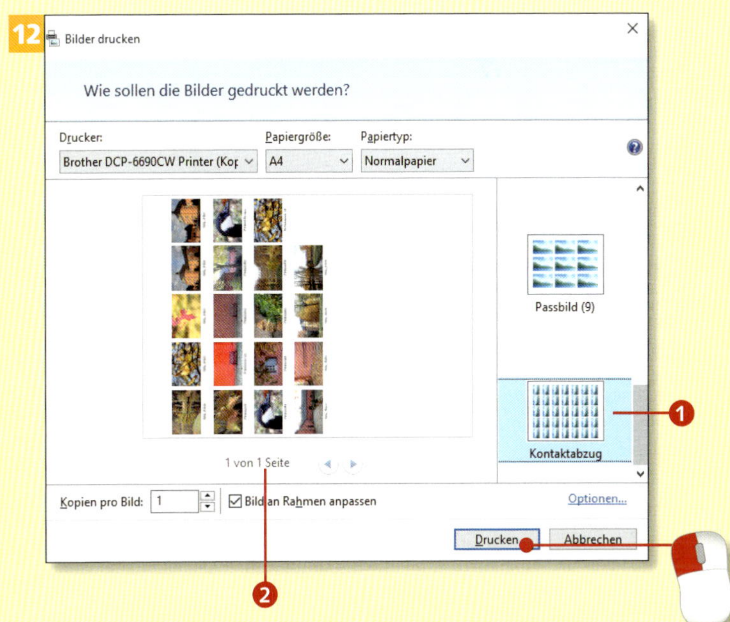

Was sind Kontaktabzüge?

Kontaktabzüge sind Ausdrucke, die sämtliche Fotos eines Ordners in Miniaturform abbilden. Sie dienen eigentlich nur dazu, einen schnellen Überblick über den Inhalt des Verzeichnisses zu erhalten. Kontaktabzüge werden meist mit maximal 150 dpi auf Normalpapier ausgegeben.

Dateien auf eine CD oder DVD brennen

Falls Sie größere Datenmengen sichern oder weitergeben wollen, brennen Sie eine CD oder DVD.

Schritt 1

Legen Sie einen leeren, beschreibbaren Datenträger ein. Klicken Sie auf die Hinweistafel, die sich am unteren rechten Bildrand zeigt.

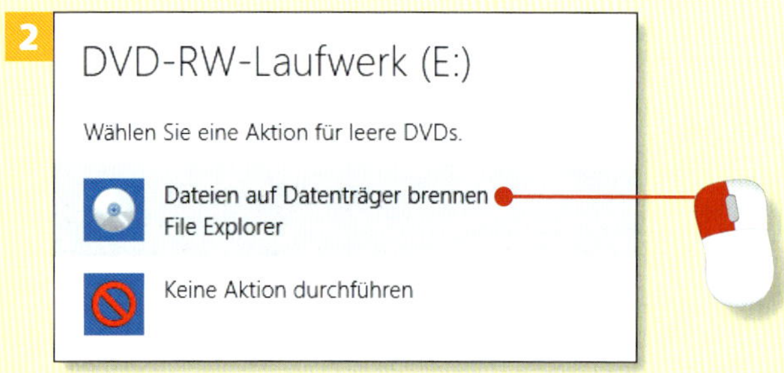

Schritt 2

Auf der Hinweistafel sehen Sie nun mehrere Optionen. Wählen Sie **Dateien auf Datenträger brennen ▶ File Explorer**.

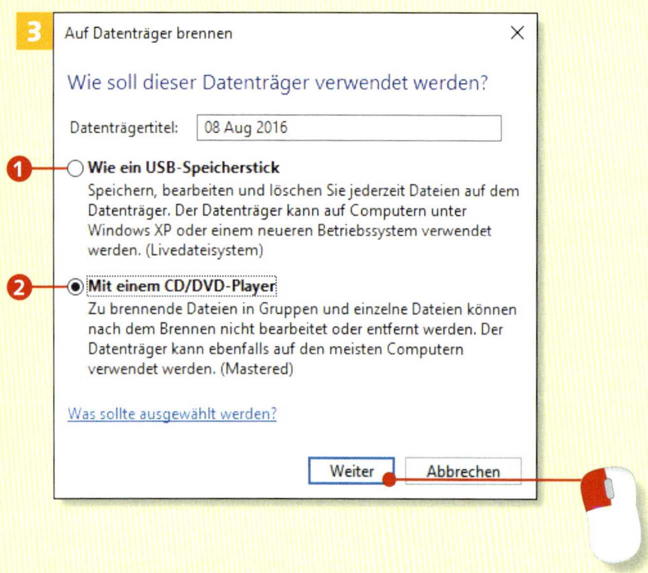

Schritt 3

Nun müssen Sie festlegen, wie der Datenträger später verwendet werden soll. Den unteren Eintrag 2 wählen Sie bei Medien, die nicht mehr verändert werden (CDs und DVDs), für Festplatten oder Sticks wählen Sie die obere Funktion 1. Aktivieren Sie **Mit einem CD/DVD-Player**, und klicken Sie auf **Weiter**.

Schritt 4

Jetzt öffnet sich ein Ordnerfenster. Das ist gewissermaßen der Inhalt der CD bzw. DVD. Wie Sie an der Aufforderung, Dateien hinzuzufügen ❸, sehen, ist der Datenträger leer.

Schritt 5

Ändern Sie das, indem Sie die Dateien, die auf den Datenträger gebrannt werden sollen, einfach mit gedrückter linker Maustaste in den soeben erstellten Brennordner ziehen und dort fallenlassen.

Schritt 6

Für den Fall, dass sich eine Sprechblase am unteren rechten Rand der Taskleiste zeigt: Ignorieren oder schließen Sie diese einfach, indem Sie auf das Kreuzchen rechts oben klicken.

4

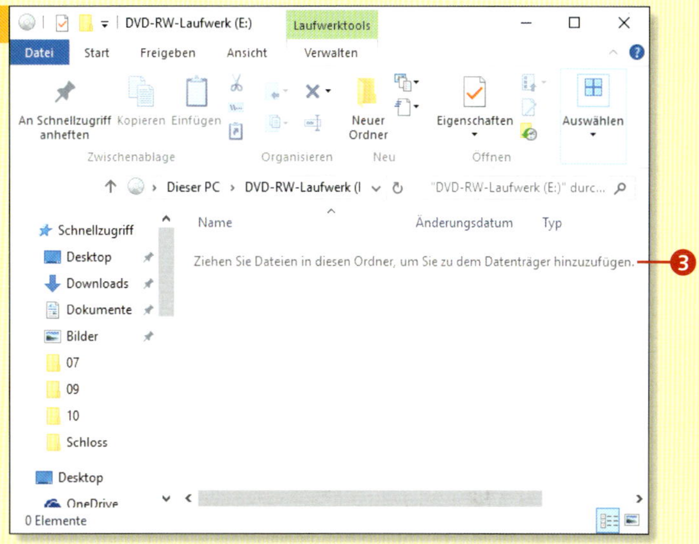

5

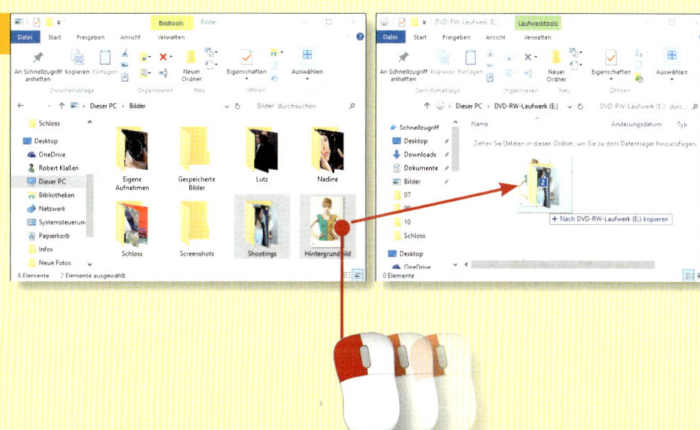

Hinweistafel

Die in Schritt 6 angesprochene Hinweistafel erscheint immer wieder, wenn Sie weitere Dateien zum Brennordner hinzufügen. Für den gesamten Vorgang ist sie jedoch nicht relevant.

6

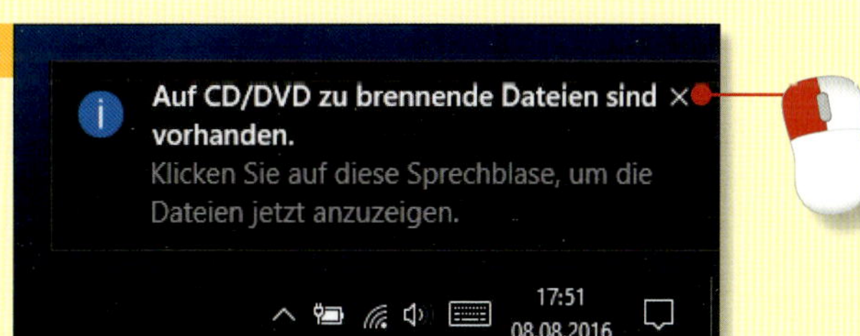

Dateien auf eine CD oder DVD brennen (Forts.)

7

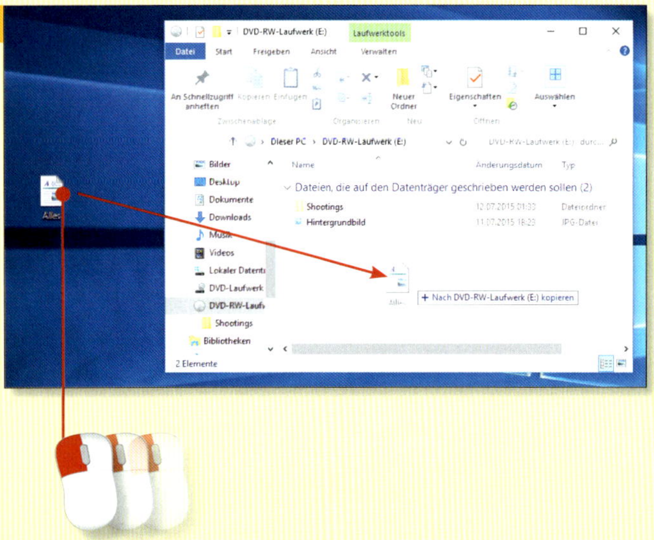

8

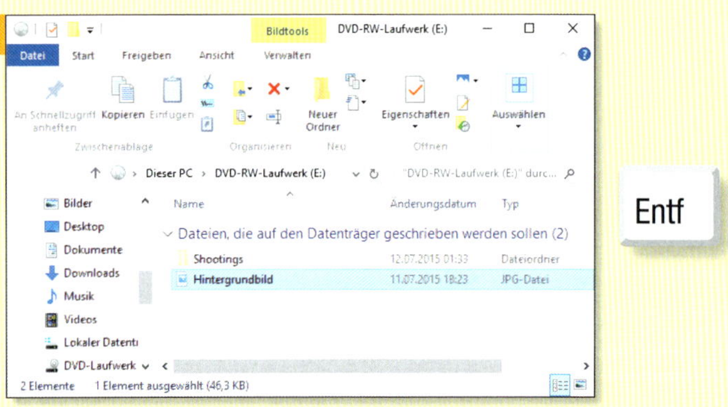

9

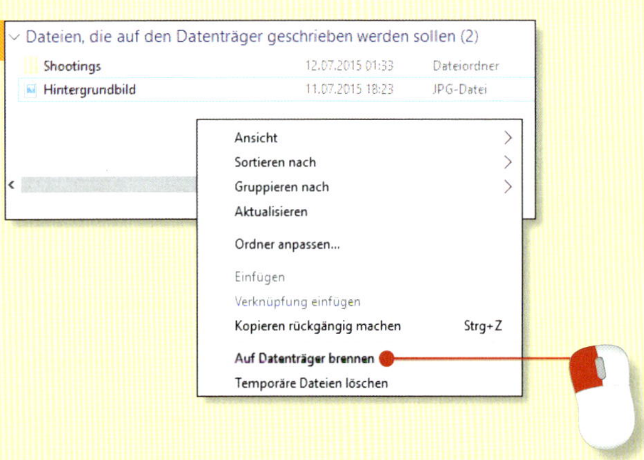

Schritt 7

Nun können Sie nach Belieben Daten von angeschlossenen Festplatten, USB-Sticks etc. ziehen. Selbst vor Dateien auf dem Desktop müssen Sie nicht haltmachen. Lassen Sie die Daten aber immer oben im Fenster fallen. Zögen Sie diese auf einen bereits vorhandenen Ordner, würden sie fälschlicherweise darin einsortiert.

Schritt 8

Wenn Sie jetzt feststellen, dass Sie einige der ausgewählten Dateien doch nicht benötigen, können Sie sie markieren und aus der Liste löschen, indem Sie Entf drücken.

Schritt 9

Wenn Sie mit allem fertig sind, klicken Sie einfach mit der rechten Maustaste in den Ordner hinein und im Kontextmenü auf **Auf Datenträger brennen**.

Papierkorb

Wenn Sie Dateien entfernen (siehe Schritt 8), landen diese im Papierkorb. Die Originale auf der Festplatte bleiben dabei unangetastet.

Schritt 10

Bevor Sie den Brenner in Bewegung setzen, können Sie einige Einstellungen vornehmen. Sie sollten z. B. unbedingt einen aussagekräftigen Titel für Ihren Datenträger wählen.

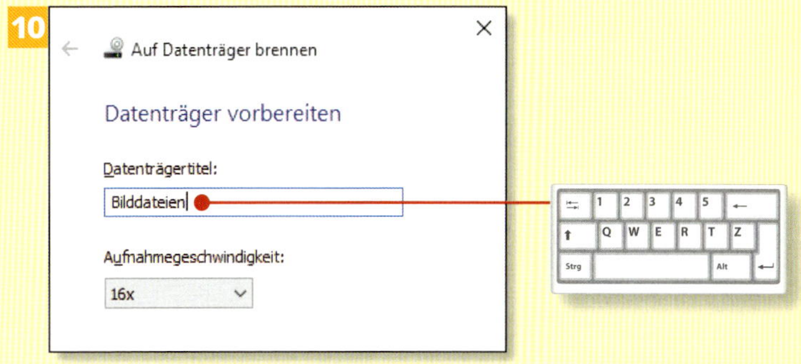

Schritt 11

Besonders bei DVDs sollten Sie die Aufnahmegeschwindigkeit herabsetzen. Je langsamer Sie brennen, desto größer ist die Wahrscheinlichkeit, dass fehlerlos gebrannt wird.

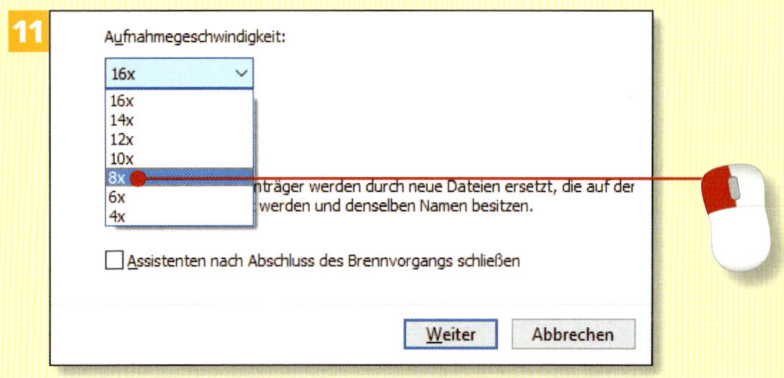

Schritt 12

Klicken Sie zum Schluss auf **Weiter**. Das sorgt dafür, dass der Brennvorgang beginnt. Ein grüner Fortschrittsbalken zeigt den Fortschritt des Brennverlaufs an.

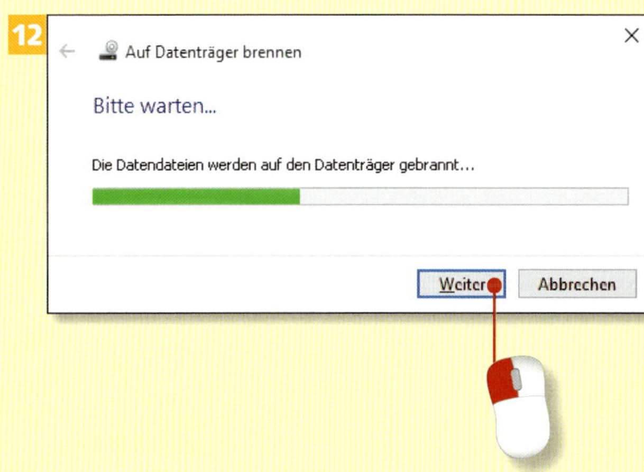

Brenngeschwindigkeit

CDs machen beim Brennen meist keine Probleme, DVDs hingegen schon. Obwohl viele Rohlinge laut Hersteller für eine 16-fache Brenngeschwindigkeit ausgelegt sind, kommt es nicht selten zu Fehlern. Ein Hinweis am Ende des Vorgangs informiert Sie darüber. In diesem Fall brennen Sie erneut, z. B. mit 4-facher Geschwindigkeit.

Eine Musik-CD brennen

1
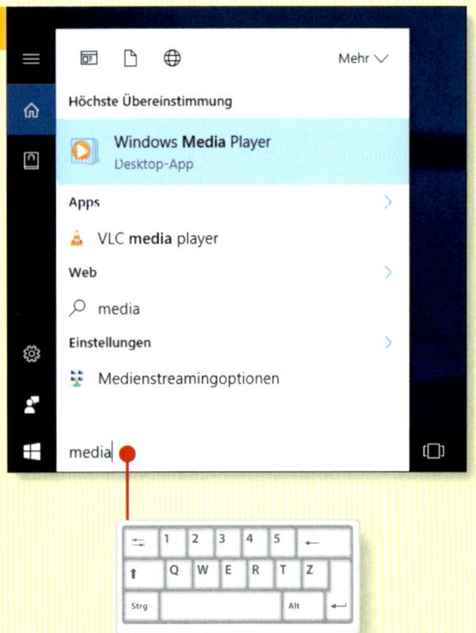

2
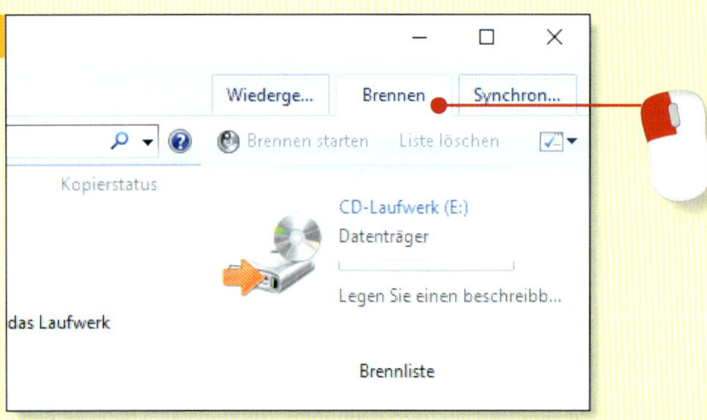

3
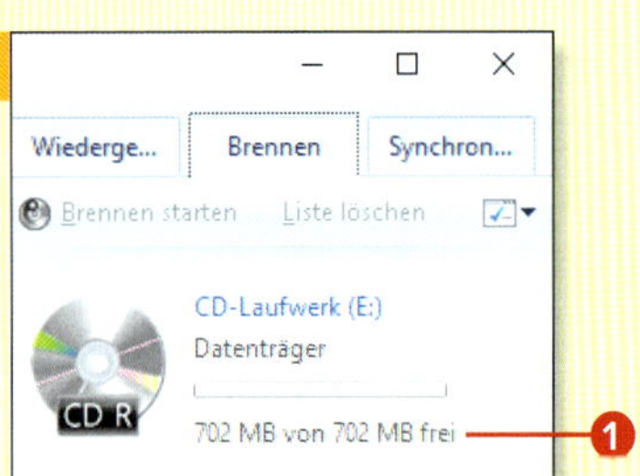

Sie möchten eine Musik-CD mit Ihren Lieblingsstücken produzieren? Dann können Sie sowohl Wiedergabelisten als auch den Bestand Ihres Albums verwenden.

Schritt 1

Öffnen Sie das Startmenü (⊞), und suchen Sie nach dem Windows Media Player, indem Sie den Suchbegriff »media« eingeben. Wenn der Media Player als oberstes Suchergebnis erscheint, drücken Sie [↵], um ihn zu öffnen.

Schritt 2

Legen Sie eine beschreibbare CD in den Brenner ein, und klicken Sie auf der rechten Seite der Programmoberfläche auf die Registerkarte **Brennen**. Solange die CD noch nicht eingelesen ist, ist ein orangefarbener Pfeil zu sehen.

Schritt 3

Der Pfeil verschwindet nach kurzer Zeit. Stattdessen wird der auf der CD zur Verfügung stehende Speicherplatz angezeigt ❶.

Schritt 4

Klicken Sie mit der Maus auf das Wort **Brennliste**, um es zu markieren. Danach können Sie Ihre Musik-CD über die Tastatur ganz nach Wunsch benennen. Schließen Sie die Eingabe mit [↵] ab.

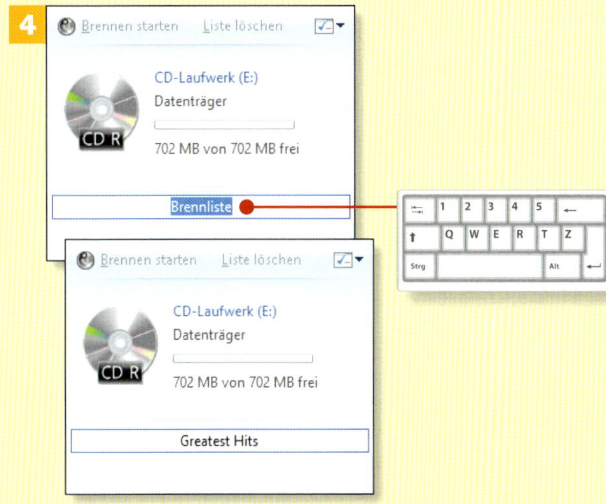

Schritt 5

Klicken Sie auf das Listen-Steuerelement. Im Menü muss **Audio-CD** eingestellt werden. Das ist wichtig, da Sie ansonsten eine Daten-CD erstellen würden. Und die wäre nur auf einem PC abspielbar, nicht jedoch auf einem normalen CD-Player.

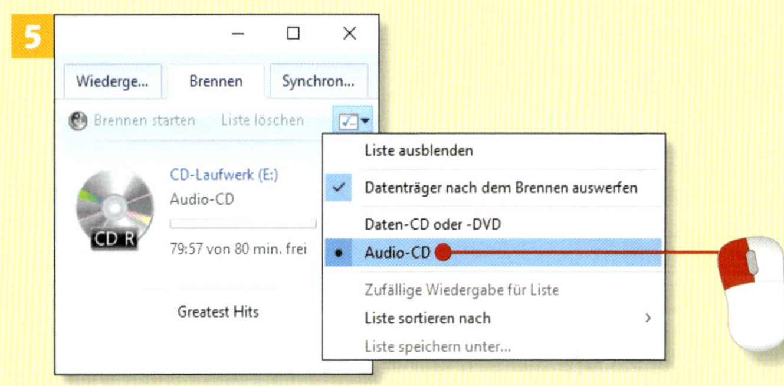

Schritt 6

In der Medienbibliothek, die den Namen des Anwenders trägt, wählen Sie aus, was auf Ihre CD soll. Sie können z. B. eine Wiedergabeliste hinzufügen, indem Sie die Liste ganz nach rechts ziehen und unterhalb des CD-Titels fallenlassen. Die Audio-CD enthält dann alle Lieder aus dieser Wiedergabeliste.

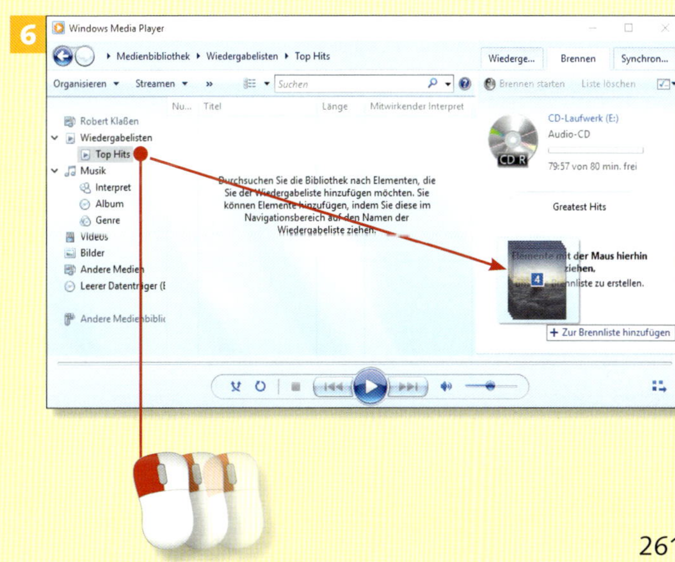

Automatische Wiedergabe

Das Fenster **Automatische Wiedergabe** erscheint immer dann, wenn Sie einen Datenträger einlegen. Wenn Sie mit dem Media Player arbeiten möchten, können Sie es einfach schließen.

Eine Musik-CD brennen (Forts.)

7

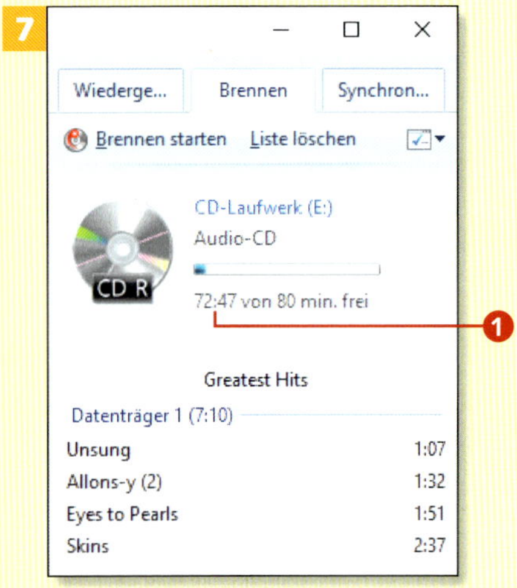

8

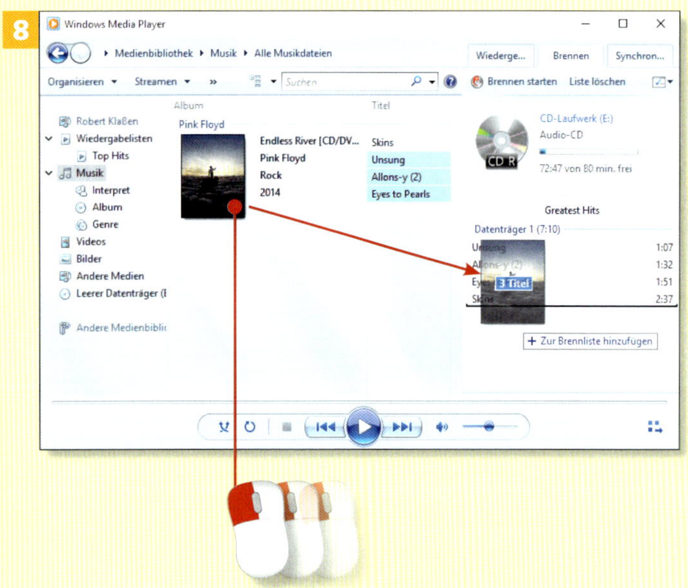

9

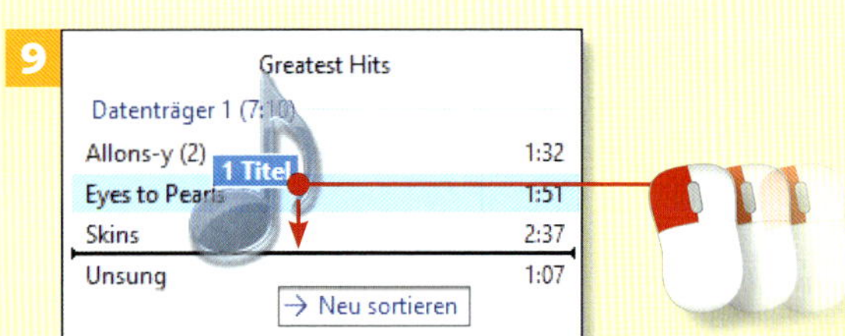

Schritt 7

Nach dem Hinzufügen sollten Sie prüfen, wie viel Platz noch auf der CD frei ist ❶. In diesem Beispiel sind noch 72 Minuten und 47 Sekunden frei. Wenn Sie möchten, können Sie also weitere Stücke hinzufügen.

Schritt 8

Sie fügen weitere Titel hinzu, indem Sie z. B. in der linken Spalte auf **Musik** klicken und die gewünschten Titel vom Album in der Mitte aus in die rechte Spalte ziehen. Beachten Sie dazu auch die Hinweise im Kasten auf dieser Seite.

Schritt 9

Auch das Sortieren ist hier jederzeit möglich. Erledigen Sie das per Drag-and-drop, verschieben Sie das Lied also mit gedrückter linker Maustaste. Hier wird z. B. der Titel **Eyes to Pearls** an die vorletzte Position auf der CD verschoben.

Mehrere Stücke markieren

Halten Sie Strg beim Klicken gedrückt, damit Sie mehrere auseinanderliegende Stücke auswählen können. Wollen Sie beisammenliegende Stücke markieren, geht das so: Markieren Sie den obersten Titel, halten Sie ⇧ gedrückt, markieren Sie den letzten Titel, und lassen Sie ⇧ los.

Schritt 10

Wenn Sie mehr Musik hinzufügen, als auf eine CD passt, beginnt der Media Player mit der Produktion eines zweiten Datenträgers. Sie sehen das an der Bezeichnung **Datenträger** ❷. Wenn Sie das nicht wollen, entfernen Sie die überzähligen Titel, indem Sie diese markieren und [Entf] drücken.

10

Schritt 11

Fertig? Prima! Dann starten Sie die Erstellung des Datenträgers mit einem Klick auf **Brennen starten** oben im Dialogfenster.

11

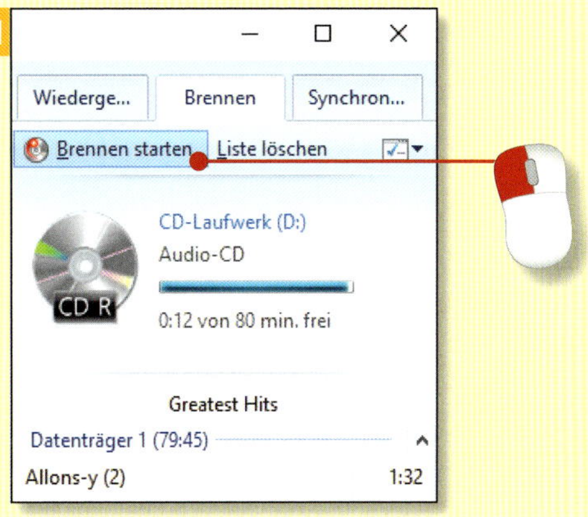

Schritt 12

Je nach eingebautem Brenner erhalten Sie jetzt noch einen Hinweis zum lückenlosen Brennen. Diesen können Sie grundsätzlich mit **Ja** beantworten.

12

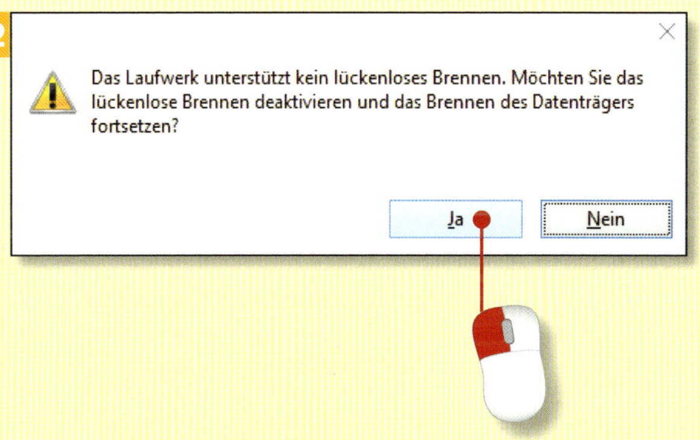

Lückenloses Brennen
Normalerweise werden zwischen zwei Musikstücken Pausen von jeweils zwei Sekunden eingefügt. Wenn Sie die Option **Lückenloses Brennen** aktivieren, werden diese Pausen unterbunden und die Tracks nahtlos aneinandergereiht.

Kapitel 11
Windows 10 anpassen

Vielleicht denken Sie jetzt: Windows sieht ja ganz nett aus, aber als Desktop-Hintergrundbild hätte ich doch gerne etwas anderes. Ihr Betriebssystem bietet Ihnen eine ganze Menge Möglichkeiten, um das Erscheinungsbild persönlicher zu gestalten. Und wenn an Ihrem Rechner nicht nur Sie selbst, sondern mehrere Benutzer arbeiten wollen, lässt sich auch das unkompliziert lösen. Wie, erfahren Sie in diesem Kapitel.

Farben und Hintergründe ändern

Neben den Farben des Startmenüs oder der Desktop-Fenster kann auch das Bildschirm-Hintergrundbild ❶ frei eingerichtet werden. Sie können sogar eigene Fotos einsetzen. Wenn Sie Windows also personalisieren wollen, sind Sie hier genau richtig.

Sperrbildschirm und Hintergrund einrichten

Der Sperrbildschirm ❷ soll verhindern, dass Unbefugte mit Ihrem Rechner arbeiten können, während Sie kurz mal frischen Kaffee organisieren. Der Hintergrund hingegen ist fast permanent zu sehen – sodass dieser gerne besonders ansprechend gestaltet werden darf. Welche Motive bevorzugen Sie?

Benutzerkonten einrichten

Sie sind nicht allein an Ihrem Rechner? Dann sollten Sie jedem Nutzer sein eigenes »Zimmer« in Windows einrichten, ein sogenanntes *Benutzerkonto* ❸. Das schafft Ordnung und erleichtert jedem Anwender die Arbeit.

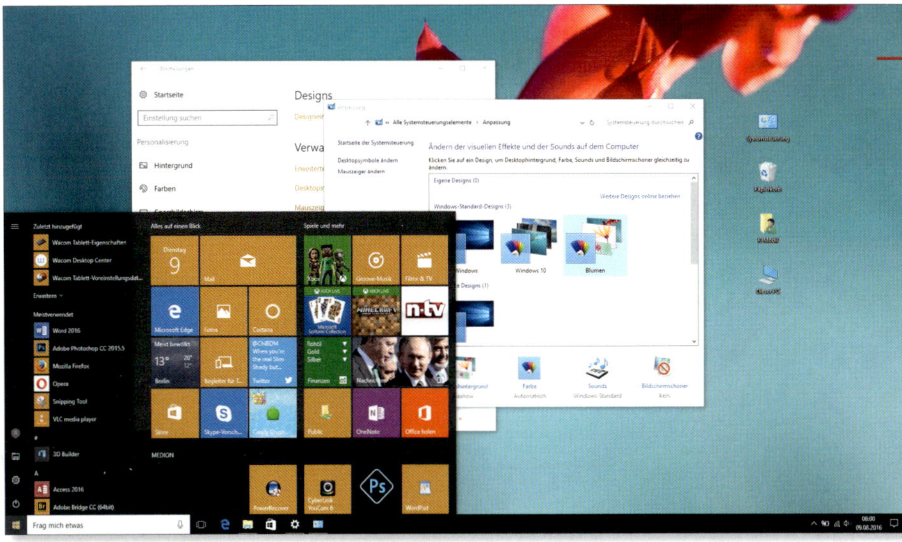

1 Wenn Sie möchten, können Sie den Hintergrund des Desktops oder Ihres Startmenüs verändern.

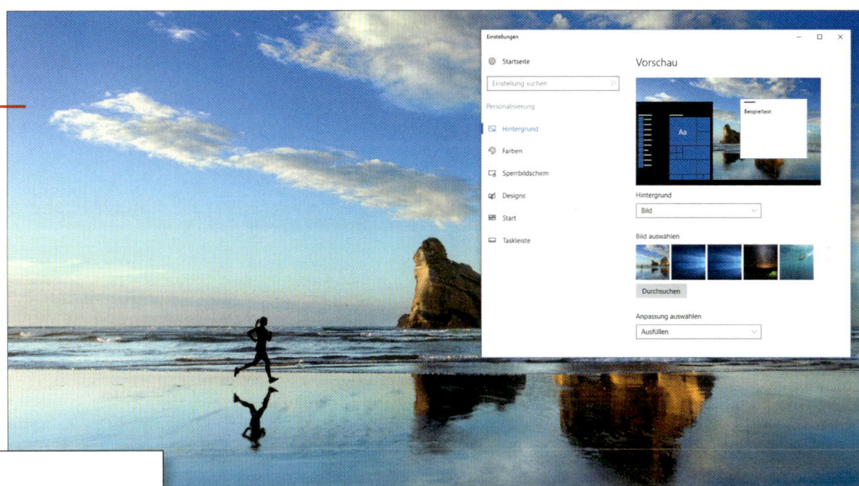

2 Sperrbildschirm und Bildschirmschoner sind vielfältig konfigurierbar.

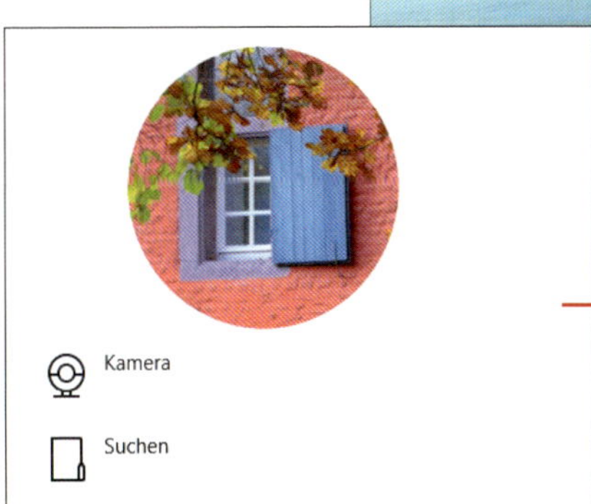

3 Jeder Benutzer kann sein Windows und seine Benutzerdaten individuell konfigurieren.

Das Design anpassen

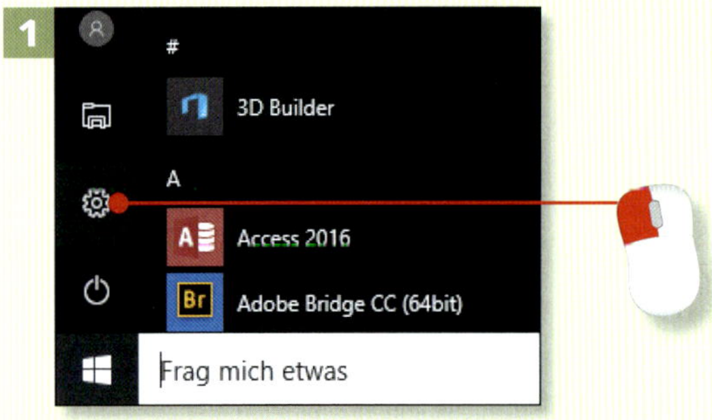

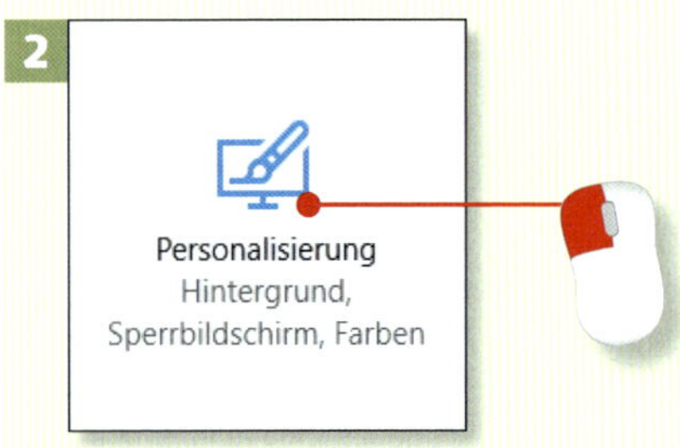

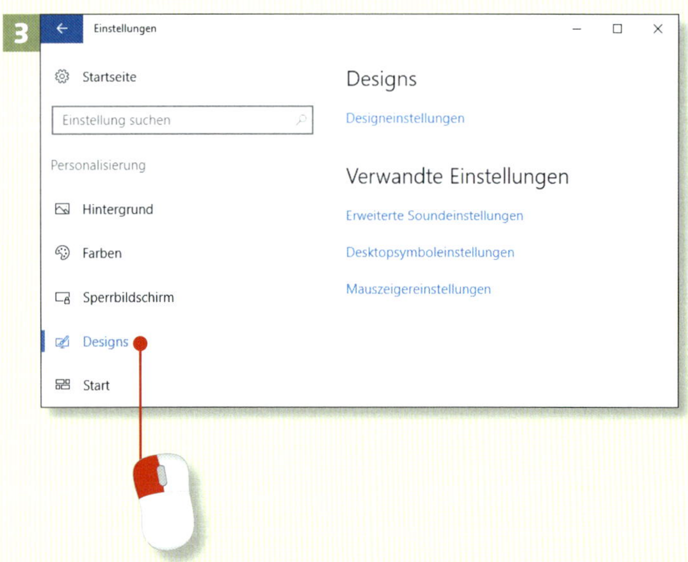

Das hier gezeigte Dunkelblau von Windows 10 ist doch ganz nett, finden Sie nicht auch? Wenn ja, sind Sie mit dieser Anleitung bereits fertig. Wenn Sie aber lieber frische Farben sehen möchten, sowohl im Startmenü als auch in Dialogen und auf dem Desktop, dann dürfen Sie gerne »umdekorieren«.

Schritt 1

Zuallererst öffnen Sie die **Einstellungen**. Diese erreichen Sie nach Drücken von [Windows] + [I] oder durch Klick auf das Zahnrad-Symbol, nachdem Sie die **Windows**-Schaltfläche unten links angeklickt haben.

Schritt 2

Jetzt wählen Sie die Rubrik **Personalisierung** aus, indem Sie einen Mausklick darauf platzieren.

Schritt 3

In der linken Spalte des Dialogs **Personalisierung** klicken Sie auf die Schaltfläche **Designs**.

Schritt 4

Anschließend wählen Sie oben rechts im Bereich **Designs** den Schriftzug **Designeinstellungen** aus. Dies hat zur Folge, dass ein neues Fenster geöffnet wird.

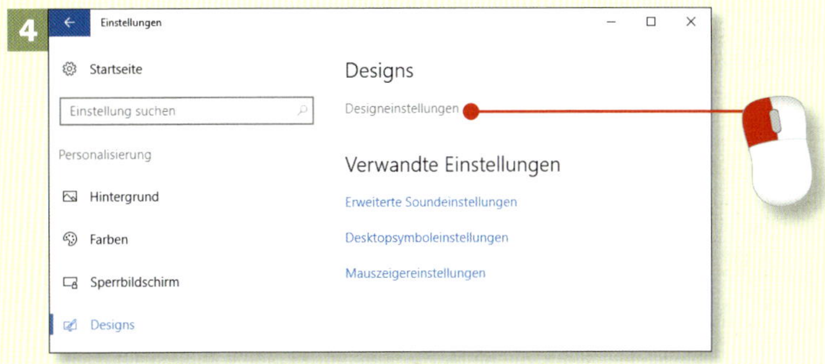

Schritt 5

Merken Sie sich, welches Design gerade farbig hinterlegt und somit aktiv ist (hier: **Windows** ❶), damit Sie dieses gegebenenfalls am Schluss wieder aktivieren können. Dann schalten Sie um auf **Blumen**.

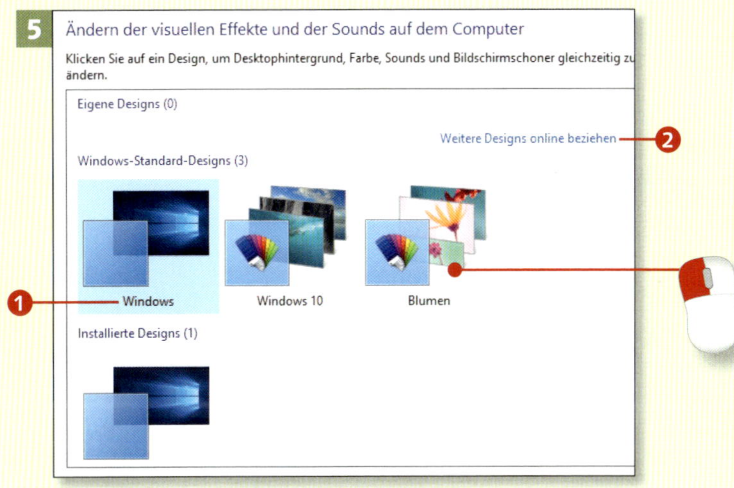

Schritt 6

Drücken Sie [⊞], um sich auch die Änderungen im Startmenü anzusehen. Schließen Sie sämtliche Dialoge.

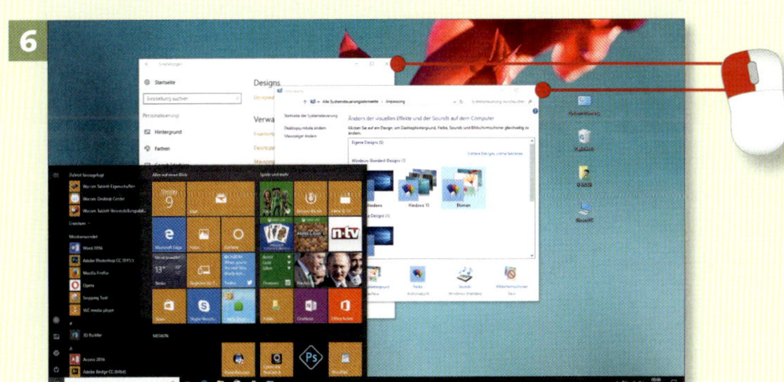

Mehr Designs

Die angebotenen Designs sind (wie es so schön heißt) »überschaubar«. Wenn Sie mehr wollen, klicken Sie oben rechts (siehe Schritt 5) auf **Weitere Designs online beziehen** ❷.

Die Akzentfarbe ändern

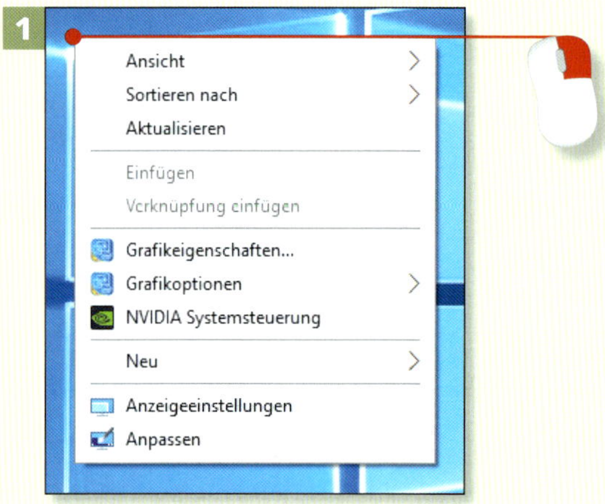

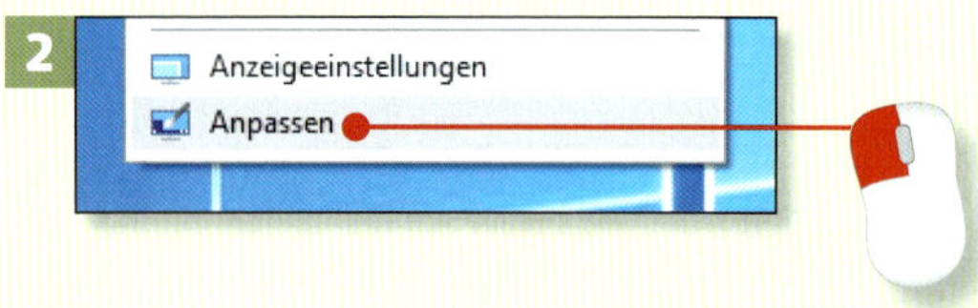

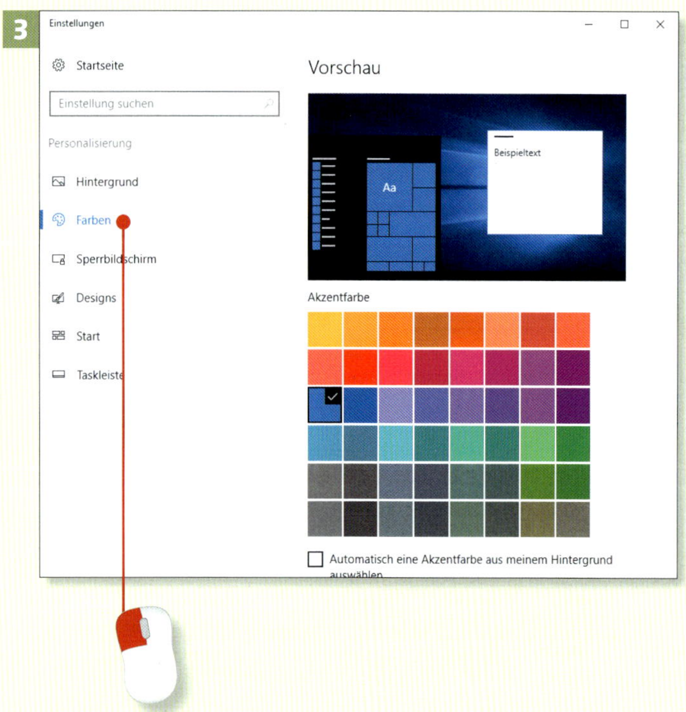

Im vorangegangenen Workshop haben Sie erfahren, wie sich das komplette Design anpassen lässt. Sollte Ihnen jedoch nur nach einer Änderung der Kachel- und Menüfarben sein, während der Hintergrund gleich bleibt, müssen Sie folgende Schritte unternehmen.

Schritt 1

Ich zeige Ihnen als Alternative zu den ersten Schritten der vorangegangenen Anleitung einen Weg, der direkt in den Einstellungsdialog führt. Klicken Sie mit rechts auf eine freie Stelle des Desktops.

Schritt 2

Jetzt markieren Sie im Kontextmenü ganz unten den Eintrag **Anpassen** (linke Maustaste).

Schritt 3

Schalten Sie oben links im Menü **Personalisierung** um auf **Farben**.

Darstellungsoptionen

Beachten Sie, dass sich die Oberfläche je nach Bildschirmformat und Auflösung des PCs unterschiedlich darstellen kann. Insbesondere die Hintergründe können Differenzen aufweisen.

Schritt 4

Halten Sie nach dem Ankreuzkästchen **Automatisch eine Akzentfarbe aus meinem Hintergrund auswählen** Ausschau. Falls es aktiv ist, klicken Sie es an, damit das Häkchen verschwindet.

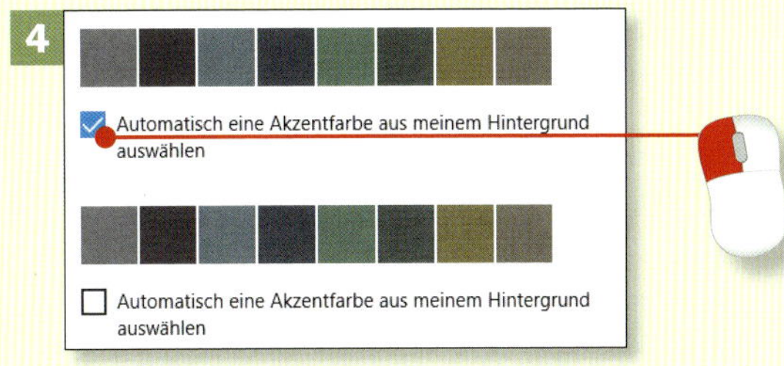

Schritt 5

Erst das Deaktivieren des Schalters macht es möglich, eine andere **Akzentfarbe** zuzuweisen. Klicken Sie anschließend etwas weiter oben die Farbe an, die Ihnen zusagt ❶.

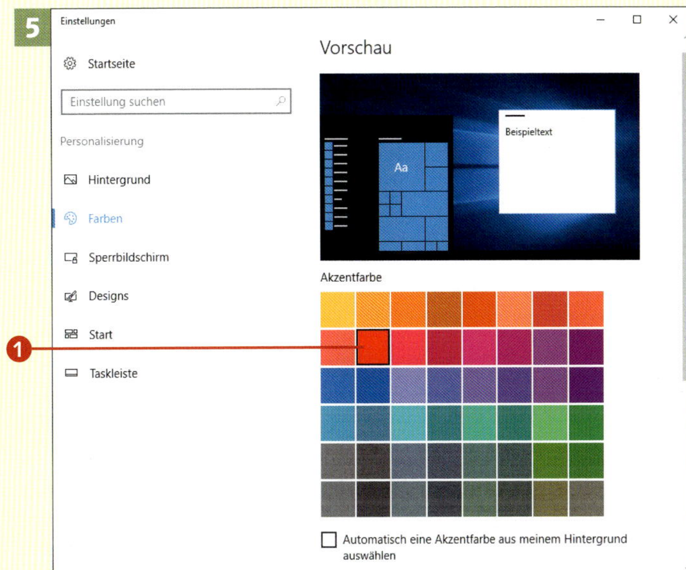

Schritt 6

Die Auswirkungen (z. B. im Startmenü) sehen Sie direkt, wenn Sie die [Windows]-Taste drücken. Die ausgewählte Farbe wird zudem in den Einstellungen mit einem Häkchen versehen.

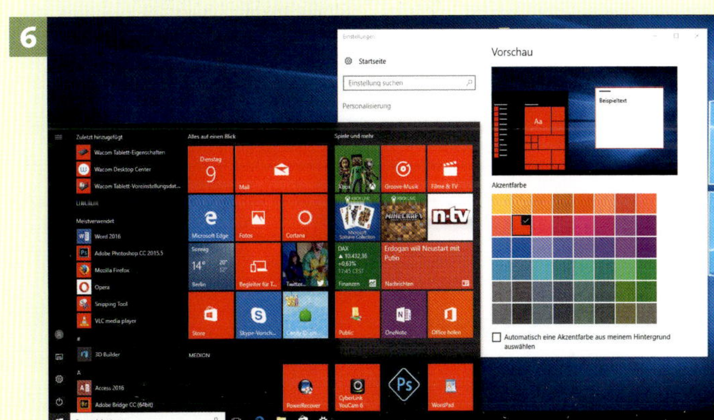

Die Schriftgröße der Bildschirmelemente einstellen

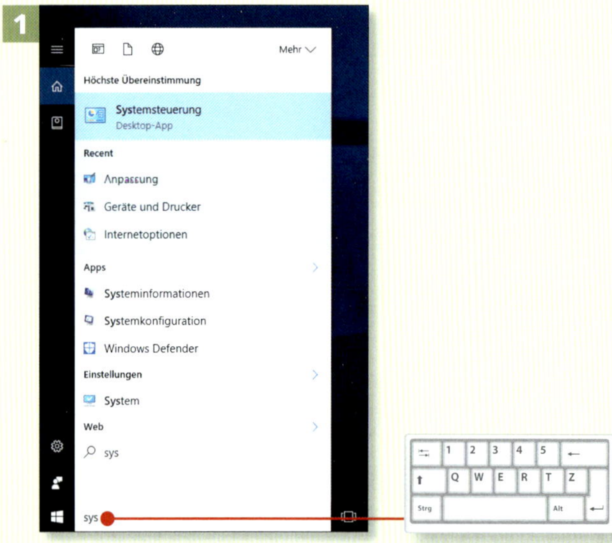

Auch die Schriftgröße z. B. von Ordnern oder Programmen lässt sich anpassen. Standardmäßig wird nämlich eine relativ kleine Schriftgröße verwendet (9 Punkt). Wenn das für Sie nicht gut lesbar ist, können Sie es schnell korrigieren.

Schritt 1

Geben Sie zum Aufspüren der Systemsteuerung unten links »sys« ein. Sobald diese oben in der Liste markiert ist, drücken Sie [↵].

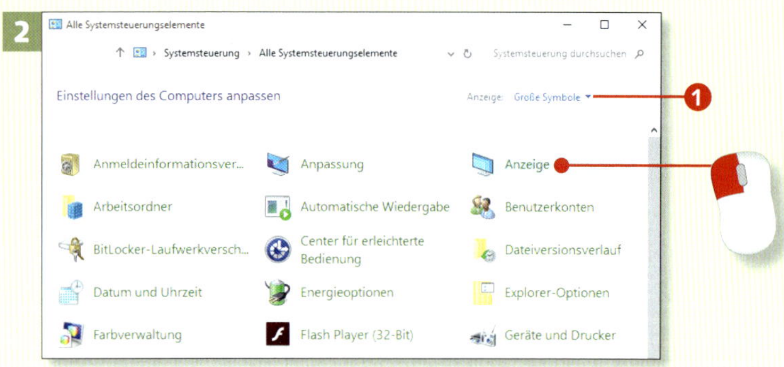

Schritt 2

Im folgenden Dialog entscheiden Sie sich dann für den Eintrag **Anzeige**. Achten Sie darauf, dass oben rechts **Große Symbole** ❶ ausgewählt ist.

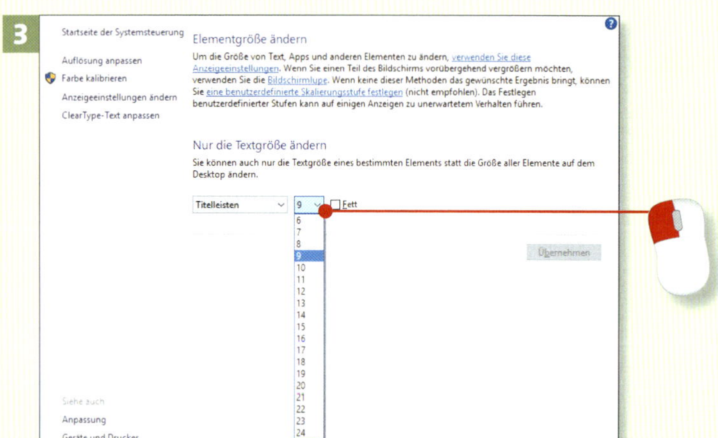

Schritt 3

Jetzt klicken Sie auf den kleinen Pfeil, der sich neben der Textgrößenangabe befindet (hier: 9). Die Folge: Es klappt eine Liste aus.

Vorsicht bei großen Schriften

Wählen Sie allzu große Schriften, kann das dazu führen, dass Ordnerbezeichnungen u. Ä. möglicherweise nicht mehr komplett dargestellt werden.

Schritt 4

Im Pulldown-Menü sehen Sie eine Liste mit alternativen Größenangaben. Klicken Sie z. B. einmal auf **11**.

Schritt 5

Zuletzt klicken Sie auf die Schaltfläche **Übernehmen**.

Schritt 6

Daraufhin wird der Bildschirm kurz blau. Doch keine Sorge, das ändert sich rasch – und alles ist »wieder im Lack«. Betrachten Sie die Auswirkungen, und schließen Sie alle Fenster. In meinem Beispiel sehen Sie in der Kopfleiste des Ordners **Daten**, dass »Daten« rechts ❷ größer dargestellt wird, nämlich in der Schriftgröße 11.

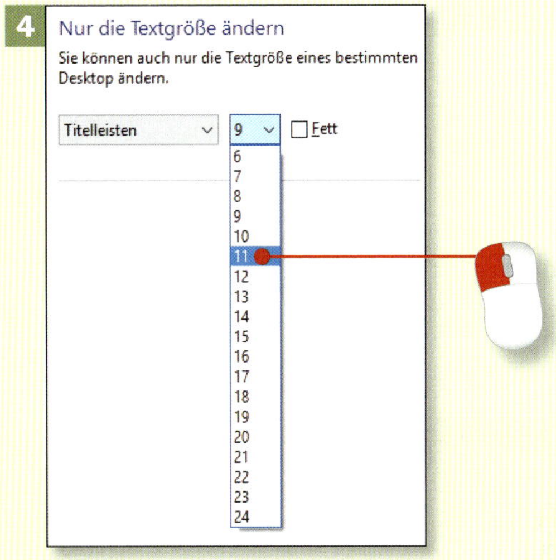

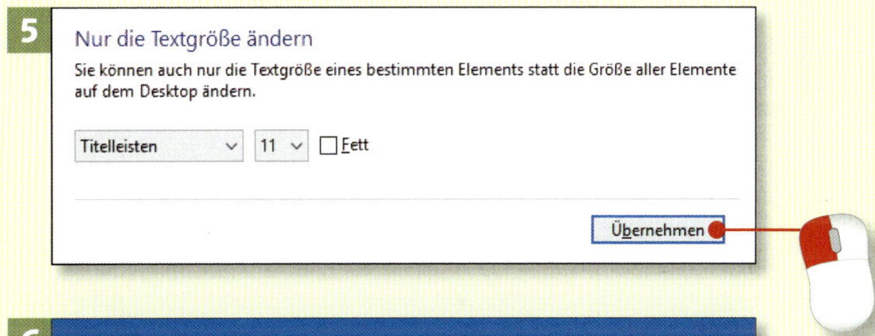

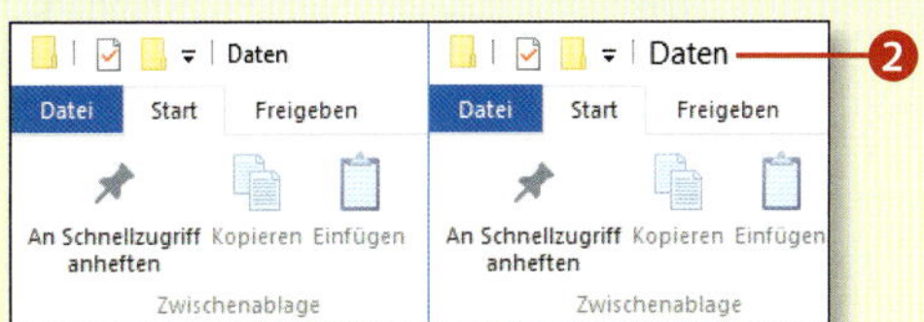

Anpassung

Klicken Sie unten links auf **Anpassung**, gelangen Sie in den bereits bekannten Dialog zur Anpassung der Farbe (siehe Schritt 5 im Abschnitt »Das Design anpassen« auf Seite 266).

Den Desktop-Hintergrund verändern

Wünschen Sie sich für Ihren Desktop mehr Individualität? Wie wäre es z. B. mit einem anderen Bild für den Hintergrund? Sie haben die Wahl, ob es ein Windows-Foto oder eine eigene Aufnahme sein soll.

1

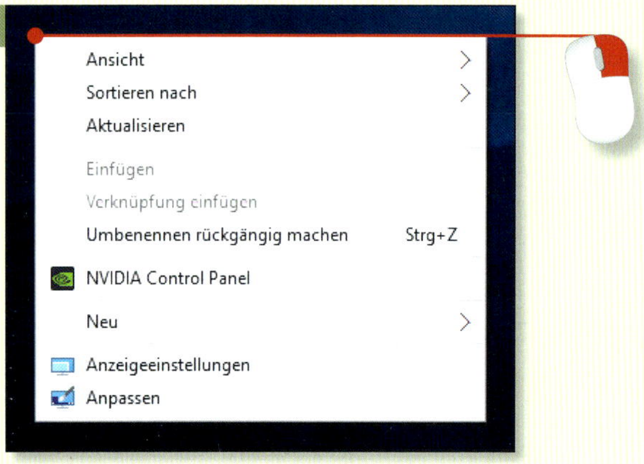

Schritt 1

Zunächst einmal müssen Sie das Kontextmenü öffnen. Das erreichen Sie durch einen Rechtsklick auf einen freien Bereich des Desktops.

2

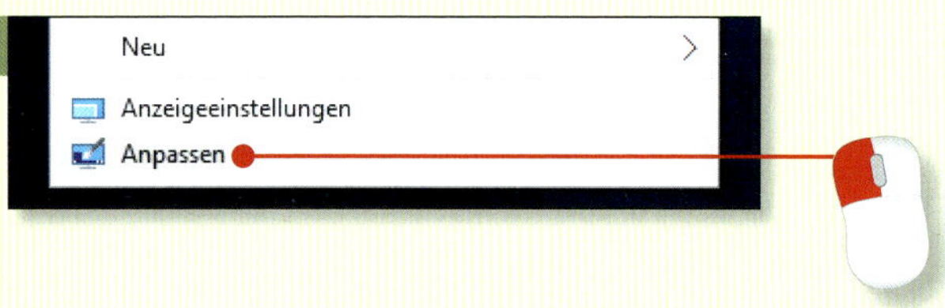

Schritt 2

Fahren Sie in der Liste herunter, bis Sie den Eintrag **Anpassen** erreichen. Setzen Sie einen Mausklick darauf.

3

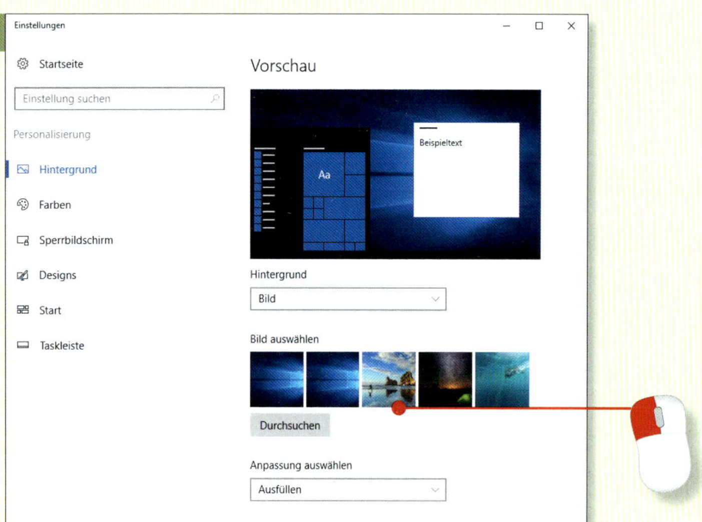

Schritt 3

Ganz unten finden Sie die Rubrik **Bild auswählen**. Klicken Sie auf ein Miniaturbild, das Ihnen gefällt.

!

Änderung des Erscheinungsbildes

Beachten Sie, dass sich durch die Änderung des Desktop-Hintergrunds auch das Erscheinungsbild der Fenster ändert. Die Fensterfarbe wird nämlich automatisch entsprechend angepasst, sofern die entsprechende Option in den Einstellungen gesetzt ist. Lesen Sie dazu Seite 269.

Schritt 4

Die Auswirkungen dieser Einstellung sehen Sie sofort. Sind Sie zufrieden? Dann schließen Sie den Dialog. Sind Sie es nicht, klicken Sie auf **Durchsuchen**.

4

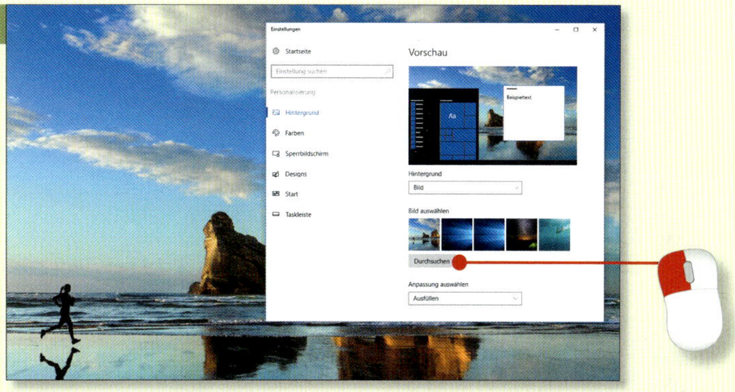

Schritt 5

Sie gelangen nun in den Ordner *Bilder*. Suchen Sie hier (oder in einem Unterordner) nach einem geeigneten Foto, und bestätigen Sie mit **Bild auswählen**.

5

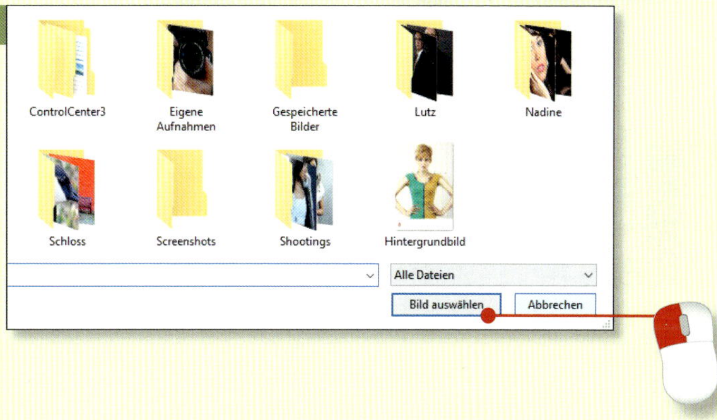

Schritt 6

Nun können Sie alle Fenster wieder schließen. Der Ordner *Bilder* wird übrigens selbstständig geschlossen, sobald Sie auf **Bild auswählen** klicken. Genießen Sie jetzt Ihren »neuen« Desktop.

6

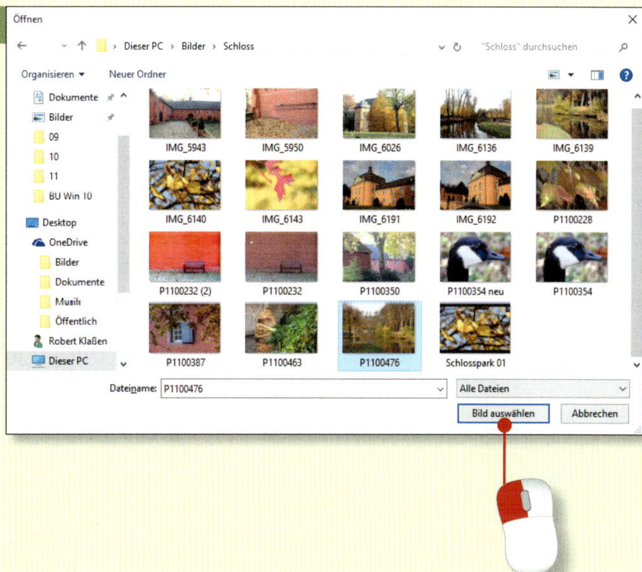

Akzentfarbe ändert sich automatisch

Denken Sie daran, dass sich bei dieser Aktion standardmäßig auch die Farbe der Menüeinträge, Kacheln und App-Miniaturen ändert – es sei denn, die Akzentfarbenautomatik ist inaktiv (siehe Schritt 4 im Abschnitt »Die Akzentfarbe ändern« auf Seite 269).

Den Sperrbildschirm anpassen

1

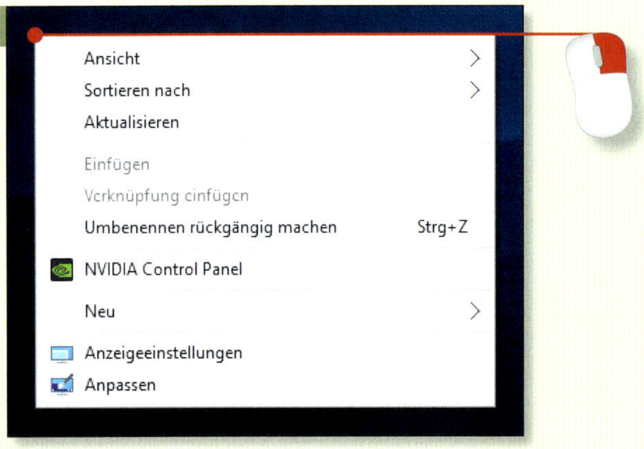

2

3

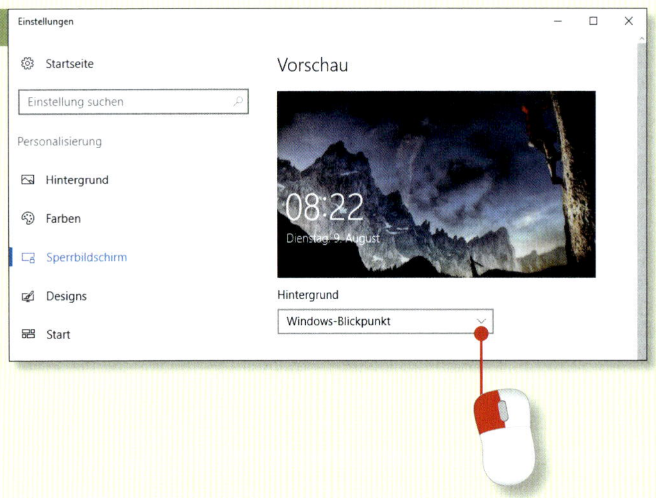

Der Sperrbildschirm kommt immer dann zum Einsatz, wenn sich ein Benutzer abmeldet oder ein Benutzerwechsel ansteht. Das vorgegebene Bild müssen Sie aber nicht bedingungslos akzeptieren.

Schritt 1

Führen Sie an einer freien Stelle des Desktops den mittlerweile schon obligatorischen Rechtsklick aus.

Schritt 2

Im Kontextmenü entscheiden Sie sich durch normalen Mausklick (linke Taste) für **Anpassen**.

Schritt 3

Wählen Sie links im Menü **Sperrbildschirm**. Falls Sie anstelle eines Einzelbildes eine Diashow wünschen, klicken Sie im Bereich **Hintergrund** auf die Liste, in der **Bild** oder **Windows-Blickpunkt** angezeigt wird. Wenn Sie das nicht möchten, fahren Sie mit Schritt 5 fort.

Sperrbildschirm schnell aktivieren

Wenn Sie in voller Größe sehen möchten, wie der Sperrbildschirm aktuell aussieht, drücken Sie [Windows] + [L]. Danach müssen Sie Ihr Passwort wieder eingeben und mit [Enter] bestätigen.

Schritt 4

Schalten Sie im Menü von **Bild** auf **Diashow** um. Standardmäßig werden die Fotos verwendet, die sich im Ordner *Bilder (Dieser PC)* befinden.

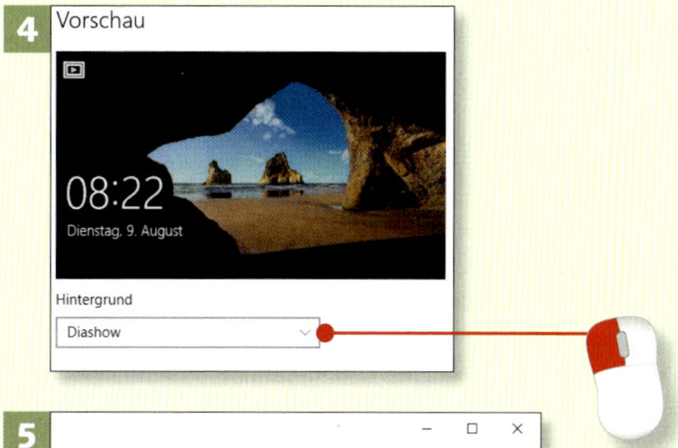

Schritt 5

Möchten Sie auch Bilder eines anderen Ordners integrieren, klicken Sie außerdem auf **Ordner hinzufügen**. (Beachten Sie dazu bitte auch die Hinweise im Kasten.)

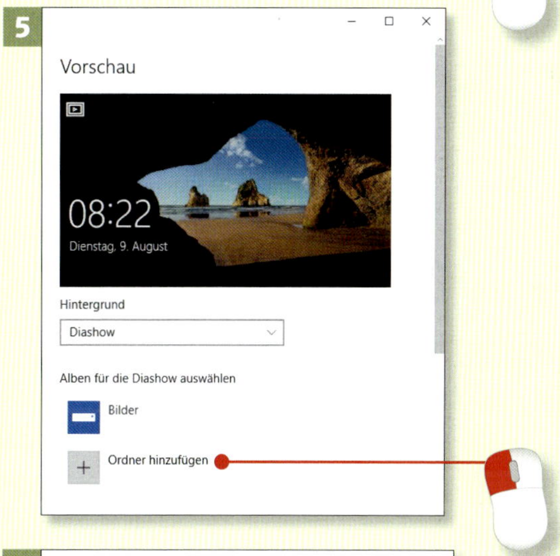

Schritt 6

Wenn Sie hingegen die Fotos des Ordners *Bilder* nicht in der Diashow sehen möchten, müssen Sie zunächst auf den Eintrag **Bilder** und anschließend auf **Entfernen** klicken.

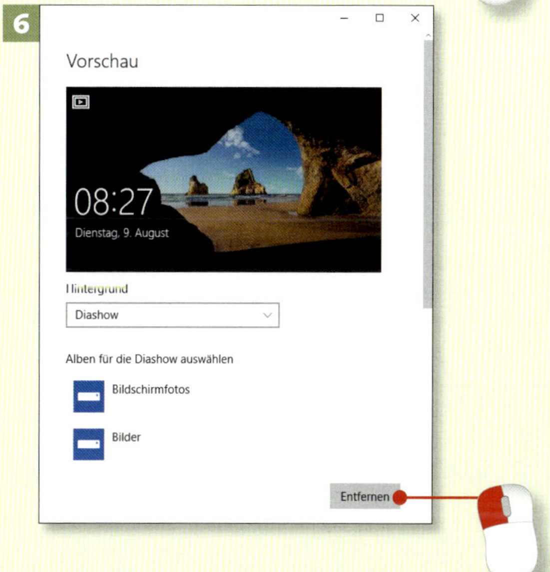

Ordner einstellen

Nachdem Sie in Schritt 5 auf **Ordner hinzufügen** geklickt haben, öffnet sich ein Dialog, mit dessen Hilfe Sie zu dem Ordner navigieren können, der die gewünschten Fotos enthält. Markieren Sie diesen Ordner mit einem Mausklick, und lassen Sie einen Klick auf die Taste **Diesen Ordner auswählen** folgen.

Apps für den Sperrbildschirm

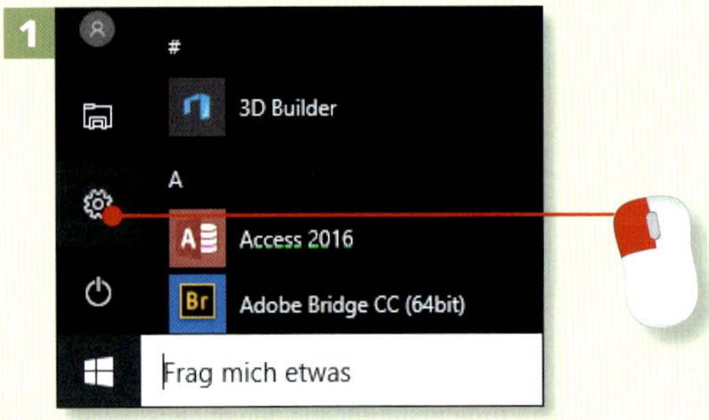

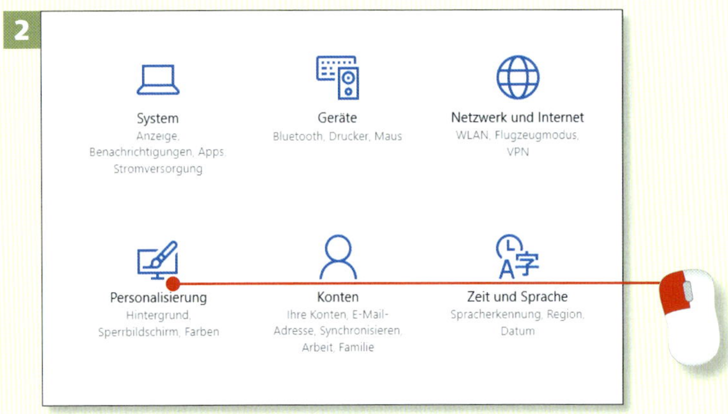

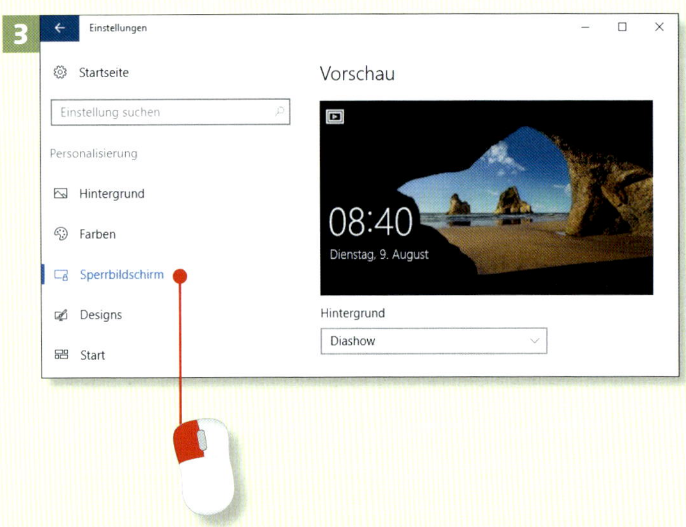

So ein simpler Sperrbildschirm hat ja nicht viel zu bieten, oder? Wie wäre es stattdessen mit einer App? Dann haben Sie wenigstens etwas zu tun, während Sie versuchen, sich an das Passwort zu erinnern ☺.

Schritt 1

Immer dasselbe zu tun ist langweilig. Deshalb gehen wir jetzt noch einmal über das Startmenü, das mit [Windows] geöffnet werden kann. Klicken Sie auf **Einstellungen**. Alternativ drücken Sie [Windows] + [I].

Schritt 2

Entscheiden Sie sich auf der grauen Tafel für **Personalisierung**.

Schritt 3

Standardmäßig wird jetzt die Rubrik **Hintergrund** angezeigt. Ändern Sie das, indem Sie oben links auf **Sperrbildschirm** klicken.

Noch schneller zum Sperrbildschirm

Wenn Sie sich schon etwas besser mit Windows 10 auskennen, werden Sie das Start- oder Kontextmenü gar nicht mehr benötigen, sondern im Suchfeld unten links gleich »Sperr« eingeben. Danach drücken Sie [↵].

Schritt 4

Scrollen Sie herunter, und halten Sie nach den Schaltern mit den Plus-Symbolen ❶ im Bereich **Apps** Ausschau. Das Icon darüber ❷ erlaubt das Hinzufügen einer einzelnen App mit ausführlichen Infos. Das ist aber nicht unser Ziel.

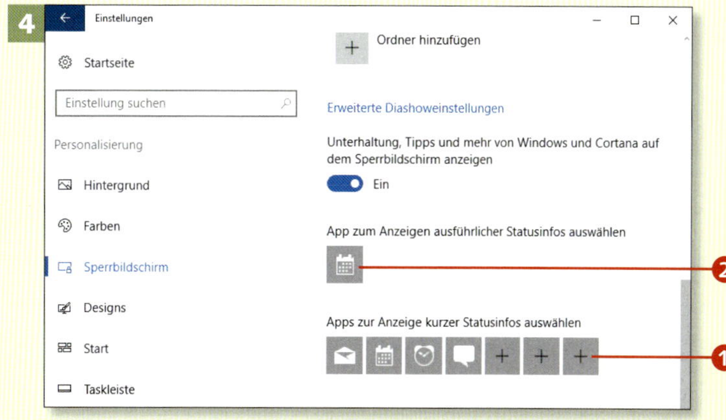

Schritt 5

Einige Apps sind bereits integriert. Möchten Sie weitere hinzufügen, klicken Sie auf eine der Plus-Schaltflächen im Bereich **Apps zur Anzeige kurzer Statusinfos auswählen**.

Schritt 6

Nun lässt sich eine der angebotenen Apps hinzufügen. Nach diesem Schritt können Sie natürlich noch weitere Apps hinzufügen, indem Sie das jeweils nächste Plus anklicken.

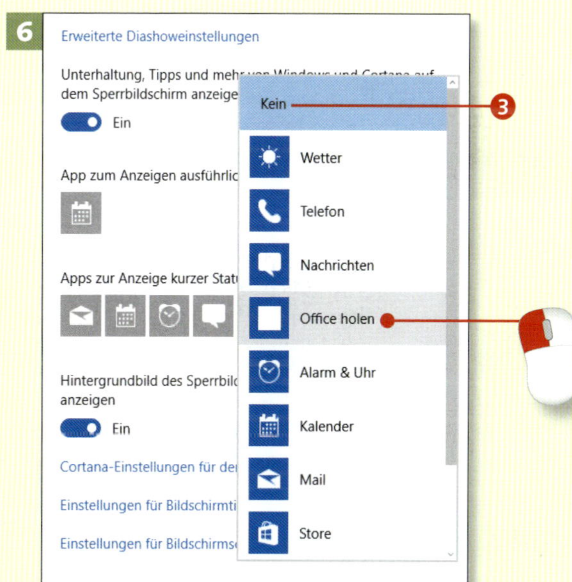

Apps entfernen

Um eine App zu entfernen, klicken Sie auf das Symbol und wählen im Auswahlmenü den obersten Eintrag **Kein** ❸.

Die Taskleiste anpassen

Wenn eine App in Windows 10 geöffnet ist, erscheint ein Miniaturbildchen in der Taskleiste – und zwar so lange, bis das Programm wieder geschlossen wird. Sie können hier häufig genutzte Programme auch permanent ablegen.

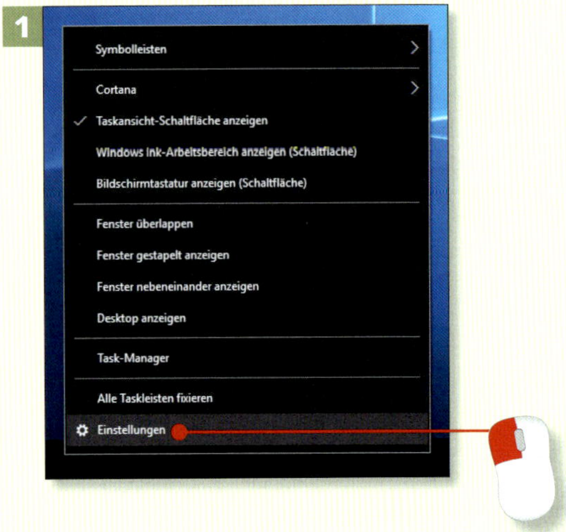

Schritt 1

Klicken Sie mit rechts auf einen freien Bereich in der Taskleiste. Danach wählen Sie **Einstellungen** im Kontextmenü.

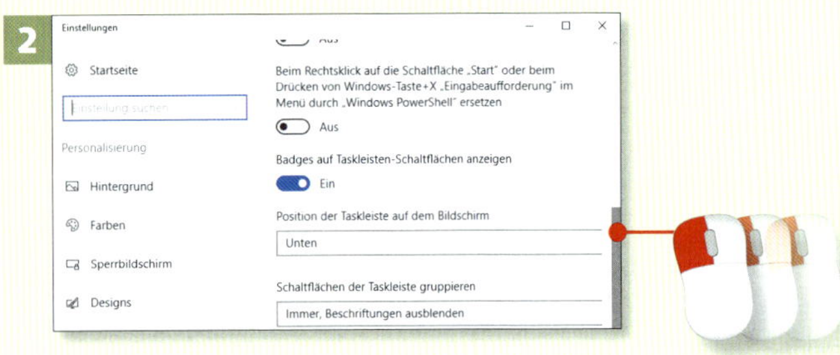

Schritt 2

Scrollen Sie an der rechten Seite des Dialogs so weit nach unten, bis Sie den Bereich **Position der Taskleiste auf dem Bildschirm** einsehen können.

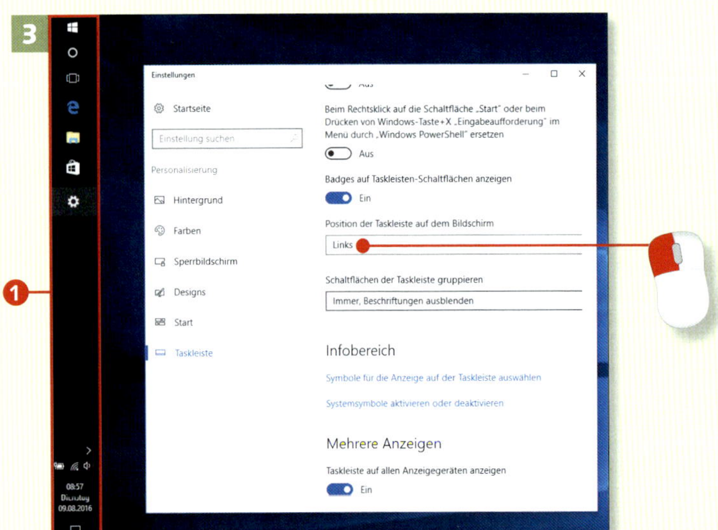

Schritt 3

Stellen Sie dort die gewünschte Position der Taskleiste ein. Im Beispiel haben wir uns für **Links** entschieden. Die neue Position der Taskleiste ❶ können Sie sogleich begutachten. Wollen Sie doch die alte Position wiederherstellen, wiederholen Sie diesen Schritt, wählen allerdings diesmal **Unten** aus dem Menü.

Schritt 4

Bei Tablets und kleinen Monitoren zählt jeder Zentimeter Platz. Deshalb kann es sinnvoll sein, die Taskleiste auszublenden, wenn sie gerade nicht gebraucht wird. Scrollen Sie dazu wieder nach oben.

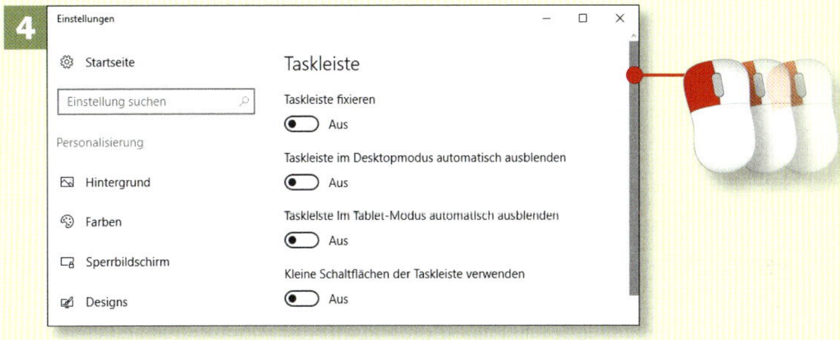

Schritt 5

Sofern der Schalter **Taskleiste im Desktopmodus automatisch ausblenden** (oder, falls Sie mit einem Tablet arbeiten, der darunter befindliche) auf **Aus** steht, klicken Sie darauf. Sie werden feststellen, dass sich die Taskleiste sofort verabschiedet.

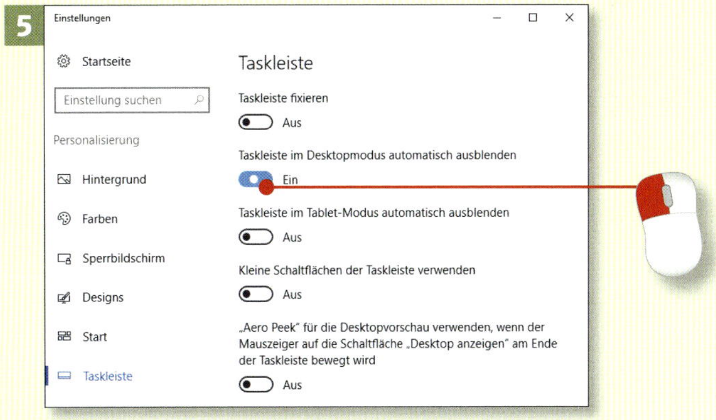

Schritt 6

Die Leiste kann durch Verschieben der Maus an den unteren Bildrand wieder hervorgeholt werden. Entfernen Sie sich mit der Maus, verschwindet sie wieder.

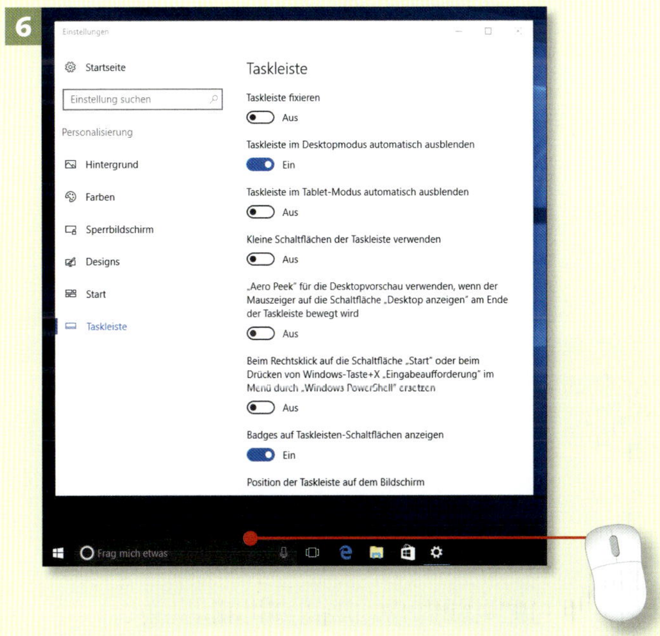

i

Taskleiste auf allen Anzeigegeräten anzeigen

Diese Funktion (die Sie weiter unten finden), ist standardmäßig aktiv und bewirkt, dass die Taskleiste bei Verwendung mehrerer Monitore auf jedem Bildschirm zu sehen ist. Möchten Sie diese jedoch nur auf dem Hauptbildschirm anzeigen lassen, müssen Sie auf **Aus** umstellen.

Das Startmenü anpassen

Das Startmenü ist Dreh- und Angelpunkt Ihrer Arbeit mit Apps und Dateien. Deshalb sollten Sie es auch nach Ihren Vorlieben konfigurieren. Hier finden Sie zwei Tipps dazu, die das Arbeiten erleichtern können.

1

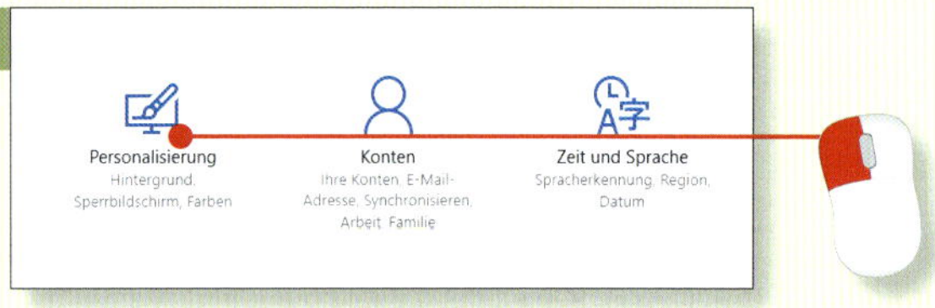

2

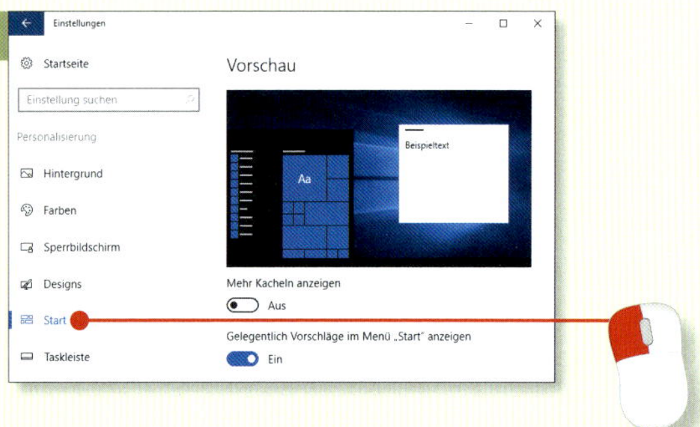

3

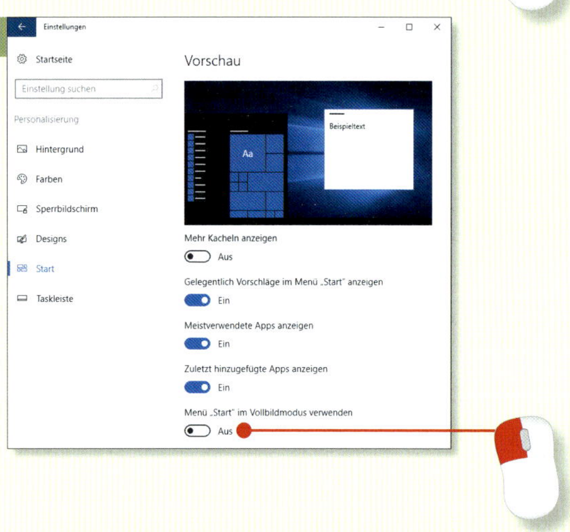

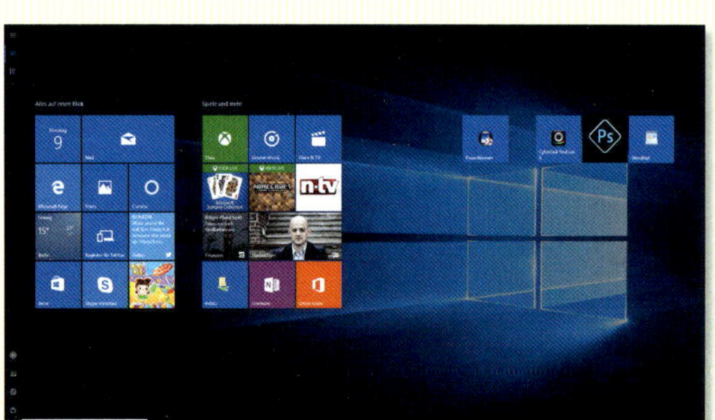

Schritt 1

Rufen Sie die **Einstellungen** auf, indem Sie ⊞ + I drücken. Klicken Sie auf **Personalisierung ▸ Hintergrund, Sperrbildschirm, Farben**.

Schritt 2

Wählen Sie **Start** in der linken Spalte des Dialogs aus, um das Startmenü konfigurieren zu können.

Schritt 3

Eine ausgesprochen nützliche Funktion für kleine Bildschirme verbirgt sich hinter **Menü „Start" im Vollbildmodus verwenden**. Nach Aktivierung erscheint das Startmenü grundsätzlich bildschirmfüllend.

i

Startmenü verlassen

Durch Anwahl eines Startmenü-Eintrags verschwindet das Startmenü automatisch. Wollen Sie es jedoch im Vollbildmodus verlassen, ohne eine Funktion auszuwählen, müssen Sie erneut ⊞ drücken oder auf die **Windows**-Schaltfläche klicken.

Schritt 4

Ebenfalls sehr nützlich ist die Möglichkeit, bestimmte Ordner über das Startmenü erreichbar zu machen. Dazu klicken Sie zunächst ganz unten auf **Ordner auswählen, die im Menü „Start" angezeigt werden**.

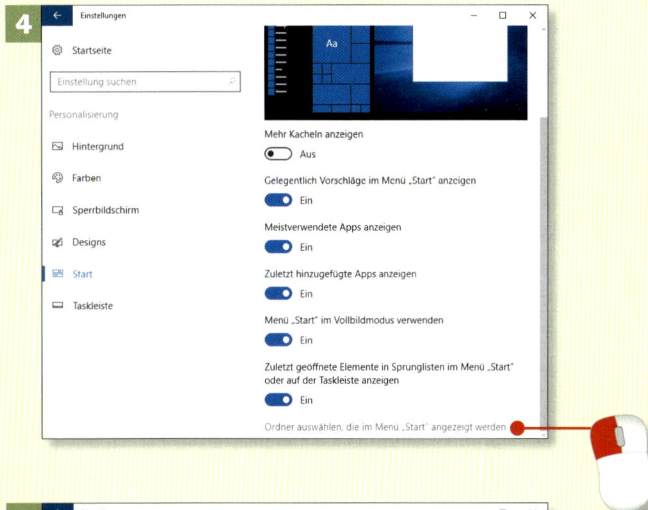

Schritt 5

Jetzt haben Sie die Möglichkeit, wichtige Verzeichnisse wie z. B. **Downloads**, **Musik**, **Bilder** etc. hinzuzufügen. Klicken Sie einfach auf den jeweiligen Schalter.

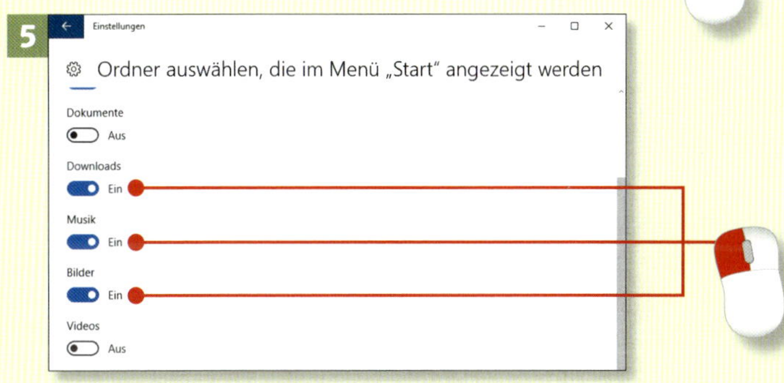

Schritt 6

Wenn Sie gleich einmal kontrollieren wollen, was damit erreicht worden ist, drücken Sie [Windows-Taste]. Achten Sie auf die Miniaturen ❶, die jetzt oberhalb der **Windows**-Schaltfläche angezeigt werden.

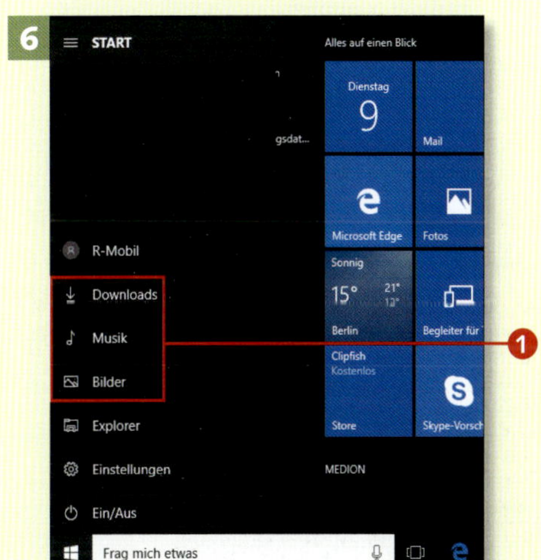

Menü erweitern

Ganz oben links im Startmenü finden Sie den Schalter **Erweitern**. Klicken Sie darauf, um anstelle der Miniaturen (Schritt 6) auch die jeweiligen Bezeichnungen sehen zu können.

Die Bildschirmanzeige anpassen

1

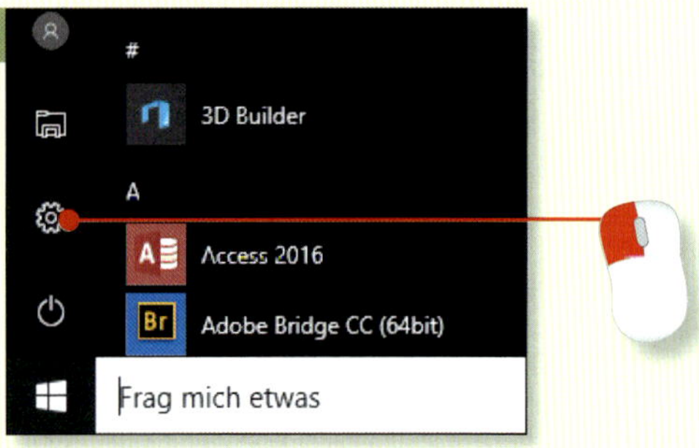

2

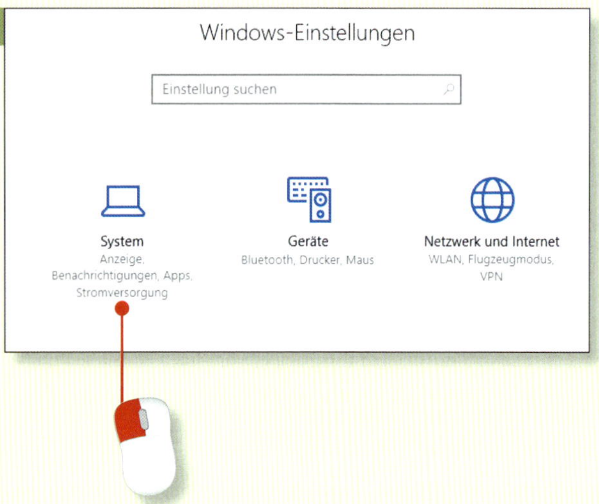

3

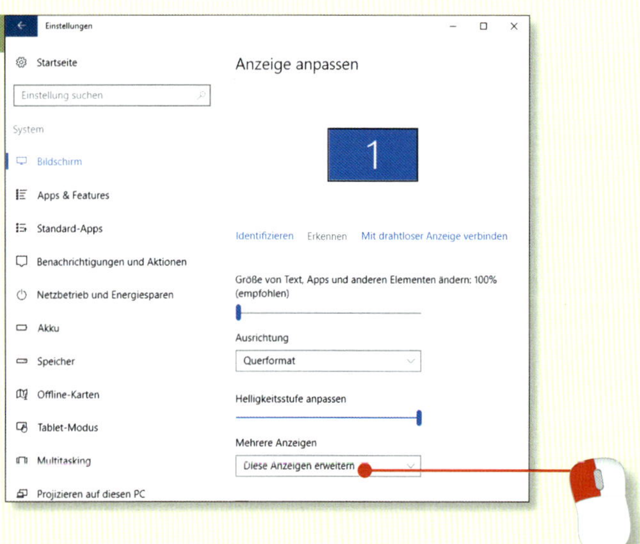

Kreative Anwender schwören auf den Einsatz mehrerer Monitore. Schauen Sie, wie sich die sogenannte »Desktoperweiterung« aktivieren lässt.

Schritt 1

Zunächst einmal öffnen Sie das **Windows**-Menü. Danach klicken Sie auf den Eintrag **Einstellungen**. Alternativ drücken Sie [Windows] + [I].

Schritt 2

Im Dialogfeld klicken Sie auf die Kachel **System ▸ Anzeige, Benachrichtigungen, Apps, Stromversorgung**. Dort finden Sie die Einstellungen für die Bildschirmanzeige.

Schritt 3

Sofern oben rechts im Bereich **Anzeige anpassen** nur einer von zwei angeschlossenen Monitoren präsentiert wird, müssen Sie im Bereich **Mehrere Anzeigen** auf **Diese Anzeigen erweitern** umschalten.

i

Kompatible Grafikkarte

Zum Anschluss mehrerer Monitore wird eine Grafikkarte benötigt, die dies unterstützt. Zudem muss der Grafikkartentreiber installiert sein. Dieser liegt meist der Grafikkarte bei. Anderenfalls funktioniert die Desktoperweiterung nicht.

Schritt 4

Anschließend klicken Sie auf **Identifizieren**. Auf jedem Monitor wird daraufhin eine Ziffer angezeigt. Ist **1** links und **2** rechts? Dann machen Sie mit Schritt 6 weiter.

4

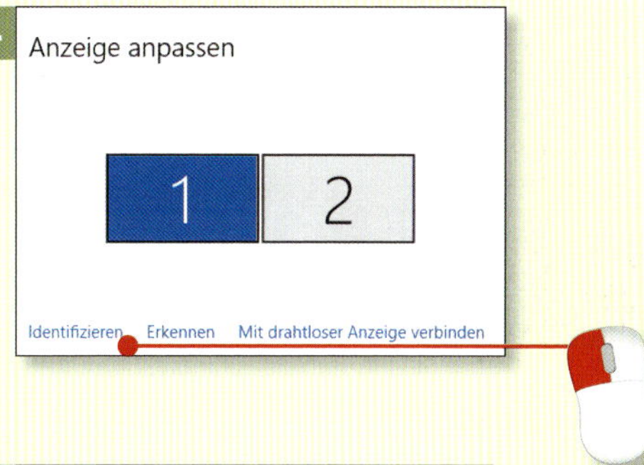

Schritt 5

Sind die Monitore vertauscht (also 1 rechts und 2 links), klicken Sie auf eine der beiden Anzeigen und ziehen diese mit gedrückter Maustaste auf die gegenüberliegende Seite.

5

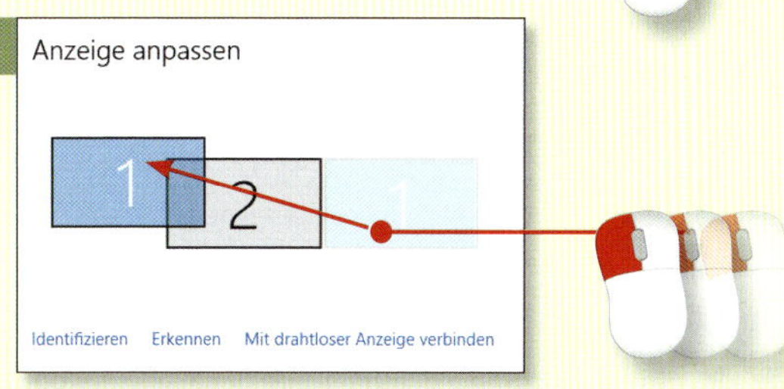

Schritt 6

Wann immer Sie die Anzeigeeinstellungen umschalten wollen (z. B. wenn Sie vorübergehend doch nur mit einem Monitor arbeiten oder die Anzeige auf dem zweiten Monitor duplizieren möchten), drücken Sie [Windows] + [P]. Hier wählen Sie per Mausklick die gewünschte Funktion aus.

6

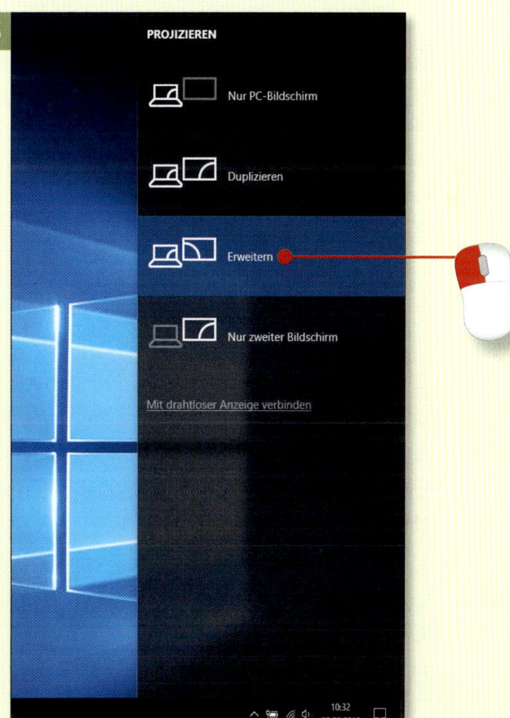

Hauptanzeige einstellen
Einer der beiden Monitore übernimmt immer die Hauptanzeige. (Nur dort erscheint z. B. das Taskleisten-Suchfeld.) Wählen Sie oben zunächst die Miniatur aus (**1** oder **2**), und aktivieren Sie unten im Dialog **Diese Anzeige als Hauptanzeige verwenden**. Bestätigen Sie mit Klick auf **Anwenden**.

Ein Benutzerkonto einrichten

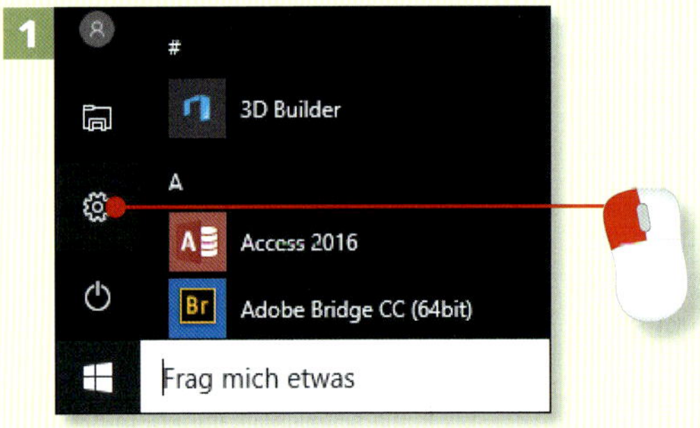

In der Familie ist es meist so, dass mehrere Personen am gleichen PC arbeiten. In diesem Fall ist es sinnvoll, dass jeder Benutzer ein eigenes Konto hat. Das sollte stets der Hauptverantwortliche, der Administrator, erledigen.

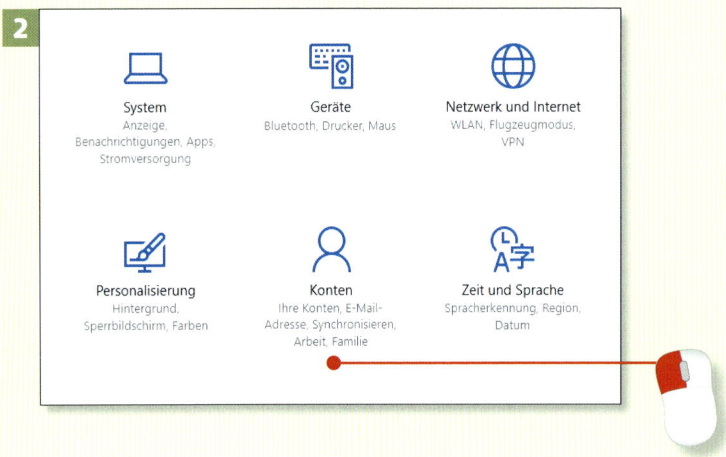

Schritt 1

Um ein Konto hinzuzufügen, ist wieder einmal der Gang über **Einstellungen** nötig – und zwar nachdem Sie über die Taste ⊞ das Startmenü geöffnet oder ⊞ + I gedrückt haben.

Schritt 2

Klicken Sie diesmal auf den Schalter **Konten ▸ Ihre Konten, E-Mail-Adresse, Synchronisieren, Arbeit, Familie**.

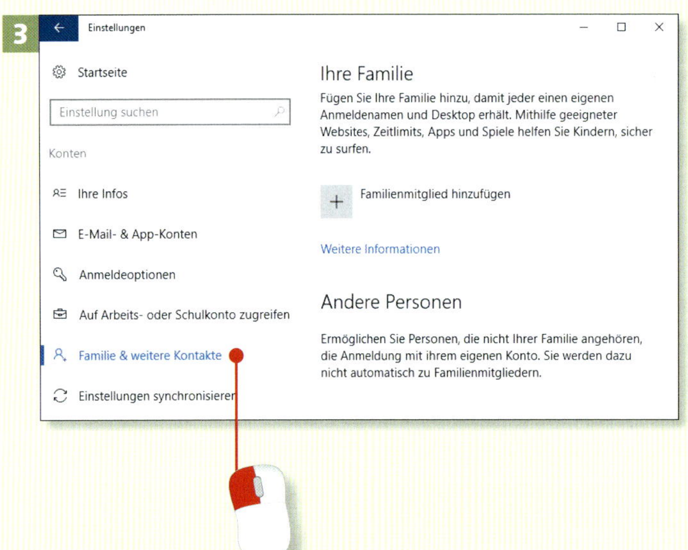

Schritt 3

Wählen Sie auf der linken Seite den Listeneintrag **Familie & weitere Kontakte**.

Warum Familienmitglieder?
Diese Funktion erlaubt mehr individuelle Einstellungen als **Diesem PC eine andere Person hinzufügen**. So können z. B. nicht altersgerechte Inhalte außen vor gelassen werden.

Schritt 4

Klicken Sie nun auf den Schalter **Familienmitglied hinzufügen**. (Zur Begründung werfen Sie einen Blick in den Kasten auf der linken Seite.)

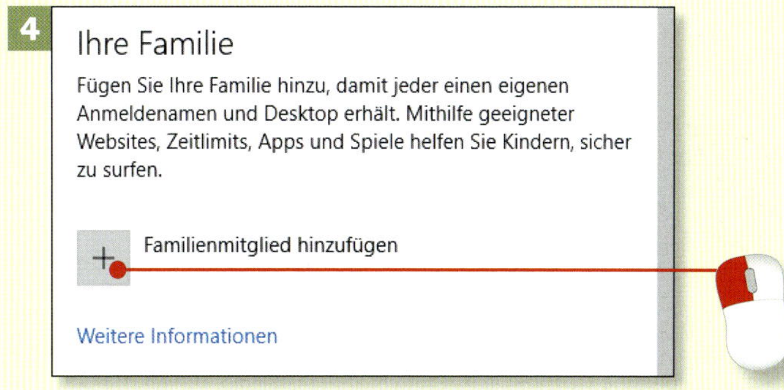

Schritt 5

In diesem Beispiel geht es darum, den Jugendschutz zu beachten. Aktivieren Sie deshalb **Kind hinzufügen**.

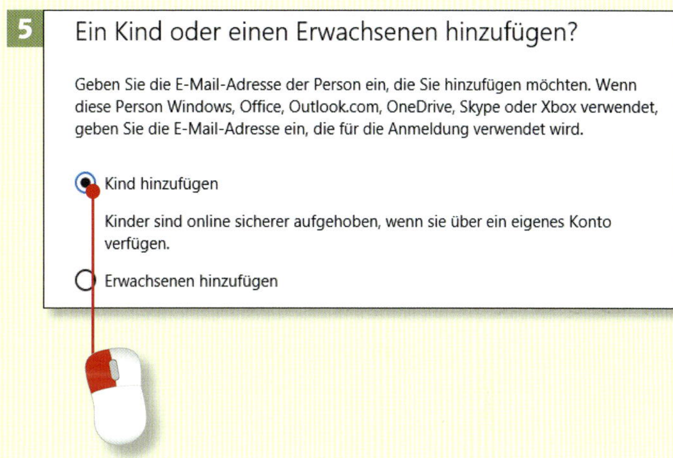

Schritt 6

Sollte das Kind bereits über eine E-Mail-Adresse verfügen, geben Sie diese nun ein. Ansonsten klicken Sie auf **Die Person, die ich hinzufügen möchte, besitzt keine E-Mail-Adresse**.

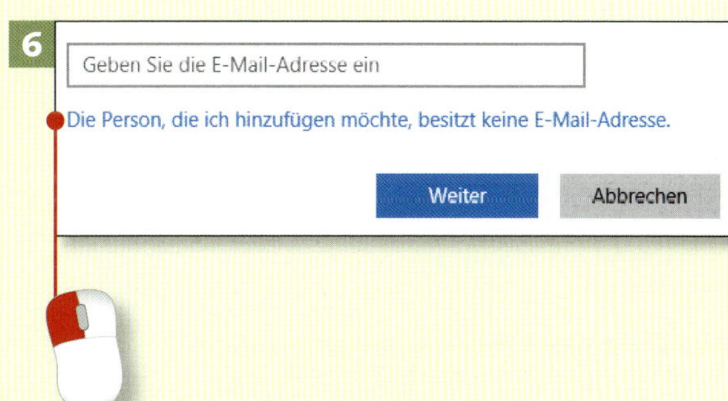

E-Mail-Adresse erforderlich

Irgendeine E-Mail-Adresse muss festgelegt werden. Entweder legen Sie eine neue an oder geben Ihre eigene Adresse als Referenz an.

Ein Benutzerkonto einrichten (Forts.)

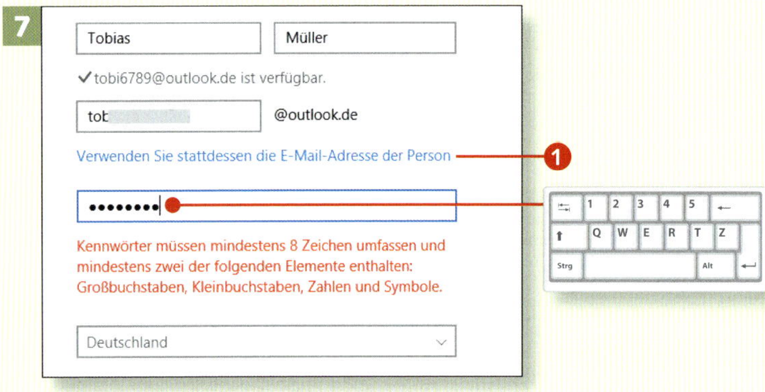

Schritt 7

Tragen Sie nun den Namen des Kindes ein. Zudem lässt sich eine neue E-Mail-Adresse einrichten. Danach fahren Sie mit Schritt 9 fort. Wenn Sie keine neue E-Mail-Adresse wünschen, müssen Sie mit **Verwenden Sie stattdessen die E-Mail-Adresse der Person** ❶ weitermachen.

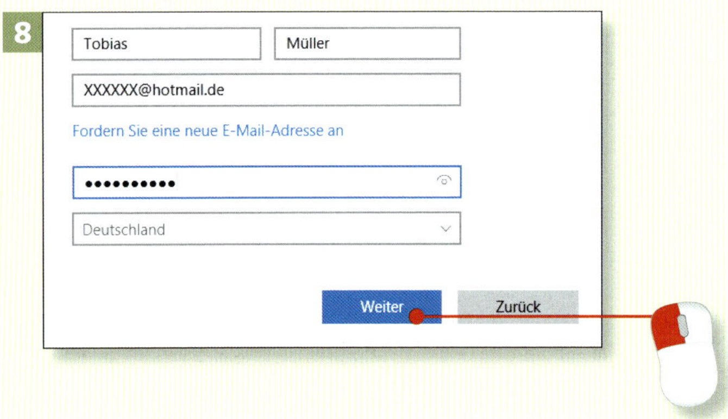

Schritt 8

Nun muss die bereits vorhandene E-Mail-Adresse (z. B. die der Eltern) mitsamt Passwort eingetragen werden. Schicken Sie die Daten mit einem Klick auf **Weiter** ab.

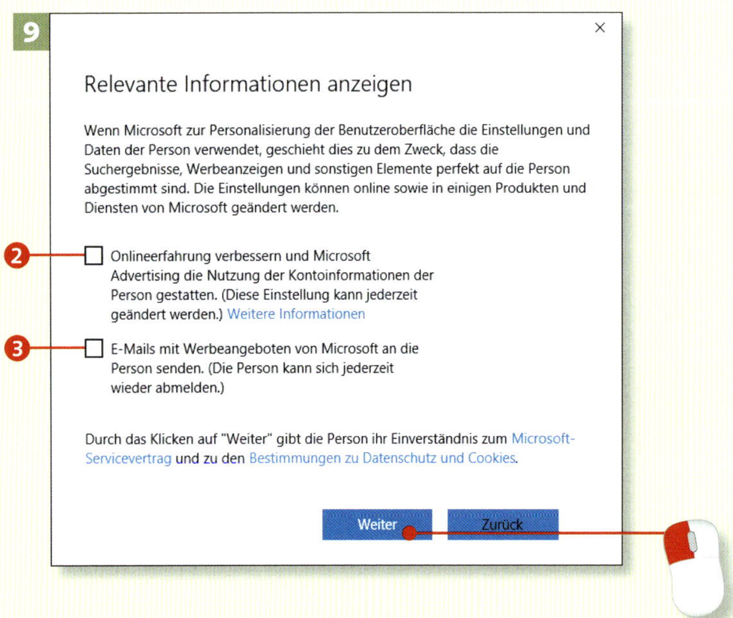

Schritt 9

Microsoft bittet nun darum, Einstellungen und Daten zur Verbesserung von Suchergebnissen und leider auch von Werbeanzeigen zu verbessern. Wenn Sie das nicht möchten, wählen Sie die Häkchen ❷ und ❸ ab, bevor Sie auf **Weiter** klicken.

Schritt 10

Geschafft! Es erscheint eine Erfolgsmeldung, die Sie mit einem Klick auf **Schließen** entfernen können.

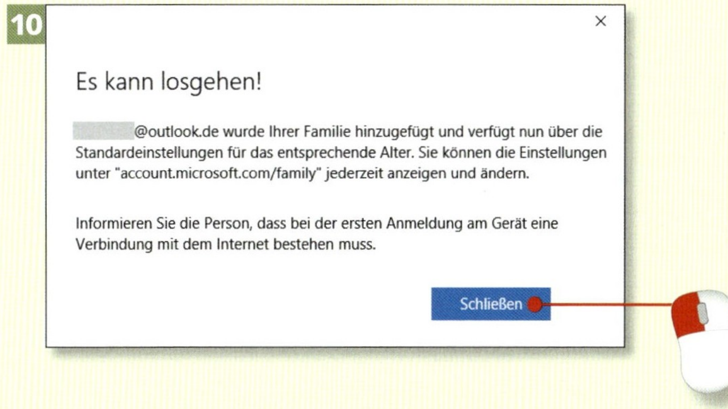

Schritt 11

Nun befinden Sie sich wieder in den Einstellungen **Konten**. Klicken Sie auf den Eintrag des Kindes, falls der Kontotyp geändert oder das Konto blockiert werden soll. Entsprechende Buttons stehen nach einem Klick auf den Kontonamen zur Verfügung.

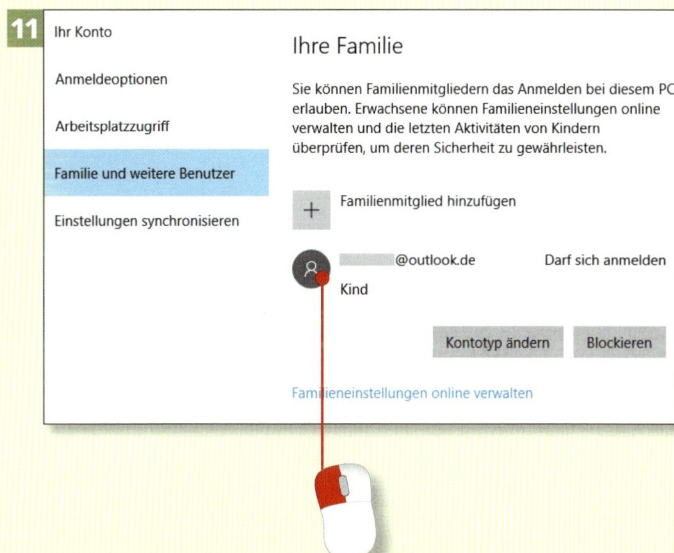

Schritt 12

Nun könnten Sie Windows + L drücken, um schnell zum Sperrbildschirm zu gelangen, und mit einem Klick auf den Namen des neuen Teilnehmers ausprobieren, ob der soeben angelegte Log-in funktioniert.

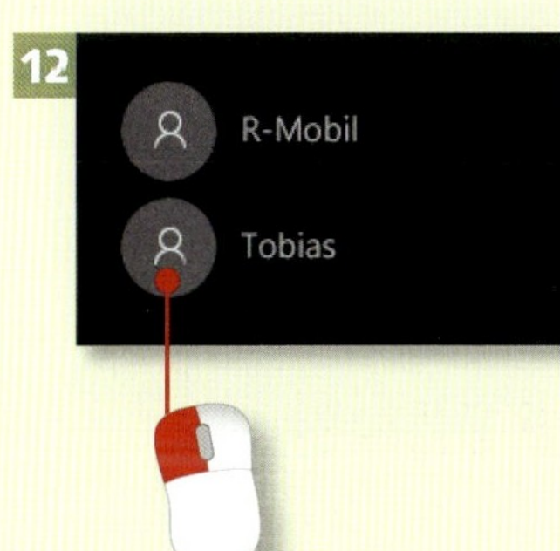

Benutzer abmelden

Bei einem Benutzerwechsel bleiben beide Zugänge aktiv. Zum Abmelden eines Benutzers klicken Sie mit rechts auf die **Windows**-Schaltfläche. Danach zeigen Sie auf **Herunterfahren oder Abmelden** und klicken zuletzt auf **Abmelden**. Daraufhin erscheint der Sperrbildschirm.

Das Benutzer-Symbol anpassen

Jeder Anwender kann ein eigenes Benutzerbild haben. Das macht das System etwas persönlicher. Hier erfahren Sie, wie Sie eines zuweisen bzw. ein vorhandenes ändern.

1

2

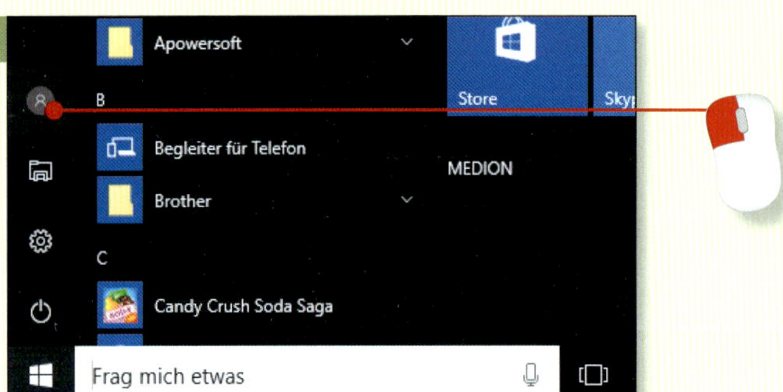

3

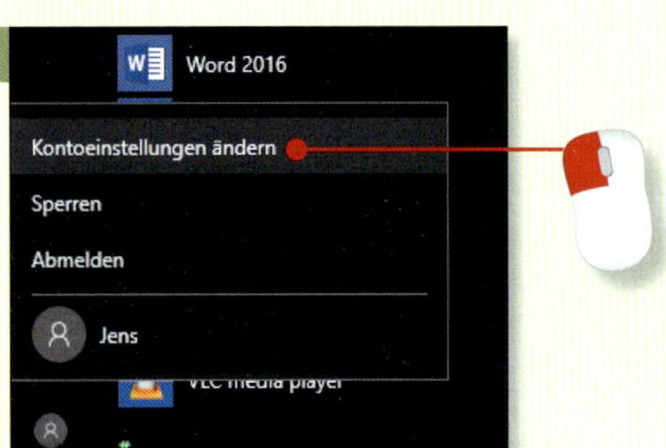

Schritt 1

Zunächst öffnen Sie das Startmenü über die Taste ⊞ oder einen Klick auf das **Windows**-Symbol.

Schritt 2

Ganz oben links finden Sie den derzeit aktiven Benutzer. Setzen Sie einen Mausklick auf diesen Menüeintrag, damit gleich unterhalb eine kleine Liste zugänglich wird.

Schritt 3

In dieser Liste müssen Sie sich nun für **Kontoeinstellungen ändern** entscheiden.

Änderungen generell erlaubt

Während bestimmte Aktionen, wie z. B. das Ändern des Kennwortes (siehe übernächste Seite), nur Benutzern mit Administratorrechten zustehen, kann das Ändern des Bildes von jedem Benutzerkonto aus vorgenommen werden.

Schritt 4

Auf der rechten Seite finden Sie ein Kreis-Symbol, das augenblicklich nur einen Platzhalter zeigt. Klicken Sie deshalb weiter unten im Bereich **Ihr Bild erstellen** auf **Suchen**.

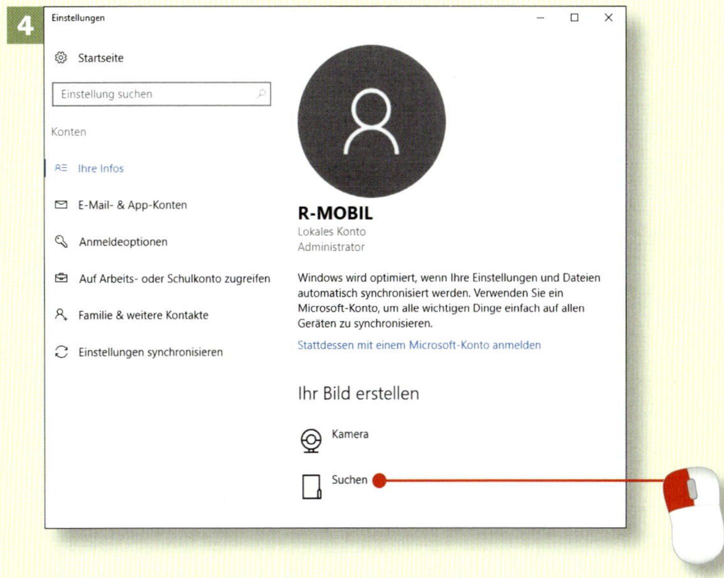

Schritt 5

Sie gelangen nun in den *Bilder*-Ordner auf Ihrem PC. Navigieren Sie zu dem Foto, das als Symbol dienen soll. Markieren Sie es, und klicken Sie anschließend auf **Bild auswählen**.

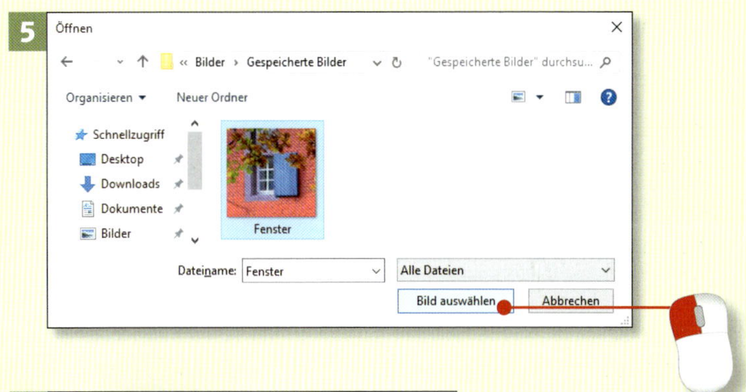

Schritt 6

Schick, oder? Alles erledigt – Sie können den Dialog nun schließen.

Selfie als Profilbild
Wenn Sie lieber ein aktuelles Profilbild mithilfe einer Webcam erzeugen möchten, müssen Sie im Bereich **Ihr Bild erstellen** auf **Kamera** klicken. Hier sind übrigens nicht nur Standbilder, sondern auch kleinere Videosequenzen möglich.

Kennwort ändern

Jetzt erfahren Sie noch, wie Sie Ihr persönliches Passwort ändern können.

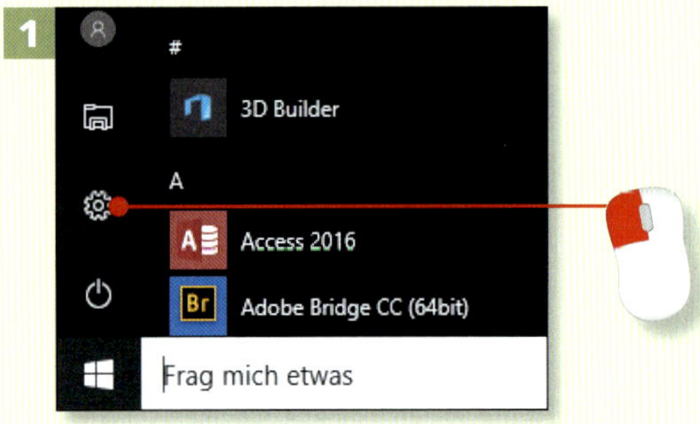

Schritt 1

Sie wissen ja bereits, wie Sie in die Einstellungen gelangen. Einer der möglichen Wege ist [Windows-Taste], gefolgt von einem Klick auf **Einstellungen**.

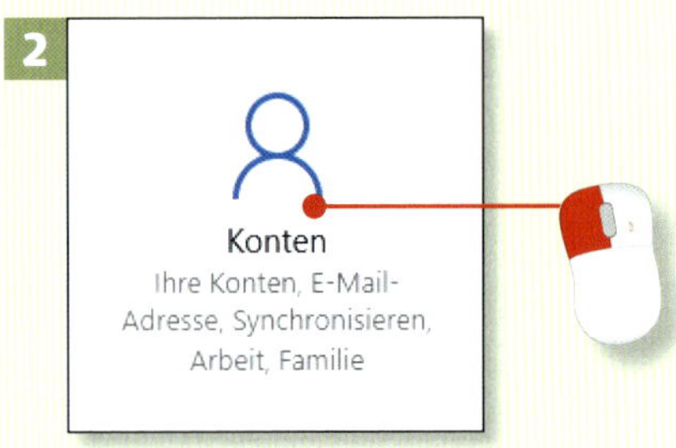

Schritt 2

In der darauffolgenden Ansicht entscheiden Sie sich für die Kachel **Konten**.

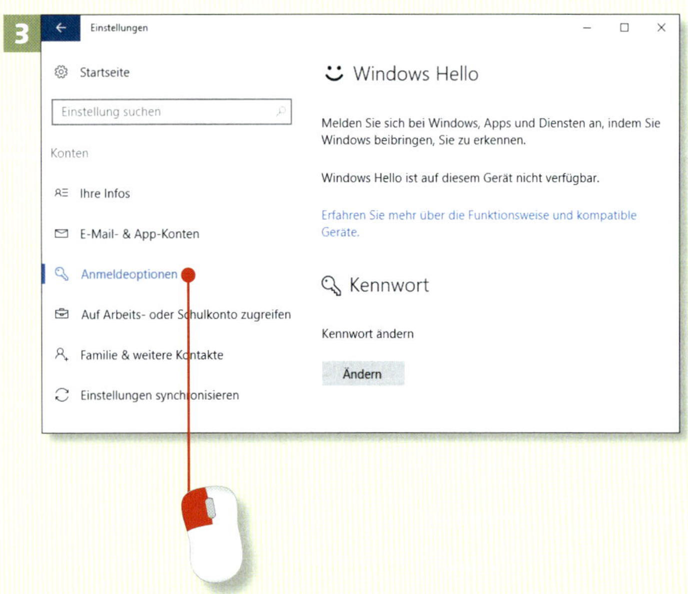

Schritt 3

Wählen Sie daraufhin **Anmeldeoptionen** in der linken Spalte des Folgedialogs.

Administratorrechte

Der Administrator hat Zugriff auf sämtliche Einstellungen aller Konten. Benutzer ohne Administratorrechte können aus Sicherheitsgründen nur wenige Änderungen vornehmen. Im Zweifel wird das Kennwort des Administrators abgefragt.

Schritt 4

Nachdem Sie rechts im Bereich **Kennwort** auf **Ändern** geklickt haben, müssen Sie sich einige Sekunden gedulden.

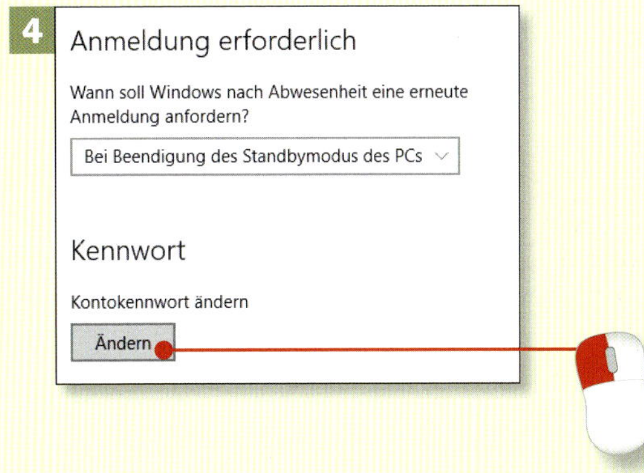

Schritt 5

Geben Sie zunächst das alte (ganz oben) und anschließend das neue Passwort ein. Sollten Sie unsichere Passwörter verwenden, gibt die Anwendung einen entsprechenden Hinweis 1 aus.

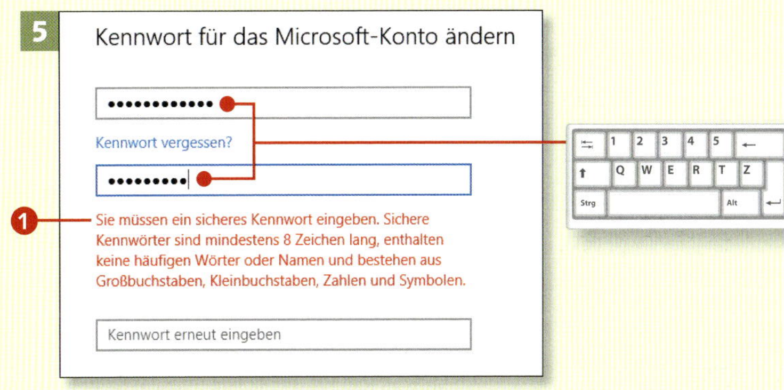

Schritt 6

In Zeile 3 wiederholen Sie das neue Passwort noch einmal. Nach einem Klick auf **Weiter** wird die Änderung bestätigt. Klicken Sie darin noch auf **Fertig stellen**, um die Aktion zu beenden.

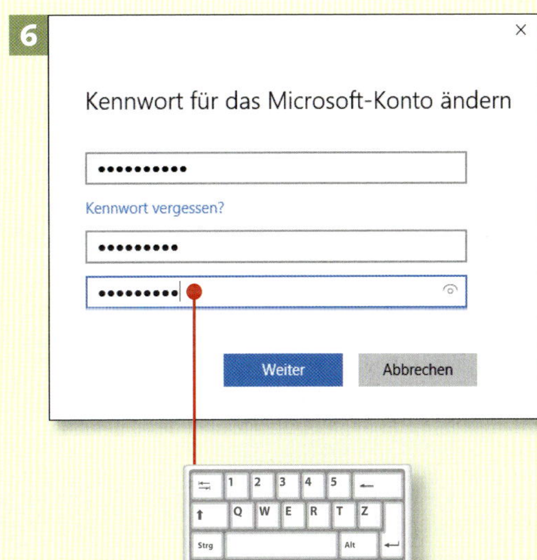

PC-Einstellungen
Die hier aufgeführten Änderungsoptionen lassen sich auch über die Systemsteuerung vom Desktop aus aufrufen – und zwar im Bereich **Benutzerkonten**. Wenn Sie dort auf **Änderungen am eigenen Konto in den PC-Einstellungen vornehmen** klicken, können Sie anschließend mit Schritt 3 fortfahren.

Kapitel 12
Der PC im Netzwerk

Möchten Sie Ihren Rechner mit anderen Rechnern verbinden und ein Netzwerk einrichten oder ihn einem bestehenden Netzwerk hinzufügen? Die Anleitungen dieses Kapitels helfen Ihnen dabei.

Rechner vernetzen

Um zwei oder sogar mehrere Rechner miteinander zu verbinden ❶, sodass Sie Daten zwischen diesen Rechnern austauschen können, sind ein paar Schritte und Einstellungen notwendig. Sie erfahren hier Schritt für Schritt, wie es geht.

Ordner, Rechte und Benutzer

Das digitale Leben im Netzwerk will organisiert sein. Manche Inhalte sollten nur bestimmten Personen zugänglich sein ❷, andere wiederum allen Personen im Netzwerk. Wie Sie für Ordnung sorgen, zeigen die Anleitungen in diesem Kapitel.

OneDrive

Ein Netzwerk der besonderen Art ist *OneDrive* ❸, eine virtuelle Festplatte, die Ihnen immer und überall zur Verfügung steht und eine Menge Speicherplatz bietet. Wie OneDrive arbeitet, erfahren Sie am Ende dieses Kapitels.

❶ Rechner miteinander zu vernetzen ist praktisch und gar nicht so schwer.

❷ Das Heimnetzwerk können Sie für bestimmte Benutzer zugänglich machen.

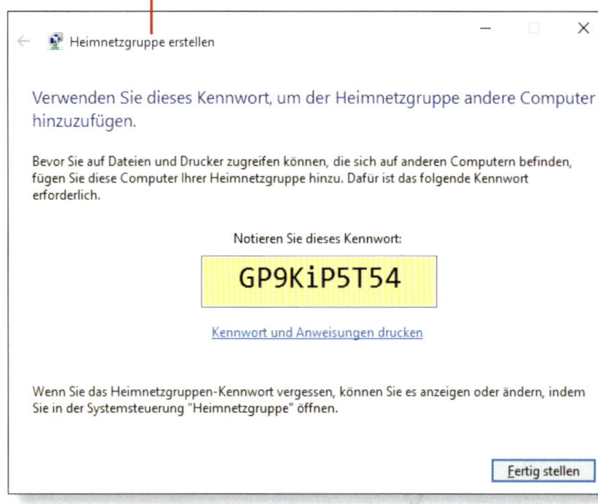

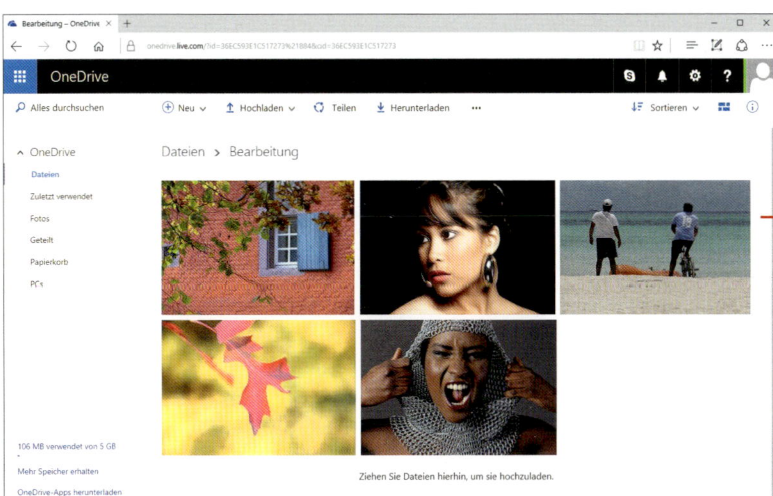

❸ Über OneDrive erweitern Sie Ihren Speicherplatz beträchtlich.

Netzwerkgrundlagen kennenlernen

1

2

3

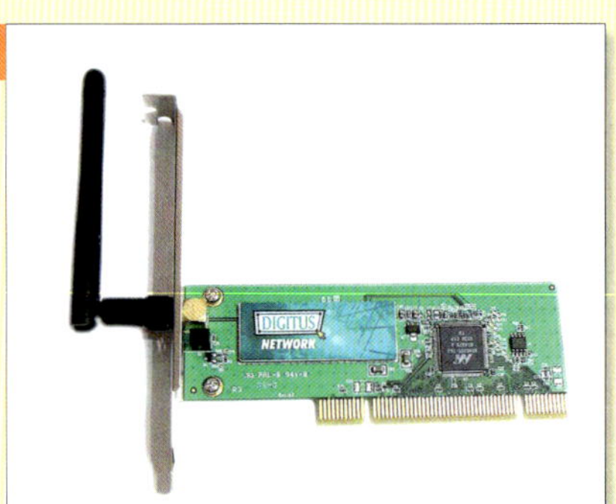

Das Thema Netzwerk mag Ihnen wie ein Buch mit sieben Siegeln vorkommen. So kompliziert ist es aber gar nicht. Sie werden sehen.

1 Netzwerke

Netzwerke werden genutzt, wenn mehrere Computer zum Datenaustausch oder zur gemeinsamen Internetnutzung miteinander verbunden werden sollen. Der Zusammenschluss kann z. B. eine Heimnetzgruppe sein.

2 WLAN-Router

Sie benötigen zudem ein Gerät, auf das alle angeschlossenen Computer zugreifen können (wie z. B. der LAN- oder WLAN-*Router* des Internet-Providers).

3 WLAN-Karte

Wenn Sie eine drahtlose Verbindung zum Router herstellen möchten, benötigt Ihr Rechner eine WLAN-Karte oder einen WLAN-Stick. Eine herkömmliche Netzwerkkarte (*Ethernet*) reicht, um die PCs über Kabel mit dem Router zu verbinden.

4 Weitere Geräte

Neben einzelnen Computern können auch weitere Geräte (sogenannte *Peripheriegeräte*) vernetzt werden. So ist es z. B. denkbar, einen Netzwerkdrucker zu installieren, den jeder PC nutzen kann.

4

5 Ad-hoc-Netzwerk

Eine Alternative bilden *Ad-hoc-Netzwerke*. Hier stellen Computer temporär – also nur vorübergehend – eine Drahtlosverbindung her, um Daten gemeinsam zu nutzen oder untereinander auszutauschen.

5

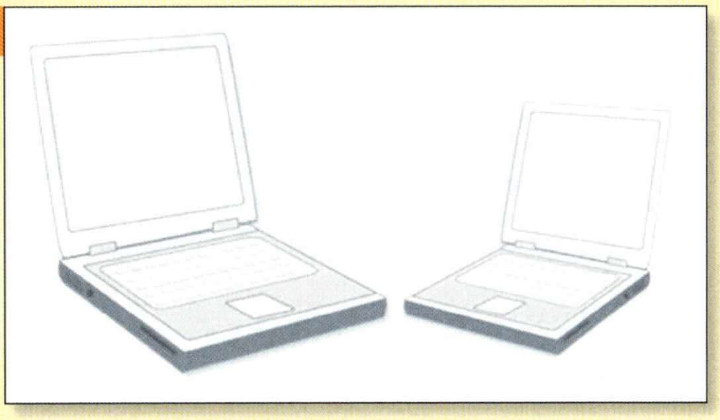

6 Aufbau des Netzwerks

So könnte ein klassisches Netzwerk aufgebaut sein: Drei Computer werden an einem Router zusammengeführt und nutzen die dort vorliegende Verbindung zum Internet.

6

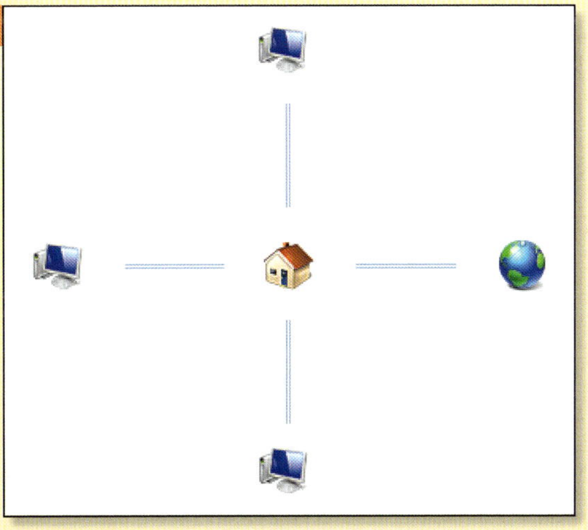

LAN-Verbindung
Die Verbindung eines kabelgebundenen Netzwerks erfolgt über spezielle Netzwerkkabel. Jeder Computer belegt dabei einen Eingang des Routers.

Eine Heimnetzgruppe erstellen

1
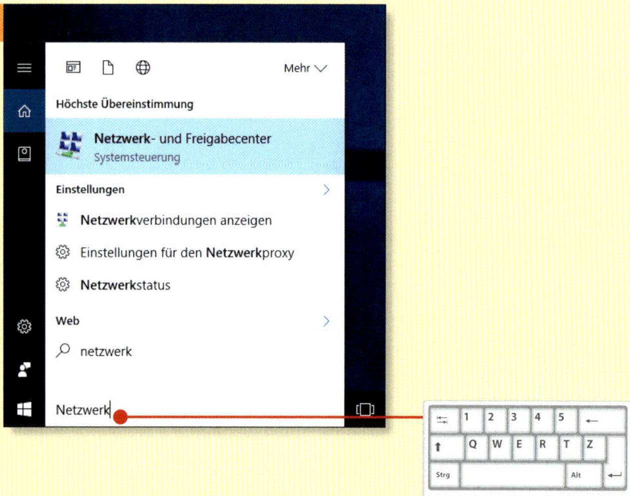

Heimnetze sind dazu da, die Kommunikation mehrerer Computer untereinander zu ermöglichen. So lassen sich Daten, wie z. B. Bilder und Musik, austauschen. Zunächst muss von einem der zu vernetzenden PCs aus ein Netzwerk erzeugt werden.

Schritt 1

Sie gelangen ins **Netzwerk- und Freigabecenter**, indem Sie »Netzwerk« (oder Teile dessen) in das Suchfeld eintragen und mit [↵] bestätigen (siehe auch Kasten).

2
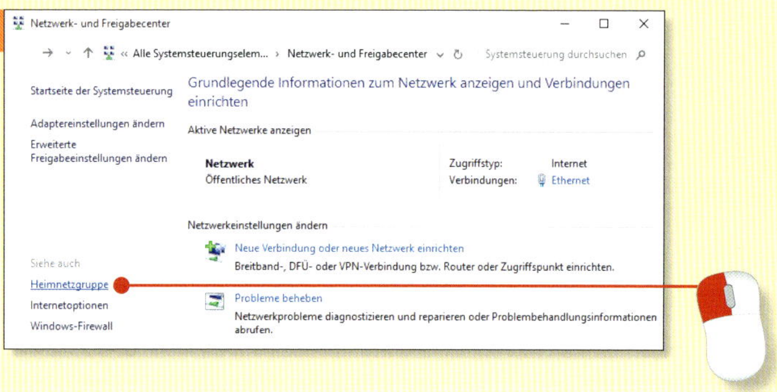

Schritt 2

Im Menü **Einstellungen** klicken Sie unten links auf **Heimnetzgruppe**.

3
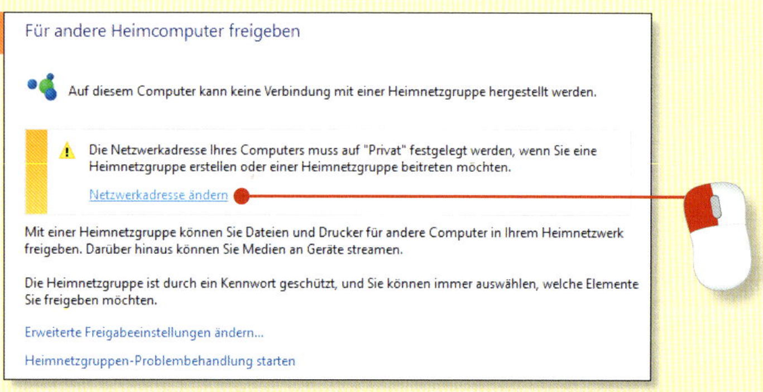

Schritt 3

Möglicherweise wird nun auf Ihrem Windows-10-PC angezeigt, dass keine Verbindung mit einer Heimnetzgruppe hergestellt werden kann. In diesem Fall klicken Sie auf **Netzwerkadresse ändern** – anderenfalls fahren Sie mit Schritt 5 fort.

Ähnliche Begriffe

Achten Sie in Schritt 1 darauf, dass wirklich das **Netzwerk- und Freigabecenter** aktiv ist und nicht etwa **Netzwerkverbindungen anzeigen**.

Schritt 4

Bestätigen Sie die Kontrolltafel mit der Überschrift **Netzwerke**, die am rechten Bildrand erscheint, jetzt mit **Ja**.

Schritt 5

Nun ist es endlich so weit: Der nächste Klick gehört nun der Schaltfläche **Heimnetzgruppe erstellen**.

Schritt 6

Die folgende Hinweistafel verlassen Sie mit einem beherzten Mausklick auf **Weiter**.

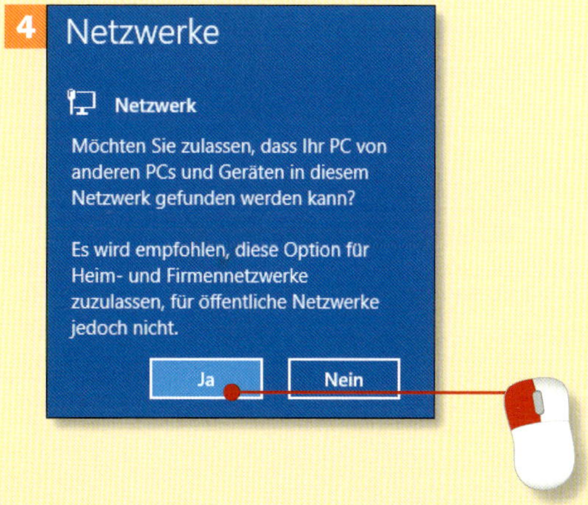

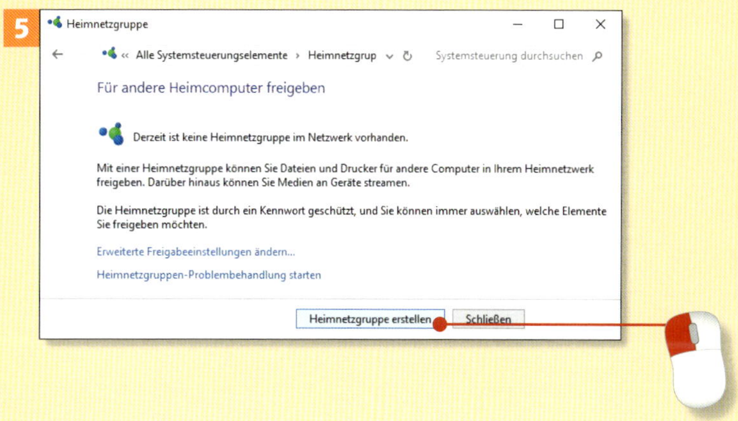

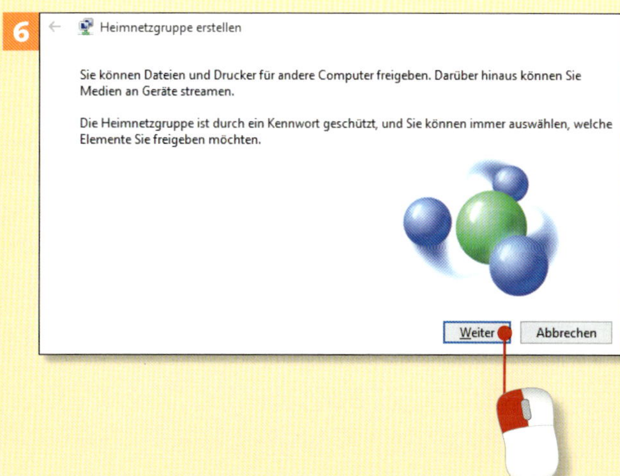

Prüfen Sie die Verbindung

Bitte prüfen Sie bei jedem Computer, der dem Heimnetzwerk beitreten will (siehe folgende Anleitung), ob eine Verbindung mit dem Heimnetzwerk hergestellt werden kann (siehe Schritt 3).

Eine Heimnetzgruppe erstellen (Forts.)

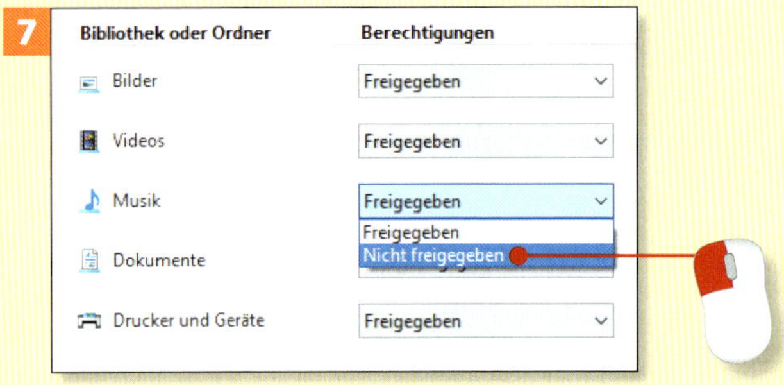

Schritt 7

Wählen Sie nun aus, welche Daten künftig im Heimnetzwerk freigegeben werden dürfen. Wollen Sie eine bestimmte Kategorie herauslassen, klicken Sie auf **Freigegeben** und stellen auf **Nicht freigegeben** um (hier: **Musik**).

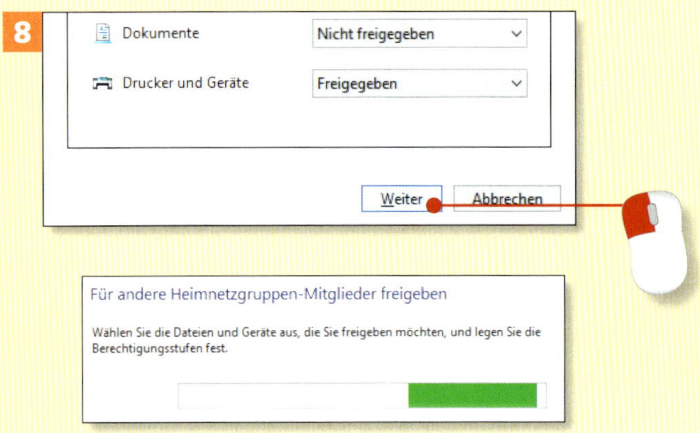

Schritt 8

Zuletzt bestätigen Sie die Einstellungen mit **Weiter**. Das Netzwerk wird daraufhin eingerichtet, wie Sie am grünen Fortschrittsbalken erkennen können.

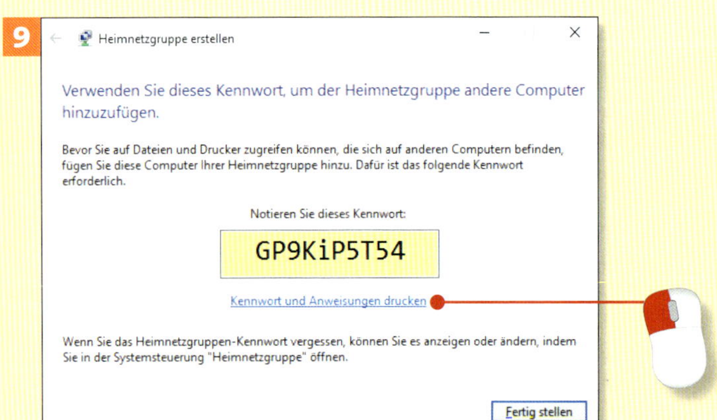

Schritt 9

Gedulden Sie sich einen Augenblick, bis Windows 10 ein Passwort anbietet. Dieses ist sehr wichtig. Am besten klicken Sie gleich mal auf **Kennwort und Anweisungen drucken**.

Anderes Kennwort?

Das angebotene Kennwort gefällt Ihnen nicht? Kein Problem. Durchlaufen Sie diese Anleitung dennoch bis Schritt 12. Dort können Sie dann das Kennwort ändern.

Schritt 10

Bringen Sie das Kennwort zu Papier (Das ist besser, als es aufzuschreiben.), indem Sie einen Klick auf **Diese Seite drucken** platzieren.

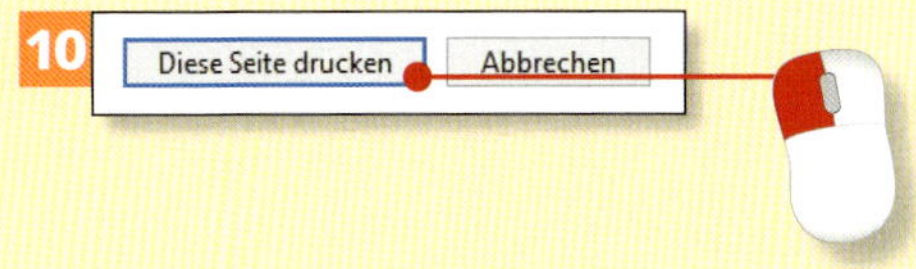

Schritt 11

Zuletzt klicken Sie noch auf **Fertig stellen**. Damit ist die Sache erledigt. Bis auf eine Kleinigkeit.

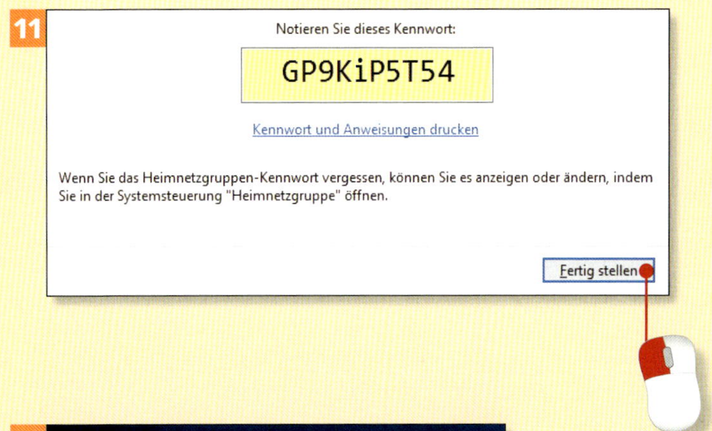

Schritt 12

Schließen Sie das Fenster **Heimnetzgruppe**. Wann immer Sie diesen Dialog erneut sehen wollen, sollten Sie im Suchfeld »Heimnetz« eingeben und [↵] drücken.

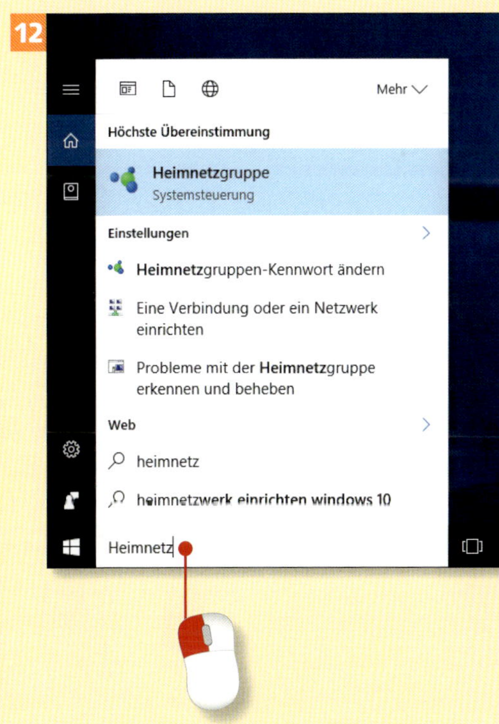

Heimnetzgruppe
Die Einstellungen zur Heimnetzgruppe erreichen Sie über die in Schritt 12 gezeigte Tafel. Wenn Sie also das Passwort einmal vergessen oder verlegt haben – kein Problem. Hier ist es jederzeit einsehbar. Außerdem kann jeder Benutzer aus der Gruppe austreten, indem er unten auf **Heimnetzgruppe verlassen** klickt.

Einem Netzwerk beitreten

Nach Gründung des Netzwerks müssen weitere Computer Verbindung aufnehmen. Hier fügen wir beispielhaft einen Windows-7-PC hinzu. Mit Windows 8, 8.1 und 10 funktioniert es aber ganz genauso.

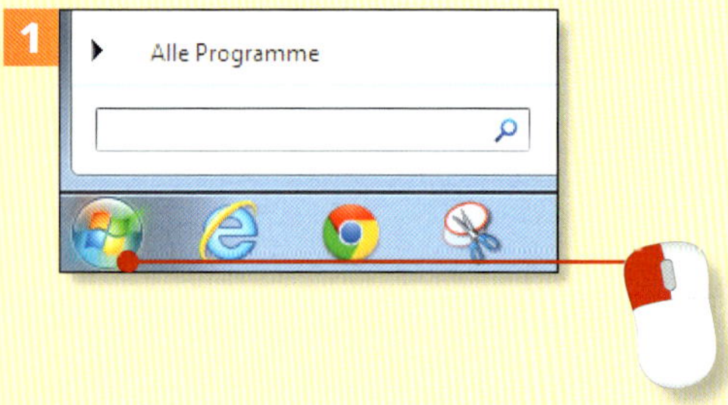

Schritt 1

Unter Windows 7 klicken Sie auf den Startbutton unten links. Ab Windows 8 lassen Sie diesen Schritt einfach weg.

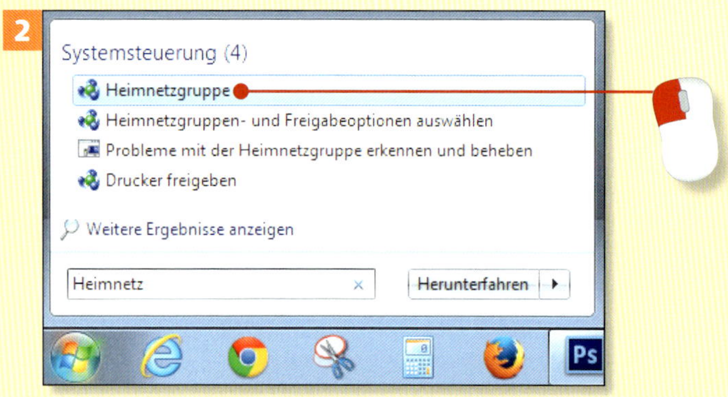

Schritt 2

Tippen Sie im Suchfeld das Stichwort »Heimnetz« ein. Bestätigen Sie den Fund der **Heimnetzgruppe** mit [↵].

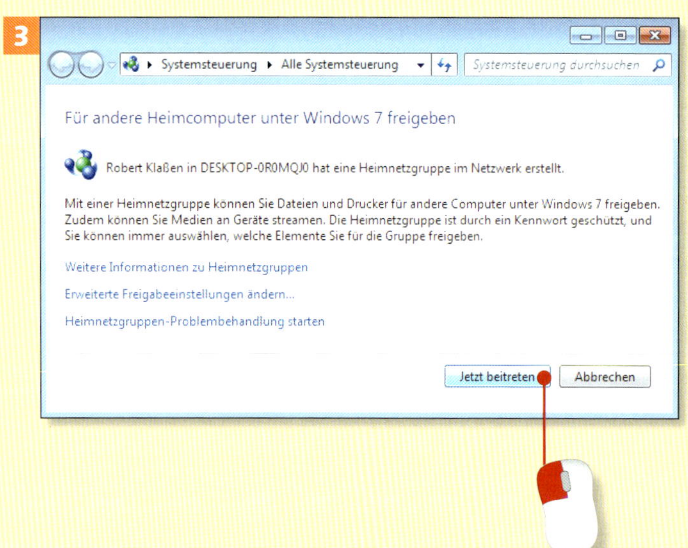

Schritt 3

Der Computer »sieht« nun, dass es bereits eine Heimnetzgruppe gibt. Sie müssen also lediglich auf **Jetzt beitreten** klicken.

Text beachten!

Rechts neben dem Netzwerk-Symbol ist erkennbar, auf welchem Computer das Heimnetzwerk erstellt worden ist und wer dafür verantwortlich ist.

Schritt 4

Nun müssen Sie entscheiden, welche Objekte dieses Rechners Sie freigeben wollen. Lesen Sie dazu auch den Kasten unten auf dieser Seite.

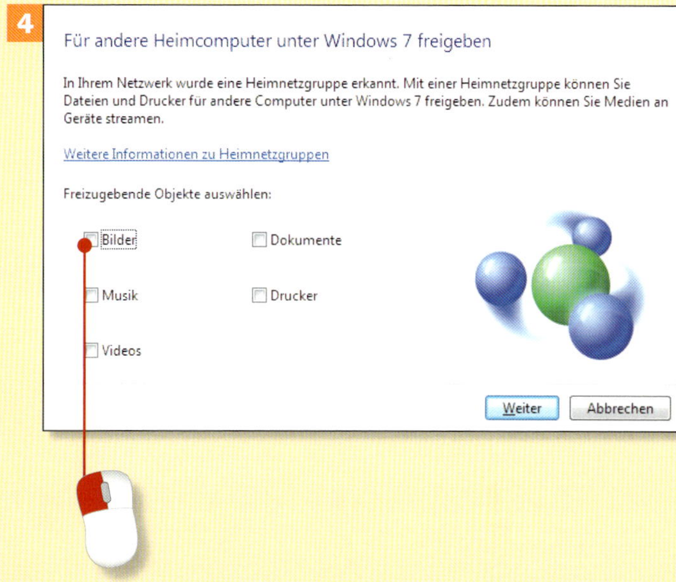

Schritt 5

Fahren Sie fort mit der Eingabe des Kennworts, das Sie in Schritt 9 der vorangegangenen Anleitung am Gründer-PC erhalten haben. Schließen Sie diesen Schritt mit einem Klick auf **Weiter** ab.

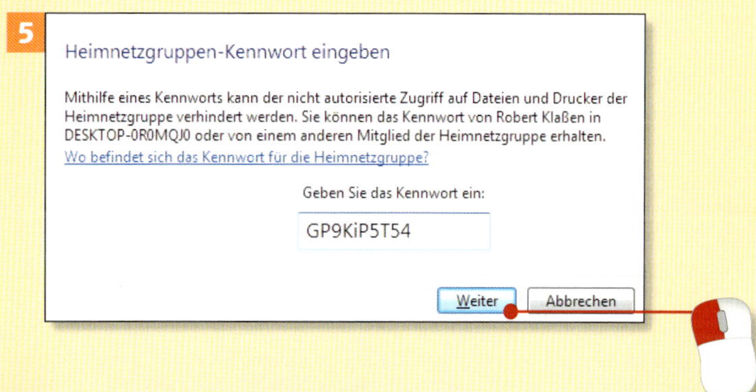

Schritt 6

Im letzten Fenster müssen Sie nun lediglich noch auf **Fertig stellen** klicken.

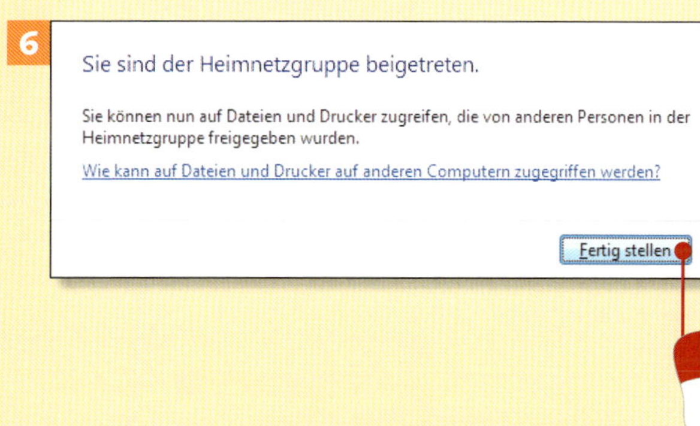

Freigabeoptionen

In Schritt 1 dürfen Sie gern alle Kästchen deaktivieren. In diesem Fall gibt der neue PC, der gerade dem Heimnetz hinzugefügt wird, selbst keine Daten preis, kann aber dennoch auf die freigegebenen Bereiche des Gründer-PCs zugreifen.

Ordner nachträglich freigeben

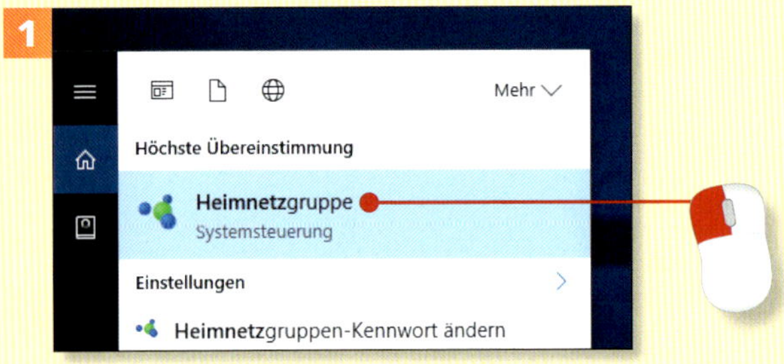

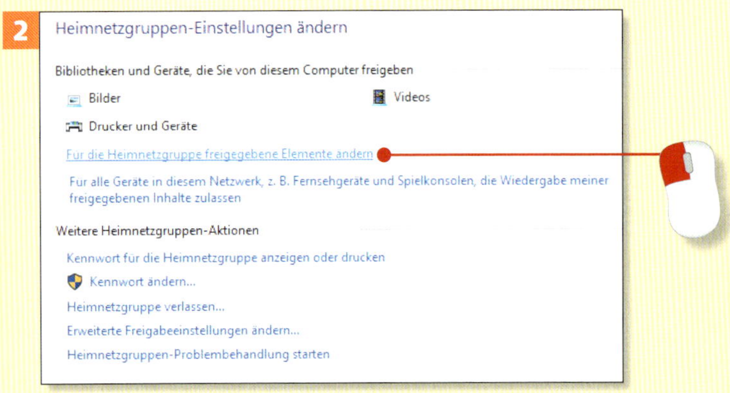

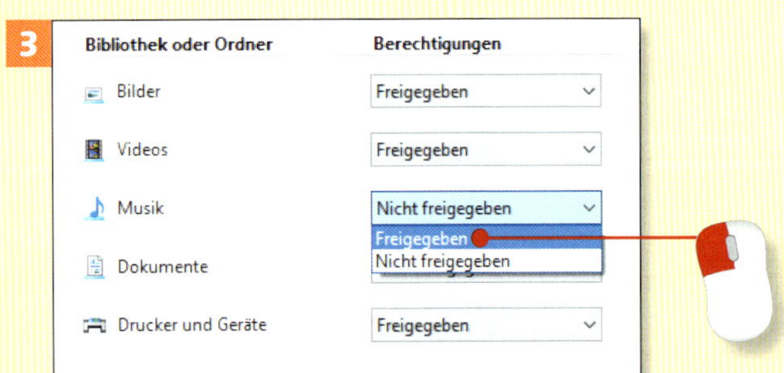

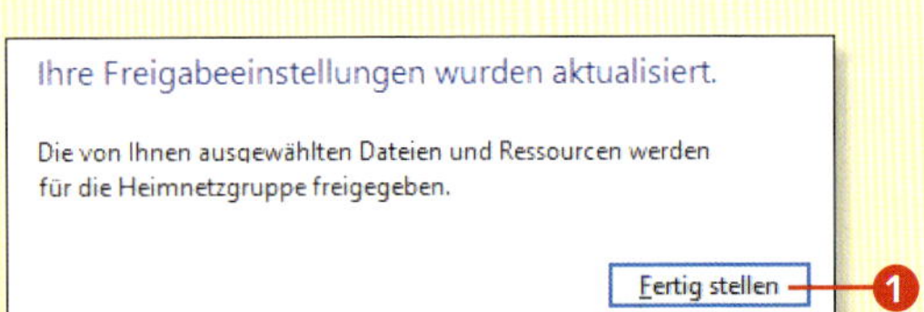

Mit der Freigabe eigener Verzeichnisse ist das immer so eine Sache. Zu Beginn weiß man oft nicht genau, was man teilen möchte – später bietet es sich an, ein Verzeichnis doch freizugeben.

Schritt 1

Tippen Sie »Heimnetz« in das Suchfeld der Taskleiste ein, und klicken Sie auf [↵].

Schritt 2

Im sich dann öffnenden Fenster müssen Sie einen Klick auf **Für die Heimnetzgruppe freigegebene Elemente ändern** setzen.

Schritt 3

Zuletzt klicken Sie in der gewünschten Kategorie auf **Nicht freigegeben** und stellen auf **Freigegeben** um.

Aktion abschließen

Bitte beachten Sie, dass die Änderung noch bestätigt werden muss. Erledigen Sie das mit einem Klick auf **Weiter**, gefolgt von **Fertig stellen** ❶.

Das Heimnetzwerk verlassen

Die Sache mit dem Datenaustausch ist ja sehr schön. Doch was ist zu tun, wenn einer der Teilnehmer keine Lust mehr auf die Heimnetzgruppe hat? Den Stecker zu ziehen ist leider keine Lösung. Ich zeige Ihnen den Weg.

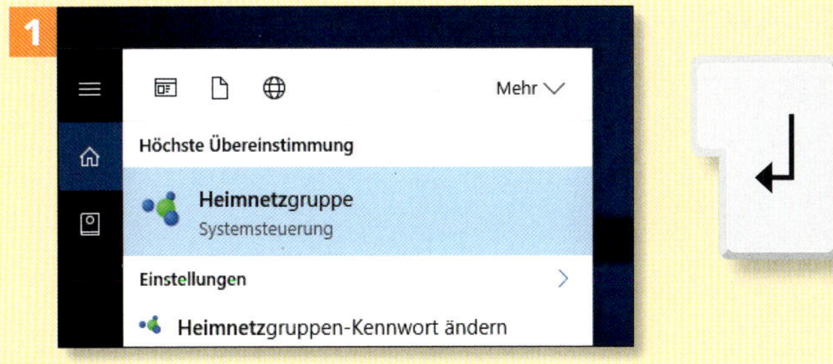

Schritt 1

Geben Sie »Heimnetz« in das Taskleisten-Suchfeld ein, und drücken Sie auf [↵].

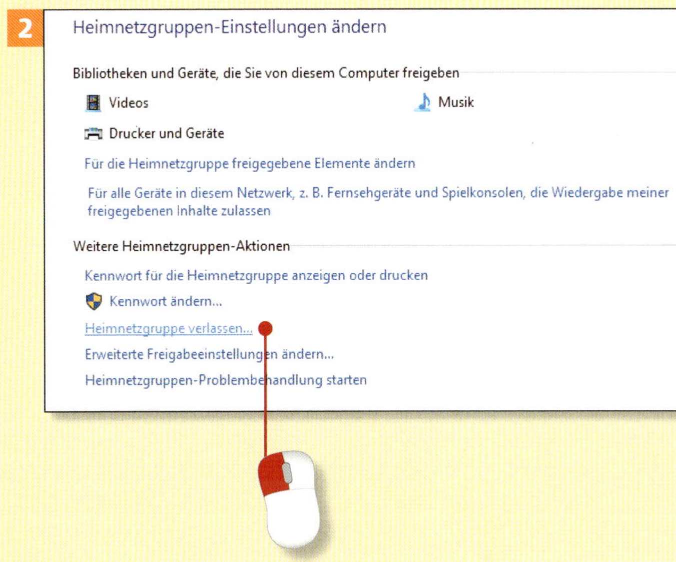

Schritt 2

Im sich öffnenden Fenster halten Sie nach dem Schriftzug **Heimnetzgruppe verlassen...** Ausschau und klicken darauf.

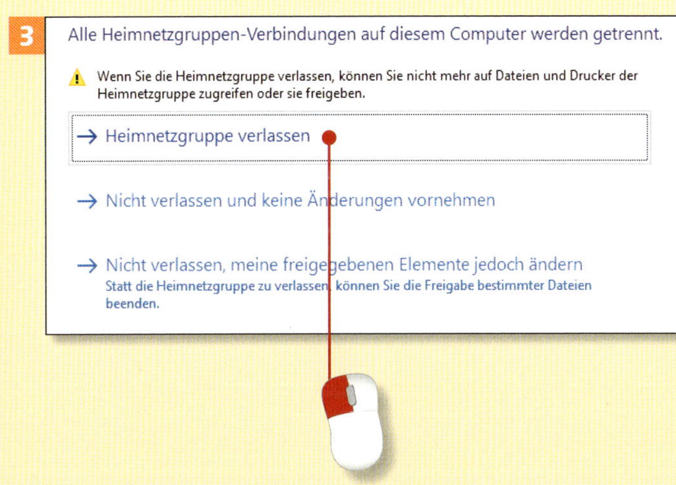

Schritt 3

Im folgenden Dialog müssen Sie Ihre Absicht noch einmal bekräftigen, indem Sie auf die obere Schaltfläche **Heimnetzgruppe verlassen** klicken.

Erneut beitreten

Sollten Sie eine Heimnetzgruppe verlassen haben, dürfen Sie später gerne wieder beitreten. Allerdings wird dann auch das Kennwort wieder abgefragt.

Auf andere PCs zugreifen

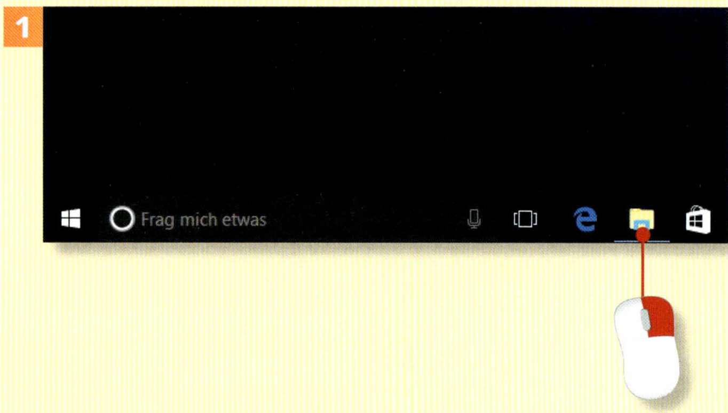

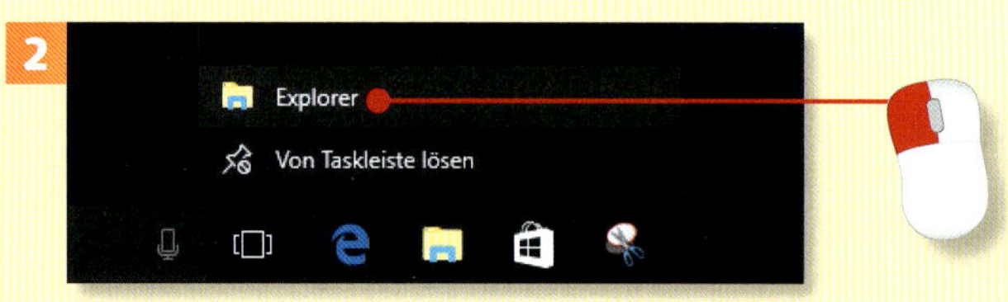

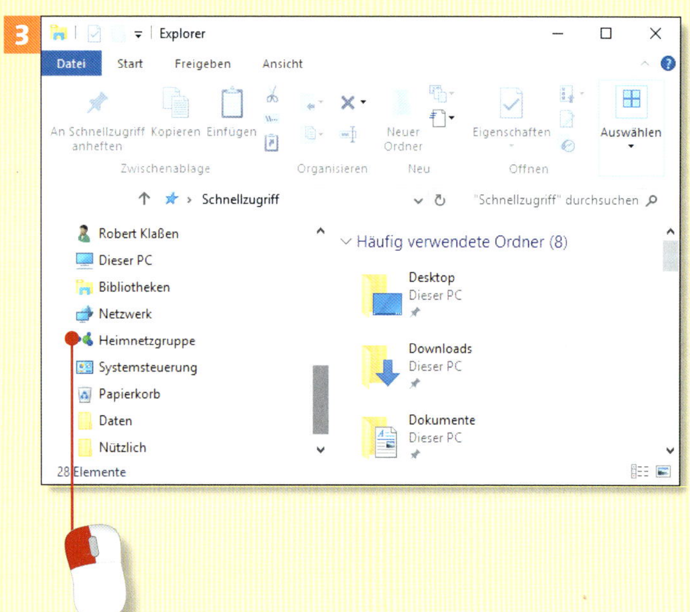

Nun sind alle PCs per Heimnetzwerk verbunden – da sollen natürlich auch Daten ausgetauscht werden können. Im Beispiel greifen wir auf den freigegebenen Bildordner eines Netzwerkteilnehmers zu.

Schritt 1

Öffnen Sie den Explorer, indem Sie mit rechts auf das Ordner-Symbol in der Taskleiste klicken.

Schritt 2

Wählen Sie den Eintrag **Explorer**, um die Ordnerstruktur Ihres eigenen Computers ansehen zu können.

Schritt 3

Scrollen Sie nun am Balken in der Mitte etwas herunter. Halten Sie dabei nach dem Begriff **Heimnetzgruppe** Ausschau (siehe Schritt 4).

Linke Spalte verbreitern

Sollte die linke Spalte sehr schmal eingestellt und deren Inhalt nicht gut lesbar sein, stellen Sie die Maus auf den Trennsteg zwischen dem linken Scrollbalken und dem Ordnerbereich auf der rechten Seite. Wenn sich ein Doppelpfeil zeigt, ziehen Sie diesen Steg mit gedrückter Maustaste nach rechts.

Schritt 4

Klicken Sie jetzt auf die kleine Pfeilspitze links neben **Heimnetzgruppe**. Alternativ setzen Sie einen Doppelklick auf den Eintrag **Heimnetzgruppe**.

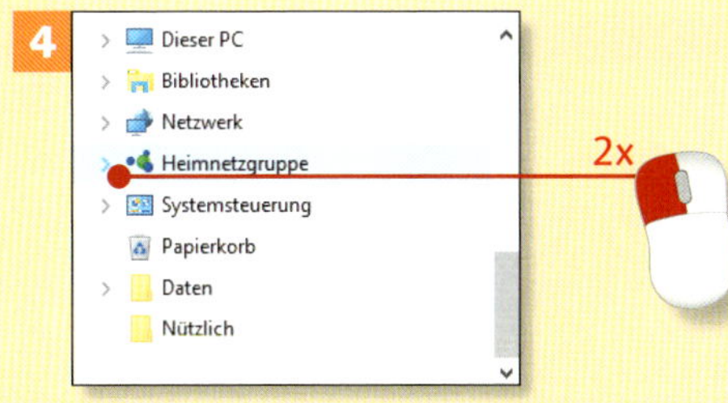

Schritt 5

Jetzt öffnet sich das Verzeichnis, und Sie sehen jeden Computer, der sich in der Gruppe befindet. Wählen Sie auf der linken Seite den gewünschten Teilnehmer aus, sehen Sie rechts die freigegebenen Verzeichnisse (hier: **Bilder/Bibliothek**).

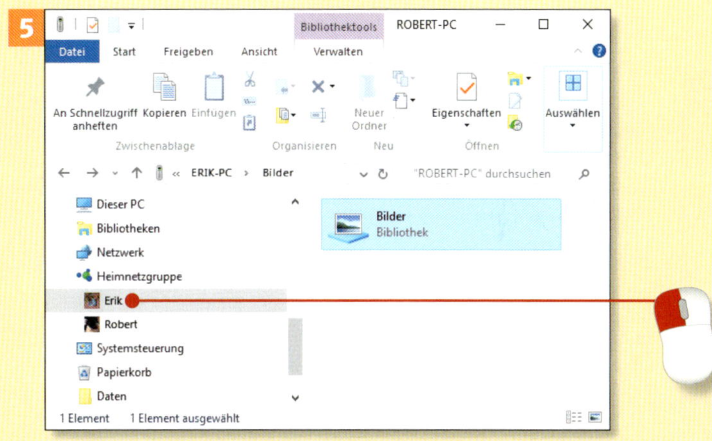

Schritt 6

Öffnen Sie das Verzeichnis mit einem Doppelklick. Nun erhalten Sie Zugang zu allen Bildern, die sich im Bildordner des anderen Computers befinden.

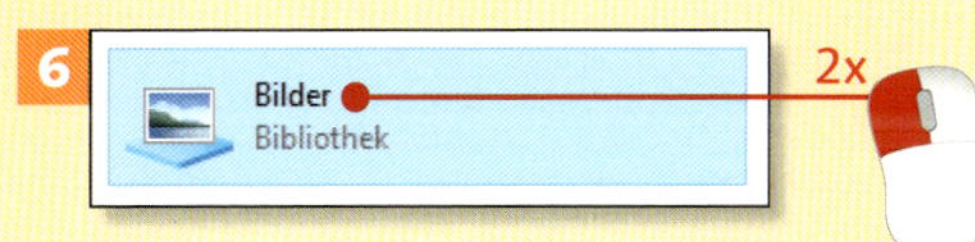

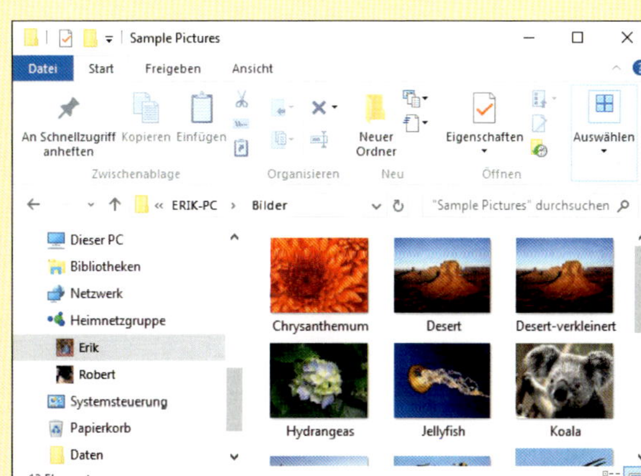

Drag-and-drop

Jetzt könnten Sie z. B. Ihren eigenen Bildordner neben das bereits geöffnete Fenster stellen. Klicken Sie die Fotos, die Ihnen gefallen, an, und ziehen Sie diese mit gedrückter Maustaste in Ihren Ordner. Der umgekehrte Weg – von Ihrem auf den anderen PC – ist ebenfalls möglich.

Inhalte für externe Geräte freigeben

Freigegebene Inhalte können nicht nur von PC zu PC weitergegeben werden. Haben Sie z. B. einen netzwerkfähigen Fernseher? Dann nur zu: Lassen Sie Inhalte Ihres Computers auch am TV anzeigen.

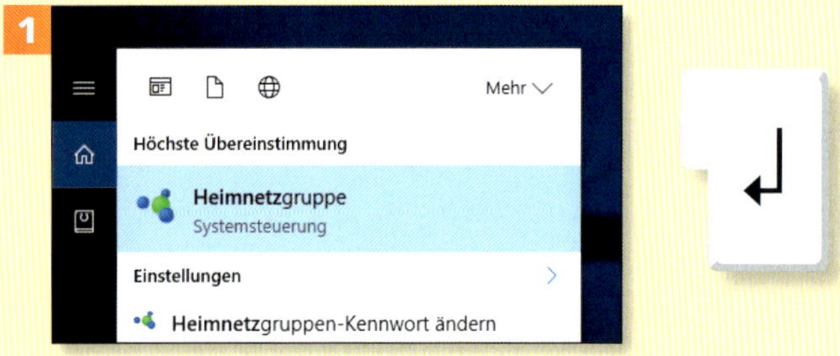

Schritt 1

Zum Aufrufen der Heimnetzwerkumgebung geben Sie »Heimnetz« in das Suchfeld ein und drücken [↵].

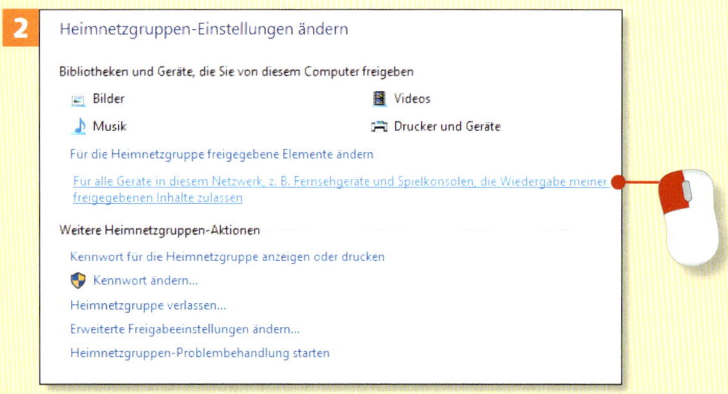

Schritt 2

Jetzt klicken Sie bitte auf **Für alle Geräte in diesem Netzwerk, z. B. Fernsehgeräte und Spielkonsolen, die Wiedergabe meiner freigegebenen Inhalte zulassen**.

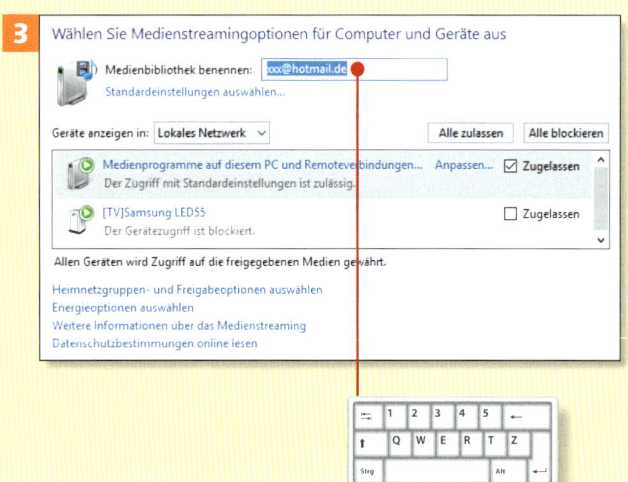

Schritt 3

Im Eingabefeld **Medienbibliothek benennen** wird standardmäßig Ihre E-Mail-Adresse angeboten. Ändern Sie das, indem Sie zunächst in das Feld hineinklicken.

Freigaben später veranlassen

Falls Sie der Meinung sind, dass vorab noch die Freigabeoptionen geändert werden müssten (siehe »Ordner nachträglich freigeben« auf Seite 302), kann ich Sie beruhigen. Diese werden vom System gleich ohnehin noch abgefragt (Schritt 7).

Schritt 4

Geben Sie in **Medienbibliothek benennen** einen sprechenderen Namen an als Ihre E-Mail-Adresse (hier: **Windows 10**).

4
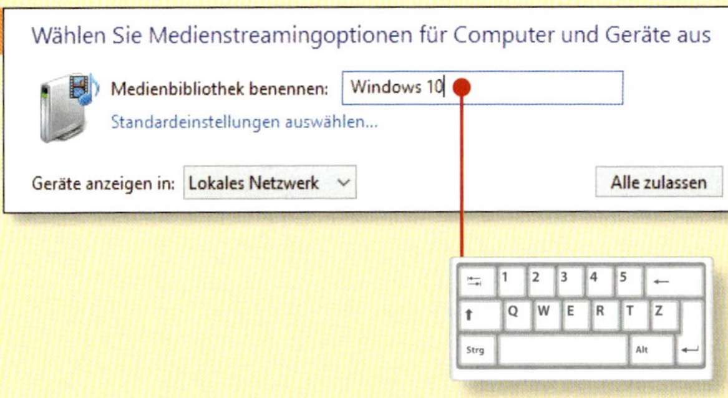

Schritt 5

Sie können nun in der Mitte des Fensters alle Geräte sehen, die geeignet sind, eine Verbindung herzustellen. Aktivieren Sie die Funktion **Zugelassen**, damit die Kommunikation möglich wird (hier: zwischen dem Windows-10-PC und dem Samsung-TV).

5
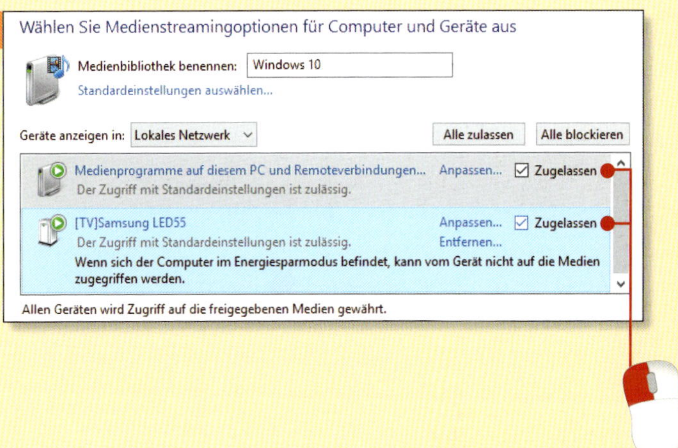

Schritt 6

Wenn das erledigt ist, klicken Sie unten rechts auf die Schaltfläche **Weiter**.

6
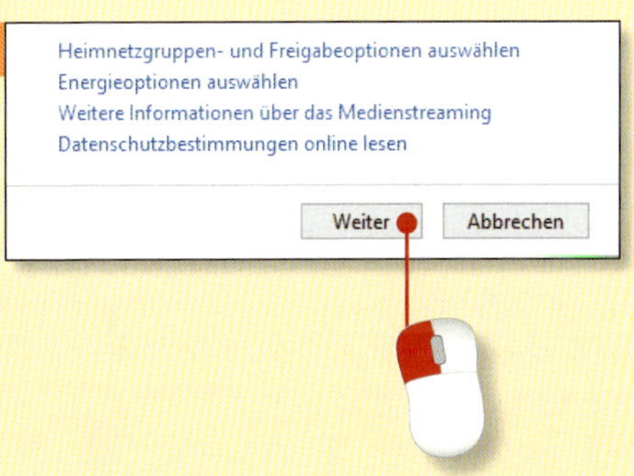

Mehrere Netzwerke?

Existieren vor Ort mehrere Netzwerke, sollten Sie vor Ausführung von Schritt 6 im Feld **Geräte anzeigen in** von **Lokales Netzwerk** auf **Alle Netzwerke** umstellen.

Inhalte für externe Geräte freigeben (Forts.)

7
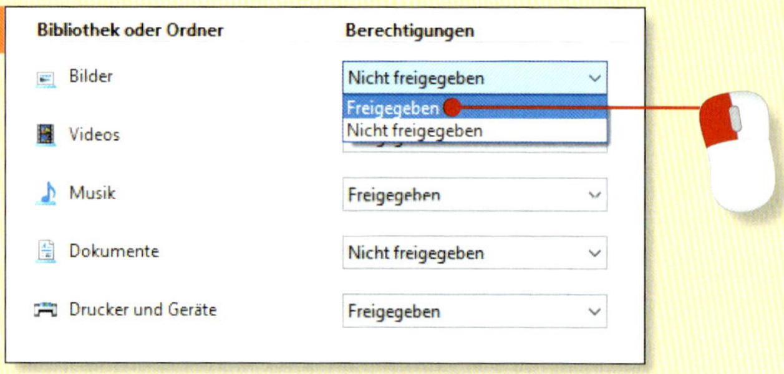

Schritt 7

Diesen Dialog kennen Sie bereits. Er macht es möglich, jetzt noch weitere Ordner freizugeben, die später am TV angezeigt werden sollen. (Hier wird gerade der Ordner **Bilder** freigegeben.)

8
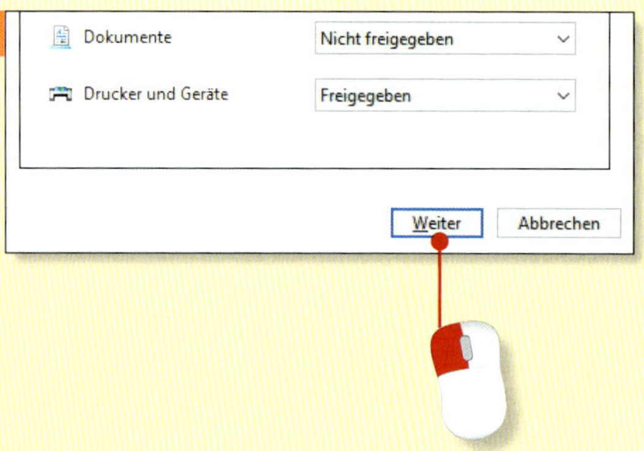

Schritt 8

Das wäre erledigt. Klicken Sie auf **Weiter**. Gleich haben Sie es geschafft.

Schritt 9

Sie werden nun noch einmal über die Änderungen in Sachen Freigabe informiert. Verlassen Sie das Fenster mit einem Klick auf **Fertig stellen**.

9
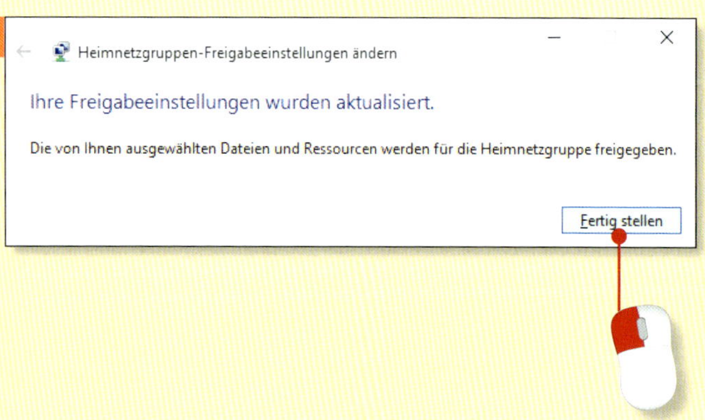

Keine Änderungen erforderlich?

Falls Sie in Schritt 7 keine Änderungen vornehmen, bleibt auch Schritt 9 außen vor. Fahren Sie in diesem Fall nach dem Klick auf **Weiter** mit Schritt 10 fort.

Schritt 10

Nun werden Sie abermals darüber informiert, dass zur Kommunikation zwischen PC und Zielgerät ein Kennwort erforderlich ist (siehe den Kasten unten auf dieser Seite).

Schritt 11

Fertig ist das mediale Heimnetzwerk. Schließen Sie das Fenster. Es wird nicht mehr benötigt.

Schritt 12

Nun sollten Sie die Verbindung am TV prüfen. Schalten Sie das Gerät ein, und suchen Sie den Quell-PC. Er taucht dort als Laufwerk auf und kann wie ein Windows-Ordner geöffnet werden. Weitere Hinweise entnehmen Sie der Bedienungsanleitung Ihres Geräts.

10

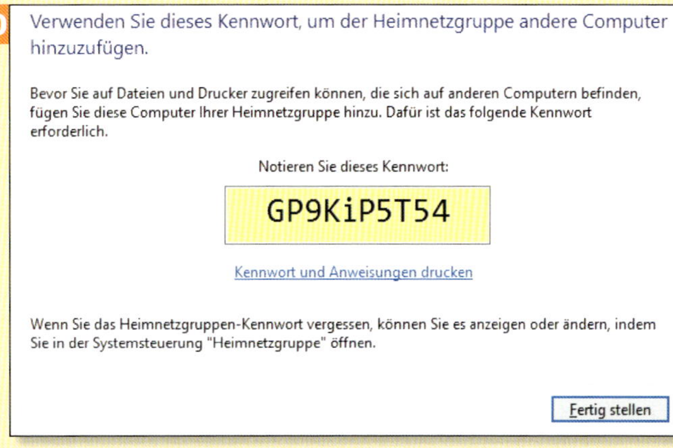

11

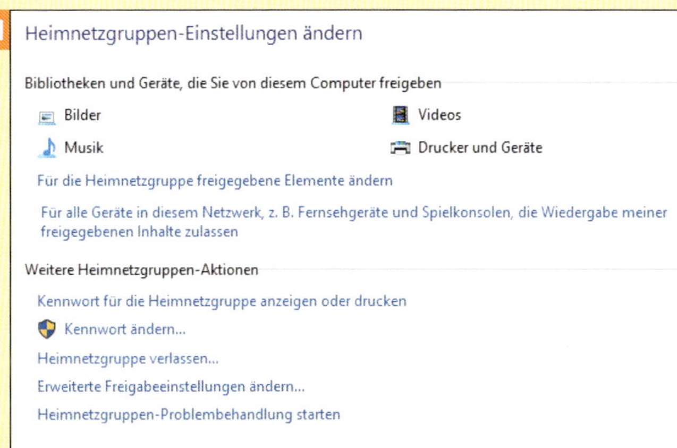

12

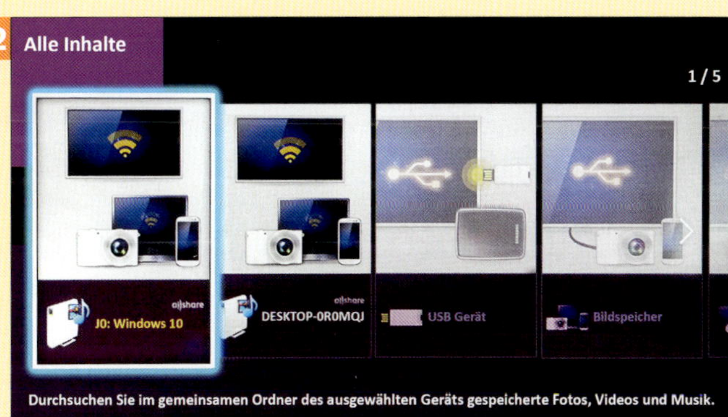

Kennwort erforderlich?
Nach meinen Erkenntnissen (Test mit mehreren Endgeräten) ist die erneute Eingabe des Kennworts am TV nicht mehr erforderlich. Das Verzeichnis steht unmittelbar zur Verfügung.

Remote-Netzwerk erstellen

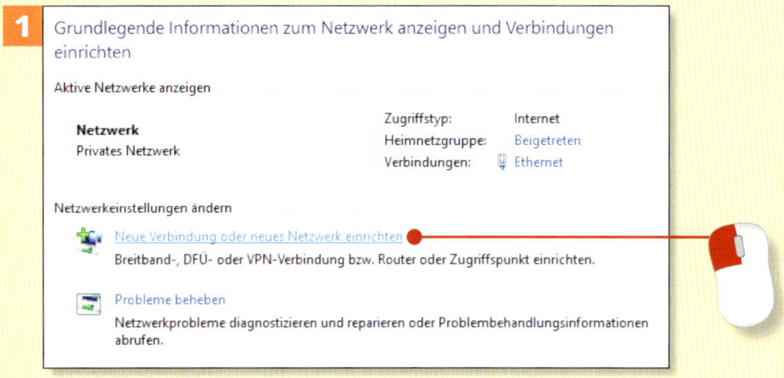

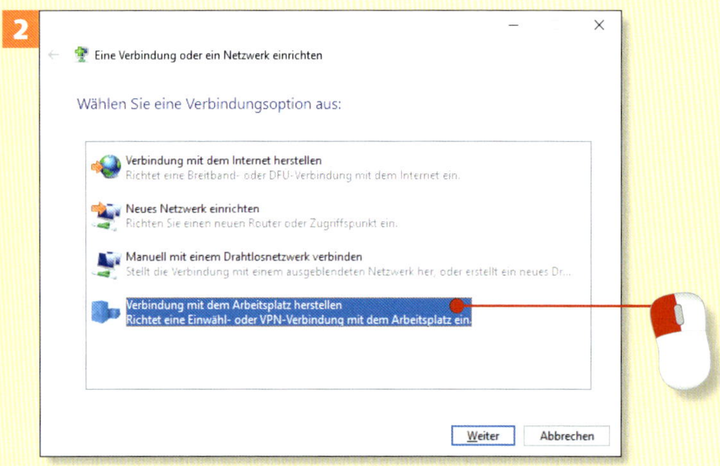

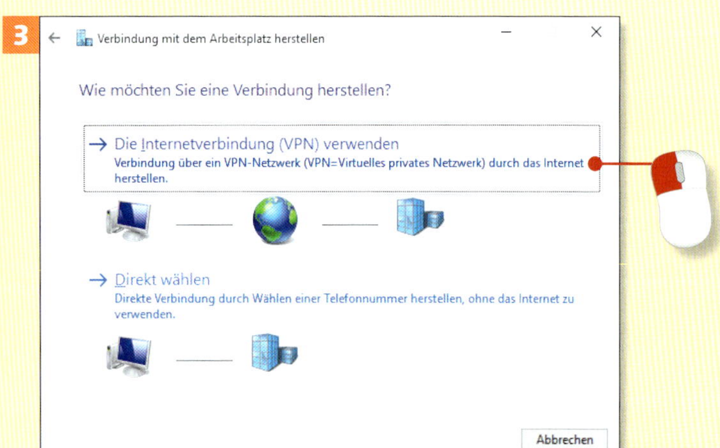

Wenn die Netzwerkverbindung über eine Distanz erfolgt – also nicht direkt per LAN-Kabel oder WLAN –, spricht man von einem Remote-Netzwerk. So können Sie z. B. Ihren Heim-PC mit dem Bürocomputer oder dem Computer eines Freundes verbinden.

Schritt 1

Innerhalb des Dialogfensters **Netzwerk- und Freigabecenter** klicken Sie zunächst auf den Link **Neue Verbindung oder neues Netzwerk einrichten**.

Schritt 2

Entscheiden Sie sich im zugehörigen Dialogfenster für **Verbindung mit dem Arbeitsplatz herstellen**, und klicken Sie auf **Weiter**.

Schritt 3

Die Option **Direkt wählen** würde bedeuten, dass Sie die Einwahl über eine Telefonverbindung vornehmen wollen. Beim Kontakt über eine Internetverbindung wählen Sie den oberen Eintrag.

Schritt 4

Tragen Sie nun die IP-Adresse des Unternehmens sowie den Namen des Netzwerks ein (hier: **Office-Netz**).

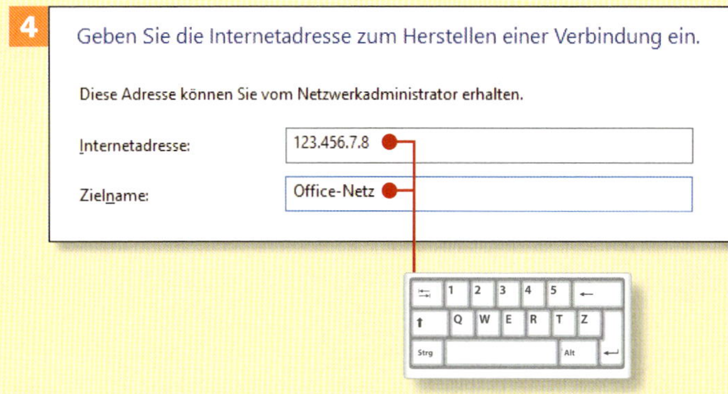

Schritt 5

Mit der Option **Anmeldedaten speichern** ersparen Sie sich die erneute Eingabe der Daten beim nächsten Zugriff auf das Netzwerk. Bevor Sie zum Abschluss auf **Erstellen** klicken, sollten Sie sich überlegen, ob Sie auch anderen Benutzern erlauben wollen, diese Verbindung zu verwenden. Wenn ja, müssen Sie vorab ein entsprechendes Häkchen setzen.

Schritt 6

Jetzt aktivieren Sie den Programmbereich **Netzwerkverbindungen anzeigen**, der eine Liste der aktuellen Netzwerke zeigt. Das Remote-Netzwerk klicken Sie mit rechts an und wählen dann mit der linken Maustaste **Verbindung herstellen/trennen**.

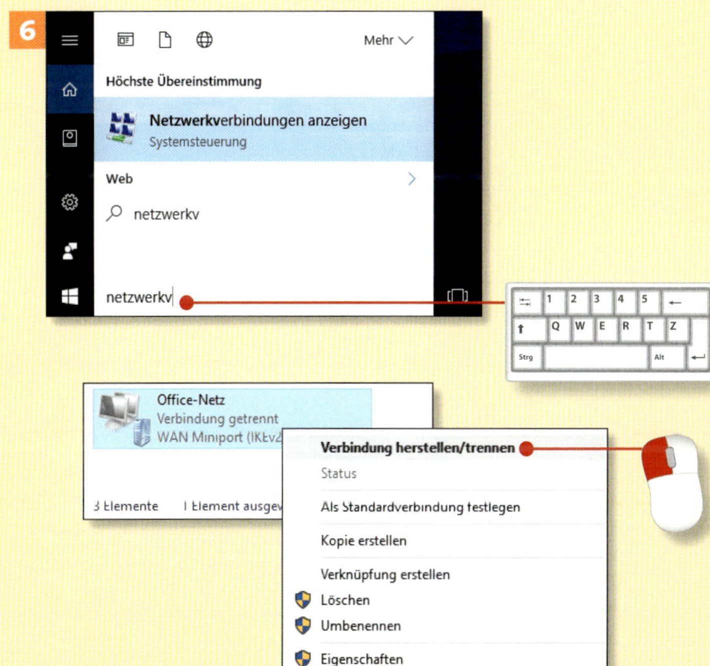

Alternative Verbindung

In der folgenden Anleitung sehen Sie, wie Sie das Remote-Netzwerk auf alternativem Weg erreichen können.

Ein Netzwerk deaktivieren oder löschen

Sie können mehr als nur ein Netzwerk auf Ihrem Rechner betreiben. Schalten Sie das Netzwerk ein, das Sie gerade benötigen. Darüber hinaus sollten Sie aber auch nicht mehr benötigte Netzwerke komplett entfernen.

1

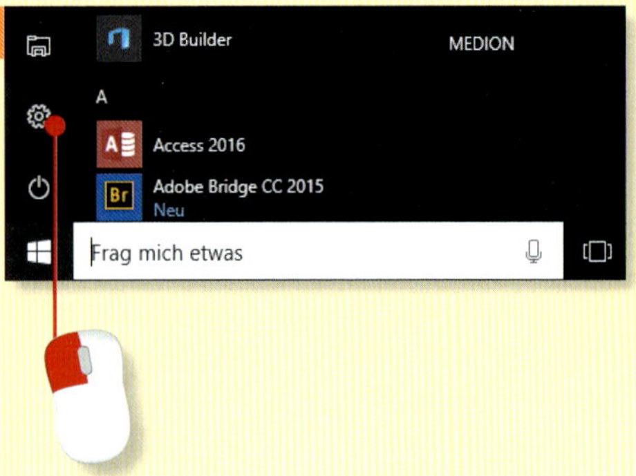

2

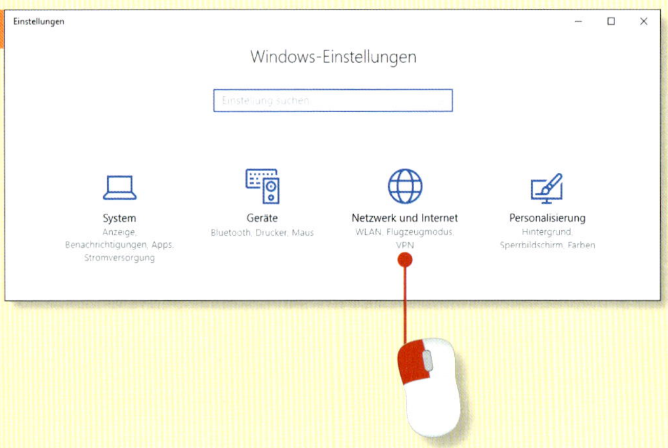

3

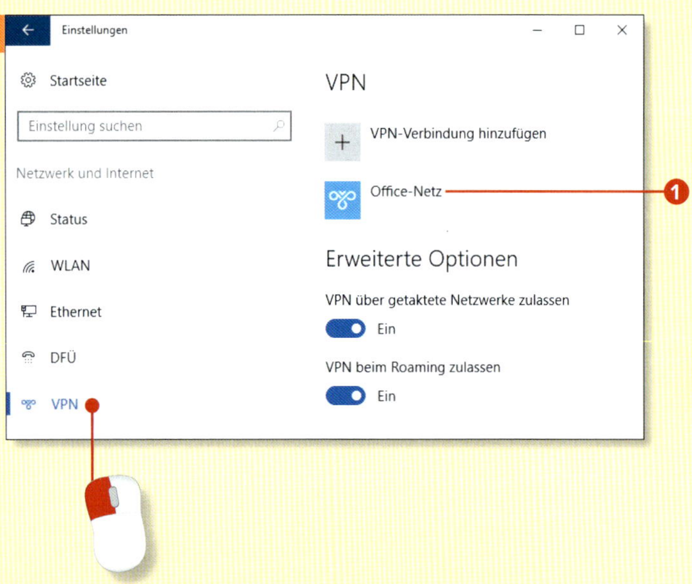

Schritt 1

Beachten Sie bitte, dass im Kontextmenü (siehe Schritt 6 der vorangegangenen Anleitung) auch ein Löschen-Befehl enthalten ist. Hier zeige ich Ihnen aber einen anderen Weg, der mit [Windows-Taste] und Klick auf **Einstellungen** beginnt.

Schritt 2

Entscheiden Sie sich auf dem folgenden Bildschirm für die Gruppe **Netzwerk und Internet ▸ WLAN, Flugzeugmodus, VPN**.

Schritt 3

In der linken Spalte selektieren Sie den Schalter **VPN**. Damit erreichen Sie das zuvor angelegte Netzwerk (hier: **Office-Netz** 1).

Zum alternativen Dialog

Mit einem Klick auf **Adapteroptionen ändern** gelangen Sie in den Dialog, den Sie in der vorangegangenen Anleitung in Schritt 6 kennengelernt haben.

Schritt 4

Klicken Sie auf das zu entfernende Netzwerk, damit sich die optionalen Schalter zeigen. Klicken Sie auf den **Entfernen**-Button.

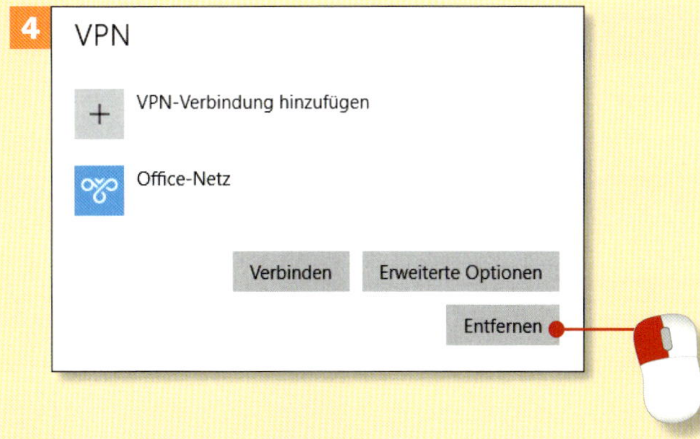

Schritt 5

Schön, dass uns Windows an die Konsequenzen erinnert, die mit **Entfernen** einhergehen. Dennoch sollten Sie auch in der Hinweistafel auf den gleichnamigen Button klicken.

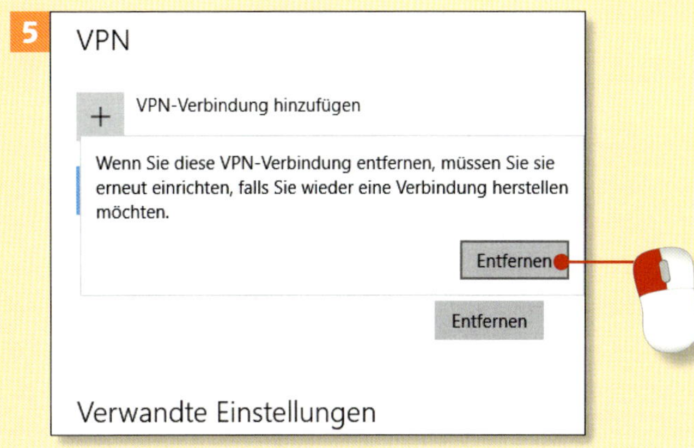

Schritt 6

Erledigt! Die Verbindung ist gelöscht und wird folgerichtig im Dialog nun nicht mehr angezeigt.

Netzwerk hinzufügen

Wollten Sie eine Remote-Verbindung hinzufügen, könnten Sie das auch von hier aus erledigen. Dazu klicken Sie auf **VPN-Verbindung hinzufügen**. Leider ist der Folgedialog unübersichtlicher als der in der letzten Anleitung.

OneDrive – Dateien überall griffbereit

1

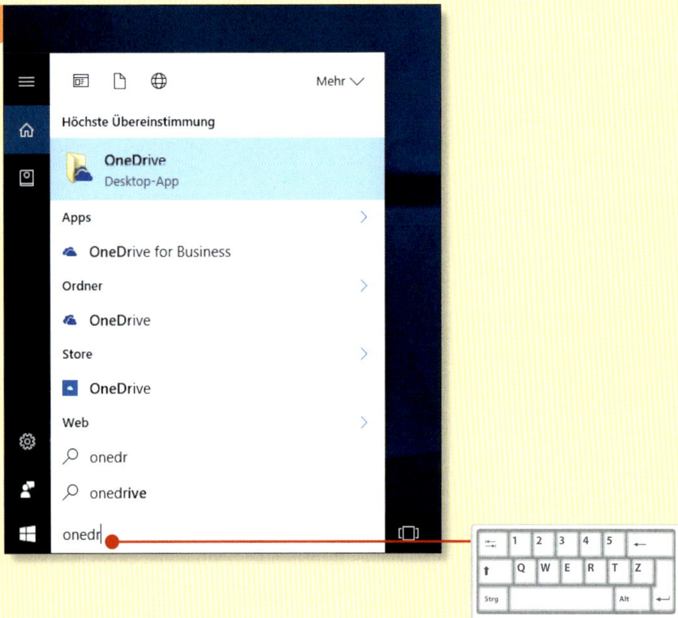

2

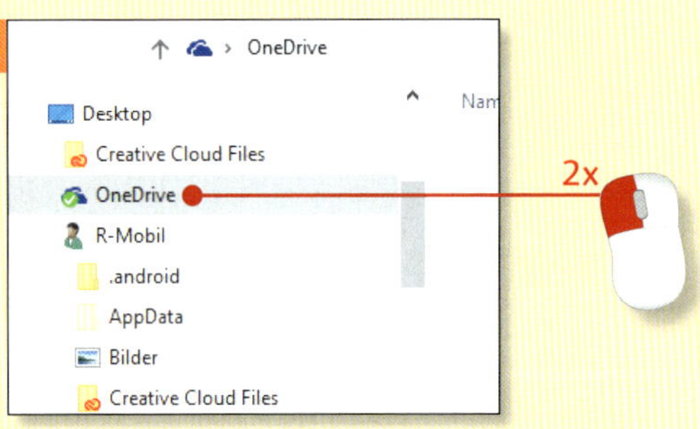

3

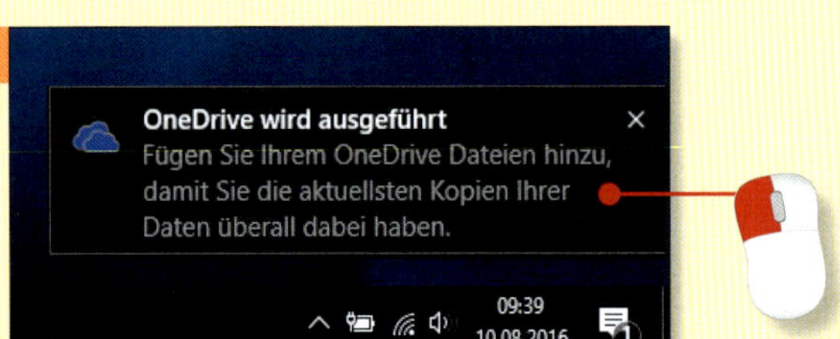

Ein Netzwerk der ganz besonderen Art wird mit OneDrive ermöglicht. Diese »Onlinefestplatte« steht Ihnen nämlich an jedem erdenklichen Ort der Welt zur Verfügung.

Schritt 1

Es gibt verschiedene Möglichkeiten, die OneDrive-Konfiguration auf Ihrem PC zu erreichen. Die erste Möglichkeit: Geben Sie den Suchbegriff wie gewohnt in die Taskleisten-Suchmaschine ein.

Schritt 2

Die zweite Möglichkeit: Öffnen Sie den Explorer oder einen beliebigen Ordner, und doppelklicken Sie auf das Verzeichnis **OneDrive**, das in der linken Spalte zu finden ist.

Schritt 3

Kurze Zeit später erscheint ein Hinweisbalken in der unteren rechten Ecke des Monitors. Ein Mausklick darauf bringt Sie zu Schritt 4.

Konfiguration

Die Konfiguration von OneDrive (Schritte 4 bis 10) müssen Sie nur einmal durchlaufen. Nachdem das erledigt ist, lässt sich OneDrive ganz normal öffnen – wie jeder andere Ordner auch (Schritt 2).

Schritt 4

OneDrive heißt Sie willkommen. Melden Sie sich mit Ihrem persönlichen Microsoft-Konto an, oder registrieren Sie sich für ein neues Konto.

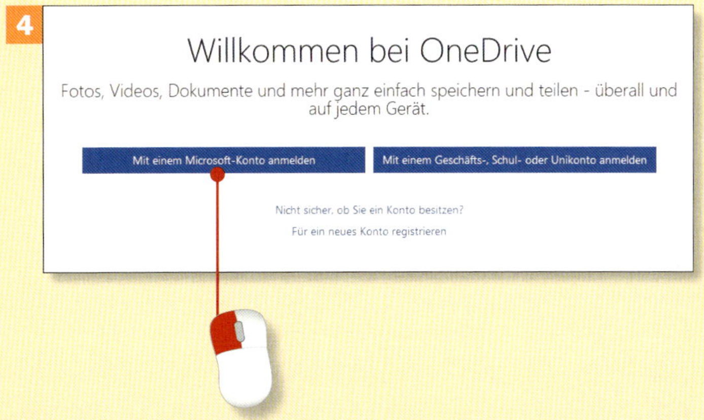

Schritt 5

Sie müssen sich anschließend mit Ihren Kontodaten anmelden. Damit gemeint sind E-Mail-Adresse und Passwort Ihres Microsoft-Kontos. Bestätigen Sie mit einem Klick auf **Anmelden**.

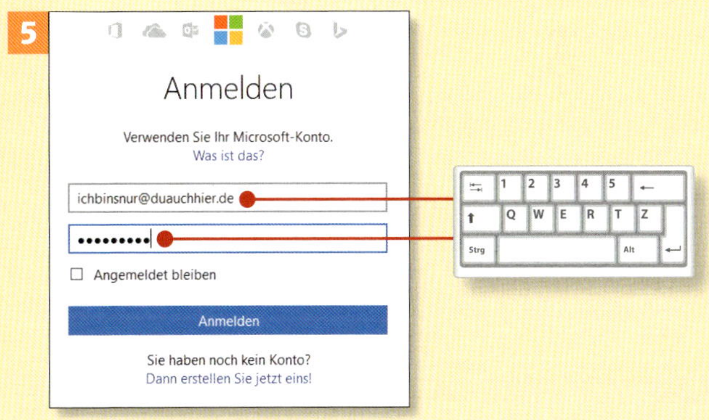

Schritt 6

Nun haben Sie die Möglichkeit, den Speicherort des *OneDrive*-Ordners auf Ihrem PC zu ändern. Der Standardpfad ist links neben dem Schalter **Ändern** angegeben und kann mit Klick auf diesen Button an einen anderen Ort verlegt werden. Wenn Sie das nicht möchten, klicken Sie auf **Weiter**.

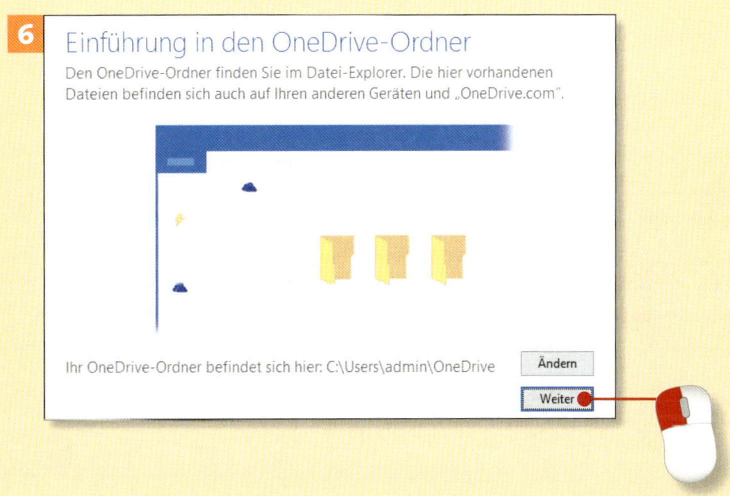

OneDrive online und offline

OneDrive ist gleichermaßen ein lokaler Ordner auf Ihrer Festplatte wie ein Speicherplatz auf einem entfernten Server im Internet. Der Inhalt des PC-Ordners wird automatisch mit dem Onlinespeicherplatz synchronisiert.

OneDrive – Dateien überall griffbereit (Forts.)

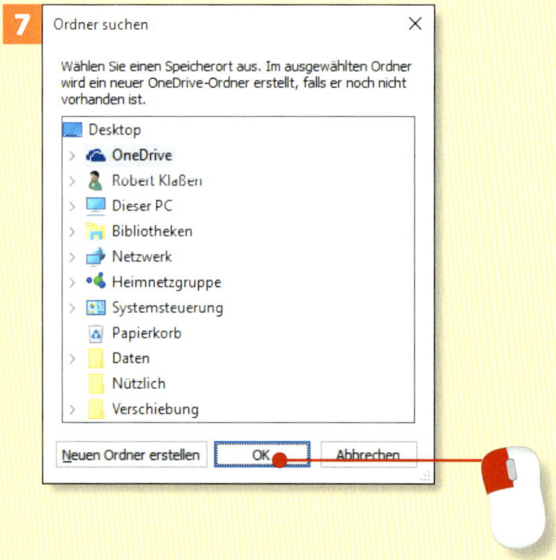

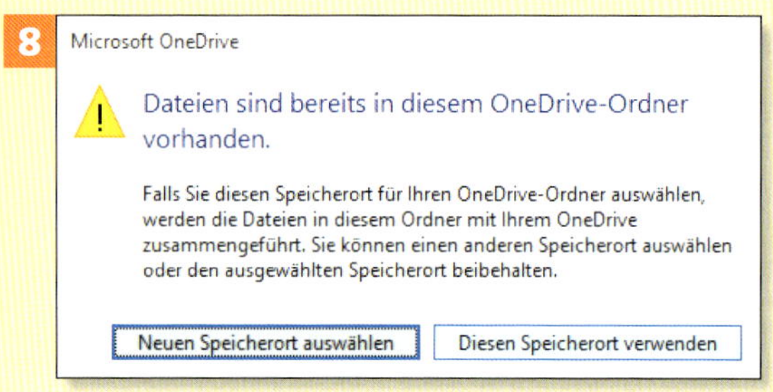

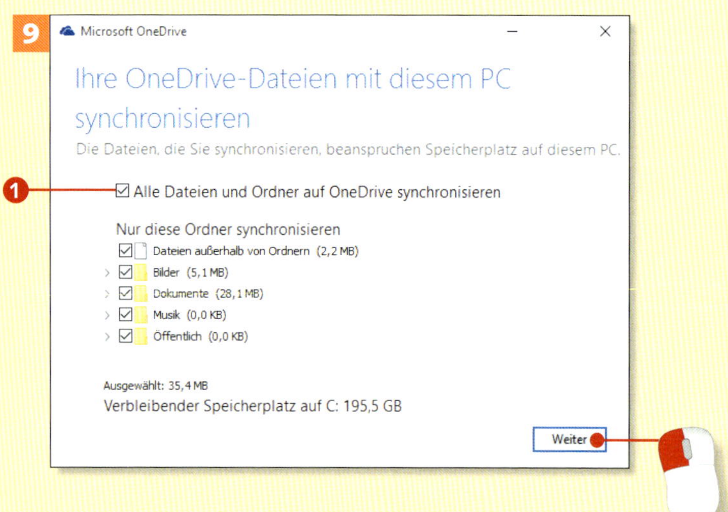

Schritt 7

Sofern Sie zuvor auf **Ändern** gegangen sind, müssen Sie jetzt einen neuen Speicherort festlegen und anschließend mit **OK** bestätigen.

Schritt 8

Sollten sich in Ihrem *OneDrive*-Ordner bereits Dateien befinden, werden Sie entsprechend informiert (siehe Kasten).

Schritt 9

Falls Sie inzwischen neue Daten in den *OneDrive*-Ordner gelegt haben, muss der Bestand nun synchronisiert werden. Lassen Sie die obere Checkbox ❶ daher aktiv, und klicken Sie auf **Weiter**.

OneDrive-Aktualisierung

Möglicherweise haben Sie One-Drive bereits in einer Vorgängerversion von Windows 10 benutzt und die alten Zugangsdaten übernommen. In diesem Fall werden die seinerzeit gespeicherten Dateien jetzt erneut angeboten. Es geht also nichts verloren.

Schritt 10

So, damit ist die einmalige Konfiguration von OneDrive erledigt. Den Klick auf **Fertig** haben Sie sich redlich verdient.

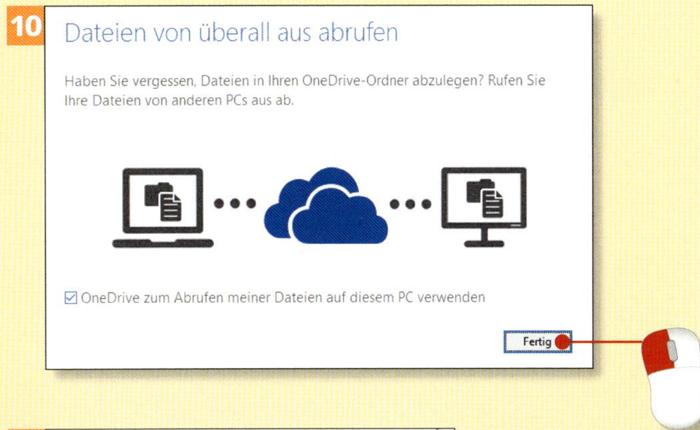

Schritt 11

Sollten Sie bereits zuvor mit OneDrive gearbeitet haben, finden Sie entsprechende Daten im *OneDrive*-Verzeichnis. Wenn nicht, ist der Ordner natürlich leer. Klicken Sie mit rechts auf den Eintrag **OneDrive**.

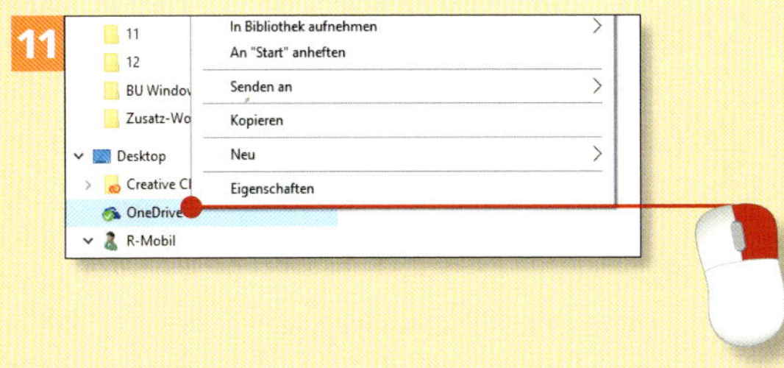

Schritt 12

Jetzt wählen Sie **Online anzeigen** aus. Alternativ können Sie auch Edge öffnen und darin die Adresse »onedrive.live.com« eintippen. Bestätigen Sie die Eingabe in diesem Fall mit [↵].

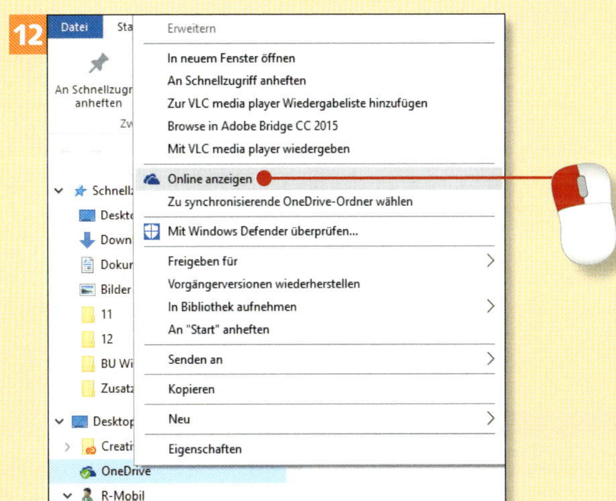

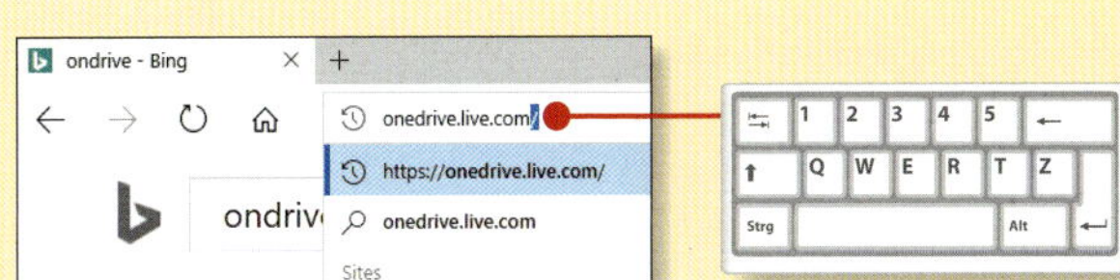

OneDrive-Optionen

Auf den folgenden Seiten stellen wir Ihnen OneDrive online vor. Bedenken Sie, dass Sie auch hier (wie in Edge üblich) mit den beiden Pfeilen oben links vor- und zurückspringen können.

OneDrive – Dateien überall griffbereit (Forts.)

13
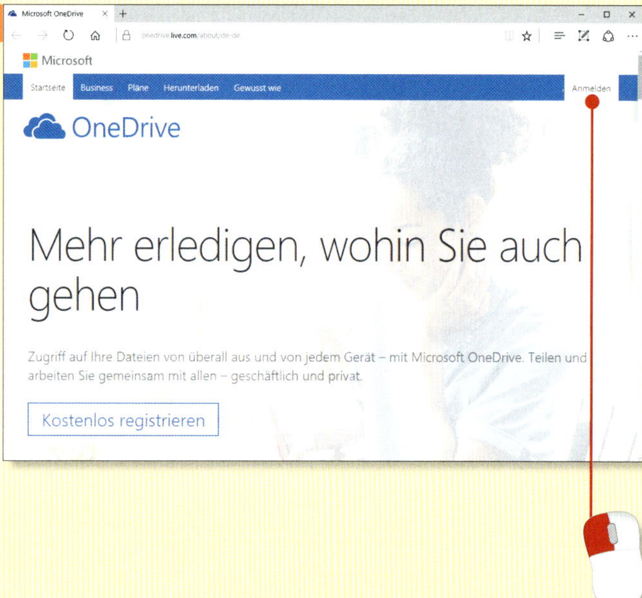

14
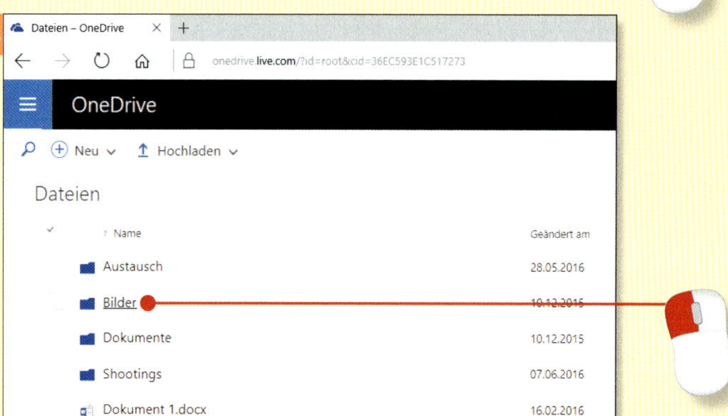

15
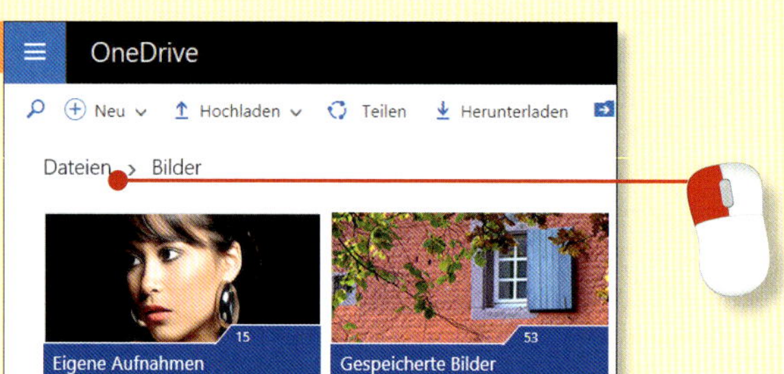

Schritt 13

Für den Fall, dass Sie OneDrive mit einem anderen Gerät als dem soeben verwendeten Computer besuchen (Handy, PC, Tablet etc.), müssen Sie zunächst oben rechts auf **Anmelden** klicken und Ihre Zugangsdaten (siehe Schritt 5) eingeben.

Schritt 14

Die Ordner sehen hier etwas anders aus als in Windows 10. Um in einen Ordner zu springen, reicht zudem ein einzelner Mausklick – anstelle des sonst üblichen Doppelklicks. Wechseln Sie z. B. in den Ordner *Bilder*.

Schritt 15

Wenn Sie den Ordner *Bilder* wieder verlassen wollen, klicken Sie den Eintrag **Dateien** an, der weiter links angeordnet ist.

Ordner erzeugen

Erzeugen Sie neue Ordner, indem Sie einen freien Bereich der OneDrive-Oberfläche mit rechts anklicken, dann auf **Neu** zeigen und zuletzt auf **Ordner** klicken.

Schritt 16

Möchten Sie eine einzelne Datei oder einen Ordner herunterladen, klicken Sie in den weißen Kreis oben rechts 1 (nur sichtbar, wenn sich der Mauszeiger auf dem Objekt befindet). Danach klicken Sie auf den Schalter **Herunterladen**.

16
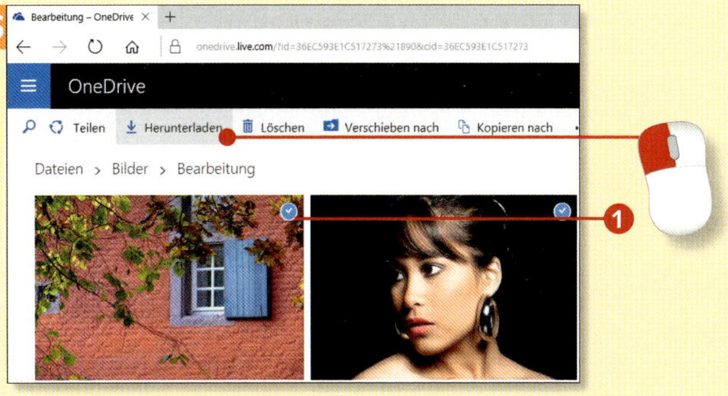

Schritt 17

Das Verschieben von Dateien funktioniert per Drag-and-drop. Klicken Sie die Kreis-Symbole der zu bewegenden Dateien an. Danach markieren Sie eine der Miniaturen erneut und ziehen diese auf den Zielordner. Dort angelangt, lassen Sie los.

17
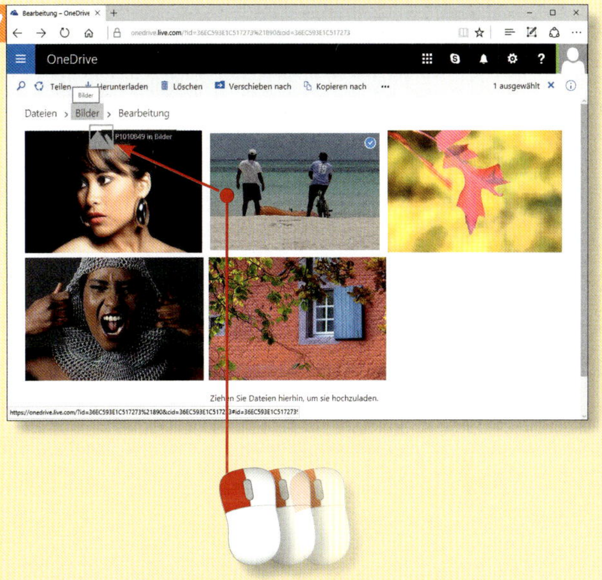

Schritt 18

Auch das Hochladen von Dateien ist kein Problem. Stellen Sie den Quellordner neben das Edge-Fenster. Ziehen Sie alle Dateien mit festgehaltener Maustaste in die OneDrive-Umgebung und lassen dort los.

18
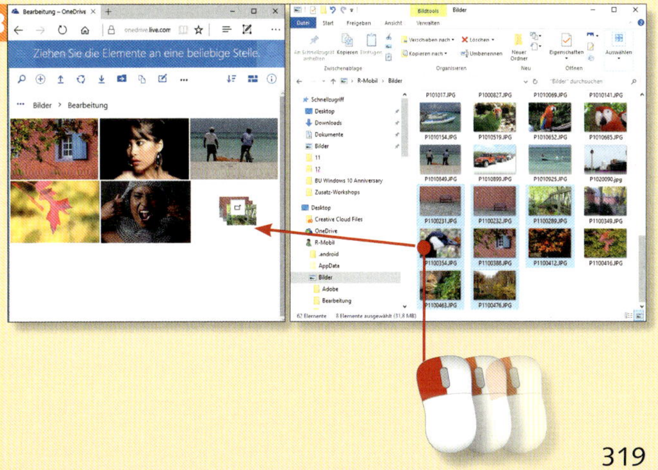

Heruntergeladene Objekte

Heruntergeladene Dateien finden Sie auf dem PC im Ordner *Dieser PC\Downloads*. Sofern Sie mehrere Objekte herunterladen, werden diese »gezippt« (also komprimiert) und müssen nach einem Rechtsklick auf die Datei zunächst mit **Alle extrahieren** geöffnet werden.

Kapitel 13
Windows 10 sichern und pflegen

Pflegen Sie Ihr Windows 10 gut. Nur so läuft das System auch über längere Zeit reibungslos. Und da es immer wieder passieren kann, dass etwas Unvorhergesehenes geschieht, ist es wichtig, Sicherungen vorzunehmen, um Ihre Daten im Falle des Falles wiederherstellen zu können.

Eine Sicherung des Systems erstellen

Zur Sicherung des Systems vor Viren und anderer schädlicher Software ❶ bietet Windows 10 unterschiedliche Lösungswege an. Sie können sogar, sollte einmal etwas schiefgehen, immer wieder auf einen früheren Zustand zurückgreifen. Wie Sie diese Möglichkeiten nutzen, erfahren Sie in diesem Kapitel.

Mit dem Info-Center arbeiten

Windows 10 verfügt über ein sogenanntes Info-Center ❷. Damit können Sie anstehende Probleme sofort beheben und halten Ihr System frisch.

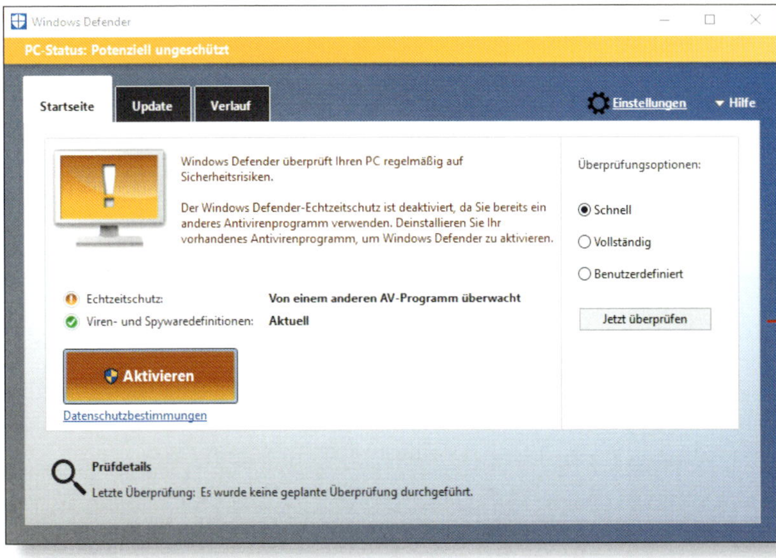

1 Es ist überaus wichtig, dass Sie Ihren Computer vor Viren und anderer Schadsoftware schützen.

2 Das Info-Center fungiert als Schaltzentrale für individuelle Einstellungen – ist aber auch Ausgangspunkt für anstehende Problemlösungen.

Mit dem Info-Center arbeiten

Störungen oder Beeinträchtigungen des Systems, aber auch Updates und automatische Wartungsarbeiten werden im Info-Center protokolliert. Von dort aus gelangen Sie in die entsprechenden Windows-Bereiche.

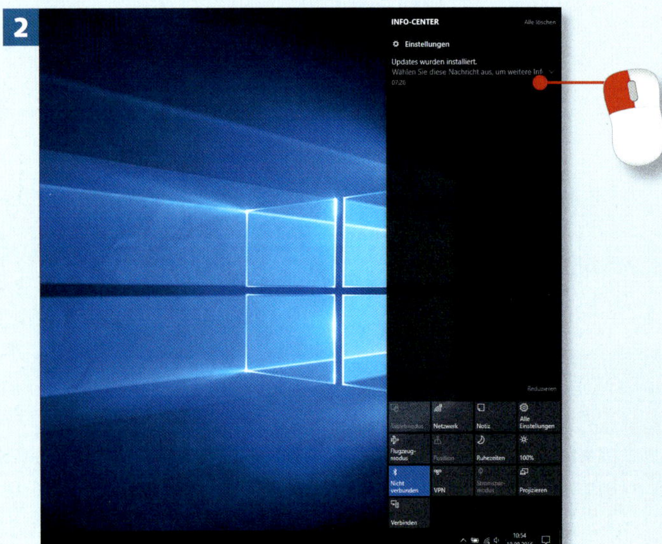

Schritt 1

In der Fußleiste finden Sie ganz rechts ein kleines Sprechblasen-Symbol. Eine eventuell darin enthaltene Ziffer gibt Aufschluss über neue Meldungen. Klicken Sie mit der Maus darauf, um die Infos anzeigen zu lassen.

Schritt 2

Wenn es etwas zu melden gibt, z. B. ein Problem, eine Störung oder ein Update, steht das oben in der Seitenleiste, dem sogenannten **Info-Center**. Per Klick auf diesen Eintrag springen Sie direkt zum entsprechenden Punkt.

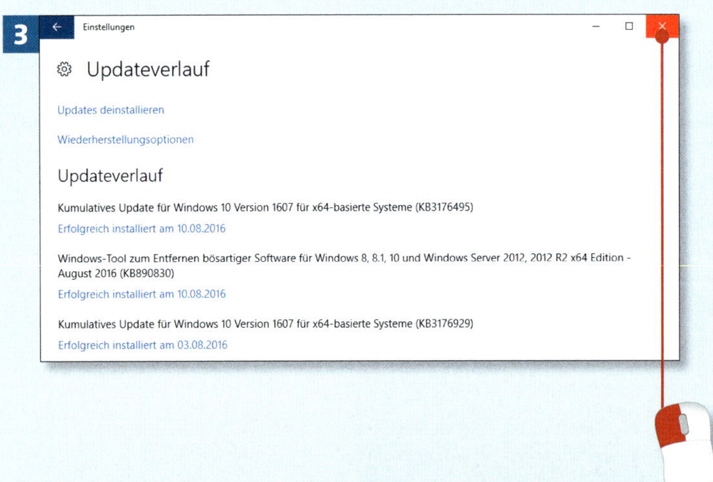

Schritt 3

In unserem Beispiel wird der Updateverlauf angezeigt. Sie erfahren, welche Updates installiert worden sind. Bei anderen Meldungen werden Sie an entsprechende Stellen des Betriebssystems weitergeleitet. Schließen Sie das Fenster.

Schritt 4

Bitte öffnen Sie abermals das Info-Center, indem Sie erneut auf die Sprechblase klicken.

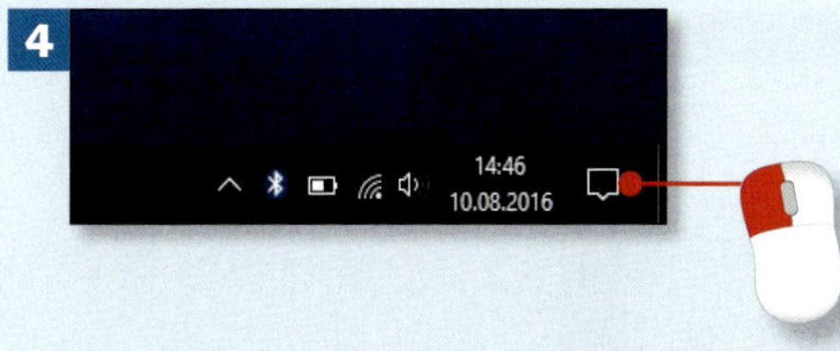

Schritt 5

Im unteren Bereich des Info-Centers finden Sie zahlreiche Schnellzugriff-Tasten, mit deren Hilfe Sie direkt in die gewünschten Bereiche gelangen (z. B. **Alle Einstellungen**).

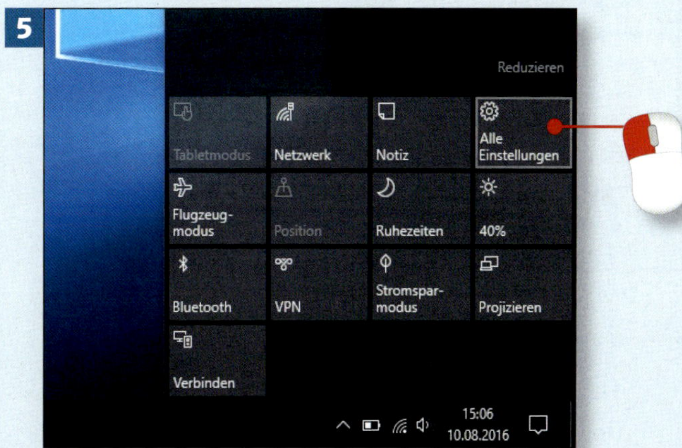

Schritt 6

Klicken Sie auf einen freien Bereich des Desktops, um das Info-Center zu schließen.

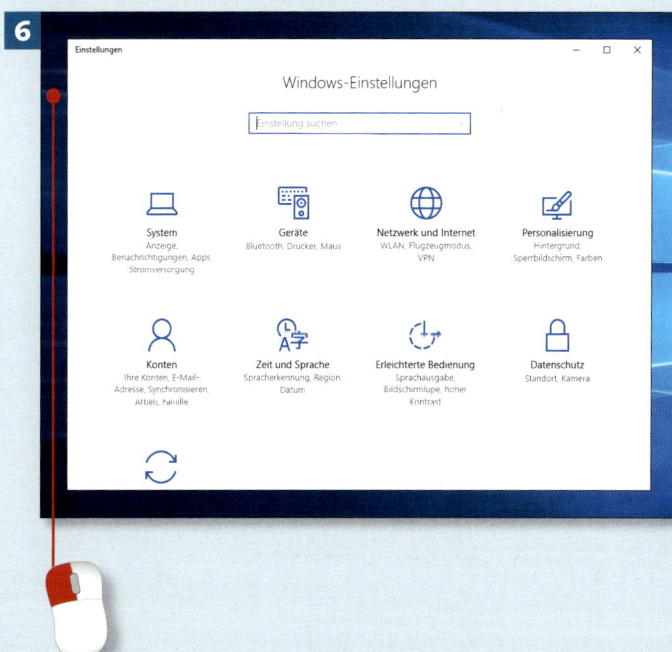

Funktionen ohne Folgedialoge

Nicht jeder der in Schritt 5 vorgestellten Tasten ist ein Dialog nachgeschaltet. Viele sind reine Ein-/Ausschalter, mit denen sich z. B. der Flugzeugmodus oder die Bluetooth-Verbindung schnell unterbinden und wiederherstellen lässt.

Systemwiederherstellung konfigurieren

1

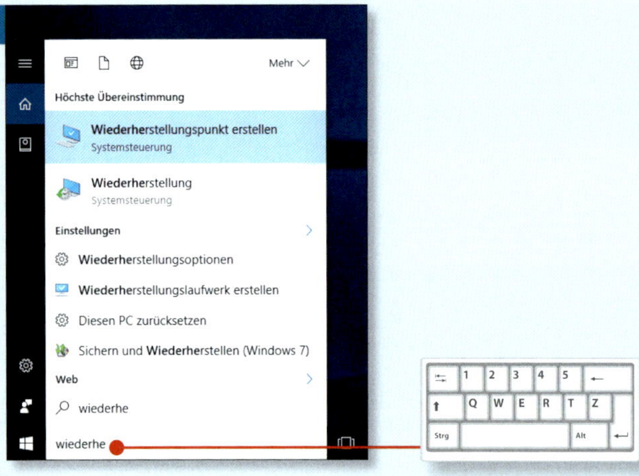

2

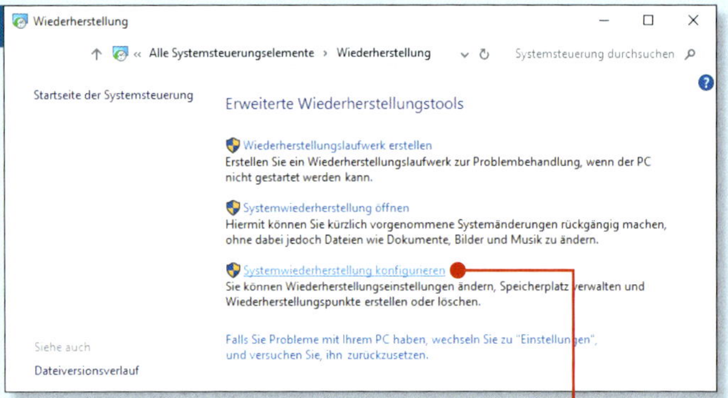

3

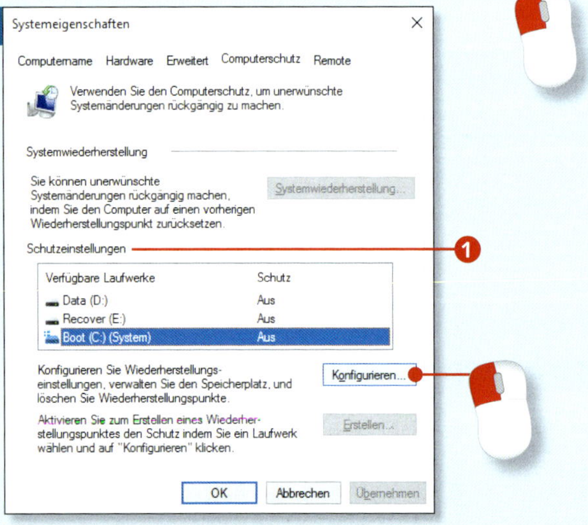

Im Prinzip gibt es zwei schlimme Szenarien für Windows-Benutzer: Windows läuft nicht mehr richtig rund, oder – noch schlimmer – Windows läuft gar nicht mehr. Was Sie im ersteren Fall tun können, lesen Sie hier.

Schritt 1

Zunächst sollten Sie »Wiederherstellung« in das Taskleisten-Suchfeld eintippen. Wenn Sie den Listeneintrag **Wiederherstellungspunkt erstellen (Systemsteuerung)** markieren, fahren Sie mit Schritt 3 fort.

Schritt 2

Sollten Sie die **Wiederherstellung (Systemsteuerung)** benutzt haben, müssen Sie auf **Systemwiederherstellung konfigurieren** klicken.

Schritt 3

Nachdem Sie den Hinweiskasten unten auf dieser Seite gelesen haben, klicken Sie auf **Konfigurieren**.

Mehrere Festplatten?

Achten Sie auf die Rubrik **Schutzeinstellungen** ❶. Dort werden die zur Verfügung stehenden Datenträger aufgelistet. Falls hier mehrere aufgeführt sind, müssen Sie zunächst die Windows-Festplatte auswählen.

Schritt 4

Nun sollten Sie die Option **Computerschutz aktivieren** mit einem Mausklick auswählen. Lassen Sie den Dialog noch geöffnet.

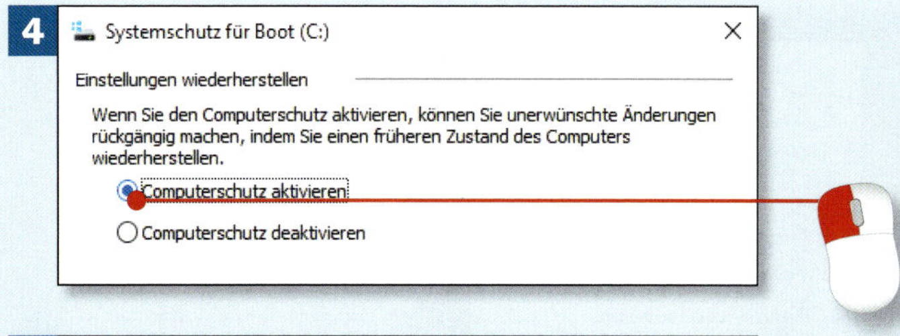

Schritt 5

Die **Maximale Belegung** bestimmen Sie, indem Sie den Regler mit gedrückter Maustaste verschieben. Da die Wiederherstellungsdateien nicht allzu groß sind, müssen Sie auch nicht sonderlich viel Platz bereitstellen. Klicken Sie auf **OK**.

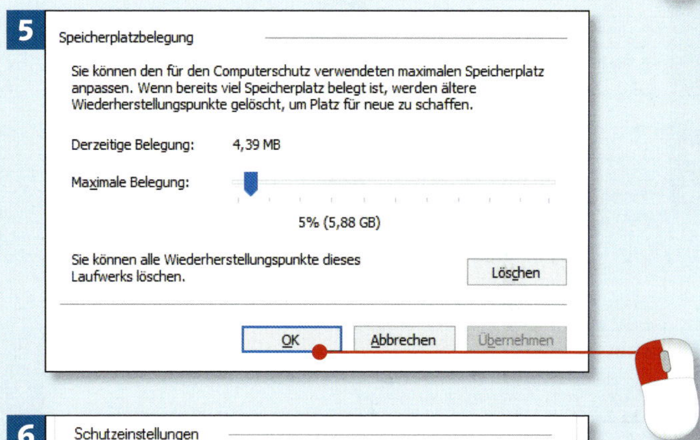

Schritt 6

Falls bislang noch keine Wiederherstellungsdatei erzeugt worden ist, klicken Sie im nächsten Dialog auf **Erstellen** und vergeben eine Bezeichnung für die Datei. Bestätigen Sie auch dort mit **Erstellen**.

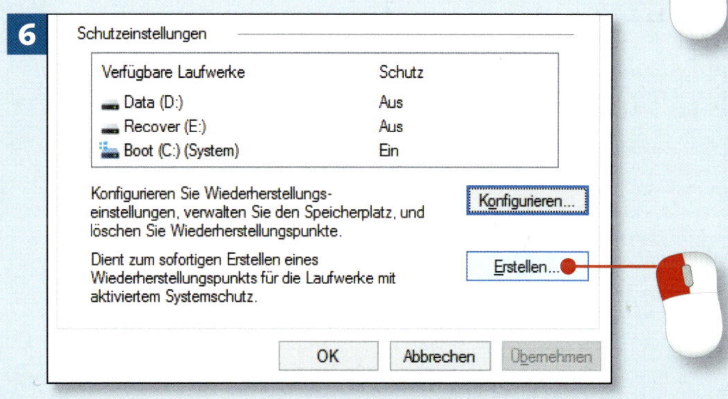

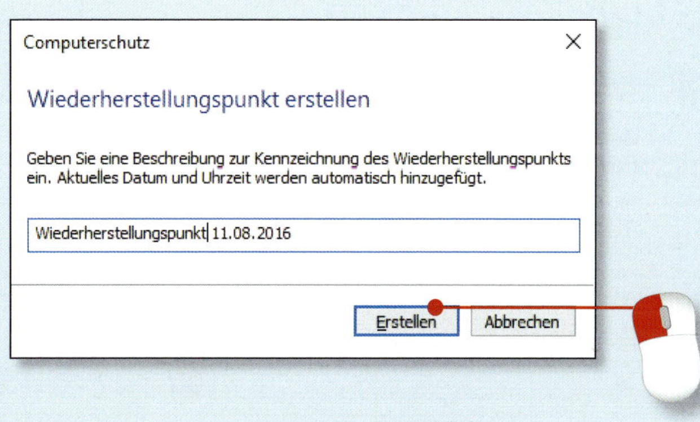

Systemwiederherstellung

Wie Sie zur Wiederherstellung des Systems vorgehen müssen, erfahren Sie im Abschnitt »Windows wiederherstellen« ab Seite 328.

Ein komplettes System-Backup erstellen

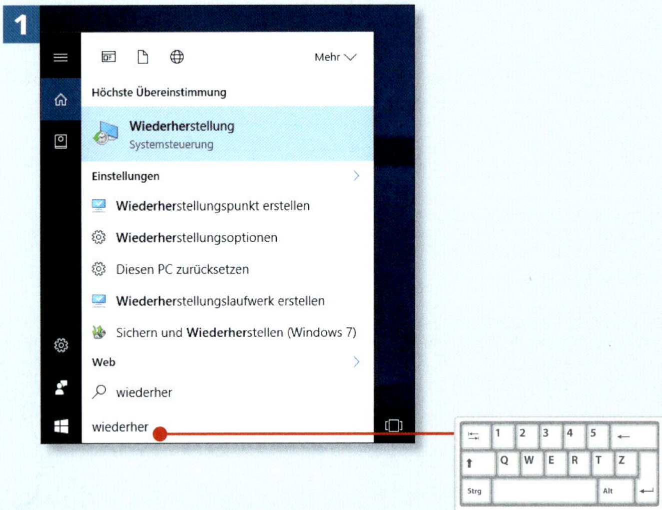

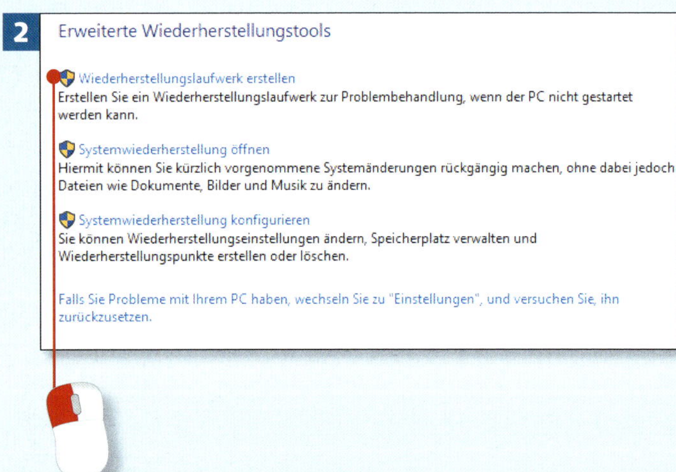

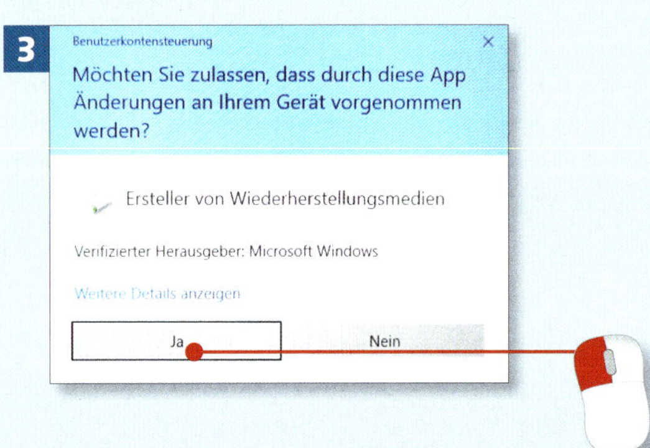

Im Unterschied zur Systemwiederherstellung, wie sie im vorangegangenen Abschnitt beschrieben worden ist, lassen sich bei einem System-Backup auch Daten außerhalb von Windows sichern (z. B. sämtliche Ordner). Das gesamte Backup wird auf einen anderen Datenträger geschrieben, auf den Sie zurückgreifen können, wenn Windows gar nicht mehr will.

Schritt 1

Schließen Sie eine freie Festplatte an, die für den Fall einer Wiederherstellung genutzt werden soll (siehe dazu den Kasten auf der rechten Seite). Danach klicken Sie auf **Wiederherstellung (Systemsteuerung)**.

Schritt 2

Im nächsten Dialogfenster klicken Sie auf den Link **Wiederherstellungslaufwerk erstellen**.

Schritt 3

Jetzt gibt Windows gewöhnlich eine Kontrollabfrage bezüglich der Benutzerkontensteuerung aus, die Sie mit einem Klick auf **Ja** beantworten.

Schritt 4

Daraufhin gibt es noch einmal einige Hinweise zu dem hier beschriebenen Verfahren. Das Ankreuzkästchen soll auf jeden Fall aktiv sein. Verlassen Sie den Dialog mit **Weiter**.

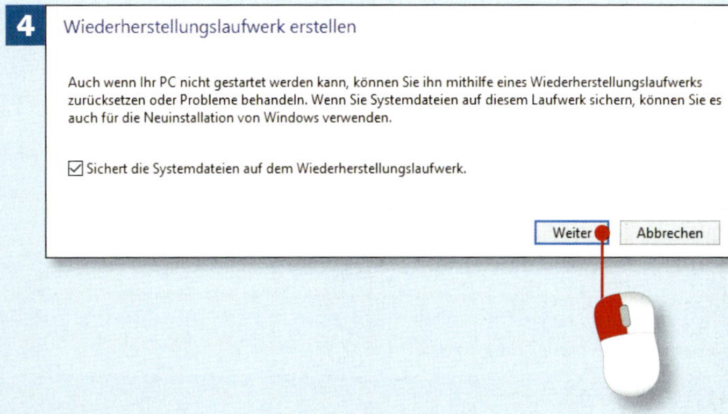

Schritt 5

Windows sucht jetzt nach potenziellen Speichermedien. Anschließend wählen Sie mit einem Klick die Festplatte aus, die für die Erstellung des Backups verwendet werden soll. Wenn nur eine Festplatte angeschlossen ist, wird auch nur ein Eintrag gelistet ❶.

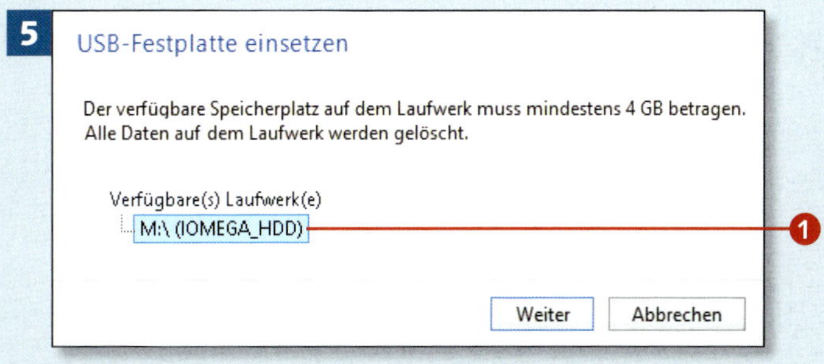

Schritt 6

Sämtliche Vorbereitungen sind nun getroffen. Über **Erstellen** wird das Backup erzeugt.

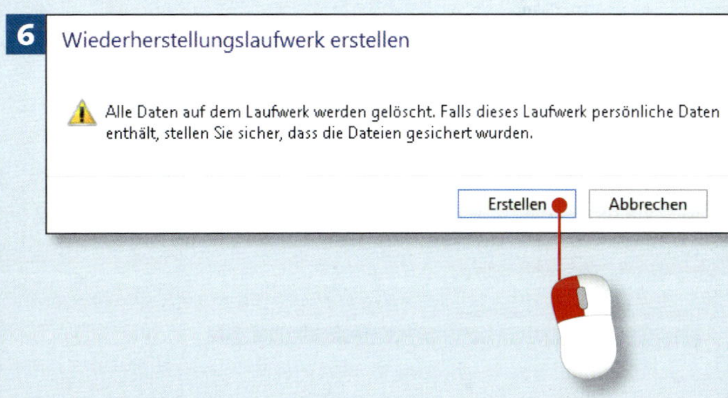

Festplatte wählen

Falls in Schritt 5 mehrere Festplatten angeboten werden, achten Sie darauf, dass Sie wirklich die für die Wiederherstellung vorgesehene Platte verwenden. Sollten Sie versehentlich eine andere wählen, gehen alle darauf bereits enthaltenen Daten unwiederbringlich verloren.

Windows wiederherstellen

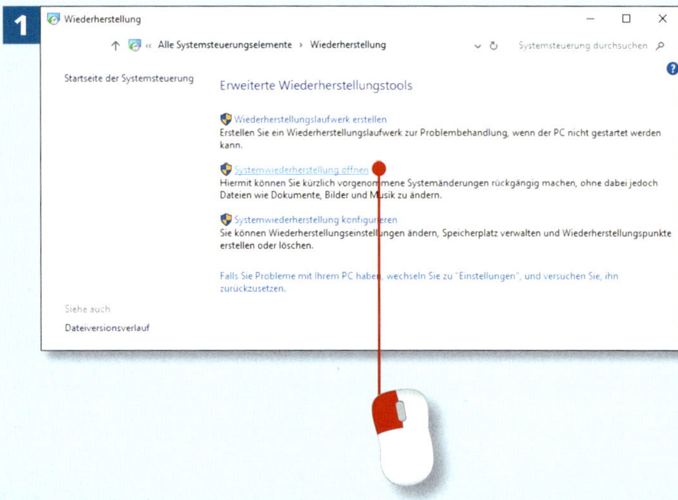

Lässt sich das vorhandene Betriebssystem noch starten, reicht der Zugriff auf die im Abschnitt »Systemwiederherstellung konfigurieren« auf Seite 324 angefertigte Wiederherstellungsdatei. Wenn Windows 10 nicht mehr funktioniert, starten Sie mit Schritt 6 dieser Anleitung.

Schritt 1

Öffnen Sie abermals die **Wiederherstellung** (Schritt 1 der vorangegangenen Anleitung). Klicken Sie im folgenden Fenster auf **Systemwiederherstellung öffnen**.

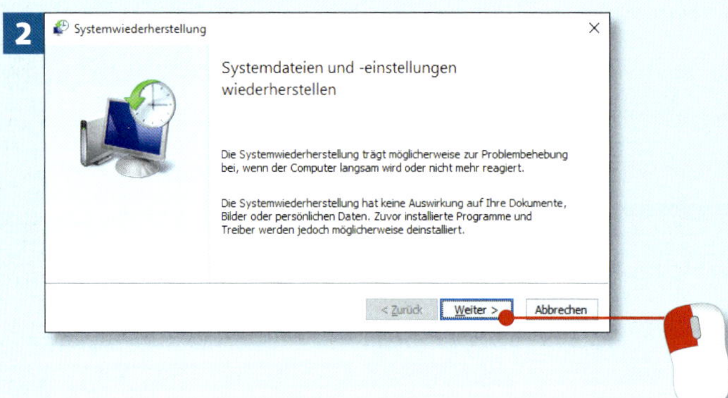

Schritt 2

Es öffnet sich das Fenster **Systemwiederherstellung**, das Sie mit Klick auf **Weiter** gleich wieder verlassen dürfen.

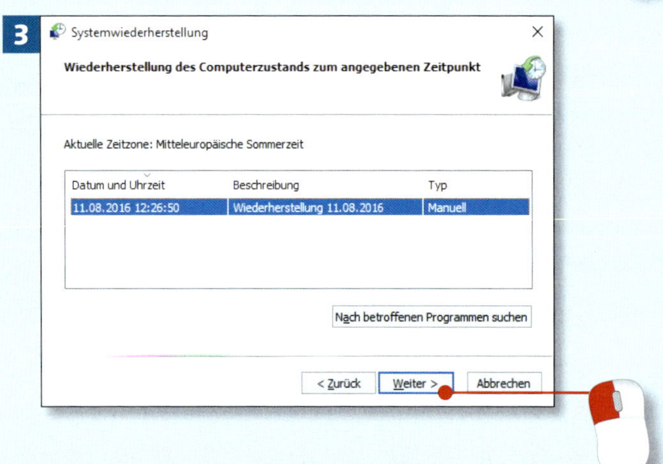

Schritt 3

Jetzt müssen Sie zunächst den Wiederherstellungspunkt wählen. Wenn nur einer vorhanden ist, gibt es hier auch nur eine Zeile, die Sie anklicken müssen. Klicken Sie danach abermals auf **Weiter**.

Schritt 4

Nun folgt noch ein letztes Dialogfenster, das gewissermaßen als Zusammenfassung gilt. Mit einem Klick auf **Fertig stellen** stoßen Sie die Wiederherstellung an.

Schritt 5

Sollte Windows überhaupt nicht mehr starten, müssen Sie auf das im Abschnitt »Ein komplettes System-Backup erstellen« auf Seite 326 angelegte Backup zurückgreifen. Starten Sie den PC neu, und folgen Sie unmittelbar nach dem Einschalten der Anleitung zum Erreichen des Boot-Menüs im BIOS.

Schritt 6

Jetzt dürfen Sie nicht das normale Betriebssystem starten. Das erreichen Sie, indem Sie [↓] drücken, bis die Backup-Festplatte (**HDD**) markiert ist, und dann [↵] drücken.

Unterschiedliche BIOS-Systeme

Leider kann man nicht generell sagen, welche Tasten Sie in das Boot-Menü bringen. Im Beispiel ist es [F11] (**Press F11 for Boot Menu** ①). Sie merken, dass die Maus hier nicht funktioniert. Sie müssen zuletzt noch die Taste für **Save and Exit** wählen. Welche das ist, verrät Ihnen das BIOS.

4

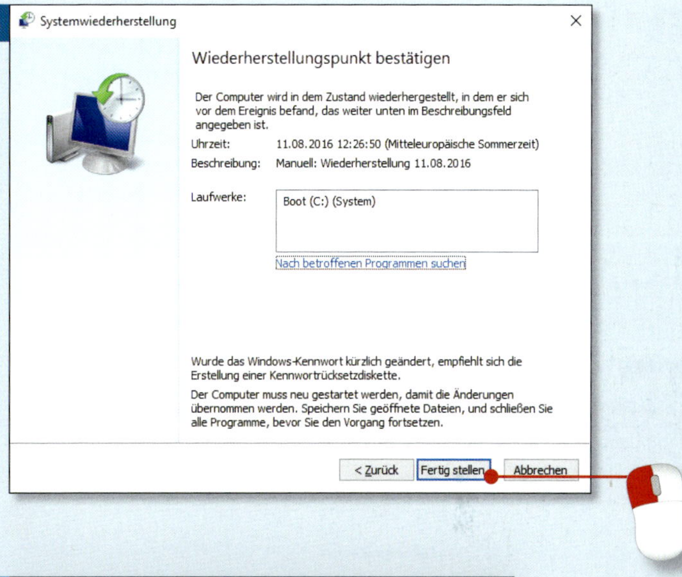

5

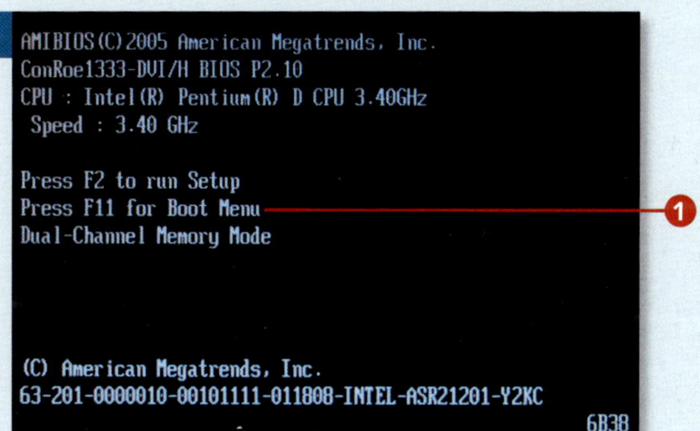

6

Windows-Updates konfigurieren

Windows hält sich automatisch »auf dem Laufenden«, indem Updates (Aktualisierungen) heruntergeladen und installiert werden. Dieser Vorgang sollte Sie nicht bei der täglichen Arbeit beeinträchtigen.

1
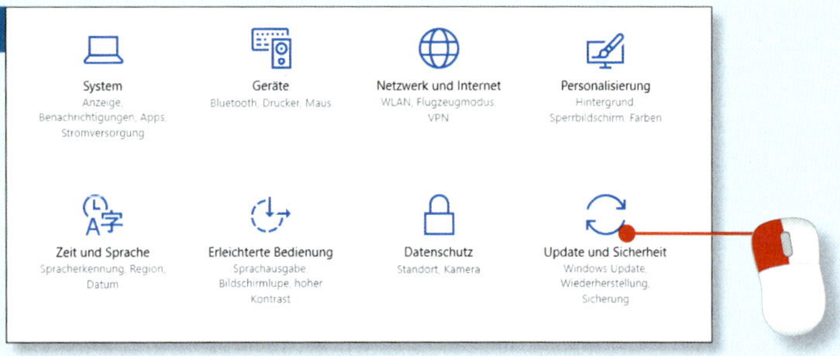

Schritt 1

Drücken Sie [Windows-Taste]+[I], um schnell in die **Einstellungen** zu gelangen. Danach entscheiden Sie sich für die Rubrik **Update und Sicherheit**.

2
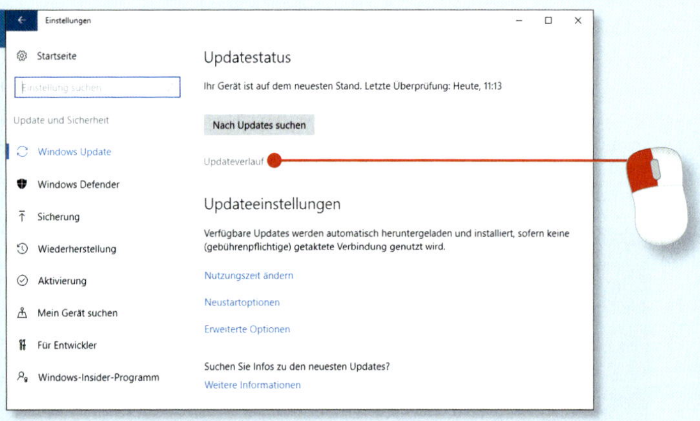

Schritt 2

Mit Klick auf **Updateverlauf** können Sie prüfen, wann welche Updates erfolgt sind. Klicken Sie anschließend wieder auf den Pfeil oben links, um zurückzugelangen.

3
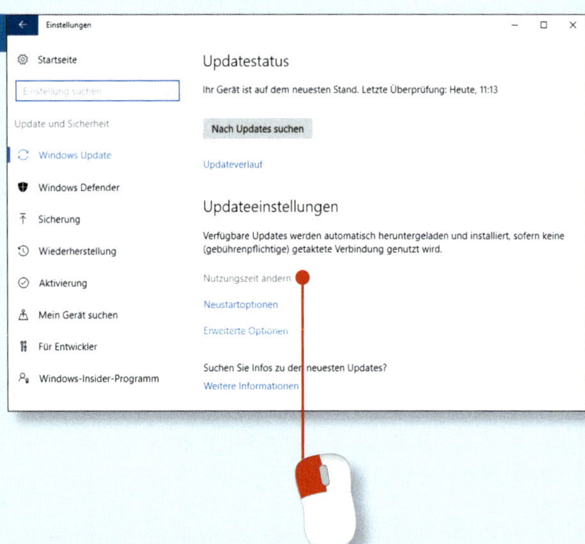

Schritt 3

Eine interessante neue Funktion verbirgt sich hinter dem Eintrag **Nutzungszeit ändern**, den Sie jetzt einmal anwählen sollten.

Updates deinstallieren

Einzelne Updates können in Schritt 2 auch geändert oder deinstalliert werden. Klicken Sie dazu auf **Updates deinstallieren**. Allerdings sollten Sie nur Änderungen vornehmen, wenn Sie über Kenntnisse hinsichtlich der Funktion einzelner Updates verfügen.

Schritt 4

Sie können jetzt Ihre persönliche Nutzungszeit festlegen. Damit gemeint ist die Zeit, in der Sie den Computer gewöhnlich benutzen. Welchen Zweck das hat, erfahren Sie im Kasten. Klicken Sie zur Einstellung auf eine der Zeitangaben.

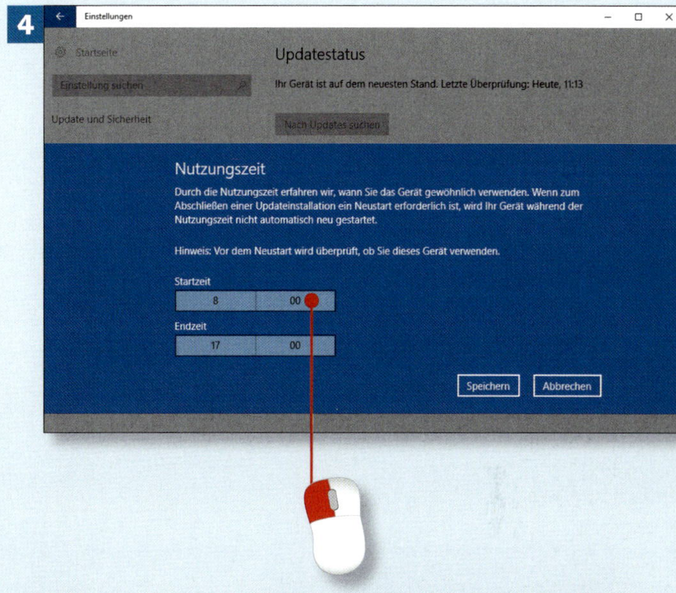

Schritt 5

Stellen Sie die gewünschten Zeiten ein, indem Sie auf die entsprechende Uhrzeit klicken. Bestätigen Sie Ihre Auswahl mit dem Häkchen.

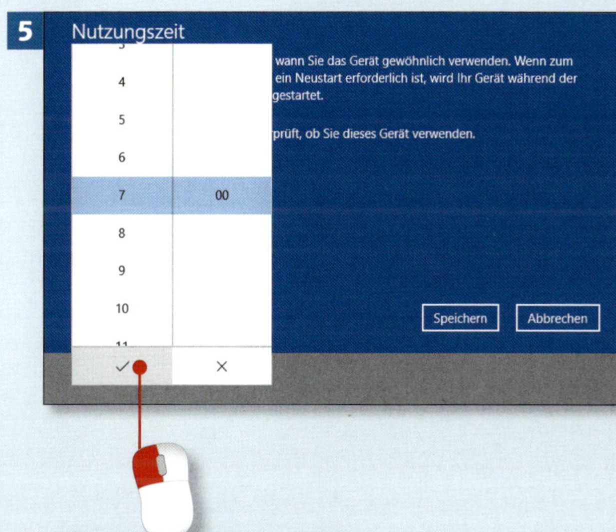

Schritt 6

Auf diese Weise sollten Sie Arbeitsbeginn und Arbeitsende festlegen. Sozial: Beide Termine dürfen nicht mehr als zwölf Stunden auseinanderliegen ☺. Verlassen Sie den Dialog mit Klick auf **Speichern**.

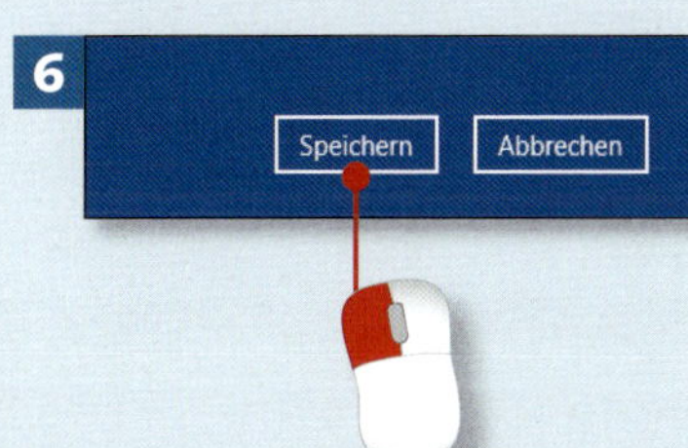

Nutzungszeit

Bislang war nach einem Windows-Update direkt im Anschluss ein Systemneustart erforderlich. Dieser wird jetzt von Windows automatisch auf einen Zeitraum außerhalb Ihrer Nutzungszeit verlegt, damit Sie dadurch nicht gestört werden.

Die Windows-Firewall

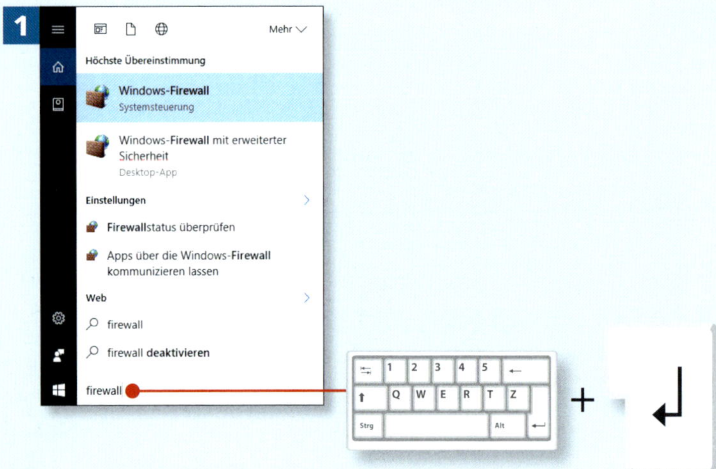

Eine Firewall ist eine Barriere, die Ihren Computer vor Angriffen von außen schützt. Ebenso wird verhindert, dass Daten Ihren Rechner unerlaubterweise verlassen.

Schritt 1

Öffnen Sie die Windows-Firewall-Umgebung, indem Sie einen entsprechenden Suchbegriff in das Taskleisten-Suchfeld eintippen und mit [↵] bestätigen.

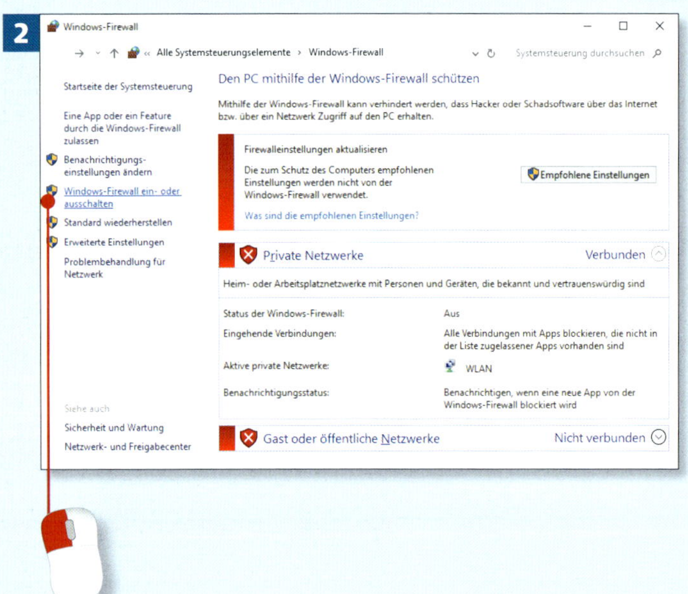

Schritt 2

Falls die Firewall inaktiv ist, klicken Sie auf der linken Seite des Fensters auf den Link **Windows-Firewall ein- oder ausschalten**.

Schritt 3

Wenn wie hier ein Eintrag mit einem roten Schutzschild ausgewählt ist, aktuell also *kein* Schutz besteht, klicken Sie die Option **Windows-Firewall aktivieren** (grün) an und bestätigen mit **OK**.

Verbindung trennen

Es ist dringend zu empfehlen, vor einer eventuellen Deaktivierung der Firewall die Verbindung zum Netzwerk bzw. Internet zu trennen.

Schritt 4

Wenn Sie sehen wollen, welches Programm Ihre Firewall derzeit passieren darf, klicken Sie den Link **Eine App oder ein Feature durch die Windows-Firewall zulassen** auf der linken Seite an.

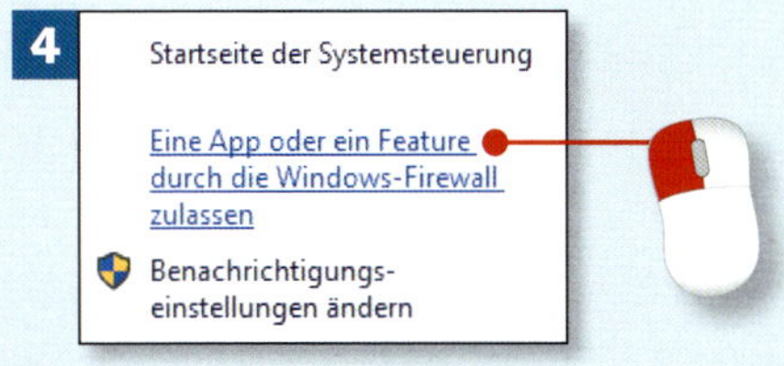

Schritt 5

Markieren Sie per Mausklick die Zeile, über deren Eigenschaften Sie mehr wissen wollen, und klicken Sie auf den Button **Details**. Ein Infofenster öffnet sich. Nicht für alle Apps stehen Details zur Verfügung. Bei manchen ist der gleichnamige Button grau hinterlegt.

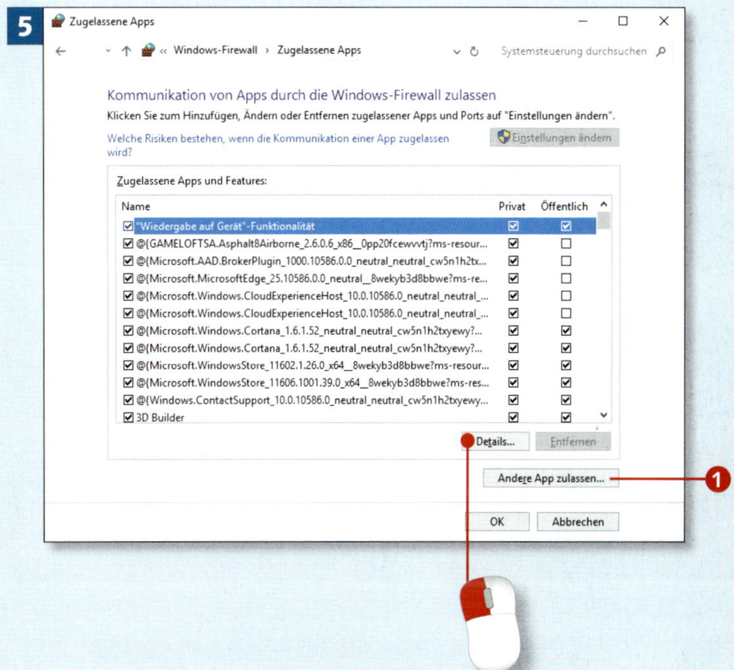

Schritt 6

Wenn mehrere Netzwerke vorhanden sind, kann die Firewall-Einstellung für jedes Netzwerk individuell angepasst werden. Es ist also durchaus denkbar, dass eine App das private Netzwerk passieren darf, das öffentliche jedoch nicht – oder auch umgekehrt.

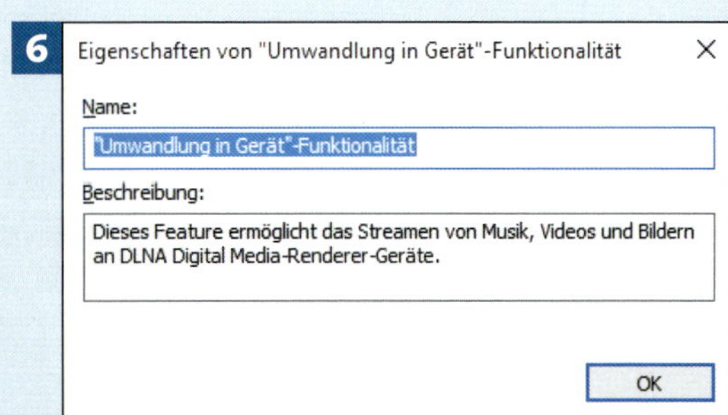

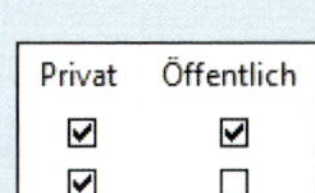

Andere App zulassen

Soll eine App freigegeben werden, die in dieser Liste nicht aufgeführt ist, kann sie über **Andere App zulassen** 1 hinzugefügt werden.

Windows Defender

Sie sollten Ihren Rechner vor Viren schützen und von Zeit zu Zeit auf Spyware überprüfen lassen. Achten Sie auf die Besonderheiten, die sich durch den Einsatz einer zweiten Antivirensoftware ergeben.

1
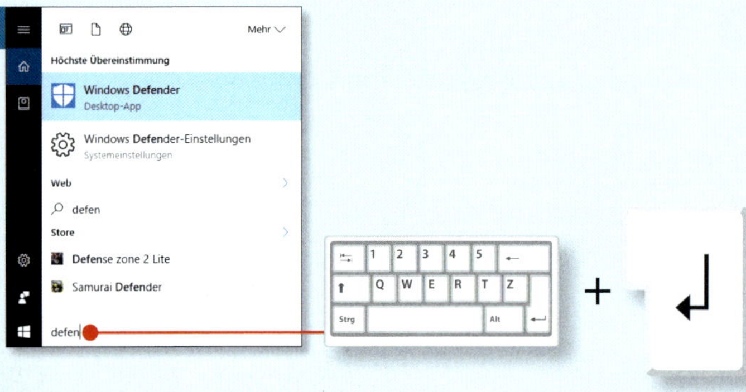

Schritt 1

Den Defender finden Sie über die Suchfunktion der Taskleiste. Geben Sie »defen« ein, und drücken Sie ↵.

2
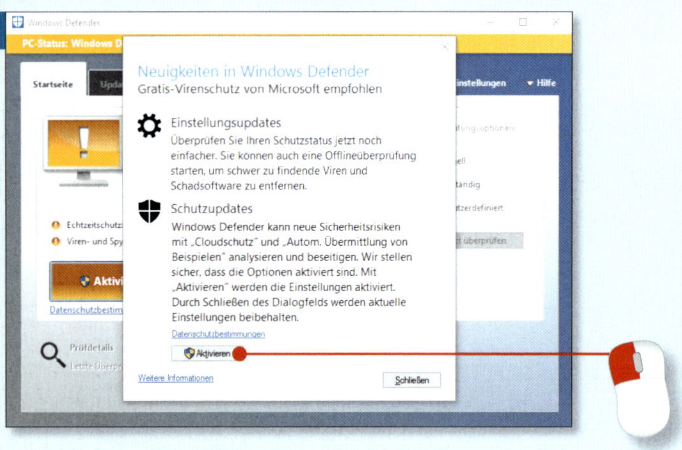

Schritt 2

Eine Hinweistafel verrät, welche Schutzupdates vom Defender angeboten werden (z. B. Cloudschutz). Lesen Sie die Datenschutzbestimmungen. Wenn Sie einverstanden sind, klicken Sie auf **Aktivieren**, ansonsten auf **Schließen**.

3
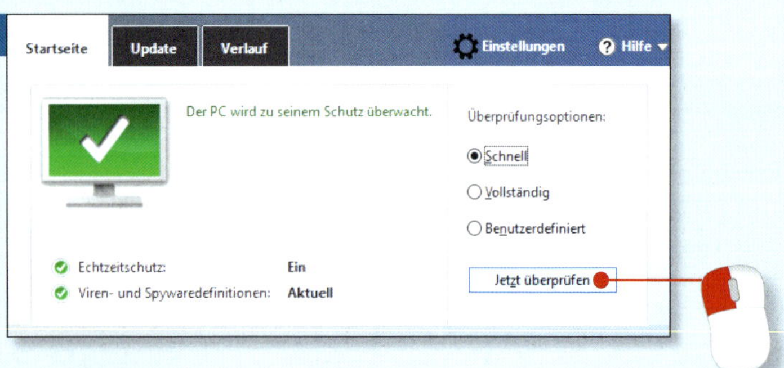

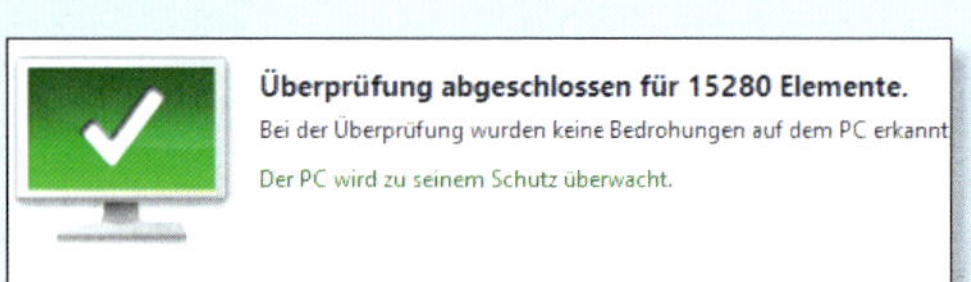

Schritt 3

Der Defender überwacht den PC ständig. Wenn Sie jedoch zwischendurch eine Prüfung starten wollen, klicken Sie auf **Jetzt überprüfen**. Am Ende erhalten Sie (hoffentlich) eine positive Meldung.

Spyware gefunden?
Wenn der Defender Spyware findet, wird dies im Dialog angezeigt. Windows bietet daraufhin entsprechende Lösungsmöglichkeiten an.

Schritt 4

Falls eine andere Schutzsoftware auf dem PC installiert ist, kann die Prüfung (Schritt 3) nicht erfolgen. Schalten Sie den Defender mithilfe von **Aktivieren** vorab ein.

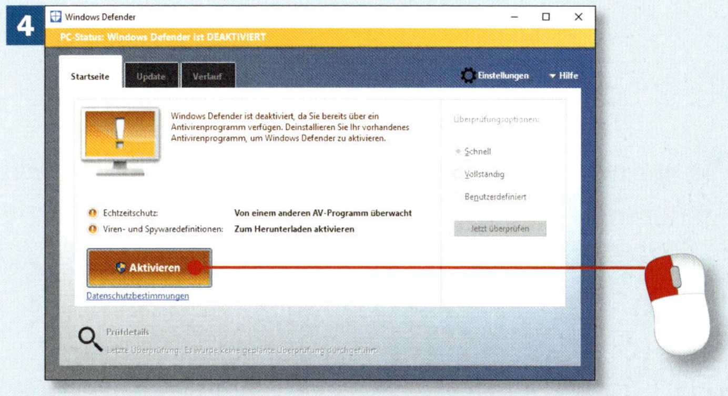

Schritt 5

Eventuell wird bei Verwendung einer anderen Anti-Schadsoftware nur ein Teil vom Defender überwacht. Das Monitor-Symbol bleibt in diesem Fall gelb. Klicken Sie auf **Einstellungen**.

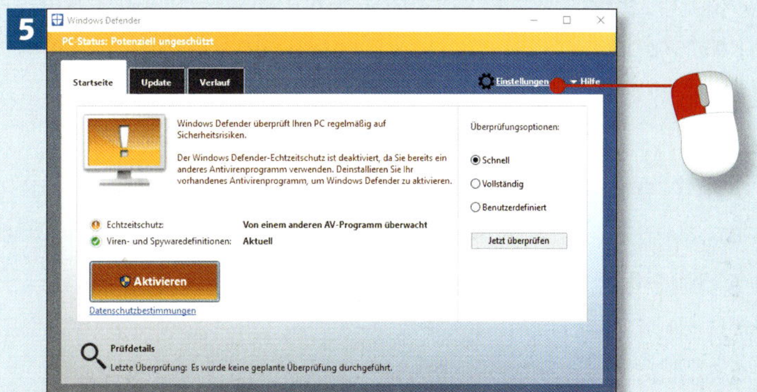

Schritt 6

Wenn Sie den Defender deaktivieren möchten, z. B. um einer anderen Software den Vorzug zu geben, müssen Sie die regelmäßige Überprüfung abwählen. Es ist zudem fraglich, ob Sie cloudbasierten Schutz wollen. Falls nicht, klicken Sie auf **Aus**.

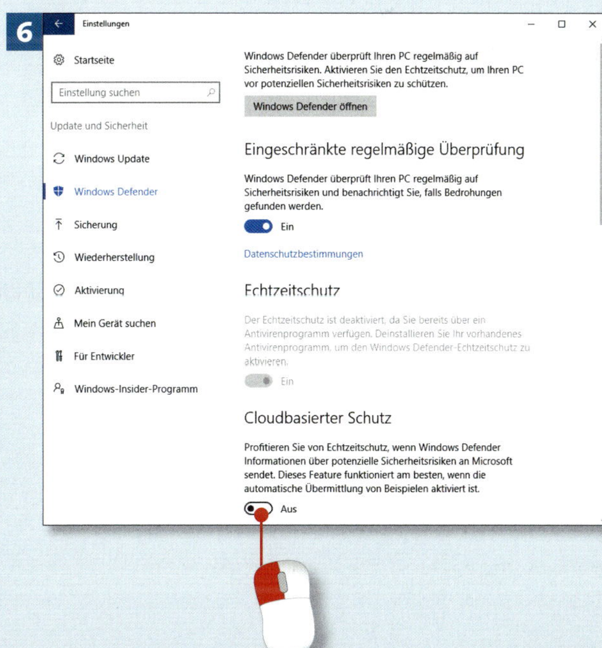

Der Defender und andere Schutzsoftware

Sofern Sie Schutzsoftware anderer Hersteller verwenden (z. B. Kaspersky, Avira, Avast oder AVG), ist der Defender in der Regel nicht erforderlich und wird von den anderen Programmen sogar meist deaktiviert.

Kapitel 14
Die beste kostenlose Zusatzsoftware

Bisher haben wir ausschließlich die in Windows direkt enthaltenen oder von Microsoft angebotenen Programme genutzt. Es gibt aber auch andere Anbieter, die nützliche Software zur Verfügung stellen. Einige sehr beliebte werden hier vorgestellt.

E-Mail und Browser

Nichts gegen die Mail-App. Auch Edge ist ganz toll. Dennoch gibt es für beide Apps kostenlose Alternativen. Erfahren Sie in diesem Kapitel, wie sich Thunderbird ❶ und Firefox ❷ in Windows 10 behaupten.

Weitere kostenlose Apps

Im zweiten Teil des Kapitels werden wir in den Windows Store ❸ gehen und dort eine kostenlose App suchen und installieren.

(1) Eine gute Alternative zur Mail-App ist das kostenlose Programm Thunderbird.

(2) Auch für den Browser gibt es Alternativen zu den Windows-Apps, z. B. Firefox.

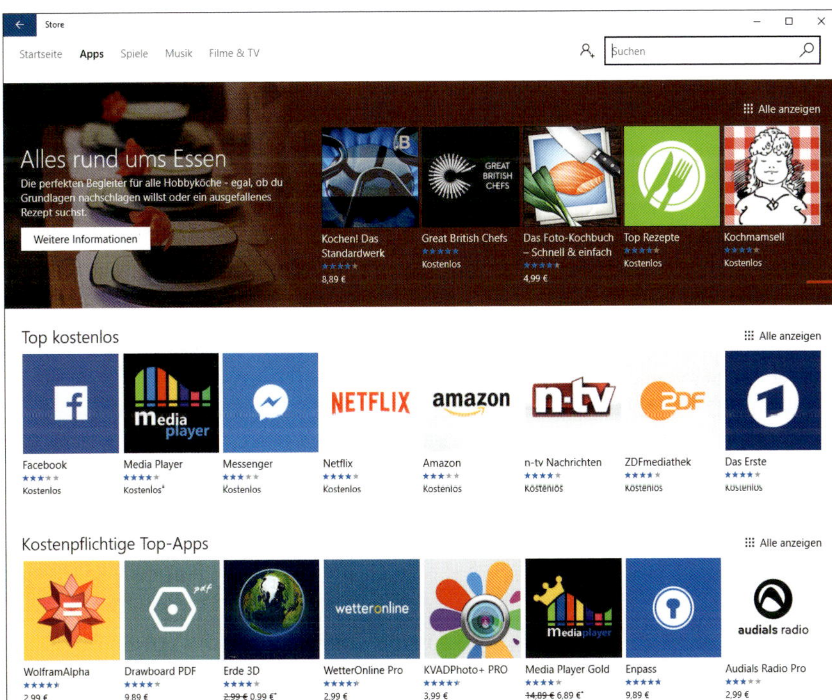

(3) Weitere zum großen Teil kostenlose Apps finden Sie im Store.

Thunderbird als Alternative zur Mail-App

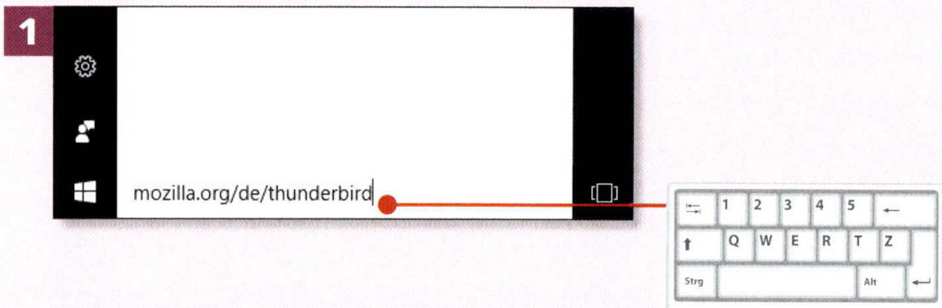

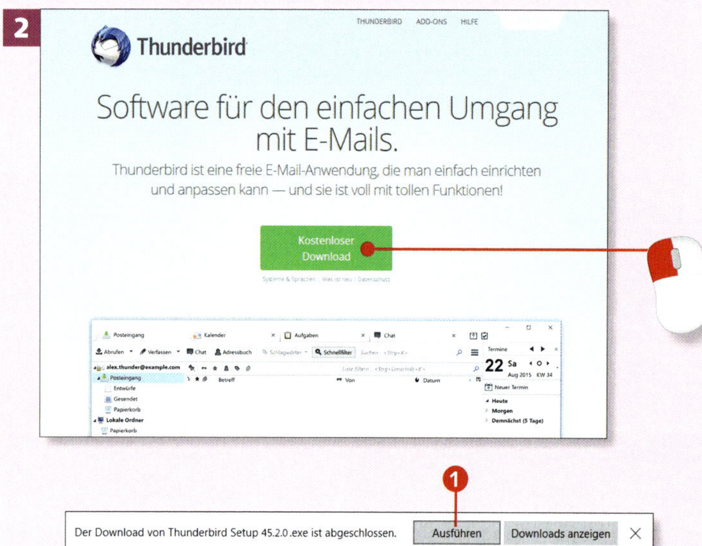

Mit dem Mail-Programm Thunderbird lassen sich sämtliche E-Mail-Aufgaben des täglichen Bedarfs schnell und intuitiv lösen.

Schritt 1

Um Thunderbird herunterzuladen, geben Sie »www.mozilla.org/de/thunderbird« in das Suchfeld unten links ein und bestätigen mit ↵.

Schritt 2

Klicken Sie auf **Thunderbird ▸ Kostenloser Download**. Daraufhin wird unten eine Leiste eingeblendet, in der Sie auf **Ausführen** 1 gehen. Die Schaltfläche erscheint erst, wenn der Download abgeschlossen ist.

Schritt 3

Sie werden daraufhin nett vom Installationsassistenten begrüßt, der Ihnen bei der Installation behilflich ist. Klicken Sie auf **Weiter**, und folgen Sie den Anweisungen.

Sicherheit

Beim Herunterladen von Software führt Edge eine Sicherheitsprüfung durch (zwischen den Schritten 2 und 3). Hier müssen Sie bestätigen, dass Sie die Installation genehmigen.

Schritt 4

Sie werden informiert, dass die Installation abgeschlossen ist. Lassen Sie die Checkbox ❷ aktiv – damit Sie gleich loslegen können –, und klicken Sie auf **Fertigstellen**.

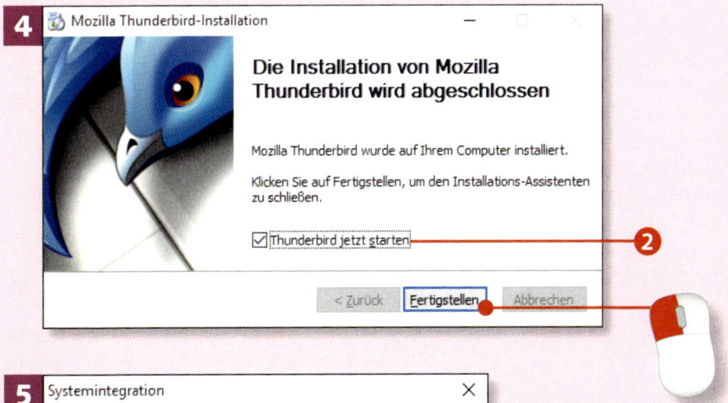

Schritt 5

Nun sind Sie bei der Systemintegration, in der Sie die Checkbox **Bei jedem Start von Thunderbird überprüfen** deaktivieren sollten, bevor Sie **Als Standard festlegen** aktivieren. Wenn Sie lieber die Mail-App als Standard benutzen möchten, klicken Sie auf **Integration überspringen**.

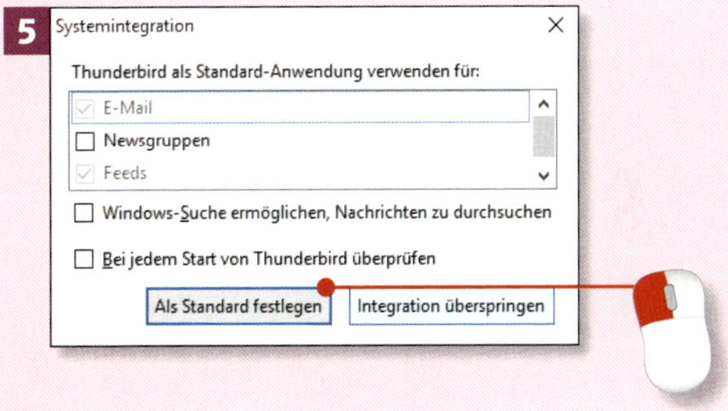

Schritt 6

Die Checkbox im Dialog **Willkommen bei Thunderbird** sollten Sie nur aktivieren, wenn Sie das Zusatzangebot nutzen und eine neue oder weitere E-Mail-Adresse haben wollen. Ich empfehle Ihnen aber stattdessen, Ihre eigene E-Mail-Adresse zu verwenden und auf **Überspringen und meine existierende E-Mail-Adresse verwenden** zu klicken.

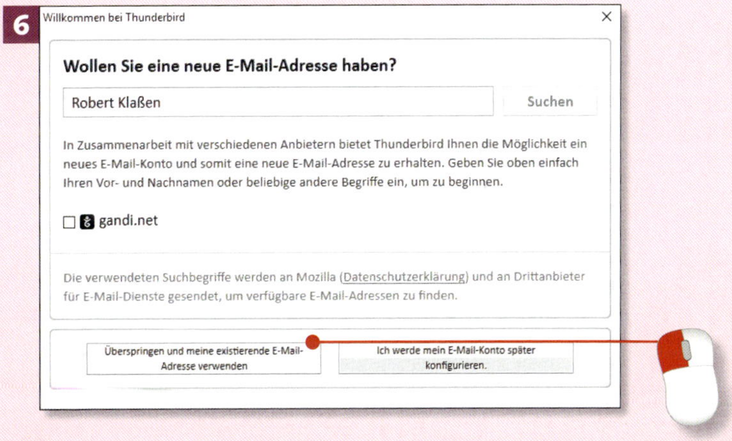

Neues E-Mail-Konto?

In Schritt 5 müssen Sie nicht zwingend ein Microsoft-Konto verwenden. Sie können auch jedes andere Konto wie z. B. die kostenlosen Angebote von Yahoo! Mail, GMX oder WEB.DE nutzen.

Thunderbird als Alternative zur Mail-App (Forts.)

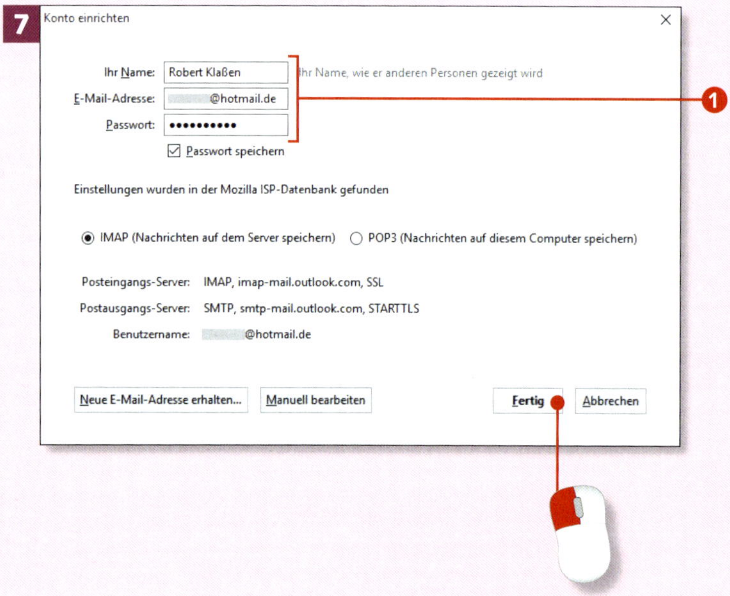

Schritt 7

Das nächste Fenster **Konto einrichten** fragt die Zugangsdaten ❶ für Ihre E-Mails ab. Geben Sie Ihre E-Mail-Adresse und das Passwort ein, bevor Sie mit **Weiter** bestätigen. Zuletzt klicken Sie auf **Fertig**.

Schritt 8

Nachdem die Einrichtung des Kontos abgeschlossen ist, sollten Sie den E-Mail-Verkehr testen. Schreiben Sie eine Mail an sich selbst, indem Sie zunächst auf **Verfassen** klicken.

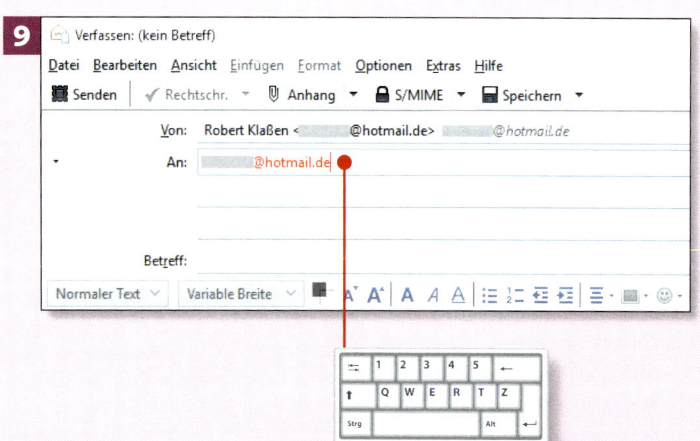

Schritt 9

In die Zeile **An:** des E-Mail-Fensters tippen Sie zunächst Ihre eigene E-Mail-Adresse ein – also die, deren Konto Sie gerade eingerichtet haben.

Google Mail

Sollten Sie ein E-Mail-Konto bei Google Mail (Gmail) haben, werden Mails automatisch aussortiert, die Sie an sich selbst schicken. In diesem Fall empfiehlt es sich, die Test-Mail von einem anderen Konto aus zu senden.

Schritt 10

Danach springen Sie mit der [Tab]-Taste in die Zeile **Betreff** und füllen auch diese aus. Ein erneutes Drücken der [Tab]-Taste setzt die Einfügemarke in das Feld für den E-Mail-Text.

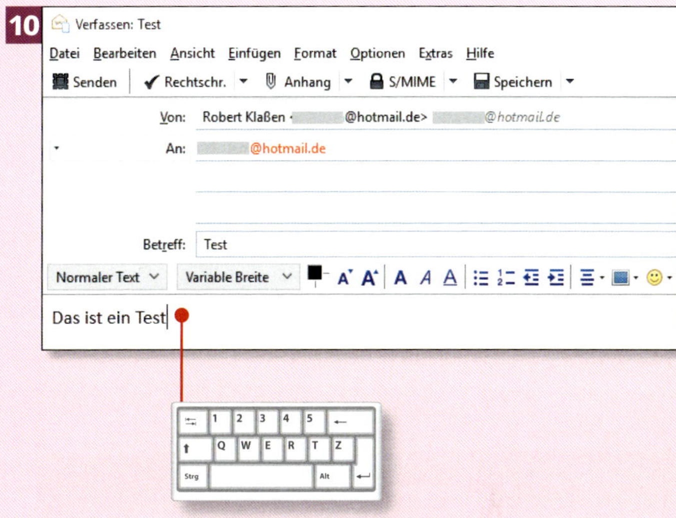

Schritt 11

Alles erledigt? Dann schicken Sie nun guten Mutes die Test-Mail ab, indem Sie in der Menüleiste auf **Senden** klicken.

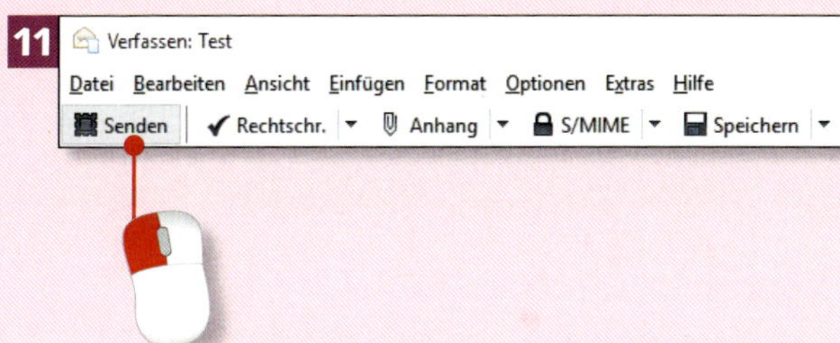

Schritt 12

Warten Sie kurz, und klicken Sie dann auf die Zeile **Posteingang** in der linken Spalte, um den gleichnamigen Ordner aufzurufen. Zuletzt setzen Sie einen Mausklick auf **Abrufen**. Das aktualisiert die Liste der neu eingetroffenen E-Mails.

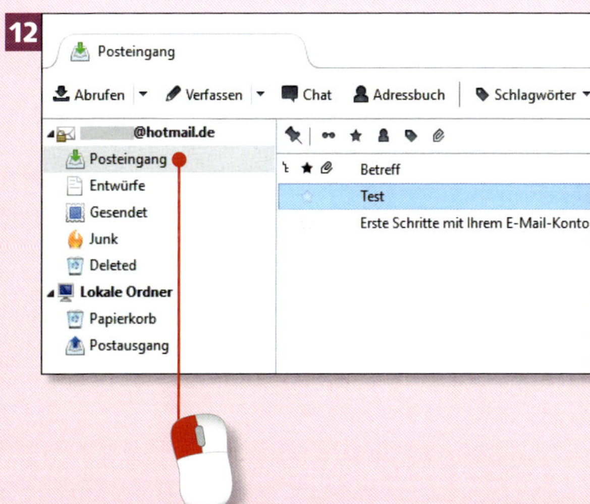

Automatischer Abruf

Thunderbird ist so konfiguriert, dass alle zehn Minuten ein automatischer Abruf der E-Mails erfolgt. Sollte Ihnen dieser Zyklus nicht zusagen, können Sie ihn über **Extras ▸ Konten-Einstellungen ▸ Server-Einstellungen** ändern.

Firefox als Alternative zu Edge

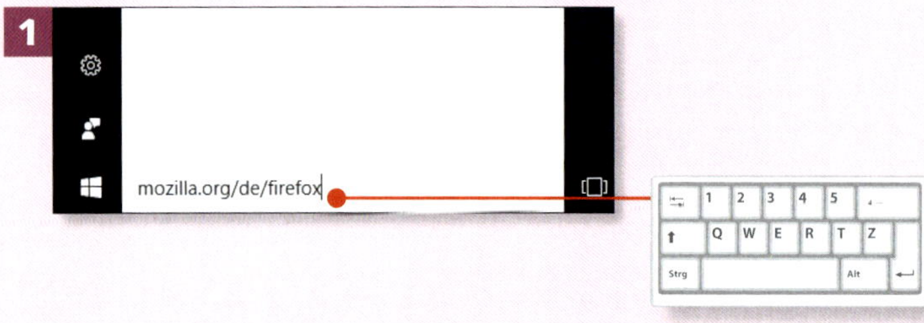

Der Browser Firefox hat einen ausgezeichneten Ruf. Er ist schnell, sicher, kann durch Add-ons individuell angepasst werden und wird ständig weiterentwickelt – also eine gute Alternative zu Edge.

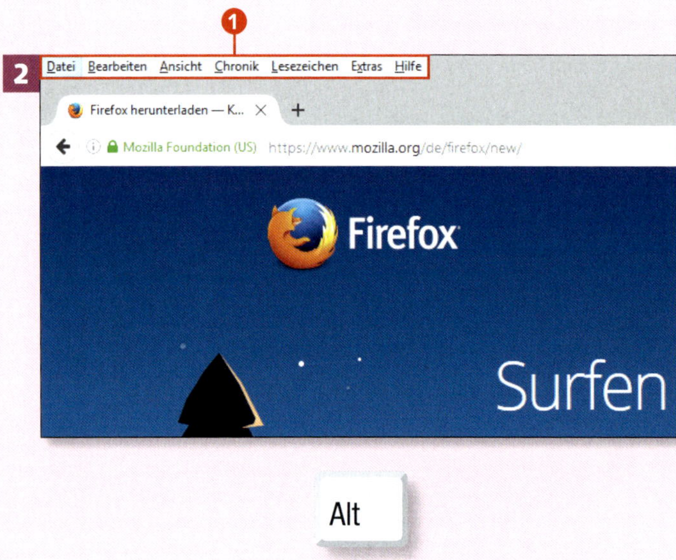

Schritt 1

Firefox können Sie unter *www.mozilla.org/de/firefox* herunterladen. Um das Programm zu installieren, gehen Sie genauso vor, wie in der vorangegangenen Anleitung (Schritte 2 bis 4) beschrieben.

Schritt 2

Nach der Installation schauen Sie zunächst nach, ob es ganz oben links eine Menüzeile ❶ gibt. Sie ist für die weiteren Schritte erforderlich. Wenn sie nicht zu sehen ist, drücken Sie kurz `Alt` auf Ihrer Tastatur.

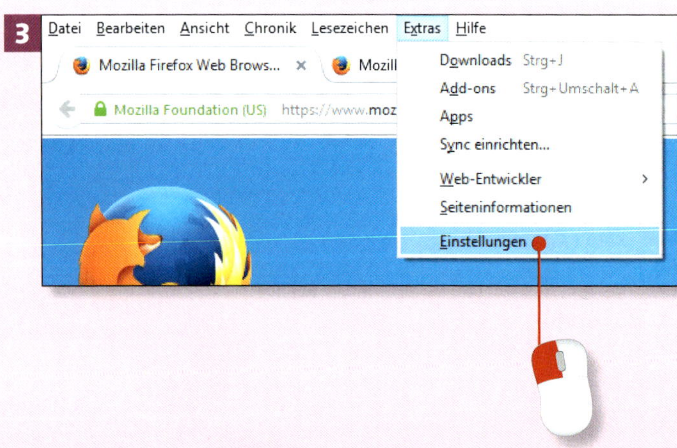

Schritt 3

Auch der Firefox-Browser verlangt zunächst ein paar Einstellungen. Sie öffnen sie über **Extras ▸ Einstellungen**.

Schritt 4

In der Rubrik **Allgemein** der **Einstellungen** können Sie eine Startseite angeben, die nach dem Öffnen eines Firefox-Fensters automatisch angezeigt werden soll. Schließen Sie den Tab anschließend.

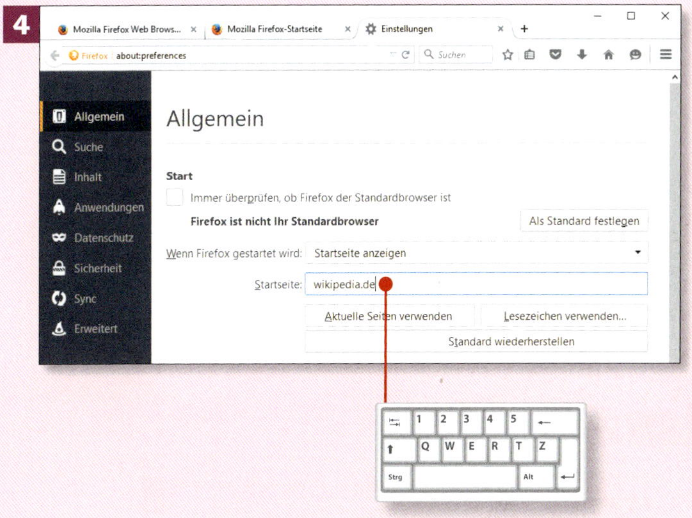

Schritt 5

Unterhalb des Adressfelds kann die sogenannte *Lesezeichen-Symbolleiste* angezeigt werden. Dazu müssen Sie einen Rechtsklick in einem freien Bereich außerhalb des Adress- und Suchfeldes platzieren und **Lesezeichen-Symbolleiste** anklicken.

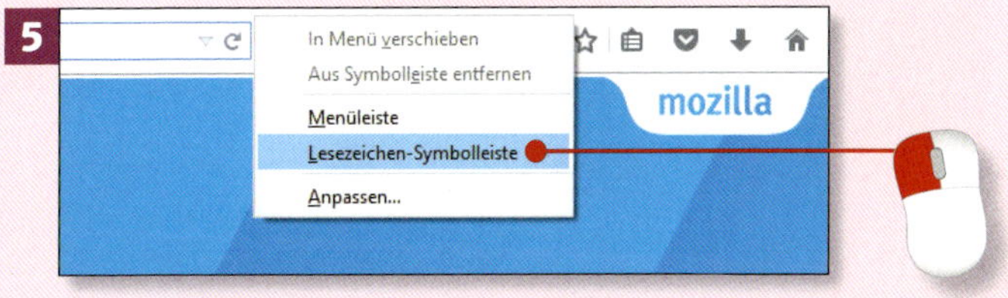

Schritt 6

Ein erneuter Rechtsklick, gefolgt von **Neues Lesezeichen**, fördert einen Dialog zutage, der beim Anlegen des Lesezeichens behilflich ist. Nachdem Sie einen (am besten kurzen!) Namen und die Adresse eingegeben haben, klicken Sie auf **Hinzufügen**.

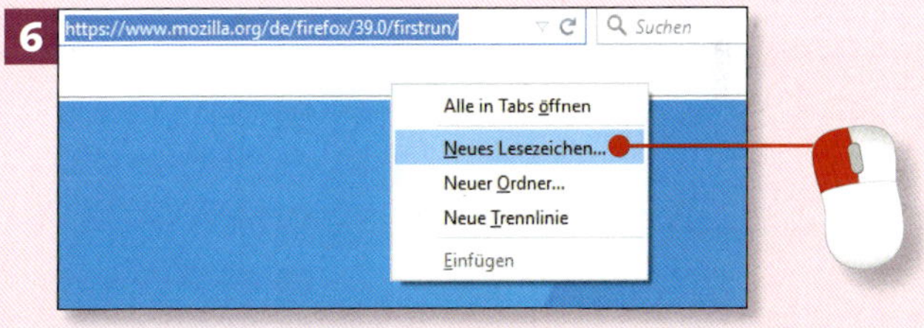

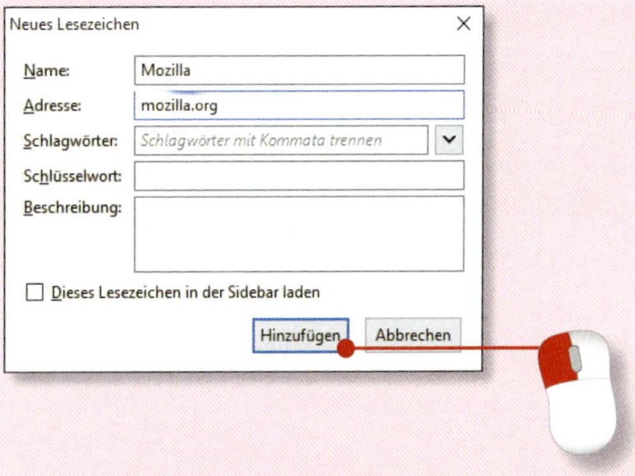

Weitere Fenster und Register

Mit Strg + T öffnen Sie eine neue Registerkarte (also eine zweite Browser-Ansicht, einen sogenannten *Tab*) im aktuellen Fenster. Für ein komplett neues Fenster drücken Sie Strg + N.

Kostenlose Apps aus dem Windows Store

Der Windows Store ist voll mit teils kostenloser Software. Diese Schritte sind erforderlich, um an eine der begehrten Apps zu kommen.

1
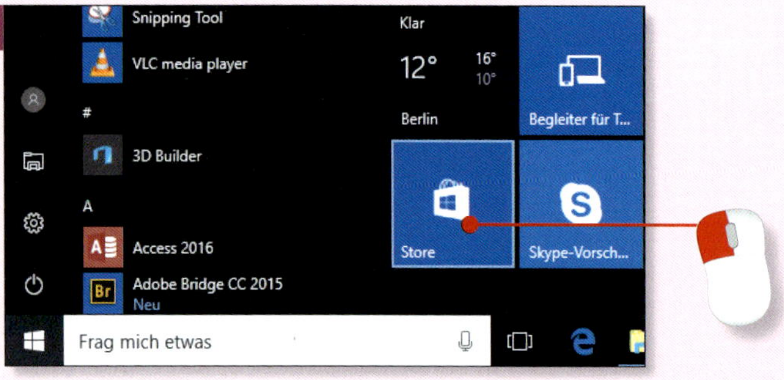

Schritt 1

Der erste Schritt besteht darin, den Store zu öffnen. Entweder direkt in der Taskleiste oder, wie hier, im Startmenü.

2
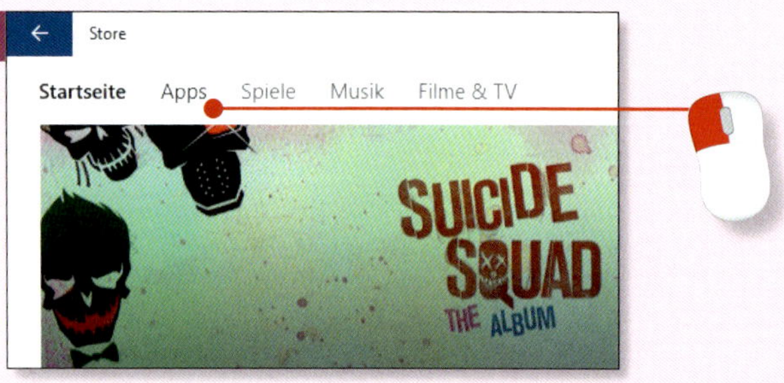

Schritt 2

Wenn Sie bereits wissen, welche App Sie suchen, überspringen Sie diesen Schritt. Wenn Sie erst einmal stöbern möchten, klicken Sie oben links auf **Apps**.

3
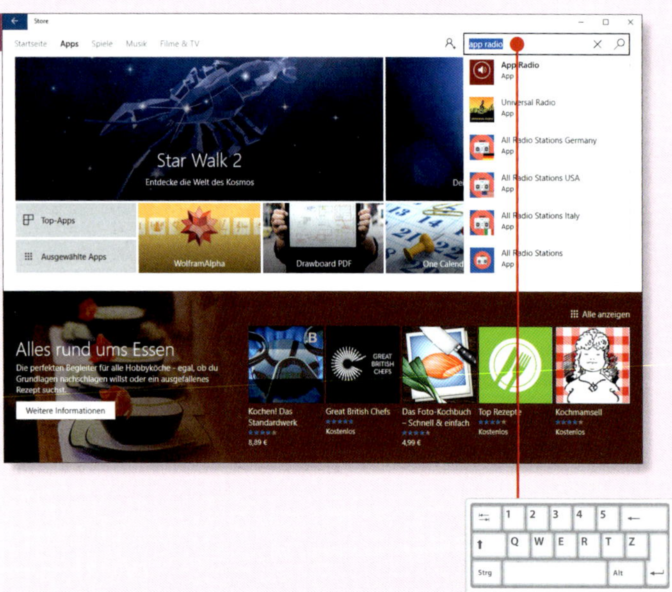

Schritt 3

Schauen Sie sich in aller Ruhe um, und durchforsten Sie den Store nach interessanten Apps. Ist das Gesuchte nicht dabei, geben Sie das Stichwort oben rechts ein (hier: **App Radio**).

Angebote checken

Achten Sie darauf, dass nicht alle Apps kostenlos sind. Wenn doch, steht **Kostenlos** dran. Außerdem sollten Sie ein Auge auf die Bewertungen haben. Schlecht oder noch nicht bewertete Apps haben auf Ihrem PC nichts verloren!

Schritt 4

Setzen Sie einen Mausklick auf den Listeneintrag. Aber achten Sie darauf, dass Sie auch wirklich eine App erwischen. Songs z. B. können theoretisch den gleichen Namen haben wie eine gesuchte App.

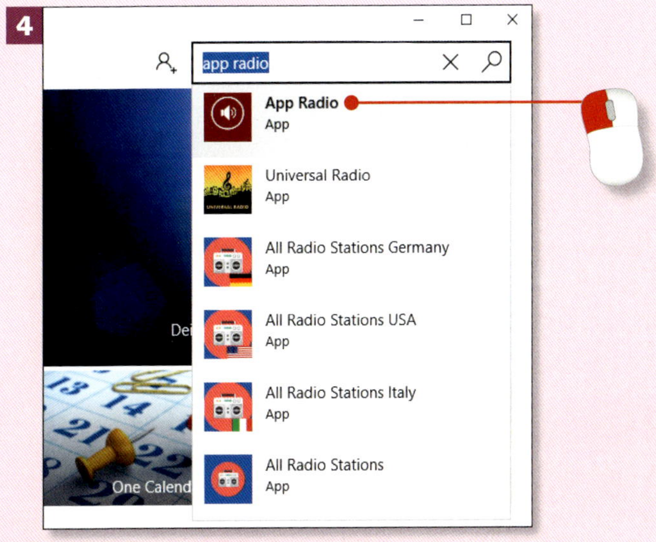

Schritt 5

Studieren Sie die Infos zu der App. Achten Sie auch darauf, dass Sie die PC-Version ❶ erwischen. Danach platzieren Sie einen Klick auf der Schaltfläche **Kostenlos**.

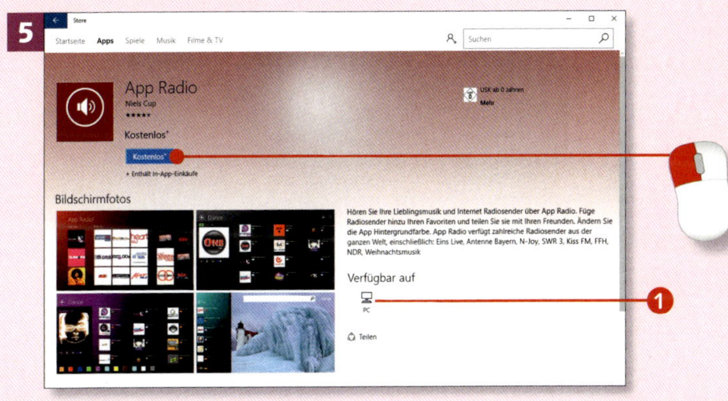

Schritt 6

Möglicherweise müssen Sie jetzt noch ein Konto zuweisen. Das erledigen Sie ebenfalls per Mausklick. Der Download startet, und die App wird installiert.

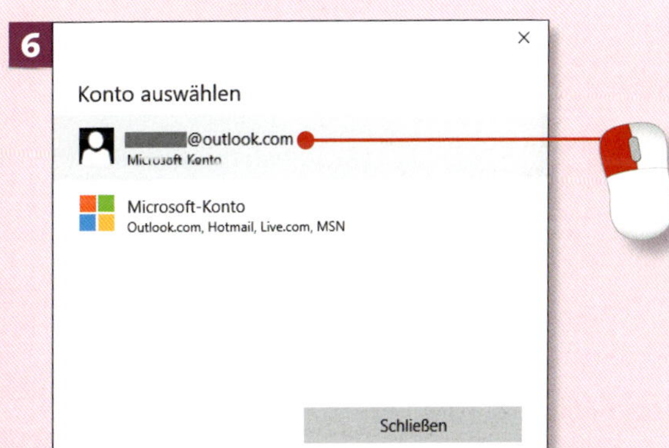

App deinstallieren

Apps lassen sich auch unkompliziert wieder vom PC entfernen. Dazu klicken Sie die App im Startmenü mit rechts an und wählen **Deinstallieren** aus.

Kapitel 15
Hilfe bei Problemen

Wenn Sic schon ein wenig Erfahrung mit Windows 10 gesammelt haben, werden Sie sich sicherlich die eine oder andere etwas kniffligere Frage stellen. »Wie kann ich installierte Software wieder entfernen?« Oder: »Was mache ich, wenn ältere Programme unter Windows 10 nicht mehr so richtig laufen wollen?« Diese und weitere Fragen werden auf den folgenden Seiten beantwortet.

Software wieder entfernen

Ab und zu sollten Sie aufräumen und nicht mehr genutzte Software wieder entfernen ❶. Das funktioniert über die Systemsteuerung. Wie genau, erfahren Sie in der ersten Anleitung dieses Kapitels.

Das System optimieren

Auch ein Betriebssystem wie Windows 10 sollte ab und zu optimiert werden ❷. Denn mit der Zeit wird das System träge. Manchmal will auch ältere Software nicht mehr so richtig »mitmachen«. Damit müssen Sie sich aber keinesfalls abfinden. Für alles gibt es eine Lösung.

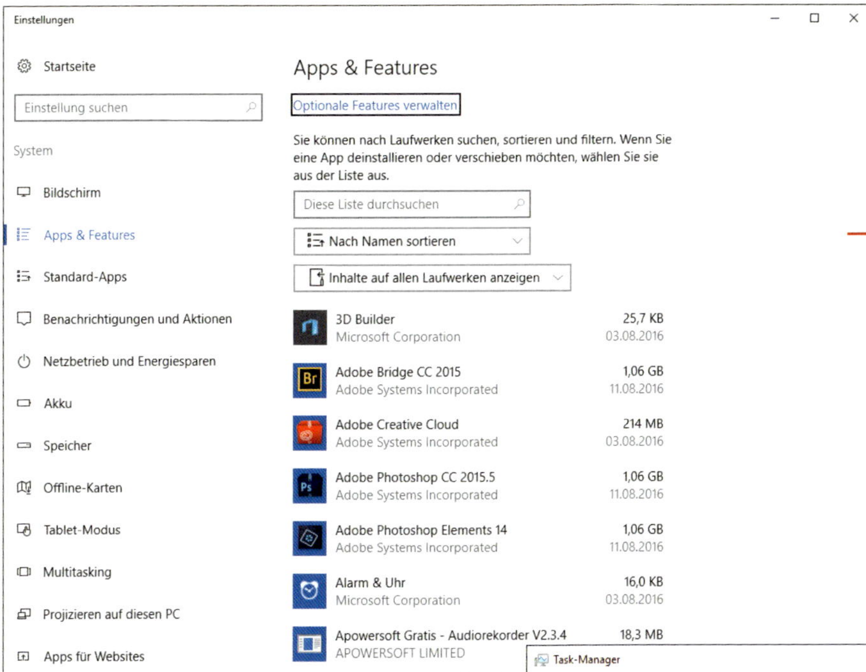

1 Ab und zu sollten Sie nicht benötigte Software wieder von Ihrem Computer deinstallieren.

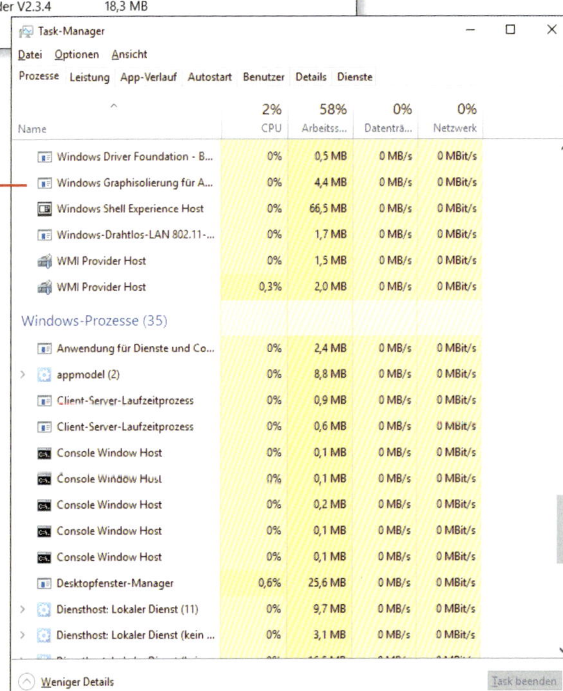

2 Sie können Ihr System optimieren, indem Sie Datenfragmente bereinigen und nicht benötigte Prozesse deaktivieren.

Apps zurücksetzen und Software deinstallieren

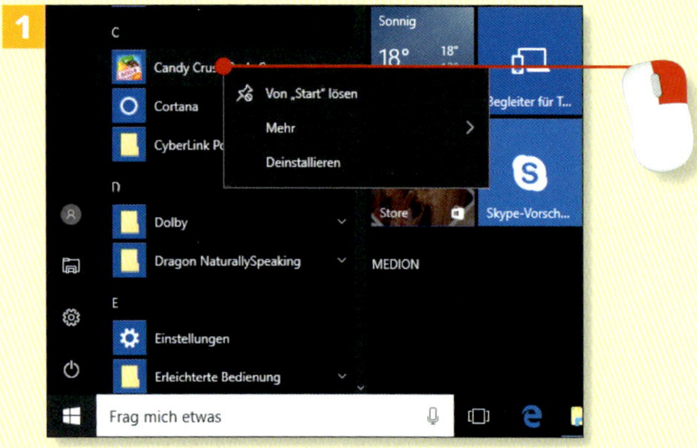

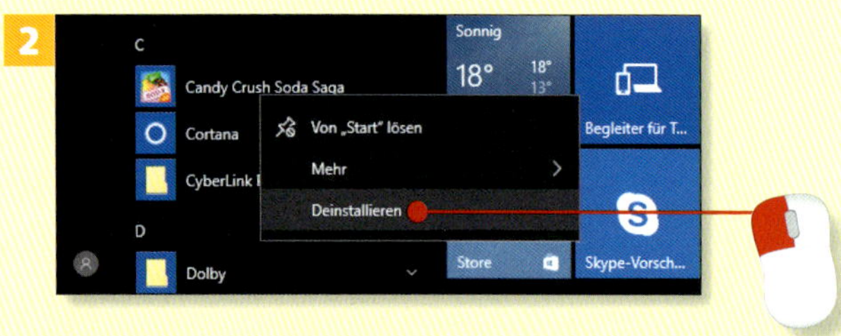

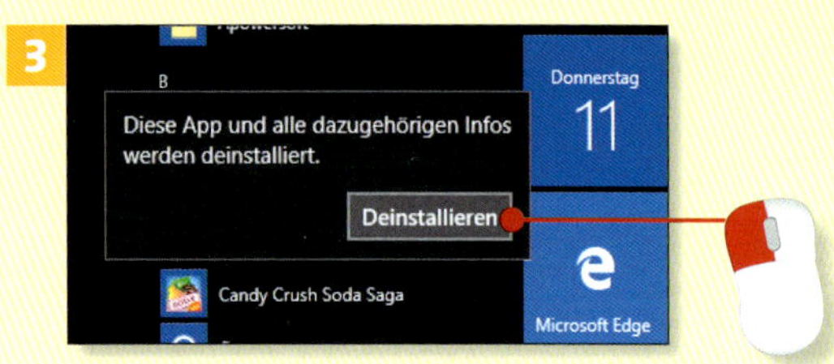

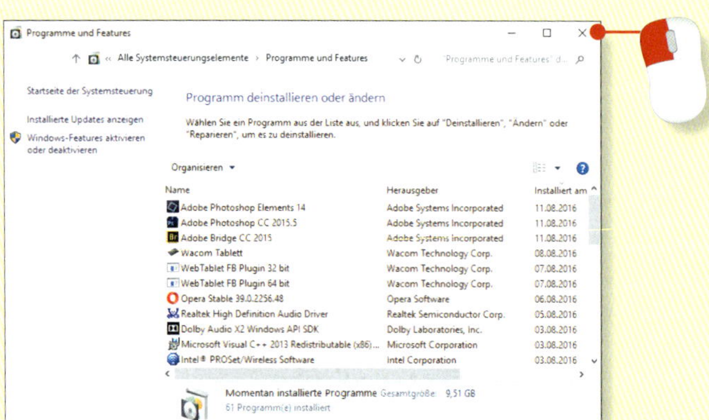

Auf dem PC installierte Programme kann man nicht einfach in den Papierkorb stecken. Sie müssen sie ordnungsgemäß deinstallieren. Manche Probleme (wenn z. B. eine App nur noch träge funktioniert) lassen sich auch durch sogenanntes »Zurücksetzen« beheben.

Schritt 1

Wenn Sie eine App zurücksetzen wollen, beginnen Sie bitte mit Schritt 4. Manche Apps lassen sich direkt vom Startmenü aus deinstallieren. Drücken Sie [Windows-Taste] auf der Tastatur, und klicken Sie mit rechts auf den Softwareeintrag.

Schritt 2

Halten Sie im Aufklappmenü nach dem Eintrag **Deinstallieren** Ausschau. Klicken Sie darauf.

Schritt 3

Im nächsten Dialog müssen Sie noch einmal auf **Deinstallieren** klicken. Leider ist es nicht bei jedem Programm so einfach. Wenn ein kompliziert anmutender Dialog folgt, empfehle ich Ihnen, diesen zu schließen und mit Schritt 4 fortzufahren.

Schritt 4

Sowohl zur Deinstallation als auch zum Zurücksetzen klicken Sie auf **System ▸ Anzeige, Benachrichtigungen, Apps, Stromversorgung**, nachdem Sie [Win] + [I] gedrückt haben. Wählen Sie **Apps & Features** in der linken Spalte aus.

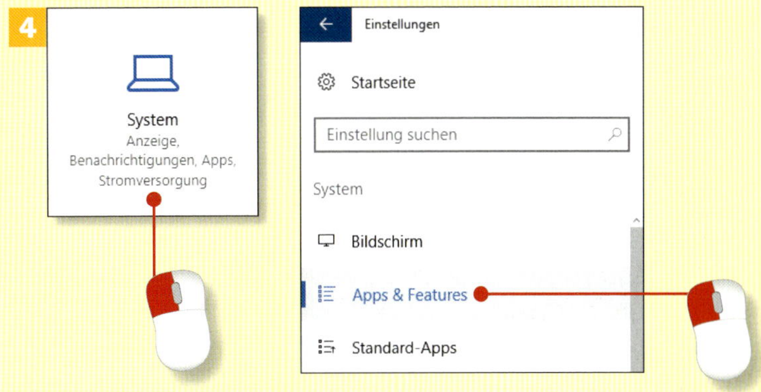

Schritt 5

Jetzt geht es auf der rechten Seite weiter. Dort müssen Sie nun zunächst den relevanten Eintrag ausfindig machen und anschließend mit einem Mausklick versehen (hier: **Begleiter für Telefon**).

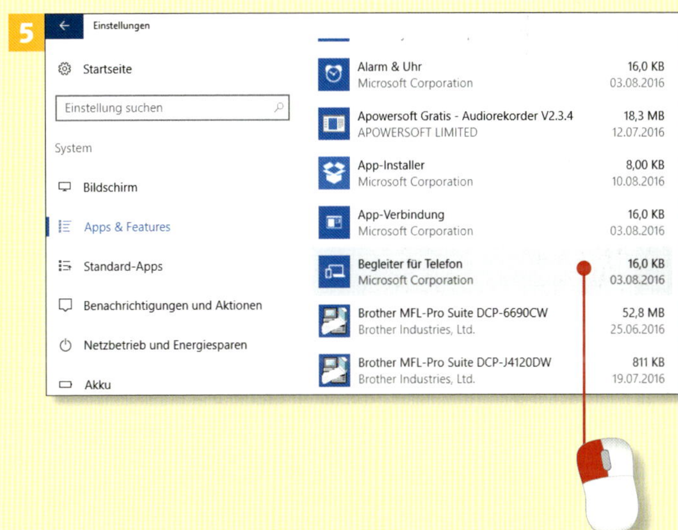

Schritt 6

Manche Apps weisen die Funktion **Erweiterte Optionen** ❶ auf. Ein Klick darauf erlaubt das Zurücksetzen der App. Sofern die Schaltfläche **Deinstallieren** nicht grau hinterlegt ist, kann die Software damit vom Rechner entfernt werden.

Nicht alle Apps deinstallierbar

Nicht jede App kann deinstalliert werden. So ist z. B. **Alarm & Uhr** relevant für das System. Die **Deinstallieren**-Schaltfläche ist in diesem Fall grau hinterlegt.

Der Rechner wird langsamer – was tun?

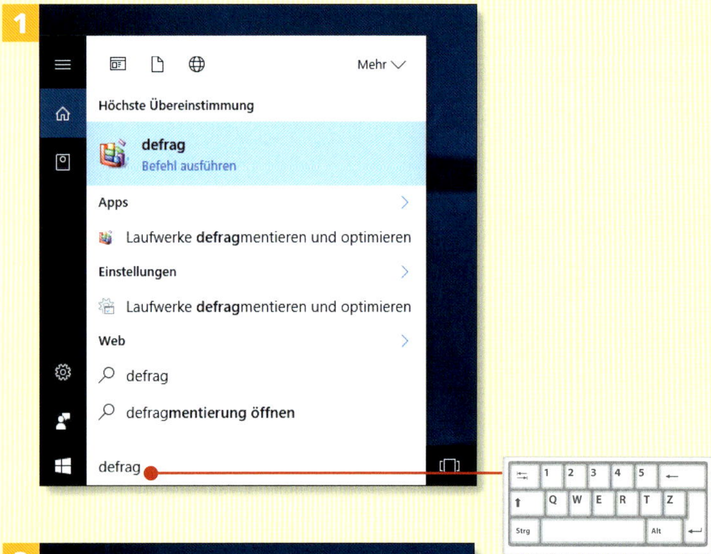

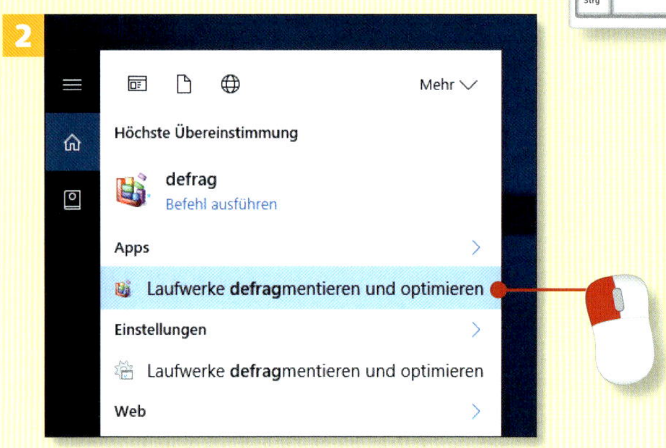

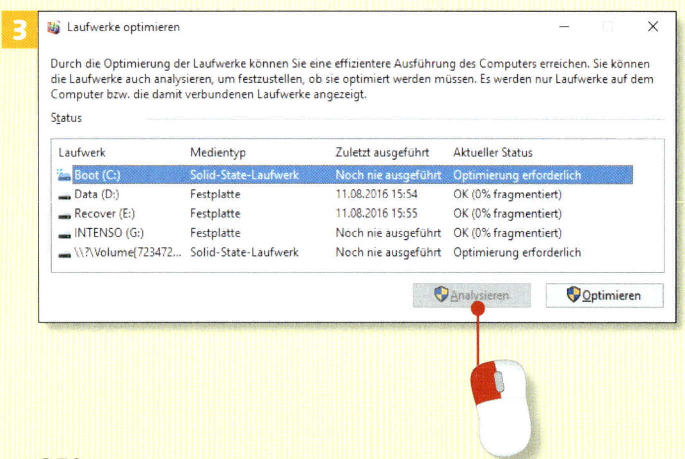

Durch das Löschen von Daten entstehen Lücken auf der Festplatte. Und mit der Zeit werden Daten dann nicht mehr kontinuierlich hintereinander, sondern an freien Stellen (in ebendiesen Lücken) abgelegt. Das verlangsamt den Zugriff auf die Daten.

Schritt 1

Von Zeit zu Zeit müssen Festplatten defragmentiert, also deren Daten geordnet werden. Der erste Schritt: Geben Sie »defrag« in das Taskleisten-Suchfeld ein. Bestätigen Sie die Eingabe aber bitte jetzt noch nicht!

Schritt 2

Oben in der Suchliste finden Sie **defrag ▸ Befehl ausführen**. Das ist nicht das Gesuchte. Drücken Sie so oft [↓], bis die App **Laufwerke defragmentieren und optimieren** aktiv wird. Danach drücken Sie auf [↵].

Schritt 3

Markieren Sie die Festplatte, die Sie prüfen und defragmentieren wollen. Danach klicken Sie auf **Analysieren**. Manche Festplatten können nicht analysiert, sondern nur optimiert werden. Fahren Sie in diesem Fall mit Schritt 4 fort.

Schritt 4

Danach sollte Ihr Augenmerk der Spalte **Aktueller Status** gelten. Hier sehen Sie (sofern eine Analyse möglich gewesen ist), wie stark die Fragmentierung ist. Wenn Sie jetzt defragmentieren wollen, klicken Sie auf den Schalter **Optimieren**.

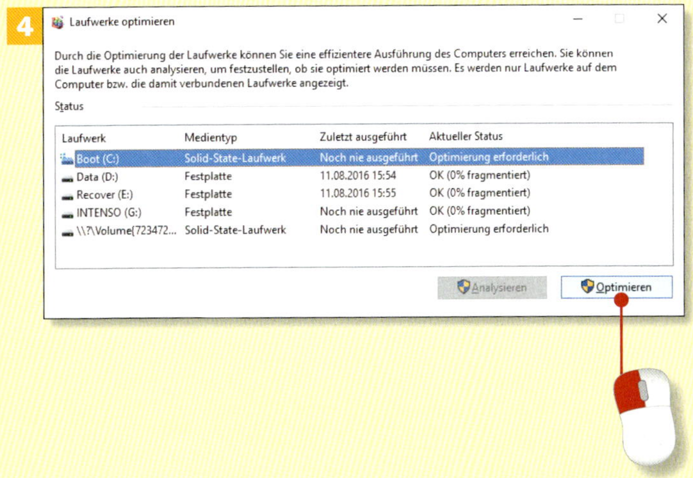

Schritt 5

Während der Defragmentierung können Sie sich auch Gedanken darüber machen, ob und wann eine automatische Defragmentierung stattfinden soll. Dazu klicken Sie auf **Einstellungen ändern**.

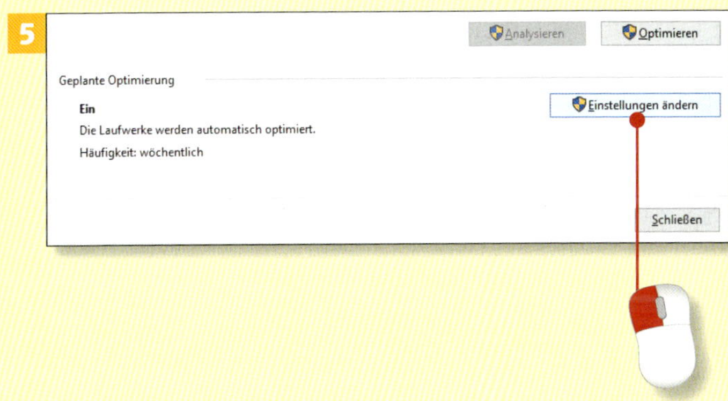

Schritt 6

Sie sehen nun den Zeitplan, der zur automatischen Defragmentierung vorgesehen ist. Wichtig ist, hier einmal auf **Auswählen** zu klicken.

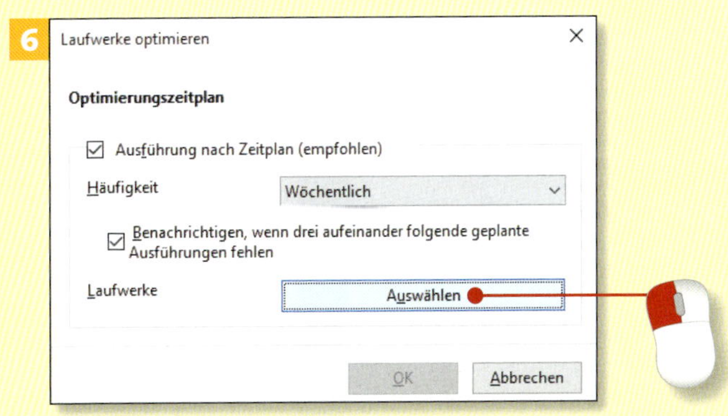

Analyse?

Es wird empfohlen, die Festplatte zu defragmentieren, wenn mindestens 10 % fragmentiert sind (siehe Schritt 5). Eine vorherige Analyse ist nicht erforderlich. Sie können auch direkt auf **Optimieren** klicken.

Der Rechner wird langsamer – was tun? (Forts.)

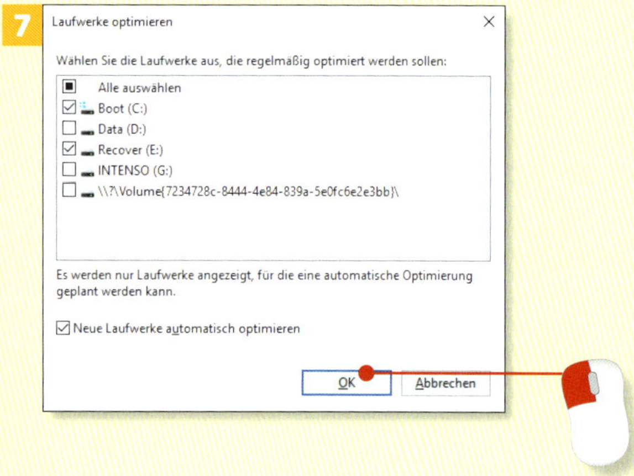

Schritt 7

Dann nämlich haben Sie es selbst in der Hand, welche Festplatten automatisch defragmentiert werden und welche nicht. Bestätigen Sie Ihre Änderungen mit **OK**.

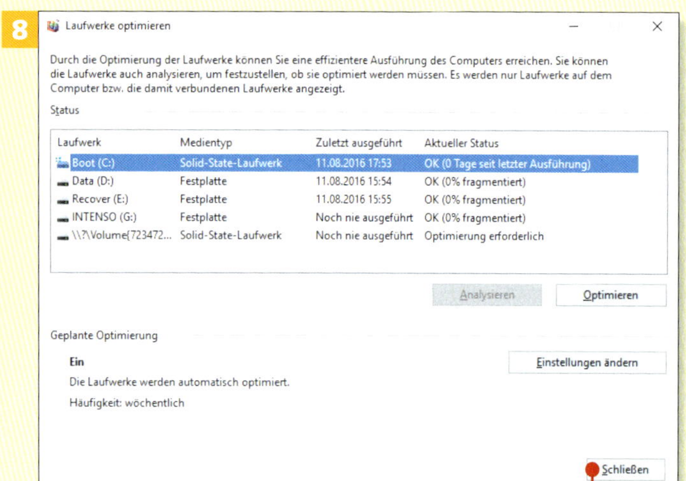

Schritt 8

Nach einer Weile wird der Vorgang abgeschlossen sein, und der aktuelle Status steht auf **OK** (**0% fragmentiert**). Nun können Sie beruhigt auf **Schließen** klicken.

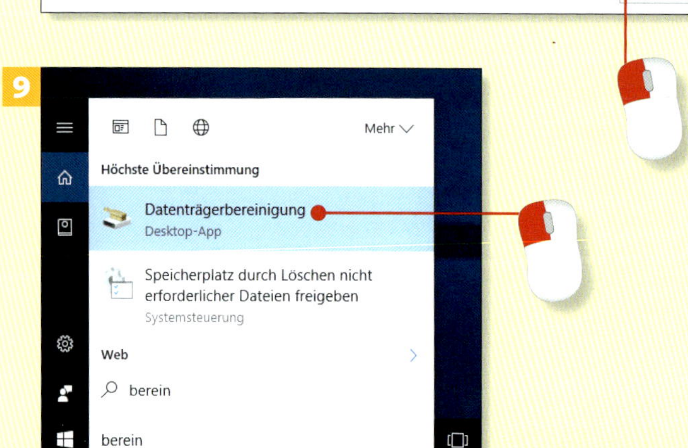

Schritt 9

Jetzt nehmen wir noch eine Datenträgerbereinigung vor. Dazu geben Sie »Bereinigung« bzw. einen Teil dessen ein und wählen die Desktop-App **Datenträgerbereinigung**.

Datenträgerbereinigung

Die Datenträgerbereinigung entfernt unnütze Systemdateien von Ihrem Computer. Dadurch kann zusätzlicher Speicherplatz gewonnen werden. Außerdem wird der Zugriff optimiert.

Schritt 10

Da Sie sich im vorangegangenen Schritt nicht für die **Systemsteuerung**, sondern für die **Desktop-App** entschieden haben, dürfen Sie jetzt frei wählen, welches der Laufwerke bereinigt werden soll.

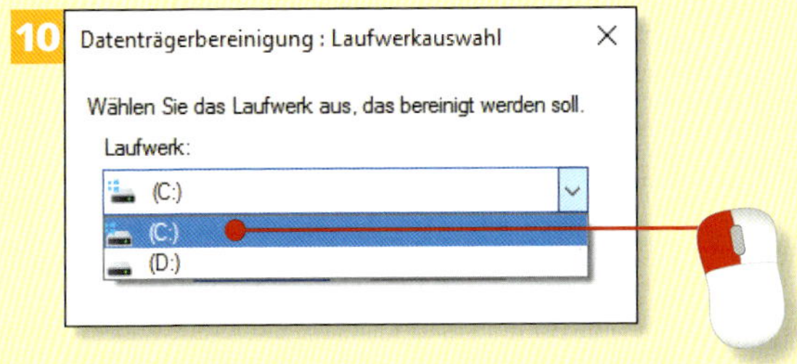

Schritt 11

Zur Einleitung der Analyse klicken Sie anschließend auf **OK**. Kurze Zeit später öffnet sich ein weiterer Dialog.

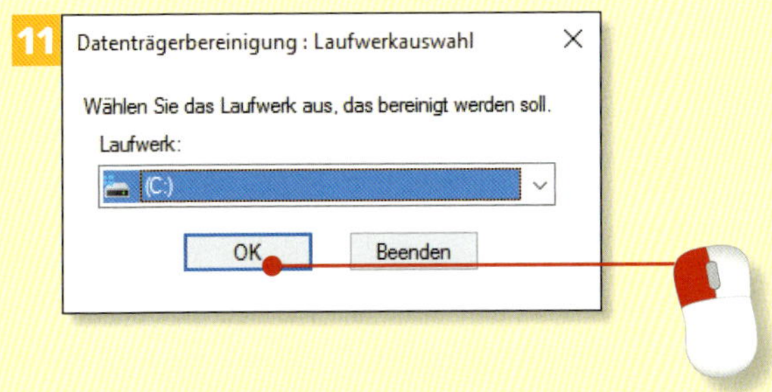

Schritt 12

In diesem wählen Sie über Checkboxen an, wo bereinigt werden soll (hier: **Temporäre Internetdateien**), und klicken zuletzt auf **Systemdateien bereinigen**.

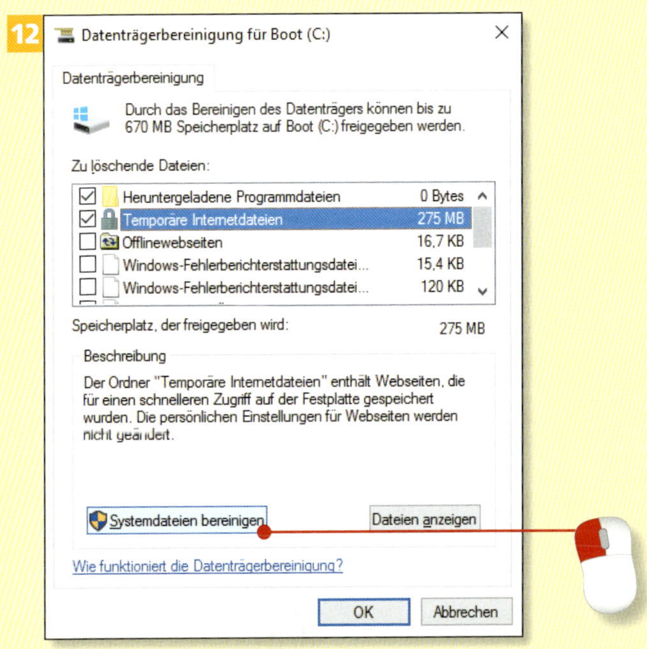

Programme entfernen
Wenn Sie **Bereinigen** im Bereich **Apps & Features** wählen, werden nicht mehr verwendete Programme entfernt.

Den Task-Manager kennenlernen

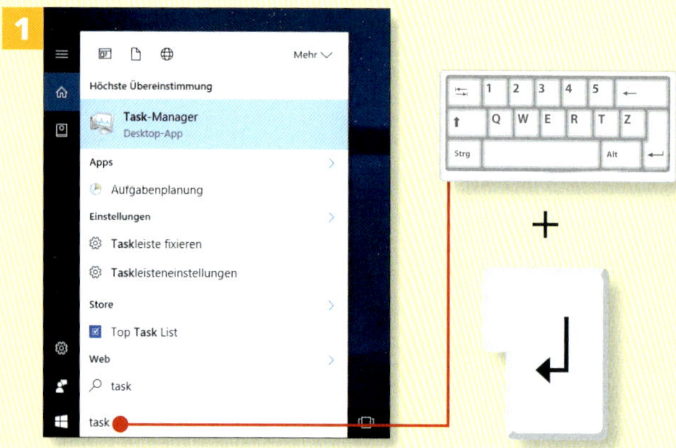

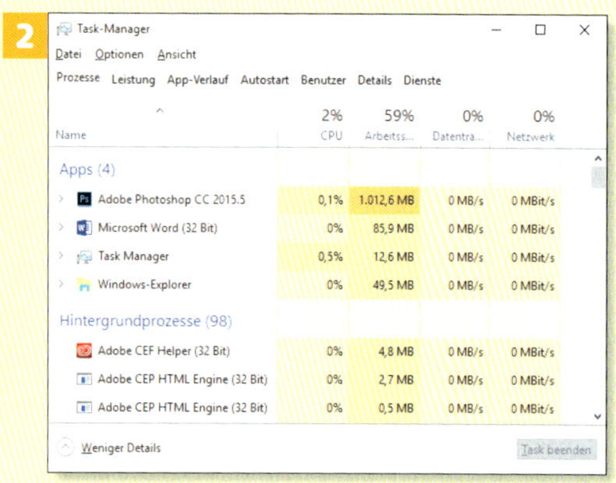

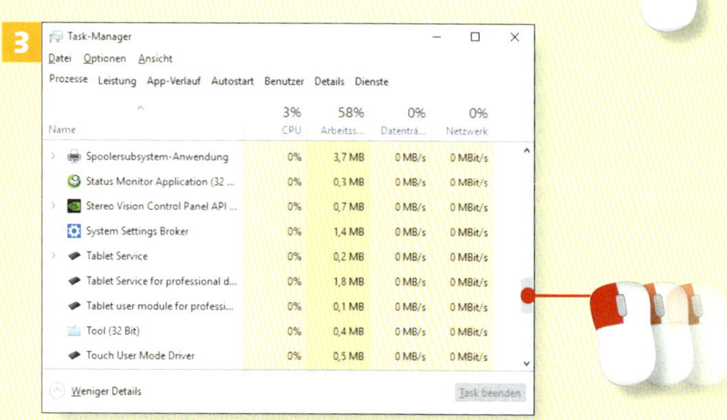

Wollen Sie wissen, welche Programme auf Ihrem Computer ihren Dienst verrichten? Sie werden erstaunt sein, wie viel im Stillen gearbeitet wird.

Schritt 1

Starten Sie den Task-Manager. Dazu gibt es wieder einmal mehrere Möglichkeiten: Geben Sie »task« ein, und bestätigen Sie mit [↵], oder drücken Sie [Strg] + [⇧] + [Esc].

Schritt 2

Sollte nur ein kleines Fenster präsentiert werden, klicken Sie unten links auf **Mehr Details**. Sorgen Sie dafür, dass die Registerkarte **Prozesse** aktiv ist. Dort haben Sie einen Blick auf alle Apps und Prozesse, die derzeit aktiv sind.

Schritt 3

Scrollen Sie einmal etwas herunter. Das ist ja unglaublich, was im Verborgenen alles passiert, oder?

CPU-Auslastung und Arbeitsspeicher

In der ersten Spalte (**CPU**) sehen Sie, zu wie viel Prozent die jeweilige Aktion die Prozessoren belastet, während die zweite Spalte anzeigt, wie viel vom Arbeitsspeicher dafür benötigt wird.

Schritt 4

Auf der Registerkarte **Leistung** wird die Auslastung der verschiedenen Bereiche Ihres PCs grafisch dargestellt. Links wählen Sie, welche Grafik auf der rechten Seite dynamisch angezeigt werden soll (hier: **CPU**).

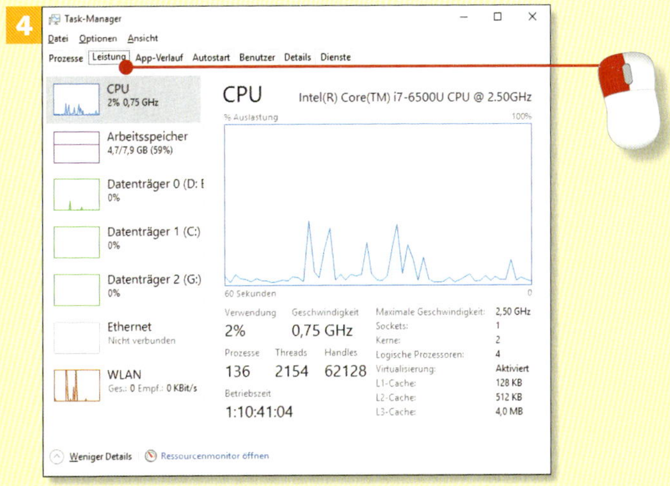

Schritt 5

Nehmen Sie einen Wechsel auf das Register **Autostart** vor. Dort ist ersichtlich, welche Programme beim Systemstart automatisch aktiviert werden. Klicken Sie eine aktivierte App an (hier: **Microsoft OneDrive**), und klicken Sie anschließend auf **Deaktivieren** ❶, wird diese künftig nicht mehr automatisch gestartet.

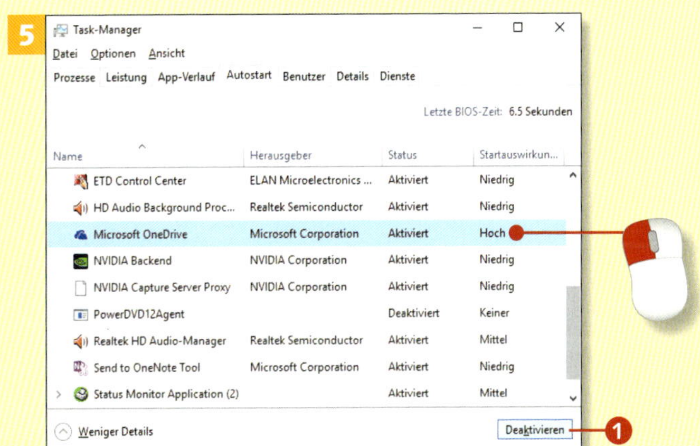

Schritt 6

Umgekehrt lässt sich eine nicht aktivierte App nach deren Markierung mit Klick auf **Aktivieren** künftig wieder direkt starten.

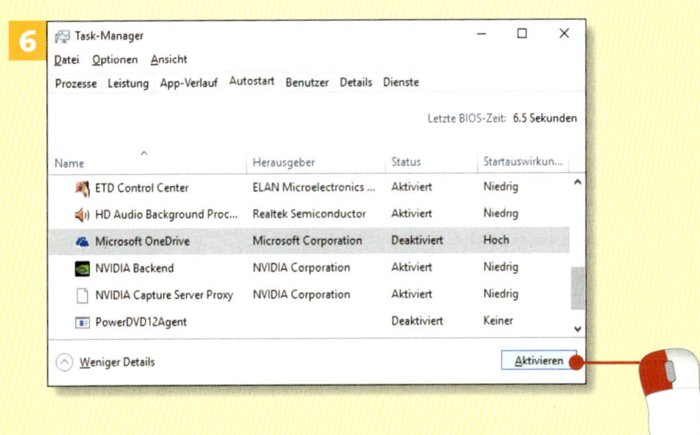

Status

Die Spalte **Status** gibt Aufschluss darüber, ob ein Feature gerade ausgeführt wird oder nicht. Nach einem Rechtsklick auf eine bestimmte Zeile können weitere Aktionen in die Wege geleitet werden. Bitte löschen Sie aber auf keinen Fall irgendwelche Programme, wenn Sie nicht wissen, worum es sich handelt!

Kompatibilitätsprobleme beheben

1

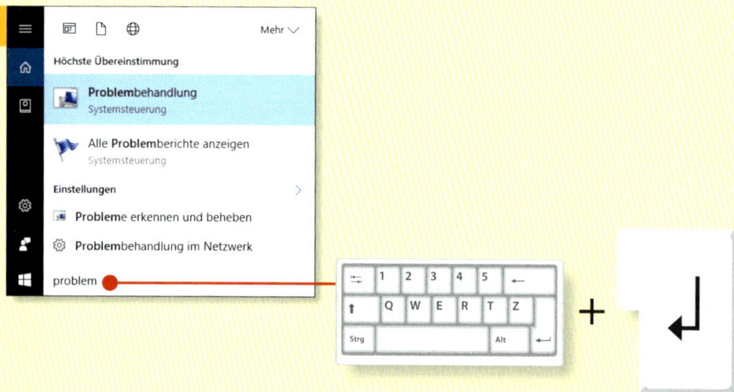

2

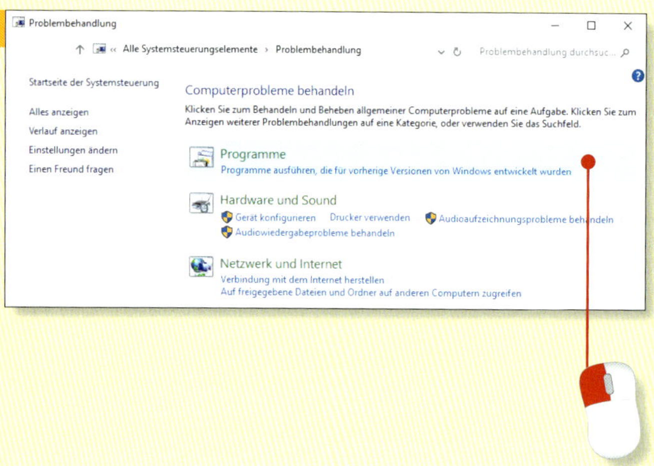

3

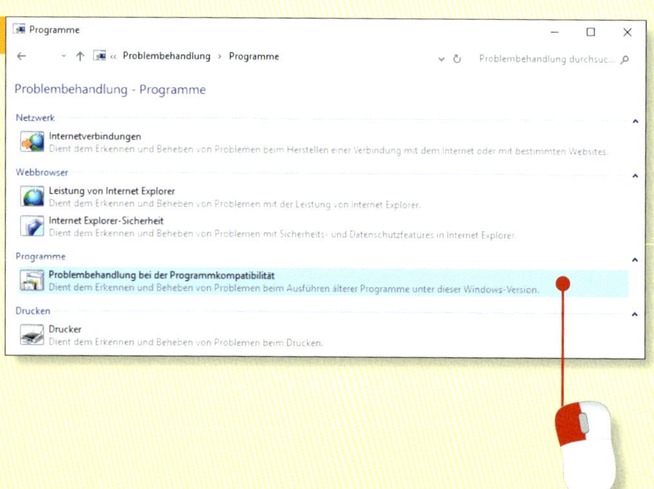

Sie verfügen noch über ältere Software, die unter Windows 10 nicht so recht laufen mag? Es kommt zu Problemen während der Ausführung? Die Software stürzt häufig ab? Dann liegt höchstwahrscheinlich ein Kompatibilitätsproblem vor.

Schritt 1

Wie Sie die Problembehandlung öffnen können, wissen Sie sicher längst: Na, klar. Einfach »problem« eingeben und ↵ drücken.

Schritt 2

Sie sehen: Es lassen sich verschiedene Probleme behandeln. Wir wollen uns in diesem Beispiel jedoch für **Programme** entscheiden.

Schritt 3

Im nächsten Fenster klicken Sie auf den Eintrag, der Ihrer Problemstellung am ehesten entspricht (hier: **Problembehandlung bei Programmkompatibilität**).

Schritt 4

Markieren Sie die Software, die Probleme bereitet, und klicken Sie anschließend auf **Weiter**.

Schritt 5

Wenn Sie auf **Empfohlene Einstellungen testen** klicken, wird die App normal geöffnet, damit sie manuell getestet werden kann. Die Option **Programmprobleme behandeln** erlaubt eine nähere Fehlerbeschreibung gemäß Schritt 6.

Schritt 6

Jetzt lassen sich die Probleme noch einmal mithilfe einer oder mehrerer Checkboxen genauer eingrenzen. Klicken Sie auf ein Kästchen, um es auszuwählen, und klicken Sie dann auf **Weiter**. Auf der Grundlage Ihrer Angaben werden Ihnen dann individuelle Lösungsschritte angeboten.

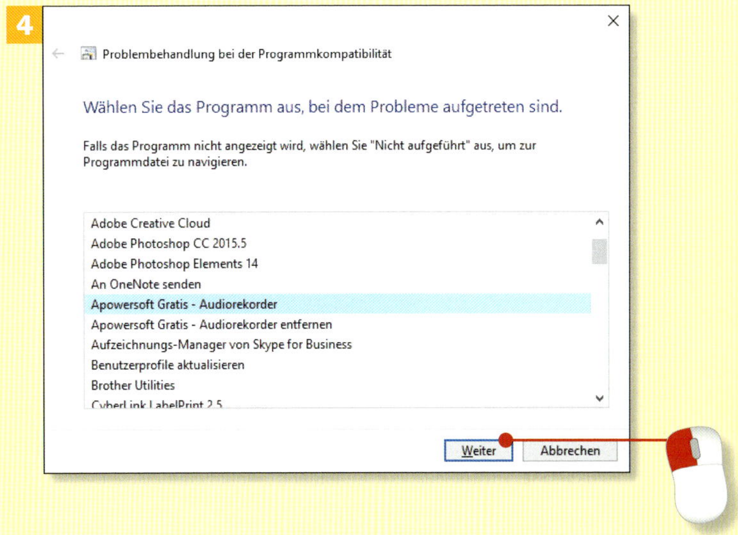

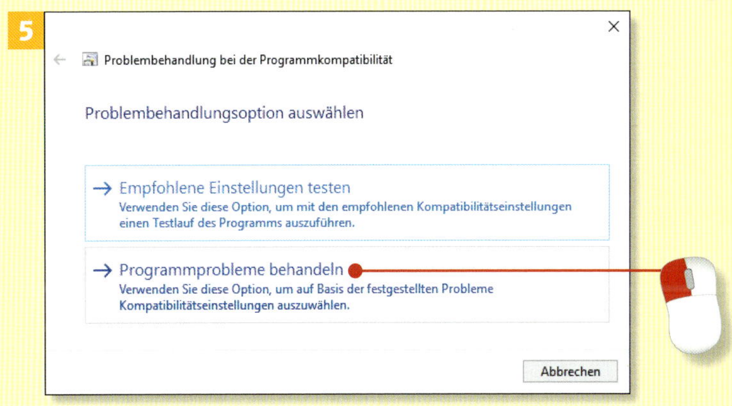

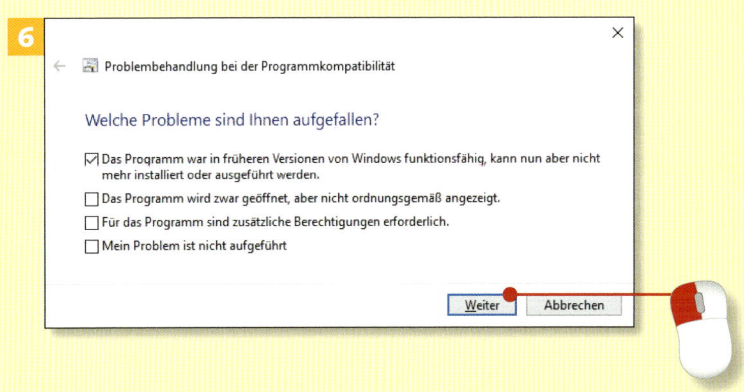

Glossar

Adobe Reader

siehe *PDF*

App

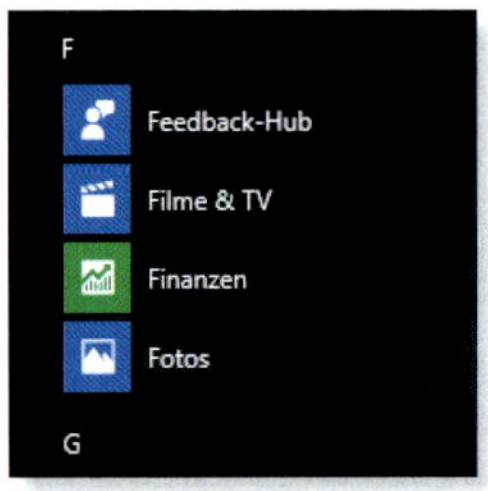

Eine App (kurz für *Application*) ist eine Anwendung bzw. ein Computerprogramm. So sind z. B. Mail, Kontakte etc. jeweils eigenständige und separat ausführbare Apps.

Auflösung

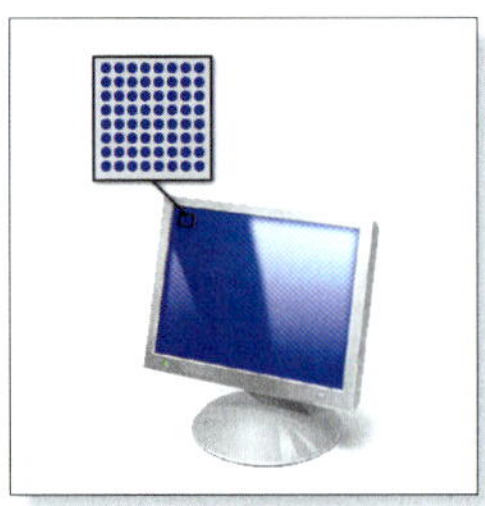

Die Auflösung beschreibt die Anzahl der einzelnen Bildpunkte auf einer Fläche (z. B. auf einem Monitor oder Foto). Je höher die Werte, desto höher die Auflösung. Allerdings sagt die Anzahl der Bildpunkte nichts über die Größe der Fläche aus, da die Bildpunkte unterschiedlich groß sein können.

Backup

Sicherungskopie von Dateien oder Systemen zur eventuellen späteren Wiederherstellung.

Befehl

Anweisung an den Computer. Zumeist ausgelöst durch das Anklicken einer Schaltfläche oder das Drücken der Eingabetaste auf Ihrer Tastatur.

Betriebssystem

Ein Betriebssystem ist eine Software, die den Computer steuert. Neben Windows gibt es unter anderem noch OS X (bzw. macOS) und Linux.

Bluetooth

Drahtlose Schnittstelle zwischen zwei oder mehreren Geräten zum Datenaustausch. Die angeschlossenen Geräte müssen bluetoothfähig sein.

Button

siehe *Schaltfläche*

Glossar

Charms-Leiste

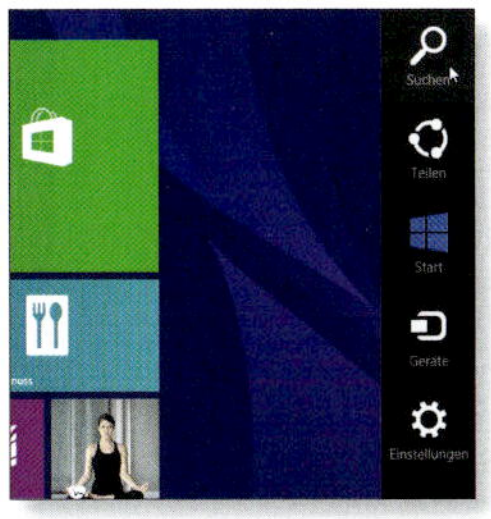

Diesen schwarzen Balken mit verschiedenen Steuerelementen gab es in Windows 8 und 8.1. In Windows 10 ist die Charms-Leiste nicht mehr enthalten.

Checkbox

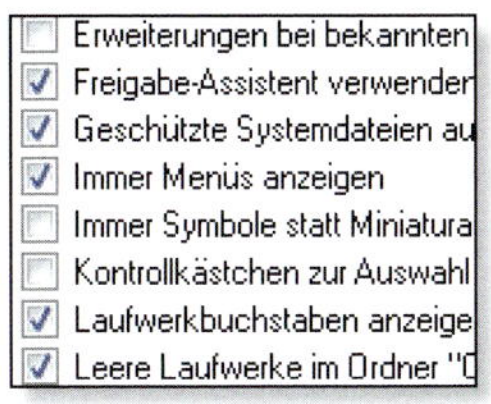

Das klassische Ankreuzkästchen. Im Gegensatz zum Radio-Button dürfen hier auch mehrere oder alle sowie einzelne oder keine Optionen angewählt sein. Die Checkbox wird jeweils per Mausklick aktiviert und deaktiviert.

Datenträger

Grundsätzlich jedes Gerät und jedes Medium, das imstande ist, Daten aufzunehmen, z. B. Festplatte, USB-Stick, CD, DVD. Während man Daten auf eine Festplatte »schreibt«, werden Daten auf CD oder DVD »gebrannt«.

Desktop

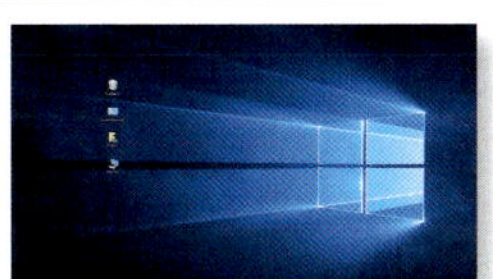

Der Desktop ist der Hauptarbeitsbereich von Windows 10. Sie erreichen ihn stets mit ⊞ + D.

Dialog

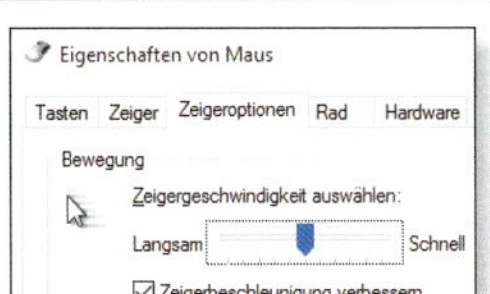

Jedes Fenster, in dem Benutzer und Betriebssystem oder auch Programme miteinander in Verbindung treten und Informationen austauschen, z. B. das Dialogfenster zu den Mauseigenschaften.

Download

Dateiübertragung, in der Regel vom Internet auf den eigenen PC, mit dem Ziel, die Daten dort zu speichern. Klassische Download-Dateien sind Anwendungen, Bilder, Musik etc.

Glossar

Drag-and-drop

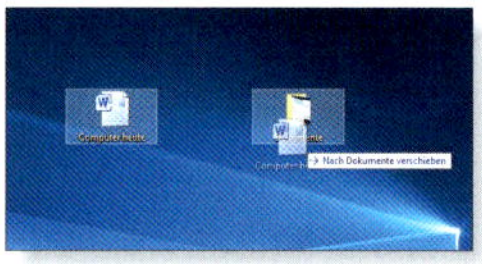

Ziehen und Fallenlassen. Damit werden Objekte verschoben. Klicken Sie auf das Objekt, halten Sie die Maustaste gedrückt, und ziehen Sie es herüber. An der gewünschten Stelle lassen Sie los.

Eingabetaste

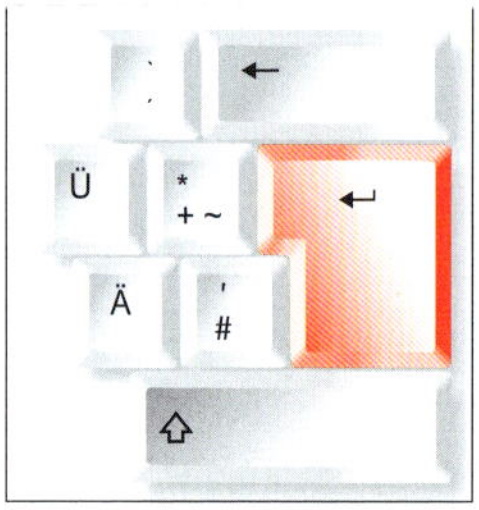

Zeilenschaltungstaste der Tastatur. Mit dieser Taste werden zudem Eingaben (z. B. Texte) an das Betriebssystem oder die Anwendung übergeben. Auch *Return-Taste* genannt.

Explorer

Der Explorer ist der Standard-Dateimanager unter Windows. Von hier aus sind sämtliche Ordner und Verzeichnisse erreichbar. Außerdem stehen Suchoptionen zur Verfügung. Auf Englisch bedeutet *to explore* erforschen.

Hyperlink

siehe *Link*

Icon

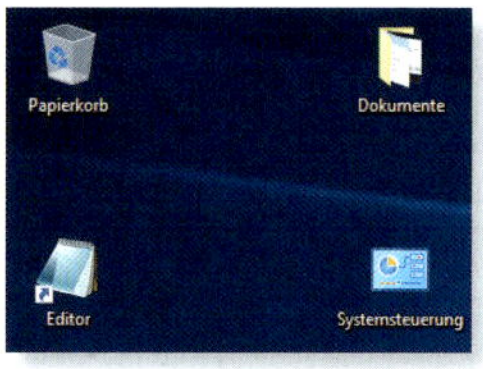

Ein grafisches Symbol (Piktogramm), meist zum Öffnen einer Datei, eines Verzeichnisses oder zum Start einer App.

Info-Center

Das Info-Center ist eine Leiste, die häufig benutzte Schaltflächen zeigt. Darüber hinaus werden dort Computerprobleme angezeigt, die von dort aus direkt behandelt werden können. Sie ist der Nachfolger der Charms-Leiste.

IP-Adresse

192.168.1.1

IP steht für *Internet Protocol* und ist ein Protokoll, das Computer im Internet eindeutig identifiziert. Die IP-Adresse ist vergleichbar mit der Nummer eines Personalausweises. Der zugehörige Rechner lässt sich durch diese Nummer jederzeit eindeutig identifizieren.

Kachel

Die Rechtecke im Windows-10-Startmenü, die die Apps repräsentieren, werden *Kacheln* genannt (siehe auch *Icon*).

Kontextmenü

Eine Sammlung von Befehlen, die unterschiedliche weitere Befehle bereithält. Das Kontextmenü lässt sich mit einem Rechtsklick öffnen.

Link

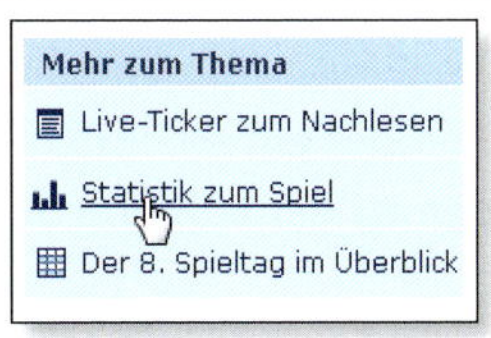

Ein Link oder Hyperlink ist eine Schaltfläche – meist in Textform –, die Sie mit einer Internetseite verbindet, sobald Sie daraufklicken. Links sind im Internet selbst, aber auch in Programmen, Betriebssystemen, E-Mails etc. zu finden.

Menü

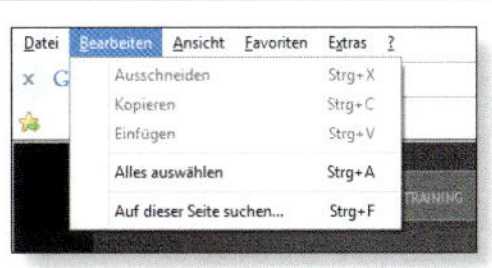

Menüs sind Zusammenfassungen mehrerer möglicher Befehle. Klicken Sie auf den Menüeintrag (hier: **Bearbeiten**), öffnet sich eine Liste mit weiteren Befehlen, die nun per Mausklick ausgelöst werden können.

Office

Produkt von Microsoft – es handelt sich dabei um eine Zusammenstellung renommierter Büroanwendungen. Microsoft Office umfasst z. B. die Textverarbeitung Word, die Tabellenkalkulation Excel und die Präsentationssoftware PowerPoint.

Papierkorb

Im Prinzip sorgt der Papierkorb dafür, dass Dateien nicht auf direktem Weg und unbeabsichtigt gelöscht werden können. Gelöschte Dateien landen nämlich automatisch im Papierkorb. Es sei denn, sie sind zu groß dafür; dann erhalten Sie eine entsprechende Meldung beim Löschen. Wollen Sie Dateien endgültig löschen, müssen Sie sie im Papierkorb separat löschen.

Glossar

PDF

Seitenbeschreibungsformat, das aufgrund seiner Genauigkeit besonders gut zum Austausch bzw. zur Weitergabe geeignet ist. Zum Anzeigen von PDF-Dokumenten wird entweder der kostenlose Adobe Reader (*www.adobe.com/de*) oder die Windows-App Reader benötigt.

Popup-Menü

siehe *Pulldown-Menü*

Programm

siehe *App*

Pulldown-Menü

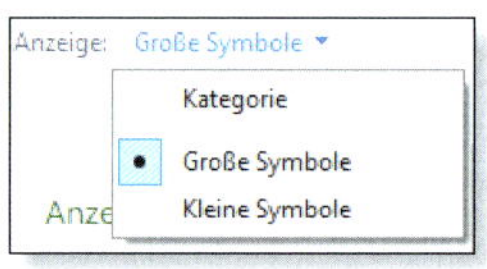

Ein ausklappendes Menü, das weitere Schaltflächen in sich trägt. Oft verdeutlicht ein vorangestellter Punkt, welche Option gerade angewählt ist.

QuickInfo

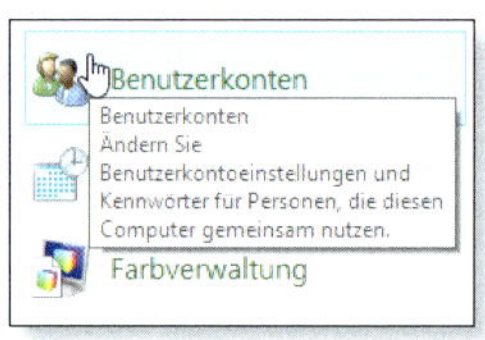

Ein kleiner Hinweis, der sich automatisch öffnet, wenn Sie einen Moment auf einem Objekt verweilen. Er gibt Informationen zu der dahintersteckenden Funktion.

Radio-Button

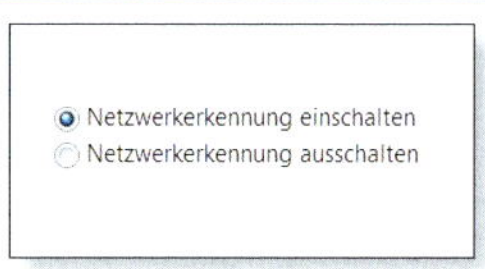

Mehrere zusammenhängende Optionen, von denen immer nur eine angewählt sein kann. Wenn eine Option eingeschaltet wird, deaktivieren sich alle anderen automatisch. Der Begriff stammt aus den Anfängen des Radios, bei dem ebenfalls immer nur ein Knopf eingedrückt sein konnte.

Registerkarte

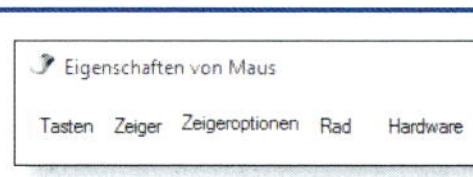

Zusammenstellungen von individuellen Befehlstafeln. Die dazugehörigen Register oder Tabs stehen meist am oberen Rand eines Fensters oder einer App und können durch einen Mausklick nach vorn gestellt werden.

Schaltfläche

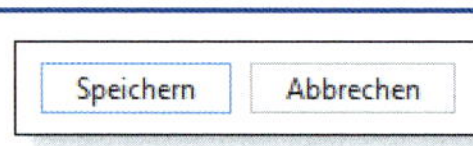

Button, der beim Anklicken ein Ereignis auslöst. Vorselektierte Schaltflächen sind farbig hinterlegt und können auch durch Drücken von [↵] ausgelöst werden.

Schnellstartleiste

siehe *Taskleiste*

Glossar

Scrollen

Verschieben des Inhaltsbereichs mithilfe eines Balkens, der immer dann auftaucht, wenn zu wenig Platz vorhanden ist, um den gesamten Inhalt darzustellen. Der Balken wird durch Ziehen mit gedrückter linker Maustaste bewegt.

Software

siehe *App*

Startmenü

Sammlung wichtiger Apps, die durch Kacheln repräsentiert werden. Das Startmenü lässt sich durch Klick auf die **Windows**-Schaltfläche unten links auf dem Desktop oder durch Druck auf [Windows-Taste] öffnen.

Steuerelement

Alle Elemente, die vom Anwender bedient werden können. Das sind z. B. Buttons, aber auch Schieberegler, Checkboxen und Menüs.

Taskleiste

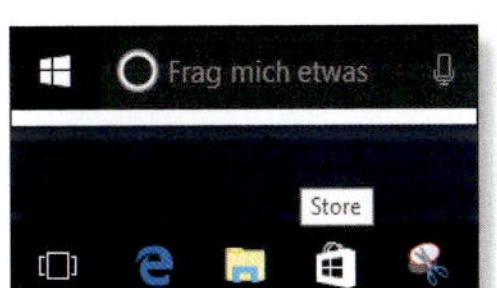

Auch *Schnellstartleiste* oder *Startleiste* genannt. Eine Anordnung von Eingabefeldern und Symbolen, die standardmäßig am unteren Bildrand zu finden sind. Die Schaltflächen werden per Mausklick bedient. Zeigen Sie, ohne zu klicken, mit der Maus auf ein Objekt, um eine vergrößerte Info zu erhalten.

Wireless

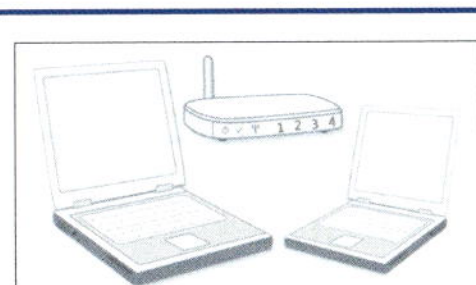

Drahtlosverbindung zwischen zwei oder mehr Geräten für den Datenaustausch. Die Übertragung erfolgt über eine Funkverbindung.

Stichwortverzeichnis

Stichwortverzeichnis

Stichwortverzeichnis

F

Stichwortverzeichnis

Stichwortverzeichnis

Stichwortverzeichnis

Stichwortverzeichnis